Gerd Nollmann

Konflikte in Interaktion, Gruppe und Organisation

D1719044

Studien zur Sozialwissenschaft

Band 174

Gerd Nollmann

Konflikte in Interaktion, Gruppe und Organisation

Zur Konfliktsoziologie
der modernen Gesellschaft

Westdeutscher Verlag

Der Westdeutsche Verlag ist ein Unternehmen der Bertelsmann Fachinformation.

Umschlaggestaltung: Christine Huth, Wiesbaden
Druck und buchbinderische Verarbeitung: Rosch-Buch, Scheßlitz
Gedruckt auf säurefreiem Papier
Printed in Germany

ISBN 3-531-12968-6

Inhalt

Reformation und Übergang zur Moderne aus der Sicht von Interaktion, Organisation und Gesellschaft - Simultansteigerung von Konfliktfreiheit und Konflikthemmung: Das Konfliktnetz der „societé conflictuelle" - Gewaltmonopol des Staates - Konflikt und Recht - Stärkere Differenzierung von Interaktion und Gesellschaft - Formale Organisationen - Unpersönliche Institutionalisierung von Interaktionen

Inklusion versus Integration - Kritische Anmerkungen zum Inklusionsbegriff der Theorie funktionaler Differenzierung - Inklusion in Interaktion und Organisation - Ausbildung von interaktions- und konfliktnahen Lagen: Familie, Jugendgruppen, Slums

Nationalismus als moderner Einschlußverstärker - Unterstellung von Solidarität - Geschlecht als sozial evidentes und signifikantes Wahrnehmungsmuster - 'Nachbesserung' interaktionsnaher Lagen - Personalisierung - Lebensstile und Gruppenintegration - Krisenhaftigkeit, Konflikt- und Gewaltnähe semantischer Einschlüsse

Individualisierung vs. Institutionalisierung? - Neue soziale Ungleichheiten - Freiheit vs. Zwang und 'Jenseits von Stand und Klasse'? - Differenzierung von Inklusionslagen

Konflikt- und Gewaltnähe der Familie - Familie als Teilsystem der Gesellschaft? - Familie als Gruppe zwischen Interaktion und Organisation - Interaktionsnähe - Familie und sozialer Raum - Körperlichkeit - Personalisierung - Familie und sozialer Wandel - Familie und Recht - Frauenhäuser und Kinderschutzzentren

Heitmeyers Desintegrationstheorem - Modernität der Jugend - Strukturfunktionalistische Jugendtheorie - Jugend zwischen Familie, Schule und peer-group - Die
Schule als formale Organisation - Konflikte in der Schule: Unterrichtsinteraktion
und Formalisierungsgefälle - Jugend und Freizeit - Freizeitorganisationen - Informelle Jugendgruppen und Gewaltsituationen - Street Work - Desintegration?

Kriege in der Neuzeit - Ausdifferenzierung des Staates als Organisation - Der
Raum der Interaktion - Der Raum der Organisation - Die ungeregelte Interaktion
der Staaten und ihre Konfliktnähe - Internationales System? - Internationale Organisationen - Ost-West-Konflikt - Die NATO als formale Organisation - Globales
Formalisierungsgefälle - UNO und globaler Weltstaat

Vorwort

Wer sich dazu entschließt, eine Dissertation im Fach Soziologie anzufertigen, begibt sich nicht nur unter beruflichen Gesichtspunkten auf eine gefährliche Bahn. Auch die benötigte soziologische Brille verändert oft unmerklich den Blick des Autors auf das ihn umgebende Soziale, so daß er schließlich interessante Probleme entdeckt, von denen man außerhalb des Wissenschaftsbetriebes nichts ahnt, ja diese nicht mal als solche versteht, wenn explizit auf sie hingewiesen wird. Auf diese Weise wird manches Thema so lange mit dem terminologischen Werkzeug des soziologischen Fachbetriebes bearbeitet, bis Außenstehende und Neuankömmlinge die Lust am Lesen verlieren. Angesichts der unübersehbaren Heterogenität der soziologischen Forschungslandschaft mit ihren tief in die Begriffsbildungen hereinreichenden Inkompatibilitäten gilt diese Gefahr selbst für Leser, die dem Fachpublikum zuzurechnen sind.

Ich hoffe, daß meine Arbeit über das doch äußerst reizvolle und spannende Thema 'Soziale Konflikte' nicht vollständig in einem der Abgründe untergeht, die sich zwischen Nicht-Soziologen, unterschiedlichen Richtungen innerhalb des Faches, den verschiedenen akademischen Disziplinen, Studenten, Professoren, Mittelbauern und Doktoranden auftun. Vorliegende Arbeit wurde im Juli 1996 von der Philosophischen Fakultät der Westfälischen-Wilhelms-Universität Münster als Dissertationsschrift angenommen. Meinen Gutachtern Armin Nassehi und Rolf Eickelpasch danke ich für zahlreiche wertvolle Hinweise, Diskussionen und Verbesserungsvorschläge, die mir dabei geholfen haben, zahlreiche der tückischen, aber oft unvermeidlichen Untiefen, Klippen und Kanten einer wissenschaftlichen Erstlingsschrift zu meiden. Der Mut zur Abfassung dieser Schrift hätte mir gefehlt, wenn ich nicht eine intensive wissenschaftliche Grundausbildung im Münsteraner Forschungskolloquium „Gesellschaftstheorie und Zeitdiagnose" erhalten hätte. Das dort institutionalisierte Fegefeuer der Textkritik hat mir nicht nur zahlreiche inhaltliche Anregungen gegeben. Weitaus wichtiger erscheint mir noch die Vermittlung desjenigen Rüstzeugs, mit dessen Mangel wohl manch ein Doktorand mehr kämpft als mit seinen Thesen: dem wissenschaftlichen 'Schreiben', das, anstatt den Gedanken Transparenz zu verleihen, sich nur allzu leicht als Erbauer undurchschaubarer Irrgärten erweist. Ich danke allen Teilnehmern für die konstruktive Kritik, die sie an meinen dort vorgelegten Manuskripten geübt haben und für die Einsicht, daß wie vieles andere auch die wissenschaftliche Diskussion als sozialer Konflikt firmiert. Damit wäre der Bogen zum Thema geschlagen: En garde!

Münster, im Dezember 1996   Gerd Nollmann

Einleitung

Animalium irae amoris integratio est

Terenz

„Seht ihr, wie wichtig es ist, daß man seine Gegner pflegt
und gut behandelt, damit sie dann nach Bedarf ihre Pflicht tun?"

Dietricht Schwanitz, Der Campus

Wer sich heute als Soziologe mit Konflikten beschäftigt, hat es mit einem vertrauten Phänomen zu tun. Konflikte geschehen tagtäglich. Fast jeder gerät früher oder später in Konflikte: am Arbeitsplatz, in der Familie, im Fußballverein, in der Universität. Die Allgegenwart von Konflikten wird von den Massenmedien in prominenter Weise bezeugt. Kriege, Gewalt in Ehe und Familie, der Dauerstreit der Politiker, Rechtsauseinandersetzungen zwischen Unternehmen um Lizenzen, Personal etc., der Kampf ethnischer und religiöser Minoritäten - all das kann täglich in den Zeitungen nachgelesen werden. Selbst wenn man berücksichtigt, daß die Medien eine gewisse Präferenz für die Thematisierung von Konflikten im weitesten Sinne entwickelt haben, so liegt man sicherlich nicht falsch mit der Annahme, daß Konflikte ubiquitär und massenhaft vorkommen.

Konflikte kommen nicht nur alltäglich und überall vor, sie haben auch einen äußerst vielschichtigen Charakter. Es sind kaum gesellschaftliche Bereiche vorstellbar, in denen sie nicht auftauchen. Ob in Sitzungen des Bundestags, während des gemeinsamen Familienurlaubs, im Presbyterium einer Kirche, im juristischen Tauziehen der Gerichtssäle, in Wortgefechten wissenschaftlicher Konferenzen, im Streit um die richtige ärztliche Diagnose zwischen Stations- und Chefarzt - überall scheint es fast zwangsläufig zum Streit zu kommen. Die Vielschichtigkeit konfliktuöser Phänomene betrifft dabei nicht nur die mannigfaltigen gesellschaftlichen Verästelungen, in denen sich der Konflikt einnistet. Konflikte nehmen äußerst unterschiedliche Karrieren an. Unter zeitlichen Aspekten reichen sie von der nach Sekunden vergessenen Bemerkung des Sohnes gegenüber der Mutter, er habe jetzt keine Lust, sein Zimmer aufzuräumen, bis zu jahrelangen Kriegen, in denen sich Staaten bis zum Zusammenbruch befehden. Ihre Intensität reicht vom kurzen, folgenlosen Wortgefecht bis zur kriegerischen Auseinandersetzung, deren Greueltaten und wahnwitzige Unmenschlichkeiten von der Zeitgeschichte prominent bezeugt werden. Die Zahl der Konfliktbeteiligten beginnt bei zwei sich streitenden Personen und endet bei Millionen. Zählt man den in jüngster Zeit vielbeschworenen „Nord-Süd-Konflikt" zum Phänomenbereich, so gelangt man schnell zu nicht vorstellbaren Mengen von Beteiligten.

Geht man von Konflikten als Massenphänomenen aus, so wird damit ein umfangreicher *Begriff* sozialer Konflikte impliziert. Ein derart weit gefaßter Konfliktbegriff stellt sich in denkbar scharfen Kontrast etwa zu Marxens' berühmtem Satz von der Geschichte als der Geschichte von Klassenkämpfen. Für Marx gibt es *einen zugrundeliegenden* Konflikt, dessen konflikttheoretischer Ausgangspunkt in der Annahme eines zunehmenden Verelendungstrends in bürgerlichen und kapitalistischen Gesellschaften liegt. Im Laufe der Zeit, so nahm man an, würden in den Industrieländern immer mehr Arbeiter ins Elend getrieben. Damit einher gehe die Zweiteilung der Klassenstruktur, so daß sich letztendlich nur noch eine große Mehrheit von Proletariern und eine kleine, reiche Gruppe von Kapitalisten gegenüberständen. Dieser Zuspitzung des einen, alles fundierenden Konfliktes folgt durch den großen Knall der sozialistischen Revolution die historische Verabschiedung des Konfliktes: Diktatur des Proletariats und klassenlose Gesellschaft liegen jenseits der durch konfliktuöse Schismen gebrandmarkten bürgerlichen Gesellschaft.

Eine solche Konzipierung des sozialen Konfliktes ist auf heutigem Niveau gesellschaftstheoretischer Reflexion aus naheliegenden Gründen nicht mehr zu plausibilisieren. Schon die kurze Aufzählung einiger Beispiele für soziale Konflikte legt einen weiten Konfliktbegriff nahe, der eine Vielzahl scheinbar heterogenster Phänomene umfassen muß. Die Weigerung des Sohnes gegenüber der Mutter, sein Zimmer aufzuräumen mit dem Bürgerkrieg im ehemaligen Jugoslawien oder mit dem Streit des Chefarztes mit seinem Stationsarzt unter einen soziologischen Begriff des „sozialen Konfliktes" zu bringen, erscheint zunächst als fragwürdiges Unternehmen. Es wird nicht erkennbar, worin die Leistung des Begriffes „Konflikt" für die soziologische Theorie besteht. Geht man davon aus, daß Begriffe Verschiedenes unter einem bestimmten Abstraktionsgesichtspunkt zusammenzwingen und vergleichbar machen, so erscheinen die genannten Phänomene zu heterogen, als daß die gemeinsame Titulierung als Konflikt etwas zu ihrer Durchschaubarkeit beitragen könnte. Der marxistischen Engführung des Klassenkampfes als allem zugrundeliegendem sozialen Konflikt korreliert die Komplementärgefahr die Verwässerung eines Begriffes, der nichts mehr leistet.

Damit ist bereits einer der Themenkomplexe angesprochen, der die Diskussion über soziale Konflikte beschäftigt. Enge und Weite des an die Phänomene heranzutragenden Konfliktbegriffes scheinen dem Soziologen schon zu Beginn seiner Überlegungen bestimmte Antworten abzuverlangen, die der Empirie möglicherweise nicht gerecht werden. Ein zu enger Konfliktbegriff rückt unter Umständen zahlreiche gesellschaftliche Ereignisse aus dem Blickfeld des Forschers. Eine zu umfassende Konzeption bringt demgegenüber so viel Unordnung ins Forschungsprogramm, daß der Wald vor lauter Bäumen und der Konflikt vor lauter Konflikten verschwinden.

An dieser Stelle soll und kann noch keine Antwort auf die Frage nach dem Umfang eines forschungspraktischen Konfliktbegriffes gegeben werden. Es soll lediglich festgehalten werden, daß im folgenden keine „natürlichen" oder „selbstverständlichen" Spezifikationen und Einschränkungen des Konfliktbegriffes *vorausgesetzt* werden, etwa im Sinne: jeder Konflikt lasse sich letztendlich auf Überlebens-, Interessens-, Herrschafts-, politische, wirtschaftliche, rechtliche oder wie auch immer geartete Probleme zurückführen. Dieser Verzicht auf eine *vorgängige* Einschränkung des Phänomenbereiches schließt selbstverständlich die Aussage, daß Konflikten letztendlich Interessen-, Herrschafts-, politische, wirtschaftliche, rechtliche usw. Fragen zugrundeliegen *als Ergebnis* einer konflikttheoretischen Untersuchung nicht aus.

Als Ausgangspunkt weiterer Überlegungen zu einer *soziologischen* Theorie sozialer Konflikte bietet sich eine Diskussion der in der Konfliktforschung bereits vorhandenen Angebote an. Ich betone dabei den *soziologischen* Charakter meiner Überlegungen und weise damit darauf hin, daß sich an dieser Stelle die Wege der Konfliktforschung erstmals verzweigen. Die gewundenen Pfade *psychoanalytischer, ethologischer* und *soziobiologischer* Ansätze in der Konfliktforschung vereint die Annahme, daß „vorsoziale", anthropologische Variablen und Konstanten zur Beschreibung und Erklärung von Konflikten zu konsultieren seien. Psychoanalytische Modelle in der Tradition Sigmund Freuds sehen in sozialem Konflikthandeln die Äußerung eines Agressionstriebes. Charakteristisch ist dabei die Konzeption des „Sozialen" im Verhältnis zur Psyche: Das Soziale sitzt in dieser Sicht dem Psychischen auf und wird folglich als Sublimierung, Rationalisierung und Zivilisierung aggressiver Impulse verstanden, die sich nicht mehr richtungslos auf Gegenstände in der Welt richten, sondern regelhaft begrenzt und auf bestimmte soziale Zusammenhänge und Objekte umgeleitet werden. Solche Impulse werden gedeutet als aggressive, aufgestaute Triebenergien, die sich aus der wohl unvermeidlichen Versagung von Lusterlebnissen oder einem allen psychischen Prozessen zugrundliegenden Todes- und Destruktionstrieb ergeben und sich in Konflikthandlungen entladen. So sieht etwa die „Frustrations-Aggressionshypothese" (vgl. Dollard et al. 1939) einen engen Zusammenhang von auferlegten Versagungen und erlebten Triebrepression mit der Entstehung von Aggressionen. Sie kommt zu dem Ergebnis, daß soziale Normen, die eine ausgeprägte Unterdrückung von Trieberfüllung verlangen, aggressives Verhalten ursächlich auslösen.

Ganz ähnlich argumentiert etwa Konrad Lorenz in seinem ethologischen Konzept des „Appetenzverhaltens". Verhalten wird durch endogene, nicht näher spezifizierbare, aber überlebensfördernde Triebenergien gesteuert, die durch angepaßte Umweltreize gewissermaßen abgerufen werden. Bleibt aufgrund einer durch den Ethologen experimentell hergestellten Situation die 'angemessene' Entladung aggressiver Energien aus, so wird vom Organismus bei stetig sinkenden Aggressionsschwellen solange ein Auslösereiz gesucht, bis die aggressiven Impulse entladen werden können. Der Ethologe beobachtet die Inadäquanz dieser Lösung und erklärt daraus pathologische Tendenzen. Dieses Modell wird von Lorenz auf den Großstadtmenschen übertragen, dem die artgerechten Möglichkeiten der Triebentladung aufgrund der besonderen sozialen Lebensbedingungen abhanden gekommen sind. Der Großstadmensch wird deshalb konfliktanfällig (vgl. Lorenz 1983, 1974, 1974).

Soziobiologische Ansätze schließlich gehen von einer universellen Knappheit überlebenswichtiger Ressourcen und einer Konkurrenz von Genmaterial um Überlebenschancen aus. Populationen müssen sich aufgrund der selektiven Bedingungen der Umwelt anpassen und stehen hierbei in Konkurrenz zu anderen Gruppen. Aggression und Konflikt erscheinen in dieser Perspektive als Kampf um Reproduktionschancen. Rituale und Abbruchsignale dienen der Bändigung und Kontrolle von Konflikthandeln, um unnötigen Schaden von Populationen abzuwenden. Rangordnungen, die sich aus dem Kampfverlauf ergeben, münden in unterschiedliche Chancen zur Fortpflanzung. Stärkeren und aggressiveren Individuen, so glaubt man, werden so bessere Reproduktionsmöglichkeiten eingeräumt (vgl. Wilson 1978).

Es braucht kaum näher begründet zu werden, weshalb im Rahmen der folgenden Untersuchung weder auf psychoanalytische noch auf ethologische oder soziobiologische Konflikttheorien zurückgegriffen wird. Stattdessen wendet sich die Untersuchung zunächst älteren soziologischen Konfliktdebatten zu. Der Durchgang durch die Positionen der „Klassiker" (I.1) sowie der Nachkriegszeit (I.2-3), verfolgt zweierlei Ziel: *Erstens* soll die Sichtung vorhandener Überlegungen zu sozialen Konflikten Anregungen für die im konfliktethnographischen Teil dieser Arbeit zu leistenden Untersuchung von Familie (IV.1), Jugend (IV.2) und internationalen Beziehungen (IV.3) geben. Soziologische Reflexionen zu Konflikt und Konflikthandeln können zu wertvollen Beobachtungen und Ergebnissen in der Untersuchung dieser offenkundig konflikt- und gewaltanfälligen Bereiche inspirieren. Insofern hoffe ich, daß sich einige der schon vor längerem erreichten Ergebnisse, Befunde und Erträge der soziologischen Konfliktforschung in der konkreten Konfliktforschung nicht nur als anwendbar und verwertbar erweisen, sondern auch Hilfestellungen leisten, die zu konkreten Empfehlungen für die Prävention, Lösung und Verarbeitung von Konflikten führen.

Die Rekonstruktion soziologischer Konflikttheorien kann *zweitens* Aufschluß geben über theoretische Probleme, Sackgassen und Schwierigkeiten, auf die die soziologische Theorie des Konfliktes gestoßen ist. Neben der Suche nach empirisch verwertbaren Einsichten dient die Rekonstruktion älterer Diskussionen deshalb auch der konfliktsoziologischen Theoriebildung. Deshalb ist die Diskussion explizit konflikt*theoretischer* Aspekte keinesfalls eine Art von Zusatzsport, der nebenbei mitläuft. Vielmehr ist zu vermuten, daß verschiedene konflikttheoretische Modelle unterschiedliche Einsichten über Konfliktphänomene erlauben. Sie lassen Verschiedenes hervortreten und stellen die Optik auf ganz unterschiedliche Art und Weise auf den Phänomenbereich scharf. Insofern muß konfliktsoziologische Theoriearbeit der im vierten Kapitel folgenden Konfliktethnographie notwendig vorausgehen.

Aus diesem Grunde liegt der Fokus des zweiten Kapitels auf der Ausarbeitung einiger allgemeiner und grundsätzlicher konflikttheoretischer Beobachtungen. Nach der Klärung wichtiger, im weiteren verwendeter Grundbegriffe (II.1) und der Verortung sozialer Konflikte als *einem* Anwendungsfall genereller soziologischer Begriffsbildung (II.2) wendet sich die Untersuchung der Frage zu, wann genau überhaupt von einem Konflikt gesprochen werden kann und soll (II.3). Der Punkt II.4 hat nicht nur deshalb zentrale Bedeutung für die weiteren konfliktsoziologischen Betrachtungen, weil dort das vieldiskutierte Verhältnis von Konflikten und sozialem Wandel bzw. der Änderung von Erwartungsstrukturen thematisiert wird, sondern weil darüber hinaus aus dieser Diskussion die zentrale Unterscheidung von *interaktiver* zu *organisatorischer* Konfliktbehandlung, -abarbeitung und -lösung abgeleitet wird. Diese *Differenz von Interaktion und Organisation*, die im weiteren noch um die *Gruppe* angereichert wird, bildet das Zentrum der ab dem dritten Kapitel zu leistenden historisch-soziologischen Anwendung und Spezifikation des zunächst in allgemeinen theoretischen Begriffen entwickelten Konfliktmodells. Nach der Behandlung der Konfliktrepressionsneigung archaischer Gesellschaften (III.1) und des mittelalterlichen Fehdewesens als Ausdruck stratifikatorischer Verhältnisse (III.2) folgt ab III.3 die Soziologie des *modernen* Konfliktes. Der für die moderne Gesellschaft typische „Mix" aus gleichzeitiger Konflikthemmung und Konfliktermutigung wird am Beispiel des Konfliktnetzes aus staatlicher Gewaltmonopolisierung, der Differenz von Interaktion und Gesellschaft, der Entwicklung staatlich (durch-)gesetzter Rechtsnormen sowie der Zuschaltung formaler Organisationen diskutiert. Die Gleichzeitigkeit von sowohl konfliktermutigenden als auch konflikthemmenden Faktoren führt zu der Vermutung, daß die konfliktsoziologische Untersuchung der modernen Gesellschaft den Begriff *Inklusion* einsetzen muß, um historisch ausgebildete und asymmetrische Konflikt*lagen* trennscharf herausarbeiten zu können. Der Zusammenhang von Konflikt und Inklusion wird in kritischer Auseinandersetzung mit der Theorie funktionaler Differenzierung zunächst anhand der Unterscheidung von Interaktion, Organisation und Gesellschaft diskutiert (III.3.1) und dann auf semantische Einschlußmuster wie z.B. Nationalismus, Ethnizität, aber auch Geschlecht und Lebensstile ausgeweitet (III.3.2). Möchte man der entschiedenen Unterschiedlichkeit der Vergesellschaftungen in differentiellen Bereichen, Regionen und Sphären der modernen Gesellschaft Rechnung tragen und konfliktanfällige Situationen trennscharf herausarbeiten, so bietet sich der Begriff der *Inklusionslage* an, um die ins Auge genommenen Phänomene individuell zu bündeln. Der Begriff Inklusionslage soll dabei dazu verhelfen, die Differenzierungstendenzen der modernen Gesellschaft aus der Sicht ihres Personals zu beleuchten. Von Inklusionslagen soll deshalb mit Bezug auf Personen bzw. Individuen gesprochen werden. Die individuelle Inklusionslage beleuchtet die „Totalität" aller gesellschaftlichen Einschlüsse eines Individuums in ihrem Zusammenhang. Sie versucht überblickshaft zu erfassen, wie sich die Gesamtthematisierung von Individuen in Interaktion, Organisation, Gruppe und Semantik darstellt.

Meine konfliktsoziologischen Untersuchungen gelangen schließlich zu dem Ergebnis, daß die Konfliktlandschaften der modernen Gesellschaft nicht aus einer homogenisierenden gesellschaftstheoretischen Perspektive, sondern gleichsam 'von unten' in konfliktethnographischer Kleinarbeit vermessen werden müssen. Die Analyse erarbeitet sich das differenzierte Bild der modernen Gesellschaft gleichsam 'von unten' aus dem gut überschaubaren Alltag von Interaktion, Gruppe und Organisation - ein Vorgehen, das auf methodischer Ebene bereits unter I.3 begründet werden wird. Ganz entsprechend orientieren sich die im vierten Kapitel unternommenen Vorstösse in die empirische Konfliktforschung an den 'kleinen' Systemtypen von Interaktion, Organisation und Gruppe und thematisieren die Familie (IV.1), die Inklusionslage Jugend (IV.2) sowie die internationalen Beziehungen (IV.3).

Wenn damit der Fahrplan der Untersuchung kurz angedeutet ist, verbleibt noch der Hinweis darauf, daß die folgenden Beschreibungen keinesfalls eine vollständige Abbildung moderner Konfliktlandschaften anstreben. Sie zielen, insbesondere im vierten Kapitel, auf in der modernen Gesellschaft auffallend konflikt- und gewaltnahe Bereiche von Familie, Jugend und internationaler Politik. Diese konfliktethnographische Schwerpunktsetzung begründet sich im Anspruch, auch konfliktsoziologisch unterlegte Empfehlungen zur Verhinderung gewaltsamer Konfliktaustragungen zu entwickeln und auszusprechen. Das Ziel der Arbeit ist insofern auch ein 'kritisches': Konflikte sollen nicht nur soziologisch beobachtet und analysiert werden. Gewaltsamem Konflikthandeln mit seinen umfangreichen destruktiven Folgen soll mit Hilfestellungen begegnet werden, die sich aus dem Gang der Untersuchung ergeben.

Bewußt ausgeklammert wurden Bereiche wie z.B. der Zusammenhang von Demokratie, Parteienkonflikt, öffentlichen bzw. massenmedialen Konfliktdiskursen und neuen sozialen Bewegungen oder der institutionalisierte Konflikt zwischen den Tarifparteien. Ein weiteres noch zu bearbeitendes Feld wären Risiko- und Umweltkonflikte und die sich dabei entwickelnden neuen Mediationsverfahren sowie: die Wissenschaft selbst als Konflikt. Die Behandlung von Konflikten dieser Art konnten nicht mehr in den Rahmen dieser Arbeit eingefügt werden.

I. Soziologische Theorie des Konfliktes

I.1 Der Konflikt und die Klassiker

(1) Die vollmundige Ankündigung, bei der Suche nach einem fruchtbaren Begriff des sozialen Konfliktes sowohl auf psychoanalytische als auch ethologische und soziobiologische Ansätze verzichten zu können, scheint bei dem ersten der hier zu betrachtenden Klassiker in gewisse Schwierigkeiten zu geraten. Keinesfalls soll behauptet werden, Georg Simmel sei einer dieser Richtungen in irgendeiner Art und Weise zuzuordnen oder als einer ihrer Ahnherren anzusehen. Jedoch erläutert Simmel in seinem auch heute vielzitierten Aufsatz „Der Streit", man könne in der Analyse des Streites „auf einen apriorischen Kampfinstinkt nicht verzichten..." (Simmel 1992: 297). Insbesondere zwei Beobachtungen führen Simmel zu dieser Auffassung. Simmel sieht erstens, daß in manchen Konflikten „der Kampf ausschließlich durch Kampflust veranlaßt ist" (ebd.). In solchen Fällen gebe es oft, so Simmel, keine Beschränkungen in der auf die Vernichtung des Gegners zielenden Kampfführung. Hier drängen „innere Energien" hervor, die durch den „Kampf um des Kampfes willen" befriedigt werden müssen. Simmel kann sich solche Phänomene nur „durch einen gewissen Feindseligkeitstrieb" erklären, der dem Wesen des Menschen inhärent sei.

Doch nicht nur in Grenzfällen wie dem „Kampf um des Kampfes willen" entdeckt Simmel triebhafte Züge, sondern „selbst in durchaus harmonischen Verhältnissen" trete ein „Oppositionsinstinkt" bzw. ein „abstrakter Oppositionstrieb" auf, der sich unmerklich dem Verhalten beimische und einen grundlegenden Zweck erfülle: „Und wenn man dies etwa wirklich als einen Schutzinstinkt bezeichnen wollte - wie manche Tiere auf bloße Berührung hin ihre Schutz- oder Angriffsvorrichtungen automatisch hervorstrecken -, so würde dies gerade den primären, fundamentalen Charakter der Opposition beweisen; denn es hieße, daß die Persönlichkeit, selbst wo sie garnicht angegriffen wird, sondern rein objektiven Äußerungen anderer gegenüber, sich nicht anders als durch Opposition behaupten kann, daß der erste Instinkt, mit dem sie sich bejaht, die Verneinung des anderen ist." (Simmel 1992: 299) Und wenige Sätze später vermutet Simmel sogar, daß angesichts der Häufigkeit von Kämpfen um bestimmte Güter und gegen bestimmte Persönlichkeiten „als Residuum davon sehr wohl ein Reizzustand, von sich aus zu antagonistischen Äußerungen drängend, in das vererbliche Inventar unsrer Gattung mag übergegangen sein" (Simmel 1992: 302).

Simmel konnte sich in diesen Formulierungen offenbar nicht ganz von der sozialdarwinistischen Hochkonjunktur in der zweiten Hälfte des 19. Jahrhunderts freihalten. Spuren der sozialdarwinistische Annahme, im *gesellschaftlichen* „Kampf ums Dasein" setzten sich die Geeignetesten und Tüchtigsten durch, also jene, die bestimmte Triebe geschickt in der sozialen Auslese für sich verwerten, sind in der „Soziologie" Simmels vielfach auffindbar. Gleichzeitig jedoch findet

sich bei Simmel die an dieser Stelle wichtigere, subtile Behandlung und Beobachtung *sozialer* Zusammenhänge des Streites, die für die Soziologie des Konfliktes
wichtige Einsichten vermittelt. Als erstes wäre hier die von Simmel behauptete
soziale Produktivität des Konfliktes zu nennen. Konflikte sind für Simmel keinesfalls etwas in toto Negatives, Bedrohliches, Verwerfliches und deshalb insgesamt
zu vermeidendes soziales Phänomen. Insbesondere in Fällen, in denen unterschiedliche Gruppen „durch die Schärfe und sorgfältig konservierte Reinheit sozialer Einteilungen und Abstufungen charakterisiert" sind - Simmel nennt in
diesem Zusammenhang das indische Kastensystem - trete die fruchtbare und
schöpferische Seite des Streites hervor:

> „Feindseligkeiten hindern nicht nur die Abgrenzungen innerhalb der
> Gruppe am allmählichen Verschwimmen, - so daß sie als Garantien beste
> hender Verfassungen bewußt gezüchtet werden können - sondern darüber
> hinaus sind sie direkt soziologisch produktiv: sie geben Klassen und Per
> sönlichkeiten oft erst ihre gegenseitige Stellung, die diese nicht oder nicht
> so gefunden hätten, wenn die objektiven Ursachen der Feindseligkeit zwar
> genau so vorhanden und wirksam gewesen, aber nicht von dem Gefüh
> le...der Feindschaft begleitet wären."[1]

Konflikte, so Simmel, schaffen und stabilisieren Gruppenidentität. Auch wenn der
Gruppenzusammenhalt - aus welchem Grund auch immer - zu schwinden droht,
kann der Konflikt mit einer anderen Gruppe das Bewußtsein der eigenen Zusammengehörigkeit neu beleben und schärfen. Deshalb könne die bewußte Herbeiführung eines Streites, so vermutet Simmel, für die „Garantie bestehender Verfassungen" durchaus opportun sein. Starke Abstoßungskräfte zwischen zwei deutlich
voneinander getrennten Gruppen verwandeln sich auf der Gruppeninnenseite zu
Identifikationslinien, die die Gruppenkohäsion nicht nur stärken, sondern den Zusammenhalt, so die noch weitergehende These Simmels, in manchen Fällen überhaupt erst in die Welt bringen.

Diese Erkenntnis war zu Simmels Zeit bereits gemeinhin bekannt. Einen
ähnlichen Gedanken formuliert der Sozialdarwinist William G. Sumner über das
interdependente Verhältnis von *In-Groups* und *Out-Groups* (vgl. Sumner 1940:
12f.). Georges Sorel betont in seinem klassischen Werk „Über die Gewalt" den
engen Zusammenhang des Konfliktes der Arbeiterklasse mit dem Mittelstand und
ihrer Identität als Arbeiterklasse, und auch Karl Marx betont in seinen Frühschriften: „Die einzelnen Individuen bilden nur insofern eine Klasse, als sie einen gemeinsamen Kampf gegen eine andere Klasse zu führen haben; im übrigen stehen

---

[1]   Simmel 1992: 289. Simmel scheint hier, wie an vielen anderen Stellen seines
      Werkes auch, zwischen psychologischen und soziologischen Erklärungsmustern
      hin- und herzupendeln - eine Arbeitsweise, die ihm insbesondere von Max Weber den Vorwurf des „Psychologismus" eingebracht hat. Vgl. Weber 1968: 93f.
      sowie zum Verhältnis Simmel-Weber allgemein Nedelmann 1988.

sie einander selbst in der Konkurrenz wieder feindlich gegenüber." (Marx 1953: 395)

Im Gegensatz zur Marxschen Theorie des Klassenkonfliktes, die den Antagonismus zwischen Arbeitern und Kapitalbesitzern mit historischer Notwendigkeit ausstattet, betont Simmel jedoch die *soziale Konstruiertheit* der Gruppengegensätze. Der Gruppenidentität stiftende Gegensatz wird im und durch den Konflikt produziert. Der Konflikt stellt also keinen objektiven Zusammenhang dar, der in der Welt mehr oder minder handgreiflich angetroffen werden kann. Vielmehr wird der Konflikt in sozialen Zusammenhängen erst hergestellt und, wie Simmel vermutet, bisweilen auch bewußt herbeigeführt, wenn er opportun erscheint.

Diese Überlegung trifft sich mit Simmels Ausführungen im „Exkurs über das Problem: Wie ist Gesellschaft möglich?" (Simmel 1992: 42-61). Dort stellt der Neukantianer Simmel in Auseinandersetzung mit dem Königsberger Philosophen die These auf, daß sich gesellschaftliche Einheit allein im Bewußtsein von durch Wechselwirkungen vergesellschafteten Subjekten herstellt: „...das Bewußtsein, mit den anderen eine Einheit zu bilden, ist hier tatsächlich die ganze zur Frage stehende Einheit." (Simmel 1992: 43) Simmel lehnt die Vorstellung ab, es gebe objektiv wirksame, Gesellschaft produzierende Faktoren. Vielmehr interessieren ihn die für die „Vorstellung" von Einheit wichtigen subjektiven Bedürfnisse von Individuen, die in einem Verhältnis zu der sie umgebenden und auf sie zurückwirkenden Kultur stehen (vgl. Köhnke 1990: 227).

Damit ist keinesfalls gesagt, daß Simmel nun Konflikte auf Bewußtseinsphänomene reduziert und sich diesen in der Manier des Bewußtseinsphänomenologen Husserl analysierend annähern möchte. Ganz im Gegenteil verdankt die Konfliktsoziologie Simmel den Hinweis darauf, daß der Streit gerade nicht durch Rekurs auf psychische Elemente allein erklärbar wird, sondern als Wechselwirkung zwischen zwei Grupppen eine eigenständige soziale Einheit gewinnt und auf die beteiligten Individuen zurückwirkt. Folglich reiche, so Simmel, die Annahme eines feindseligen Triebes „nicht etwa aus, die Gesamterscheinungen der Feindseligkeit zu begründen" (Simmel 1992: 303). Eine „primäre Feindseligkeit der Menschen gegeneinander" (Freud 1961: 471) liefert kein ausreichendes Erklärungsmuster für den Streit. Vielmehr hebt Simmel hervor, daß Konflikte sich immer in einem sozialen Interaktionsfeld bewegen.

Hierbei wirkt sich der Streit als sozialer Interaktionszusammenhang nicht nur auf das repulsive Verhältnis einander gegenüberstehender Gruppen aus, sondern auch auf die *Binnen*struktur der konfligierenden Einheiten. Simmel verdeutlicht die intern integrierende Zweckmäßigkeit des Konfliktes, die eine Gruppe fest zusammenschnürt und damit die von Häretikern und Apostaten ausgehende Bedrohung für die Einheit der Gruppe bannt. Dies gelte insbesonder für „Gruppen, die sich in irgend einer Art von Kriegzustand befinden". Sie sind „nicht tolerant, sie können individuelle Abweichungen von der Einheit des zusammenhaltenden Prinzips nur bis zu einer entschieden begrenzten Latitüde ertragen." Der Streit-

bzw. Kriegszustand stelle die Gruppen unter einen derart einheitlichen Impuls, „daß sie sich gegenseitig entweder vollkommen vertragen oder vollkommen repellieren müssen" - *tertium non datur* (Simmel 1992: 355, 358). Dies führe oft gruppen*intern* zu einer weiteren Radikalisierung der Gruppenposition, die zu einem rigorosen Ausschluß von abweichenden Elementen in den eigenen Reihen und der entschiedenen Forderung nach einer einheitlichen Linie führe. In der Auseinandersetzung mit äußeren Feinden können Gruppen etwaige eigene Niederlagen nur schwerlich der gegnerischen Stärke zurechnen, da dies einem Eingeständnis der eigenen Schwäche gleichkäme. Deshalb suche man insbesondere in ungewissen und bedrohlich erscheinenden Phasen eines Konfliktes gerne nach Abweichlern in den eigenen Reihen, denen der Dolch gleichsam in die Hand gereicht wird. Jede Äußerung, die nur lange genug auf Differenzen zur offiziellen Gruppenposition abgeklopft wird, kann dann als Schwächung der eigenen Position dargestellt werden. Der Sündenbock dient der Reinigung der Einheit nach innen. Treue Mitglieder der Gruppe wissen dadurch, daß *nicht die Gruppe versagt hat, sondern nur die Solidarität.* Gruppenzusammengehörigkeit wird deshalb mehr denn je anzustreben sein, damit sie in Zukunft nicht erneut unterlaufen wird.

Der Konflikt verstärkt also den gruppeninternen Zusammenhalt der Individuen, und im Umkehrschluß bedeute dies, so Simmel am Beispiel des Protestantismus, daß „überhaupt die Einheit von Gruppen so oft verloren [geht], wenn sie keinen Gegner mehr haben". Deshalb mag es unter Umständen eine politische Klugheit sein, „für Feinde zu sorgen" (Simmel 1992: 359f.). Die soziale Konstruiertheit von Konfliktlinien erneut hervorhebend behauptet Simmel, daß Konflikte bisweilen auch durch aktives Suchen erst hergestellt werden. Wie immer die 'objektive' Streitlage auch beurteilt werden mag: Entscheidend ist der Glaube an die „besorgten Feinde". Wenn die soziale Wahrnehmung der Gruppe eine äußere Bedrohung erkennt, so wird sie die internen Spektren einebnen und zusammenhalten. Das Verschwinden eines ursprünglichen Feindes mag dann zur aktiven Suche nach einem neuen Gegner führen, so daß die Gruppe im Konfliktzustand verbleiben kann und interne Stabilisierungsprobleme nach außen exportiert werden können. Welches Ziel im Einzelnen aufgebaut wird, ist wenig wichtig. Bedeutsam allein ist, *daß* ein Feind bereitsteht.

Die gesellschaftliche Produktivität des Konfliktes zeigt sich nach Simmel auch darin, daß der Konflikt nur im Grenzfall des nach totaler physischer Vernichtung trachtenden „Meuchelmordes" ausschließlich negativ wirkt. In jeder anderen Hinsicht schleiche sich jedoch, so Simmel, „ein Element von Gemeinsamkeit in die Feindseligkeit, wo das Stadium der offenen Gewalt irgend einem anderen Verhältnis gewichen ist" (Simmel 1992: 296). Simmels Argument in diesem Zusammenhang ist ein doppeltes: Der Streit schafft *erstens* soziale Beziehungen dort, wo vorher keine waren. Er ist selbst eine Art von sozialer Beziehung. Wo Gegner in einen Konflikt eintreten, entstehen soziale Relationen, die auf dem Streit selbst beruhen. Der Konflikt bringt *zweitens* Regeln und Normen hervor, die soziale Erwartbarkeit im Konflikt schaffen und als Ausgangspunkt etwaiger neuer Gruppen, also als „Keim künftiger Gemeinschaft" zu fungieren vermögen. Jenseits des opponierenden Konfliktverhaltens entdeckt Simmel einen sich durch den Konflikt entwickelnden oder zumindest erneut zu Bewußtsein gebrachten Bestand an Gemeinsamkeit. So kann etwa der Streit um ein Stück Land gerade veranschaulichen, daß beide Parteien nicht trotz, sondern gerade aufgrund ihrer Opposition das gemeinsame Recht auf Eigentum an Land überhaupt anerkennen müssen (vgl. Coser 1965: 147). Der Konflikt ist insofern sozial produktiv, als er die Elemente seiner eigenen Begrenzung und Regulierung in sich selbst entwickelt. Er baut nicht nur auf einem bereits vorhandenen Schatz an gemeinsamen Interessen auf, sondern bedingt auch die Schaffung neuer sowie die Modifizierung alter Normen und Regeln. In dieser Perspektive erscheint der Konflikt als eine Quelle sozialen Wandels. Die damit implizit aufgeworfene Frage nach dem Zusammenhang von Konflikt und sozialem Wandel wird weiter unten noch ausführlich zu diskutieren sein.

Zusammenfassend fällt auf, daß Simmel als soziologischer Klassiker der Konflikttheorie die gesellschaftliche Gleichursprünglichkeit und Gleichberechtigung von Konflikt einerseits und Harmonie andererseits hervorhebt und jedwede normative Auszeichnung einer Seite dieser Unterscheidung ablehnt. Schon zu Beginn seiner Untersuchungen faßt Simmel diesen Sachverhalt dahingehend zusammen, daß „die Gesellschaft irgend ein quantitatives Verhältnis von Harmonie und Disharmonie, Assoziation und Konkurrenz, Gunst und Mißgunst [braucht], um zu einer bestimmten Gestaltung zu gelangen." Aber die durch das gleichberechtigte Nebeneinander von Ja und Nein, Position und Negation hervorgebrachten Entzweiungen sind für Simmel weder „soziologische Passiva" noch „negative Instanzen, so daß die definitive, wirkliche Gesellschaft nur durch die andern und positiven Sozialkräfte zustande käme, und zwar immer nur so weit, wie jene es nicht verhindern." Vielmehr sei Gesellschaft das Resultat von sowohl Konflikt als auch Harmonie, Assoziation und Disjunktion, Liebe und Haß, Freundschaft und Feindschaft, und „beide Kategorien von Wechselwirkungen" treten „insofern beide völlig positiv" auf (Simmel 1992: 286). Simmel lehnt die einseitige Präferenz für Zusammenklang, Eintracht und Gleichgesinntheit als Bedingung der Möglichkeit von Sozialität ab und verweist auf die Gleichrangigkeit von Ja und Nein für die Vergesellschaftung der, wie er häufig sagt, „Seelen".

(2) In §8 der soziologischen Grundbegriffe definiert Max Weber den *Kampf* als eine soziale Beziehung, in der „das Handeln an der Absicht der Durchsetzung des eignen Willens gegen Widerstand des oder der Partner orientiert ist" (Weber 1980: 20). Von dieser mit Hilfe des Begriffes *soziales Handeln* eingeführten Definition des Kampfes unterscheidet Weber im weiteren die „Konkurrenz", die „geregelte Konkurrenz" sowie die „Auslese". Von *Konkurrenz* möchte Weber

immer dann sprechen, wenn mit Hilfe „formal friedlicher" Mittel um die „eigene Verfügungsgewalt über Chancen" geworben wird; die *„geregelte Konkurrenz"* enthält zusätzlich die Orientierung von Zielen und Zwecken an einer *Ordnung.* Die „Auslese", sei sie sozial oder biologisch, fällt aus dem Bereich des Handelns heraus, da sie, so Weber, „ohne sinnhafte Kampfabsicht" den unausschaltbaren Existenzkampf menschlicher Individuen gegeneinander um Lebens- oder Überlebenschancen meine. Die Auslese sei deshalb, so Weber, „ewig", da sie sich selbst bei der utopisch anmaßenden Ausschaltung aller nur denkbaren Kampfmittel, -objekte und -richtungen immer noch als latenter Kampf um Chancen, „gleichviel ob als Erbgut oder Erziehungsprodukt", fortsetze. In sozialer Hinsicht bilde sie deshalb die empirische, in biologischer Perspektive die „prinzipielle Schranke der Ausschaltung des Kampfes".

So unübersehbar auch in Webers gedrängter Definition des Kampfes sozialdarwinistische Termini auftauchen, so deutlich macht Weber, daß für ihn der Kampf als Form des *sozialen Handelns* bzw. der *sozialen Beziehung* thematisch ist. Er lehnt die Pauschalerklärung - etwa der besseren „Anpassung" - für die beobachtbare Verdrängung einer bestimmten Art des menschlichen Handelns durch andere ab, da die Titulierung dieses Zusammenhangs als „Auslese" stets die Gefahr berge, „unkontrollierte *Wertungen* in die empirische Forschung zu tragen und vor allem: Apologie des im Einzelfall oft rein individuell bedingten, also in diesem Sinn des Wortes: 'zufälligen', Erfolges zu treiben". In jedem Falle sei, so Weber, nach dem *Grunde* für die Verschiebung der Chancen sozialen Handelns bzw. sozialer Beziehungen zu fragen.

Der Kampf ist für Weber ein häufig auftretendes Alltagsphänomen, das die verschiedensten gesellschaftlichen Ereignisse abdeckt wie etwa das geregelte Kampfspiel, den Ritterkampf, den Konkurrenzkampf um Tauschchancen auf dem Markt, den Wahlkampf, den Kampf um die erotische Gunst einer Frau bis zum „blutigen, auf Vernichtung des Lebens des Gegners abzielenden, jede Bindung an Kampfregeln ablehnenden", militärischen Kampf. Bedenkt man, daß Weber die „Soziologischen Grundbegriffe" erst spät aus seinen umfangreichen Studien herausgefiltert, sie also zu einer Art von *begrifflichem abstract* seines Werkes verdichtet hat, verweist die prominente Positionierung des Kampfes neben fundamentalen Begriffen wie etwa legitime Ordnung, Macht und Herrschaft auf die besondere Bedeutung, die Weber diesem Alltagsphänomen zugemessen hat. Schaut man sich von dieser Beobachtung ausgehend in den materialen Schriften Webers um, so werden zwei Verwendungsweisen des Terminus Kampf erkennbar. Weber verwendet den Begriff des Kampfes, häufiger noch den der Konkurrenz, *erstens* in ökonomischen Zusammenhängen als Folie für die Beschreibung der Ordnung des Marktes. Weber analysiert dort den Tausch in seinen verschiedenen (insbesondere modernen, rationalen) Formen als soziale Beziehung bzw. als Vergesellschaftung von mindestens zwei Individuen mit dem Zweck des Erwerbs „gesicherter Verfügungsgewalt oder Mitverfügungsgewalt über solche Nutzleistungen, welche...sich in fremder Verfügungsgewalt befinden" (Weber 1980: 36).

Im Tausch gehe es, so Weber, um rational motivierten „Interessen*ausgleich*" und um rational motivierte „Interessen*verbindung*", wodurch sich der Tausch von anderen Formen der sozialen Beziehung, etwa der Vergemeinschaftung, abhebe und durch die „formal freiwillige Vereinbarung" zwischen Inhabern von Verfügungsgewalten über Nutzleistungen gekennzeichnet sei.

Der Tauschvorgang als Vergesellschaftung schließt dabei weitere Arten von sozialen Beziehungen ein. Bis es zum Abgleich der Interessen kommt, findet ein mit friedlichen Mitteln ausgetragener „Kampf" statt: „Der Tauschkampf der Interessenten, dessen Abschluß das Kompromiß bildet, richtet sich einerseits stets, als Preiskampf, gegen den als Tauschpartner in Betracht kommenden Tauschreflektanten (typisches Mittel: Feilschen), andrerseits gegebenenfalls, als Konkurrenzkampf, gegen wirkliche oder mögliche dritte...Tauschreflektanten, mit denen Beschaffungskonkurrenz besteht (typisches Mittel: Unter- und Überbieten)." (Weber 1980: 36) An anderer Stelle spricht Weber vom „Kampfe des Menschen mit dem Menschen auf dem Markt" (Weber 1980: 49). In dem unvollendet gebliebenen Fragment über die „Marktvergesellschaftung" heißt es noch pointierter, die mit dem Kampf auf dem Markt einhergehende „absolute Versachlichung" widerspreche allen urwüchsigen Strukturformen menschlicher Beziehungen (Weber 1980: 382f.).

Aufschlußreicher als die von Weber mit pessimistischer Stimme vorgetragenen Verhältnisse des ökonomischen Kampfes ist *zweitens* die Verwendung des Kampfbegriffes in Webers politischen Schriften. Dort gewinnt das Begriffsfeld „Kampf" ein schärferes Profil und erlaubt, einige Ansichten Webers über diese Art von sozialer Beziehung deutlicher herauszuarbeiten.

In seinem 1918 in der Schriftenreihe „Die innere Politik" erschienenen Aufsatz „Parlament und Regierung im Neugeordneten Deutschland. Zur politischen Kritik des Beamtentums und Parteiwesens" (Weber 1958) setzt sich Weber kritisch mit den politischen Verhältnissen im Deutschland seiner Zeit auseinander. Dabei geht Weber der Frage nach, wie unter Bedingungen von durch Massenwahlen gekennzeichneten politischen Verbänden eine Theorie demokratischer Herrschaft parlamentarischen Typs auszusehen habe. Weber geht in diesem Zusammenhang grundsätzlich von einem klassischen liberalen Modell repräsentativer Demokratie aus, das im Rahmen einer konstitutionellen Verfassungsordnung die Selbstbestimmung des durch Grundrechte vor staatlicher Willkür geschützten Individuums vorsieht (vgl. Mommsen 1993: 526). Es sei eine „gröbliche Selbsttäuschung" anzunehmen, man könne ohne diese Errungenschaften aus der Zeit der 'Menschenrechte' heute - „auch der konservativste unter uns" - überhaupt noch leben (Weber 1958: 321). Die Prämisse demokratischer gesellschaftlicher Verhältnisse steht jedoch, so Weber, in diametralem Widerspruch zur Diagnose einer unaufhaltsamen Bürokratisierung der modernen Welt. Die scheinbar alles sich einverleibende Überführung moderner Lebensverhältnisse in den Organisationsmechanismen gehört zu den von Weber immer wieder und in seinem Spätwerk mit zunehmend pessimistischem Ton vorgetragenen Grundzügen der modernen rationalisierten Welt. Im modernen Staate liege, so Weber, die wirkliche Herrschaft notwendig und unvermeidlich in den Händen der Beamten. Der moderne Staat sei ein „Betrieb". Gerade in seiner Vergleichbarkeit mit dem kapitalistischen Erwerbsbetrieb, der sich durch streng rationale Organisation der Arbeit auf dem Boden rationaler Technik auszeichne, erfahre der Staat als politischer Herrschaftsverband seine spezifische Modernität. In der Parallelität des Staates als Betrieb mit anderen Herrschaftsverbänden - etwa der Fabrik und dem Militär - zeige sich der universale Vormarsch bürokratischer Rationalität mit ihren Kennzeichen arbeitsteiliger, fachmäßiger Organisation menschlichen Handelns. Weber verbirgt seine Bewunderung für die „virtuosenhafte", allen anderen, inklusive dem französischen Zentralismus, übertreffende Entwicklung bürokratischer Organisation in Deutschland keinesfalls (Weber 1958: 317f.). Er würdigt die historisch unvergleichlichen Leistungen dieser spezifischen Art des Herrschaftsverbandes durch die Verortung der Theorie bürokratischer Organisation im Zentrum seiner Staatstheorie.

Gleichwohl bleiben auch Weber die freiheitsberaubenden Tendenzen des unaufhaltsamen Vormarsches der Organisation nicht verborgen. Es sei fraglich, so Weber, wie es „angesichts dieser Übermacht der Tendenz zur Bürokratisierung *überhaupt noch möglich* [sei], *irgendwelche* Reste einer in irgendeinem Sinn 'individualistischen' Bewegungsfreiheit zu retten". Weber sieht das moderne Individuum unentrinnbar einer lebenden bürokratischen Maschine ausgesetzt, „welche die...Organisation mit ihrer Spezialisierung der geschulten Facharbeit, ihrer Abgrenzung der Kompetenzen, ihren Reglements und hierarchisch abgestuften Gehorsamsverhältnissen darstellt. Im Verein mit der toten Maschine ist sie an der Arbeit, das Gehäuse jener Hörigkeit der Zukunft herzustellen, in welche vielleicht dereinst die Menschen sich, wie die Fellachen im altägyptischen Staat, ohnmächtig zu fügen gezwungen sein werden...Nehmen wir nun einmal an: gerade diese Möglichkeit wäre ein unentrinnbares Schicksal, - wer möchte dann nicht lächeln über die Angst unserer Literaten davor, daß die politische und soziale Entwicklung uns künftig zuviel 'Individualismus'...bescheren könnte..." (Weber 1958: 320f.) *Politisch* gewendet stellt sich mit Webers Vorhersage eines alles an sich reißenden „Gehäuses der Hörigkeit" die Frage, wie irgendwelche Gewähr dafür geboten werden kann, daß „Mächte vorhanden sind, welche die ungeheure Übermacht dieser an Bedeutung stets wachsenden Schicht in Schranken halten und sie wirksam kontrollieren" können. Nicht weniger als die Möglichkeit, Demokratie „auch nur in diesem beschränkten Sinn" (Weber 1958: 321) überhaupt zu verwirklichen, steht für Weber angesichts einer fortschreitenden Bürokratisierungswelle auf dem Spiel. Das gilt umso mehr, als der Vormarsch der Organisation auch vor den politischen Parteien als den eigentlich durch formell *freiwillige* Mitgliedschaft gekennzeichneten wichtigsten Trägern politischen Wollens nicht halt macht (vgl. auch Steiniger 1980: 59f.).

In dieser von Weber aporetisch zugespitzten Lage taucht der Begriff des *Kampfes* auf. Mit Entschlossenheit führt Weber eine strikte Unterscheidung zwischen der perzipierten Vorherrschaft der Organisation einerseits, und dem, „was die Bürokratie nicht leistet", andererseits ein. Es sei leicht einsehbar, so Weber, daß die Bürokratie trotz ihrer immensen Leistungfähigkeit auf fast allen gesell-schaftlichen Gebieten „feste innere Grenzen" habe. Dieser *immanenten* Begren-zung ihrer Leistungskompetenzen korreliert die Unterscheidung zwischen dem bürokratischen Beamten einerseits und dem Politiker (auf wirtschaftlichem Ge-biet: dem Unternehmer, auf militärischem: dem Heerführer) andererseits - eine Grenzziehung, die Weber noch in „Politik als Beruf" mit großem Impetus vorträgt und verteidigt (Weber 1958a). Der für Weber paradigmatische Unterschied zwi-schen Beamtem und Politiker, insbesondere dem politischen Führer, liegt weniger in der von ihnen erwarteten Leistung als in der Art der *Verantwortung*, die mit den genannten Positionen verknüpft ist. Ein Beamter, so Weber, der einen seiner Ansicht nach falschen Befehl erhält, soll durchaus seine Bedenken äußern. Bleibe die vorgesetzte Stelle jedoch bei der geäußerten Linie, „so ist es nicht nur seine Pflicht, sondern seine *Ehre*, sie so auszuführen, als ob sie seiner eigensten Über-zeugung entspräche, und dadurch zu zeigen: daß sein Amtspflichtgefühl über seiner Eigenwilligkeit steht...So will es der Geist des *Amtes*" (Weber 1958: 323). Ganz anders der Politiker, der, so Weber, Verachtung verdiente für ein solches Handeln. Während der Beamte „über den Parteien" steht und, Unparteilichkeit wahrend, das Eingreifen in politische Auseinandersetzungen gemäß eigenen Überzeugungen vermeidet, so ist für den Politiker der eigenverantwortliche *Kampf um die eigene Macht* das primäre Lebenselement. Der Politiker müsse sich nicht in der pflichtvollen Erfüllung von an ihn herangetragenen Diensten und Aufgaben bewähren, sondern eigenverantwortlich *kämpfen*, denn die Politik sei immer: Kampf, ja der *Kampf, so verdeutlicht Weber immer wieder, ist geradezu das We-sen, die Quintessenz von Politik* (Weber 1958: 339). In der freien Auseinanderset-zung um Gefolgschaft - Weber betont nicht zuletzt deshalb den formell freien Charakter des Parteizusammenschlusses - muß sich der Politiker kämpfend be-währen in einer vom ständigen Gegeneinander der Fraktionen, vom stets präsen-ten Konkurrenz- und Machtkampf der Parteien gekennzeichneten parlamentari-schen Arena, die die wahren Führernaturen selegierend hervorbringt. Der Politi-ker, der heute noch etwas zu bewegen vermag, muß die Auslese der politischen Konfliktmühlen durchlaufen und Bundesgenossen hinter sich versammeln, um in einer tendenziell verknöcherten Zeit politische Führungskompetenz, und das heißt auch: Gestaltungs- und Änderungswillen, zu beweisen. Im Gegensatz zum behar-rungswilligen, „sine ira et studio" arbeitenden Beamten müsse der Politiker mit „Zorn" und „Leidenschaft" (Weber 1980: 833) seine wahre Führernatur unter Beweis stellen.[2]

---

2   Webers Hervorhebung des Bedürfnisses nach politischer Führung hat den Ge-
    danken der Eigenverantwortlichkeit des politischen Führers, wie Mommsen her-
    vorhebt, bis an die Grenzen des Denkmöglichen vorgeschoben und Webers De-

Im Zusammenhang einer konflikttheoretischen Untersuchung interessiert Webers Akzentuierung des Kampfes als Bedingung der Möglichkeit von politischer und individueller Freiheit in einem zunehmend von bürokratischer Verknöcherung gekennzeichneten modernen Gehäuse der Hörigkeit insofern, als Weber nicht nur den Kampf als politisch produktiv ansieht, sondern ihn in seiner pessimistischen Zeitdiagnose zu einer der wenigen noch nicht versiegten Quellen von sozialem Wandel und Gestaltbarkeit erklärt. In den Worten Rainer Lepsius': Weber sei für die Gegenwart unverändert aktuell, „wenn er sagt, zwar sei eine Verwaltung im modernen Staat ohne Bürokratie nicht möglich, doch führe andererseits die Ausdehnung der Bürokratie, die immer größere Verbürokratisierung des politischen Prozesses zu einer Erstarrung, zu einer Verhärtung...Es geht ihm dabei nicht um den Entwurf eines starren Ordnungsmodells, sondern um die Zuordnung von heterogenen Ordnungselementen zu einem Prozeß, der offen bleibt, der aus dem Konflikt und dem Kampf gegensätzlicher Ordnungsprinzipien heraus innovativ ist, Anpassungselastizität hat." (Gneuss 1988: 34) Nicht in interner Homogenität und Uniformismus sieht Weber das Ideal politischer Ordnung, sondern in der angemessenen Institutionalisierung von mit- und untereinander im Kampf liegenden Prozessen unterschiedlichster Art. Weber verleiht dem Kampf in seiner Theorie moderner Demokratie deshalb eine Schlüsselstellung, weil ihm Konkurrenz, Konflikt und Widerspruch als Garanten eines im Ganzen lebendigen, gestaltungsfähigen politischen Zentrums erscheinen, die jenseits bürokratischer Verknöcherung sowohl Zukunftsoffenheit als auch individuelle Freiheitschancen ermöglichen. Der tendenziell normative Züge annehmende Begriff des Kampfes erscheint in Max Webers politischen Schriften als Bürge für die Möglichkeit von politischer und individueller Freiheit, deren Verlust er der modernen rationalisierten Welt gleichzeitig bestätigt. Im Spannungsfeld der durch und durch ambivalent angelegten Zeitdiagnose Webers bildet der positiv konnotierte Kampfbegriff so einen politischen Gegenpol zur überall präsenten These vom Freiheitsverlust in der modernen Gesellschaft.

(3) In §1 des Hauptwerkes von Tönnies „Gemeinschaft und Gesellschaft" heißt es programmatisch: „Die menschlichen Willen stehen in vielfachen Beziehungen zueinander; jede solche Beziehung ist eine gegenseitige Wirkung, die insofern, als von der einen Seite getan, oder gegeben, von der anderen erlitten oder empfangen wird. Diese Wirkungen sind aber entweder so beschaffen, daß sie zur Erhaltung oder so, daß sie zur Zerstörung des anderen Willen oder Leibes tendieren: bejahende und verneinende. Auf die Verhältnisse gegenseitiger Bejahung wird diese Theorie als auf die Gegenstände ihrer Untersuchung ausschließlich gerichtet sein." Schon diese grundlegende Erklärung scheint für die Suche nach kon-

---

mokratietheorie tendenziell in eine antinomische Spannung versetzt. Vgl. Mommsen 1993: 527; 1981.

fliktsoziologischen Inspirationen ein eindeutiges Ergebnis bereitzuhalten: Konflikt, Streit, Auseinandersetzungen, Querelen, Disharmonien - sie stehen für Tönnies außerhalb des Begriffes des Sozialen. Das Soziale muß gewollt werden, so die Theorie von „Kürwillen" und „Wesenwillen", und Tönnies hat den schon früh von Leopold von Wiese erhobenen Einwand, daß „viele Menschen...in sozialen Verhältnissen [leben], ohne sie als 'seiende und dauernde' zu bejahen", also zu wollen (von Wiese 1950: 445ff.), geantwortet, daß er den Sachverhalt nicht leugne. In der gesellschaftlichen Wirklichkeit gebe es jedoch Verhältnisse, die er nicht als sozial bezeichne. Tönnies hält einen normativen Begriff des Sozialen bereit, der soziale Verhältnisse, Verbindungen, Werte und Normen als durch den Willen der Menschen geschaffen und eingerichtet begreift. „Kürwille" und „Wesenwille" sind dabei zwei widersprüchliche, beide aber in Tönnies' Begriff des Sozialen enthaltene Erscheinungen der menschlichen Natur, seiner „ungeselligen Geselligkeit" (Cahnman 1981: 9). Der *Wesenwille* ist die ursprüngliche Einstellung des Menschen. Er ist begründet in natürlichen gemeinsamen Empfindungen. Mittel und Zweck sind vereint, wie, so Tönnies, in der Liebe die Mutter mit dem Kind (Tönnies 1963: 8f.). Jedoch führe das Denken zu einer fortschreitenden Trennung der Zusammengehörigkeit, zu einem Auseinandertreten von Zweck und Mittel, zum Vormarsch des „Kürwillens", der sich im modernen Zeitalter der Maschinen und Kalkulationen in der Macht der isolierten Mittel über das menschliche Denken und Handeln vollendet (vgl. Tönnies 1923).

Sowohl „Kürwille" als auch „Wesenwille", Gesellschaft und Gemeinschaft werden von Tönnies *innerhalb* des Sozialen verortet. Die Frage nach nicht- oder a-sozialen Elementen verbleibt außerhalb des Gegenstandsbereiches der Soziologie. Tönnies ordnet pathologische Momente der Sozial-Psychologie zu, die sich, so Tönnies, sowohl mit gemeinsamem Denken, Fühlen und Wollen beschäftigt als auch mit deren Negationen: „Zwietracht, Krieg und Hader...ein Gebiet, das die Soziologie als ihren dialektischen Mutterschoß betrachten darf, durch dessen Verneinung sie zu ihrem eigenen Leben gelangt" (Tönnies 1926: 240). Der von der Soziologie negierte Phänomenbereich ist deshalb sozial-*psychologisch*, weil *sozialer* Wille sich in Werten, Religion und Recht ausdrückt und die individuellen Willen normativ zur gemeinsamen Anerkennung sozialer Wesenheiten verpflichtet. Entfällt dieser bejahende Wille, so fehlt jegliche Basis für das Soziale. Eine Verbrecherbande mag zwar „sozial" stark verbunden sein, jedoch befinde sie sich, so Tönnies, im Krieg mit der Gesellschaft (Tönnies 1931: 9).

Trotz des Ausschlusses von Streit, Zank und Disharmonie aus dem theoretischen Begriff des Sozialen ignoriert Tönnies die Konflikthaftigkeit seiner Zeit keinesfalls und wendet sich in empirischen Studien pathologischen Phänomenen wie etwa dem Verbrechen oder dem Selbstmord zu (Tönnies 1924, 1927, 1929). Tönnies stellt dort das Verbrechen begünstigende Faktoren wie etwa Armut, Arbeitslosigkeit, Notsituationen durch Krankheit u.ä. dar und verweist insbesondere auf das Kriminalitätsgefälle zwischen Stadt und Land. Die Stadt ist durch eine ausgeprägte Bindungslosigkeit gekennzeichnet. Deshalb sind „mobile Elemente" dort, so Tönnies, eher zu kriminellem, abweichenden Verhalten disponiert.

Für den an Konflikten interessierten Soziologen dürften Tönnies Gedanken zur Normativität des Sozialen nicht allzu hilfreich sein. Auch wenn Tönnies beiläufig bemerkt, ohne Widerspruch und Streit seien weder Leben noch Entwicklung und Fortschritt denkbar, so ist doch die Pathologisierung von Streit, Zank und Widerspruch im Gegensatz zur Normalisierung von gewollt-bejahten sozialen Beziehungen bereits in Tönnies' Konzipierung des Konfliktes als des *Anderen des Sozialen* angelegt. Sie hat Tönnies den Vorwurf eingebracht, primär Sozialethiker und nicht Soziologe zu sein (vgl. Jacoby 1971: 62).

Der Streifzug durch klassische Texte hat in bezug auf die soziologische Theorie des Konfliktes alles andere als ein einheitliches Bild ergeben. Die theoretischen Verortungen des Konfliktes in der deutschen soziologischen 'Klassik' reichen vom normativen Ausschluß des Phänomens aus dem Begriff des Sozialen (Tönnies) bis zum Konflikt als hoffnungsvoll konnotiertem Begriff des politischen Kampfes, der in Kontrast zur fortschreitenden Bürokratisierung der Welt gesetzt wird (Weber). Allein Simmel unternimmt eine explizite und ausführlich dem Streit als solchem gewidmete Untersuchung des sozialen Konfliktes. Sie führt ihn zur Annahme einer grundsätzlichen produktiven Gleichrangigkeit von Bejahung und Verneinung, Assoziation und Dissoziation, Harmonie und Disharmonie.

Alle drei Theoretiker sehen einen expliziten Zusammenhang von Konflikt und sozialem Wandel. Während Tönnies diesen Sachverhalt allenfalls beiläufig vermerkt, sieht Simmel den Konflikt als Spender von neuen und modifizierten Werten und Normen, die sich aus der vom Konflikt konstituierten sozialen Beziehung ergeben. In Webers Hervorhebung des politischen Kampfes garantiert der Konflikt die Möglichkeit von gesellschaftlicher Wandlungsfähigkeit in einer durch tendenzielle Verkrustung und Verknöcherung gekennzeichneten abendländischen Welt.

I.2 Die Nachkriegssoziologie: Konflikt versus Integration?

Nachdem der soziale Konflikt in den Theorien der soziologischen Gründerväter nicht im Mittelpunkt des Interesses gestanden hatte - nur Simmel liefert, wie gesehen, eine explizite Betrachtung des Streites -, sollte sich dies nach dem zweiten Weltkrieg nachhaltig ändern. Unter dem Motto „Konflikt versus Integration" bzw. „Konflikt versus Gleichgewicht" sind die soziologischen Diskussionen der fünfziger und sechziger Jahre durch die Bildung einer eigenständigen „Konflikttheorie" gekennzeichnet.

Es fällt schwer, die vielfältigen Beiträge zur sogenannten „Konflikttheorie" auf einen gemeinsamen Nenner zu bringen, der die Bemühungen dieser breiten soziologischen Bewegung zusammenfassend charakterisiert. Tatsächlich verbergen sich hinter dem griffigen label „conflict theory" in der angelsächsischen Diskussion die heterogensten und z.T. in explizitem Widerspruch zueinander stehenden soziologischen Theorieansätze, die sich mehrheitlich als Konkurrent zum in der Nachkriegszeit scheinbar unaufhaltsam um sich greifenden sozialwissenschaftlichen Funktionalismus begreifen. So sieht etwa Ralf Dahrendorf in Parsons' Betonung von systemischen Gleichgewichtszuständen einen statischen *bias*, der unfähig sei, sozialen Wandel und Konflikte analytisch zu erfassen. Dahrendorf stellt dem eine herrschaftstheoretisch informierte Theorie des sozialen Konfliktes gegenüber. Sie sieht im ungleichen Zugang zu den knappen Ressourcen Macht und Herrschaft den Generator von sozialen Konflikten und positioniert den Konfliktbegriff in die erste Reihe der grundlegenden soziologischen Termini.[3] Ganz ähnlich betont David Lockwood in seiner Besprechung von Parsons' 1951 erschienem Buch 'The Social System', daß Konflikte nur dann in der soziologischen Theoriebildung adäquat erfaßbar seien, wenn das Hobbessche Element des Zwanges stärker gewichtet werde als in Parsons' Gleichgewichtstheorie. Randall Collins sekundiert, daß die Konflikttheorie eine von Machiavelli und Hobbes initiierte Tradition sei, die „individuals' behavior...in terms of their self-interests in a material world of threat and violence" erkläre.[4] Gegenüber diesen Herrschaft und Zwang betonenden Konflikttheorien verbindet Lewis A. Coser Fragen nach imperativer Kontrolle und Wettbewerb um knappe Ressourcen mit Legitimitätsproblemen und Wertkonflikten, die integrative Kräfte der Sozialordnung nicht aus

---

[3] So Dahrendorf 1959. Schon 1957 hat Dahrendorf das deutsche Korrelat 'Soziale Klassen und Klassenkonflikt in der industriellen Gesellschaft' als Habilitationsschrift verfaßt. Die „allzu schnell geschriebene" deutsche Fassung (so Dahrendorf 1985) hat Dahrendorf bis 1959 intensiv überarbeitet, erweitert und ins Englische übersetzt. Ich werde im weiteren mehrfach die durch zahlreiche neue Überlegungen entfaltete englische Fassung heranziehen, die darüber hinaus aufgrund der gemeinsamen englischen Sprache deutlicher das Verhältnis Dahrendorfs zur Parsonsschen Theorieanlage zu explizieren erlaubt.

[4] Vgl. Lockwood 1956, Zitat aus Collins 1975: 57. Ähnlich betont auch Horton 1966 den Vorrang organisatorischer Bedingungen des Sozialen vor denen der normativen Integration.

dem Blick verlieren möchten. So wirft Coser in seiner Besprechung von Collins' *Conflict Sociology* dem Buch vor, es vernachlässige „those areas, where scarcity is not a factor". In Bereichen wie etwa der Religion, so Coser, „success of some does not depend on the failure of others". Collins blieben deshalb integrative soziale Kräfte vollkommen verschlossen, wenn er seine soziologische Optik allein auf den Konflikt scharfstelle (Coser 1976).

In einer weiteren Variation der „Konflikttheorie" kritisiert John Rex vehement den von Coser in dessen 1956 erschienenen Buch „The Functions of Social Conflict" vorgetragenen Versuch einer funktionalistischen Lesart des Simmelschen „Streites". Rex stellt Cosers Konflikttheorie einen in marxistischer Terminologie verfaßten Ansatz gegenüber. Dabei möchte er sowohl Elemente einer an Problemen des „value commitment" orientierten „parsonian" Handlungstheorie aufnehmen als auch herrschaftstheoretisch informiertes Konfliktgedankengut berücksichtigen. Gleichzeitig kritisiert Rex sowohl Dahrendorfs Trennung des Konfliktes vom streng ökonomischen Zusammenhang als auch Cosers Betonung von in Konflikten auftretenden Wertproblemen (vgl. Rex 1961).

Mit dieser Aufzählung sind nur einige Schlagwörter genannt, die die Heterogenität und wechselseitige Exklusivität divergierender konflikttheoretischer Ansätze verdeutlichen. Einigkeit innerhalb der differentiellen Betrachtung sozialer Konflikte scheint dahingehend zu bestehen, daß alle Konflikttheoretiker eine Art von soziologischer „Konfliktkompetenz" beanspruchen, die gleichzeitig dem strukturfunktionalen Konfliktprogramm energisch abgesprochen wird. Gleichwohl haben auch Talcott Parsons sowie seine Mitarbeiter und Schüler Modelle angeboten, die zur Analyse von Konflikten beitragen wollen. Ich werde mich bei der Aufarbeitung dieser unübersichtlichen, bisweilen polemisch ausgetragenen Diskussion zwischen „Konflikttheoretikern" und „Integrationstheoretikern" - diese Debatte könnte selbst ein reizvoller Gegenstand einer wissenschaftssoziologischen Konfliktforschung sein - auf die Positionen der bedeutendsten Theoretiker konzentrieren, um paradigmatisch einige in der weitläufigen Diskussion um „Konflikt versus Integration" hervorgebrachten Erträge und Schwierigkeiten zu beleuchten. Im Einzelnen wird zunächst die theoretische und empirische Verortung des Konfliktes in der mittleren und späten Werkphase Talcott Parsons' diskutiert (1).[5] Es folgt eine Rekonstruktion von Dahrendorfs Kritik an Parsons vor dem Hintergrund seines eigenen explizit konflikttheoretischen Ansatzes (2). Unter (3) schließt sich ein Blick auf Lewis A. Cosers Versuch einer Erweiterung des konflikttheoretischen Paradigmas innerhalb funktionalistischer Analysemittel an. Schließlich werden die Ergebnisse der konfliktsoziologischen Diskussion zusammengefaßt (4).

(1) In „The Structure of Social Action" führt Parsons „Handeln" als Bezugssystem ein, mit Hilfe dessen die Soziologie einen theoretischen Apparat zur Erforschung

---

5   Diese Einteilung gemäß dem Vorschlag Jeffrey Alexanders 1983.

ihres Gegenstandsgebietes erhalten soll. Parsons sieht Handeln als jede Form menschlichen Verhaltens, die durch bestimmte Kategorien beschrieben und analysiert werden kann. Die zu entwickelnde Theorie des Handelns nimmt ihren Ausgangspunkt von der Analyse formaler Kategorien: die Handelnden (actors), die Situation des Handelns (situation of action) und die Orientierung des bzw. der Handelnden zur Situation (orientation of the actor of the situation). Der letzten dieser Kategorien kommt dabei entscheidende Bedeutung zu. Parsons formuliert Begriffe, die die Orientierung von Handelnden zu Situationen wiedergeben wie etwa die Motiv-Orientierung, die die Zielgerichtetheit allen Handelns impliziert, die Wert-Orientierung, die die Wahl zwischen Alternativen aufgrund verinnerlichter Normen und Auswahlkriterien anzeigt, sowie den sogenannten pattern-variables, die mehrere dichotome Auswahlpflichten benennen, die der Aktor vor dem Handeln leisten muß, um die Situation zu bestimmen.

Das damit angedeutete Forschungsprogramm hat Parsons in seinem 1951 erschienen Buch „The Social System" systematisch entfaltet. Während Parsons in „The Structure of Social Action" noch mit der binären Unterscheidung zwischen einer Sphäre zweckrationalen Handelns einerseits und einer Sphäre normativer Verpflichtung andererseits arbeitet, erfolgt jetzt die Einführung eines allgemeinen Handlungssystems, das in drei Subsysteme des Handelns dekomponiert werden kann: das soziale System, das personale System sowie das kulturelle System. Handeln tritt nicht empirisch vereinzelt auf, sondern integriert und vernetzt sich zu einem in drei Subsystemen analysierbarem Handlungssystem. Während das kulturelle System Symbole als konstitutive Elemente enthält, stehen soziale Interaktionen und Rollen für das soziale System sowie Bedürfnisdispositionen für das Persönlichkeitssystem. Das soziale und das personale System sind auf Ziele und die Befriedigung von Bedürfnisdispositionen ausgerichtet. Ihr Handeln tritt in Situationen auf, verbraucht Energie und ist als durch Normen reguliert gedacht (Parsons 1951: 6ff.).

Bezüglich des Verhältnisses der drei Subsysteme des Handelns zueinander betont Parsons zweierlei: Die aus dem Zusammenspiel von Persönlichkeit, Sozialsystem und Kultursystem entstehende Ordnung hat *erstens* weder rein kognitiven noch normativen Charakter, sondern bedingt stets eine Aktualisierung aller drei Subsystemebenen. Selbst wenn *eine* bestimmte Erwartung, Orientierung oder Handlung in einer gegebenen Situation dominiert - etwa die instrumentelle Realisierung bestimmter ökonomischer Zwecke, die kognitiven Erwartungen und Orientierungen Priorität einräumt -, so können die anderen beiden Ebenen keinesfalls einfach aus dem Systemgleichgewicht eliminiert werden. In einer Formulierung des ebenfalls 1951 erschienen Bandes „Towards a General Theory of Social Action" heißt es ganz ähnlich: „Instrumental actions are subsidiary in the sense that the desirability of the goal is given by patterns of value orientations, as is the assessment of cost which is felt to be worthwhile to pay for its realization..." (Parsons, Shils 1951: 165)

Die vergleichende Analyse von systemischen Bedürfnissen (exigencies) zeigt *zweitens* die *Möglichkeit* einer gleichgewichtigen Komplementarität zwischen Persönlichkeits-, Sozial- und Kultursystem. Ohne irgend einen Grad an balanciertem Gleichgewicht zwischen diesen analytisch getrennten Ebenen sind geordnete soziale Verhältnisse undenkbar. Auch wenn Persönlichkeit, Sozialsystem und Kultursystem eine gewisse, notwendige Komplementarität aufweisen, so verbleibt die Trennung der drei Ebenen. Sie fallen nicht zusammen und können nicht aufeinander reduziert werden. „Each of the three must be considered to be an independant focus of the organization of the elements of the action system in the sense that no one of them is theoretically reducible to terms of one or a combination of the other two." (Parsons 1951: 6) Jedes der drei Subsysteme des Handelns ist unabdingbar für die je beiden anderen, so daß ohne Persönlichkeit und Kultursystem kein Sozialsystem möglich wäre usw. Parsons möchte deshalb durch die analytische Trennung der Ebenen die Notwendigkeit einer je separaten Betrachtung von Persönlichkeit, sozialem und kulturellem System aufzeigen. Die besondere Wichtigkeit der von Parsons vorgenommenen Trennung der drei Systemebenen zeigt sich darin, daß sie eine Aufdeckung der häufig, so Parsons, unterbelichteten „independant variability" zwischen Kultur und Persönlichkeit aufzudecken erlaube. Das Fehlen einer differenzierten Betrachtungsweise habe dabei zu einem mangelhaften Oszillieren zwischen psychologischem und kulturellem Determinismus geführt (Parsons 1951: 14). Kultur ist für Parsons nicht einfach erlerntes Verhalten.[6] Vielmehr erlaubt die Trennung von Persönlichkeit, Kultur und Sozialsystem den Aufweis von Spannungszuständen zwischen den Systemebenen im Falle mangelnder Komplementarität. Obwohl es, so Parsons, etwa ein Element kultureller Generalisierung zwischen institutionellen Teilen des sozialen Systems gebe, sei vollkommene Kongruenz zwischen den Ebenen nicht möglich. Hieraus resultiert die Möglichkeit von Spannungen (strains) auf den verschiedenen Ebenen des Handlungssystems: *erstens* auf der Ebene von Werten im Falle inadäquater Sozialisation, *zweitens* auf der Ebene des Sozialsystems „from changes in the social system in relation to nature or to other systems". *Drittens* im Persönlichkeitssystem: „Very frequently the most important internal as well as external conflicts are not between obligations imposed by a general collective value system and 'self-interest' but between the obligations of different roles, that is, between the constituent, more or less specific, need-dispositions in the superego." Der Aktor werde gezwungen, bestimmte Verpflichtungen für andere Verpflichtungen zu opfern, und „this is an authentically internal personality conflict, and not merely a conflict over the possible 'external' consequences of sanctions..." (Parsons, Shils 1951: 145) Angesichts des tendenziellen Spannungs-

---

6   Clifford Geertz hat den damit erreichten theoretischen Fortschritt hervorgehoben, der gegenüber einer bis dahin in den amerikanischen Sozialwissenschaften üblichen Gleichsetzung von Kultur mit erlerntem Verhalten erreicht worden ist. Vgl. Geertz 1971: 371f.

zustandes zwischen nicht-komplementären Systemebenen betont Parsons an anderer Stelle, daß häufig die Annahme über Gleichgewichtszustand und Integration sozialer Systeme übertrieben werde. Deshalb sei es „essential to give specific attention to the elements of malintegration, tension and strain in the social structure"[7].

Ausgehend vom Modell der tendenziell im Spannungszustand miteinander stehenden Subsysteme des Handelns wendet sich Parsons empirischen Arbeiten über Spannungen und Konflikte zu. Als Beispiel dient ihm das Studium des deutschen Faschismus sowie seiner Überwindung durch die Alliierten nach dem Ende des Krieges (vgl. Parsons 1969: 69ff.). Das Nazi-Deutschland sei, so Parsons, durch ein extremes Auseinanderfallen der nationalen Gemeinschaft gekennzeichnet gewesen, das eine Reintegration durch Mechanismen der sozialen Kontrolle unmöglich gemacht habe. Den Grund hierfür auf der Ebene des sozialen Systems sieht Parsons in den Störungen der deutschen vorindustriellen Vergangenheit. Die Beständigkeit des preußischen Feudalismus, die ungebrochene Macht der militärisch engagierten „Junker-Klasse" und die Tatsache, daß der moderne deutsche Staat unter der Aristokratie und nicht gegen sie entstand, führten zu mangelhaften demokratischen Verhältnissen. Auf der kulturellen Ebene sieht Parsons die Fortwirkungen eines obrigkeitsorientierten Lutheranismus sowie die besonders ausgeprägte Dominanz der männlichen Herrschaft in der Familie als Relikt vorindustrieller Zeiten. Im Persönlichkeitsbereich betont Parsons die besonderen deutschen Züge wie etwa Formalismus der sozialen Beziehungen, die romantisch-geistige Orientierung zu Natur und Volk sowie die militärische Brüderschaftsethik als Gründe dafür, daß Deutschland von den rationalisierenden Umwälzungen des 19. sowie des frühen 20. Jahrhunderts besonders hart getroffen wurde. Da wichtige gesellschaftliche Gruppen bei weitem traditionaler und konservativer eingestellt waren als in anderen, vergleichbaren Ländern, wurde Deutschland durch eine besonders ausgeprägte Polarisierung der Gesellschaft getroffen, die weder durch soziale Kontrolle noch durch Reintegrationsmechanismen in einen spannungsfreien Zustand des Gleichgewichtes zwischen den Systemebenen umgekehrt werden konnte. Die nationalsozialistische Machtergreifung habe schließlich zur endgültigen Auflösung der nationalen Gemeinschaft geführt.

In seinem Essay „The Problem of Controlled Institution Change" diskutiert Parsons Möglichkeiten für die Alliierten, Deutschland auf den Entwicklungsweg der anderen europäischen Demokratien zurückzuleiten. Parsons hält eine drastische „manipulation of rewards" wie etwa das Verbot der NSDAP und die Unter-

---

7   So Parsons 1954: 117, deutsche Übersetzung 1973. Parsons bevorzugt gegenüber der Rede vom Konflikt den Gebrauch der Wörter „Strain" und „Tension". Coser (1965: 24) kommt in einer Art linguistisch-quantitativem Exkurs zu folgendem Ergebnis: „Die Essays [in Sociological Theory Pure and Applied] enthalten 16 Hinweise für 'Belastung' und 20 für 'Spannung' - jedoch nur 9 für 'sozialen Konflikt'...In 'The Social System' ist der 'soziale Konflikt' völlig verschwunden, dafür gibt es 17 Angaben zu 'Belastung'.

drückung der „Junkerklasse" angesichts der Macht sowie des moralischen Traditionalismus dieser Gruppen für geboten. Die Entnazifizierung von Verwaltung und hohen wirtschaftlichen Kreisen solle durch ein Abschmelzen ihrer vorkapitalistischen Basis bewerkstelligt werden. Gleichzeitig sei, so Parsons, eine Aufrechterhaltung und Garantie von Ordnung und Sicherheit durch die Alliierten notwendig, um anomische Zustände zu verhindern.

Zusammenfassend läßt sich Parsons' Theorie des Konfliktes der mittleren Werkphase dahingehend charakterisieren, daß das analytisch in Persönlichkeit, Kultur und Sozialsystem getrennte System des Handelns in einen Spannungszustand gerät, wenn die reziproke Komplementarität zwischen den Ebenen sich derart verringert, daß ein Gleichgewicht nicht mehr ohne weiteres aufrechterhalten werden kann. Als Antwort auf einen solchen Abweichungszustand werden soziale Kontrollmechanismen ins Spiel gebracht, die den Spannungszustand zu lindern versuchen. Gelingt die Reintegration des Systems nicht, verschärfen sich personale, soziale und kulturelle Konflikte. Struktureller und sozialer Wandel treten ein, die das System auf einem neuen Niveau restabilisieren. Parsons hat versucht, diese theoretische Verortung des sozialen Konfliktes in empirische Beschreibungen umzusetzen.

Die Rezeption von Parsons' Vorschlägen zur Erklärung von Spannungen, Konflikten und sozialem Wandel ist in den fünfziger und sechziger Jahren äußerst zwiespältig ausgefallen. So kommt Edward C. Devereux zu dem Ergebnis, Parsons reflektiere „the view that society represents a veritable powder keg of conflicting forces, pushing and hauling in all ways at once". Die Annahme, „that any sort of equilibrium is achieved at all...represents for Parsons something both of miracle and challenge" (Devereux 1961: 33). Während Devereux gerade im Systemspannungsmodell die Möglichkeit gegeben sieht, die Gründe für soziale Konflikte theoretisch zu verorten, erfolgt mehrheitlich eine äußerst kritische und ablehnende Rezeption. Lopreato etwa spricht von einer geradezu besessenen „consensus sociology". In Parsons' Theorie sei „no place on the shelves of the sociological archives for documents on social conflict". Die strukturfunktionalistische Gleichgewichtsannahme, so der Titel seines Aufsatzes, sei deshalb ein „Peiniger" (Lopreato 1971: 318). Walter Buckley sekundiert, Abweichung und Spannungen kämen zwar in Parsons' System vor. Sie seien für ihn jedoch residual. Die vorgegebene Systemstruktur fungiere bei Parsons als „fixed point of reference against which other structures or latent consequences are seen as potentially disruptive...The answer would lead straight to the crucial problems of power, ideology and propaganda, vested interest, and the like..." (Buckley 1967: 29f.)

Während viele Autoren den Begriff des systemischen Gleichgewichtes zwischen Kultur, Persönlichkeit und sozialem Subsystem total negieren und behaupten, Konflikte und sozialer Wandel könnten, wenn überhaupt, in einem durch und durch statischen Modell nur unzureichend erklärt werden, kommt Ralf Dahrendorf zu einem differenzierteren Ergebnis. Der Vorwurf, so Dahrendorf in „Class and Class Conflict in Industrial Society", daß Parsons sich ausschließlich für Stabilität interessiere, sei unberechtigt. Ein Einwand könne sich lediglich daraus ergeben, daß die dynamischen und variablen Elemente, die strukturellen Wandel erzeugen, notwendig *von außen* auf das System einwirken müssen. *Innerhalb* sozialer Strukturen gebe es jedoch, so Dahrendorf weiter, „certain elements or forces which are at the same time their constituent parts (and therefore 'function' within them) and impulses operating toward their supersedence and change" (Dahrendorf 1959: 123). Parsons' Modell fehle es an der Möglichkeit, *endogen* erzeugten Konflikt und sozialen Wandel zu erklären. Es müsse Stabilität *voraussetzen*, um Wandel erklären zu können (vgl. auch Dahrendorf 1955).

Parsons hat die Schwierigkeit insbesondere des Gleichgewichtsmodells zugegeben - „Equilibrium" sei, so Parsons, „indeed a sociological tantalizer" (Parsons 1971: 381f.) - und antwortet seinen Kritikern mit einer Weiterentwicklung seiner Theorie, die neue Aspekte für eine Theorie des sozialen Konfliktes eröffnet. Bereits 1953 hatte Parsons das Handlungssystem um das sogenannte Vier-Funktionen-Schema sowie den Verhaltensorganismus als viertem Subsystem des Handelns erweitert. Parsons nimmt dabei an, daß soziales Handeln mittels vier Funktionsproblemen analysiert werden kann: *adaptation, goal attainment, integration* und *pattern maintenance* verbinden sich zum bekannten AGIL-Schema. Die vier Subsysteme des Handelns - behavioral organism, personality system, social system und cultural system - erfüllen je eines dieser Funktionsprobleme.

    In den sechziger Jahren folgt eine Verbindung dieses Modells mit kybernetischen und evolutionstheoretischen Überlegungen, die dem Begriff der gesellschaftlichen Differenzierung zentralen Stellenwert einräumen (vgl. Parsons 1964, 1966). Parsons' Einführung kybernetischer Aspekte schließt an die bis dato erfolgte Explikation einer allgemeinen Handlungstheorie an und spezifiziert das prozeßhafte Verhältnis zwischen den einzelnen Systemebenen. Die Verbindung des AGIL-Schemas mit kybernetischen Forschungen erfolgt durch die Einführung eines kontinuierlichen Flusses von Resourcen, der die einzelnen Systemebenen miteinander verbindet. Energieressourcen fließen ausgehend vom Verhaltenssystem nach oben, Informationsressourcen verlaufen vom Kultursystem nach unten. Die Art des Austausches variiert je nach den spezifischen Ebenen, die beteiligt sind. So erscheint etwa Energiezufuhr des Organismus zum Persönlichkeitssystem als Proteine und Kalorien, die von natürlichen Ernährungsmitteln bereitgestellt werden. Im Verhältnis von Kultursystem und sozialem System dienen Werte als vorherrschende Informationsressource dazu, eine bestimmte soziale Ordnung zu legitimieren. Eine Stufe niedriger dienen die in der Familie vermittelten Sozialisationsmuster dem Informationsfluß vom sozialen System zum Persönlichkeitssystem.

    Dabei ist das kybernetische Verhältnis zwischen Energie und Information einerseits und der respektiven Systemebene andererseits zweifacher Art: Je höher man in der Kontrollhierarchie aufsteigt, desto höher ist die Informationsdichte und desto niedriger der Energiezustand des Systems. Kein Ort im System kennt eine ausschließliche Präsenz der einen oder anderen Art von Ressource.

Ausgehend von diesen Überlegungen zum Zusammenhang der verschiedenen Subsysteme werden die Quellen von Konflikt und sozialem Wandel dahingehend präzisiert, daß entweder ein Überfluß an Energie und Information oder respektive ein Mangel dieser Ressourcen an den Grenzen der Ebenen Konflikte hervorrufen. Beispielsweise resultiert eine politische Legitimationskrise auf der Ebene des sozialen Systems aus dem mangelhaften informationalen Wertmustertransfer des kulturellen Systems. Die unzureichende Motivation eines Aktors zur Erfüllung von Rollenerwartungen in der Ökonomie ergibt sich aus dem inadäquaten Informationsfluß zum Persönlichkeitssystem in der familiären Sozialisation (vgl. Ackermann, Parsons 1967).

Die prekäre Balance zwischen den tendenziell im Spannungszustand zueinander stehenden Systemen wird durch energetischen und informationalen Ressourcenaustausch aufrechterhalten. Konflikt und sozialer Wandel treten dann auf, wenn Fließprozesse empfindlich gestört, verstärkt oder abgeschwächt werden. Parsons versucht dabei die Gleichgewichtsunterstellung seiner Theorie durch die Annahme abzuschwächen, daß sowohl positive als auch negative Rückkopplungsmechanismen (feedback mechanisms) zwischen unterschiedlichen Systemebenen die Wahrscheinlichkeit von Konflikt und sozialem Wandel weiter erhöhen. Geraten die Ressourcenströme einmal in Unordnung, so ist eher mit sich verstärkenden Spannungen zu rechnen als mit der Rückkehr zu einem Zustand der Balance.

Parsons bringt diese kybernetische Erweiterung des Handlungssystems in evolutionstheoretische Überlegungen ein. Dabei kommt dem Begriff der *Differenzierung* zentraler Stellenwert zu. Der Begriff Differenzierung bezieht sich auf den Prozeß, in dem „a unit, subsystem, or category of units of subsystems having a single, relatively well-defined place in the society divides into units of systems (usually two) which differ in both structure and functional significance for the wider system" (Parsons 1966: 22). Bezieht man diese Definition auf die funktionalen Grundprobleme einer Gesellschaft, die Parsons im AGIL-Schema expliziert hat, so ergibt sich folgendes Bild des evolutionären Wandlungsprozesses im historischen Übergang von primitiven zu modernen Gesellschaften: Im Zuge der Differenzierung von Gesellschaften werden die Institutionen, die mit den funktionalen Erfordernissen von *adaptation, goal-attainment, integration* und *pattern maintenance* befaßt sind, voneinander getrennt. In weniger entwickelten Gesellschaften erfüllen einzelne Strukturen mehrere verschiedene Funktionen. Politische Strukturen dienen beispielsweise auch als religiöse Institutionen, Verwandtschaften erscheinen sowohl in ökonomischen als auch rechtlichen Zusammenhängen. Je differenzierter Gesellschaften werden, desto mehr tendiert der historische Wandlungsprozeß zu einer Betreuung bestimmter Funktionen durch je eine spezialisierte Einheit. Sie entwickelt sukzessive die Kapazität, die Ressourcen anderer Ebenen zu mobilisieren und eine unabhängige, jedoch nur partielle Regulierung derselben zu erlangen. Dieser evolutionäre Prozess wird durch die kybernetisch vernetzten Kontrollprozesse zwischen unterschiedlichen Systemen gesteuert. Hierbei räumt Parsons dem vom kulturellen bzw. normativen System ausgehenden Informationsfluß eindeutig Priorität ein. Zwar geben die energetischen Ressourcen die Grenzen von Variabilität im Differenzierungsprozeß vor. Ihre Ströme werden jedoch vom Kultursystem gelenkt, dirigiert und begrenzt.

Differenzierungsprozesse ergeben sich aus Spannungen, die ihrerseits aus ungleichgewichtigen Ressourcenverteilungen an den Grenzen von Subsystemen resultieren (vgl. Parsons 1970, 1971a). Können Spannungen durch Kontrollmechanismen innerhalb bestehender Strukturen nicht beseitigt werden, so besteht eine Lösungsmöglichkeit in einer strukturellen Systemdifferenzierung z.B. durch die Bildung von Märkten, die Parsons für den Prototyp von struktureller Differenzierung hält (vgl. Parsons 1971a: 74-78). Wenn sich die Tendenz zur weiteren Systemdifferenzierung durchsetzt, werden die neugebildeten Systemstrukturen spezifischer und anpassungsfähiger sein. Gleichzeitig wird sich eine neue Balance in den Ressourcenströmen einstellen.

Fragt man nach der Relevanz dieses evolutionären Differenzierungsmodells für soziale Konflikte, so liegt auf der Hand, daß Konflikte im Laufe der soziokulturellen Evolution häufiger auftreten werden. So unterstützt z.B. die zunehmende Differenzierung von normativen Komplexen und Wertsphären von ökonomischen und politischen Zusammenhängen die Opposition gegenüber autoritativen Stellen in Politik und Wirtschaft. „Thus, political dissatisfaction becomes much more frequently expressed because democratization separates political decision-making from the solidary processes that mobilize demands and support." (Alexander 1983: 143)

Gleichzeitig zur ansteigenden Häufigkeit von Konflikten in differenzierteren Gesellschaften sieht Parsons eine korrelierende Abnahme der Strenge bzw. Intensität von Konflikten. Diese Annahme begründet Parsons damit, daß z.B. im Zuge von Differenzierungsprozessen nicht nur politische Opposition unterstützt werde, sondern sich gleichzeitig eine generelle Ebene von normativer Allgemeinheit ausbilde, die sich wie ein Bogen über die potentiell konfligierenden Interessen spanne. Nur eine differenzierte Gesellschaft könne, so Parsons, Randbedingungen festlegen, die divergierende Elemente ermöglichen und gleichzeitig ihr Aufeinanderprallen zu einer ernsthaften Krise verhindern. So kommt Parsons in seinen Studien zum amerikanischen politischen System zu dem Ergebnis, daß „the American two-party system is a mechanism by which, at any given time, a relative equilibrating balance in a pluralistic society is maintained, so that conflicts and divisive tendencies are controlled and more or less fully resolved" (Parsons 1959: 112). Es gebe, so Parsons, einen gemeinsamen Rahmen sowohl institutioneller Normen als auch kognitiver Situationsdefinitionen, der über Parteigrenzen hinweg gerechte Vereinbarungen z.B. über Kandidatenbewertungen oder die Hauptthemen des Wahlkampfes garantiere. Dieses Maß an Gemeinsamkeit jenseits konfligierender Interessen ermöglicht für Parsons sowohl die Zunahme von Konflikten als auch ihre „Entschärfung" in bezug auf ihre Intensität.[8] Ohne an dieser Stelle bereits eine genauere Diskussion von Parsons' Beitrag zu einer soziologischen Theorie des sozialen Konfliktes einzufügen, sei darauf hingewiesen, daß sein Forschungsprogramm, wie gesehen, durchaus Erklärungsmuster für sowohl soziale Konflikte als auch gesellschaftlichen Wandel bereithält. Ich wende mich im folgenden Ralf Dahrendorf als beispielhaftem Vertreter der 'Konflikttheorie' zu und werde seine Kritik an Parsons sowie Dahrendorfs eigenen konfliktsoziologischen Ansatz diskutieren.

(2) Parsons war der Ansicht gewesen, daß „if theory is *good* theory...there is no reason whatever to believe that it will not be *equally* applicable to the problems of change and to those of process within a stabilized system" (Parsons 1937: 535). Dieser Ansicht stimmt Dahrendorf zu. Dahrendorf möchte darlegen, daß Gesellschaft stets ein Doppelgesicht aufweist, das Statik *und* Dynamik, Integration *und* Konflikt in sich vereint. Beide Seiten sind keinesfalls für sich allein verständliche, geschlossene Strukturen, sondern „zwei gleich gültige Aspekte jeder denkbaren Gesellschaft, dialektisch aneinander gekettet" (Dahrendorf 1958: 79). Dahrendorf strebt dabei eine Erweiterung bzw. Überwindung der struktur-funktionalen Theorie überall da an, wo sie mit ihrem Allgemeinheitsanspruch ihre Konten in bezug auf die immanente Erklärbarkeit von sozialem Wandel und Konflikt überzieht. Gleichzeitig wird der systemtheoretische Ansatz, anders als bei manchem „Konflikttheoretiker" der fünfziger und sechziger Jahre, als nützliches Analyseinstrument keinesfalls pauschal verworfen. Jedoch möchte Dahrendorf gegenüber dem struktur-funktionalen Integrationsprimat nicht weniger beweisen, als daß „die 'dynamisch variablen Elemente', die auf die Konstruktion sozialer Strukturen einwirken,...nicht von außerhalb des 'Systems' kommen, sondern...aus der Struktur selbst erzeugt werden" bzw. werden können (Dahrendorf 1957: 127). Dahrendorf betrachtet die Konzeption einer durch Wert- und Normensystem integrierten Gesellschaft als einseitig und möchte ihr einen Ansatz gegenüberstellen, der den konfligierenden gesellschaftlichen Elementen eine zentrale Bedeutung einräumt, ohne dabei einer komplementären konfliktorientierten Einseitigkeit zu verfallen.

Der nächste Schritt in Dahrendorfs Entwicklung einer dem Strukturfunktionalismus konkurrierenden Theorie besteht in der Einführung des Herrschaftsbegriffes. Dahrendorf nimmt an, daß Konflikt, sozialer Wandel und gesellschaftliche Dynamik ihren Ursprung in Herrschaftsverhältnissen haben. Das „Grundphänomen des sozialen Konfliktes" ist für Dahrendorf „nicht allein in festgewordenen sozialen Strukturen, sondern vor allem in 'normalen' Elementen der Sozialstruk-

---

[8]   Der Versuch eines empirisch fundierten Belegs für die These einer im Laufe der soziokulturellen Evolution zunehmenden Konflikthäufigkeit bei gleichzeitiger Abnahme der Konfliktintensität findet sich bei Jacobsen 1971.

tur, d.h. in Verhältnissen, die sich in jeder Gesellschaft zu jeder Zeit finden", angelegt (Dahrendorf 1958: 216). Hierfür bietet Dahrendorf den Begriff der *Herrschaft* an, den er, unabhängig von der struktur-funktionalen Terminologie, neben den beiden weiteren Kategorien „Norm" und „Sanktion" zur Grundkategorie der Soziologie erhebt (Dahrendorf 1961: 27). Dahrendorf definiert Herrschaft im Anschluß an Max Weber als „Chance, für einen Befehl bestimmten Inhalts bei angebbaren Personen Gehorsam zu finden" (Weber 1980: 28). Herrschaft grenzt sich in zweierlei Hinsicht negativ gegen Macht ab: Sie verfügt *erstens* über eine Legitimitätsbasis der Kontrolle über andere, die der Macht fehlt. Herrschaft ist, so Dahrendorf, *zweitens* gebunden an *Positionen* und nicht, wie Macht, an *individuelle Persönlichkeiten*. „Es kommt vorerst nur darauf an, den Zusammenhang legitimer Herrschaft mit gewissen Positionen oder Rollen zu betonen. Unabhängig von der Persönlichkeit von Individuen...gibt es in der Gesellschaft gewisse Positionen, deren Trägerschaft die Erwartung und Verpflichtung einschließt, Herrschaft auszuüben." (Dahrendorf 1957: 141)

Im weiteren wird der in enger Anlehnung an Max Weber eingeführte Herrschaftsbegriff dahingehend spezifiziert, daß nur *institutionalisierte* Herrschaftsverhältnisse, die sich durch stabile Rollenerwartungen auszeichnen, in der zu entwickelnden Konflikttheorie berücksichtigt werden. „Solche Positionen gibt es...nur innerhalb von 'Herrschaftsverbänden', d.h. organisierten Institutionsbereichen von zumindest intendiertem Dauercharakter." (Dahrendorf 1957: 141) Prototyp eines solchen Herrschaftsverbandes ist der Staat als politisch organisierte Gesellschaft. Jedoch verfügen nicht nur der Staat, sondern auch andere Herrschaftsverbände wie etwa wirtschaftliche oder religiöse Assoziationen über strukturell ähnliche Gehorsamserzwingungsmechanismen.

Herrschaft hat nach Dahrendorf einen charakteristischen Doppelcharakter. Sie ist einerseits ein Zwangsmittel der gesellschaftlichen Integration. Der Herrschaftsbegriff steht damit zunächst in einem integrativen Zusammenhang, denn „Herrschaft ist eine notwendige Bedingung der Integration sozialer Systeme" (Dahrendorf 1959a: 45). Herrschaft hat für Dahrendorf als Sanktionsinstanz zunächst normsichernde Funktion. Deshalb sind „Norm und Herrschaft...in derselben Weise sukzessive zu verstehen wie der Gesellschafts- und Herrschaftsvertrag" (Dahrendorf 1961: 28). Dahrendorf nimmt an, „daß der Gesellschaftsvertrag (pacte d'association) den Herrschaftsvertrag (pacte de gouvernement) stets nach sich zieht" (Dahrendorf 1960: 221; vgl. 1959: 46). Während sich diese Auffassung von Herrschaft mit Parsons' Verständnis ihrer Funktion als Mechanismus sozialer Kontrolle trifft (Parsons 1958: 210; 1960a: 221), weist Dahrendorf der Herrschaft darüber hinausgehende, konfliktträchtige Funktionen zu: „Dieselbe Autoritätsstruktur jedoch, die die Integration...garantiert, wird andererseits zum Ausgangspunkt von Gegensätzen und Konflikten" (Dahrendorf 1959a: 46). Dahrendorf sieht nicht nur eine *normerhaltende*, sondern auch eine *normsetzende* Relevanz von Herrschaft. Die Autorität begründet immer ein Zwangsverhältnis einiger über andere, das partikulare Interessen mit sich bringt. Dahrendorf betont diesen Zusammenhang insbesondere dann, wenn er die Konflikthaftigkeit der gesellschaftlichen Wirklichkeit gegenüber Parsons' harmonischer Eingebundenheit von Herrschaft in das geltende Normensystem hervorheben möchte.

Herrschaft erhält damit einen widersprüchlichen Doppelcharakter: Einerseits trägt sie als legitime Autorität zur Integration von Gesellschaft bei und ist insofern ein Mechanismus sozialer Kontrolle. Andererseits hat sie einen eher instrumentellen Charakter als Mittel der Durchsetzung von Zwecken partikularer Gruppen.

Dahrendorf versteht den widersprüchlichen Charakter der Herrschaft als Abbild des „Doppelgesichtes der Sozialstruktur", das sich auch auf der Ebene der sozialen Rolle wiederfindet. Der soziologische Rollenbegriff dient bei Parsons dazu, soziales Verhalten als normativ vermittelt bzw. als Funktion von Erwartungen zu analysieren. Rollenbeziehungen können für Parsons als komplementäre Verhaltensmuster aufgefaßt werden, die sich auf explizite und geltende gemeinsame Normen und Werte stützen.

Dahrendorf erweitert dieses Verständnis von sozialen Rollen um einen „nichtintegrativen Aspekt" (Dahrendorf 1957: 161). Rollen weisen für Dahrendorf prinzipiell über die Integration einer bestehenden Struktur hinaus und können potentiell disruptive Konsequenzen haben. Dies erklärt Dahrendorf damit, daß Rollen „von den Rollenträger ganz, halb oder gar nicht akzeptiert werden" (Dahrendorf 1959: 163), weshalb die Rolle bisweilen auch den Charakter der Rollen*zumutung* gewinnt.

Mit diesem begrifflichen Arrangement ergibt sich jedoch ein Folgeproblem. Dahrendorf hat den Herrschaftsverband, in Anlehnung an Max Weber, zunächst als durch legitime Herrschaft gekennzeichnet konzipiert. Die Herrschenden werden, gestützt auf die geltende normative Ordnung, mit der Rollenerwartung zu herrschen konfrontiert. Hierzu komplementär ergibt sich die Gehorsamserwartung an die Beherrschten. Damit wird aber unverständlich, weshalb die Herrschenden die Erwartung nach einer konfligierenden Beseitigung der Herrschaftsordnung an die Beherrschten richten sollten. Es scheint in einer durch komplementäre Erwartungsmuster gekennzeichneten Herrschaftsordnung keinen Grund für die von Dahrendorf in Aussicht gestellten Konflikte um Herrschaft zu geben. Dahrendorf gerät hier in die Schwierigkeit, konfligierende Tendenzen mangels anderer Quellen dem unerkundbaren Willen bestimmter Klassen zuschreiben zu müssen. Es ist nicht unmittelbar plausibel, warum in einem durch komplementäre Erwartungen gesicherten Rollenarrangement überhaupt Konflikte auftreten sollen. Daraus könnte die Notwendigkeit folgen, Konflikte überhaupt unterstellen und voraussetzen zu müssen, um ihr Auftreten überhaupt erklären zu können.

Dahrendorf rekurriert an dieser Stelle auf die Kategorie des *Interesses*. Nichtintegrative Verhaltensmuster sind „durch gewisse erwartete Interessenorientierungen zu definieren" (Dahrendorf 1957: 161). Hierbei handelt es sich keinesfalls um psychologische Tatbestände. Dahrendorf versteht die Kategorie des Interesses in Rekurs auf Marx als 'objektiv', d.h. *strukturell* begründet. Das Interesse ergibt sich nicht als intentionaler Sachverhalt, sondern aus objektiven, sozialstrukturellen Zusammenhängen (Dahrendorf 1957: 166). Dahrendorf bedient sich an dieser Stelle des marxschen Verständnis von konfligierenden Klassen als Agens gesellschaftlichen Wandels, deren Antagonismus aus den *strukturell* vermittelten Produktions- bzw. Eigentumsverhältnissen abgeleitet wird. Der Klassenkonflikt wird von Dahrendorf zum Konflikt um Herrschaftsverhältnisse als der eigentlichen strukturellen Ursache sozialer Konflikte modifiziert (Dahrendorf 1961a: 153f.; 1957: 18ff.). Im Anschluß an diese Änderung muß Dahrendorf zeigen, daß sich Herrschaftsverhältnisse und die durch sie erzeugten Konflikte aus sozialstrukturell vermittelten, widersprüchlichen Rollen*interessen* ableiten lassen.

In einer eingehenden Analyse hat Peter Weingart gezeigt, daß dieser Anspruch scheitert (Weingart 1968). Weingart kann zeigen, daß Dahrendorf von einem normativ gefaßten Begriff von Institution ausgeht, der die Ableitung von strukturell bedingten Interessen unmöglich macht. Warum mißlingt die sozialstrukturelle Ableitung von Interessenkonflikten?

Dahrendorf stellt seinen Anschluß an Marx via der Rezeption von Lockwoods Unterscheidung zwischen faktischem Substrat und normativem Bereich sozialer Ordnung her. Lockwood sieht in seiner Kritik an Parsons diesen ausschließlich mit der normativen Struktur von Gesellschaft beschäftigt. Demgegenüber möchte Lockwood der Soziologie durch die Analyse einer *nicht-normativen Ebene der Faktizität* neue Möglichkeiten jenseits des strukturfunktionalen Fokus auf normative Integration eröffnen (vgl. Lockwood 1955). Dahrendorf übernimmt, so Weingart, den Begriff des faktischen Substrates und korrigiert seine inhaltliche Bedeutung „gleichsam unter der Hand" (Weingart 1968: 247). Faktisches Substrat wird identisch mit „institutioneller Struktur", normative Struktur gerät zu „Verhaltensstruktur". Dem entspricht die Konzeption von Herrschaft als „legitime, durch sozial institutionalisierte Normen gestützte Macht" (Dahrendorf 1957: 140), die die Faktizität von Institutionen zum Ausdruck der Geltung einer Ordnung werden läßt. Damit jedoch erweise sich, so Weingart weiter, daß Dahrendorf „eine faktische Ebene der Sozialstruktur, wie Lockwood sie - in Anlehnung an Marx - im Auge hat,...gar nicht [kennt], und es ist irreführend, wenn er seine Konzeption der institutionellen Ebene mit Lockwoods Verständnis vom faktischen Substrat gleichsetzt." (Weingart 1968: 247)) Dahrendorfs „institutionelle Ebene" als erwünschter Nachfolger eines sozialstrukturellen, faktischen Substrats sei bereits von vornherein in normativen Termini entfaltet, die „den Grundeinheiten des sozialen Systems Parsons' entsprechen. Die institutionelle Ebene ist identisch mit dem Positionsarrangement, die 'verhaltensmäßige' oder normative Ebene mit den dazugehörigen Rollen." (Weingart 1968: 247f.) Damit verliere Dahrendorfs Begründung von Herrschaft ihr sozialstrukturelles Begründungsfundament und erhalte analytisch-theoretischen Charakter. Hieraus folge aber, so Weingart, daß Dahrendorfs entscheidende Einführung von antagonistischen Rolleninteressen zur Plausibilisierung von Autoritäts- und Non-Autoritätsrollen *eine bloße Setzung* _bleibe._ „Das Postulat, mit dem die Gegensätzlichkeit der Interessen gesetzt wird, bezieht sich demnach gleichermaßen auf die Gegensätzlichkeit der Struktur des Herrschaftsverbandes, aus der die Interessen als antagonistische ja erst hervorgetrieben werden sollen. Der Antagonismus, der über das Rollenverhalten (als interessenorientiertes) analysiert werden soll, ist mithin schon in diesem selbst definiert, also definitorischer Bestandteil der Rolleninteressen." (Weingart 1968: 254)

Die Konsequenzen für das von Dahrendorf angestrebte Konfliktmodell von Gesellschaft sind weitgehend. Dahrendorf gelingt es nicht, Herrschaftskonflikte als strukturell bedingt abzuleiten, sondern muß sie _als vorab gesetzten Bezugspunkt seiner Analyse einführen und voraussetzen._ Die operative Frage nach der Genese von Konflikten - warum tauchen sie überhaupt in der Gesellschaft auf - muß von ihm letztendlich in einem „aprioristischen Lösungsversuch" (Weingart 1968: 255) als Definition abgehandelt werden. Was Dahrendorf nicht beweisen kann, das setzt er a priori an - so könnte man in Anlehnung an ein bekanntes Sprichwort formulieren.

Weitergehend noch sehe sich Dahrendorf, so Weingart, gezwungen, Herrschaft und die aus ihr resultierenden Konflikte als invariantes „functional prerequisite" der Gesellschaft einzuführen, das prinzipiell unwandelbar und universal ist. So heißt es etwa in Dahrendorfs industrieller Konfliktsoziologie: „Während die bestimmten Gegenstände einzelner Konflikte gelöst werden können, liegen die letzten Ursachen der Konflike in unwandelbaren Strukturelementen des Betriebes..." (Dahrendorf 1956: 103; vgl. Dahrendorf 1964) Die Herrschaft avanciert ebenso wie der soziale Konflikt zum postulierten Universalmoment, das selbst der Analyse vorenthalten bleibt und schlicht vorausgesetzt werden muß.

Damit ist die Diskussion des differenziertesten Konflikttheoretikers der Nachkriegssoziologie zu einem dilemmatischen Ergebnis gekommen. Der wohl erste soziologische Versuch der Elaboration einer systematischen und grundlegenden Theorie sozialer Konflikte hat das eigentlich zu erklärende Phänomen als Grundbegriff der Analyse _voraussetzen_ müssen, um daran eine Theorie des sozialen Klassenkonfliktes anschließen zu können. Die operative Frage nach der Genese sozialer Konflikte wurde mit der vorab erfolgenden, postulathaften _Setzung des Konfliktbegriffes_ stillgestellt. Dahrendorf _geht davon aus_, daß Herrschaft und die aus ihr resultierenden soziale Konflikte in Form divergierender Rolleninteressen ein universales Moment von Gesellschaft sind. Damit ist das vorab eingeführt, was als Ergebnis einer soziologischen Analyse erst zu zeigen wäre.

Doch wie steht es um Talcott Parsons' Bemühungen um eine Plausibilisierung systemimmanenter Konflikttendenzen? Der Vorwurf einer schlichten Postulierung des Konfliktphänomens kann gegen Parsons sicherlich nicht erhoben werden. Parsons kann die Frage nach der Entstehung von Konflikten weitaus leichter beantworten als Dahrendorf. Spannungen, Konflikte und sozialer Wandel treten - ich beschränke mich jetzt auf die späte Werkphase - immer dann auf, wenn im zweigleisigen Ressourcenfluß von Handlungssystemen an den Grenzen von Subsystemen unbalancierte Zustände eintreten. Dabei neigen eintretende Schwankungen im Systemfließgleichgewicht zur Abweichungsverstärkung, womit die Wahrscheinlichkeit des Eintreten von Konflikten und sozialem bzw. strukturellem Wandel erhöht wurde. Zusätzlich ist gezeigt worden, daß Parsons in seiner späten Werkphase eine Übersetzung dieses Modells in eine evolutionstheoretisch inspirierte Differenzierungstheorie angeboten hat, die die unterschiedliche Rolle von sozialen Konflikten in verschiedenen Gesellschaftsformen beschreiben kann.

So plausibel also das strukturfunktionalistische Modell im Gegensatz zur Dahrendorfschen Konflikttheorie das Auftreten von sozialen Konflikten werden läßt, so sehr drängt sich der Eindruck auf, daß dieser Vorteil mit einer dem Dahrendorfschen Konfliktpostulat korrelierenden theoretischen Schwäche erkauft werden muß. Dazu erneut Weingart: Dahrendorf „ist wie Parsons einer Theorie verpflichtet, die gesellschaftliche Prozesse auf dem Hintergrund eines Gerüsts funktionaler Vorbedingungen analysiert. Die unwandelbare Herrschaftsstruktur bei Dahrendorf ist mit dem Strukturbegriff Parsons' in seiner formalen Dimension identisch. Beide werden als Rollenstruktur begriffen, die analytisch immer die gleiche bleibt." Hinter der Annahme invarianter, letztlich funktionaler Bezugsgrößen der Analyse „verbirgt sich ein zyklisches Geschichtsbild, das freilich innerhalb der Theorie inexplizit und damit der Reflexion verschlossen bleibt. Mit ihm kommt Dahrendorf auch nicht über Parsons' Theorie hinaus, die gesellschaftliche Prozesse ebenfalls als Bewegungen zwischen Integration und Desintegration, Stabilisation und Destabilisation begreift." (Weingart 1968: 264, 267) Parsons erkauft auch im späten kybernetischen Ressourcenaustauschmodell die Möglichkeit der Erklärung von Konfliktgenese mit einem dem Dahrendorfschen Konfliktpostulat komplementären Fehler: Parsons muß ein sich im Gleichgewicht befindliches System *voraussetzen*, um Konflikte, Spannungen und sozialen Wandel als Abweichung von einem Systemruhezustand einführen zu können.[9] Der Konflikt erscheint so als 'das Andere' des Systemgleichgewichts. Wenn auch Parsons' Modell eher zum Verständnis von sozialen Konflikten beitragen kann als die Dahrendorfsche Konflikttheorie, so verbleibt dennoch der komplementäre Fehler beider Theorien, grundlegend „aprioristisch" zu argumentieren.

Bevor die Diskussion eines weiteren bekannten Vertreters der „Konfliktsoziologie" begonnen wird, sei noch eine Bemerkung zu den Begriffen „Konflikt" und „sozialer Wandel", genauer: dem Verhältnis dieser beiden Begriffe zueinander eingefügt. Beide Termini wurden bisher umstandslos nebeneinander geführt, ohne daß zwischen ihnen differenziert wurde. Diese Verwendungsweise wird auch von Dahrendorf nahegelegt: „Die Beziehung zwischen Konflikt und Wandel liegt im Grunde auf der Hand...Immer...liegen der Sinn und die Konsequenz sozialer

---

9   Der Begriff des „Equilibrium" taucht in den späteren, evolutionstheoretischen Schriften Parsons' nicht mehr auf, bleibt gleichwohl für die Analyse vorausgesetzt. Vgl. hierzu treffend den bereits erwähnten Beitrag von Lopreato.

Konflikte darin, den historischen Wandel wachzuhalten und die Entwicklung der Gesellschaft voranzutreiben." (Dahrendorf 1962: 126f.) Die durchaus plausibel erscheinende Verwendung der Termini „Konflikt" und „sozialer Wandel" in annähernd gleicher Bedeutung ist in der soziologischen Konfliktliteratur der fünfziger und sechziger Jahre ein durchgängiger Topos. Die Frage nach der Haltbarkeit dieser Begriffsfusion wird an dieser Stelle nicht ausführlich diskutiert. Ich weise jedoch darauf hin, daß Talcott Parsons meines Wissens als erster ernsthafte Bedenken gegen eine allzu gleichstellende Verwendung dieser beiden Begriffe angemeldet hat. Im bereits oben angeführten „Commentary" heißt es dazu:

> „On two more specific points I should like to take issue with Lopreato. The first concerns the frequent association of 'conflict' with 'change'. At the level of empirical generalization I should contend that, though they are often associated, this is by no means always so, and that the association is not nearly so intrinsic as is often claimed. First, many of the most important processes of change in societies proceed with relatively little conflict, though they may be factors in the generation of conflict at some future time. I should think, for example, that it was rather unreasonable to accuse me of having grossly underestimated the role of science and indeed of technology and other components of culture, in generating social change. Yet, even though we use the term 'revolution', in this connection, for example, the 'Copernican Revolution', we dot not imply barricades and numerous executions though we may well imply acute strains. Thus the new science did come into conflict with the Church and other conservative agencies, but the two processes are far from identical. Conversely there are many kinds of conflict which do not generate significant change, but may be caught in a stalemate - as in many cases of political factionalism..." (Parsons 1971: 383f.)

Parsons bietet keine theoretische Diskussion dieser Zusammenhänge, macht jedoch deutlich, daß die bis dato erfolgte umstandslose Fusion der Begriffe „Konflikt" und „sozialer Wandel" einer genaueren Untersuchung bedürfte.

Parsons' Bemerkung verdeutlicht, daß mit der Frage nach dem Zusammenhang von Konflikt und sozialem Wandel ein weiteres theoretisches Desiderat aufgedeckt ist, das von der bisher diskutierten Soziologie des Konfliktes nicht behandelt, geschweige denn gelöst worden ist. Ich werde unter II.4 auf dieses Problem zurückkommen.

(3) Lewis A. Coser möchte die dogmatischen Einseitigkeiten sowohl der Dahrendorfschen Konflikttheorie als auch der Parsonianischen Systemtheorie vermeiden und strebt insofern eine vermittelnde Stellung zwischen beiden Lagern an. Dahrendorfs weitgehende Annahme, derzufolge „alles soziale Leben...Konflikt [sei], weil es Wandel ist" (Dahrendorf 1972: 235), verweist Coser ebenso in den Bereich der Spekulation wie die Behauptung Nortons und Adams', daß „coercion, conflict, and change do seem, on balance, to be more basic societal attributes than

consensus and equilibrium" (Adams 1966: 717; vgl. Horton 1966). Ein solcher Ansatz, der durch schlichte Definition das herbeiführt, was durch Theoriebildung erst zu zeigen wäre, droht für Coser in metaphysische Annahmen über die essentiellen Fundamente der Welt zurückzufallen. Die Gleichsetzung alles sozialen Lebens mit Konflikt und Wandel werde sich darüber hinaus, so Coser, in der Analyse von sozialen Strukturen als „Bremsklotz" erweisen (Coser 1967: 5).

Gleichzeitig bemängelt Coser Parsons' pejorative Konnotation von Konflikt und Spannung. Coser meint, daß Parsons das bloß methodologisch aufzufassende Konzept des Systemgleichgewichtes normativ auflade und das Bestandsproblem mit ethisch wünschenswerten Sachverhalten verwechsle (Coser 1950). Dadurch müßten Spannungen und Konfliktverhalten als gegenüber legitimen Mustern deviant und anormal abqualifiziert werden.

Diesen mangelhaften soziologischen Analysen sozialer Konflikte stellt Coser eine funktionalistische Lesart des Simmelschen „Streites" gegenüber, der die bereits von Simmel herausgearbeiteten produktiven Komponenten sozialer Konflikte für die funktionalistische Analyse erschließt. Die erste Überraschung für die bisherige Diskussion der konfliktsoziologischen Nachkriegssoziologie besteht in Cosers Erinnerung an die *Implikationen von Konflikten für soziale Stabilität.* Während sowohl Dahrendorf und viele andere Konflikttheoretiker als auch mit gewissen Vorbehalten Parsons davon ausgehen, daß Konflikte einen engen Zusammenhang zu Wandel und Instabilität aufweisen, zeigt Coser, daß gerade Konflikte stabile und erwartbare soziale Zusammenhänge produzieren. Der Konflikt schafft insofern Stabilität und Sicherheit, als er Gruppenidentitäten hervorzubringen und zeitlich zu stabilisieren vermag (vgl. Coser 1965: 44). Hierbei kommt der feindlichen Gruppe die Schlüsselstellung zu, die Identifikationslinie bereitzustellen, entlang der *ex negativo* ein eigenes Gruppenprofil entworfen werden kann. Diese Negativfolie kann - ganz im Gegensatz zur Annahme einer weitgehenden Identität von Konflikt und sozialem Wandel - gerade Erwartbarkeit, Stabilität und Befestigung sozialer Strukturen erzeugen. Dieser Zusammenhang gilt insbesondere für Konflikte mit Fremdgruppen, etwa ethnischen und nationalen „Feinden", die der betreffenden Gruppe weitgehend unbekannt sind. Der Konflikt verstärkt hier den inneren Zusammenhalt dahingehend, daß nicht nur der Appell an gemeinsame Werte und Sitten mehr Gehör findet, sondern auch interne „Abweichler" stärker gemaßregelt werden können.

Coser erweitert seine Strukturstabilität implizierende Einschätzung des Konfliktes dahingehend, daß das Vorhandensein von Konflikten ein positives Zeichen für die Stabilität von sozialen Beziehungen sein kann, da sich nur zerbrechliche Sozialstrukturen keine Konflikte leisten können. In Betrieben etwa zeige sich im Auftreten von Konflikten das Funktionieren von Interessensausgleichmechanismen, die die Bereitschaft brauchen, den hierin implizierten permanenten Kampf um die Durchsetzung eigener Wünsche zu akzeptieren (vgl. Coser 1965: 102). Dies gelingt nur, wenn bereits ein ausreichendes Fundament an grundsätzlicher Gemeinsamkeit vorhanden ist, das die Belastungen des Konfliktes abfedert. Auf dieser Ebene liegt auch das Interesse aller Konfliktparteien, durch den Konflikt die Machtverhältnisse zu testen und gegebenenfalls ihre Balance zu bestätigen. Ungewißheit über Stärke und Schwäche der eigenen und gegnerischen Position kann so wirksam eliminiert werden (vgl. Coser 1965: 160f.).

Cosers evidente Ausführungen zum Zusammenhang von Konflikt und sozialer Stabilität stehen in denkbar scharfem Kontrast zum häufig geäußerten Zusammenschluß von Konflikt und sozialem Wandel. Angesichts dieser gänzlich divergierenden Einschätzungen liegt die Notwendigkeit einer genaueren theoretischen Klärung des Zusammenhanges von sozialem Konflikt, Stabilität und Wandel auf der Hand. Dieses Problem wird - wie bereits angekündigt - unter II.4 erneut thematisiert.

Coser sieht nun keineswegs allein die soziale Zusammenhänge stabilisierende Funktion von Konflikten. Vielmehr können sie gezielte Veränderungen auslösen, die soziale Strukturen an veränderte Umweltbedingungen anpassen. Der Konflikt schaffe, so Coser, einen Rahmen für neue Normen. Dies gilt insbesondere beim Aufeinanderprall von konkurrierenden Interessen, der häufig zu gesetzlichen Modifikationen und juristischen Neuschöpfungen führt, wie bereits Max Weber in seiner Rechtssoziologie beobachtet hat (vgl. Weber 1967: 175). Legislatives Inkraftsetzen von neuem Recht ist gerade in Bereichen notwendig, in denen Konflikte aufgetreten sind. Dort dienen sie als Indikator für eine mangelhafte juristische Durchformung von Realität.

Das hiermit implizierte Doppelgesicht des sozialen Konfliktes - er schafft nicht nur Wandel, sondern auch Stabilität - verortet Coser auch auf einer weiteren Ebene. Es gebe, so Coser in Anlehnung an eine Unterscheidung von George Simpson (vgl. Simpson 1937: 4), „gemeinschaftliche" und „nicht-gemeinschaftliche" Konflikte. Ein nicht-gemeinschaftlicher Konflikt entsteht, wenn zwischen den Konfliktparteien keine Gemeinsamkeit der Ziele vorliegt oder kein gemeinsamer Boden vorhanden ist, auf dem ein Kompromiß wachsen könnte. Er wirkt trennend und desintegrierend. Gemeinschaftliche Konflikte hingegen wirken integrierend und erlauben die Ausarbeitung einer Konfliktlösung auf der Basis von Einheit. In diesem Fall hat der Konflikt die positive Funktion, die grundlegenden Übereinstimmungen in bezug auf Werte, Ziele und Normen jenseits konfligierender Interessen zu Bewußtsein zu führen und zu reproduzieren. Der gemeinschaftliche Konflikt bedroht den grundlegenden Konsensus nicht, sondern stärkt ihn gerade.

Coser sieht die Möglichkeit von gemeinschaftlichen Konflikten insbesondere in der modernen Gesellschaft gegeben. In ihr seien die Individuen durch vielfache Gruppenzugehörigkeit in ein interdependentes Netz von Beziehungen eingelagert. Die damit gegebene wechselseitige Abhängigkeit und Verflochtenheit von Individuum und Gruppen hemme die Tendenzen zu grundlegender Spaltung und stärke die basale Übereinstimmung.[10] Wenn die Gesellschaft mannigfache Konflikte zwischen multiplen Gruppen zulasse, werde die Möglichkeit der Fokussierung aller Konfliktenergien in einem, alles entscheidenden Konflikt gerade verhindert. Dann seien die „verschiedenen gegnerischen Strömungen in der Gesellschaft...wie verschiedene Serien von Wellen, die von den gegenüberliegenden Seiten eines Sees ausgehen, sie neutralisieren einander, wenn der Kamm der einen mit dem Tal der anderen zusammentrifft...jede neue Spaltung trägt dazu bei, die einander entgegenlaufenden Risse zu verengen, so daß man sagen könnte, die Gesellschaft werde zusammengehalten durch ihre inneren Konflikte" (Ross 1977: 164f.). Die Gefahr von Divergenzen über die fundamentalen Werte werde, so Coser, durch die mit multiplen Konflikten einhergehenden vielfältigen Ausgleichsmechanismen auf ein Minimum beschränkt. Das Kreuz und Quer konfligierender Antagonismen helfe, „das System zusammenzuklammern" und zu integrieren (Coser 1965: 97).

Coser übersetzt die Unterscheidung von gemeinschaftlichen und nicht-gemeinschaftlichen Konflikten in den Gegensatz von *funktionalen* und *dysfunktionalen* Konflikten (vgl. Coser 1965: 20f.). Bezugsproblem der funktionalen Analyse sind, ähnlich wie bei Parsons, Integration und Stabilität eines sozialen Systems. Funktionale Konflikte, die Coser häufig auch „positiv" nennt, tragen zur Lösung dieses Problems bei. Dysfunktionale Konflikte jedoch drohen das System zu desintegrieren.

So evident Cosers Verlagerung des Doppelgesichtes des Konfliktes in die funktionale Analyse erscheint, so theoretisch ungeklärt bleibt dabei die Rede von „Funktion" und „Dysfunktion". Es stellt sich beispielsweise die Frage, auf welchen Voraussetzungen Cosers Annahme beruht, Funktionen als eindeutig positive Leistungen für ein System zu betrachten, Dysfunktionen als rein negative. Die Möglichkeit einer Zuordnung etwa von Konflikthandlungen zu nur einer Seite dieser beiden Optionen erscheint äußerst schwierig und beobachterabhängig. So mag etwa ein ethnisch fundierter Abgrenzungskonflikt für den soziologischen Beobachter durchaus in dem Sinne „funktional" erscheinen, als er möglicherweise die Identität dieser Gruppe unter schwierigen Bedingungen zu stärken vermag. Gleichwohl hat dieser Konflikt auch „dysfunktionale" Komponenten. Die Stärkung des Gruppenzusammenhaltes wird mit der weitgehenden Komsumtion der Gruppenaufmerksamkeit im Konflikt bezahlt und blendet andere Möglichkeiten wirksam aus. Ließe sich noch weitgehender zeigen, daß letztlich jede Handlung „funktionale" und „dysfunktionale" Relevanz für ein System hat, so ist mit Cosers Versuch einer Erweiterung der funktionalen Analyse von Konflikten nicht viel gewonnen. Die Unterscheidung zwischen Funktionalität und Dysfunktionalität von Konflikten erweist sich als entweder nicht trennscharf oder, schlimmer noch, als Ausdruck einer Selbstverständlichkeit: Jeder soziale Zusammenhang kann

---

10   Ein Zusammenhang, den bereits Durkheim mit dem Begriff der organischen Solidarität belegt hat. Vgl. Durkheim 1988.

immer sowohl unter seinen positiven als auch negativen Aspekten betrachtet werden. Schwerer wiegt noch die Ungeklärtheit der Begriffe „Funktion" und „Dysfunktion", die vor dem Hintergrund einer kritisch-aufmerksamen Rezeption eines funktionalistischen Forschungsprogramms kaum aufrechterhalten werden kann (vgl. Davis 1959).

(4) Die Diskussion konfliktsoziologischer Ansätze, die insbesondere nach dem zweiten Weltkrieg mit dem Anspruch einer *eigenständigen* soziologischen Forschungsrichtung aufgetreten sind, hat den Blick auf Erträge in der Theoriebildung, aber auch auf eine Reihe offener Fragen gelenkt, die hier noch einmal aufgelistet werden sollen:

1) Wie kommt es zu Konflikten? Während Dahrendorf annimmt, daß Konflikte aus einer unwandelbaren Herrschaftsstruktur abgeleitet werden können, mußte Parsons den Konflikt als Abweichung von einem integrierten, spannungsfreien Systemzustand konzipieren. Beide Lösungen überzeugen nicht, da sie einem grundlegenden Apriorismus verhaftet bleiben.

2) Welcher Zusammenhang besteht zwischen Konflikten, Systemstabilität und sozialem Wandel? Während Dahrendorf sozialen Konflikt und sozialen Wandel schlicht gleichsetzt, meldet Parsons zumindest Bedenken gegen eine solche Begriffsfusion an, tendiert jedoch ebenfalls dazu, Konflikt und Wandel zu assoziieren. Coser zeigt im Anschluß an Simmel, daß Konflikte zur Bildung von ausgesprochen stabilen sozialen Strukturen beitragen können. Hier bedürfte es einer theoretischen sowie begrifflichen Klärung des Zusammenhanges von Konflikt, Stabilität und Wandel.

3) Wie ist der Zusammenhang von Konflikt und Entwicklung der modernen Gesellschaft zu konzipieren? Sowohl Dahrendorf als auch Parsons und Coser beanspruchen, eine Theorie des *modernen* Konfliktes und insofern ein historisch fundiertes Konfliktmodell zu liefern. Während jedoch Dahrendorf kaum Überlegungen zu einer Geschichte des Konfliktes anstellt, baut Parsons seine Theorie des Konfliktes in eine evolutionstheoretisch inspirierte Differenzierungstheorie ein, die Aussagen über das spezifisch moderne Auftreten von sozialen Konflikten liefert. Auch Coser eröffnet eine genuin moderne Perspektive auf den sozialen Konflikt, wenn er auf den Zusammenhang von vielfältiger und sich überlappender Zugehörigkeit von Individuen zu sozialen Systemen einerseits und der besonderen Art moderner Konflikte andererseits hinweist.

Sowohl Parsons' als auch Cosers Bemühungen um eine Theorie des modernen Konfliktes basieren dabei jedoch auf zumindest teilweise fragwürdigen Prämissen. Parsons bescheinigt der modernen Gesellschaft das Erreichen von flexiblen und anpassungsfähigen Gleichgewichtszuständen. Damit stellt sich jedoch die Frage, ob die moderne Gesellschaft in ihrer typischen Rastlosigkeit und pulsierenden Hektik als (wenn auch temporär) gleichgewichtig und balanciert beschrieben werden kann. Sofern eine gleichgewichtsorientierte Beschreibung der modernen Gesellschaft erfolgt, ist zu befürchten, daß typisch moderne Konfliktfelder nur unzureichend erfaßt werden. Wenn Gleichgewicht vorausgesetzt werden muß, um überhaupt zu einer Beschreibung von Wandel, Instabilität und Konflikt zu gelangen, dann droht gerade für die Theorie des *modernen* Konfliktes jener statische *bias*, der dem Strukturfunktionalismus oft vorgeworfen wurde.

Folglich müßte ein Begriffsapparat entwickelt werden, der gegenüber dem „Integration/Konflikt-Schisma" neutral bleibt. Das Abstraktionsniveau der dabei zur Anwendung kommenden Begriffe müßte oberhalb des unfruchtbaren Dualismus von Konflikt vs. Integration liegen. Das von Dahrendorf gesetzte Ziel, das Doppelgesicht der Sozialstruktur theoretisch abzubilden, ist in der bisher gesichteten Theoriebildung noch nicht erreicht worden.

4) Schließlich bleibt die Frage nach den positiven und negativen Aspekten sozialer Konflikte offen. Während Dahrendorf im Konflikt den Generator von Wandel und mit Max Weber das Warnsignal gegen Verknöcherung sieht, kann Parsons den Konflikt nur als 'das Andere' der Systemstabilität sehen. Coser schließlich führt das theoretisch unterbestimmt bleibende Doppelgesicht des Konfliktes als „funktional" und „dysfunktional" ein. Für ein funktionalistisch basiertes Forschungsprogramm bedürfte es einer theoretischen Klärung dieser Terminologie. Auch hier müßten Begriffe bereitgestellt werden, die auf methodischer Ebene gegenüber bewertenden Betrachtungsweisen neutral bleiben. Geht man schon *begrifflich* davon aus, daß Konflikte funktional oder dysfunktional, wünschenswert oder unerwünscht, positiv oder negativ sind, so wird möglicherweise einer fruchtbaren theoretischen Beschreibung von Konflikten von vornherein der Weg versperrt. Die Analyse droht von diesen wenig ertragreichen Dualismen stillgestellt zu werden.

I.3 Funktion und Dysfunktion des Konfliktes

Die soziologischen Debatten der fünfziger und sechziger Jahre sind als Auseinandersetzungen zwischen „Konflikttheoretikern" einerseits und „Integrationstheoretikern" andererseits diskutiert worden. Bezüglich einer anzustrebenden soziologischen Theorie des sozialen Konfliktes hatten sich grundlegende Schwierigkeiten ergeben, die ich aus den Ansätzen herausfiltriert und zusammengefaßt habe.

Mit der Rekonstruktion der „Konflikt versus Integration"-Debatte ist allerdings nur eine Teilschicht des für den hier verfolgten Zusammenhang relevanten sozialwissenschaftlichen Diskurses der Nachkriegszeit freigelegt. Parallel zur und häufig überlappend mit der Debatte zwischen „Konflikttheorie" und „Integrations- bzw. Systemtheorie" stritten sich die Nachkriegssoziologen über die Frage, welchen Stellenwert die sogenannte „funktionalistische Methode" für die Sozialwissenschaften habe. Da, wie gesehen, sowohl Parsons als auch Coser, vielleicht sogar Dahrendorf, funktionalistische Theoriemittel für eine Soziologie des Konfliktes fruchtbar zu machen versucht haben, ist eine Vergewisserung der Hauptargumentationslinien der Funktionalismus-Debatte unverzichtbar.

Versucht man funktionalistische Gedanken auf einen gemeinsamen Nenner zu bringen, so ragt ein Moment der Bemühungen besonders hervor: der Versuch, Einzelphänomene nicht isoliert zu betrachten und damit der Analyse die wechselseitige Bedingtheit ihrer Möglichkeiten zu erschließen. Es geht darum, einzelne gesellschaftliche Teilaspekte nicht in ihrer Isolation zu betrachten, sondern sie in ein Verhältnis zu einer Ganzheit zu setzen. Die Relationierung von Teilen und ihrem Ganzen ist zentrales Anliegen funktionalistischer Ansätze. Der Funktionalismus versteht sich darüber hinaus als Gegenpol z.B. zu Ansätzen, die soziologisches Denken an der psychologischen Realität von Handelnden engführen. So kann beispielsweise soziales Handeln nach Max Weber (1980: 1) selbstsuffizient identifiziert und dann in Intentionen des Handelnden, die für den Vollzug herangezogenen Mittel und die daraus sich ergebenden gewollten und ungewollten Folgen zerlegt werden. Der „subjektiv gemeinte Sinn" sozialen Handelns wird im Sinne Max Webers deutend verstanden. Ablauf und Wirkungen sozialen Handelns werden daran anschließend einer erklärenden Betrachtungsweise zugeführt, die individuelle Leistungen aufeinander beziehbar macht und soziale Handlungen in den Horizont von Adressaten, sozialen Wirkungen und gesellschaftlichen Ursachen stellt.

Für funktionalistische Ansätze geht mit dieser isolierenden und reduktionistischen Perspektive immer schon das sich aus der Aufaddierung von Teilen zu ihrem Ganzen ergebende „Mehr", der „surplus" aggregierender Betrachtungsweise, verloren. Der Funktionalismus möchte einseitige Kausalerklärungen vermeiden und Phänomene auf Ganzheiten beziehen. Der damit freigegebene besondere Blickwinkel drückt sich in spezifischen Formulierungen aus, die die Relationierung von Teil und Ganzem indizieren: A hat die Funktion, B zu ermöglichen; A erfüllt das Bedürfnis bzw. Erfordernis von B; A trägt zur Erhaltung von B bei, löst ein bestimmtes Problem des B oder trägt zu dessen Integration bzw. Anpassung bei usw. So argumentiert etwa Coser, daß Konflikte für die Stärkung von Gruppenidentität *funktional* seien. Sie haben des weiteren die *Funktion*, soziale Beziehungen zu schaffen, wo vorher noch keine waren. Sie sind *funktional* für die Erinnerung an gemeinsame Normen und Werte, die sie den an Konflikten Beteiligten ins Bewußtsein rufen. Für Parsons entstehen Konflikte unter anderem aus in Aktionssystemen eingelassenen widerspruchsvollen *Funktion*serfordernissen. Jedes Handlungssystem muß vier *funktionale* Grundprobleme lösen, nämlich adaptation, goal attainment, integration und latent pattern maintenance. Sie stellen unausgeglichene Anforderungen und können deshalb nicht alle funktional optimiert werden. Aus diesem Grunde erscheint Parsons die Differenzierung des Handlungssystems in Subsysteme ein *funktionaler* Ausweg aus konfligierenden *funktionalen* Erfordernissen zu sein. Und schließlich weist Weingart der Dahrendorfschen Konflikttheorie die dem Strukturfunktionalismus analoge funktionalistische Argumentation nach: Dahrendorf sci, so Weingart, „wie Parsons einer Theorie verpflichtet, die gesellschaftliche Prozesse auf dem Hintergrund eines Gerüsts *funktionaler* Vorbedingungen analysiert. Die unwandelbare Herrschaftsstruktur bei Dahrendorf ist mit dem Strukturbegriff Parsons' in seiner formalen Dimension identisch. Beide werden als Rollenstruktur begriffen, die analytisch immer die gleiche bleibt." (Weingart 1968: 264, eig. Herv.)

So evident funktionalistische Betrachtungsweisen auch zunächst klingen mögen, so ungewiß bleibt in allen hier betrachteten funktionalen Analysen der Begriff der Funktion selbst. Fragt man nach dem Status der theoretischen Leitkategorie 'Funktion', so scheint sie eine Art von Wirkung zu explizieren: Die Funktion des Konfliktes ist für Coser die Bewirkung von Gruppenzusammenhalt. Dahrendorf sieht die Funktion des Konfliktes darin, „den historischen Wandel wachzuhalten und die Entwicklung der Gesellschaft voranzutreiben" (Dahrendorf 1962: 126f.). Für Parsons ist jede Leistung dann funktional, wenn sie zur Erhaltung eines aus voneinander abhängigen Handlungen bestehenden und in dieser Abhängigkeit gegen die Umwelt invariant gehaltenen Handlungssystems beiträgt. Sie bewirkt den Bestand eines Aktionssystems.

Betrachtet man Funktionen als spezifische Wirkungen, so trifft die funktionalistische Analyse sozialer Konflikte Aussagen, die sich in die Form einer bestimmte Wirkungen mit sich bringenden Ursache gießen lassen. Die funktionale Methode unterstellt dann ein invariantes Verhältnis zwischen bestimmten Ursachen und ihren Wirkungen, genauer: zwischen einer bestimmten Ursache und ihrer Wirkung. Hat sie die Invarianz dieser Beziehung erforscht, so kann sie mittels bestimmter theoretischer und empirischer Techniken Voraussagen und Erklärungen anbieten: Wenn A, dann B. Eine entsprechende Aussage könnte lauten: Wenn Konflikte auftreten, dann wird in den antagonistischen Gruppen der Zusammenhalt durch den Streit wachsen. Oder: Wenn es zu sozialen Konflikten kommt, werden diese gesellschaftlichen Wandel bewirken, der sich in geänderten und erneuerten Normen, Werten und Herrschaftskonstellationen ausdrückt. So verstandene Funktionen des Konfliktes haben kausalwissenschaftliche Relevanz. Sie lassen sich in den Kausalitätszusammenhang von 'A bewirkt B' einfügen. Für solche Aussagen gelten strenge wissenschaftliche Ansprüche. Sowohl A als auch B müssen hinreichend gegen andere Ursachen und Wirkungen isolierbar sein. Das kausale Verhältnis zwischen A und B muß eindeutig bestimmbar sein. Es muß gegebenenfalls experimentell einsichtig gemacht werden, warum tatsächlich B aus A folgt und nicht etwa C. Es müßten z.b. empirisch-historische Studien zum Zusammenhang von gesellschaftlichem Wandel und sozialen Konflikten durchgeführt werden, die die besondere Ausgeprägtheit und Häufigkeit von Konflikten zur Zeit größerer gesellschaftlicher Transformationen, z.b. mit dem Einsetzen der Industrialisierung, aufweisen.

Mit einer kausalwissenschaftlichen Ausfüllung des Funktionsbegriffs stellen sich jedoch zweierlei Fragen: Worin besteht *erstens* die Eigenständigkeit funktionaler Analyse, wenn funktionale Beziehungen den Charakter von Kausalurteilen annehmen? So erklärt etwa Kingsley Davis, angesichts der vielfältigen erfolglosen Klärungsversuche über eine besondere funktionale Methode sei anzunehmen, die breiten Meinungsverschiedenheiten in der Soziologie über den sogenannten Funktionalismus seien als Ausdruck der mangelnden Übereinstimmung der Profession über die Gegenstände soziologischer Analyse zu betrachten, keinesfalls jedoch als Streit über die Methode selbst. Der Funktionalismus betreibe nur das, was die Soziologie ohnehin tue. Er könne deshalb überhaupt keine eigenständige, besondere funktionale Methode entdecken, weshalb die ganze Debatte abgebrochen werden sollte (vgl. Davis 1959). Noch schärfer sekundiert A.R. Radcliffe-Brown, daß „as for myself, I reject it [den Funktionalismus, G.N.] entirely, regarding it as useless and worse" (Radcliffe-Brown 1949a: 321).

Zweitens stellt sich die Frage, wie die strenge kausalwissenschaftliche Überprüfbarkeit von funktionalen Aussagen dargestellt werden kann, wenn funktionale Wirkungen auf einen Satz von funktionalen Erfordernissen (functional prerequisites) bezogen werden, der der Analyse vorangestellt wird? So kann Ernest Nagel zeigen, daß die implizite Konzeption funktionaler Erfordernisse „remains one of the cloudiest and empirically most debatable concepts in functional theory. As utilized by sociologists, the concept of functional requirement tends to be tautological or *ex post facto*." (Nagel 1956: 43) Funktionale Aussagen sind in den für sie vorauszusetzenden funktionalen Erfordernissen bereits enthalten und damit wertlos. Nimmt man etwa mit Weingart an, daß in Dahrendorfs Theorie des Konfliktes die Herrschaftsstruktur zum gesellschaftlichen *functional prerequisite* avanciert, so ergibt sich der Konfliktbegriff zirkulär aus dem vorangestellten Herrschaftsbegriff. Der Herrschaftsbegriff enthält auf der Rollenebene sowohl normerhaltende Rollenerwartungen als auch normsetzende Rollenzumutungen, so daß die sozialen Wandel artikulierenden Herrschaftskonflikte vorausgesetzt sind.

Das wahrheitsfähige, kausalwissenschaftliche Urteil 'A bewirkt B' schließt sich zum wertlosen Zirkel, in dem A immer wieder A hervorbringt.

Das wenig griffige Konzept funktionaler Erfordernisse ist auch der Zielpunkt der gründlichen Kritik des kausalwissenschaftlich fundierten Funktionalismus, die Niklas Luhmann in seinem Aufsatz „Funktion und Kausalität" vorträgt (Luhmann 1970). Luhman zeigt, daß die Konzeption von Funktionen als bestimmte Wirkungen schon deshalb scheitert, weil das faktische Auftreten bestimmter Ursachen nicht durch besondere Wirkungen erklärbar ist. Konflikthandlungen können z.B. keinesfalls damit verständlich gemacht oder gar vorhergesagt werden, daß sie zur Stärkung der Gruppenidentität beitragen und insofern funktional sind. Der Funktionalismus sehe sich deshalb aufgrund seiner kausalwissenschaftlichen Ausrichtung gezwungen, so Luhmann in Erweiterung der landläufigen Kritik, die von ihm eingeführten funktionalen Wirkungen durch eine „Hilfskonstruktion" näher zu qualifizieren, um den behaupteten funktionalen Aussagen größere Plausibilität zu verleihen. Hier interessieren besonders zwei Konzeptionen: *Sowohl* Bestandserhaltung artikulierende Gleichgewichtstheorien *als auch* Modelle, die Spannungen und Konflikte in den Mittelpunkt rücken, versuchen durch die Einführung spezieller kausaler Beziehungen ein tragfähiges Erklärungsmodell aufzubauen. Gleichgewichtstheorien gehen davon aus, daß im Falle von Störungen zentraler Relationen in einer Einheit bestimmte Wirkungen initiiert werden, die die Abweichung zu kompensieren vermögen und das System in den Ruhestand zurückkatapultieren. Parsons' Differenzierungstheorie sieht darüber hinaus die Möglichkeit vor, durch interne strukturelle Differenzierungen die aufgetretenen Disbalancen so neu zu arrangieren und zu verteilen, daß ein neuer Gleichgewichtszustand eintreten kann. „All diesen Systemen ist gemeinsam, daß sie bei wechselnden Umwelteinwirkungen bestimmte Merkmale stabil halten, indem sie solche Einwirkungen durch systeminterne Ursachen kompensieren. Ihre Stabilität beruht also nicht nur auf dem regelmäßigen Auftreten bestimmter notwendiger Ursachen, die den Bestand des Systems bewirken, sondern zusätzlich auf kausalen Querverbindungen unter den Ursachen, so daß die Folgen der Änderung einer Ursache bewirken, daß andere kompensierend eingreifen." (Luhmann 1970: 11)

Funktionalistische Theorien, die ihre Anstrengungen auf Spannungen und Konflikte fokussieren, argumentieren ähnlich. Sie unterstellen Konflikten kausale Wirkungsmechanismen, die aufgrund einer Art von natürlichem Gefälle zur Entspannung den Konflikt seiner eigenen Lösung zuführen. Konflikte können, so nimmt man an, bestimmte Wirkungen mobilisieren und sich dadurch gleichsam selbst auflösen. Es wird unterstellt, daß sie ihre Problemhaftigkeit selbst beiseite schaffen. Konflikte und die in ihnen enthaltenen Widersprüche werden als instabil angesehen. Ihnen wird deshalb schlicht eine Neigung zur Selbstaufhebung unterschoben, ohne daß dafür weitere Gründe genannt werden.

In seiner Erweiterung der Kritik an der funktionalistischen Methode versucht Luhmann keinesfalls, die funktionale Analyse als solche zu verabschieden, sondern sie durch Ausmerzung ihrer Schwächen neu zu fundieren. Für Luhmann sind Funktionen in keiner Weise als besondere Wirkungen zu verstehen, die für besonders qualifizierte, wichtige oder plausible Zusammenhänge einspringen. Die spezifische Faszination, die sich mit funktionalen Analysen verbindet, ist für Luhmann ihre Fähigkeit, Unterschiedliches vergleichbar zu machen. „Nicht auf eine gesetzmäßige oder mehr oder weniger wahrscheinliche Beziehung zwischen bestimmten Ursachen und bestimmten Wirkungen kommt es an, sondern auf die *Feststellung der funktionalen Äquivalenz mehrerer möglicher Ursachen unter dem Gesichtspunkt einer problematischen Wirkung.*" (Luhmann 1962: 14) Die zum obersten Prinzip erhobene Suche nach funktionalen Äquivalenten im Zusammenhang von Problemen und Problemlösungen gibt der neuen Methode den Namen: Sie firmiert als *Äquivalenzfunktionalismus.*

Der Äquivalenzfunktionalismus versucht die funktionale Methode vollkommen von kausalwissenschaftlichen Modellen abzukoppeln. Funktionen konturieren keine zu bewirkenden Wirkungen, sondern stellen eine „regulatives Sinnschema" dar, das einen Vergleichsbereich äquivalenter Leistungen organisiert. Sie sind, wie Gottlob Frege über den logisch-mathematischen Funktionsbegriff sagt, „unvollständig, ergänzungsbedürftig oder ungesättigt" (Frege 1994: 22). Ihr Sinn liegt nicht in der Annahme einer bestimmten Ursache oder Wirkung, sondern in ihrer Platzhalterschaft für mehrere Möglichkeiten, die an ihre Stelle treten können. Die Funktion artikuliert nicht die Bestimmtheit *einer* zu erforschenden Kausalrelation, sondern die begrenzte Unbestimmtheit mehrerer Alternativen. Sie ist nicht der bereits niedergeschriebene Satz von Ursache und Wirkung, sondern fungiert als Leerfolie, auf der mehrere, aber nicht unbegrenzt viele Sätze erst noch einzutragen sind. Der Funktionsbegriff bezeichnet dann eine „Vergleichsintention, eine Kontingenzausweitung, eine Beobachtungsperspektive" und nicht mehr die Bestimmtheit einer Kausalerklärung (Luhmann 1984: 87).

Läßt man die kausalwissenschaftliche Fundierung der funktionalen Methode fallen, rückt anstelle einer impliziten Ursache-Wirkungs-Relation ein rekursiver Zusammenhang von *Problem und Problemlösung* ins Zentrum (vgl. Luhmann 1990: 422f.). Ausgangspunkt der funktionalen Analyse ist die Wahl eines Bezugsgesichtspunktes bzw. Bezugsproblemes, für das mehrere funktional äquivalente Lösungsmöglichkeiten aufgezeigt werden. Problem und Problemlösung sollen nicht in einen kausalen Zusammenhang gesetzt werden, die vom Forscher gegen andere Ursache-Wirkungs-Relationen isoliert werden, denn „die Frage lautet nicht: Bewirkt A immer (bzw. mit angebbarer Wahrscheinlichkeit) B, sondern: Sind A, C, D, E in ihrer Eigenschaft, B zu bewirken, funktional äquivalent?" (Luhmann 1970: 23) Formuliert man etwa als Problemkonstruktion die Frage nach Bestand und Stabilität eines Systems, so versucht die funktionale Analyse nicht bestimmte funktionale Wirkungen herauszuarbeiten, die die hierfür erforderlichen Leistungen einbringen. Statt dessen fragt sie nach unterschiedlichen Möglichkeiten der Problembefriedigung und macht sie dadurch vergleichbar. Unterschiedliche Lösungsmöglichkeiten können, in mathematischer Sprache formuliert, als Argumente in die Argumentstelle der Funktion eingesetzt werden. Sie bilden eine „Äquivalenzserie" (Luhmann 1970: 20) von Problemlösungen.

Die Problem-/Problemlösung-Formel kann auf ihre Ergebnisse, also auf die erstellte Äquivalenzserie, erneut angewandt werden. Die funktionalistische Analyse wird mit der Feststellung der funktionalen Äquivalenz mehrerer Problemlösungen für einen Problemgesichtspunkt keinesfalls beendet, sondern kann auf der Ebene der Problemlösungsmöglichkeiten erneut einsetzen. Hierzu werden Problemlösungen zu Problemgesichtspunkten umformuliert, um in erneuter Anwendung des Problem/Problemlösungs-Schemas mehrere Leistungen als funktional äquivalent aufzeigbar zu machen. Die *rekursive* Anwendung von Problemkonstruktion und Äquivalenzforschung mündet dabei ein in eine „Problemstufenordnung" (Luhmann 1970: 20), die sich durch mehrmalige, sukzessive Anwendung des Problem-/Problemlösungszusammenhangs ergibt. An die erste Äquivalenzserie als sekundärer Problemstufe können sich weitere Problemstufen anschließen.

Luhmann erläutert den zunächst abstrakt eingeführten Neuansatz in der funktionalen Analyse am Beispiel von Rollenkonflikten (Luhmann 1970a: 38). Jede Sozialordnung ist mit dem Problem konfrontiert, verschiedene Rollen vorzusehen und diese miteinander verbinden zu müssen. Für die Lösung der damit einhergehenden Rollenkonflikte sind verschiedene, funktional äquivalente Techniken denkbar. So können konfligierende Rollenerwartungen durch Institutionalisierung von Vorrangansprüchen entschärft werden. Hierbei wird der Konflikt durch Auftürmen von Hierarchie in der Sozialdimension gelöst. Bestimmten Erwartungen wird soziale Priorität eingeräumt. Z.B. hat der Chef im Zweifelsfall immer Recht. Denkbar ist jedoch auch eine Lösung in der Zeitdimension. Konfligierende Rollenerwartungen werden zeitlich und gegebenenfalls auch räumlich auseinandergezogen, wodurch widersprüchliches Verhalten in unterschiedliche Kontexte verlagert wird. Des weiteren ist die Problemlösung durch die Synthese konfligierender Rollenerwartungen in einer Person möglich. Die Rollen Vater, Versorger, Richter und Kriegschef werden in einer Statusperson verbunden. Alle drei Problemlösungen sind funktional äquivalent für die Behandlung von Rollenkonflikten.

Die gefundenen Problemlösungen können auf einer sekundären Problemstufe nun zu neuen Problemgesichtspunkten umformuliert werden. Die Verbindung von konfligierenden Rollenerwartungen in einer Person ist ihrerseits in gewisser Hinsicht problematisch. Sie limitiert die Möglichkeit der Kombination von Rollen auf einen engen Möglichkeitsspielraum und beschränkt so die durch Differenzierung möglichen Komplexitätszuwächse. Dieses *Folgeproblem* kann dadurch vermieden werden, daß das *Ausgangsproblem* einer alternativen Lösung zugeführt wird. Rollen werden nicht in Statuspersonen fest integriert, sondern durch Spezialisierung sachlichen Leistungszusammenhängen zugeführt, die sich z.B. in den Rollenpaaren Vorgesetzter/Untergebener oder Arzt/Patient ausdrücken können. Dadurch können Rollenzusammenhänge in größerem Umfang differenziert werden, so daß Möglichkeitsspielräume eröffnet werden. Ein Arzt kann ganz unterschiedliche Rollen in seiner Person vereinen. Er ist nicht nur Arzt, sondern ebenfalls Familienvater, Tennisspieler, Kommunalpolitiker, möglicherweise heimlicher Bisexueller, Hobbystudent usw.

Läßt man differenziertere Rollenkombinationen zu, so kann sich als weiteres *Folgeproblem* die individuelle Belastung durch zufällige Rollenkombinationen einstellen. Die schwierige Kombination differentieller Rollen in einer Person kann bei den Rollenträgern Persönlichkeitskonflikte auslösen. In einer weiteren Problemstufe werden auch hier neue, funktional äquivalente Lösungsmöglichkeiten für die mögliche Handhabung von Persönlichkeitskonflikten aufgezeigt, etwa „im Drang [des Rollenträgers] nach oben oder nach Sicherheit, im Hobby oder im Alkohol" (Luhmann 1970: 20).

Die funktionale Methode präjudiziert nicht bestimmte Forschungen. Die Belegung von Problemkonstruktionen und problemlösenden Äquivalenzserien mit konkreten, fest umrissenen Anwendungsfällen bleibt der empirischen Forschung überlassen, die unmittelbar an die Explikation der äquivalenzfunktionalistischen Methode anschließen kann. Die Erforschung von realen Konflikten wird nicht mehr durch von der Theorie unterstellten, besonders qualifizierten Wirkungen wie etwa „Bestandserhaltung des Handlungssystems", „anthropologische Bedürfnisbefriedigung" oder „funktionale Reziprozitätsvorgaben" behindert, sondern kann mehr oder minder willkürlich mit einer Problemkonstruktion beginnen und davon ausgehend eine Problemstufenordnung durch vergleichende Modelle errichten. Die durch die willkürliche Auswahl einer primären Problemkonstruktion bedingte Einseitigkeit der Fragestellung wird im Forschungsprozeß schon aus methodischen Gründen korrigiert, weil „auf der Sekundärebene...neue Gesichtspunkte eingeführt [werden]. Die Einseitigkeit des Ausgangsproblems dient lediglich dazu, die funktionalen Alternativen der Primärebene vergleichbar zu machen. Wird eine dieser Alternativen gewählt bzw. in konkreten Systemen vorgefunden, so beginnt eine neue Abstraktion, die eine andere Serie von Äquivalenten konstituiert." (Luhmann 1970: 20) Die äquivalenzfunktionalistische Methode bleibt damit gegenüber inhaltlichen Spezifikationen neutral.

Die von Luhmann vorgeschlagene vergleichende Methode zielt auf die Vergleichbarkeit von mehreren Wirkungen bei Konstanthaltung einer Ursache oder, *vice versa*, auf den Vergleich mehrer Ursachen bei konstant gehaltener Wirkung.[11] Mit dieser Umstellung der funktionalen Methode werden soziale Konflikte in ihrer funktionalen Relevanz nicht von theoretischen und möglicherweise implizit-unausgewiesenen Vorentscheidungen präjudiziert. Einseitige Analysen sozialer Konflikte als Folge unkontrollierbarer theoretischer und termino-

---

[11]   Zu recht scheint mir Joas (1992: 312) einzuwenden, daß auch nach der Umstellung auf äquivalenzfunktionalistische Betrachtungsweisen Annahmen über hypothetische kausale Zusammenhänge weiter mitgenommen werden, so daß das Kausalitätsproblem bestehen bleibt. Anders als Luhmann (1984: 84f.) anzunehmen scheint, verliert das Kausalitätsproblem auch durch Einbringung von Kausalität selbst in die vergleichende Methode nicht an Schärfe.

logischer Grundentscheidungen werden so vermieden. Es war gezeigt worden, daß sich sowohl bei Parsons und Coser als auch bei Dahrendorfs Konflikttheorie die Beschreibung und theoretische Verortung des Konfliktes nicht aus der Sache selbst ergibt, sondern durch postulierte *functional prerequisites* prädeterminiert wird. Durch Transponierung von theoriebedingten Annahmen auf die Ebene der Faktizität gelangt man zu Abgründen und Klüften in der Beschreibung von Konflikten, die zu den wissenschaftlich absurden Annahmen führen, einige Soziologen, insbesondere Talcott Parsons, seien 'gegen den Konflikt', andere, vor allem die sogenannten 'Konflikttheoretiker', ständen 'für den Konflikt' ein.

Hatte sich der Konflikt um den Konflikt so weit politisiert, brauchte man nur noch auf das faktische Vorkommen von Konflikten hinzuweisen, um die Unhaltbarkeit systemtheoretischer Modelle zu beweisen. Die *Voraussetzung* von sozialem Konflikt und Wandel wurde zum wissenschaftlichen Glaubensbekenntnis. Selbst Ralf Dahrendorfs Konflikttheorie als der wohl differenziertesten und theoretisch am weitesten explizierten Konzeption konnte bei der Ontologie implizierenden *Setzung* des Konfliktes als funktionaler Vorbedingung verbleiben.

Die theoretische Vorentscheidung über 'Funktionalität' oder 'Dysfunktionalität' von Konflikten als qualifizierten Wirkungen wird vermieden, wenn die funktionale Analyse auf eine Vergleichstechnik umgestellt wird. Konzipiert man die Funktion als Folie, auf der eine begrenzte Anzahl von äquivalenten Problemlösungsmöglichkeiten einzutragen sind, so stellt sich die Frage nach der theoretischen Neuplazierung des Begriffes Dysfunktion. Bei der Besprechung bekannter 'konflikttheoretischer' Positionen hatte sich gezeigt, daß die 'Dysfunktionalität' von Konflikten einen wichtigen Stellenwert erhält. Die 'Dysfunktion' des Konfliktes zielte auf die evidente Einsicht, daß Konflikthandeln denkbar negative, ja katastrophale Auswirkungen in sozialen Systemen hat, möglicherweise die Einheit selbst liquidiert. Auch heute kostet es keine Mühe, die 'Dysfunktionalität' beispielsweise des jugoslawischen Bürgerkrieges herauszustellen. Auch die alltäglichen Ehe- und Familienkonflikte führen, wie man in der Zeitung nachlesen kann, zu vielfältiger, denkbar schädlicher Gewalt.

Wie betrachtet die äquivalenzfunktionalistische Methode die „Dysfunktionalität" des Konfliktes? Luhmann behandelt diesen Komplex durch das Auseinanderziehen von Funktionsbegriff einerseits und Positivität und Negativität einer funktionalen Leistung andererseits. Konflikthandeln hat selbstverständlich negative Auswirkungen auf das System, in dem der Konflikt stattfindet. Ehen werden geschieden, Kinder müssen zwischen mehreren Haushalten hin und her gereicht werden. Gerade in interaktionsnahen Situationen tritt oft die mit hohen Folgekosten verbundene Gewalt als Konfliktabarbeitungsprozedur hinzu. Die Liste von negativen, 'dysfunktionalen' Wirkungen von Konflikten läßt sich beliebig verlängern. Ganz ähnlich werden sich *jeder* Handlung sowohl positive als auch negative, in der kausalwissenschaftliche Terminologie: funktionale und dysfunktionale Aspekte abgewinnen lassen. Damit stellt sich die Frage, ob das Doppelgesicht jeder Leistung im Funktionsbegriff selbst festgehalten werden kann. Problematisch erscheint die Bezeichnung einer Leistung als funktional insofern, als sie damit auf eine positive Wirkung für das betroffene System festgelegt wird. Gleiches gilt für eine „dysfunktionale" Leistung. Sie wird als insgesamt schädlich verdammt. Dieses kausalwissenschaftliche Ordnungsschema wird insofern fragwürdig, als sich die Positivität und Negativität artikulierende Unterscheidung von Funktion/Dysfunktion einer Leistung als nicht trennscharf erweist. Jedes Ereignis wird sich immer auf beide Seiten der Unterscheidung Funktion/Dysfunktion bringen lassen. Je nach Beobachterstandpunkt lassen sich stets sowohl erwünschte als auch unerwünschte Aspekte an einer Leistung finden. Coser zieht aus dieser Schwierigkeit die Konsequenz, zwischen gemeinschaftlichen und nicht-gemeinschaftlichen Konflikten zu unterscheiden und diese Differenz mit der Unterscheidung zwischen Funktion/Dysfunktion zu überformen. Damit wird allerdings - ich habe bereits darauf hingewiesen - das Unschärfeproblem nur verschoben, denn es gibt keine eindeutig formulierbaren Zusortierungskriterien für gemeinschaftliche bzw. nicht-gemeinschaftliche Konflikte.

Nimmt man die Unvermeidbarkeit der Doppelgesichtigkeit jeder Handlung hin - bekanntlich stürzt selbst der scheinbar grenzloses Glück garantierende Lotteriegewinn viele Begünstigte in Konflikte -, so kann auf die weitere Mitführung des Begriffes Dysfunktion *auf methodischer Ebene* verzichtet werden. „Statt dessen benötigt die äquivalenzfunktionalistische Methode nur einen abstrakten Gesichtspunkt, in bezug auf welchen mehrere Leistungen die gleiche Funktion haben können...Die Negierung dieser Funktion im Begriff der Dysfunktion hat keinen Sinn." (Luhmann 1970: 22) Der Funktionsbegriff liegt dann quer zu der Unterscheidung von positiven und negativen Aspekten bestimmter Ereignisse. Er hat, genauer gesagt, gar nichts mit der Frage nach Positivität und Negativität zu tun. Er bleibt indifferent gegenüber Erwünschtem und Unerwünschtem und zielt ausschließlich auf Vergleichbarkeit.

Mit diesen Formulierungen scheint ein wunder Punkt der äquivalenzfunktionalistischen Betrachtung von Konflikten berührt zu werden. Ein typisches äquivalenzfunktionalistisches Urteil ist z.B. die Annahme, daß soziale Konflikte die Befestigung von Gruppenzusammenhalt bewirken. In dieser Hinsicht ist der Konflikt mit anderen Wirkungen, beispielsweise Appellen an Solidarität, moralischer Reziprozität und „echter" Gemeinschaft, vergleichbar. Während die alltägliche Beobachtung durchaus eindeutige Präferenzen für bestimmte Problemlösungsmöglichkeiten bereithalten mag, wird der Äquivalenzfunktionalist schon aus methodischen Gründen keinerlei Sonderbehandlungen für eine der funktionalen Leistungen einräumen, sondern lediglich auf ihre Vergleichbarkeit hinweisen und hierin seinen Erkenntnisfortschritt sehen.

Damit scheint sich der Äquivalenzfunktionalismus aus rein methodenbedingten Gründen eines Maßstabes zu begeben, anhand dessen man spezifische Konfliktlösungen nach ihrer Problemadäquanz unterscheiden könnte. Anders formuliert: Die von kausalwissenschaftlichen Elementen gereinigte funktionale Methode sieht sich gezwungen, *jedes* perzipierte Phänomen *als Problemlösung* zu beschreiben, ohne daß die Möglichkeit verbliebe, soziale Erscheinungen auf ihre *problemlösende Adäquanz* abzuklopfen. Sie muß sich, so scheint es, mit der Ebene der Faktizität zufriedengeben und die soziale Welt so akzeptieren, wie sie ist.

Bereits 1971 hat deshalb Hans-Jürgen Krysmanski eine interessante konflikttheoretische Adaptation des Luhmannschen Äquivalenzfunktionalismus vorgelegt, die nicht beim schlichten Vergleich funktional äquivalenter Problemlösungen stehen bleiben möchte (vgl. Krysmanski 1971: 31ff.). Krysmanski begreift Problemlösungen als Versuche historischer Subjekte, sich in der Welt zu behaupten und ihrer eigenen Existenz zu versichern. Soziale Konflikte treten dann auf, wenn Subjekte sich in ihren problemlösenden Aktivitäten in der Welt begegnen und Differenzen zwischen unterschiedlichen Problemlösungsaktivitäten feststellen. Die Konflikt implizierende Beobachtungsdivergenz kann sich sowohl auf die Problem- als auch auf die Problemlösungperzeption beziehen. Gehen Handelnde *dasselbe* Problem mit *unterschiedlichen* Leistungen an, so spricht Krysmanski von *Leistungs*konflikten. Wird umgekehrt die Leistung konstant gehalten und auf unterschiedliche Probleme bezogen, so kommt es zu Problemkonflikten. Leistungskonflikte haben für Krysmanski eine stabilisierende Wirkung, da die vorgegebene, „objektive" Problemstruktur nicht angetastet wird und einen verbindlichen und feststehenden Rahmen für das Abtasten divergierender Problemlösungen vorgeben. Problemkonflikte bewirken umgekehrt sozialen Wandel und Instabilität, da objektiv vorgegebene Einheiten zerschnitten werden. Krysmanski sieht sowohl Leistungs- als auch Problemkonflikte als soziale Suchmechanismen nach *adäquaten* Problemlösungen. *Adäquanz* einer Problemlösungsaktivität bedeutet im Gegensatz zur funktionalen *Äquivalenz* die *historische Richtigkeit* einer bestimmten, objektiven Problemlösung.

Zur Operationalisierung der Unterscheidung zwischen adäquaten und äquivalenten Problemlösungsaktivitäten führt Krysmanski den Herrschaftsbegriff ein und plaziert diesen, anders als Dahrendorf, gleichsam quer zum Konfliktbegriff. Sind in einer Art Gedankenspiel alle Subjekte in gleicher Weise an ihren spezifischen Problemlösungsaktivitäten interessiert, so bringen Konflikthandlungen die jeweils historisch besten, adäquaten Problemlösungen hervor. „Wir hätten eine 'Konfliktgesellschaft' vor uns, in der alle Mitglieder, obgleich untereinander in konstruktivem Konflikt, am gleichen Strang zögen. Es wäre eine *herrschaftsfreie* Gesellschaft." (Krysmanski 1971: 32) Im korrelierenden Gegenmodell erreichen bestimmte Gruppen die Durchsetzung partikularer Problemlösungen durch Zwang. Diese Lösung bringt jedoch allenfalls *Äquivalenz*, nicht aber gesamtgesellschaftliche *Adäquanz* hervor. Sie unterscheidet sich qualitativ von historisch richtigen, objektiven Problemlösungen durch die Inanspruchnahme von zwanghaften Mechanismen und artikuliert sich in Herrschaftsverhältnissen: „In allen diesen Fällen, in denen äquivalente Problemlösungen...zum Zuge kommen, beeinflußt ein zusätzlicher Faktor den gesamtgesellschaftlichen Problemlösungsprozeß. Diesen Faktor wollen wir *Herrschaft* nennen." (Krysmanski 1971: 33)

Krysmanski verlagert die Unterscheidung zwischen funktionalen und dysfunktionalen Konflikten in die Opposition von herrschaftsfreien und herrschaftsregulierten Konfliktgesellschaften. Dadurch wird die Möglichkeit bewahrt, Problemlösungsaktivitäten mittels des korrelierenden Begriffspaares Adäquanz/Äquivalenz auf ihre historische Richtigkeit abzuklopfen und gegebenenfalls zurückzuweisen. Das empirische Auftreten von Herrschaftsverhältnissen avanciert dabei zum kritischen Maßstab der Evaluierung konkreter Problemlösungsstrukturen.

Ob mit der Unterscheidung *Adäquanz versus Äquivalenz* ein trennscharfer Sortierschlüssel für die historische Einordnung von Problemlösungen geliefert wird, soll an dieser Stelle nicht diskutiert werden. Wichtig ist an dieser Stelle die von Krysmanski perzipierte Notwendigkeit, äquivalenzfunktionalistisches Gedankengut mit einem Negationsinstrument auszustatten, das die Zurückweisung bestimmter sozialer Phänomene erlaubt. Sie deutet darauf hin, daß in der Rezeption der vergleichenden funktionalen Methode Unbehagen über ihre kühle Distanz zu höchst differenten sozialen Problemlösungsmöglichkeiten herrscht.

In die gleiche Richtung weist die Kritik, die Jürgen Habermas in weitaus schärferer Form im selben Jahr an Luhmanns Reformulierung der funktionalen Methode geäußert hat. Hinter dem Versuch, soziale Phänomene als problemlösende Mechanismen zu begreifen, verberge sich, so Habermas, „die uneingestandene Verpflichtung der Theorie auf herrschaftskonforme Fragestellungen, auf die Apologie des Bestehenden um seiner Bestandserhaltung willen" (Habermas 1971: 170). Schon auf methodischer Ebene beuge Luhmann die Gesellschaftstheorie unter den Zwang gesellschaftlicher Reproduktion und reserviere sie so für technokratische Zwecke. Die Bindung der systemtheoretischen Forschung an die Bestandserhaltung sozialer Systeme nehme der Theorie jedweden kritischen Impetus. Sie müsse deshalb das Bestehende pauschal bejahen.

Sowohl Krysmanskis implizite Kritik am Begriff der Äquivalenz als auch Habermas' Postulat einer zwangsläufigen Herrschaftskonformität des Luhmannschen Funktionalismus sind zu Gemeinplätzen der Diskussion geworden. In immer neuen Wendungen wird der funktionalen Methode vorgeworfen, sie liefere unkritische Beschreibungen der Gesellschaft und nehme, noch weitgehender, eine apologetische Rechtfertigung bestehender Verhältnisse vor. Es gehört heute zur oft behaupteten Gewißheit der Profession, daß die Systemtheorie über kein kritisches Potential verfüge und deshalb nicht umhin komme, „sich auf die Komplexitätssteigerung der modernen Gesellschaft affirmativ einzustellen" (Habermas 1985: 426). Diese Einschätzung scheint nicht zuletzt darin begründet zu sein, daß die äquivalenzfunktionalistische Methode lediglich einen Vergleich alternativ möglicher Lösungsversuche anstrebt, ohne bestimmte Ideale, etwa der herrschaftsfreien Kommunikation oder der Problemlösungsadäquanz, anzustreben. Und auch Luhmann hat diesen Eindruck eher befördert, spricht er doch in einem jüngeren Aufsatz vom „Ende der kritischen Soziologie" (Luhmann 1991). Treffen die Einwände zu?

Luhmann selbst hat in seinen Schriften stets darauf hingewiesen, daß er im Grunde keinen Widerspruch zwischen seinen Bemühungen und der geäußerten Kritik sieht. Bereits in der Auseinandersetzung mit Habermas hält Luhmann seinen Kritikern entgegen, daß die herrschaftskonforme Lesart seiner Theorie eine *politische* Adaptation sei und keine *wissenschaftliche* Kritik (Luhmann 1971: 1971: 402ff.). Diesen Gedanken führt er im Rahmen konflikttheoretischer Überlegungen (Luhmann 1984: 536f.) dahingehend aus, daß Programme, die dem Traum einer konfliktfreien Gesellschaft anhängen, durchaus ihr politisches Recht und ebenfalls das Recht auf wissenschaftliche *Unterstützung* haben. Jedoch sei es unter der Bedingung einer mehr oder minder ausgeprägten Separierung von Forschung und Parteipolitik zwar möglich, nicht aber in jeder Hinsicht fruchtbar, eine wissenschaftliche Theorie *in der Wissenschaft* nach ihrer potentiellen politischen Relevanz zu beurteilen. Darüber hinaus erscheine es höchst fraglich, ob seine Theorie in der Politik tatsächlich zur Verhärtung und Fundamentierung bestehender Verhältnisse beitrage, denn, so Luhmann gewohnt ironisch, seine Systemtheorie habe „gute Chancen...rein akademisch zu bleiben, weil sie unverständlich ist..." (Luhmann 1971: 403).

Es liegt auf der Hand, daß auch die äquivalenzfunktionalistische Methode die potentiell negativen, wenn nicht gar katastrophalen Konsequenzen von Handlungen keinesfalls leugnet. Sie wird die nachteiligen und schädlichen Konsequenzen beispielsweise von Konflikten schon deshalb nicht ausblenden, weil jede Handlung zwangsläufig negative und positive Aspekte in einen Handlungszusammenhang einbringt. Ungünstige und unzweckmäßige soziale Phänomene brauchen von der funktionalen Methode nicht besonders herausgestellt zu werden: Ihr Auftreten in sozialen Zusammenhängen ist dem Äquivalenzfunktionalismus eine Selbstverständlichkeit.

Eine andere Sache ist es, Handlungen als vermeidungsbedürftig zu klassifizieren und entsprechende Gegenmaßnahmen zu fordern. Werden etwa bestimmte Arten von Konflikten als derart schädlich perzipiert, daß Unterdrückungsmechanismen notwendig erscheinen, so ist es eine politische Angelegenheit, die Ressourcen für eine etwaige kollektive Entscheidungsbindung bereitzuhalten. Beispielsweise muß der Staat entscheiden, ob bei einem großen Fußballspiel mit zu erwartenden Ausschreitungen Bereitschaftspolizisten zur Sicherheitsgarantie für die betroffene Stadt zusammengezogen und eingesetzt werden. Kriminologen, Soziologen, Psychologen und Pädagogen mögen die politische Entscheidungsfindung beratend begleiten und politisch relevante Empfehlungen aussprechen. Nichts spricht gegen ein politisches Engagement soziologischer Theorie, das kritisch auf Mißstände hinweist. Gerade die äquivalenzfunktionalistische Methode kann in diesem Zusammenhang durch ihren steten Verweis auf unterschiedliche, aber äquivalente Problemlösungsmöglichkeiten gegebenenfalls zeigen, welche unterschiedlichen Handlungswege ergriffen werden können, um unerwünschte gesellschaftliche Phänomene zu beeinflussen.

Auch wenn Niklas Luhmann selbst mit bisweilen störender Starrheit für den a-politischen Charakter wissenschaftlicher Theorien plädiert (ohne sich selbst durchweg politischer Urteile zu enthalten), erscheint es mir nicht haltbar, von wissenschaftlichen Theorien *prinzipiell* ein politisches Engagement zu verlangen, das bis in die Begriffsbildung hineinreicht. Zudem zielt der Vorwurf an die funktionale Systemtheorie, sie begebe sich jeder Möglichkeit einer kritischen Begleitung gesellschaftlicher Krisen und Konflikte, ins Leere. Der Äquivalenzfunktionalismus nimmt lediglich eine begrifflich-methodische Umdisposition vor. Unerwünschte Handlungen, schädliche und negative Leistungen, Konflikte, kurzum: das, was in der kausal-funktionalen Analyse bisher unter dem Namen „Dysfunktion" firmiert hat, wird in der äquivalenzfunktionalistischen Reformulierung als selbstverständlich vorkommend angesehen. Negative Leistungen sind jedoch nicht in einem bestimmten Funktionsbegriff isolierbar. Der Funktionsbegriff hat nichts mit der Frage von Erwünschtheit oder Unerwünschtheit, Positivität oder Negativität bestimmter Phänomene zu tun. Unerwünschte Effekte werden damit nicht ausgeblendet, sondern angesichts ihrer Nicht-Isolierbarkeit *in ihrer ganzen Tragweite erst voll verständlich.*

Darüber hinaus kann die vergleichende funktionale Methode einen Gedanken entfalten, den gerade kritisch auftretende Theoretiker häufig vortragen (vgl. Kneer 1994). Kritik wird oft als Entfaltung von alternativen gesellschaftlichen Entwicklungen verstanden. Den faktischen Verhältnissen werden andere, „bessere" Möglichkeiten entgegengehalten und eingefordert. Die moderne Gesellschaft ist beispielsweise für Jürgen Habermas durch ein Zuviel an kognitiv-instrumenteller Rationalität gekennzeichnet. Habermas hält dem drohenden Überhandnehmen systemischer Kräfte ein normatives Lebensweltkonzept entgegen, das mehr diskursive Spielräume moralisch-praktischer Art empfiehlt (vgl. Habermas 1981).

Der Äquivalenzfunktionalismus wird die durch das vergleichende Verfahren zu Tage getretenen anderen Möglichkeiten keinesfalls normativ auszeichnen. Gleichwohl hat Hans Joas in einer breit angelegten und scharfsinnigen Kritik eingewandt, daß der Äquivalenzfunktionalismus „sich zum normativ-analytischen Status funktionaler Analysen in dem Sinne bekennen...[müßte], daß als deren Bezugspunkt jeweils bestimmte zu Analysezwecken festgesetzte Sollwerte gelten können" (Joas 1992: 313). Die Normativität funktionaler Analysen ergibt sich für Joas daraus, daß die Problemkonstruktionen, zu denen funktional äquivalente Problemlösungsserien erforscht werden sollen, unvermeidlich mit dem berüchtigten Systembestandsproblem verknüpft bleiben. Dieses untaugliche oberste Bezugsproblem habe Luhmann im Laufe seiner Theorieentwicklung lediglich reformuliert und verschoben. Weder die Reduktion von Weltkomplexität (reformuliertes Bestandsproblem) noch die Sicherung von Handlungsanschlüssen in ereignisbasierten Systemen (temporalisiertes Bestandsproblem) taugen, so Joas, als oberster Nexus, an dem Äquivalenzserien aufgehängt und abgesichert werden können (vgl. Joas 1992: 313ff.).

Joas' Kritik - so möchte ich zeigen - ist berechtigt, so daß man sich von seiner Kritik belehren lassen und sie für eine Präzisierung äquivalenzfunktionalistisch fundierter empirischer Forschungsvorhaben fruchtbar machen kann. Dabei muß zunächst zwischen einer theoretischen Methodendiskussion und praktischen empirischen Forschungen unterschieden werden, damit der Status des gefürchteten und argwöhnisch beäugten „obersten Bezugsproblems" äquivalenzfunktionalistischer Analysen deutlich wird. Wolfgang Ludwig Schneider hat darauf hingewiesen, daß die Reduktion von Weltkomplexität ein *theorietechnisch* bedingtes, oberstes Bezugsproblem der Analyse darstellt (vgl. Schneider 1991: 203ff.). Sämtliche Problemkonstruktionen verweisen letztlich auf die stets vorausgesetzte Reduktion von Komplexität. Jede soziale Handlung muß völlige Unbestimmtheit reduzieren, damit sie Konturen als Handlung gewinnen kann. Komplexitätsreduktionen sind dabei immer impliziert.

Spricht man vom Komplexitätsproblem oder analog vom Anschlußfähigkeitsproblem in sozialen Systemen, dann muß stets deutlich und unmißverständlich darauf hingewiesen werden, daß damit *keine* theoretischen oder empirischen Erklärungsansprüche erhoben werden, sondern nur die Ebene einer theoretischen Methodendiskussion berührt wird. Konkrete soziologische *Beschreibungen* müssen - ganz gleich, inwieweit sie empirisch oder theoretisch oder sowohl empirisch als auch theoretisch gehalten werden - in ihren Problemkonstruktionen sauber und für jeden nachvollziehbar sowohl vom Komplexitäts- als auch vom Anschlußfähigkeitsproblem getrennt werden. Diese Trennung muß vollständig und ausnahmslos durchgehalten werden. Komplexitäts- und Anschlußfähigkeitsproblem sind - das würde auch Luhmann nicht bestreiten - untauglich als konkrete Problemkonstruktion, weil sie keine limitierte Äquivalenzserie zulassen.

Ein Blick in Luhmanns materiale Schriften zeigt jedoch, daß auch in jüngeren Publikationen diese Begrenzung keinesfalls durchgehalten wird. Z.B. könne das Rechtssystem, so Luhmann im Kontext der Auseinandersetzung um den Status von Gerechtigkeit in der Rechtstheorie, in seiner eigenen Komplexität nicht allen gesellschaftlichen Sachverhalten Rechnung tragen und müsse deshalb, wie jedes andere System, „Komplexität reduzieren und den eigenen Komplexitätsaufbau durch hohe Mauern der Indifferenz schützen. Aber die interne Rekonstruktion der Umwelt kann dann gleichwohl mehr oder weniger komplex ausfallen. Dem Erfordernis der Gerechtigkeit entspricht eine solche interne Komplexität allerdings nur, wenn sie mit Entscheidungskonsistenz noch kompatibel ist."[12]

---

12   Luhmann 1993: 225f. Siehe auch ebd.: 566, die Rede von einem „unerträglichen Maß an Umweltkomplexität", dessen Hineinspiegelung in ein System verhindert werden müsse. Siehe auch die bekannte Schrift 'Vertrauen. Ein Mechanismus zur Reduktion sozialer Komplexität' (Luhmann 1968) sowie 'Zweckbegriff und Systemrationalität (Luhmann 1991a) mit der Ansicht, daß Zwecke in Organisationen nicht als oberstes Systemprinzip fungieren, sondern der Reduktion von Komplexität dienen. Bei aller berechtigten Kritik am Zweckbegriff der Weberschen Organisationssoziologie stellt sich die Frage, inwiefern mit dieser Kon-

Beschreibungen dieser Art diskreditieren die äquivalenzfunktionalistische Methode und verlangen nach Widerspruch. Sie haben nicht nur keinen Erkenntniswert, sondern fördern zudem die berechtigte Kritik an der Sinnlosigkeit bestimmter äquivalenzfunktionalistischer Forschungen. Im strengen Sinn handelt es sich bei auf Komplexitäts- und Anschlußfähigkeitsproblem rekurrierenden Beschreibungen nicht einmal um äquivalenzfunktionalistische Aussagen, denn wenn die Vergleichbarkeit von Problemlösungen ins Unendliche hochschnellt, macht die Behauptung einer vergleichbaren Äquivalenz dieser Lösungen keinen Sinnn mehr.

Joas' Kritik an den *empirischen* Beschreibungsansprüchen des Äquivalenzfunktionalismus ist im Lichte der gerade angeführten Beispiele als gravierend und berechtigt anzusehen. Sie provoziert die Frage, warum funktionale Analysen zu unbrauchbaren Ergebnissen der zitierten Art kommen, obwohl der fehlende Nutzen von Komplexitätsreduktion und Anschlußfähigkeit als Bezugsproblemen eigentlich wohlbekannt ist. Meine Vermutung zielt in diesem Zusammenhang auf die Frage, *in welcher Systemreferenz* äquivalenzfunktionalistische Analysen geführt werden sollten. Der Systembegriff soll der äquivalenfunktionalistischen Methode eine Einschränkung der Probleme liefern, die bei der Suche nach Äquivalenzserien beachtet werden müssen (Luhmann 1970a). Die Angabe des Forschers, mit welcher Systemreferenz er seine Forschungen versieht, macht dabei für jedermann unmißverständlich klar, über welches System (oder, etwas grober: welche Art oder Gruppe von Systemen, z.B. Unterrichtsinteraktionen oder Schulorganisationen) man gerade diskutiert, so daß der Gegenstand der Analyse klar, für jeden erkennbar und präziser als mit Handlungstypologien allein erreichbar konturiert wird. Der Anspruch der funktionalen Methode besteht dabei darin, in Zusammenarbeit mit der Theorie sozialer Systeme eine gegenüber konkurrierenden, allein handlungstypologisch verfahrenden Theorien zielgenauere Erfassung ihres Forschungsgegenstandes zu erreichen.[13] Die Angabe einer Systemreferenz soll helfen, begriffliche Nebelbänke zu umgehen und unfruchtbare, durch terminologische Schwierigkeiten hervorgerufene Diskussionen zu vermeiden. Die Sy-

---

zeption eine limitierte Äquivalenzserie erreicht wird, wenn jede soziale Handlung notwendig Komplexität reduziert.

13   Die Schwierigkeiten, einen bestimmten Forschungsgegenstand in der Gesellschaft allein mit handlungstypologischen Mitteln zu konturieren und eindeutig gegen andere Gegenstände abzugrenzen, kann man an der Verwirrung ablesen, die die Unterscheidung von erfolgsorientiertem vs. kommunikativem Handeln von Jürgen Habermas (1981) ausgelöst hat. Die umfassende Diskussion zeigte letztendlich, daß die Handlungstypen nicht eineindeutig gegeneinander separierbar sind. Vgl. die Zusammenfassung der Diskussion bei Kneer 1996: 62ff.

stemreferenz läßt den Forschungsgegenstand genauer hervortreten, so daß seine Erforschung leichter fällt.[14] Nun bietet die Theorie sozialer Systeme selbst eine Art von Stufenhierarchie als *Systemtypologie* an und unterscheidet zwischen Interaktion, Organisation und Gesellschaft (Luhmann 1975). Friedhelm Neidhardt hat zudem vorgeschlagen, die Gruppe als eigenen Systemtypus in den etwas zu groß geratenen Abstand zwischen Interaktion und Organisation einzufügen (vgl. Neidhardt 1979; Tyrell 1983). Äquivalenzfunktionalistische Analysen können in allen Systemreferenzen durchgeführt werden. Stellt man das Interesse in den Vordergrund, streng limitierte Äquivalenzserien zu erforschen, dann würde zunächst die Vermutung einleuchten, daß Problemkonstruktionen auf die unteren, 'kleinen' Systemtypen bezogen werden. Interaktion, Gruppe und Organisation sind jeweils klar umrissene, auch räumlich je besonders spezifizierte soziale Einheiten, deren Elemente als problemlösende Handlungen verstanden werden können. Vor diesem Hintergrund können unterschiedlichste Vergleiche durchgeführt werden: Die Familiengruppe kann mit der informellen Jugendgruppe verglichen werden (vgl. unten, IV.1 u. 2). Schulorganisationen können neben Freizeitorganisationen sowie Schul- und Freizeitorganisationen neben Erwerbsorganisationen gestellt werden, um Parallelen und Besonderheiten zu beleuchten (vgl. IV.2). Die Unterrichtsinteraktion kann mit der freien, ungeregelten Interaktion konfrontiert werden. Einfache Interaktionen unter Anwesenden können mit den Interaktionen zwischen Organisationen, z.B. der Staatsorganisationen in den internationalen Beziehungen verglichen werden, um die je spezifischen Eigenschaften von Handlungen in solchen Kontexten besser verständlich zu machen (vgl. IV.3). Analysen dieser Art überdehnen die funktionale Analyse keinesfalls. Sie sind mit einem klar umschriebenen Gegenstand versehen, genauer: Sie versuchen unterschiedliche Gegenstände nebeneinanderzustellen und durch den reziproken Verweis in ihrer jeweiligen Besonderheit zu erhellen, *ohne* der Analyse übergeordnete normative Soll-Vorgaben vorauszuschicken. Eine Begrenzung der Vergleichsgesichtspunkte wird jeweils durch die klar beschränkte Reichweite der kleinen Systemtypen verbürgt - ein Vorteil, der dem umfassenden Gesellschaftssystem fehlt. Auf die Totalität des Gesellschaftssystems bezogene Problem/Problemlösungsrelationen können keine *systemtypenspezifische* Einschränkung der Vergleichsgesichtspunkte leisten. Die Gesellschaft als umfassendes, sämtliche soziale Phänomene enthaltendes Feld vereinigt qua Definition sowohl sämtliche denkbaren Problemkonstruktionen als auch sämtliche denkbaren Problemlösungsreihen. Deshalb liegt bei Problemanalysen auf der Ebene des Gesellschaftssystems die volle Last der Problemplausibilisierung auf der Konstruktion des Bezugsproblemes, die alleine eine überzeugende Limitation der Äquivalenzreihen leisten muß.

---

14   Vgl. für die Notwendigkeit der Angabe einer Systemreferenz Luhmann 1984: 243f. Als Beispiel für die Vorteile einer mit klaren Systemreferenzen arbeitenden Theorie vgl. unten, IV.3, die Diskussion über internationale Organisationen.

Das Gesellschaftssystem leistet aus sich heraus keine der äquivalenzfunktionalistischen Analyse entgegenkommende Limitierung der Problemaspekte - ganz im
Gegensatz zu den 'kleinen' Systemtypen Interaktion, Gruppe und Organisation,
die durch ihre Überschaubarkeit den Bedürfnissen der Problem/Problemlösungs-
relation eher von sich aus eine anleitende Hilfestellung mit auf den Weg geben.
Der Forscher braucht nicht im undurchschaubaren Dickicht des Gesellschaftssystems nach plausiblen Problemkonstruktionen zu suchen, sondern greift sich kleine innergesellschaftliche Parzellen heraus, von denen aus er sich den weiteren
Weg durch den gesellschaftlichen Dschungel bahnt. Wenn zudem bei der vergleichenden Analyse von Interaktion, Gruppe und Organisation sowohl das Kom-
plexitäts- als auch das Anschlußfähigkeitsproblem als *methodentheoriebedingte
Grenzfälle* der Problemkonstruktion entschieden ausgeschlossen und von konkreten Beschreibungen ferngehalten werden, könnte eine plausible Vergleichstechnik
reüssieren, die der Differenziertheit der modernen Gesellschaft gleichsam 'von
unten' her gerecht wird.

Die Theorie funktionaler Differenzierung hat bisher allerdings andere Wege beschritten. Sie legt ihren zeitdiagnostischen Beschreibungen erklärtermaßen
das Gesellschaftssystem zugrunde (vgl. Luhmann 1994: 19). Dieser entschlossene
Ansatz beim Gesellschaftssystem überrascht auch deshalb, weil Luhmann noch in
seiner Rezension zu Wolfgang Schluchters 'Aspekte bürokratischer Herrschaft'
gegen Schluchter auf der „Herausarbeitung der Differenz von Gesellschaft und
Organisation" insistiert hat (vgl. Luhmann 1975a: 153). Die *unterschiedliche
Organisationsfähigkeit* verschiedener gesellschaftlicher Bereiche und der folglich
differentielle Organisationsgrad derselben erschienen dort als zentrale Forschungsperspektiven. Diesen Ansatz hat Luhmann allerdings bis heute kaum
verfolgt[15] und sich in jüngeren Publikationen auf die Ausarbeitung der in der
Systemreferenz des *Gesellschaftssystems* angesiedelten Theorie funktionaler Differenzierung konzentriert.

Da die äquivalenzfunktionalistische Methode letztlich in ihrem Erfolg davon abhängt, ob es gelingt, eine plausible Problemkonstruktion mit eng umgrenz-
ten Problemlösungsserien zu kombinieren, werden unmittelbar auf die Totalität
des Gesellschaftssystems bezogene Problemkonstruktionen am ehesten in der
Gefahr stehen, ihre Äquivalenzfähigkeit verlieren. Gesamtgesellschaftliche Problemkonstruktionen werden am dringlichsten mit dem Problem konfrontiert, ihre
eigene Kontrollierbarkeit und Plausibilität unter Beweis zu stellen. Während der
erkenntnisförderliche Vergleich unterschiedlicher Interaktionen, Gruppen und
Organisationen ohne weiteres einleuchtet, erscheint die Vergleichstechnik auf der
Ebene des Gesellschaftssystems nicht ohne weiteres als adäquate Forschungsme-
thode.

---

[15]   Vgl. für die Fruchtbarkeit der vergleichenden Perspektive die organisationssozio-
         logische Studie der Kirche bei Luhmann 1977a: 293ff.

Von dieser Problematik her rührt eine Blässe der Theorie funktionaler Differenzierung, deren mangelnde Griffigkeit viele Soziologen von differenzierungstheoretischen Forschungen insgesamt abschreckt. Die Beschreibungen der Theorie funktionaler Differenzierung scheinen oft zu wenig kontrollierbar, zu akteursfern (Schimank 1995) und zu abgehoben vom Handlungsalltag (vgl. Knorr-Cetina 1992). Wird die äquivalenzfunktionalistische Methode auf das Gesellschaftssystem als das umfassende und alle anderen sozialen Systeme enthaltende Sozialsystem bezogen, dann verschwimmen unweigerlich die Konturen des Problem/Problemlösungs-Ansatzes. Schon Parsons war vorgehalten worden, daß die im analytischen AGIL-Schema implizierten Funktionserfordernisse einer Gesamtgesellschaft unweigerlich in Spekulation verfallen (vgl. Krysmanski 1971). Luhmann hat daraus die Konsequenz gezogen, gesamtgesellschaftliche Funktionen als empirisch-konkrete Probleme zu rekonzeptualisieren. Mit der Verabschiedung von Parsons' analytischem Systemmodell durch die funktional-strukturelle Theorie werden gesellschaftliche Teilsysteme wie Wirtschaft, Politik, Recht, Wissenschaft etc. als *empirisch-konkrete* Erscheinungen konzipiert. Sie können nicht mehr als analytische Konstrukte aus einem a-historischen AGIL-Schema deduziert werden, sondern müssen historisch-soziologisch aufgefunden und beschrieben werden. „Funktionen des Gesellschaftssystems lassen sich weder aus dem Systembegriff noch aus dem Evolutionsbegriff durch deduktive Operationen ableiten; sie sind als ausdifferenzierte Zentralperspektiven des gesellschaftlichen Lebens immer historisch bedingt, immer Resultate der Evolution selbst." (Luhmann 1975b: 153)

Auch wenn mit dieser Revision der Funktionsbegriff auf den Boden der empirischen Forschung zurückgeholt wird, bleiben jedoch, so meine These, gesamtgesellschaftliche Funktionen aus einem anderen Grund weiterhin eine fragwürdige theoretische Größe. Unklar bleibt nämlich, ob die Theorie funktionaler Differenzierung einen konsequent äquivalenzfunktionalistisch gedachten Funktionsbegriff durchhält. Die damit angesprochene weitere Schwierigkeit der Theorie funktionaler Differenzierung ergibt sich aus dem Versuch, den *Funktionsbegriff* in der Theorie *funktionaler* Differenzierung selbst unter äquivalenzfunktionalistischen Aspekten zu betrachten. Natürlich müssen auch die Beschreibungen der Theorie funktionaler Differenzierung im abgesteckten äquivalenzfunktionalistischen Rahmen bleiben. Die Wichtigkeit der Einbehaltung des einmal abgesteckten methodologischen Rahmens ist immens. Nur wenn plausibel gemacht werden kann, daß der *Begriff* der *funktionalen* Differenzierung mit dem Äquivalenzfunktionalismus kompatibel ist, kann auf methodischer Ebene überhaupt sinnvoll von einer *funktionalen* Differenzierung der modernen Gesellschaft gesprochen werden. Man könnte ja gegen die Theorie funktionaler Differenzierung einwenden, daß die von ihr in den Vordergrund gerückte sachliche Differenziertheit der Moderne durchaus in dem Sinne überzeugt, daß die unterschiedlichen „Wertsphären" (Weber) durch eine enorme Inkompatibilität der Sachlogiken und Programme getrennt sind - kaum ein Soziologe würde das heute bestreiten. Fraglich könnte aber der Status des Begriffes *funktionaler* Differenzierung werden, wenn sich die sogenannten gesamtgesellschaftlichen Funktionen nicht als äquivalenzfunktionalistische Vergleichsfolien, sondern als bloße kausalfunktionalistische Zwecke entpuppen sollten. Die Theorie funktionaler Differenzierung würde dann nichts anderes behaupten, als daß unterschiedliche Teilbereiche der modernen Gesellschaft durch differentielle und weitgehend inkompatible *Zwecke* regiert werden.

Wenn demgemäß nicht dargelegt werden kann, inwiefern sich die Theorie funktionaler Differenzierung in die methodologische Revision von Kausal- zu Äquivalenzfunktionalismus einordnet, könnte man einwenden, daß der Begriff der funktionalen Differenzierung kausalfunktionalistisch infiziert sei und dann - vor dem Hintergrund der berechtigten Kritik am Kausalfunktionalismus - in grundlegende Begründungsprobleme geriete.

Die Anwendung der äquivalenzfunktionalistischen Vergleichstechnik durch die Theorie funktionaler Differenzierung geschieht, soweit bisher erkennbar, auf insbesondere zwei verschiedene Art und Weisen: *erstens* wird die Differenzierungs*form* der modernen Gesellschaft *vergleichend* mit derjenigen von segmentär oder stratifikatorisch differenzierten Gesellschaften kontrastiert und die besonderen Charakteristika von Modernität dargelegt (Luhmann 1977). Die äquivalenzfunktionalistisch argumentierende Theorie funktionaler Differenzierung legt dar, inwiefern sich die die moderne Gesellschaft von den strukturellen Mustern ihrer historischen Vorgänger löst. Sie zeigt, wie in der Moderne Sach-, Sozial- und Zeitdimension der Sinnverarbeitung neu arrangiert werden, wie die Oben-unten-Stratifikation durch die horizontale Anordnung von Teilsystemen ersetzt wird, warum Kommunikation heute - im Gegensatz zur segmentär und stratifikatorisch differenzierten Gesellschaft - insgesamt nicht mehr moralisch integriert werden kann, inwiefern sich eine polykontexturale Weltgesellschaft ausbildet usw. All diese gesellschaftstheoretischen Urteile finden ihren Halt in einer Vergleichskonstruktion, die auf der Folie historisch-soziologischer Argumentation einen kontrastierenden Vergleich unterschiedlicher Problemlösungen innerhalb differenter gesellschaftlicher Differenzierungs*formen* schafft. Sie liefern den Rahmen für eine der bis heute wohl am weitesten ausgearbeiteten soziologischen Gesellschaftstheorien überhaupt.

Die *zweite* spezifisch äquivalenzfunktionalistische Komponente der gesellschaftstheoretischen Analysen begründet sich in der vergleichend-soziologischen Beschreibung der ausdifferenzierten Funktionssysteme der modernen Gesellschaft und ist insbesondere in den jüngeren Schriften Luhmanns realisiert worden. Sie versucht, die „gesellschaftlichen Teilsysteme in ihrer Verschiedenartigkeit und trotzdem vergleichbar zu beschreiben, so daß die Merkmale der Modernität in der Gleichartigkeit des Verschiedenen zutage treten" (Luhmann 1993: 599). Die heute in der Theorie funktionaler Differenzierung zur Anwendung kommenden Begriffe wie operative Geschlossenheit, Funktion, Codierung/Programmierung, strukturelle und operative Kopplung, Selbstbeschreibung usw. werden in sämtlichen Funktionsbereichen der Gesellschaft angewendet (vgl. Luhmann 1986).

Bestimmte Probleme (gesamtgesellschaftliche Funktionen) werden in Beziehung gesetzt zu unterschiedlichen, aber vergleichbaren Problemlösungen, die in den jeweiligen Funktionssystemen gefunden werden. Charakteristische Merkmale, Besonderheiten, Eigentümlichkeiten und Mängel von Wirtschaft, Recht, Politik, Wissenschaft, Religion, Erziehung etc. werden im Horizont anderer Teilsysteme verständlich oder zumindest: vergleichbar. Die funktionserfüllenden Problemlösungen der Subsysteme weisen charakteristische Unterschiede auf, die Luhmann in jüngeren Publikationen in großer Genauigkeit dargelegt hat. Insofern kann man von einer vergleichenden, Äquivalenzen suchenden Methode in bezug auf den Vergleich verschiedener gesamtgesellschaftlicher Funktionen sprechen. Die Theorie funktionaler Differenzierung benutzt dabei, wie geschildert, den schon 1962 von Luhmann vorgeschlagenen mathematisch verstandenen Funktionsbegriff, um unterschiedliche Problemlösungen auf gesamtgesellschaftlicher Ebene aufeinander zu beziehen, vergleichbar zu machen und dadurch Erkenntnisgewinn zu erzielen. So weisen die in den einzelnen Funktionssystemen zur Anwendung kommenden Kommunikationsmedien charakteristische Unterschiede auf, die z.B. durch an der Unterscheidung von Erleben und Handeln orientierte vergleichende Betrachtungen erschlossen und plausibel gemacht werden können (vgl. Luhmann 1982: 26ff.).

So sehr also die Theorie funktionaler Differenzierung äquivalenzfunktionalistisch argumentiert, so unklar bleibt, so meine These, inwiefern die sogenannten *gesamtgesellschaftlichen Funktionen selbst* äquivalenzfunktionalistisch verstanden werden sollen und können. Unklar bleibt, genauer gesagt, inwiefern die Theorie funktionaler Differenzierung einen konsequent äquivalenzfunktionalistisch gedachten Funktionsbegriff durchhält.

Fragt man danach, inwiefern die Funktion eines Funktionssystems eine Vergleichsfolie darstellt, in die mehrere vergleichbare Problemlösungshandlungen eingetragen werden können, dann müßten Funktionen wie die Stabilisierung von normativen Verhaltenserwartungen (Rechtssystem), das Treffen von kollektiv verbindlichen Entscheidungen (politisches System), das Gewinnen neuer Erkenntnisse (Wissenschaftssystem) etc. als *Bezugsprobleme* verstanden werden, die auf unterschiedliche, aber eben vergleichbare und deshalb *funktional äquivalente* Art und Weise gelöst werden, und ganz entsprechend heißt es bei Luhmann:

„Funktionen können nur im Hinblick auf ein strukturdeterminiertes System bestimmt werden, und die Strukturen des Gesellschaftssystems sind im Rahmen dessen, was die Autopoiesis des Systems erlaubt, historisch variabel...Man kann nur induktiv vorgehen und mit einer Art Gedankenexperiment testen, wie das Gesellschaftssystem seine Strukturen zur Aufrechterhaltung seiner Autopoiesis ändern müßte, wenn bestimmte Funktionen nicht mehr erfüllt würden - etwa die Zukunftssicherung im Hinblick auf knappe Güter [Wirtschaftssystem] oder rechtliche Absicherung von Erwartungen [Rechtssystem] oder kollektiv bindendes Entscheiden [politisches System] oder eine über selbstläufige Sozialisation hinausgehende Erziehung [Erziehungssystem]. Wir werden deshalb nicht von Bestandsvoraussetzungen sprechen, sondern von *Bezugsproblemen, die auf die eine oder andere Weise behandelt werden müssen*, soll die Gesellschaft ein bestimmtes Evolutionsniveau halten..." (Luhmann 1992: 366, Einfüg. und Herv., G.N.)

Die Verwendung des Funktionsbegriffes in der Theorie *funktionaler* Differenzierung ist methodisch also nur dann berechtigt, wenn man die funktional äquivalenten Problemlösungshandlungen miteinander vergleicht, die Antworten auf die genannten Bezugsprobleme (=gesamtgesellschaftliche Funktionen) geben. Fragt man z.b., inwiefern das 'Treffen kollektiv verbindlicher Entscheidungen' eine Funktion abgibt, dann liegt das soziologisch interessante dieser Funktion in der Vergleichbarkeit unterschiedlicher Problemlösungen. Eine funktionale Analyse des Problems kollektiv verbindlicher Entscheidungen würde z.b. einerseits das politische System als Entscheider thematisieren. Seine besondere Weise, kollektiv verbindliche Entscheidungen herzustellen - etwa durch besondere Gesetzgebungsverfahren, Verwaltungsprogramme etc. -, würde allerdings erst dann fruchtbar erforscht, wenn man sie mit alternativen Modi der kollektiv bindenden Entscheidungsherstellung kontrastiert. Unter äquivalenzfunktionalistischen Aspekten ist also nicht interessant, *daß* das weltgesellschaftliche Funktionssystem für Politik kollektiv verbindlich entscheidet, sondern inwiefern seine Entscheidungsmodi mit anderen problemlösenden Entscheidungsmodi verglichen werden kann. Begibt man sich auf die Suche nach den hier interessierenden problemlösenden Äquivalenzreihen, dann könnte die Vergleichbarkeit unterschiedlicher Problemlösungen für das Problem kollektiv bindenden Entscheidens auf zwei unterschiedliche Weisen hergestellt werden. Der äquivalenzfunktionalistisch reformulierte und nur in dieser Form heute noch tragfähige Funktionsbegriff kommt dann zum Tragen, wenn

a) die Funktion des Funktionssystems auf unterschiedliche Problemlösungen *im* Funktionssystem selbst verweist, oder wenn

b) die Funktion des Funktionssystems auf die Vergleichbarkeit von Problemlösungen *im* Funktionssystem mit Problemlösungen auch außerhalb des Funktionssystems verweist.

Bei der unter b) angesprochenen Möglichkeit würde ich z.B. daran denken, das kollektiv bindende staatliche Entscheiden mit dem kollektiv bindenden Entscheiden anderer kollektiver Akteure zu vergleichen - etwa von Arbeits- und Erwerbsorganisationen. Jede Organisation ist - auf wenn auch unterschiedliche Art und Weise - ein kollektiv bindender Entscheider. Jedes Mitglied wird durch Entscheidungen festgelegt - das gilt schon dann, wenn in einem Sportverein die Jahresbeitragssätze der Mitglieder heraufgesetzt werden. Man könnte dann den Staat als kollektiv bindenden Entscheider z.B. mit Wirtschaftsorganisationen als kollektiv bindenden Entscheidern vergleichen und dabei Besonderheiten und Ähnlichkeiten auffinden, die die funktionalen Äquivalenzen der je in ihnen realisierten Handlungen in unterschiedlichen Vergleichsrichtungen veranschaulichen würde.

Dieses Verständnis des Bezugsproblems kollektiv bindender Entscheidungen wird jedoch von der Theorie funktionaler Differenzierung ausgeschlossen. Das Besondere des Bezugsproblems kollektiv bindenden Entscheidens liegt für die Theorie funktionaler Differenzierung gerade darin, daß es als funktionales Problem im Kielwasser der Codierung von Kommunikation ausdifferenziert und *einem* System zugeordnet wird - eben dem weltgesellschaftlichen Funktionssystem für Politik. Hierin liegt ja quasi die Kernaussage der Theorie funktionaler Differenzierung, daß die von ihr hervorgehobenen Bezugsprobleme nicht irgendwo in der Gesellschaft verstreut gelöst werden, sondern gleichsam zentral in einem Funktionssystem bearbeitet werden, so daß Funktion und Systemdifferenzierung in einem „Funktionsprimat" eines Funktionssystems zusammengeführt werden.

Möchte man also die gesamtgesellschaftlichen Funktionen der Theorie funktionaler Differenzierung äquivalenzfunktionalistisch verständlich machen, sieht man sich an die unter a) genannte Vergleichsrichtung verwiesen, die auf unterschiedliche, aber vergleichbare Problemlösungen *in* den Funktionssystemen abstellt. Fragt man danach, wie gesamtgesellschaftliche Funktionen *in* den Funktionssystemen auf unterschiedliche, aber vergleichbare Weise gelöst werden, dann müßte man z.B. für das weltgesellschaftliche politische System erforschen, wie kollektiv bindendes Entscheiden in unterschiedlichen *Staaten* auf differentiellen Wegen hergestellt wird, denn Staaten bilden im weltgesellschaftlichen Funktionssystem für Politik die nächste Ebene der Binnendifferenzierung in unterschiedliche Segmente. Die äquivalenzfunktionalistische Analyse eines gesamtgesellschaftlichen Bezugsproblemes würde dann nicht unmittelbar auf weltgesellschaftlicher Ebene ansetzen, sondern muß die Binnendifferenzierung der weltgeschaftlichen funktionalen Teilsysteme (z.B. die Segmentierung der Politik in Staaten) in den Blick nehmen, um die Vergleichbarkeit unterschiedlicher Problemlösungen für die funktionalen Bezugsprobleme aufzuweisen. Nur dann kann eine gesamtgesellschaftliche Funktion als äquivalenzfunktionalistisch eingestuft werden, wenn sie als Bezugsproblem mit unterschiedlichen Problemlösungen der Subsysteme *innerhalb* der Funktionssysteme in Verbindung gebracht werden kann.

Damit wird der Blick auf das Verhältnis von weltgesellschaftlichen Funktionssystemen einerseits und binnendifferenzierten Subsystemen der Funktionssysteme andererseits gelenkt. Möchte man also nachvollziehen, inwiefern der *Begriff* der *funktionalen* Differenzierung äquivalenzfunktionalistisch aufgefaßt werden kann, muß geklärt werden, wie sich die durch einen Funktionsprimat gekennzeichneten Funktionssysteme zu ihren Subsystemen verhalten, damit deutlich wird, wo die gesuchten Äquivalenzreihen zu den gesamtgesellschaftlichen Bezugsproblemen aufgefunden werden können.

Für die Theorie funktionaler Differenzierung bilden insbesondere formale Organisationen binnendifferenzierte Subsysteme der Funktionssysteme. Sie bestreitet zwar keinesfalls, daß sich in der Gesellschaft zahlreiche Organisationen befinden, die sich keinem der gesellschaftlichen Funktionssysteme zuordnen. „Unbestreitbar bilden sich jedoch, wenn nicht die meisten, so doch die wichtigsten und größten Organisationen *innerhalb* der Funktionssysteme und übernehmen damit deren Funktionsprimate. In diesem Sinne kann man Wirtschaftsorganisationen, Staatsorganisationen und sonstige politische Organisationen, Schulsysteme, Wissenschaftsorganisationen, Organisationen der Gesetzgebung und der Rechtsprechung unterscheiden." (Luhmann 1992: 413, eig. Herv.) Dabei sind sowohl Funktionssysteme als auch Organisationssysteme operativ geschlossene, autopoietische Systeme - „obwohl zugleich unbestritten ist, daß sich solche Organisationen *in den Funktionssystemen* zum Vollzug ihrer Operationen und zur Implementation ihres Funktionsprimates bilden" (Luhmann 1992: 413, eig. Herv.) Organisationen wären gemäß dieser Lesart der Theorie funktionaler Differenzierung als Subsysteme der Funktionssysteme anzusehen. Ein Wirtschaftsunternehmen ist ein Teilsystem des Wirtschaftssystems, eine Staatsorganisation ist ein Subsystem des politischen Systems. Gemäß dieser Lesart stehen gesellschaftliche Funktionssysteme und Organisationssysteme in einer *inklusiven* Systemtypenhierarchie (Luhmann 1975, Stichweh 1995), die Handlungen in mehreren Systemen gleichzeitig auftauchen läßt, weil Systemdifferenzierung die Wiederholung der Systembildung in umfassenden sozialen Systemen bedeutet (Luhmann 1984: 37). Die „Inklusivität" der Systemtypenhierarchie ergibt sich aus der Unterscheidung von Interaktion, Organisation und Gesellschaft. Diese drei Systemebenen werden im Laufe der sozio-kulturellen Evolution zwar fortschreitend auseinandergezogen, niemals jedoch vollständig gegeneinander separiert (Luhmann 1975: 13). Deshalb können und müssen Handlungen, die in einer Interaktion in Organisationen stattfinden, sowohl in der Systemreferenz der betreffenden Interaktion als auch der Organisation beschrieben werden. Auch verbleibt jedes Ereignis in einem Funktionssystem selbstverständlich *innerhalb* des umfassenden Gesellschaftssystem, so daß z.B. Zahlungen sowohl in der Systemreferenz „Gesellschaft" bzw. „Funktionssystem" als auch „Organisation" beschrieben werden können und müssen.

Betrachtet man vor diesem Hintergrund erneut die oben gestellte Frage, inwiefern eine gesamtgesellschaftliche Funktion äquivalenzfunktionalistisch verstanden werden kann, dann könnte vergleichend untersucht werden, welche unterschiedlichen, aber vergleichbaren Problemlösungshandlungen *in* den Funktionssystemen durch unterschiedliche Organisationen des Funktionssystems benutzt und auf ihren Funktionsprimat bezogen werden. Die Funktion eines Funktionssystems gewänne ihre äquivalenzfunktionalistische Berechtigung aus den unterschiedlichen, aber vergleichbaren Problemlösungen, die durch formale Organisationen realisiert werden.

Betrachtet man auf diese Weise formale Organisationen als Subsysteme der Funktionssysteme, entsteht jedoch eine beträchtliche Folgeschwierigkeit, die aus der Theorie der funktionssystemspezifischen Codes resultiert. Diese Schwierigkeit möchte ich am Beispiel des Wirtschaftssystems kurz diskutieren. Fragt man, auf welche Art und Weise bestimmte Kommunikationen einem Funktionssystem zugeordnet werden, so sieht die Theorie funktionaler Differenzierung eine eindeutige Zusortierung mittels unterschiedlicher *Codes* vor. Der Code, in dessen Kielwasser sich die Funktionssysteme historisch ausgebildet haben (vgl. Luhmann 1987a), gibt das Kriterium für die Systemzugehörigkeit von Kommunikationen. Bezogen auf das Wirtschaftssystem: Wenn gezahlt wird - Ereignisse sich also am Code Zahlen-Nicht Zahlen orientieren -, ordnet sich das Element dem Funktionssystem für Wirtschaft zu.

Diese Theorie der Codes ist, so meine These, inkompatibel mit einer inklusiven Systemtypenhierarchie von Organisation und Funktionssystem. Diese These möchte ich am Beispiel des Wirtschaftssystems bzw. der Wirtschaftsorganisation illustrieren. Wenn der Code Zahlen-Nicht Zahlen das Funktionssystem Wirtschaft *konstituiert* (vgl. Luhmann 1987a: 19), dann *müssen* sämtliche Ereignisse innerhalb des Wirtschaftssystems als Zahlungen angesehen werden - auch diejenigen *in* den Arbeits-, Erwerbs- und Wirtschaftsorganisationen, die Subsysteme des Wirtschaftssystems sein sollen. Diese Vorstellung ist jedoch aus naheliegenden Gründen inadäquat. Keinesfalls können sämtliche Ereignisse innerhalb von Arbeits-, Erwerbs- und Wirtschaftsorganisationen als Zahlungen begriffen werden. Bei genauerem Hinsehen müßte man sogar feststellen, daß nur wenige der Ereignisse in Wirtschaftsorganisationen faktisch Zahlungen sind. In Wirtschaftsorganisationen geschehen vielfältigste Handlungsreihen: Es wird gebucht, Sitzungen werden abgehalten, Kunden besucht oder empfangen, telefoniert, Aktenvermerke geschrieben, Anweisungen erteilt, Schulungen abgehalten, Einstellungsgespräche geführt, Entlassungen vorgenommen, verhandelt usw. All das hat natürlich in irgend einer Art und Weise - sei es direkt oder indirekt - mit Zahlungen zu tun, denn jede Organisation muß ihre Existenz mit Geld unterlegen und garantieren. Das wird niemand bestreiten. Faktisch sind jedoch die Zahlungen im Handlungsalltag wohl jeder Wirtschaftsorganisation (selbst in Banken) deutlich in der Minderheit. Wirtschaftsorganisationen bestehen folglich aus vielerlei, aber auf keinen Fall *allein* aus Zahlungen. Wenn Wirtschaftsorganisation aber nur zu einem geringen Teil faktisch aus Zahlungen bestehen, dann können sie nicht Subsysteme des Funktionssystems für Wirtschaft sein, denn ihre Autopoiesis unterläge nicht dem konstitutiven Code 'Zahlen-Nicht Zahlen'.

Wollte man Wirtschafts-, Arbeits- und Erwerbsorganisationen als Subsysteme des Funktionssystems für Wirtschaft ansehen, müßte man jedoch genau diese offensichtlich nicht zutreffende Durchgängigkeit der Code-Determination behaupten. Die Theorie funktionaler Differenzierung benutzt bei der Betrachtung unterschiedlicher Funktionssysteme keine analytischen Unterscheidungen, sondern verwendet einen realistischen Systembegriff (Luhmann 1988), so daß man ihre begrifflichen Dispositionen gewissermaßen „beim Wort" nehmen muß. Wenn funktionsspezifischen Codes systemkonstitutive Kraft zugeschrieben wird, dann muß man auch verlangen, daß *sämtliche* in einem Funktionssystem lokalisierten Kommunikationen durch diesen Code und nichts anderes dem System zugeordnet worden sind. Alle Kommunikationen im Wirtschaftssystem müssen Zahlungen sein. Gerade das Zahlungsbeispiel zeigt - weil leicht empirisch nachvollziehbar - die Unmöglichkeit, Wirtschaftsorganisationen als Subsysteme des Wirtschaftssystems anzusehen.[16]

Ganz ähnlich könnte für andere Funktionssysteme gezeigt werden, daß die in „ihren" Organisationen auffindbare Handlungsvielfalt keinesfalls im zugeordneten Code aufgeht. Die daraus entstehenden Beschreibungsschwierigkeiten sind beträchtlich. Die binäre Codierung der Funktionssysteme dürfe nicht dahingehend mißverstanden werden, so Uwe Schimank, daß in den Funktionssystemen außer dieser codierten Spezialkommunikation nichts anderes stattfinde. Vielmehr gebe es in Funktionssystemen z.B. informelle Kommunikation, für das Wissenschaftssystem „etwa Gespräche im Labor, in der Forschungsgruppe oder am Rande von Konferenzen" (Schimank 1996: 160). Der Einwand gegen diese Argumentation ist naheliegend: Warum sollte informelle Kommunikation, die *nicht* am Wahrheitscode orientiert ist, zum Funktionssystem für Wissenschaft gehören, wenn der Code wahr-unwahr *konstitutive* Kraft für die Zuordnung von Elementen zum Wissenschaftssystem besitzt? Wenn sich der Professor mit seinem Assistenten über die Frage unterhält, wie man die Aussichten für dessen Vertragsverlängerung durch informelle Kontakte verbessern kann, dann hat man es sicherlich mit Handlungen zu tun, die zum universitären Organisationsalltag gehören, die gleichzeitig ganz sicher nicht am Code wahr-unwahr orientiert sind. Man könnte und müßte Kommunikation dieser Art allein einer Forschungs*organisation*, nicht jedoch „der Wissenschaft" als Funktionssystem zuordnen - der Begriff der informellen Kommunikation legt das ohnehin nahe.

Wenn es jedoch letztlich in jeder Organisation massenhaft Kommunikation gibt, die nicht einem funktionssystemspezifischen Code zugeordnet werden kann, dann können Organisationen nicht als Subsysteme der Funktionssysteme konzeptionalisiert werden. Ebensowenig erlaubt die systemtheoretische Theorieanlage eine partielle Überschneidung von formalen Organisationen und Funktionsystemen. Im Umkehrschluß würde die Konsequenz lauten, daß Organisationen als soziale Systeme *außerhalb* der Funktionssysteme plaziert werden müssen. Die Wirtschaftsorganisation steht offensichtlich außerhalb des Funktionssystems für Wirtschaft, weil Zahlungen allenfalls einige der Interaktionen der Wirtschaftsorganisation mit anderen Personen oder Organisationen abdecken. Wer die Kommunikation in Gerichten belauscht, wird ebenfalls feststellen, daß nur die wenigsten Handlungen faktisch am Code Recht-Unrecht ausgerichtet sind. Insgesamt erscheint die Annahme, daß sich Organisationen als Subsysteme der Funktions-

---

[16]   Diese Kritik ist keinesfalls neu. Die Tendenz, „die Wirtschaft" mit Zahlungen gleichzusetzen, wurde bereits von Berger 1992: 157f. treffend kritisiert. Vgl. auch Kraemer 1997: 13, der hervorhebt, daß „innerbetriebliche Handlungen nicht mit Zahlungen identisch sind". Zwar bestehe das innerbetriebliche Geschehen aus einem Handlungsgeflecht, das in Zahlungen münde. Gleichwohl bleiben Zahlungen auf Märkten und innerorganisatorische Arbeitsabläufe durch grundsätzlich unterschiedliche Eigenlogiken getrennt.

systeme ausdifferenzieren, als unrealistisch und theoretisch inkompatibel mit der Theorie funktionssystemspezifischer Codes.

Wichtig ist nun die Folgerung für die Frage, die Ausgangspunkt meiner Überlegungen zum Zusammenhang von Organisation und Funktionssystem war: Wo genau können die gesuchten Äquivalenzreihen zu den gesamtgesellschaftlichen Funktionen der Theorie funktionaler Differenzierung aufgefunden werden? Wenn Organisationen nicht als Subsysteme der Funktionssysteme angesehen werden können, bleibt weiterhin unklar, inwiefern die sogenannten gesamtgesellschaftlichen Funktionen der Funktionssysteme äquivalenzfunktionalistisch verständlich werden. Meine Diskussion war von der Annahme ausgegangen, daß die funktionale Äquivalenz unterschiedlicher Problemlösungen für die gesamtgesellschaftlichen Bezugsprobleme nur *innerhalb* der Funktionssysteme aufgefunden werden kann, weil die Gegenannahme, derzufolge die funktional äquivalenten Problemlösungen für die gesamtgesellschaftlichen über die Grenzen der Funktionssysteme hinweglaufen, das jeweilige Funktionsmonopol der Funktionssysteme verletzen würde. Nur wenn man annähme, daß die funktional äquivalenten Problemlösungen für die gesamtgesellschaftlichen Funktionen *innerhalb* der Funktionssysteme aufgefunden werden können, bliebe sowohl der Funktionsprimat der Funktionssysteme als auch der äquivalenzfunktionalistische Charakter der gesamtgesellschaftlichen Funktionen gewahrt. Wenn jedoch Organisationen keine Subsysteme der Funktionssysteme darstellen können und sie folglich nicht als Quellen der unterschiedlichen, aber vergleichbaren Problemlösungen herangezogen werden können, dann stellt sich die Frage, wer die gesuchten Äquivalenzreihen, die gemäß den Prämissen des Äquivalenzfunktionalismus die Rede von einer 'Funktion' erst rechtfertigen, überhaupt kreieren soll.

Ich möchte nicht so weit gehen zu behaupten, die gesamtgesellschaftlichen Funktionen der Theorie funktionaler Differenzierung seien nichts anderes als besonders exponierte sozietale und kausalfunktionalistisch bemäntelte *Zwecke*. Ich meine jedoch gezeigt zu haben, daß die gesamtgesellschaftlichen Funktionen der Theorie funktionaler Differenzierung unter äquivalenzfunktionalistischen Gesichtspunkten (bisher) nicht verständlich werden, weil unklar bleibt, inwiefern die Theorie funktionaler Differenzierung - bezogen auf den *Begriff* der 'gesamtgesellschaftlichen Funktion' eines Funktionssystems - das eigentlich soziologisch Interessante des Äquivalenzfunktionalismus überhaupt anwendet: die Möglichkeit, unterschiedliche soziale Handlungen auf ein gemeinsames Bezugsproblem zu beziehen und dadurch vergleichbar zu machen. Bezogen auf den Staat: Interessant erscheint mir nicht nur, *daß* der Staat auf das kollektiv verbindliche Entscheiden spezialisiert ist. Niemand wird bestreiten, daß dieser Zweck vielen staatlichen Handlungen zugeschrieben werden kann. Unter äquivalenzfunktionalistischen Gesichtspunkten würde sich jedoch der Vergleich des staatlichen kollektiv bindenden Entscheidens mit anderen, funktional äquivalenten Herstellungsweisen solchen Entscheidens als weitaus interessanter erweisen. Eine solche Analyse würde z.B. einerseits den Staat als Organisation thematisieren. Als Organisation trifft der Staat kollektiv verbindliche Entscheidungen für sämtliche Staatsbürger. Die Staatsorganisation könnte anschließend einer vergleichenden Analyse mit anderen, z.B. Wirtschafts-, Arbeits- und Erwerbsorganisationen zugeführt werden, denn jede Organisation trifft auf eine bestimmte Art und Weise kollektiv bindende Entscheidungen für ihre Mitglieder, so daß dieses Bezugsproblem in allen gesellschaftlichen Organisationen gelöst werden muß. Dieser Vergleich würde die Besonderheit des staatlichen Entscheidens erst in seiner Besonderheit voll erschließen. Er würde den Staat *als Organisation* beleuchten und ihn in vielerlei Hinsicht vergleichbar machen - so etwa die ausgreifend territorial gefaßte Definition des staatlichen Organisationsraumes im Gegensatz zu den im Vergleich enger umschriebenen räumlichen Verhältnissen der Wirtschaftsorganisation, oder: die gänzlich unterschiedliche Motivationszuschreibung an die Mitglieder in der Staatsorganisation im Vergleich zur Erwerbsorganisation (vgl. IV.3).

Erst dann könnten 'Funktionen' im Sinne der äquivalenzfunktionalistischen Vergleichsmethode als Bezugsprobleme verstanden werden, die *auf die eine oder andere Weise* gelöst werden. Die äquivalenzfunktionalistische Analyse müßte dann jedoch anders ansetzen. Die vergleichende Methode kann nicht eine Funktion einem Funktionssystem als Bezugsproblem zuordnen, sondern muß nachweisen, wie z.B. das Bezugsproblem kollektiv bindenden Entscheidens auf verschiedene, jedoch vergleichbare Arten einer Problemlösung zugeführt wird. Ich meine, daß keine erkenntnisfördernden Äquivalenzreihen in den Blick kommen, wenn man - wie bisher von der Theorie funktionaler Differenzierung praktiziert - die Problemkonstruktion gleich auf der Ebene des Gesellschaftssystems ansetzt, weil das Problem immer nur - wie die Theorie funktionaler Differenzierung stets betont - in 'seinem' Funktionssystem und nirgendwo sonst gelöst werden können soll.

Stellt man die Analyse der von der Theorie funktionaler Differenzierung hervorgehobenen Bezugsprobleme auf diese Weise um, würde die für die Theorie funktionaler Differenzierung zentrale Annahme von Funktionssystemen, die *exklusiv* für eine bestimmte 'Funktion' zuständig sein sollen, gesprengt, denn es soll gerade der besondere Status eines 'Funktionssystems' sein, eine 'Funktion' für sich zu monopolisieren. Genau diese Vorstellung scheint mir nicht mit dem äquivalenzfunktionalistischen Funktionsbegriff vereinbar zu sein, denn Funktionsbegriff und Systembegriff liegen eigentlich quer zueinander. Der Systembegriff eröffnet den Blick auf innergesellschaftliche Differenzierungsprozesse. Damit ist dem Soziologen die Möglichkeit gegeben, den unübersichtlichen Dschungel der modernen Gesellschaft kleinzuarbeiten und in übersichtlichere Analyseeinheiten zu zerlegen, die dann wiederum aufeinander bezogen und in ihrer wechselseitigen Interdependenz erforscht werden können. Die dabei ermöglichte präzise Konturierung des Forschungsgegenstandes scheint mir eine der Hauptleistungen der soziologischen Systemtheorie zu sein.

Der Funktionsbegriff fungiert demgegenüber nur als methodisches Hilfsinstrument, das bei der vergleichenden Betrachtung unterschiedlicher Ausprägungen von Interaktion, Gruppe und Organisation eingesetzt wird. Problemlösungen werden dabei immer als konkrete Handlungen in Interaktionen, Gruppen und Organisationen aufgefunden. Bezugsprobleme, für die unterschiedliche, aber funktional äquivalente Problemlösungen gefunden werden sollen, stehen demgegenüber *per se* gleichsam *zwischen* unterschiedlichen sozialen Systemen, denn die funktionalen Äquivalenzen sollen ja gerade den Bogen spannen, unter dem differentielle, aber trotzdem vergleichbare Problemlösungen in sozialen Systemen verständlich werden. Warum sollte nun *ein* soziales System auf *ein* bestimmtes Bezugsproblem festgelegt werden, das gleichzeitig auch noch seiner Umwelt entzogen wird? Die begriffliche Konstruktion sogenannter „Funktionssysteme" scheint mir an der Schnittstelle von äquivalenzfunktionalistischer Methode und Systembegriff immanent fehlerhaft angelegt zu sein, so daß man bezweifeln könnte und vielleicht auch sollte, ob es Funktionssysteme überhaupt gibt. Während eine *zweck*hafte Spezialisierung von Organisationen unbezweifelbar einen Grundzug der modernen Gesellschaft darstellt und man deshalb heute sagen kann, daß viele soziale Systeme, insbesondere formale Organisationen, durch bestimmte Zwecke (Gewinnerzielung, kollektiv bindendes Entscheiden, Forschung, sportliche Aktivitäten, Geselligkeit...) dominiert werden, verstehe ich nicht, was ein 'Funktionsprimat' eines sozialen Systems unter äquivalenzfunktionalistischen Aspekten bedeuten soll.

Als Schlußfolgerung der Diskussion über den Zusammenhang von Konfliktsoziologie und funktionaler Methode möchte ich festhalten, daß eine konfliktsoziologische Analyse der modernen Gesellschaft, die die vergleichende Methode benutzen möchte, nur dann überschaubare und für jedermann nachvollziehbare Beschreibungen liefern kann, wenn sie sich als kleinformatige Analyse an Interaktionen, Gruppen und Organisationen orientiert. Nur wenn dabei klar umrissene Problem/Problemlösungsrelationen gefunden werden, die sowohl das lediglich methodisch wichtige Komplexitäts- bzw. Anschlußfähigkeitsproblem als auch den unklaren Funktionsbegriff der Theorie funktionaler Differenzierung meiden, wird der Versuch einer Konfliktsoziologie der modernen Gesellschaft auch diejenigen empirischen Ansprüche erheben können, die Hans Joas der Systemtheorie *in Gestalt der Theorie funktionaler Differenzierung* abspricht.

Meine weiteren Untersuchungen zur Soziologie des Konfliktes, insbesondere die konfliktethnographischen Teiluntersuchungen der modernen Gesellschaft im vierten Kapitel, werden sich deshalb an den kleineren Systemtypen Interaktion und Organisation sowie an der von Friedhelm Neidhardt vorgeschlagenen Gruppe orientieren. Äquivalenzfunktionalistische Analysen in der Systemreferenz des Gesellschaftssystems werden gemieden, damit die Kontrolle über die Problem/Problemlösungs-Relation nicht verloren geht. Wenn im weiteren (ab III.3) von der 'Konfliktsoziologie der modernen Gesellschaft' gesprochen wird, steht stets eine Sichtweise im Vordergrund, die die moderne Gesellschaft in die Systemtypen Interaktion, Gruppe und Organisation 'kleinarbeitet', dekomponiert, zerlegt und die Moderne quasi 'von unten' beleuchtet. Ob - wie eingewendet werden wird - der gesellschaftstheoretische Bezug der Analyse dabei verloren geht, kann nicht vorab entschieden werden. Eine an der Trias von Interaktion, Gruppe und Organisation orientierte konfliktsoziologische Analyse stellt immerhin Mittel bereit, die besser an die breiten sozialwissenschaftlichen Forschungen zu Konflikt und Gewalt in Familie (IV.1), Jugend (IV.2) und internationaler Politik (IV.3), aber auch an die Lebensstil- und Ungleichheitsforschung (III.3.2) anschließen kann. Die äquivalenzfunktionalistische Methode stellt sich dabei als von allen funktionalen Vorbedingungen und unkontrollierbaren Bezugsproblemen gereinigte Kontrastierungs- und Vergleichstechnik dar, die sich auf für jeden nachvollziehbare Vergleiche auf den Ebenen von Interaktion, Gruppe und Organisation stützt.

Wenn die vergleichende Methode entschieden an die Grenzen ihrer Leistungsfähigkeit erinnert wird, das selbstdisziplinierende Gebot einer Orientierung an überschaubaren Systemtypen beachtet wird und eine strikte Limitierung von Äquivalenzen gelingt, dann weist der vergleichende Aufweis alternativer Möglichkeiten durchaus Parallelen zum zentralen Anliegen 'kritischer' Theorien auf. Der vergleichende Aufweis alternativer Möglichkeiten bildet geradezu den Kern der vergleichenden Methode. Vor diesem Hintergrund wäre eine Kritik unverständlich, die dem Äquivalenzfunktionalismus Herrschaftskonformität und Apologie bestehender Verhältnisse vorhält.

Nimmt man das hier interessierende Gebiet sozialer Konflikte aus dieser Perspektive erneut in den Blick, so wird deutlich, daß der Äquivalenzfunktionalismus neue Gesichtspunkte einbringt. Unerwünschte Konfliktaspekte brauchen nicht wie noch bei Coser als 'dysfunktional' gebrandmarkt zu werden, da der Funktionsbegriff abstrakter gefaßt wird. Gleichwohl gehen die vom Kausalfunktionalismus als 'dysfunktional' eingestuften Effekte nicht verloren. Sie werden keinesfalls ausgeblendet und vergessen. Die äquivalenzfunktionalistische Methode kann gerade auf andere, funktional äquivalente und aus einer bestimmten Beobachtungsperspektive 'funktionalere' Problemlösungsmöglichkeiten für 'dysfunktionale' Leistungen hinweisen. Dabei ist die 'Dysfunktion des Konfliktes' nicht als Gegenbegriff zur Funktion zu verstehen, *sondern selbst ein Anwendungsfall funktionaler Analyse*. Ein Beispiel möge das verdeutlichen.

Es mag unter demokratischen Gesichtspunkten für 'dysfunktional' gehalten werden, wenn Entscheidungsprozesse in der Regierungspartei allein durch Autorität - Stichwort 'Kanzlerwahlverein' - beschleunigt und der Entscheidungsfindung zugeführt werden können. Die Notwendigkeit, auch in großer Eile Entscheidungen herbeiführen zu können, kann dazu führen, daß der Bundestag mit seinen Fraktionen zu einem Debattierverein abqualifiziert wird, dem fertige Entscheidungspapiere nur noch zur Absegnung vorgelegt werden. Die Macht scheint dem gewählten Souverän aus den Händen zu gleiten und an die Ministerialbürokratie überzugehen.

Die vergleichende funktionale Methode kann darauf hinweisen, daß die Entscheidungsfindung im Regierungszentrum auch durch andere, funktional äquivalente Problemlösungen beschleunigt werden kann. Eine andere denkbare Lösung wäre die Etablierung von innerparteilichen Konflikten zwischen Parteiflügeln. Konflikte zwischen opponierenden internen Lagern erhöhen den Entscheidungsdruck. Sie lassen politische Sachverhalte kontingent erscheinen und verlangen nach Unsicherheit absorbierenden Festlegungen, die die Machtverhältnisse einer Klärung zuführen. Insofern wäre der parteiinterne Flügelkampf der Entscheidungsbeschleunigung von oben funktional äquivalent. Der innerparteiliche Konflikt erhöht den Entscheidungsdruck durch die Erinnerung an ungewisse Machtverhältnisse. Er kann Entscheidungsfindungen beschleunigen, ohne daß eine externe Entscheidungserzwingung von oben notwendig wäre.

Eine weitere Alternative der Entscheidungsbeschleunigung jenseits des Kanzlermachtwortes könnte in der Institutionalisierung von zeitlich orientierten Entscheidungsprozeduren in Bundestags- und Fraktionssitzungen liegen. Man erhöht den Entscheidungsdruck auf sich selbst durch eine Terminierung des Diskussionsendes, wodurch die Notwendigkeit einer Führung der Partei von oben zwecks Entscheidungsfähigkeit herabgesetzt wird. Man weiß: Morgen muß eine Entscheidung vorliegen. Wenn das nicht gelingt, gleitet die Entscheidungskompetenz an eine dritte Stelle ab. Erweist man sich als entscheidungsunfähig, dann übernimmt der Kanzler das Kommando, weil ihm der Kragen platzt o.ä.

Entscheidend ist in einer solchen Beschreibung die plausible Problemkonstruktion. Soziale Probleme können weitgehend willkürlich gewählt werden. Sie müssen jedoch griffig genug sein, um nur eine begrenzte Anzahl von Problemlösungen zuzulassen, die im Verhältnis funktionaler Äquivalenz zueinander stehen. Nur bei einer wirksamen Begrenzung der in Frage kommenden, vergleichbaren Problemlösungen kann die funktionale Methode ihren Erkenntniswert unter Beweis stellen. Die Problemkonstruktion muß spezifisch genug sein, um eine begrenzte Anzahl von Problemlösungsmöglichkeiten zu konturieren.

Gerade das berüchtigte Bestandsproblem und seine reformulierten und temporalisierten Varianten erfüllen dieses Erfordernis nicht. Jedes soziale Phänomene kann in irgendeiner Art und Weise mit dem Fortgang von Kommunikation in Verbindung gebracht werden. Man kann von allem Möglichen behaupten, daß es zur Kontinuierung der Selbstreproduktion sozialer Systeme beiträgt. Was immer kommunikativ geschieht, vollzieht bereits Gesellschaft und trägt zur Lösung des in Ereignisse aufgelösten Bestandsproblems bei. Darauf bezogene Aussagen sind nicht falsch. Sie haben aber keinen Erkenntniswert, da sie die für die vergleichende Methode zwingend notwendige disziplinierende Limitierung von Äquivalenzserien nicht zu leisten vermögen.

Das gilt ebenfalls für Aussagen über die Funktionalität von Komplexitätsreduktion. Geht man mit Schneider von der *theorietechnischen* Transzendentalität des Komplexitätsproblems in der funktionalen Methode aus, so bildet die Reduktion von Komplexität den *methodologisch* letzten Fluchtpunkt vergleichenden

Räsonierens (vgl. Schneider 1991: 203ff.). Es ist deshalb nicht falsch, bestimmten sozialen Problemlösungen komplexitätsmindernde Wirkung zu attestieren. Aussagen dieser Art bieten jedoch nicht nur keinen Erkenntnisgewinn. Sie sind auch deshalb strikt zu vermeiden, weil sie trotz ihrer offenkundigen Wertlosigkeit einen Erkenntnisfortschritt versprechen, den sie nicht halten können. Aussagen über die notwendige Reduktion von Komplexität oder die Sicherung von Anschlußfähigkeit sind deshalb sowohl in theoretischen als auch empirischen Beschreibungen irreführend.

Soweit jedoch die Erforschung einer streng limitierten Äquivalenzserie gelingt, liegt es in der Entscheidungsmacht der Beteiligten, welche der aufgezeigten Möglichkeiten gewählt wird. Auch die Kombination mehrerer Alternativen ist möglich. All das liegt nicht mehr in der Kompetenz der äquivalenzfunktionalistischen Methode. Dabei ist darauf hinzuweisen, daß 'Funktionalität' keine Steigerbarkeit vorsieht. Aussagen vom Typ „Die Lösung A ist zweckmäßiger (funktionaler) als B" o.ä. wird nicht von der äquivalenzfunktionalistischen Methode gedeckt. A ist nicht mehr oder weniger 'funktional' als B, sondern, wenn überhaupt, funktional äquivalent.

Bezüglich des Zusammenhangs zwischen einer soziologischen Theorie des Konfliktes und der vergleichenden, funktionalen Methode können die Überlegungen dahingehend zusammengefaßt werden, daß die Reformulierung der funktionalen Konfliktanalyse als vergleichender Methode die berechtigte Kritik an der von Parsons, Coser und Dahrendorf benutzten funktionalistischen Methode auffängt und berücksichtigt. Die äquivalenzfunktionalistische Methode verhält sich gegenüber Leitkategorien wie Integration und Konflikt zunächst indifferent und präjudiziert damit nicht ihre theoretische Beschreibung. Die vergleichende Methode reinigt den Funktionsbegriff von theoretisch unkontrollierbaren Vorentscheidungen, die zu Recht vehemente Kritik gefunden haben. In bezug auf eine anzustrebende soziologische Theorie des sozialen Konfliktes ermöglicht Luhmanns Umformulierung des Kausal- zum Äquivalenzfunktionalismus *auf methodischer Ebene* einen Neuanfang. Gleichzeitig muß entschieden auf die Leistungsgrenzen einer Kombination der vergleichenden Methode mit dem Systembegriff hingewiesen werden, damit die delikate Problem/Problemlösungs-Relation nicht außer Kontrolle gerät und Äquivalenzserien streng begrenzt werden können.

Die deshalb notwendige Zurückstellung der Theorie funktionaler Differenzierung schließt eine Fruchtbarmachung allgemeiner system- und kommunikationstheoretischer Forschungen für die Soziologie des Konflikts keinesfalls aus. Nach der erfolgten *methodischen* Selbstvergewisserung werde ich im folgenden prüfen, ob der kommunikationstheoretische Ansatz der soziologischen Systemtheorie Antworten auf bisher offen gebliebene konflikt*theoretische* Fragen bereithält.

II. Konfliktkommunikation

II.1 Funktion und Struktur

Niklas Luhmann tritt Mitte der sechziger Jahre mit einem ehrgeizigen Forschungsprogramm an. Die berechtigte Kritik an der strukturell-funktionalen Systemtheorie Parsons' soll in einem Neuansatz berücksichtigt und verarbeitet werden. Dabei schließt Luhmann sich nicht allen gegen die strukturell-funktionale Theorie geäußerten Einwänden an und plädiert für ein Festhalten an einem universalistischen, systemtheoretischen Ansatz. Es führe, so Luhmann, „nicht weiter, die erkannten Lücken oder Einseitigkeiten der Systemtheorie in eine Gegentheorie umzumünzen: so die Integration durch Konflikt, so die Ordnung durch Wandel zu ersetzen. Auf diese Weise läßt man den Universalitätsanspruch fallen und bezieht vom Gegner das, worüber man sich geärgert hatte: die Einseitigkeit. Die Kritik der strukturell-funktionalen Theorie müßte deshalb versuchen, nicht bei den Mängeln, sondern bei dem Grund dieser Mängel anzusetzen. Nur so ist es möglich, das Ziel einer einheitlichen soziologischen Theorie im Auge zu behalten und die Mittel zur Erreichung dieses Zieles zu verbessern." (Luhmann 1970b: 114)

Auch Luhmann möchte den von Parsons gesetzten Ansprüchen an soziologische Theorie gerecht werden. Parsons hatte die Zielmarke gesetzt, daß „if theory is *good* theory...there is no reason whatever to believe that it will not be *equally* applicable to the problems of change and to those of process within a stabilized system" (Parsons 1937: 535). An den damit verbundenen Versuch einer fachuniversalen systemtheoretischen Soziologie schließt Luhmann an - und modifiziert ihn an entscheidenden Stellen. Bevor Luhmanns Ausführungen zu sozialen Konflikten auf ihre Brauchbarkeit für eine konfliktsoziologische Untersuchung geprüft werden können, müssen einige Grundlinien des in zwei Phasen erfolgten theoretischen Umbaus der strukturfunktionalistischen Theorie eingeführt werden.

Die erste, bis in die achtziger Jahre andauernde Reformulierung des systemtheoretischen Forschungsprogramms ist dominiert von der Neubewertung des Begriffspaares *Struktur* und *Funktion*, das schon den Überlegungen Parsons' zugrunde gelegen hat. Parsons hat die Begriffe eingeführt, um das für die Sozialwissenschaften typische Dilemma der Prozeßhaftigkeit sozialer Phänomene zu meistern. Die experimentelle Kontrolle einer prozeßhaften Realität gelingt, anders als in den Naturwissenschaften, den Sozialwissenschaften kaum. Das Wissen der Soziologen über Handlungsprozesse, so hebt Parsons immer wieder vor, „is fragmentary" (Parsons 1951: 6). Das Begriffspaar Funktion und Struktur soll die Realität gewissermaßen für einen Moment anhalten und der Analyse zugänglich machen. Man betrachtet den Prozeß so, als ob er für einen minimalen Zeitraum in eine feste Struktur geronnen wäre. Dabei kommt dem Strukturbegriff zentrale Bedeutung zu. Er fundamentiert die soziale Praxis als „eine Reihe von verhältnismäßig stabilen Beziehungsmustern zwischen Einheiten" (Parsons 1973: 54). Sie garantiert die sinnhafte Verknüpfung von Einzelphänomenen der sozialen Wirklichkeit und integriert verschiedene Einheiten normativ (Parsons 1976: 140). Der Strukturbegriff steht dabei für Stabilität, Invarianz und Ordnung. Die Strukturanalyse eruiert die im AGIL-Schema explizierten *Funktionen*, also die Beiträge, die Komponenten des Systems zur Erhaltung und Stabilität der Strukturen beitragen. Bei Nicht- oder Übererfüllung des im Funktionsbegriff implizierten Ressourcenaustausches treten Spannungen und Konflikte auf, die entweder durch soziale Kontrolle kompensiert oder mit struktureller Differenzierung beantwortet werden können.

Die Vorordnung des normative Integration und kollektive Stabilität implizierenden Strukturbegriffes vor dem Funktionsbegriff wird nun von Luhmann schlicht umgekehrt. Luhmann placiert den Funktionsbegriff vor den Strukturbegriff und nennt seinen Ansatz „funktional-strukturell". Die äquivalenzfunktionalistisch reformulierte funktionale Methode wird zu Lasten der an Strukturen orientierten Sichtweise expandiert. Ohne die Berechtigung der gegen die strukturell-funktionelle Theorie erhobenen Vorwürfe im einzelnen zu diskutieren, wirft Luhmann dabei den mit Parsons' strukturorientierter Sichtweise verbundenen Ballast über Bord und lehnt das Postulat einer über kollektive Norm- und Wertmuster normativ integrierten Gesellschaft ab. Anstelle dessen tritt die Formulierung eines *nicht-normativen Begriffs des Sozialen*. Soziale Systeme meinen für Luhmann nicht ein normatives Wert- und Strukturmuster, sondern einen Zusammenhang von aufeinander verweisenden sozialen Handlungen. Ihre Verknüpfung schafft eine konstitutive Differenz von Innen und Außen, von System und Umwelt. Luhmann bindet den Systembegriff an eine Grenze, die über die Zugehörigkeit von Handlungen zum System oder zur Umwelt entscheidet. Tritt eine Handlung in den von den aufeinander verweisenden Handlungen konstituierten Sinnzusammenhang ein, so gehört sie zum System. Ist keine Beziehung erkennbar, wird sie der Umwelt zugerechnet.

Luhmann komplettiert die in der ersten Phase erfolgende Neuausrichtung der soziologischen Systemtheorie mit der Verabschiedung der Annahme, daß Systeme auf besondere, nicht-substituierbare Leistungen angewiesen sind. Soziale Systeme hören für Luhmann nicht auf zu existieren, wenn bestimmte Leistungen ausfallen. In Anwendung der äquivalenzfunktionalistischen Methode verweist Luhmann darauf, daß Systeme die Möglichkeit haben, andere, funktional äquivalente Leistungen an die Stelle der ausgefallenen Beiträge zu plazieren. „Außerdem kann ein soziales System auf das Ausfallen bisheriger Leistungen durch Änderung seiner Struktur und seiner Bedürfnisse reagieren, die den Fortbestand unter veränderten Bedingungen ermöglicht, ohne daß sich eindeutig feststellen ließe, von wann ab solche Änderungen ein neues System konstituieren." (Luhmann 1970a: 33) An die Stelle der Frage nach bestandssichernden Leistungen tritt die Suche nach funktionalen Äquivalenten für Systemleistungen, die nicht vorgängig auf die Sicherung eines Systembestandes festgelegt werden. Die

Annahme von bestandsnotwendigen Voraussetzungen für die Kontinuität einer Systemgeschichte, die sich im AGIL-Schema ausgedrückt hat, wird verabschiedet. *Notwendig* ist allein die Reduktion von Komplexität. Jedwede weitere Spezifikation wird den Phänomenen selbst überlassen.[17]

Werden schon mit dieser Neuausrichtung der soziologischen Systemtheorie Starre und Invarianz des Strukturfunktionalismus abgeschwächt, so wird Luhmanns systemtheoretischer Neuansatz mit der „autopoietischen Wende" zu einer gänzlich dynamischen Theorie, die den Stabilität und Integration implizierenden Strukturbegriff nur noch an abgeleiteter Stelle verwendet.[18] In den Vordergrund rückt dort die ereignisbasierte Konstitution von sozialen Systemen, die aus momenthaften, in ihrem Entstehen schon wieder verschwindenden Elementen bestehen. Etwas salopp formuliert kann man sagen, daß sich soziale Systeme von Moment zu Moment „hangeln", indem sie selbstkonstituierte Handlungen aneinanderreihen. Sie bringen in einem stets auf bereits hervorgebrachtes zurückgreifenden Prozeß fortlaufend Handlungen aus Handlungen hervor und leisten auf diese Weise sowohl ihre Selbsterzeugung als auch Selbsterhaltung als Einheit. Es kommt ganz wesentlich darauf an, daß in der autopoietischen Reproduktion der *Anschluß* einer Handlung an die vorhergehende produziert wird. Anschlußfähigkeit verweist auf die Notwendigkeit, in sozialen Systemen einer Handlung eine weitere folgen zu lassen - oder die Selbstreproduktion des Systems wird beendet. Luhmann spricht ganz entsprechend von einem *dynamischen Dauerzerfall* von Systemen, die niemals zur Ruhe kommen. Sie sind durch die gleichsam unendliche Rastlosigkeit der Handlungsproduktion gekennzeichnet.

Systeme werden nach dieser Umstellung schon *per definitionem* als höchst dynamische, durch stete Betriebsamkeit und Unruhe charakterisierte Einheiten beschrieben. Sie haben keinerlei Ähnlichkeit mehr mit den gleichgewichts- und strukturorientierten Handlungssystemen parsonianischer Provenienz. Die Einkehr von Ruhe und strukturellem Gleichgewicht ist in ereignisbasierten Systemen kategorial ausgeschlossen. An die Stelle der Frage nach der Bestandserhaltung von Struktur- und Wertmustern tritt die Herstellung des Anschlusses eines Handlungsereignisses an das nächste.

Welche Stellung erhält der Strukturbegriff im hektischen Betrieb sozialer Systeme? Der Dauerzerfall von Handlungen läßt die Entstehung von Ordnung angesichts der von Moment zu Moment stets neu zu leistenden Selbstkonstitution sozialer Systeme als äußerst unwahrscheinlich erscheinen. Die ununterbrochen thematische *creatio per eventum* macht den Fortbestand des Systems zu einer

---

17   Die Kontingenz der im AGIL-Schema formulierten Notwendigkeiten formuliert Luhmann rückblickend in Luhmann 1988. Die im 4-Funktionen-Schema explizierten Problemlösungsnotwendigkeiten seien durchaus mögliche, keinesfalls aber in jedem Fall zwingende Probleme bzw. beobachtungsleitende Unterscheidungen eines sozialen Systems.

18   Luhmann nennt seine Theorie dementsprechend eine „post-strukturalistische" Theorie (vgl. Luhmann 1985: 407).

prekären Angelegenheit, zumal es bei der operativen Reproduktion keinesfalls um *Wiederholung* von Handlungen geht, sondern um Sicherung von Handlungs*anschlüssen*. Luhmann muß deshalb zeigen, wie die prinzipell unbegrenzte Anzahl von Anschlußmöglichkeiten auf ein realistisches Maß zurechtgestutzt wird. Soziale Systeme müssen handhabbare Strukturen ausbilden, die die ununterbrochen nachfolgenden Handlungen in ein sinnvolles Nacheinander bringen. Im Systemgeschehen kann nicht einfach *irgendeine* Handlung an die nächste anschließen, wie insbesondere ethnomethodologische Studien gezeigt haben.[19] Wie werden die Handlungen aufeinander abgestimmt?

Im Betrieb sozialer sozialer Systeme konstituiert eine Handlung zunächst nicht mehr als ein Anschlußereignis, das sofort wieder im Abgrund der fortschreitenden Gegenwart verschwindet und von einer weiteren Handlung gleichsam „beerbt" wird. Sieht man jede Handlung als in einen Zusammenhang des Handlungsdauerzerfalls eingelassen an, so wird deutlich, daß sich Handlungen als Nachfolger einer gerade untergegangenen und Vorgänger einer sofort folgenden Handlung in nicht-beliebigen Verhältnissen befinden. Die Handlung ist keine Entität, die als selbstsuffiziente Einheit in die Welt einschlägt, um dort von netzhaften Strukturzusammenhängen aufgefangen zu werden.[20] Sie steht vielmehr in einem limitierenden Zusammenhang von vorhergehenden und nachfolgenden Handlungen, die bereits Einschränkungen des Möglichen vorgeben und kontinuieren. Jede Handlung, sei es die erste in einer Interaktion, produziert mit ihrem Auftreten notwendig Einschränkungen. Der Lehrer kommt in die Klasse und begrüßt seine Schüler. Diese Begrüßung plausibilisiert nur eine beschränkte Anzahl von Anschlußhandlungen. Man weiß zwar, daß in manchen Schulen die Schüler an diese Begrüßung mit einer Schießerei angeschlossen haben. Auch wenn dieses Beispiel zeigt, daß im Prinzip jedes Anschlußereignis möglich ist, so wird man gleichwohl zugestehen müssen, daß es sich um eine durchaus ungewöhnliche Kontinuierung der Unterrichtsinteraktion handelt, die gleichwohl niemals ausgeschlossen werden kann. Aber selbst in diesem Fall schließt die Schießerei zahlreiche andere Anschlußhandlungen aus, wahrscheinlich auch die Kon-

---

19   Vgl. die von Garfinkel durchgeführten Krisenexperimente, die bewußt eine Erschütterung der sozialen Wirklichkeit anstreben, also die scheinbare Selbstverständlichkeit von Ereignissequenzen aufheben. Siehe für eine Diskussion der Erfolgsbedingungen solcher Experimente Garfinkel 1963.

20   Diesen Eindruck vermittelt jedoch ein individualistisches Handlungsmodell, das selektive Strukturnetze bereithält, um diese zwecks Ordnungsaufbau über die querschießenden Handlungen zu werfen und so zur Raison zu bringen. Esser etwa führt hierzu ein Modell von *Frames* und *Habits* ein, um die im Aktor verortete Handlungsentscheidung von einer vermuteten subjektiven Willkür zu befreien (Vgl. Esser 1990, insbes. 234ff.)
Ganz ähnlich sieht man in der Diskussion um den Micro-Macro-Link Strukturen als etwas der Handlung äußerliches, weshalb Verbindungsmodelle der beiden getrennten Ebenen des Handlungsprozesses entwickelt werden müssen. Vgl. zu diesem Fragenkomplex den Diskussionsband Alexander et al. 1987.

tinuierung des Unterrichtes. Deshalb plaziere ich anstelle der Schießerei die Annahme, daß die Schüler im Anschluß an die alltägliche Begrüßung durch ihren
Lehrer ihre Hausarbeiten verlesen werden. Es kommt zur *operativen Strukturbildung durch Erwartungsaufbau:* „Immer wenn der alte Sack uns begrüßt hat", so
würde ein Feldforscher hören, „müssen wir unsere Hausarbeiten vorlesen." Schon
die erste Handlung in einem sozialen System verweist auf *Strukturbildung, verstanden als operative Einschränkung von Möglichkeiten.* Jedes weitere Hand-
lungsereignis trifft bereits auf vorstrukturierte Verhältnisse, die es weiter spezifiziert.

Entscheidend ist dabei die Einsicht, daß Strukturbildung ein *operativer*
Aspekt sozialer Systembildung ist. Strukturen brauchen nicht von außen als Netz
über querschießende Handlungen geworfen zu werden. Strukturbildung ist vielmehr ein notwendiges Korrelat des *Ereignischarakters von Handlungen,* der einen dynamischen Handlungsdauerzerfall mit sich bringt.[21] Die Erwartung entsteht durch ereignisbedingte Einschränkung des Möglichkeitsspielraums und ist
letztlich nichts anderes als diese Einschränkung selbst (Luhmann 1984: 397).

Damit wird dem Strukturbegriff jene ontologische Würde genommen, die
er im Strukturfunktionalismus noch besaß. Als *operativer* Aspekt von Handlungs-
systembildung sind Strukturen zwar Bedingungen der Möglichkeit von rekursiven
Handlungszusammenhängen. Jedoch stehen sie weder für Invarianz noch für
dauerhafte Stabilität. Es gibt keinerlei unabdingbaren Erwartungen. Strukturen,
die sich als logisches Korrelat des Handlungsdauerzerfalls ergeben, verbleiben
immer bis auf Widerruf. Sie können enttäuscht werden, und das System kann
darauf *normativ* oder *kognitiv* reagieren: Die Erwartung wird entweder normativ
aufrechterhalten und so trotzig dem Enttäuschungsfall entgegengehalten. Dies
bietet sich an, wenn eine Erwartungsenttäuschung eher einen Ausnahmefall darstellt und ansonsten die zukünftige Bestätigung vorhandener Erwartungen antizipiert wird. Man rechnet nicht damit, daß Schüler jedesmal mit einer Schießerei
beginnen, wenn die Bekanntgabe ihrer Hausarbeitsleistungen erwartet wird.

Soll veränderten Verhältnissen Rechnung getragen werden, so wird kognitiv reagiert. Strukturen werden geändert. Diese Technik wird insbesondere bei
wiederholter Erwartungsenttäuschung notwendig sein, etwa wenn Hausarbeiten
von Schülern regelmäßig nicht geleistet werden.[22]

---

[21]   Diese Auffassung von Handlungen als „Realität in einer Gegenwart" findet sich
        bereits bei Mead 1969: 229.

[22]   Allein das von Luhmann in seiner „Rechtssoziologie" 1972 eingeführte Be-
        griffspaar normativer/kognitiver Erwartungsstile erinnert an Parsons' frühe, in
        der „Structure of Social Action" verfolgten Unterscheidung zwischen „means-
        end"-Schemata des Handelns und normativen Verpflichtungen, die für Parsons in
        jeder Handlung verwoben sind. Luhmann übernimmt die Unterscheidung für den
        Strukturbegriff - und betont sofort, daß „die Gesamtheit der in der Gesellschaft
        als Struktur fungierenden Prämissen...sich nicht auf normative Erwartungen...re-
        duzieren" läßt (Luhmann 1987: 299).

Strukturen enthalten damit stets eine dynamische Komponente. Sie bilden sich aus, können sich bei Erwartungsunterstützung festigen oder werden revidiert. Dabei wird deutlich, daß die Strukturanalyse am Komplexitätsproblem und nicht am Bestandsproblem ansetzt. Strukturen sind deshalb notwendig, weil bei unreduzierter Komplexität theoretisch unbegrenzt viele Handlungsanschlüsse möglich sind. Der Dauerzerfall von Elementen als gleichsam primärer Dringlichkeitsebene verlangt nach Selektivitätsverstärkern. Erwartungsstrukturen nehmen an dieser Stelle ihren Platz ein.

Diese Ausführungen sollten ausreichen, um die von Luhmann in zwei Schritten vorgenommene Neuausrichtung der soziologischen Systemtheorie zu charakterisieren. Für eine soziologische Theorie des Konfliktes ist besonders interessant, daß die strukturorientierte Schwerfälligkeit von Parsons' Handlungssystem durch die Umstellung auf die Theorie selbstreferentieller Systeme korrigiert wird. Schien der normativ gefaßte Strukturbegriff bei Parsons zum Gegenbegriff des Konfliktes im System zu avancieren, so wird dieser theoretische Ballast nun abgeworfen. Handlungssysteme erscheinen jetzt nicht mehr als von Struktur- und Wertmustern definiert, die mit sozialen Konflikten gewissermaßen in Konkurrenz stehen und von Konflikten erst einmal aufgebrochen werden müssen. Sie sind *per definitionem* durch ruhelose Anschlußsuche und dynamische Betriebsamkeit gekennzeichnet. Der damit implizierte Wandel des Systemkonzeptes ist so weitgehend, daß bisweilen die These geäußert wird, die Theorie selbstreferentieller Systeme schieße über das Ziel einer Dynamisierung des Systembegriffes hinaus und unterbelichte „die strukturalistischen und 'systemintegrativen'...Momente der Sozialität" (Berger 1987: 138). Wie immer man Bergers Einwand beurteilen mag: Mit dem Zurücktreten der strukturorientierten Sichtweise erscheint eine günstigere Ausgangsposition für eine Soziologie des Konfliktes gegeben zu sein.

Des weiteren wird mit diesen Umdispositionen eines der von Ralf Dahrendorf vorgebrachten Hauptargumente gegen die Systemtheorie berücksichtigt. Dahrendorf hatte eingewandt, die Systemtheorie könne die Prozeßhaftigkeit der sozialen Realität kaum adäquat abbilden. Sie müsse die prozeßhafte Realität mittels eines um die Begriffe Struktur und Funktion versammelten analytischen Instrumentariums für einen Moment anhalten und in eine analysierbare Form gießen. Diese Methode führe notwendig einen statischen bias der Systemtheorie mit sich, so Dahrendorf, so daß die Prozeßhaftigkeit der Wirklichkeit unwiderruflich verloren gehe.

Dieser Vorwurf verliert mit der Umstellung auf eine Theorie selbstreferentieller, ereignisbasierter Systeme seine Berechtigung. Schon die Fragestellung nach einer adäquaten Abbildung der prozeßhaften Realität würde heute das Beschreibungspotential der Theorie autopoietischer Systeme verfehlen. Ein autopoietisches System ist kein Konstrukt von lediglich analytischer Relevanz ohne essentiellen Realitätsbezug. Vielmehr versichert Luhmann, daß es das von ihm Beschriebene in der Welt wirklich gebe. Soziale Systeme Luhmannscher Provenienz ziehen es im Gegensatz zum parsonianischen Handlungssystem vor, wirklich in der Welt vorzukommen. Sie sind real. Die in ihnen stattfindenden Operationen meinen nichts anderes als die aufeinander folgenden Handlungen, die in der Realität wirklich vorkommen. Unter diesen Prämissen stellt sich die Frage einer adäquaten *Abbildung* oder analytischen Erfassung des Prozeßcharakters der Wirklichkeit überhaupt nicht.[23]

II.2 Doppelte Kontingenz und soziale Ordnung

Dieser Abschnitt soll zur Behandlung von sozialen Konflikten in der Theorie selbstreferentieller Systeme überleiten. Bevor das eigentliche Thema der Überlegungen behandelt werden kann, muß gezeigt werden, wie sich die in der soziologischen Systemtheorie vorgenommenen Umdispositionen 'vor Ort' auswirken. Es muß verdeutlicht werden, auf welche Art und Weise die Neukonzeption der Begrifflichkeiten, insbesondere des Strukturbegriffes, die Beschreibung der sozialen Wirklichkeit verändert. Zu diesem Zweck behandele ich das von Parsons eingeführte Theorem doppelter Kontingenz.

Parsons (und Shils)[24] weisen mit dem Begriff doppelte Kontingenz darauf hin, daß in Interaktionen auf *beiden* Seiten Ungewißheit über den weiteren Verlauf der Kommunikation herrscht. Egos Selektionen aus einem prinzipiell unbegrenzten Horizont von Möglichkeiten - ein Lächeln, ein strenger Blick, ein handshake...- sind kontingent und ungewiß. Fast alles erscheint denkbar.

Die damit einhergehende Unbestimmtheit konstituiert jedoch erst die eine Hälfte der Situation. Auch Alters Reaktion auf Egos Selektion ist hochgradig kontingent: Das Lächeln mag als zu offensiv eingeschätzt werden. Vielleicht führt es aber auch ganz im Gegenteil sofort zu einer herzlichen Stimmung. Der Handschlag wird als nicht angemessen empfunden oder vielleicht gerade als Ausdruck freundlicher Stimmung usw. Die von Ego antizipierte Reaktion Alters steht in ihrer Ungewißheit Egos Selektion in nichts nach.

Entscheidend ist demgemäß die *doppelte* Kontingenz, die Unsicherheit auf *beiden* Seiten impliziert. Beide Seiten stehen vor einem Abgrund der Unbestimmtheit. Es ist nicht einmal klar, ja kann zur alles entscheidenden Frage werden, wer von beiden den ersten Schritt wagt. Soziales Handeln kann nicht zustandekommen, wenn Alter seine Reaktion von Egos Handeln abhängig macht und gleichzeitig Ego an Alter anschließen will. Die Situation bleibt vollkommen unbestimmt und läßt keine Ereignisse zu. Aufgrund der doppelten Kontingenz der Situation ist Kommunikation für Parsons deshalb nicht möglich ohne eine *Generalisierung*, die von der partikularen, für Ego und Alter nicht-identischen Situation wegführt. Es bedarf einer *Bedeutungsstabilität*, die nur durch von beiden

---

23   Vgl. Luhmann 1984: 30. Zu den damit gegebenen ontologischen Implikationen vgl. auch Nassehi 1992.

24   Vgl. das „General Statement" des von Parsons und Shils herausgegebenen Sammelbandes *Towards a General Theory of Action* (Parsons, Shils 1951).

Seiten beachtete Konventionen generiert werden kann. Diese Grundbedingung der Möglichkeit sozialen Handelns wird deshalb von Parsons zur Annahme eines „shared symbolic system" umformuliert, die in den *Begriff* der Handlung aufgenommen wird und im AGIL-Schema ihren Ausdruck findet. Kulturelle Norm- und Wertmuster garantieren eine ausreichende Übereinstimmung der normativen Orientierung der Handelnden. Gemeinsame Normen und Werte steuern und strukturieren den sozialen Handlungszusammenhang und garantieren ausreichende Gemeinsamkeit im Zusammenleben. Der normativ gefaßte Strukturbegriff avanciert dabei zum zentralen Definitionskriterium sozialer Systeme.

Luhmanns Verzicht auf die strukturorientierte Definition sozialer Systeme und ihre Ersetzung durch eine *operative* Perspektive macht eine Neufassung des Theorems doppelter Kontingenz unausweichlich. Er muß gezeigt werden, wie die von Parsons beschriebene Handlungskoordination Alters und Egos mittels eines unterstellten Wertkonsenses reformuliert werden kann. Luhmann muß aufweisen, daß auch im ruhelosen, bisweilen hektisch-chaotischen Betrieb ereignisbasierter Handlungssysteme strukturierte Ruhe und soziale Ordnung einziehen können. Auch die Theorie autopoietischer Systeme muß Antworten anbieten können für die Behandlung der Frage „Wie ist soziale Ordnung möglich?", liegt doch in diesem Problem gewissermaßem der letzte Fluchtpunkt soziologischen Räsonierens.

Luhmanns Überlegungen setzen in diesem Zusammenhang beim fiktiv eingeführten 'status naturalis' doppelter Kontingenz ein. Während sich Parsons im als 'status contingens utriusque' reformulierten Naturzustand gezwungen gesehen hatte, einen bereits vorhandenen Wertkonsens zu postulieren und die Herkunft dieses Wertkonsenses noch weiter in die Vergangenheit zu verlegen, setzt Luhmann auf die fiktiv eingeführte Geburtsstunde des sozialen Systems. Alter und Ego stehen sich unter den fiktiven Bedingungen reiner doppelter Kontingenz als vollkommen unbeschriebene Blätter gegenüber. Die Situation ist vollkommen unbestimmt. Es gibt keine Erwartungen, keine Einschränkungen, keine Strukturen, kein soziales System. Luhmann setzt an dieser Stelle allein die *Annahme voraus, daß überhaupt etwas passiert.* Ein erstes Ereignis muß eingeführt und in diesem Sinne vorausgesetzt werden. Alter und Ego warten immer noch auf ihren Einsatz und möchten nicht unverrichteter Dinge wieder abmarschieren. Während Hobbes und Rousseau an dieser Stelle den Herrschafts- bzw. Gesellschaftsvertrag einführen, um soziale Ordnung denkbar zu machen, ist Luhmann in seinen Grundannahmen denkbar sparsam. *Es muß nur irgendetwas passieren.* Eine erste zugerechnete Handlung muß vollzogen werden - ein Lächeln, ein Geschenk, ein böser Blick, ein Handschlag, irgendein Begrüßungsritual: Jede

Handlung ist willkommen. Die erste Handlung als Geburtsmoment eines sozialen Systems ist nicht auf Freundlichkeit und Wohlgesonnenheit angewiesen.[25]

Sobald etwas passiert und als Handlung zugerechnet wird, nimmt die Selbstkonstitution des ereignisbasierten Handlungssystems mit allen operativen und strukturellen Konsequenzen ihren Lauf. „Alter bestimmt in einer noch unklaren Situation sein Verhalten versuchsweise zuerst. Er beginnt mit einem freundlichen Blick, einer Geste, einem Geschenk und wartet ab, ob und wie Ego die vorgeschlagene Situationsdefinition annimmt. Jeder darauf folgende Schritt ist dann im Lichte dieses Anfangs eine Handlung mit kontingenzreduzierendem, bestimmendem Effekt - sei es nun positiv oder negativ." (Luhmann 1984: 150) Sobald eine zugerechnete Handlung als Geburtsmoment eingeführt wird, ändert sich die Situation grundlegend. Alter und Ego stehen sich nicht mehr wie auf einem rigoros vom Netz durchtrennten Tennisplatz gegenüber, sondern das Bild ähnelt nun - man verzeihe den schiefen, aber hoffentlich fruchtbaren Vergleich - eher einem dreigeteilten Eishockeyfeld. 'Zwischen' die intransparent für einander bleibenden Bewußtseine schiebt sich ein soziales System, das weder auf Alter noch auf Ego zurückgeführt werden kann. Alter und Ego können sich nicht 'direkt' erreichen. Ihre Bewußtseine bleiben unerreichbar füreinander, ähnlich wie im dreigeteilten Eishockeyfeld der unmittelbare Sprung vom linken ins rechte Drittel durch das 'two-line-offside' weitere Operationen unterbindet - der Schiedsrichter pfeifft abseits. Die Kontaktaufnahme muß immer durch das Mitteldrittel 'vermittelt' werden.

Die Beispielkonstruktion mag damit etwas überstrapaziert werden. Wichtig ist deshalb vor allem der Hinweis darauf, daß mit dem Auftreten eines nur operativ einführbaren Ereignisses ein soziales Handlungssystem gewissermaßen das Kommando übernimmt (Luhmann 1990: 80). Es verlangt - weitere Anschlußhandlungen. Ego sieht sich, sofern er das Lächeln wahrnimmt, mit Alters Vorschlag einer Situationsdefinition konfrontiert. Er schließt an - oder schließt nicht an. Im letzteren Fall ist die Analyse beendet. Die Interaktion nimmt keinen Betrieb auf. Im ersten Fall wird hingegen die Aktivität der Handlungsvernetzung vorangetrieben. Ego begrüßt Alter in welcher Form auch immer. *Wenn* Alter

---

25   Die Theorie sozialer Systeme verdankt diese Einsicht in die operative Konstitution des Sozialen insbesondere ethnomethodologischen Forschungen, die nur noch in das eigene Theorieprogramm eingebracht werden müssen.
Es fehlt eine grundlegende Untersuchung über die weitreichenden Beschreibungskonvergenzen zwischen Ethnomethodologie und Systemtheorie. Vgl. als anschauliches Beispiel für die Nähe der Luhmannschen Reformulierung des Theorems doppelter Kontingenz zu ethnomethodologischen Forschungen etwa W.J. Patzelts an Garfinkel anschließende Beschreibung eines Treffens von Ego und Alter auf der Straße in Patzelt 1987: 66, das die Grundlagen des Theorems doppelter Kontingenz offensichtlich vorzeichnet. Einen guten Eindruck von den Zielen ethnomethodologischer Forschungen vermittelt Eickelpasch 1983, 1994. Vgl. auch unten, II.3 die Diskussion der Garfinkelschen Krisenexperimente.

tatsächlich ein Lächeln einführt, *wenn* Ego tatsächlich ein weiteres Moment hieran anschließt und die Interaktion mangels Wahrnehmung oder sonstiger widriger Umstände nicht sofort eingestellt wird: Wenn all das gelingt, so kann sich das herausbilden, was Luhmann als Kommunikation bezeichnet. Eine *Information* wird *mitgeteilt* und *verstanden*: Ego erwidert die Begrüßung. Man kann, nachdem dieses geklärt ist, weitere 'Austausche' folgen lassen. Ein 'turn-taking' entwickelt sich. So trivial diese Begrüßungsszene erscheinen mag, so wichtig ist für den an Selbstverständlichkeiten besonders interessierten Soziologen der Hinweis darauf, daß schon eine Begrüßung und ihre Erwiderung eine Einschränkung des - gemäß der ursprünglichen Situationsdefinition - unbegrenzten Möglichkeitsspielraums bedeutet. Die völlige Unbestimmtheit reiner doppelter Kontingenz wird aus den Höhen der Unendlichkeit in handhabbare Formen heruntertransformiert. Sowohl Alter als auch Ego wissen jetzt, daß man nicht gekommen ist, um den anderen umzubringen, auszurauben, zu enthaupten, ihm Vorwürfe zu machen - zumindest bis zu diesem Moment. So vage und zeitlich unsicher diese *Erwartung* sein mag, so wirksam vermag sie als denkbar dünnes Eis den Boden für weitere Situationsdefinitionen abzugeben. Aber auch umgekehrt: Beginnt das rencontre mit einem Streit, wechselseitigen Vorwürfen, unfreundlichen Gesten, so bildet sich *auch dann* eine Sozialität verbürgende dünne Eisschicht, auf dem sich die Interaktion vorsichtig vorantastet. Auch in diesem Fall wird Unendlichkeit in Endlichkeit transformiert. Alter und Ego *wissen*, daß beide nicht gekommen sind, um Freundlichkeiten auszutauschen, Geschenke zu übergeben, Hände zu schütteln - zumindest bis zu diesem Moment. Angenehmere oder noch schlechtere Entwicklungen sind natürlich nicht ausgeschlossen.

Die Interaktion hangelt sich so gleichsam von sozialem Ereignis zu sozialem Ereignis. Sie ist dabei unabhängig vom Grad der sich abzeichnenden Freundlichkeit oder Feindschaft. Wichtig ist nur, daß es überhaupt weitergeht, egal ob gelächelt wird oder böse Mienen die sich auftuenden Gräben ankündigen. Alle weiteren Entwicklungen müssen den sozialen Phänomenen selbst überlassen werden. Es ist denkbar, daß die Vernetzung von Handlungen weitergeht und durch mehrfaches Ausprobieren zu soliden Erwartungsstrukturen führt. Ebenfalls ist denkbar, daß Alter oder Ego an einem bestimmten Punkt 'die Nase voll' haben und einander erschlagen, oder, wie die Zeitgeschichte prominent darlegt, dies gleich millionenfach geschieht. Über diese Optionen brauchen an dieser Stelle zunächst keine weiteren Aussagen gemacht zu werden. Sie müssen in der Realität selbst gewählt werden. Der Soziologe kann erst nachher analysieren, was dann längst passiert ist.

Die Quintessenz des 'status contingens utriusque'-Modells besteht demgemäß darin, daß sie die Beschreibung der Herausbildung sozialer Ordnung ermöglicht, ohne diese *begründen* zu müssen, zu können oder zu wollen. Sobald Handlungen beginnen und weitere Anschlußhandlungen die Interaktion aufrechterhalten, sind Möglichkeitseinschränkungen die notwendige Folge. Sie bedingen den Aufbau von Erwartungen, die die unerträgliche doppelte Kontingenz auf ein handhabbares Maß zurechtstutzen. Sie generieren soziale Ordnung. Jede *wirkliche* Handlung impliziert den Ausschluß von beliebig vielen anderen *möglichen* Handlungen. Die Interaktion gleitet auf der durch die Differenz von Wirklichkeit und Möglichkeit bereitgestellten Schiene vom Zustand höchster *Unbestimmtheit* zu einem Zustand von, in welchem Ausmaß auch immer, *Bestimmtheit*. Dabei ist der Ursprungszustand für Bestimmbarkeit besonders sensibel, da unter der Bedingung der Doppelung von Kontingenz das Interesse an Bestimmung sowohl bei Alter als auch bei Ego übergroß wird: „Ego erfährt Alter als alter Ego. Er erfährt mit dieser Nichtidentität der Perspektiven aber zugleich die Identität dieser Erfahrung auf beiden Seiten. Für beide ist die Situation dadurch unbestimmbar, instabil, unerträglich. In dieser Erfahrung konvergieren die Perspektiven und das ermöglicht es, ein Interesse an Negation der Negativität, ein Interesse an Bestimmung zu unterstellen." (Luhmann 1984: 172) Die Wahrscheinlichkeit von Strukturaufbau zwecks Einschränkung des Möglichen wird sehr groß.

Hieraus ergibt sich, daß im Fortgang nur bestimmte Anschlüsse sinnvoll sind. Unpassende Handlungen werden, wenn auch nicht kategorisch, so doch wahrscheinlich, ausgeschlossen. Der Ausschluß bestimmter Handlungen bereitet so die Auswahl weiterer Handlungen vor. Erwartungen werden bestätigt, und Strukturen treffen auf bereits Strukturiertes. Das Problem sozialer Ordnung löst sich mit der Inbetriebnahme des Gesellschaftssystems gewissermaßen von selbst, indem jede Handlung zur Bildung einer Erwartungsgeschichte beiträgt. Sie macht die dünne Eisschicht, auf der sich das Soziale bewegt, fester und begehbarer.

Max Miller hat die aus der Kombination des Theorems doppelter Kontingenz mit der Theorie sozialer Systeme bestehende Lösung des Problems sozialer Ordnung dahingehend kritisiert, daß sie trotz ihrer erstaunlichen Eleganz kaum noch sehen lasse, „wie überhaupt Mißverständnisse entstehen und, wie der Alltag zeigt, sich verfestigen können" (Miller 1987: 205). Es bleibe völlig unklar, wie Probleme der Koordination durch gemeinsame Differenzerfahrungen gelöst werden können. Miller sieht den Grundtenor von Luhmanns Überlegungen zum Problem sozialer Ordnung als etwas zu optimistisch. Das Problem sozialer Ordnung erscheint ihm als zu schnell beiseite geschoben, wodurch die Konflikthaftigkeit der sozialen Welt unterbeleuchtet zu werden droht.

Diese Bedenken sind berechtigt, wenn man nicht deutlich und unmißverständlich darauf hinweist, daß das Theorem doppelter Kontingenz und die Theorie sozialer Systeme lediglich diejenigen Garantien zur Lösung des Problems sozialer Ordnung beschreiben, die nach einer Verabschiedung jedweder normativer und letztlich spekulativer Begriffe des Sozialen übrig bleiben. Luhmann verfährt bei der Beschreibung des Aufbaus sozialer Ordnung entschieden antinormativistisch und verzichtet auf jegliches „Letztrückversicherungskonzept" (Luhmann 1984: 172), so schwach und sparsam es auch formuliert sein mag. Die Soziologie hat zahlreiche Konzepte dieser Art ausprobiert: Kollektivbewußtsein, Legitimitätsglaube, Wertkonsens und zuletzt illokutionäre Bindungskräfte der Sprache haben den vornehmen Platz des Ordnungskatalysators eingenommen. Alle diese aus sich selbst heraus geltenden Begründungsmuster sind letztlich daran gescheitert, daß sie irgendwann nicht mehr überzeugt haben. Die soziale Ordnung wurde auf Annahmen gegründet, die, wenn auch 'sparsam' formuliert, letztlich als *Annahmen* überzeugen mußten.[26]

Dieser Notwendigkeit entkommt auch die Luhmannsche Kommunikationstheorie nicht. Auch Luhmann kommt nicht an der Einführung einer Grundannahme vorbei. Er muß voraussetzen, daß Handlungen vollzogen werden und Zeit binden. *Sofern Gesellschaft vollzogen wird,* löst sich das Problem sozialer Ordnung von selbst. Die doppelte Kontingenz als soziologischer „status naturalis" hebt sich selbst auf, ohne damit notwendig in einem Zustand der Stabilität aufzugehen. Sie bleibt ganz im Gegenteil stets virulent, denn „der Zusammenhang von doppelter Kontingenz und Systembildung gibt keinerlei Bestandssicherheit mit auf den Weg. Er besagt noch nichts darüber, ob der Systemaufbau fortgesetzt oder abgebrochen wird." (Luhmann 1984: 171) Die durch die Ausgangslage begünstigte Systembildung basiert auf „eine[r] extrem instabile[n] Kernstruktur, die sofort zerfällt, wenn nichts weiter geschieht" (Luhmann 1984: 167). Die Erwartungsbildung steht immer, so hatte sich bereits bei der Einführung des Strukturbegriffes gezeigt, unter dem Verdikt ihrer eigenen Enttäuschung. Der soziale Boden kommt niemals zur Ruhe. Soziale Handlungssysteme müssen sich von Moment zu Moment stets aufs Neue ihrer eigenen Fundamente versichern und schieben eine endgültige Problemlösung gleichsam ständig vor sich her. Man kann das Eis, auf dem das Soziale gebaut ist, zwar begehen. Jedoch verweigert es die häusliche, definitive Einrichtung auf ihm. Die Etablierung einer zeitlosen Ordnungsgarantie ist mit der Theorie zeitbindender, strukturgenerierender Handlungen kategorial ausgeschlossen.

Was soziale Ordnung betrifft, so ließe sich sagen, daß nicht allzuviel an Garantien für ihr Bestehen gegeben werden kann. Das, was übrigbleibt, also die Systembildungswahrscheinlichkeit qua doppelter Kontingenz, gibt weder Gewähr für Geselligkeit noch Präferenzen für Nestwärme in soziales Geschehen (vgl. Fuchs 1992: 216). Es kann sich weder dem Bürgerkrieg noch der massenhaften Vergewaltigung normativ entgegenstemmen. Es artikuliert seine Ohnmacht durch den Verzicht auf jegliches transzendentales, sei es auch noch so methodisch verflüssigtes „Nihil contra Deum nisi Deus ipse", wie Jürgen Habermas es für sich geltend macht (Habermas 1988: 185). Nur dieser *Verzicht* transformiert die Ohnmacht der operativen Ordnungsbildung zu einem *theoretisch* plausiblen Modell der Entstehung sozialer Ordnung. Was an normativer Vehemenz der Ordnungsbefürwortung verloren geht, gewinnt die Verbindung von Systemtheorie mit dem Theorem doppelter Kontingenz an theoretischer Beweglichkeit und Plausibilität. Die unbegründbaren Annahmen beschränken sich anstelle der Einführung nor-

---

[26]   Vgl. zum Beispiel die zusammenfassende Kritik an Habermas bei Gebauer 1993 sowie Kneer 1996: 39ff.

mativer Aprioris auf die Annahme, daß Gesellschaft durch Handlungen vollzogen wird - nicht mehr und nicht weniger.[27]

Theoretische Beweglichkeit erhält die Theorie sozialer Systeme mit der 'sparsamen' Lösung des Problems sozialer Ordnung insofern, als sie die sozialen Phänomene unvoreingenommener in den Blick nehmen kann. Dies drückt sich schon in einer veränderten Auffassung des Begriffes des Sozialen aus. Schon oben war gezeigt worden, daß der Funktionsbegriff weder etwas mehr oder minder Funktionales artikuliert noch gar als Gegenbegriff zu 'Dysfunktionalität' fungiert. Ähnliches gilt für den Luhmannschen Begriff des Sozialen, der ohne jede Emphase formuliert wird. Das Soziale ist nicht mehr oder minder sozial oder als Gegensatz zum 'A-sozialen' konzipiert. Soziale Systeme sind insofern sozial, als sie eine eigenständige Ordnungsebene bilden, die als Realität *sui generis* verstanden werden muß. 'Soziales' ist weder ein Metabegriff für Wärme und Nähe noch für Harmonie, Geborgenheit und Heimat. Vielmehr ordnet er lediglich bestimmte, nämlich soziale Systeme in eine eigene Ordnungsebene ein, die das Soziale von psychischen, organischen und anderen Realitätsbereichen eindeutig unterscheidbar macht.

Die damit einhergehende Distanz zum Sozialen läßt für eine anzustrebende Soziologie des Konfliktes erwarten, daß der Konflikt nicht durch theoretische Grundentscheidungen in irgendeiner Art und Weise präjudiziert wird. Wie oben diskutiert (vgl. I.2 u. 3), hat die Soziologie sehr unterschiedliche Auffassungen vom sozialen Konflikt entwickelt. Max Webers Schilderung des politischen Kampfes belädt den Konflikt mit der Hoffnung, er sei gleichsam ein Zufluchtsort vor dem alles verschlingenden Vormarsch der Bürokratie auf dem Weg zum „stahlharten Gehäuse". Ganz anders schloß Tönnies den Konflikt gleich aus dem Begriff des Sozialen aus, ohne ihn deshalb in seinen empirischen Studien zu ignorieren.

---

[27] Diese Aussage ist freilich hoch kontrovers. Vgl. zu diesem Zusammenhang die 1992 begonnene Diskussion um Identität und Differenz in der Zeitschrift für Soziologie zwischen G. Wagner/H. Zipprian und Niklas Luhmann sowie Armin Nassehi in folgender Reihenfolge: Wagner/Zipprian 1992; Luhmann 1993a; Wagner/Zipprian 1993; Nassehi 1993a; Wagner 1994; Luhmann 1994. Weitere Erwiderungen stehen aus. Die alles entscheidende Frage in dieser Diskussion besteht genau im Status eines ersten sozialen Ereignisses. Wagner/Zipprian bestehen darauf, daß die Systemtheorie ganz im Stil der ontologischen Metaphysik eine vorgängige Identität einführen müsse, von der aus die Theorie selbstreferentieller Systeme entwickelt werden kann. So richtig diese Annahme dahingehend ist, daß auch die 'abgeklärte' soziologische Aufklärung eine Ontologie implizierende Annahme über ein erstes Ereignis machen muß, so fragwürdig ist - darauf weist die Gegenseite hin - die weitergehende Schlußfolgerung, die Systemtheorie gehe damit in 'Metaphysik' auf. Hier scheint eine Erweiterung der bereits zwischen Habermas 1988: 267ff. und Henrich 1987 geführten Diskussion über den Begriff „Metaphysik" notwendig. Der *Begriff* Metaphysik selbst scheint in dieser Diskussion nicht trennscharf verwendet zu werden.

Diese ambivalente Haltung gegenüber dem Konflikt setzt die Nachkriegssoziologie fort. Disharmonie, Streit und Auseinandersetzung wurden entweder in
ihren prekären Relevanzen argwöhnisch beäugt oder, ganz im Gegenteil, über-
schäumend gefeiert. Parsons konzipiert den Konflikt als *'das Andere' des Gleichgewichtes.* Das deviante Wegkreuzen vom Pfad der Balance und Ausgewogenheit
erscheint dann als temporäre Erscheinung, und am Horizont winkt bereits das
neue Systemgleichgewicht, das der Äquilibristik zu ihrem Recht verhilft. Ganz
entsprechend wurde das Soziale als normativ fundiert konzipiert, was sich schon
in der Aufnahme einer normativen Orientierung in Parsons' *Begriff* des sozialen
Handelns ausdrückt.

Zu einem radikalen Kurswechsel hat sich demgegenüber Dahrendorf gezwungen gesehen, doch auch in seiner Konflikttheorie wirkt die manchmal
euphorisch vorgetragene Konflikthaftigkeit der sozialen Welt verkrampft. Die auf
der Suche nach einer soziologischen Theorie des Konfliktes von Dahrendorf
schlicht vorgenommene Umkehrung der Vorzeichen räumt die theoretischen
Schwierigkeiten Parsons' nicht weg, sondern kontinuiert dieselben.

Zu einer gewissen Normalisierung des soziologischen Blicks auf den
Konflikt hat Cosers funktionalistische Lesart des Simmelschen Streites beigetragen. Sie lehnt sich eng an die Phänomene an und kann zahlreiche, weiter ver-
wendbare Einsichten vermitteln. Allerdings wird dieser phänomenologische Tief-
gang, wie Giesen betont (Giesen 1993: 92), mit einem Verlust an theoretischer
Produktivität bezahlt. Darüber hinaus verzichtet auch Coser nicht darauf, den
Konflikt mit einer Positiv/Negativ-Optik zu beleuchten, die sich in den kausalwissenschaftlich gefaßten Begriffen Funktion und Dysfunktion ausdrückt.

Eine Zwischenstellung nimmt die von Krysmanski vorgetragene Konflikttheorie ein. Ihr gilt nicht der Konflikt selbst problematisch, sondern die *äquivalenten, aber mangelhaft adäquaten* Problemlösungen der Handelnden. Herrschaft
fungiert hierbei als Indikator für eine unzureichende Adäquanz der Problemlö-
sungsstrategien historischer Subjekte. Für Krysmanski ist durchaus eine herrschaftsfreie Konfliktgesellschaft denkbar, in der alle Mitglieder in konstruktivem
Konflikt miteinander liegen und trotzdem „an einem Strang" ziehen (Krysmanski
1971: 33). Allerdings gelangt auch hier eine normative Konfliktperzeption über
die Unterscheidung von Äquivalenz und Adäquanz in die Problemlösungsstrate-
gien der Handelnden, während dem sozialen Konflikt selbst als Bezugsgesichts-
punkt von Krysmanskis Konflikttheorie nicht unmittelbar normativ begegnet
wird.

Anders als alle diskutierten Ansätze zu einer soziologischen Konflikttheorie bleibt die Theorie selbstreferentieller Systeme indifferent gegenüber dem, was
auf dem Bildschirm ihrer Analyse erscheint. Sie zeigt keine Präferenzen für bestimmte soziale Phänomene und formuliert erst recht keine Sortiergesichtspunkte,
nach denen sozial Erwünschtes von Unerwünschtem geschieden werden könnte.
Sie überläßt es den Phänomenen selbst, in der Gesellschaft aufzutauchen oder
nicht. Diese distanzierte Sicht, die keinen sozialen Zusammenhang normativ

auszeichnet, wird schon durch die äquivalenzfunktionalistische Methode nahegelegt. Sie strebt lediglich eine Relationierung von sozialen Zusammenhängen unter dem Doppelgesichtspunkt von Problem und Problemlösung an, um Soziales als problemlösende Antwort auf bestimmte Bezugsprobleme aufzuzeigen. Unterschiedliche soziale Zusammenhänge werden nicht in einer normativen Hierarchie aufgetürmt, sondern ganz im Gegenteil als funktional äquivalent *nebeneinander* gestellt. Gerade die normativ-kühl wirkende Enthaltsamkeit gibt gegebenenfalls konkreten, auch politischen Empfehlungen der Soziologie, die sich sinnvoll ergeben mögen und keinesfalls ausgeschlossen werden, umso größere Plausibilität.[28]

Damit gelingt es der Theorie sozialer Systeme, ihre Grundbegrifflichkeiten gegenüber den unterschiedlichen sozialen Phänomenen *neutral* zu halten. Harmonie und Disharmonie, Streit und Versöhnung, Konflikt und Einverständnis liegen als soziale Zusammenhänge unterhalb des Abstraktionsniveaus der Systemtheorie. Die systemtheoretischen Grundbegriffe greifen diesen Phänomenen gewissermaßen vor, ohne sie zu berühren, jedoch auch ohne sie im folgenden ausblenden zu müssen. Die Grundbegriffe der Systemtheorie Luhmanns erreichen ein Abstraktionsniveau, das die konfliktsoziologischen Schwierigkeiten umschifft, aber deshalb keinesfalls, wie im weiteren zu zeigen sein wird, den sozialen Konflikt links liegen läßt. Es ist ganz im Gegenteil der Anspruch Luhmanns, den sozialen Konflikt als *eine* Spezifikation sozialer Handlungen zu beschreiben. Der Konflikt ist *ein* Anwendungsfall sozialer Systeme unter anderen. Es gibt keinen Grund, weshalb der soziale Konflikt als *sozialer* Tatbestand aus der Analyse ausgeschlossen, von ihr privilegiert oder wie auch immer extravagant behandelt werden soll.[29] Damit distanziert sich die Systemtheorie von einer soziologischen Tradition, die - wie gesehen - Probleme mit der - sei es in positiver, sei es in negativer Hinsicht - unvoreingenommenen Beschreibung sozialer Konflikte gehabt hat.

„Die in der Tradition ganz vorherrschende Auffassung sieht das Problem sozialer Ordnung in der Vermeidung oder Unterdrückung widerwärtigen Verhaltens, feindseliger, störender, schädlicher Aktivitäten, die verhin-

---

[28]   Ein Blick in die materialen Schriften Luhmann belegt, daß trotz des bisweilen allzu demonstrativ vorgetragenen a-politischen Charakters seiner Theorie zahlreiche politische Meinungen mitgeliefert und in die Bewertung bestimmter theoretischer Begriffe eingebracht werden. Ein gutes Beispiel liefert in diesem Zusammenhang die umfassende Diskussion um politische Steuerung, in der Luhmann den Begriff der operativen Schließung einsetzt, um Politologen die begrenzten Möglichkeiten staatlicher Regulierung nahezulegen. Vgl. für diese Diskussion Bendel 1993; Kneer 1993; Scharpf 1989; Luhmann 1989; Willke 1992.

[29]   „Sozialer Tatbestand" steht hier allerdings nicht für den *chosisme*, mit dem Emile Durkheim als „erste und grundlegenste Regel" ausgab, „die soziologischen Tatbestände wie Dinge zu betrachten" (Durkheim 1965: 115). Anders als Durkheim bevorzugt die hier zugrundegelegte Theorie einen *operativen* Zugang zum Sozialen. Sie fragt nicht, *was* das Soziale sei, sondern *wie* es zustandekommt.

dern, daß andere in sozialen Beziehungen zu ihrem Recht kommen, ihre Bedürfnisse befriedigen, sich wohl fühlen können. Pax et iustitita oder Sicherheit und Ordnung waren die Leitformeln und gute Polizey das Mittel. Für diese Auffassung gilt dann die Konstitution einer rechtlich politischen Ordnung (Hobbes) oder ein ausreichender Wertkonsens als unerläßliche Vorbedingung für die Bildung sozialer Systeme. Da diese Vorbedingung immer schon erfüllt ist, 'legitimiert' sie nur noch die bestehende Ordnung. Man kann von ihr ausgehen und die Grundlagenproblematik hiermit ausschließen. Kommen Fragen der Entstehung dieser Vorbedingungen auf, werden sie zuständigkeitshalber an Evolutions- oder an Sozialisationstheorien überwiesen.

Man wird sich jedoch fragen müssen, ob das Grundproblem der Konstitution sozialer Systeme wirklich in der Eliminierung des Schädlichen oder Nichtanpassungsbereiten liegt. Oder zugespitzt formuliert: Genügt es, soziale Ordnung als Boykottierung des Boykottierens zu begreifen, oder muß man nicht zu allererst wissen, wie sie überhaupt möglich und hinreichend wahrscheinlich ist? Die zweite Auffassung setzt mit der Frage nach 'Bedingungen der Möglichkeit' an und sucht eine breitere (zum Beispiel auch Konflikte als Systeme einbeziehende) Theoriegrundlage." (Luhmann 1984: 164f.)

Ich habe Luhmann deshalb ausführlich zitiert, weil die an dieser Stelle hervortretende Radikalität seiner Neufassung des soziologischen Ordnungsproblems die Möglichkeit einer Neuorientierung der soziologischen Konflikttheorie verdeutlicht. Der Konflikt wird nicht mehr durch theoretisch zentrale Vorgaben dergestalt reglementiert, daß er entweder, wie bei Dahrendorf, zum sozialen Grundphänomen stilisiert wird, oder, am anderen Ende der Skala bei Tönnies, ganz aus dem Bereich des Sozialen ausgeschlossen wird. Ebenso wie Harmonie, Konsens, Einverständnis, Verständigung, Normen, Verträge, Werte, Soziologie, Tennis und vieles andere mehr gehört der soziale Konflikt zum sozialen Phänomenbereich und ist deshalb funktional zu befragen. Die dafür verwendeten Begriffe bleiben gegenüber Harmonie und Disharmonie, Konsens und Dissens, Annahme und Ablehnung neutral.

II.3 Kommunikation, Sprache und Konflikt

Soziale Systeme bestehen aus Kommunikationen. Der Kommunikationsprozeß konstituiert das Soziale als besondere Realität. Gegenüber einer soziologischen Tradition, die das Soziale als aus Handlungen bestehend betrachtet und damit den Mitteilungscharakter der Kommunikation auszeichnet, denkt Luhmann die Elemente sozialer Systeme als *dreistelligen* Selektionsprozeß. *Informationen* stellen eine „Selektion aus einem (bekannten oder unbekannten) Repertoire von Möglichkeiten" dar (Luhmann 1984: 195). Sie selegieren das, *was* kommuniziert wird. Dabei bestimmt Luhmann die Elementareinheit von Informationen mit Bateson

als „a difference which makes a difference" (Luhmann 1984: 68). Systeme beob-
achten ihre Umwelt anhand von Unterscheidungen und bezeichnen je eine Seite
einer Unterscheidung. Damit wird das Bezeichnete von anderem unterschieden.
Systeme gewinnen dabei durch den Beobachtungsprozeß Informationen. Welche
Informationen ein System dabei gewinnt, hängt von den im System prozessierten
Unterscheidungen ab. Deshalb ist das, was das System bei der Beobachtung seiner
Umwelt sieht, sein eigener Entwurf bzw. eine systeminterne Konstruktion (vgl.
Luhmann 1988a).

Vom Informationsaspekt der Kommunikation unterscheidet sich der Mitteilungsaspekt, der das *Wie* der Kommunikation artikuliert. Die Information wird
auf eine bestimmte Art und Weise mitgeteilt. Hierzu wird ein entsprechendes
Verhalten ausgewählt. Eine Frage wird etwa mit einem drohenden Unterton gestellt oder eine in Frageform gestellte Bitte läßt deutlich werden, daß es sich bei
der Bitte um einen Befehl handelt. Informationen können durch entsprechende
Wortwahl, besonders durch themenfremde Beimischung von Wörtern, ironisiert,
implizit widerrufen oder in ihr Gegenteil verkehrt werden (vgl. Fuchs 1993:
100ff.). Die Mitteilungsselektion ist als *Wie* der Kommunikation deshalb deutlich
zu trennen vom *Was* als der Informationsselektion.

Könnte man die Mitteilung einer Information bereits als einen zweistelli-
gen, für handlungstheoretische Modelle brauchbaren Übertragungprozess beschreiben, so läßt erst das *Verstehen* einer mitgeteilten Information die Kommunikation zu einem dreistelligen Selektionsprozeß avancieren. Erst durch Verstehen kommt Kommunikation als emergente Ordnungsebene zustande. Sie ist als
solche weder allein dem Mitteilenden noch dem Verstehenden zuzuordnen und ist
erst recht kein Privileg eines Bewußtseins, sondern (auch) ein genuin soziales
Geschehen.[30] Verstehen ist eine besondere Form des Beobachtens, die sowohl von
psychischen als auch von sozialen Systemen praktiziert wird. Das verstehende
System beobachtet ein anderes System anhand dessen „System/Umwelt"-
Leitdifferenz und versteht es „aus dessen Umweltbezügen heraus" (Luhmann
1986a: 80). Dabei gibt es keine Gewähr für 'richtiges' Verstehen. Die Systeme
bleiben füreinander intransparent. Es erfolgt kein *whitening* der *black boxes*.
Verstehen wird dadurch keinesfalls obsolet, sondern findet in der Kompensation
dieser Perspektivendifferenz gerade seine Funktion. Es muß verstanden werden,
weil weder Überwindung noch Durchschauen der Grenzen zwischen Sozialem
und Bewußtsein möglich sind (Luhmann 1990: 25). Kommunikatives Verstehen
beobachtet dabei die *Differenz von Information und Mitteilung*. Dabei wird normalerweise an den informativen Was-Aspekt angeschlossen. Gleichwohl kann

---

[30] Vgl. Luhmann 1986a: 91f. Die damit sich andeutende Möglichkeit einer systemtheoretischen Beerbung der Hermeneutik ist in jüngerer Zeit häufiger diskutiert worden. Vgl. Kneer/ Nassehi 1991. Auf die weitgehenden Konvergenzen
des Luhmannschen Verstehensbegriffes mit Gadamers Hermeneutik verweist
Schneider 1992.

beim Problematisch-Werden des Verstehens - „Was sagtest Du? Ich glaube, wir
haben uns mißverstanden...“- auch die Art und Weise der Mitteilung, das Wie der
Kommunikation thematisiert und Anlaß für reflexive Kommunikation geben.
Immer wenn eine Information mitgeteilt und verstanden wird, emergiert
Kommunikation als dreistelliger Kommunikationsprozeß. Die Kommunikation ist
realisiert, sofern ein Verstehen zustandekommt. Damit ist der *Begriff* der Kommunikation unabhängig von einer vierten Selektion, die zum Thema im engeren
Sinne führt. Die mitgeteilte Sinnofferte kann angenommen oder abgelehnt werden
(Luhmann 1984: 203). „Sollen wir heute abend ins Kino gehen? - Nein, ich muß
zur Universität. Außerdem läuft kein guter Film. - Das stimmt doch überhaupt
nicht...“

Die Unterscheidung zwischen Verstehen einerseits und Annahme/Ableh-
nung der Kommunikation andererseits ermöglicht den Ausschluß der Frage nach
Annahme oder Ablehnung einer Sinnzumutung aus dem *Begriff* der Kommunikation. Dies ist deshalb sinnvoll, weil Kommunikation schon dann zustande
kommt, wenn eine Information mitgeteilt und verstanden wird *unabhängig* von
Bejahung oder Verneinung der Sinnofferte. Die kommunikative Operation ist mit
dem Verstehen abgeschlossen. Für Annahme und Ablehnung ist eine weitere
Kommunikation erforderlich. Deshalb kommt es auf Annahme oder Ablehnung
beim Kommunikations*begriff* nicht an (Luhmann 1984: 204). Auch abgelehnte
Kommunikation ist deshalb 'geglückte' Kommunikation. Dabei konstituiert die
Ablehnung einer Kommunikation - „Ich will nicht ins Kino!“ - selbst auch ein
Verstehen. Es kann seinerseits zum Gegenstand weiterer Anschlüsse gemacht
werden. Ablehnung/Annahme und Verstehen fallen deshalb im gesprochenen
Wort durchaus zusammen, sind jedoch nichtsdestotrotz als zwei Seiten einer Un-
terscheidung sinnvoll unterscheidbar.

Die Sprache strukturiert den Kommunikationsprozeß und stellt für jede
Kommunikation die Möglichkeit der Negation bereit.[31] Jeder Sachverhalt kann
negiert werden. Er kann selbst in eine Negativversion umformuliert werden oder
umgekehrt von der Negativität in die Positivität transformiert werden, wie das
folgende, fiktive Gespräch zwischen dem Hausmeister und seiner Freundin zeigt.
"Sollen wir zu Klaus gehen? - *Nein*, er ist nicht zu Haus. - *Das stimmt nicht.*
Klaus ist wohl in seiner Wohnung. Aber du hast seine defekte Türklingel immer
noch nicht repariert.“ Die Sprache dupliziert mit der Bereitstellung von Negation
die möglichen Kommunikationen. Dabei ist festzuhalten, daß die Verdoppelung
in positive und negative Fassungen ein rein kommunikations*interner* Vorgang ist.
In der Systemumwelt gibt es keine negativen Sachverhalte. Deshalb stellt sich die
Frage: „Was soll das? Wozu leistet sich die Sprache diesen Luxus?“ (Luhmann
1992: 101). Die Einführung eines Ja/Nein-Codes der Sprache liegt unmittelbar

---

31   Ein allgemein anerkannter Sachverhalt. Siehe auch Habermas 1988: 146: „Ohne
       die Möglichkeit zur Ja/Nein-Stellungnahme bleibt aber der Kommunikationsvor-
       gang unvollständig.“

darin begründet, daß mit der evolutionären Ausdifferenzierung eines kommunikativ fundierten Gesellschaftssystems das völlig neuartige „Problem des Irrtums und der Täuschung, des unabsichtlichen und des absichtlichen Mißbrauchs der Symbole [entsteht]. Dabei geht es nicht nur um die Möglichkeit, daß die Kommunikation gelegentlich mißglückt, in die Irre geht oder auf einen Irrweg geführt wird. Vielmehr ist dieses Problem, da dies jederzeit passieren kann, jederzeit präsent...Fragt man nochmals nach, wie der Kommunikationsprozeß selbst auf dieses Problem reagiert, dann sieht man den Vorteil der Codierung, denn sie ermöglicht es, etwas Mitgeteiltes zu bezweifeln, es nicht anzunehmen, es explizit abzulehnen und diese Reaktion verständlich auszudrücken, sie also in den Kommunikationsprozeß selbst wiedereinzubringen." (Luhmann 1992: 101f.) Die Sprache strukturiert ein ausdifferenziertes Kommunikationssystem und absorbiert eine potentielle Konstruktionsschwäche desselben durch die Einführung eines Ja/Nein-Codes, der die gesamte Sprache erfaßt. Die Selbstkontrolle und potentielle Selbstberichtigung kann aufgrund der operationalen Geschlossenheit des Kommunikationssystems nur system*intern* erfolgen und nicht durch eine vergleichende Korrektur mit der Welt, wie es etwa Wittgensteins Verklammerung von Satz und Wirklichkeit durch eine gemeinsame logische Form impliziert.[32] Hierzu werden sämtliche Sachverhalte dupliziert zwecks Negationsmöglichkeit. So verstanden schließt die Ja/Nein-Codierung von Sprache die Artikulation einer Präferenz innerhalb des Codes aus.[33] Die Codierung kann ihre Funktion nur durch eine gleichberechtigte Anwendung von sowohl Annahme als auch Ablehnung erfüllen. Es ist zwar offensichtlich, „daß das Anfertigen und Verstehen von negationshaltigen Sätzen etwas mehr Zeit für Informationsverarbeitung und etwas mehr psychischen Aufwand erfordert, aber das dürfte praktisch kaum ins Gewicht fallen, wenn Gründe für eine negative Stellungnahme vorliegen." (Luhmann 1992: 103) Damit ist noch keine Aussage darüber getroffen, wie Jas und Neins im Kommunikationsprozeß tatsächlich im Laufe der sozio-kulturellen Evolution statistisch

---

[32]   Vgl. Wittgenstein 1990: 4.12: „Der Satz kann die gesamte Wirklichkeit darstellen, aber er kann nicht das darstellen, was er mit der Wirklichkeit gemein haben muß, um sie darstellen zu können - die logische Form. Um die logische Form darstellen zu können, müßten wir uns mit dem Satze außerhalb der Logik aufstellen können, das heißt außerhalb der Welt." Auch Wittgenstein sieht, daß die Sprache nicht aus sich selbst herausspringen kann, um ihre Gemeinsamkeit mit der Wirklichkeit zu belegen. Deshalb nimmt Wittgenstein an, daß Satz und Wirklichkeit durch die unzeigbare Form verknüpft seien. Die Annahme, daß der Satz die logische Form der Wirklichkeit zeige (ebd., 4.121), wird Wittgenstein bald darauf verwerfen.

[33]   Anderer Meinung ist bekanntlich Habermas 1981: 397ff. Zur Schwierigkeit einer damit notwendig werdenden eineindeutigen Abgrenzung von erfolgs- und verständigungsorientierten Sprechakten vgl. Wagner 1993: 234ff. Siehe auch die Diskussion der Theorie des kommunikativen Handelns bei Luhmann 1982a, in der die Gleichberechtigung von Ja/Nein-Stellungnahmen hervorgehoben wird.

verteilt werden - dieses Problem wird im Kapitel über die Evolution des Konfliktes zu besprechen sein. *Immer dann, wenn ein Handlungsangebot mit einem Nein beantwortet wird, entsteht ein Konflikt.* Wird einer Kommunikation widersprochen, so liegt ein Konflikt vor. Der Konflikt entsteht aus einer Widerspruchshandlung. Erwartungen werden geäußert und treffen auf die Rückkommunikation ihrer Nicht-Akzeptanz durch den Gegenüber. Dabei braucht die Erwartung nicht die eines Teilnehmers zu sein, sondern kann beliebige Dritte betreffen. Ebensowenig ist entscheidend, ob das „Nein" in massiv-scharfer oder in abgeschwächt-vorsichtiger Form artikuliert wird. Notwendige Bedingung für Konflikte ist, *daß* ein Nein in den Kommunikationsprozeß eingeführt wird - in welcher Form auch immer. „Jede Art von Erwartungsausdruck ist einbezogen, sofern nur an der Reaktion ablesbar ist, daß die Kommunikation verstanden worden ist; und jede Abschwächung der Ablehnung fällt in den Bereich unseres Begriffs, sofern nur erkennbar ist, daß es sich um eine Ablehnung handelt. Für den Konflikt müssen also zwei Kommunikationen vorliegen, die einander widersprechen"[34].

Zweierlei erscheint in diesem Zusammenhang bemerkenswert. Die negationsbasierte Definition des Entstehens von sozialen Konflikten verwendet *erstens* einen empirisch einfach prüfbaren und präzise abgegrenzten Kommunikationsvorgang als Kriterium für das Auftreten von Konflikten. Sobald im Kommunikationsprozeß eine Handlung einem Nein begegnet, liegt ein Konflikt vor. Damit einher geht die immense Ausweitung des Begriffsumfangs. Betrachtet man die Ablehnung einer Kommunikation als zunächst mit ihrer Annahme gleichwahrscheinlich, so avanciert der Konflikt zu einem massenhaft vorkommenden Phänomen. Er kommt alltäglich millionen-, wahrscheinlich milliardenfach vor und deckt die unterschiedlichsten Situationen ab. Konflikte liegen sowohl in der Ablehnung des Kinobesuches durch den Partner vor als auch im jugoslawischen

---

[34] Luhmann 1984: 530. Wolfgang Ludwig Schneider hat diese begriffliche Disposition jüngst dahingehend kritisiert, daß die einfache Ablehnung einer Äußerung durch einen Adressaten nicht ausreicht, um eine „Konfliktnukleole" zu erzeugen. Schneider schlägt statt dessen vor, das auf ein Nein folgende Gegennein in den Konfliktbegriff mit aufzunehmen, so daß zwei Negationen für eine Konfliktnukleole notwendig sind. Schneider kann diesen Vorschlag konversationsanalytisch plausibel begründen. Die Aufnahme einer Doppelnegation in den Konfliktbegriff schränkt den Umfang des Begriffes ein, denn nicht jedes Nein wird mit einem Gegennein beantwortet werden. Da für den weiteren Gang der Untersuchung die Frage nach Negation oder Doppelnegation kaum von Bedeutung ist, belasse ich es bei dieser Bemerkung, siehe aber auch kritisch Kneer 1995: 574f.. Die Notwendigkeit eines auf ein Nein folgenden weiteren Neins impliziert auch Tyrells Formulierung, „daß beide so handeln, wie der jeweils Andere nicht will, daß sie handeln; das heißt jeder handelt gegen den Willen des Anderen..." (1976: 258). Luhmann scheint in einer jüngeren Publikation dieser Anregung zu folgen. In 'Das Recht der Gesellschaft' nimmt Luhmann an, daß es zum Konflikt komme, „wenn auf ein Nein mit einem Gegennein geantwortet wird" (1993: 566).

Bürgerkrieg. Einerseits wird bereits hier erkennbar, daß der abstrakt eingeführte Konfliktbegriff für die empirische Arbeit weiterer Spezifikation bedarf. Andererseits bringt die allgemeine, fast möchte man sagen: unterbestimmte Einführung des Konfliktbegriffes den Vorteil mit sich, für weitere Verfeinerungen offen zu bleiben und diese geradezu anzuziehen. Damit wird nicht schon auf begriffstechnischer Ebene der Ausschluß von bestimmten Phänomenen vorentschieden. Die Aufhängung des Konfliktbegriffes an der Ja/Nein-Duplikationsregel der Sprache kombiniert präzise empirische Faßbarkeit des Konfliktes mit großer begrifflicher Allgemeinheit, die weitere Spezifikationen braucht.

Die Vorteile dieser terminologischen Disposition werden dann besonders deutlich, wenn man versuchsweise den Dahrendorfschen Konfliktbegriff einsetzt, der „alle strukturell erzeugten Gegensätzlichkeiten von Normen und Erwartungen, Institutionen und Gruppen" umfaßt (Dahrendorf 1961a: 125). Unabhängig von der bereits diskutierten Frage, ob Dahrendorf eine strukturelle Ableitung von Konflikten gelingt, stellt sich mit dieser Begriffsfassung die Frage, was genau als Konflikt gelten kann und wie man den empirischen Auftritt des Konfliktes feststellen kann. Ist die Ablehnung des Kinobesuches und der sich hieran möglicherweise aufhängende Streit in der Partnerschaft ein Konflikt? Ist der jugoslawische Bürgerkrieg strukturell erzeugt? Zu welchem Ergebnis man auch kommen mag - die begriffliche Fassung des Konfliktes durch Dahrendorf macht umfangreiche Klärungsarbeiten erforderlich, ob und wann überhaupt von einem Konflikt gesprochen werden kann. Ähnliche Nebelbänke betritt man mit Parsons' Ressourcenaustauschmodell und seinen Disbalancen. Es wird schwierig festzustellen sein, wann genau beispielsweise von einer mangelhaften Energieeinbringung des Persönlichkeitssystems in das Wirtschaftssystem gesprochen werden kann. Noch unwahrscheinlicher erscheint es, unter Soziologen Konsens darüber zu finden, ob bei einem solchen Konflikt von einer mangelhaften Sozialisation durch die Familie gesprochen werden kann (vg. oben, I.3).

Demgegenüber liefert die auf Ablehnung basierende Konfliktdefinition ein eindeutiges Kriterium für das Vorliegen eines Konfliktes. Die präzise Fassung des Konfliktbegriffes wird nicht trotz, sondern gerade wegen der großen Allgemeinheit der terminologischen Umdisposition erreicht. Spezifizierende empirische Beschreibungen können unmittelbar an den Konfliktbegriff anschließen.

Luhmanns Konfliktbegriff verzichtet *zweitens* auf eine evidente Gegebenheit des Phänomens, etwa im Sinne eines „Es gibt Konflikte". Stattdessen erfolgt ein *operativer* Zugang zum Sozialen, das den Konflikt als logisch gleichwertiges Element beherbergt. Die Systemtheorie nimmt die Konstitution von Konflikten durch Operationen sozialer Systeme in den Blick anstatt den Konflikt schlicht im Sozialen vorauszusetzen. Der Vorteil liegt dabei nicht in einer Plausibilisierung des Vorkommens von Konflikten. Daß es soziale Konflikte gibt, wird niemand bezweifeln. Jedoch ermöglicht der Zugang zu Konflikten aus den Operationen eines Kommunikationssystems heraus die ereignisbasierte Analyse des Entstehens von Konflikten. Der Konflikt ist nicht eine soziale Einheit, die entweder immer schon da ist oder durch den tiefen Blick des Konflikttheoretikers in die Welt kommt und deshalb keiner weiteren Erklärung bedarf. *Daß* die Genese von Konflikten erklärungsbedürftig ist, hatte sich sowohl bei Parsons als auch bei Dahrendorf gezeigt. Während Dahrendorfs Versuch einer sozialstrukturellen Ableitung von Konflikten scheitert, hatte Parsons an diese Stelle die sich aus dem Abweichen von einem Systemgleichgewichts- bzw. Balancezustand ergebende Möglichkeit von Konflikten plaziert - eine Lösung, die plausibler erschien als Dahrendorfs Sozialstrukturanalyse, die jedoch das theoretisch problematische Gleichgewicht eines Handlungssystems voraussetzen muß und damit schwere Erklärungslasten auf sich nimmt.

Für die Theorie autopoietischer Systeme bringt die Frage nach der Genese von Konflikten keine Schwierigkeit. Konflikte entstehen operativ durch ein kommunikatives Ablehnungsereignis. Ein wie immer formuliertes, mehr oder minder harsches oder freundliches NEIN plaziert den Konflikt auf dem Bildschirm des Sozialen und macht ihn zum logisch gleichwertigen Partner sozialer Zusammenhänge. Dieses Nein kann in Interaktionen kommuniziert werden, im Fernsehen, Radio, Buch, Aufsatz, Zeitung oder in einem Brief - wichtig ist allein, *daß* nein gesagt wird. Wird ein Nein zurückkommuniziert, ist der Konflikt da - was nun?

Nach dem bisher gesagten ist der Bagatellcharakter des massenhaft auftretenden Konfliktes evident. Täglich werden Neins in unüberschaubaren Mengen geäußert. Hieraus folgt, daß die ganz überwiegende Zahl von Konflikten sofort wieder aus der Betrachtung ausgeschlossen werden kann. Man hört: „Nein, ich will nicht ins Kino", und geht eben nicht oder allein ins Kino oder vergißt den Vorschlag. Oder der Hausmeister sieht sich durch den Hinweis seiner Freundin, Klaus sei wohl in seiner Wohnung, jedoch dort aufgrund der defekten Klingel schwierig erreichbar, zur Reparatur der Klingel veranlaßt. „Ablehnungen sind normalerweise Bagatellereignisse..., die auf der Interaktionsebene ohne weittragende gesellschaftliche Konsequenzen entstehen und vergehen." (Luhmann 1984: 541) Die Ablehnungsereignisse erscheinen und versinken sofort im dynamischen Dauerzerfall autopoietischer Systeme.

Dies gilt jedoch nicht für Ablehnungsereignisse, die Anlaß zu weiterer Kommunikation geben und systembildend wirken. Wird geäußerten Erwartungen ein Nein entgegengesetzt, so kann es schwierig werden, einer Weiterthematisierung des Neins auszuweichen. „Laß uns heute abend ins Kino gehen. - Ich hab' keine Lust, und außerdem läuft ohnehin nichts Gescheites. - Nie hast Du Lust rauszugehen..." und schon fliegen die kommunikativen Fetzen. Aus dem Bagatellereignis einer Ablehnung wird die Grundsatzdebatte über die Aktivitäten-Praxis der Partnerschaft. Das Ablehnungsereignis generiert einen eigenen thematischen Kommunikationszusammenhang und wirkt so systembildend.

Grundlage einer Konfliktsystembildung ist eine *Negativversion des Theorems doppelter Kontingenz*. Gerade der *Doppel*charakter der doppelten Kontingenz wirkt systembildend. Während reine doppelte Kontingenz aufgrund der unerträglichen Strukturlosigkeit zu einem Ansaugen von Erwartungsaufbau führt, ist es in der Negativversion doppelter Kontingenz das Nein, das zunächst Unbestimmtheit schafft, um daran anschließend entsprechende Konflikterwartungsmuster wahrscheinlich zu machen. „Ich tue nicht, was Du möchtest, wenn Du nicht tust, was ich möchte...Ego betrachtet (zunächst in Grenzen, dann allgemein) das, was Alter schadet, eben deshalb als eigenen Nutzen, weil er annimmt, daß Alter das, was Ego schadet, als eigenen Nutzen ansieht." (Luhmann 1984: 531) Alters Nein impliziert für Ego, daß bereits Konfliktmuster praktiziert werden. Diese Beobachtung führt zu entsprechender Erwartungsbildung. Das Konfliktsystem kann sich auf weitere Neins stützen und etablieren. Es generiert einen eigenen thematischen Zusammenhang, in dem oft eine Verschiebung der Sinnverarbeitung von der Sach- in die Sozialdimension erfolgt. Man streitet sich dann nicht darüber, ob wirklich kein guter Film im Kino läuft, sondern über das Verhalten des anderen in der Partnerschaft *als Partner*, der nicht oft genug zum Ausgehen bereit ist. Der Konflikt zeigt thematisch eine Präferenz für Personenorientierung. Genauer: Personen werden oft selbst zum thematischen Fixpunkt von Konfliktkommunikation.

Wird der Konflikt über mehrere Ereignisse hinweg kontinuiert und nicht sofort im dynamischen Dauerzerfall von Ereignissen eingestampft, richtet er sich in parasitärer Weise in einem gastgebenden System ein, ohne ein eigenes Teilsystem im Gastsystem zu bilden. „Das Konfliktsystem aktiviert nach eigener Logik immer neue Ressourcen, breitet sich aus, usurpiert Zeit und Kontakte und besetzt schließlich mehr oder weniger dasjenige System, das Anlaß zum Konflikt gegeben hatte." (Luhmann 1981b: 100) Inwieweit die Ausdifferenzierung des eigenen Kommunikationszusammenhanges erfolgt, wie scharf und präzise sich also Konfliktkommunikation von sonstigen Elementen des gastgebenden Systems unterscheidet, kann nicht theoretisch entschieden werden, sondern bleibt in der empirischen Konfliktforschung festzustellen. Nichts spricht gegen eine weitgehende Verdichtung von Konfliktkommunikation in anderen System, so daß eine thematisch fundierte Abkapselung der Konfliktkommunikation erkennbar wird.

Geht man davon aus, daß der Konflikt die Reproduktion der Kommunikation gewissermaßen in die Hand nimmt, so fällt auf, daß Konflikte ein *ambivalentes Verhältnis zu Strukturen* haben. Ich hatte gezeigt, daß der Konflikt als Gegenbegriff zu einem Stabilität und Sicherheit implizierenden Strukturbegriff angesehen worden ist. Je häufiger Konflikte auftreten, desto eher, so nahm man an, seien Strukturänderungen und -wandel zu erwarten. Konflikte erschienen als der natürliche Gegenspieler zu Strukturen. Sie drohten die Anordnung sozialer Zusammenhänge durcheinanderzubringen und ihr Gefüge zu sprengen. Ordnung und Integration waren Phänomene, die insbesondere vom Strukturfunktionalismus, aber auch von Konflikttheoretikern nur schwierig mit Konflikten zusammengebracht werden konnten (vgl. oben, I.3).

Betrachtet man diese Annahmen über den Konflikt aus der Perspektive ereignisbasierter sozialer Systeme, so zeigt sich die Annahme einer Gegensätzlichkeit von Konflikt und Struktur durchaus nicht als falsch, jedoch für sich genommen als verkürzt. Konflikte als „operative Verselbständigung eines Widerspruchs durch Kommunikation" entstehen durch Ablehnung von Handlungsangeboten (Luhmann 1984: 530). Ihr Auftreten läßt zunächst die *destabilisierende* Funktion von Konflikten hervortreten. Konflikte artikulieren die Unvereinbarkeit von Erwartungslinien. Der Soziologe fordert die Studenten auf, mit der Verlesung des vorbereiteten Referates zu beginnen und erhält die Antwort, an einen geregelten Seminarbetrieb sei überhaupt nicht zu denken, da man viel zu betroffen über die jüngste Überschwemmungskatastrophe in Indien sei. Man wolle lieber über die kapitalistische Ausbeutung der Entwicklungsländer reden - ein nicht mehr alltägliches, jedoch durchaus denkbares Beispiel für die Entstehung eines Konfliktes. Zwei Erwartungen stehen zunächst im Widerspruch zueinander, da sie einander zeitlich - das Seminar findet zu einer *bestimmten* Zeit statt - ausschließen. Ihre wechselseitige Exklusivität wird kommunikativ wirksam, mündet im „Nein" und transformiert das Seminar - in den Zustand größerer *Unbestimmtheit*. Wenn auch im soziologischen Seminar in einer solchen Situation gewiß nicht alles möglich ist, so doch immer noch eine ganze Menge. Erwartungsstrukturen werden vom kommunizierten Widerspruch nicht restlos ausgelöscht. Das Interaktionssystem Seminar wird nicht in den jungfräulichen Zustand der reinen doppelten Kontingenz zurückgeführt. Der Dozent bleibt auch im Konflikt der Dozent, die Studenten die Studenten. Die als Personen firmierenden Erwartungscollagen bleiben wirksam. Jedoch wird das Seminar durch die Ablehnung der Referatsverlesung in einen Zustand höherer Unbestimmtheit geführt. Erwartungsstrukturen treten zurück und machen Platz für eine größere Beweglichkeit weiterer Handlungen. Der Soziologe mag dem Wunsch zustimmen und den Weg für eine politische Diskussion freimachen. Er könnte für eine 50/50 Aufteilung der zur Verfügung stehenden Zeit plädieren, über den Wunsch des Referenten und/oder den eigenen Vorschlag abstimmen lassen. Die Referenten könnten (unwahrscheinlich!) aus dem Seminarbetrieb ausgeschlossen werden usw. Der Konflikt bewirkt Unbestimmtheit der Erwartungen. Er destabilisiert die Handlungssequenzen für einen Augenblick und fordert zu neuer Bestimmung der Erwartungen auf. Erwartungen werden unsicher, Sinnzusammenhänge unkalkulierbar, ohne daß die Handlungsabfolge als solche unterbrochen wird. Der Konflikt übernimmt das Kommando. Er führt das Seminar zu weiteren Ereignissen unter der, pointiert gesagt, *Strukturvorgabe des Strukturverzichtes*. Erwartbar ist allenfalls, daß im Streit zwischen Dozent und Studenten vielerlei möglich ist, also Erwartungen ungewiß sind.

Betrachtet man den sozialen Konflikt bis hierher, so ist denjenigen Recht zu geben, die im sozialen Konflikt einen Gegenbegriff zum Strukturbegriff ausgemacht haben. Der Konflikt usurpiert die Aufmerksamkeit des Systems für sich und drängt das strukturelle Arrangement eines Sinnzusammenhangs in den Hintergrund.

Dieser Eindruck ändert sich jedoch bei der weiteren Betrachtung von Konfliktverläufen. Um diese Hypothese zu veranschaulichen, sei für den Fortgang des Konfliktes im soziologischen Seminar eine Variante gewählt, die aus dem

Bagatellereignis einen handfesten, länger andauernden Streit werden läßt. Der Dozent lehnt die Diskussion politischer und ausbeuterischer Fragen in einem soziologischen Seminar ab und fordert die Referenten bei Strafe des Seminarausschlusses zur Verlesung ihres Referates auf. Diese lehnen erneut ab, beschweren sich bei der Fachschaft, beim Asta, im Fachbereich. Darauf wird die Seminarveranstaltung zu einer öffentlichen Protestveranstaltung gegen die verantwortungslose politische Blindheit von Universitätsdozenten erhoben. Zahlreiche Studenten besuchen das Seminar, um dort ihre Gegnerschaft zu demonstrieren, und der Dozent läßt die Störer aus dem Seminarraum entfernen. Die Studenten beginnen, den Anrufbeantworter des Dozenten...usw.

Ich möchte die Phantasie des Lesers nicht überstrapazieren. Der Konflikt hat sich ausgeweitet. Ein harmloses Ablehnungsereignis wird zum öffentlichen Thema und eskaliert. Die Auseinandersetzung gewinnt eine Eigendynamik und produziert - Stabilität! Die Unbestimmtheit im Moment der Geburt des Konfliktes weicht neuen Erwartungen, die Handlungen aussuchen und in ihrem Nacheinander wahrscheinlich machen. Sie arrangieren die Verknüpfung von Handlungen und bringen sie in ein plausibles zeitliches Gefüge. Der Dozent erklärt seine Gegnerschaft zu den Wünschen der Studenten. Diese antworten mit der Formierung ihrer Gegnerschaft zum Dozenten. Erwartungssicherheit kehrt zurück. Man weiß jetzt zumindest, daß der Dozent ein 'Chauvi' ist, daß er als Gegner der studentischen Interessen angesehen werden muß, daß andere Studenten gemeinsam die Demontage des Soziologen unterstützen, daß man für eine Sache zusammen einsteht. Der Dozent ist demgegenüber genervt von der unreifen Studentenprofilierung. Er mobilisiert seine Kollegen im Institutsvorstand, im Fachbereichsrat, im Rektorat und verweist auf die Notwendigkeit, den Universitätsbetrieb aufrechtzuerhalten. Der Dozent kann für sich geltend machen, daß die Aufmerksamkeit der Politik unnötig auf die desolaten Zustände in der Wissenschaft gelenkt werde. Es sei mit weiteren Kürzungen zu rechnen. Dieser Hinweis schweißt den Lehrkörper auf eine Linie zusammen. Man beschließt, den Aufruhr um jeden Preis einzudämmen.

Schon dieses keinesfalls übermäßig konstruierte Beispiel zeigt, daß der Konflikt in besonderem Maße zur *Restabilisierung von Strukturen* dient. Er verunsichert Erwartungen, um sie zu stabilisieren. Dies geschieht unter Verwendung von zeitlichen und sachlichen Verschiebungen. Die Generierung von Erwartungssicherheit kann erst nach ihrer Verunsicherung erfolgen. Die neu etablierten Erwartungsstrukturen werden nicht dieselben sein wie vorher. Der Dozent ist zwar immer noch der Dozent. Jedoch wird seine Person im Konflikt vor allem als 'Chauvi' erwartet. Die Studenten fungieren weiterhin als Studenten. Ihre Erwartungscollage wird jedoch von Unreife- und Quertreibereierwartungen überpinselt. Alte Strukturen verschwinden also nicht notwendig, sondern werden von Konflikterwartungen in den Hintergrund gedrängt. Konflikterwartungen verleihen sich selbst hohe Plausibilität und erlangen hochgradige Stabilität. Setzt sich einmal der Eindruck fest, ein Dozent sei ein 'Chauvi', so wird sich diese Erwartung trotz des steten Zirkulierens des Studentenbestandes nicht so leicht auslöschen lassen. Konflikte können so zu hochgradig integrierten und vollständig interdependenten Konfliktsystemen mutieren, in denen fast alles erwartbar ist. Die Strukturen der Zwietracht sorgen für eine weitreichende Auswahl des im Konflikt Möglichen. Der Konflikt stellt, einmal etabliert, weitgehende Stabilität der Erwartungen zur Verfügung. Er hat gerade darin oft seinen besonderen Reiz für diejenigen, die in einen Streit involviert sind. In dieser Hinsicht steht der Konfliktbegriff also keinesfalls im Gegensatz zum Strukturbegriff. Er ermöglicht einen Grad an struktureller Stabilität, die in nicht-konfliktuösen Zusammenhängen oft kaum möglich erscheint.

Geht man von diesem doppelschichtigen Verhältnis von Konflikt und Struktur aus, dann ist es sinnvoll zu sagen, daß der Konflikt gleichsam quer zum Strukturarrangement sozialer Systeme liegt. Die Einführung des 'Nein' in die Kommunikation bedingt die Rückführung des Handlungszusammenhangs in einen Zustand der Unbestimmtheit - inwieweit, kann nicht theoretisch deduziert werden. Es ist jedoch zu vermuten, daß Bestimmtheitsverlust und Wahrscheinlichkeit der Kontinuierung des Konfliktes miteinander korrespondieren. Desto weitgehender die Erwartungen eines sozialen Zusammenhangs durch Neins torpediert werden, desto eher ist vorstellbar, daß Situationen sich durch das Ansaugen von Konflikten aus dem unangenehmen Zustand der Unterbestimmtheit retten. Die soziale Bereitschaft für die Etablierung von Konfliktkommunikation drückt sich in der durch die Negation von Handlungsangeboten eingeführten Erwartungsungewißheit aus, in die dann konfliktuöse Restabilisierungen einrasten. Die Aufkündigung von Normalerwartungen wird in einen Konflikt verarbeitet. Werden übliche Hintergrundstrukturen qua Negation zurückgewiesen, rettet sich die Kommunikation in Konfliktmuster.

Dabei wird die Gemeinsamkeit der Situationsdefinition 'abgespeckt'. Konfliktkommunikation braucht nur ein geringes Ausmaß an geteilter Situationsauffassung. Die Anforderungen an die Kommunikation werden drastisch reduziert. Beide Seiten wundern sich darüber, daß der andere streiten möchte und stellen dadurch diejenige Gemeinsamkeit her, von der Konfliktkommunikation ihre Ressourcen bezieht. Solange Nein gesagt wird, kann die Kommunikation kontinuieren. Die Beteiligten werden merken, daß sie sich streiten. Die damit zur Geltung kommende Gemeinsamkeit der Situationsdefinition reicht aus, um das Gespräch als Konflikt weiterzuführen (Schneider 1994: 229f.).

Den doppelbödigen Zusammenhang von Konflikt und Struktur belegen eindrucksvoll Harold Garfinkels Krisenexperimente (Garfinkel 1967: 35ff.). Garfinkel bat seine Studenten, in alltäglichen Gesprächen mit Bekannten ohne besondere Ankündigung einer außergewöhnlichen Situation die Gesprächsteilnehmer um die Erklärung von wie selbstverständlich verwendeten Ausdrücken zu bitten. Alltägliche und insofern selbstverständliche Wendungen und Begriffe sollten so als unverständlich bzw. nicht-selbstverständlich dargestellt werden. Den Krisenobjekten wurden dadurch ungewöhnliche Situationen zugemutet, die durch den hohen Vertrautheitsgrad der Beteiligten weiter verschärft wurden. Kommunikation wurde simulativ gleichsam schikaniert, um die stets präsenten Selbstverständlichkeiten gemeinsamer Situationsdefinitionen herauszufordern und künstlich außer Kraft zu setzen. Dadurch sollte *ex negativo* die besondere kommunikative Bedeutsamkeit hochgradig normaler Kommunikationsstrukturen des alltäglichen Lebens freigelegt werden. Die Ergebnisse sind beeindruckend. Zwei der von Garfinkel abgedruckten sieben Beispiele veranschaulichen das schnelle 'switchen' der Kommunikation von einer Situation des 'so wie immer' zu abgemagerten Konfliktstrukturen in besonderem Maße:[35]

„Case 1
The subject was telling the experimenter, a member of the subject's car pool, about having had a flat tire while going to work the previous day.
(S) I had a flat tire.
(E) What do you mean, you had a flat tire?
She appeared momentarily stunned. Then she answered in a hostile Way:
„What do you mean, 'What do you mean?' A flat tire is a flat tire. That is what is meant. Nothing special. What a crazy question!"
...
Case 6
The victim waved his hand cheerily.
(S) How are you?
(E) How am I in regard to what? My health, my finances, my school work, my peace of mind, my...?
(S) (Red in the face and suddenly out of control) Look! I was just trying to be polite. Frankly, I don't give a damn how you are." (Garfinkel 1967: 42ff.)

Die fragende Hintertreibung der üblichen und eingespielten Erwartungsstrukturen alltäglicher Situationen wird unmittelbar aufgenommen und kommunikativ verarbeitet. Die Simulation läßt erkennen, daß die gemeinsame Situationsdefinition keinen begehbaren Boden abgibt, auf dem kommuniziert werden kann. Gerade die Kontingentsetzung einer äußerst banalen und selbstverständlichen Begrüßungszeremonie („How am I in regard to what?") wird sofort als Umschaltstelle für konfliktuöse Restabilisierungen ergriffen. Das Verstehen lenkt den Kommunikationsgang unverzüglich zum rettenden Ufer konfliktuöser Magerstrukturen, die sich unverzüglich an die Stelle negierter Erwartungen plazieren. Der Kommunikationspartner wird nicht mehr wie üblich als Person konstituiert, sondern zu einem Trottel umfirmiert, der dumme Fragen stellt und deshalb den Zorn von S auf sich zieht.

---

35   Dabei steht das „subject" (S) für die beobachtete Person, der „experimenter" (E) für den soziologischen Feldforscher, also Garfinkels Studenten.

Gleiches gilt für Case 1. E's Frage danach, was es bedeute, einen platten Reifen zu haben, wird unverzüglich mit Feindattributionen beantwortet. Es stellt sich unmittelbar der Eindruck ein, die Unterhaltung werde hier bewußt hintertrieben und schikaniert. S's Reaktion impliziert unmittelbar wirksame Ungewißheit, die zu vertreiben versucht wird: „A flat tire is a flat tire." Die Beschwörung von Selbstverständlichkeiten soll den Geist der Unbestimmtheit vertreiben. Das gelingt durch die restabilisierende Einrastung von Konfliktvermutungen. Dem 'experimenter' wird eine streitsuchende Unterminierung der Unterhaltung zugerechnet. Konflikterwartungen bieten die Gelegenheit, Ordnung in das durch Garfinkels Studenten angerichtete Chaos einziehen zu lassen. Wenn die *sachliche* Gemeinsamkeit der Situationsdefinition nicht gelingt oder simulativ hintertrieben wird, kann eine *soziale* Übereinstimmung der Situationsdeutungen problemlos hergestellt werden. Die Normalität der Alltagserwartungen wird durch Konfliktstrukturen ersetzt, die die streitenden Personen in den Vordergrund rücken. Die Handlungen orientieren sich dann weniger an Themen als an der Thematisierung bestimmter Personen, denen Streitsucht zugerechnet wird. Konflikthandeln verdrängt überkommene Strukturarrangements, um eigene Konfliktstrukturen an ihre Stelle zu positionieren. Damit einher geht typischerweise die Verschiebung von Sinnverarbeitung in die Sozialdimension. Die Handlungen hängen sich gleichsam an Personen statt an Themen auf. Konfliktkommunikation ist deshalb besonders geeignet für personale Verdichtung. Sie führt dazu, daß die Thematisierung von Personen kommunikativ präferiert wird.

Diese Tendenz belegen sämtliche von Garfinkel genannten „cases" - auch diejenigen, in denen der Einbruch konfliktuöser Kommunikation weniger dramatisch ausfällt als in den oben abgedruckten Beispielen. Die Verschiebung des Sinnfokus drückt sich aus in Sätzen wie „What's the matter with you? Are you sick?" (case 2), „What is wrong with you today?" (case 5) und „What came over you? We never talk this way, do we?" (case 7). Die Kommunikation sieht sich mangels anderer Orientierungspunkte gezwungen, auf nicht-negierbare Ordnungsgesichtspunkte zurückzugreifen. In der Interaktion werden die personalen Erwartungscollagen durch wahrnehmbare Körperlichkeit vermittelt. Da die Interaktionssequenz nach dem Einstürzen des gewohnten Handlungsarrangements neue Wegemarken braucht, an denen sie sich „entlanghangeln" kann, wendet sie sich an die durch konkrete Interaktionskörperlichkeit manifesten, scheinbar material greifbaren Personen. Sie schaltet sofort auf die Fixpunkte um, die unumstürzbar und *bestimmt* erscheinen. Wenn sachliche Situationsdefinitionen verschwimmen, werden Erwartungsstrukturen an Personen neu ausgerichtet, die in ihrer wahrnehmbaren körperlichen Präsenz als nicht negierbar und sicher erscheinen. Die Konfliktualisierung der Kommunikation bedingt ihre Personalisierung. Themen werden in die Sozialdimension verschoben, da sich die nun aktuell werdende Situationsdefinition auf personale Erwartungen einschießt. Sachliche

Erwartungsstrukturen werden vom Konflikt torpediert und durch (häufig sehr zeitstabile) soziale, an Personen orientierte Erwartungen ersetzt.[36] Auch Garfinkels Krisenexperimente weisen darauf hin, daß Konflikte ein ambivalentes Verhältnis zu Strukturen haben. Wenn insgesamt das Verhältnis von Konflikt und Struktur als doppelgesichtig richtig umschrieben ist, dann findet das auch unter Komplexitätsgesichtspunkten seinen Niederschlag. Konflikte ermöglichen eine thematische Öffnung des Gastgebers für heterogenste und vielfältigste Themenkomplexe. Gleichzeitig verlangen sie (oft) die Einebnung der pluralen Themenlandschaft zugunsten einer radikalen Zweier-Gegnerschaft (Luhmann 1981b: 102f., 1984: 532f.). Ist ein Konflikt erst einmal etabliert, so kann Beliebiges in ihm relevant werden. Unwahrscheinliche Thematisierungen sind problemlos möglich. Der Konflikt greift gleichsam wild um sich, um alles vorfindbare an sich zu reißen und unter die Konfliktpolaritäten zu zwingen. Es erscheint dann nicht nur plausibel, daß der Soziologiedozent die studentischen Interessen bewußt hintertreibt, sondern sich im Fachbereichsrat auch für die Kürzung von Fachschaftsratetats eingesetzt hat, zur Verschlechterung der allgemeinen Studiensituation bewußt beiträgt, weil er Studenten ohnehin nicht mag, Frauen diskriminiert, die Republikaner wählt, seine Kinder schlägt und für die Aussetzung des Walfangverbots eintritt. Die Vergangenheit erscheint plötzlich in ganz neuem Licht. Man erinnert sich, daß der Dozent schon früher eine eigentlich gute Hausarbeit hat durchfallen lassen und außerdem in Examensprüfungen zum Abweichen von vereinbarten Themen neigt. Die Vergangenheit trägt bisher Übersehenes zutage. Selbst Freundlichkeiten werden rückwirkend als Heimtücke, Doppelbödigkeit und Täuschung interpretiert. Neue Themen können so problemlos in den Konflikt einbezogen werden, um dort durch Aufbereitung in der Sozialdimension Material für die Kontinuierung des Konfliktes bereitzustellen (Orvis et al. 1976).

Die thematische Öffnung des Konfliktes für die unterschiedlichsten und vielfältigsten Themen wird mit der Regression des sozialen Zusammenhangs bezahlt. Die im konfliktuösen Handlungszusammenhang auftauchenden Phänomene werden unter dem Sortiergesichtspunkt „für oder gegen uns" aufgespalten und Absichten bzw. vermuteten Zwecken der Beteiligten fast zwanghaft zugerechnet - ein Geschehen, das Harold H. Kelly mit dem Begriff 'over-attribution' belegt (Kelley 1971: 18f.). „Was immer sie sagen, kann und wird gegen sie verwendet werden" - so könnte man in Abwandlung einer vor Zeugen bzw. potentiel-

---

36   Gegenüber Garfinkels Betonung der Fragilität alltäglicher Interaktionsarrangements (1967: 55) hebt Schneider (1994: 228) in seiner Interpretation der Garfinkelschen Krisenexperimente die Robustheit der Kommunikation hervor. Trotz der manifesten Störung der Interaktionskoordination komme die Handlungssequenz nicht aus dem Takt. Störungen in gemeinsamen Situationsdefinitionen können durch das Umschalten auf Konfliktkommunikation absorbiert werden. Die Kommunikation bleibe klar strukturiert. Die Personen „verfallen nicht in unverständliches Stottern oder sinnloses Lallen..." Vielmehr verbleibe die Kommunikation auf dem geraden Pfad eindeutiger Sinnzuweisungen.

len Straftätern überlicherweise verlesenen Formulierung die Zurechnungsprozesse in Konflikten umschreiben. Konflikte verlangen nach eindeutigen Fronten und plausibilisieren deshalb eine strikt zweiwertige Weltsicht, die nur Gegner oder Freunde kennt. Identifikationslinien werden geschaffen, entlang derer man sich argwöhnisch beäugt und stets Schlimmstes von der anderen Seite erwartet. Potentiell wird alles Handeln unter den Gesichtspunkt der Zweier-Gegnerschaft gebracht. Daraus folgt, daß alles, was mir nützt, deshalb der anderen Seite schadet. Umgekehrt wird jeder Vorteil für die Gegenseite als Verschlechterung der eigenen Position erlebt.

Der Konflikt entwickelt demgemäß eine eigene Art und Weise der Handhabung von Komplexität. Steigerung und Reduktion von Komplexität erfolgen durch Öffnung des Systems in der Sachdimension - kein Thema braucht ausgeschlossen zu werden - bei gleichzeitiger Regression in der Sozialdimension durch zweiwertige Schematisierung der Welt in Freunde und Feinde - ein strikter Antagonismus, dessen Konstruktcharakter bereits von Georg Simmel hervorgehoben wurde (vgl. oben, I.2).

Überhaupt lassen sich die schon seit Simmels subtilen Beobachtungen des Streites gewonnenen Einsichten zwanglos in eine kommunikationstheoretische Konfliktkonzeption einfügen, erläutern und plausibilisieren. Dies gilt insbesondere für die immer wieder hervorgehobene Beobachtung einer Stärkung von Gruppenidentität qua Konflikt (Coser 1965: 142ff.). Konflikte sind hochintegrierte Sozialsysteme, die durch ihre besondere Handhabung von Themen und Personen eine hohe Verdichtung des Geschehens innerhalb von Parteigrenzen bewirken. „Hat man sich einmal auf einen Konflikt eingelassen, gibt es kaum noch Schranken für den Integrationssog dieses Systems...Gegnerschaft [ist] also ein Integrationsfaktor ersten Ranges..." (Luhmann 1984: 532) Konflikte erreichen eine hohe interne Bindungswirkung durch durchgängige Verknüpfung von Handlungen und Erwartungen. Wer Abweichungen von der eingeschworenen Linie erkennen läßt, findet sich schnell auf der anderen Seite wieder. Darüber hinaus bedingt die hohe Interdependenz der konfliktinternen Handlungen die Einrichtung einer Umwelt-Schleuse, die eingehende Materialien und Informationen der strikt zweiwertigen Weltsicht anpaßt. Man weiß schon im voraus: Der Gegner versucht sowieso, mit doppelbödiger Heimtücke seine eigenen Interessen zu verfolgen. Die kommunikationstheoretische Beschreibung dieser Weltsicht als konfliktimmanente Konstruktion plausibilisiert diesen Zusammenhang zusätzlich. Sie braucht nicht auf Irrationalität oder gar Pathologie zuzurechnen, sondern bringt die schematisierende Weltsicht sozialer Konflikte in einen Zusammenhang mit der dort praktizierten Handhabung von Themen und Personen.

Keinesfalls wird hiermit eine weltnegierende Einkapselung eines Konfliktes behauptet. Der Konflikt schließt sich nicht ein, um gleichsam ständig um sich selbst zu kreisen. Ganz im Gegenteil zeigen Konflikte die Tendenz, Ressourcen zu mobilisieren, um sich zu greifen und Territorien zu besetzen. Sie tendieren zur Generalisierung. Dies gilt nicht nur für das ursprünglich gastgebende System, in

dem der Konflikt seinen Ausgang nimmt. Schon das Beispiel einer Auseinandersetzung zwischen Dozent und Studenten veranschaulicht die expansiven Gelüste
selbst von Kleinstkonflikten. Die Beispielkonstruktion illustriert, wie ein harmloses Ablehnungsereignis sich zu einem manifesten Konflikt auswächst, das zunächst die Aufmerksamkeit der Seminarinteraktion konsumiert, um daran anschließend die Universitätsorganisation zu erobern. Schließlich wurde als letzte
Steigerung sogar ein Verweis auf Politik erkennbar.

Systemgrenzen stellen demnach keine Schwierigkeit für den Konflikt dar.
Der stabile Erwartungen generierende Schematismus von Freund und Feind
überwindet die Barrieren zwischen unterschiedlichsten Handlungszusammenhängen mühelos und nistet den Konflikt in vielfältige Bereiche ein. Spätestens bei
Überschreiten der massenmedialen Grenzen wird dabei eine gesellschaftliche
Relevanz des Konfliktes signalisiert, die Rufe nach seiner 'Lösung' laut werden
lassen. Konflikte kann man aufgrund ihrer problematischen Aspekte nicht einfach
ignorieren. Sie verlangen nach Lösungsmechanismen, Regulierung und Konditionierung. Besondere Bedeutung kommt dabei dem sogenannten *Dritten zu*, also
unbeteiligten Externen, die möglicherweise auch die Freude des *tertium gaudens*
genießen, wie Bühl hervorhebt.[37] Bekannt ist nicht nur das ritualisierte Anrufen
eines Schlichters in den alljährlichen Verhandlungen der Tarifpartner, sofern sich
die Suche nach einem Kompromiß als besonders schwierig erweist. Auch in der
internationalen Politik werden häufig Dritte zugeschaltet - so zuletzt in den lang-
andauernden und schließlich von Erfolg gekrönten Versuchen, im jugoslawischen
Bürgerkrieg zu vermitteln.[38]

Ganz entsprechend hat die Konfliktvermittlung durch Dritte in der Literatur besondere Aufmerksamkeit gefunden. Gregory A. Raymond kommt in einer
Untersuchung über die Rolle von Konfliktvermittlern in demokratischen Ländern
zu dem Ergebnis, daß in der Einschaltung des unbeteiligten Externen ein besonders erfolgreicher Mechanismus zur Lösung von Konflikten vorliege.[39] Bühl
erklärt die Einschaltung von dritten Parteien wenn nicht zur einzigen, so doch
typischen Methode der Konfliktregelung in modernen Gesellschaften (Bühl 1972:
31).

Wenn 'der Dritte' tatsächlich so erfolgreich ist: Worin liegt das begründet?
Wie wirkt sich die Einschaltung von Unbeteiligten auf die Konfliktkommunikation aus? Im Gegensatz zu Bühls Auffassung, die Ausdifferenzierung einer

---

37   Vgl. Bühl 1976: 31f. Siehe ferner ders. 1972: 30f. Der Versuch eines Neuansat-
      zes in der Konflikttheorie findet sich in ders. 1984. Zur Position des Dritten vgl.
      ebd.: 656.

38   Vgl. für eine Untersuchung zum Dritten in internationalen Konflikten Young
      1967.

39   Vgl. Raymond 1994. An weiteren Untersuchungen fehlt es nicht: Kemper 1968;
      Fisher 1972. Vgl. für den Einsatz von Dritten schon in archaischen Gesellschaf-
      ten Hoebel 1944.

Vermittlerrolle liege in dessen Fähigkeit zur „kognitiven Abklärung" oder gar zur vermittelnden „Objektivierung" begründet (1972: 31), legt die oben geführte Diskussion zum Zusammenhang von Konflikt und Struktur eine wesentlich einfachere, aber möglicherweise produktive Wirkung des Dritten auf einen Konflikt nahe: Durch sein Engagement „wird das Konfliktsystem zunächst desintegriert. Die soziale Regression, die in einer Reduktion auf eine Zweierbeziehung lag, wird zurückgenommen." (Luhmann 1984: 540) Der Dritte hat einschneidenden Einfluß auf das Strukturarrangement des Konfliktes. Die thematische Öffnung des Konfliktes bei dazugehöriger Einordnung vielfältigster *issues* in eine rigide Zweier-Opposition gerät durcheinander. Gesellt sich ein bisher Unbeteiligter zu den Antagonisten, so ist die schlichte Fortsetzung der schematismushaften Weltbeobachtung unwahrscheinlich. Der Konflikt gerät unter Handlungsdruck, seine bisher geübte Verarbeitungsmodi zu überprüfen. Die Sicherheit des „für-uns-oder-gegen-uns" wird ersetzt durch die Ungewißheit implizierende Frage nach dem Status des Dritten. Die Hinzunahme des Dritten forciert Erwartungsunsicherheit. Sie entreißt dem Konflikt, was ihn besonders auszeichnet: das stabile, ja bisweilen zwanghaft rigide Strukturarrangement. Es gilt nicht mehr (nur) das einfache Nullsummenspiel von Nutzen und Schaden, das strikt nach dem Freund-Feind-Schlüssel sortiert. Die Konfliktparteien müssen sich über ihr Verhältnis zum Vermittler Rechenschaft ablegen. Will man einen potentiellen Vorteil aufgeben, um den Dritten für sich zu gewinnen oder zumindest seinen Schulterschluß mit dem Gegner zu verhindern? Unter welchen Bedingungen wird der Dritte der einen und nicht der anderen Seite Recht geben? Oder bietet gar die Hinzunahme des Vermittlers die günstige Gelegenheit, kaum mehr haltbares Terrain als Verhandlungsmasse freizugeben und so Beweglichkeit zu gewinnen? Das Auftreten des Vermittler konfrontiert die in den Sicherheiten des Konfliktes verschanzten Gegner mit einer Unsicherheit, die den Konflikt re-destabilisiert.

Damit ist auch die Basis für die Änderung der starren Zurechnungspraxis der Konfliktkommunikation gegeben. Solange die Gegnerschaft eine Gewißheit spendende Identifikationslinie bereitstellt, wird man jedwede Negativität auf der anderen Seite abladen. Benachteiligungen welcher Art auch immer werden den Intentionen des Gegenübers zugerechnet. Dies schließt das Eingehen auf seine Wünsche oder gar die Räumung von besetzten Positionen kategorisch aus. Der Dritte vermag demgegenüber oft die Attributionspraxis des Konfliktes zu ändern. Entschließt man sich zu Konzessionen, kann man den notwendigen Legitimationsbedarf beim Dritten eindecken und ihm das Nachgeben zurechnen. Man weiß sich von weiterem Publikum beobachtet und kann den Zuschauern erklären, daß man eine weichere Linie fahren muß, um das Kippen des Konfliktes zu verhindern. Man kann möglicherweise sogar vertreten, daß ein Rückzug aus dem Konflikt notwendig ist - eine Option, die normalerweise als vollkommene Niederlage zugerechnet wird.

Der wichtigste Aspekt in der Vermittlungspraxis ist folglich die Wiedereinführung von Kontingenz und Dynamik in den Konflikt, die die Gelegenheit für

Neuorientierung, Restrukturierungen und verändertem Ordnungsaufbau eröffnet. Dies *kann*, muß aber keinesfalls zu einer „kognitiven Abklärung" und „Objektivierung" der heiß gelaufenen Rädchen der Konfliktmaschinerie führen. Manch ein Vermittler mußte unverrichteter Dinge wieder abziehen. Schon die in Frage kommenden unterschiedlichen Vermittlungsformen - hier kommen sowohl Schiedsmänner als auch Gerichte, Texte und Auskunftstellen in Betracht - suggerieren differentielle Erfolgschancen. Die skizzierten Wirkungsmechanismen stehen unter dem Vorbehalt, daß sie wirken oder auch nicht wirken können. Die mediatorische Konditionierung des Konfliktes *kann* zu einem Ausgangspunkt für Konfliktregulierung werden.

Ebensogut ist der reflexhafte Rückzug in die bekannten und heimatlichen Konfliktfronten denkbar. Der Vermittlungsversuch kann scheitern. Dann droht sich die Konfliktkommunikation zu beschleunigen. Es setzt sich der Eindruck durch, jetzt sei erst recht keine (friedliche) Lösung des Konfliktes mehr möglich. Ultima ratio-Erwägungen werden dann wahrscheinlicher. Streik, Gewalt oder gar Krieg erscheinen bei entsprechendem Handlungsdruck im Horizont des Konfliktsystems.

II.4 Konflikt, sozialer Wandel und Evolution

Die Soziologie des Konfliktes hat ihren Gegenstand oft in Nähe zu sozialem Wandel, zu Veränderung überhaupt gesehen. Diese Tradition stützt sich auf Max Webers Emphase des politischen Kampfes als letztem Zufluchtsort vor dem alles verschlingenden Vormarsch der Verknöcherung und setzt sich in der Nachkriegssoziologie wie selbstverständlich fort. Strukturelle Änderungen bzw. Strukturwandel bringen Konflikte mit sich, so nimmt man an, oder umgekehrt führen Konflikte Strukturänderungen herbei. In Parsons' Theorie des Wandels steht der unter den Begriffen „strain" und „tension" auftauchende Konflikt für die unausbalancierte Ressourcenreziprozität sozietaler Subsysteme. Ihm kann durch strukturelle Differenzierungsprozesse, also durch Struktur*änderung* und Entwicklung *neuer* Strukturen begegnet werden. Parsons bindet dabei Konflikte und sozialen Wandel in eine *evolutionstheoretische* Betrachtung gesellschaftlicher Differenzierungsprozesse ein - ein Ansatz, der von Neil J. Smelser systematisch ausgebaut worden ist. Smelser analysiert die strukturelle Veränderung von Betriebs- und Familienformen, die im Zuge der Industrialisierung in England in den ersten Jahrzehnten des 19. Jahrhunderts erfolgen. Besonderes Interesse hat dabei für eine konfliktsoziologische Untersuchung das von Smelser entworfene siebenstufige Schema zur Analyse eines *Prozesses des sozialen Wandels*, in dem der soziale Konflikt als Generator von sozialem Wandel an prominenter Stelle auftaucht (Smelser 1959: 14ff., 29ff., 402ff.). Smelser positioniert auf der ersten Stufe des Prozesses die 'Unzufriedenheit' von gesellschaftlichen Einheiten mit der Zielerreichung des Sozialsystems. Bestehende Rollenstrukturen werden problematisch, weshalb sich auf einer zweiten Stufe aufgebaute Spannungen in Konflikte und Unruhen entladen. Sie rufen in der nächsten Phase Kontrollmechanismen hervor. Gelingt der Spannungsausgleich durch soziale Kontrolle nicht - und hieran kann in der modernen Industrialisierungsphase für Smelser kein Zweifel bestehen -, so probiert die nächste Stufe neue soziale Problemlösungen, die in der fünften Phase Verbindlichkeit erlangen und auf den letzten Stufen als erfolgreich institutionalisiert und routinisiert anerkannt werden.

Die empirische Füllung des Modells erfolgt durch die Analyse der Differenzierung von Familienrollen in der englischen Industrialisierung. Smelser geht davon aus, daß die vorindustrielle Familie mehrere Funktionen zugleich ausgeübt hat. Sie ist Produktionsstätte und sichert dabei ihre Subsistenz in Heimarbeit. Die Arbeitsmotivation, die der Sicherung der Familie als ökonomischer Einheit dient, wird in innerfamiliären Sozialisationsprozessen der Kinder gesichert. Dieser Doppelfunktion korreliert ein bestimmtes Rollenarrangement in der Familie. Während der Vater *en passant* die Erziehung der Kinder übernimmt, werden Spinn- und Webarbeiten von Frauen und Kindern in Heimarbeit vorbereitet.

Die sich im Haus bündelnde Rollenverteilung gerät durch Änderung externer Reproduktionsbedingungen unter Anpassungszwang. Die Einführung neuer Produktionstechniken im Bereich Spinn- und Webmaschinen bedingt die Notwendigkeit, Produktionen in Fabriken zusammenzuziehen. Die arbeitsnotwendigen Fertigkeiten werden durch die neue Technik reduziert, womit Kinder und Frauen ebenso leicht auf dem Arbeitsmarkt rekrutierbar werden wie Männer. Die langfristige Erfahrung des ehemaligen Hauptverdieners wird nutzlos. Damit löst sich das Fundament der Vaterrolle als Familienernährer auf. Die Erzieherrolle wird ihrerseits durch die Einführung von Schulerziehung aus dem Familienverband ausgelagert.

Spannungen und Konflikte ergeben sich durch die Inkongruenz neuer Rollenarrangements mit traditionellen kulturellen Wertvorstellungen. Die Trennung von Erziehungs- und Arbeitsfunktion sowie das Abgleiten zahlreicher Familien in ärmliche Verhältnisse implizieren einen eklatanten Widerspruch zum bis dato geltenden kulturellen Wertsystem und führen zu sich in stark emotionalisierten Streiks äußernden Konflikten.

Stehen Polizeimaßnahmen und Versammlungsverbote für die nächste Stufe sozialer Kontroll- und Eindämmungsmechanismen, so beginnt auf der vierten bis siebten Stufe die Erfindung, Ausarbeitung und institutionelle Routinisierung eines neuen, ausgeglichenen Rollenarrangements, das die konfliktären Spannungen entlädt.

Smelser interpretiert seine Beobachtungen als *strukturelle Differenzierung* von Einheiten, durch den ein höherer gesellschaftlicher Komplexitätsgrad erreicht wird. Der Prozeß struktureller Differenzierung, so Smelser,

„maintains long-term stability of society. One social unit becomes relatively obsolete under some sort of situational pressure. After a period of disturbances, handling and channeling, and specification, the social unit differentiates, or progresses to a new equilibrium level more in keeping with its new social environment. In the process a number of more differentiated social units replace older, more diffuse ones." (Smelser 1959: 342)

Dabei wandelt sich die Rollenstruktur dahingehend, daß Funktionen am Ende mehreren spezialisierten Einheiten höherer Aufgabenerfüllungseffizienz zugeordnet werden. Im Durchlauf der einzelnen Stufen ist die jeweils vorangehende notwendige Bedingung für die nachfolgende Stufe, weshalb Smelser von einem „value-added process" spricht, der als eine Art Zuwachsmodell Wirkungen kumuliert und historische Ereignisse kausal miteinander verbindet (Smelser 1972: 44ff.).

Betrachtet man die Rezeption dieser Evolutionstheorie des sozialen Wandels, so hat insbesondere die Annahme einer *Prozeßförmigkeit* von Strukturänderungssequenzen weitgehende Ablehnung nach sich gezogen. Michael Schmid hebt hervor, daß es stets zahllose Bedingungen für einen bestimmten Sachverhalt gebe, weshalb die Realisation bestimmter Stufen in Smelsers Modell kaum eindeutig erklärt werden könne. Die Theorie struktureller Differenzierung gelte deshalb nur unter der Einschränkung einer ceteris-paribus-Klausel, da Smelsers Evolutionsmodell zwar zahlreiche Einschränkungen der *notwendigen* Bedingungen einer Stufenrealisation präsentieren könne. Jedoch bleibt ihr die Möglichkeit einer Benennung *hinreichender* Kausalzusammenhänge verwehrt.[40]

Niklas Luhmann zieht aus den Schwierigkeiten einer als Prozeß formulierten Evolutionstheorie des sozialen Wandels die Konsequenz, das Forschungsprogramm von unnötigen Begründungsbürden zu entlasten. Ziel einer Theorie des sozialen Wandels könne es nicht sein, zu erklären, „wie es kommt, daß viele strukturändernde Ereignisse sequentiell einander bedingen. Man muß sich von der Vorstellung lösen, die Prozeßkategorie sei eine notwendige Form für die Konkretisierung des Problems der Strukturänderung." (Luhmann 1984: 476) Luhmann spitzt diese Einsicht zu, indem er die Abkehr von der Gleichsetzung von Evolution und historisch ablaufendem Kausalprozeß zur Vorbedingung einer Theorie der sozio-kulturellen Evolution erklärt, die sich mit der *Änderung von Strukturen* befaßt.[41] Während Prozeßtheorien zur Erklärung des Späteren auf Früheres verweisen und durch fortlaufenden Rückgriff an Plausibilität verlieren, möchte die Evolutionstheorie Luhmannscher Provenienz auf jedweden Erklärungsanspruch bestimmter Ereignissequenzen verzichten. Sie formuliert deshalb

---

40   Vgl. Schmid 1982: 169f.; ders. 1979: 120ff. Vgl. auch die Übersicht und Zusammenfassung der Kritik in der Einleitung des von Michael Schmid und Hans Peter Müller herausgegebenen Sammelbandes 'Sozialer Wandel' (1994: 24f.).

41   Vgl. Luhmann 1975b: 150. Luhmann schlägt vor, den Begriff sozialen Wandels durch den der „Änderung" zu ersetzen bzw. „sozialen Wandel" für wichtige Strukturänderungen zu reservieren. Vgl. Luhmann 1984: 472. Daran anschließend spreche ich im folgenden von Strukturänderungen anstatt von sozialem Wandel.

keine kausalgesetzlichen Aussagen über den historischen Prozeß gesellschaftlichen Wandels. Ihr ist „Evolution überhaupt kein Prozeß" (Luhmann 1975d: 195). Während die strukturfunktionalistische Theorie ihr Evolutionskonzept mit ausschließlich systemtheoretischer Begrifflichkeit, also Differenzierung, Integration und Anpassung, vorträgt (vgl. Luhmann 1975d: 196), schließt Luhmann zur theoretischen Verortung gesellschaftlichen Wandels *expressis verbis* an (neo-)darwinistisches Gedankengut an (vgl. Luhmann 1993: 239ff.). Evolution meint in dieser Perspektive eine *Form der Veränderung von Erwartungsstrukturen*, in der die Funktionen von *Variation, Selektion* und *Restabilisierung* differenziert und rekombiniert werden.

Spricht man von Evolution als *Form*, so bedeutet das zunächst nichts anderes als die Notwendigkeit einer Aktualisierung von mindestens zwei Seiten der Unterscheidung zwischen Variation, Selektion und Restabilisierung. Wo Variationen auftreten, sind auch Selektionen notwendig. Werden Selektionen vorgenommen, so stellen sich Restabilisierungen ein, und diese bleiben nicht ohne Rückwirkung auf die evolutionär möglichen Variationen. Die drei evolutionären Faktoren stehen damit nicht in einem temporalen oder gar prozeßhaften, sondern zirkulären Zusammenhang. Nur zu Zwecken der soziologischen Analyse lassen sie sich auseinanderziehen und in ein Nacheinander bringen.

Doch wie treten überhaupt Variationen auf? Es scheint zunächst plausibel zu sein, zur Erklärung von Neuerungen, Abweichungen und Änderungen auf individuelles Handeln zurückzugreifen. Zustände überzeugen nicht mehr und werden zurückgelassen. Strukturen erweisen sich als veraltet, und handelnde Akteure werden als Erklärung für Änderungen herangezogen (Schimank 1985). Eine Variante dieser handlungstheoretischen Richtung liefert der Vorschlag, die Intellektuellen als Katalysator von Strukturänderungen einzusetzen. So sieht etwa Talcott Parsons in der Flexibilität sozialer Eliten einen Ansatzpunkt für die Beantwortung der Frage, ob Spannungen durch soziale Kontrolle oder durch Strukturumbrüche entladen werden müssen. Parsons nimmt an, daß Eliten weniger anpassungsfähig und elastisch sein werden, wenn sie in enger Beziehung mit überkommenen, Spannung erzeugenden Strukturen stehen. In diesem Fall ist ihre Identifikation mit genau jenen Autoritäten zu erwarten, deren Verhalten reformbedürftig ist. Wenn jedoch Eliten unabhängig von dysfunktionalen Einheiten operieren, werden strukturändernde Reformanstrengungen erfolgreich durchgeführt werden können. Parsons ist der Meinung, daß Differenzierungsprozesse genau jene besondere Unabhängigkeit von gesellschaftlichen Eliten hervorbringen, die im Falle von Strukturänderungsnotwendigkeiten einspringt und strukturelle Friktionen glättet (vgl. Parsons 1954a).

Gegenüber dieser Zentrierung von Variationspotential in gesellschaftlichen Spezialrollen hebt Luhmann hervor, daß überraschende, abweichende und widersprechende Kommunikation ein allgemeines, massenhaft vorkommendes Phänomen ist. Sie kann nicht für eine elitäre, Kritik äußernde Intellektuellenschicht reserviert werden. Der primäre Variationsmechanismus ist nicht an bestimmten gesellschaftlichen Orten konzentriert. Vielmehr ist das Potential für die Änderung von Erwartungen und sozialen Wandel bereits mit der *Sprachförmigkeit der Kommunikation* gegeben.

Die Fähigkeit des Sprachmediums, evolutionäre Wandlungsfähigkeit bereitzuhalten, liegt dabei nicht in fehlerhaften, inkorrekten Sprechakten begründet. Es geht nicht darum, daß grammatische Fehler oder syntaktische Mängel eine abweichende, überraschende Version von Kommunikation erzeugen, die dann aufgegriffen werden kann zwecks Einführung neuer oder geänderter Strukturen. So sehr sprachliche Defizienzen dieser Art überraschen mögen, so belanglos und relativ selten sind sie. Sie kommen deshalb als Strukturänderungen vorbereitender Variationsmechanismus nicht in Betracht.

Die eigentliche Abweichungsprozedur bezieht sich nicht auf technische Defekte in der Bildung wohlgeformter Sprechakte, sondern auf die vierte kommunikative Komponente neben Information, Mitteilung und Verstehen, nämlich *Annahme oder Ablehnung eines Handlungsangebotes.* Der primäre Variationsmechanismus gesellschaftlicher Evolution ist mit der Ja/Nein-Struktur der Sprache gegeben. Wie bereits besprochen kann durch die sprachliche Codierung jeder Sachverhalt negiert werden. Er kann selbst in eine Negativversion umformuliert oder umgekehrt von der Negativität in die Positivität transformiert werden. Die Sprache dupliziert mit der Bereitstellung von Negation die möglichen Kommunikationen.

Evolutionäre Variationen rasten genau in diese Duplizität des sprachlich Möglichen ein. Die Variation erscheint mit der Ablehnung einer Handlung auf dem Bildschirm der gesellschaftlichen Evolution - *und mit ihr der soziale Konflikt.* Eine Mitteilung wird infrage gestellt, prinzipiell abgelehnt, bezweifelt, negiert. Die Variation besteht in der Ablehnung von Kommunikationsinhalten. Sie konstituiert eine Devianz auf der Handlungsebene. Ihr abweichender Charakter wird gegen die Konturen der überlieferten Erwartungsgeschichte erkennbar. Während die Handlungssequenz mit der Kontinuierung des Praktizierten rechnet und die Annahme einer Kommunikationsofferte *erwartet,* macht die variante Ablehnung der Fortschreibung des „so wie immer" einen Strich durch die Rechnung. Sie widerspricht der Annahmeerwartung. „Alle Variation tritt mithin als Widerspruch auf - nicht im logischen, aber im ursprünglichen dialogischen Sinne. Sie kann gar nicht anders vorkommen denn als Selbstwiderspruch des Systems. Sie fügt sich damit - sie kommuniziert! - den Erfordernissen der Autopoiesis des Systems, sie sorgt für Fortgang der Kommunikation, wenngleich mit freieren Anschlußmöglichkeiten und mit einer immanenten Tendenz zum Konflikt." (Luhmann 1992: 236)

Mit der Konzeption von sprachimmanenten Ablehnungen als primärem soziokulturellem Variationsmechanismus stellt sich massenhaft und ausreichendes Material bereit, das für evolutionäre Strukturänderungen ergriffen werden kann. Der als abweichendes Handeln erscheinende Vorschlag alternativer, neuer oder geänderter Handlungsweisen stellt jedoch zunächst nur eine notwendige, keinesfalls aber hinreichende Bedingung für die Änderung von Erwartungen dar. Die Variation bedarf der *Selektion*, um evolutionär wirksam und folgenreich zu werden. Selektionsvorgänge treffen auf vielfältige und massenhafte Bagatell-ereignisse, die durch die Ablehnung von angesinnten Handlungsangeboten auf dem Bildschirm der Evolution gleichsam als Statisten erscheinen und meistens verschwinden. Nur wenige der zahlreichen 'Neins' werden ausgewählt, um Strukturänderungen zu erzeugen. Deshalb besteht kein lineares Eins-zu-eins Ver-hältnis zwischen Variation und Selektion.

Dies gilt auch für die Koordination von Abweichung und Auswahl. Varia-tion und Selektion stützen sich nicht auf eine intentionale Beziehungsverknüp-fung zwischen kommuniziertem Nein und Änderung von Erwartungen. *Variatio-nen werden nicht als Variation, also nicht im Hinblick auf Selektion mitgeteilt.* „Würde die Variation nur oder überwiegend im Hinblick auf Selektionschancen erfolgen, wäre sie mit einem zu hohen Enttäuschungsrisiko verbunden; denn die soziale Wirklichkeit ist extrem konservativ eingestellt und negiert nicht so leicht Vorhandenes und Bewährtes im Hinblick auf etwas Unbekanntes, dessen Kon-senschancen noch nicht erprobt sind und in der gegebenen Situation auch nicht getestet werden können. Die Ablehnung muß ihre Gründe anderswo suchen. Man hält sich nicht an das Zinsverbot - aber nicht, weil man damit der Evolution des Wirschaftssystems dient, sondern weil sich juristisch und kirchlich haltbare Um-gehungskonstruktionen finden lassen." (Luhmann 1992: 237) Man erwartet bei ablehnender Kommunikation nicht sofort die Revision der relevanten Erwartun-gen oder gar die Etablierung von bestimmten Neuerungen. Die meisten 'Neins' werden ohne große intentionale Reichweite geäußert und versinken sofort im Nebel der Vergangenheit, ohne sich dem sozialen Gedächtnis einzuprägen.

Variation und Selektion stehen demgemäß in einem kontingenten Ver-hältnis zueinander. Ein einzelnes Nein oder eine singuläre Abweichung von übli-chen Handlungspraktiken erzeugen noch keinesfalls neue oder geänderte Struktu-ren. Wenn der Sohn die Aufforderung seiner Mutter ablehnt, sein Zimmer aufzu-räumen, bedeutet das noch lange nicht, daß die normative Erwartung des Zim-mer-aufräumens gleich ein für alle Mal aufgegeben wird. Die Nein-Variation des Sohnes wird nicht unbedingt als Grundlage für neue Erwartungen („Söhne brau-chen ihr Zimmer nicht aufzuräumen.") ausgewählt. Gleichwohl ist die Selektion ein unvermeidlicher Folgeaspekt einer Variation. Der Abweichungsvorschlag wird für die Änderung von Erwartungen genutzt - oder nicht. In beiden Fällen liegt eine evolutionäre Selektion vor. Vergeht der Innovationsvorschlag ohne Wirkung auf die sozialen Erwartungsstrukturen, so wird der bisherige Zustand favorisiert und kontinuiert. Die Erwartungen bleiben, wie sie waren, und der Ab-weichungsvorschlag verschwindet - es wird z.B. weiterhin normativ erwartet, daß der Sohn sein Zimmer selbst aufräumt. Wird die Innovation hingegen struktur-wirksam, so optieren die Handelnden für die Abweichung, ohne daß damit über das Ausmaß der zu erwartenden Änderungen eine Aussage getroffen ist. Die Variation hält immer beide Möglichkeiten bereit. Abweichende Varianten können realisiert werden - oder nicht.

Mit der Einführung evolutionstheoretischer Termini für die Beschreibung soziokultureller Variationen ist allenfalls ein begriffliches Gerüst gebaut, in das historische Spezifikationen eingeschrieben werden müssen. Insbesondere ist zu klären, welche Mechanismen die gesellschaftliche Festlegung auf bestimmte Möglichkeiten steuern, warum bestimmte soziale Problemlösungen präferiert werden und andere nicht. Die historische Spezifikation wird im nächsten Abschnitt folgen. Zunächst muß der Zusammenhang von Konflikt, Strukturänderung und Evolution behandelt werden. Ausgangspunkt der Überlegungen war die sowohl bei Parsons und Coser als auch bei Dahrendorf anzutreffende Behauptung eines theoretisch gleichwohl ungeklärten Annahme eines Zusammenhanges von Konflikt und Änderung von Strukturen. Während Dahrendorf Konflikt und Strukturänderung schlicht gleichgesetzt hat, haben sich bei Parsons zumindest Bedenken gegen eine allzu weitgehende Fusion der beiden Begriffe dahingehend gezeigt, daß Konflikte nicht notwendig geänderte Strukturen mit sich bringen und wichtige Strukturänderungen ebenfalls nicht notwendig mit Konflikten assoziiert werden. Trotzdem neigt auch Parsons dazu, Konflikte mit Strukturänderungen zu assoziieren. Coser schließlich zeigt im Anschluß an Simmel, daß Konflikte zur Erzeugung neuer und Modifikation alter gesellschaftlicher Normen beitragen (vgl. I.2 und I.3).

Verbindet man die Begrifflichkeit der neodarwinistischen Evolutionstheorie mit der Theorie sozialer Systeme, so kann der Zusammenhang von Konflikt und Änderung von Strukturen folgendermaßen reformuliert werden. Ausgangspunkt ist die Überlegung, daß Änderungen in ereignisbasierten Systemen nur dessen Strukturen betreffen können (vgl. Luhmann 1984: 472). Die Handlungen der Handelnden können sich nicht ändern, denn sie haben Ereignischarakter. Sie kommen und gehen. Als je gegenwärtige Ereignisse haben Handlungen keine Dauer, sondern momenthaften Charakter. Sie sind insofern irreversibel.[42]

Folglich obliegt es sozialen Erwartungen, *trotz der Irreversibilität der Ereignisse Reversibilität bereitzuhalten.* „Auf der Ebene der Erwartungen, nicht auf der Ebene der Handlungen, kann ein System lernen, kann es Festlegungen wieder auflösen, sich äußeren oder inneren Veränderungen anpassen. Streng genommen...kann man deshalb nicht sagen, daß 'ein System' sich ändere, da das System aus nicht-änderbaren Elementen, nämlich Ereignissen besteht. Andererseits werden Systeme über Strukturen identifiziert, und die können sich ändern. Insofern ist es dann auch berechtigt zu sagen, das System ändere sich, wenn seine Strukturen sich ändern, weil immerhin etwas, was zum System gehört...sich ändert." (Luhmann 1984: 472)

---

42   Vgl. nochmals diese Auffassung von Handlungen als „Realität in einer Gegenwart" bei Mead 1969: 229.

Die so gefaßte Erläuterung von Strukturänderungen bleibt jedoch allein genommen „empirisch leer" (Luhmann 1992: 222). Erwartung und Handlung stehen in einem zirkulären Verhältnis. Soziale Systeme erzeugen Erwartungsstrukturen durch Handlungen der in ihnen inkludierten Personen. Hierfür ist vorausgesetzt, daß Erwartungsstrukturen den permanent notwendigen Anschluß neuer Handlungen steuern. Verbindet man diese Grundlagen mit evolutionstheoretischen Termini, so tritt die wechselseitige Bedingtheit von Erwartungsstruktur und Handlung zurück zugunsten der Beschreibbarkeit von Strukturänderungen. Sie treten dann auf, wenn die in Konfliktform auftretenden evolutionären Variationen für weitere Handlungen ausgewählt und vorgeschlagene Innovationen und Abweichungen übernommen werden. Dabei stellt die soziokulturelle Evolution durch die *en-masse*-Produktion von zahllosen Ablehnungen von Handlungen ausreichend Material bereit, aus dem nur wenige Momente zur strukturändernden Weiterverarbeitung herangezogen werden.

War Parsons durch sein strukturfunktionalistisches Theoriedesign gezwungen, zur Erklärung von Strukturänderungen prekäre Annahmen über Systemgleichgewichte bzw. balancierte Ressourcenströme einzuführen, schrumpfen die von der soziologischen Evolutionstheorie vorauszusetzenden Prämissen auf die Ja/Nein-Codierung der Sprache als primärer Variationsmechanismus soziokultureller Evolution. Variationen werden von empirisch leicht und präzise nachvollziehbaren Ablehnungen von Handlungsangeboten bereitgestellt und nicht durch angebliche strukturelle Spannungen, die als Reibungen im Leistungsaustausch zwischen den strukturellen Einheiten eines Handlungssystems definiert wurden.

Dabei sind Erwartungsstrukturen nicht, wie in der strukturfunktionalistischen Theorie vorausgesetzt, etwas Festes und Dauerhaftes im Unterschied zu etwas prozeßhaft Fließendem (Luhmann 1992: 218). Legt man den Strukturbegriff der Theorie ereignisbasierter Systeme zugrunde, so erscheinen Erwartungen als Einschränkung des Möglichen. Sie steuern und sichern die Anschlüsse zwischen den Handlungen der Beteiligten. Werden neue, abweichende und innovative Verkettungen gewünscht, so bedarf es nicht unbedingt besonderer Anstrengungen oder gar epochemachender sozialer Konflikte (wie etwa Arbeiterstreiks in Smelsers Prozeßmodell), um Strukturen aufzubrechen, zu ändern und zu erneuern. Schon der Ausdruck „Strukturen aufbrechen" suggeriert eine immanente Festigkeit und Starrheit von Erwartungsstrukturen, die ihnen nicht zukommt.

Eine weitere, oben benannte Schwierigkeit kann nun einer Reformulierung zugeführt werden. Parsons hatte sowohl der Konflikttheorie als auch der Theorie des sozialen Wandels vorgehalten, daß die allzu enge Assoziation von Konflikt und sozialem Wandel nicht nur theoretisch ungeklärt, sondern auch empirisch fragwürdig erscheine. Nicht nur laufen zahlreiche gesellschaftliche Prozesse des Wandels, so Parsons, relativ konfliktfrei ab, sondern umgekehrt bringen viele

Konflikte überhaupt keinen sozialen Wandel hervor, wie Parsons mit Blick auf die Sackgassen des konfliktträchtigen politischen Parteigeistes hervorhebt.[43]

Versucht man diese Beobachtung in einen *reformulierten Zusammenhang von Konflikt und Strukturänderung* einzubringen, so ist zunächst die Veränderung des Konfliktbegriffes hervorzuheben. Während die strukturfunktionalistische Theorie den sozialen Konflikt *strukturell* definiert als Spannung zwischen Systemeinheiten, die in gestörten Beziehungen zueinander stehen, entfällt die strukturorientierte Sichtweise zugunsten einer *operativen*, an Handlungen orientierten Einführung des Konfliktbegriffes. Nicht die vom Systemtheoretiker geforderten Systemstrukturen, sondern die Handlungen der inkludierten Personen (oder Organisationen) führen zu Konflikten, indem Handlungsangebote negiert werden.

Darüber hinaus wird der Konflikt aus den historischen Höhen epochaler und revolutionärer struktureller Differenzierungsprozesse in den gesellschaftlichen Handlungsalltag heruntertransformiert. Während Smelsers Sieben-Phasen-Modell den Konflikt mit epochemachenden Strukturänderungsprozessen verbindet, umfaßt der auf Kommunikationsablehnung basierende Konfliktbegriff massenhaft vorkommende Handlungen des alltäglichen Lebens. Der Konfliktbegriff wird immens erweitert und verallgemeinert.

Die damit einhergehende Bagatellisierung des Konfliktes plausibilisiert die Beobachtung, daß Konflikte *erstens* keinesfalls notwendig Strukturänderungen nach sich ziehen. Konfliktträchtige Ablehnungen von Annahmeerwartungen stellen lediglich eine *notwendige* Bedingung für die Änderung von Erwartungsstrukturen dar, nicht jedoch eine hinreichende. Die Variation ist noch keine Strukturänderung, sondern nur eine Option und Gelegenheit, in Richtung auf (ungeplante) Änderung von Strukturen und sozialen Wandel weiterzukommunizieren. Konflikte sind Bagatellereignisse, die nur selten evolutionär wirksam werden und dadurch Strukturänderungen notwendig machen. Annahmeerwartungen muß zumindest widersprochen werden, damit Erwartungsstrukturen geändert werden.[44]

---

[43] „Conversely there are many kinds of conflict which do not generate significant change, but may be caught in a stalemate - as in many cases of political factionalism..." (Parsons 1971: 383f.)

[44] Dies ändert sich auch dann nicht, wenn man mit Schneider den Begriff des sozialen Konfliktes dahingehend verengt, daß erst an dritter Sequenzposition einer Kommunikationsfolge von einem Konflikt gesprochen wird. Schneiders plausible, konversationsanalytisch fundierte Änderung des Luhmannschen Konfliktbegriffes schließt zahlreiche „Neins" aus der Betrachtung aus, um den Konfliktbegriff selbst reicher und fruchtbarer zu gestalten. Aber auch die von Schneider vorgeschlagene Hinzufügung einer Ablehnung der Ablehnung in die Konfliktsequenz läßt der sozio-kulturellen Evolution massenhaft Material zur Produktion von Strukturänderung - und ebenfalls zahlreiche Variationen, die unbeachtet im Nebel der Systemgeschichte verschwinden. Vgl. Schneider 1994: 202f.

Mit dieser Erläuterung ist jedoch *zweitens* die Frage noch nicht beantwortet, warum Strukturen häufig, wie Parsons vermerkt, scheinbar auch ohne Konflikte geändert werden. Wenn konfliktuöse Variationen eine notwendige Bedingung für die Änderung von Strukturen darstellen: Warum finden dann weitreichende gesellschaftliche Strukturänderungen statt, auch ohne daß Konflikte beobachtet werden?

Eine Antwort auf die Frage nach dem immer noch problematischen Zusammenhang von Konflikt und Strukturänderung ergibt sich - so möchte ich zeigen aus der *Differenz von Interaktion und Organisation*. Je nachdem, ob die immer in Konfliktform auftretende Ablehnung von Handlungen in Interaktionen oder in Organisationen vorkommt, nimmt der Konflikt vollkommen unterschiedliche Gestalten an. Mit der Differenz von Interaktion und Organisation meine ich, genauer gesagt, diejenige Differenz, die sich aus dem in der modernen Gesellschaft überall anzutreffenden Nebeneinander von freier, ungeregelter Interaktion einerseits und organisierter Interaktion andererseits ergibt. Die Unterscheidung von Interaktion und Organisation wird in der Soziologie auch durch die gut etablierte Unterscheidung zwischen System- und Sozialintegration widergespiegelt und ergibt sich, grob gesprochen, aus dem in der Moderne ausgebildeten Nebeneinander von beruflicher Erwerbs- und Lohnarbeit in Arbeitsorganisationen einerseits und interaktionsnahem Familien-, Freizeit- und Privatleben andererseits.

Die Unterscheidung von Interaktion, Organisation und Gesellschaft wurde bereits Anfang der siebziger Jahre von Niklas Luhmann als allgemeine Systemtypologie eingeführt. Interaktionen bilden sich dadurch, „daß Anwesende sich wechselseitig wahrnehmen" (Luhmann 1975: 10). Sie stellen insofern eine Art von sozialen Grundtypus dar, der sich in jeder Gesellschaft einstellt und eingestellt hat.

Im Unterschied zur Interaktion stellen Organisationen einen weitaus anspruchsvolleren Modus sozialer Systembildung dar, der erst in der modernen Gesellschaft zu universeller Bedeutung gelangt ist. Organisationen bilden innergesellschaftliche Inseln, deren Grenzen durch Mitgliedschaft konstituiert werden. Die Mitgliedschaft stellt eine Grundsatzentscheidung dar, die mit oft umfangreichen, formalisierten Verhaltenserwartungen verknüpft wird. Sie verlangt von den Mitgliedern die Fähigkeit, zwischen Mitgliedschaftsrollen und sonstigen organisationsexternen Rollen zu unterscheiden (vgl. Luhmann 1964: 23ff.).

Fragt man danach, inwiefern die Unterscheidung von Interaktion und Organisation Auskunft geben soll über den Zusammenhang von Konflikt und sozialem Wandel, dann muß der zeitdiagnostische Gehalt dieser Begriffe genauer erläutert werden. Versucht man die Differenzierungstendenzen der modernen Gesellschaft mit Hilfe der Unterscheidung von Interaktion und Organisation zu beschreiben, dann treten zwei Aspekte hervor: Insbesondere seit dem massiven Einsetzen der Industrialisierung wird *erstens* der soziale Raum der Gesellschaft durch formale Organisationen zerschnitten. Innerhalb der Fabriken, Büro- und Verwaltungsgebäude, aber auch Schulen und Universitäten werden besondere Programme und Rollen ausdifferenziert, die in ihrer Besonderheit nur innerhalb organisatorischer Settings verständlich werden. Handlungen in Organisationen zeichnen sich durch eine besondere soziale *Bestimmtheit* aus, die sich aus der Einbindung in Arbeits- und Lernprozesse ergibt. Sie werden durch programmatische Verknüpfung dahingehend verdichtet, daß sie inhaltlich auf bestimmte Zwecke, Ziele und sachlich unterschiedliche Aufgaben (Produktion, Dienstleistungserstellung, Aktenbearbeitung, Lernziele etc.) zugeschnitten werden können. Vereinfacht gesagt: Das Mitglied ist in und während seiner Rolle mit bestimmten Arbeitspensen konfrontiert, die ihrerseits durch formale, also zeitlich, sachlich, sozial und räumlich generalisierte Erwartungsstrukturen geschärft und profiliert sind. Das Geschehen in Organisationen wird soweit verdichtet und bestimmt, daß Organisationen zu den umfangreichen und anspruchsvollen Leistungsträgern avancieren, die bereits Max Weber - bei aller Kritik - bewundert hat (vgl. Gabriel 1979).

Fragt man *zweitens* nach denjenigen sozialen Räumen, die sich außerhalb des Raumes der Organisation befinden, dann könnte man zunächst vermuten, in ihnen habe sich durch die gesellschaftsweite Etablierung von Organisationen nichts verändert. Nichts wäre jedoch verfehlter als diese Annahme, denn das nicht-organisierte Umfeld der formalen Organisationen wird durch seine Distanzierung vom innerorganisatorischen Handlungsgefüge entscheidend verändert. Gegenüber den hochgradig verdichteten Arbeitsprozessen innerhalb der Organisation ist die Umwelt durch eine im Kontrast auffällige Diffusität, Unbestimmtheit und geringe Zielspezifikation gekennzeichnet. Freizeit-, Familien- und Privatleben werden nun zu einem besonderen Bereich innerhalb der Gesellschaft, der deutlich gegen die Berufspflicht in Arbeitsorganisationen abgesetzt und dadurch in einer oft als besonders „interaktionsnah" bezeichneten Eigenlogik konstituiert wird.[45] Der interaktionsnahe Bereich jenseits der Arbeitsorganisationen wird in ein Bestimmtheitsgefälle zum verdichteten und akzelerierten Organisationsbereich gesetzt. Aus diesem Grunde erscheint die organisations*ex*terne Interaktion nun im Vergleich zur geregelten organisations*in*ternen Interaktion als frei, ungeregelt und unterbestimmt. Sie öffnet sich für Geselligkeit. Zeigt sich die moderne Gesellschaft im Organisationsbereich als durchgehend hektisch, ziellos von Ziel zu Ziel rasend und kommunikativ hochspezifiziert, so bleibt der Interaktionsbereich zurück. Er wird abgehängt, übertrieben gesagt: residualisiert. Gerade die moderne Gesellschaft schafft durch die flächendeckende Einführung der Differenz von (ungeregelter) Interaktion und Organisation Bereiche, die sich sehr weitgehend auf Interaktion verlassen und dabei mehr oder minder richtungslos mit den anderen, hyperaktiven Teilen der Moderne mitschwimmen.

Vor diesem Hintergrund bilden sich unterschiedliche Modi der Behandlung von Handlungen aus, die überlieferten Erwartungen widersprechen und eine

---

45   Vgl. z.B. zur Betrachtung der Familie als interaktionsnah Parsons, Bales 1955. Vgl. im Anschluß daran Claessens 1967 sowie allgemein zur Interaktionsnähe von Gruppen Tyrell 1983.

Variation in die Kommunikation einführen. Zunächst zur (einfachen, freien oder ungeregelten) Interaktion: Interaktionen bilden sich, wenn Anwesende sich wechselseitig wahrnehmen. Wird man unter den Anwesenheitsbedingungen der ungeregelten Interaktion mit einem Nein konfrontiert, so setzt die Ko-Präsenz die Personen unter unmittelbar fühlbaren Handlungsdruck. Man wird sich sofort erklären müssen. Die face-to-face Situation verlangt nach sofortiger Reaktion. Schon ein kurzes Zögern kann als Nein zugerechnet werden. Die Wahrnehmung des anderen Körpers drängt auf eine Präferenz für positive Anschlüsse, für eine Bevorzugung der Annahme gegenüber interaktiver Ablehnung. Gleichzeitig können konfliktuöse Impulse in Interaktionen nicht durch Differenzierung der Interaktion selbst aufgefangen werden. Die Notwendigkeit, alles in ein zeitliches Nacheinander zu bringen, limitiert die diesbezüglichen Steigerungsmöglichkeiten. Die anwesenden Personen müssen sorgfältig miteinander koordiniert werden. Sobald mehrere Stimmen durcheinander reden, bricht der Aufbau der Interaktion zusammen, so daß entweder mehrere Interaktionen gebildet werden müssen (die Leute also auseinandergehen) oder ein ungeordnetes Durcheinander herrscht, das nicht von langer Dauer sein wird.

Angesichts dieser durchgreifenden interaktiven Engpässe tendieren Konflikte in Interaktionen schnell dazu, die gesamte Aufmerksamkeit der gastgebenden Interaktion zu konsumieren. Die Interaktion basiert auf Anwesenheit der Handelnden. Sie kann sich nur auf *ein* Thema konzentrieren. Ist das der Konflikt, so bleibt kaum Bewegungsfreiheit für anderes. Die Interaktion wird selbst zum Konflikt.

Geht man davon aus, daß in Konfliktform auftretende Handlungsverneinungen insbesondere Interaktionen schnell in einen handfesten und zeitlich ausgedehnten Konflikt balkanisieren, so wird deutlich, daß die Änderung von Strukturen in Interaktionen oft eine Expansion konfliktuöser Kommunikation bedingt. Wird die Änderung von Erwartungen per Negation 'bekanntgegeben', so wird die Interaktion mit hoher Wahrscheinlichkeit selbst zum Konflikt. Der Konflikt konsumiert die gesamte Aufmerksamkeit der Handelnden. Ein Vorschlag wird vorgelegt und abgelehnt. Widerworte werden gegeben, Argumente ausgetauscht, die Stimmung wird gereizter, Feindschaften bilden sich aus. Die Änderung von Strukturen ist, mit anderen Worten, für Interaktionen eine besondere Anstrengung. Schlägt die Interaktion einen Strukturänderungskurs ein, so begibt sie sich auf eine prekäre Gratwanderung. Häufig führt das dazu, daß im Ergebnis Erwartungen geändert werden, jedoch nicht in die Richtung, die ursprünglich anvisiert worden ist. Anstelle einer Änderung einer distinkten Erwartung wird das gesamte Strukturarrangement in Richtung auf Konfliktpolaritäten umgebaut.

Wenn die interaktive Behandlung von evolutionären Variationen damit andeutungsweise skizziert ist, so drängt sich ihre *markante Andersartigkeit zu organisierter Variationshandhabung* auf. Eine hervorstechende Leistung von Organisationen ist die weitgehende Ausschaltung bzw. Zurückdrängung derjenigen Engpässe, die in Interaktionen Strukturänderungen zu einer besonders anstrengenden Prozedur werden lassen. Keinesfalls möchte ich behaupten, daß formale Organisationen konfliktfreie Inseln darstellen. Gerade Organisationen geben - wie ich unter IV. noch ausführlich zeigen möchte - häufig Anlaß zur Ausbildung von Konflikten. An dieser Stelle interessiert zunächst nur die Frage, wie die Organisation im Unterschied zur ungeregelten Interaktion die Konflikte implizierende Änderung von Erwartungsstrukturen und sozialen Wandel bewältigt. Daß sowohl in ungeregelten Interaktionen als auch in formalen Organisationen konflikthafte Variationen und Strukturänderungen auftreten, bleibt vorausgesetzt. Ich frage zunächst nur danach, wie die beiden unterschiedlichen Vergesellschaftungsarten dieses besondere Problem behandeln.

Organisationen können als besondere Form des Umgangs mit doppelter Kontingenz betrachtet werden. Als besondere soziale Inseln zeichnen sich Organisationen dadurch aus, daß sie die Unterbestimmtheit von Handlungszusammenhängen wirksam ausschalten. Hierzu dient das Mitgliedschaftskriterium. Wer Mitglied in einer Organisation wird, bindet die Kontingenz des eigenen Handelns. Organisationsmitglieder sehen sich speziell auf sie gerichteten Erwartungen gegenüber, denen sie nicht ausweichen können. Enttäuschen sie die Erwartungen hartnäckig, so droht der Mitgliedschaftsverlust.

Organisationen erreichen ein Höchstmaß an Erwartungssicherheit durch Formalisierung von Erwartungen (vgl. Luhmann 1964). Formalisierung von Erwartungen fordert die Anerkennung von distinkten Erwartungen durch die Mitglieder. Nur wer sich bestimmte, häufig ausformulierte und nachlesbare Erwartungen zu eigen macht und dies kundtut, kann Mitglied in einer Organisation werden. Die Anerkennung wird auf die Mitgliedsrolle bezogen, ja mit ihr synthetisiert. Sie hat den Charakter einer Grundsatzentscheidung. Wer einmal einen Arbeitsvertrag unterschreibt, begibt sich in die Sphäre gesicherter Erwartungen. Er kann sie nur durch Austritt wieder verlassen.

Erwartungssicherheit wird dabei in doppelter Hinsicht hergestellt. Man weiß nicht nur, was von einem selbst erwartet wird, so daß eigenes Handeln auf die Organisation bezogen werden kann. Darüber hinaus kann als bekannt unterstellt werden, was der einzelne von anderen erwarten kann. Der Lehrer sieht sich dazu gezwungen, morgens in der Schule zu erscheinen. Er kann sich darauf verlassen, daß er nicht alleine im Klassenraum sitzen wird. Gleiches gilt für den Schüler. Erwartungssicherheit eigenen und fremden Verhaltens schließt demgemäß das Wissen darum ein, was *nicht* erwartet werden kann.

Soweit reziproke Erwartungssicherheit hergestellt wird, kann die Mitgliedschaft spezifiziert werden. Mitglieder sehen sich nicht einem einheitlichen Erwartungskomplex gegenübergestellt. Erwartungen werden vielmehr auf bestimmte Mitgliedschaftsrollen zugeschnitten. Sicherheit kann so für höchst heterogene Erwartungen erreicht werden. Der Einkaufsleiter des Textilunternehmens fliegt ein asiatisches Land nach dem anderen ab, während seine Sekretärin am Heimatstandort seine Flugtickets bucht, Termine arrangiert, Auskünfte ermöglicht etc. Der Auszubildende schließlich sorgt für die Ablage des anfallenden Papiers. Auf diese Weise können höchst unterschiedliche Handlungssequenzen aufeinander bezogen, miteinander vernetzt und mit großer Erwartungssicherheit ausgestattet werden.

Sicheres Erwarten kann in Organisationen für höchst unwahrscheinliche Kombinationen erreicht werden, indem Verhaltenserwartungen in zeitlicher, sozialer und sachlicher Hinsicht generalisiert werden (Luhmann 1964: 61ff.). In zeitlicher Hinsicht bindet die Mitgliedschaft Erwartungen an den Fortbestand der Organisation und verleiht ihnen dauerhafte Geltung. Man kann sich darauf verlassen, daß man auch in der nächsten Woche ein Seminar leiten muß, sofern die Universität nicht geschlossen wird. Eine Prüfung dieser Frage erübrigt sich, ja es ist der Sinn formaler Organisation, die aufwendige Überprüfung von Erwartungen einzusparen. Damit ist nicht gesagt, daß Erwartungen nicht enttäuscht werden können. Werden Erwartungen enttäuscht, so garantiert ihre Formalität die trotzige Aufrechterhaltung. Formale Erwartungen entwickeln einen eigenen normativen Stil, der sich von nicht-formalisierten Erwartungen gänzlich unterscheidet. Man wiederholt zum Beispiel den Seminarbesuch, auch wenn der Dozent nicht erschienen ist. Die formale Erwartung wird aufrechterhalten, bis sie offiziell geändert wird. Ein Seminar verbleibt im Veranstaltungskatalog der Universität, auch wenn der Dozent bereits viele Male hintereinander nicht erschienen ist. Oft werden Erwartungsänderungen erst formalisiert, wenn sie faktisch bereits längst wirksam geworden sind.

In sachlicher Hinsicht fällt die Konsistenz der an Mitglieder gerichteten Erwartungen auf. Sie werden zu einem Rollenbündel geschnürt, das als Ganzes sein Recht fordert. Von einem Hochschullehrer kann erwartet werden, daß er nicht nur Seminare veranstaltet, sondern zusätzlich Hausarbeiten korrigiert, Examensarbeiten liest, mündliche Prüfungen abnimmt und gegebenenfalls den Bibliothekseinkauf regelt. Man kann nicht wählen. Eine Weigerung wird nicht auf die distinkte Erwartung zugerechnet, sondern auf das Mitglied als Ganzes.

Gründe für Enttäuschungen mag es gleichwohl genug geben, denn die Konsistenzsetzung von Erwartungsbündeln meint keinesfalls vollkommene Widerspruchslosigkeit. Eine Erwartung mag die andere bedrängen. Der Professor findet keine Zeit mehr zum Forschen, weil der Lehrbetrieb sämtliche Ressourcen konsumiert. Der Auszubildende hat Schwierigkeiten in der Berufsschule, weil er im Betrieb ständig zum Fensterputzen eingesetzt wird und deshalb in der Praxis nichts lernt. Sachliche Konsistenz bedeutet deshalb lediglich hinreichende Plausibilität von Erwartungsbündeln, nicht jedoch vollkommene Harmonie. Man kann von einem Lehrstuhlinhaber nicht erwarten, daß er die Toiletten im Seminargebäude putzt, wohl jedoch, daß er neben der Forschung ausreichend Zeit für seine Studenten findet.

In sozialer Hinsicht schließlich kann innerhalb der Organisation für die formalen Erwartungen Konsens unterstellt werden. Formalisierte Strukturen beinhalten eine gemeinsame Situationsdefinition der Mitglieder. Gewisse Bedingungen müssen von allen zwecks Eintritt anerkannt werden. Das weiß man nicht nur von eigenen Erwartungen, sondern auch von Erwartungserwartungen anderer. Soweit reziproke Erwartungssicherheit herrscht, wird Devianz unwahrscheinlich. „Wer anderer Meinung ist, muß dies ausdrücklich melden; er hat die Last der Initiative, das Schwergewicht einer vermuteten Selbstverständlichkeit und die Gefahr von Enttäuschungsreaktionen gegen sich. Im allgemeinen wird er sich daher lieber auf eine fiktive Gemeinsamkeit einlassen." (Luhmann 1964: 68) Abweichung wird entmutigt, die Bildung von opponierenden Minoritäten wenn auch nicht ausgeschlossen, so doch streng limitiert. Es herrscht Konsensdruck, weil Verstöße kaum mit sozialer Unterstützung rechnen können. Sie bleiben eine Ausnahme, die schnell verschwindet. Die Organisation kann nicht mit dauerhaften Divergenzen operieren. Deshalb wird weitgehender Konsens, wie fiktiv auch immer, angestrebt, formuliert und weiterem Verhalten zugrundegelegt. Auf diese Weise entfernen sich Organisationen weit von alltäglich üblicher Konsensherstellung. Die soziale Generalisierung von Verhaltenserwartungen ist dabei notwendig, um hochgradig unwahrscheinliche Handlungsvernetzungen dauerhaft durchzusetzen. Entsprechend hoch ist der Druck, der organisatorischen Präferenz für Kommunikationsannahme zu folgen.

Mit all dem schaffen Organisationen besondere Inseln in einem Meer moderner Konfliktkommunikation. Mit Bedacht muß man von Organisationen als *Inseln besonderer Konfliktbedingungen* und *nicht* von Inseln der *Konfliktfreiheit* sprechen. Man weiß heute, daß Organisationen alles andere als harmonisch durchstrukturierte Zweckunternehmen sind, die sämtliches Handeln einem bestimmten Unternehmensziel unterordnen und deshalb Konflikte eliminieren.[46] Organisationen können nicht von der Konflikthaftigkeit moderner Kommunikation ausgeschlossen werden. Es ist nicht vorstellbar, die stark geweiteten Möglichkeitsspielräume des Erlebens und Handelns mit dem Durchschreiten der Organisationspforten schlicht und einfach wieder auf alte Formate einzuengen. Die differentiellen Lebenszwecke des Mitgliedes können nicht durch materielle Abfindung ausgelöscht werden. Das für moderne Verhältnisse typische Auseinandertreten von Normprojektionen kann in Organisationen nicht wieder zurückgenommen werden. Widersprüchliches Erleben macht vor den Toren der formalen Organisation nicht halt. Die besondere Leistung formaler Organisation besteht deshalb darin, *Annahme und Ablehnung von Kommunikation auseinanderzuziehen und beide gleichzeitig zu steigern*. Das gelingt durch die Trennung von *formaler* und *informaler* Organisation.

---

[46] Die Überschätzung von Organisationszwecken als Konsensstiftern verdeutlichen schon March und Simon 1958: 124ff. Sie führen anstelle der klassischen, von Max Weber geprägten Auffassung einer intentionalen Durchstrukturierung der Bürokratie mittels Zwecksetzung die Unterscheidung zwischen „operational" und „non-operational goals" ein. Gleichzeitig verdeutlichen sie, daß die klassische Lehre die Tatsache innerer Konflikte z.B. aufgrund von Zweckwidersprüchen leugnen muß. Vgl. Luhmann 1964: 31ff., 100ff., 243 sowie ausführlich ders. 1991a.

Es ist heute unbestritten, daß die Formalisierung von Verhaltenserwartungen nur eine Teilschicht organisierter Sozialsysteme hervortreten läßt. Seit den bahnbrechenden Arbeiten von Mayo, Roethlisberger, Dickson und Barnard hat sich gezeigt, daß Organisationen durch das Nebeneinander von Formalität und Informalität gekennzeichnet sind.[47] Alle genannten Publikationen zeichnen sich durch die Entdeckung eines jenseits des Ordnungsmonopols der formalen Organisation liegenden Netzes von Beziehungen aus. Neben den offiziellen Vorschriften hat sich eine Verhaltensordnung mit eigenen Erwartungen, einer spezifischen Logik und besonderen Kommunikationswegen ausgebildet. Sie benutzt einen eigenen Argumentationsstil, nicht formalisierbare Statusgesichtspunkte und entfaltet sogar eine besondere Führungsstruktur. Ihr informeller Charakter läßt mehr Raum für gefühlsmäßige Orientierung. Er schneidet sich besser auf Bedürfnisse der jeweiligen Personen zu und lehnt sich an gesellige Zusammenhänge an, um von dort auf formalisierte Strukturen zurückzuwirken. Informalität eröffnet Raum für „Seilschaften", die aus der Formalstruktur nicht erkennbar werden, diese gleichwohl durch exklusive Ressourcenverteilungen, Positionenvergabe und Machtdemonstrationen vielfältigster Art dominieren können.[48]

Zwecknotwendigkeiten der formalen Organisation scheinen im krassen Widerspruch zu den besonderen Ausformungen informaler Beziehungen zu stehen. Es ist kaum zu plausibilisieren, welche Leistung der Flirt des Professors oder seines Assistenten mit der Institutssekretärin in die Universität einbringen könnte. Es leuchtet nicht ein, warum das Großrechnersystem einer Bank für massiven privaten Nachrichtenaustausch unter Freunden benutzbar gemacht werden sollte. Devisenhändler benutzen sündhaft teure Standleitungen rund um den Globus, um sich auf ein Bier zu verabreden. Informalität, so scheint es, operiert parasitär neben der formalen Organisation. In der Forschung hat sich jedoch die Einsicht durchgesetzt, daß formale und informale Organisation zwei notwendig komplementäre Aspekte organisierter Sozialsysteme darstellen, die sich analytisch, nicht jedoch als vollkommen gegeneinander differenzierte Kommunikationszusammenhänge trennen lassen (vgl. Blau, Scott 1962; Blau 1957).

Wenn ein soziales System formalisiert wird, so impliziert das die Verbannung aller Widersprüche aus der Organisation. Verhaltensanforderungen können von Mitgliedern nicht negiert werden. Geschieht das doch, so ist die Änderung von Erwartungen nicht ausgeschlossen. Werden Erwartungen nicht geändert, so wird das Problem per Weisungshierarchie gelöst. Der Widerspruch kann zu einer formalen Entscheidung oder zur Auswechselung des Mitgliedes führen. Formalität stellt die Möglichkeit bereit, drohende Konflikte wirksam zu entschärfen und

---

[47]	Vgl. Mayo 1933, dtsch. 1950, Roethlisberger, Dickson 1939, Barnard 1938, zitiert nach Luhmann 1964: 29f.

[48]	Eine brilliante, aus einer langfristigen Beobachtung gewonnene Beschreibung einer Seilschaft findet sich bei Emrich, Papthanassiou, Pitsch 1996. Weitere Beispiele finden sich bei Popitz 1968. Siehe auch Wegener 1987.

offenen Streit zu absorbieren. Die formale Zuordnung vertikaler Beziehungen zu jeder horizontalen Relation stellt die Möglichkeit einer Entladung von konfliktuösen Spannungen bereit. Konflikte können nicht unentscheidbar bleiben. Sie werden durch vorgesehene Hierarchie aufgelöst, ja gar nicht erst zugelassen.

Wenn Formalisierung eine Verbannung von Konflikten aus Organisationen bewirkt, so heißt das keinesfalls, daß organisierte Operationen nicht in vielfacher Hinsicht Konfliktsgründe produzieren. Ganz im Gegenteil. Gerade die hochgradig fragile Anordnung von Handlungssequenzen in Organisationen bedingt ein breites Konfliktpotential. Man streitet sich um die Zuständigkeit für einen neuen, bisher unbekannten Fall. Mittel müssen aufgeteilt werden. Es gibt nur wenige Auszubildende für die vielfältigen Kopierarbeiten. Etats werden gekürzt, gesperrt, umgeschichtet. Die zeitliche und sachliche Abstimmung von Arbeitsprozessen mißlingt. Permanent anfallende Änderungen der Aufgabenstellungen bringen steten Ärger. Ressortpartikularismen bilden sich aus. Formale Zwecke lassen stets Raum für Ausführungsinterpretationen. Verhalten ist nicht eindeutig vorgezeichnet, sondern jenseits von eindeutigen Regeln abstimmungsbedürftig. Auf diese Art und Weise bilden sich vielfältige Widersprüche und Konfliktquellen aus.

Man könnte annehmen, daß Divergenzen dieser Art durch formale Entscheidung bereinigt werden. Man kann sich aber auch eines besseren belehren lassen, indem man einen Blick *in* die Organisation wirft. Faktisch fungiert der Dienstweg zwecks Konfliktentscheidung als *ultima ratio*. Die Formalisierung eines Konfliktes wird „von Routiniers als eine rein taktische Frage behandelt, als ein untergeordnetes Moment in einer weitergespannten Konfliktkonzeption, über das von Fall zu Fall nach strategischen Gesichtspunkten entschieden wird" (Luhmann 1964: 244). Der Dienstweg führt zum Publikwerden des Streites. Er bringt definitive Ergebnisse und ist deshalb riskant. Man muß sich seiner Sache sicher sein, um einen Konflikt per Aktenvermerk in feste, unwiderrufliche Form bringen zu können. Man wird deshalb den Dienstweg nur dann anstreben, wenn kein anderer Ausweg mehr besteht.

Auswege, genauer: funktionale Äquivalente des Konfliktverhaltens liegen auf *informaler* Ebene. Man kann damit drohen, die unnötige Ausweitung von Dienstreisen des Kollegen auffliegen zu lassen. Man weiß, wo die Abteilungsleichen des Konfliktpartners begraben liegen. Man gehört zu einer Clique, kennt die richtigen Leute, hat guten Zugang zu Entscheidungsträgern, spielt Tennis mit dem Vorstandssprecher, hat einen Gefallen gut. Mit anderen Worten: Die von formaler Organisation vorgeschriebene Rollentrennung zwischen innen und außen kann auf informaler Ebene aufgehoben werden, so daß Entscheidungsspielräume durch private Präferenzen ausgefüllt werden können. Faktisch tritt in Organisationen ein weitverzweigtes Netz informaler Konfliktkommunikation neben den Dienstweg. Es ermöglicht die Austragung von Konflikten unterhalb der Ebene offiziellen Dissenses. Vielfältige Möglichkeiten sind gegeben, einem Gegner eigene Kompetenzen zu vergegenwärtigen, ohne daß Schriftverkehr bemüht werden muß. Dieses organisationsinterne Schattenmilieu operiert in der Halbillegalität. Es benutzt personenintensive Kontakte, zufällige, aber auch dauerhafte Konstellationen, Bekanntschaften, kurzum: nicht-formalisierbare Sachverhalte zur nicht-formalen Gestaltung von Entscheidungszusammenhängen. Akademische Mittelbauer mögen ganze Institute heimlich dominieren, ohne daß das auf den Punkt zu bringen wären. Generell nutzen hierbei Kontaktfreude, Vielseitigkeit und Sozialkompetenz. „You must have friends" lautet das Motto in Arthur Miller's *Death of a Salesman*. Das gilt in informalen Entscheidungssystemen in besonderem Maße. Einfluß kann in informalen Kommunikationsnetzen nicht *per procura* oder anderen Handlungsbevollmächtigungen verordnet werden. Er stützt sich vor allem auf personenintensive Kontaktnetze. Deshalb sperrt sich informaler Einfluß grundsätzlich gegen Formalisierung. Damit einher geht die Unterminierung von Einflußgarantien. Informale Organisation kann sich nicht selbst kontrollieren, weil sie informal ist. Sie sperrt sich gegen eindeutige Entscheidungsdelegierung. Sie weiß selbst nicht, an welcher Stelle entschieden wird. Sie kann nicht sicherstellen, daß überhaupt alle Mitglieder an ihr teilnehmen können. Der mögliche Ausschluß aus informalen Kontaktnetzen bedingt Streßpotential. Der Anschluß an Informationskreise gelingt nicht notwendig. Man bleibt allein mit formalen Anforderungen konfrontiert. Formale und informale Kontaktnetze sorgen nicht notwendig für einen harmonisch-gleichförmigen Einschluß jedes Mitgliedes.

Die konfliktsoziologische Relevanz dieser scheinbar 'irrationalen' Zusammenhänge liegt auf der Hand. Informale Beziehungen bieten genau diejenige Elastizität, die zur Abarbeitung von Widersprüchen gebraucht wird. Die formale Organisation stützt sich auf einen plastischen Unterbau, der verbannte Konflikte auffängt, abfedert und verarbeitet. Ist die informale Machtstruktur dehnbar genug, können selbst Entscheidungswidersprüche und Zweckkonflikte mühelos in den geschmeidigen Beziehungen der Informalität versinken. Konflikte, die durch Formalisierung grundsätzlich ausgeschlossen oder leicht entscheidbar gemacht werden, melden sich als das Ausgeschlossene in Form der Nicht-Formalisierbarkeit zurück. Rollenkonflikte, Kompetenzhangeleien, konfligierende Personalansprüche, Eifersüchteleien, Ressortpartikularismen, Beförderungsstreitereien, Stellenbesetzungsprobleme, Affären: Sie alle melden sich in einem informalen Netz personaler Kontakte zurück, um dort aufgearbeitet zu werden.

Soweit das gelingt, kann ein Unterlegener sich elegant auf die Ebene der Formalität zurückkatapultieren und dadurch Niederlagen besänftigen. Man streitet sich zweimal im Jahr um die zur Verfügung stehenden studentischen Hilfskraftstunden. Schließlich wird die im Hauen und Stechen produzierte ungleiche Verteilung von Ressourcen durch Quotenregelung beseitigt. Wer dabei verliert, kann sich auf den offiziellen Beschluß des Gremiums berufen. An formalen Beschlüssen gibt es nichts zu zweifeln. Sie sind emotionell neutral und kommen durch Anwendung von nachlesbaren Verfahrensregeln zustande. Sie kennen weder Gewinner noch Verlierer.

Die Handhabung von Erwartungsänderungen durch formale Organisationen kann demgemäß dahingehend präzisiert werden, daß Organisationen die sozialen Wandel stets notwendigen konflikthaften Ablehnungen von Handlungsangeboten zugleich hemmen und erlauben. Konfliktverbot und Konfliktfreiheit werden auseinandergezogen und dadurch gegenseitig gesteigert. Soweit formale Organisation die Erfüllung von Verhaltenserwartungen sicherstellt, können informale Konflikte zugelassen, ja ermutigt werden. Richtiges Verhalten wird durch formalen Entscheidungsprämissentransfer institutionalisiert. In Ergänzung dazu ermöglichen informale Strukturen den operativen Abfluß des ausgeschlossenen Konfliktpotentials. Die Organisation arrangiert moderne Konfliktbedingungen dahingehend, daß auseinandertretende Erlebens- und Handlungshorizonte zunächst durch Formalisierung zurückgedrängt werden. Was immer das Mitglied im einzelnen davon halten mag: Der Professor muß forschen und lehren, der Richter Urteile schreiben, der Prokurist Entscheidungen fällen, der Minister regieren, die Soldaten marschieren, der Arzt operieren, der Lehrer unterrichten, der Sozialamtsmitarbeiter helfen...Kommunikationen werden durch Formalisierung von Verhaltenserwartungen sichergestellt durch Ausschluß von Negation. Der Konflikt wird eingefroren, ja gar nicht zugelassen. Wie weit auch immer Normprojektionen auseinandertreten und Möglichkeitsspielräume erweitert werden: Bücher und Aufsätze werden publiziert, Urteile gefällt, Geschäftsabschlüsse getätigt, ministeriale Verordnungen erlassen, Soldaten marschieren, medizinische Operationen werden ausgeführt, Unterrichtsstunden gegeben...Dabei stellt sich der Eindruck ein, daß die Motivation zur Kommunikationsannahme primär durch Mitgliedschaft hergestellt wird. Organisationskommunikation stützt sich zwar auf Medien wie Geld, Recht, Macht, Wahrheit etc. Der Professor wird jedoch vor allem deshalb zu Forschung und Lehre bereit sein, weil seine Mitgliedschaft in der Universitätsorganisation von einer monatlichen C4-Besoldung begleitet wird. Wahrheitsliebe stellt sich dann von selbst ein.

Zusammenfassend kann festgestellt werden, daß *informale* Kommunikation Konflikte ermöglicht nicht obwohl, sondern weil *formale* Organisation Konflikte wirksam ausschließt. Formale und informale Organisation bedingen einander in einem wechselseitigen Steigerungsverhältnis. Die moderne Einführung von Organisationssystemen bereitet dadurch divergierende Sinnprojektionen so auf, daß in sozialer, sachlicher und zeitlicher Hinsicht die Annahme von Kommunikation formal sichergestellt wird, ohne daß erweiterte Horizonte des Erlebens und Handelns zurückgenommen werden müssen. Erweiterte Möglichkeitsspielräume könnten darüber hinaus auch nicht schlicht wieder eingeengt werden. Deshalb verläßt sich die moderne Gesellschaft in der Handhabung von Konfliktpotentialen in hohem Maße auf formale Organisation.

Organisationen setzen damit in der Konfliktlandschaft der modernen Gesellschaft einen markanten Kontrapunkt zu ubiquitären Ablehnungsbereitschaften. Das gelingt durch 'Abkapselung' von sonstiger gesellschaftlicher Kommunikation, die durch entsprechende Gebäude einen handfesten Ausdruck findet.

Gleichwohl gelingt die Etablierung von Formalität nur durch Absonderung *innerhalb* der Gesellschaft. Auch Organisationskommunikation vollzieht Gesellschaft. Sie kann nicht ausscheren, wohl aber Sonderbereiche schaffen, in denen die Annahme von formalen Kommunikationsofferten hochgradig institutionalisiert wird. Widersprüche können allerdings nicht ausgemerzt, Konflikte nicht unterdrückt oder externalisiert werden. Sie brauchen auch nicht aus der Organisation zu verschwinden. Konflikte in Organisationen sind nicht, wie die klassische Organisationstheorie angenommen hat, dysfunktionale, irrationale Bestandteile, die eliminiert werden müssen. Vielmehr ist hervorzuheben, daß Organisationskommunikation von divergierenden Normprojektionen nicht ausgenommen ist und nicht ausgenommen werden kann. Sie braucht es auch nicht. Die formale Organisation schafft dem Streit Ausdrucksbahnen durch informale Organisation. Das Ausgeschlossene meldet sich in Form der Nicht-Formalisierbarkeit zurück. Konfliktsoziologisch betrachtet bedingen formale und informale Organisation einander. Die Sicherstellung von Annahmebereitschaft gelingt nur, wenn die zurückgedrängten Konflikte kommunikabel, also abflußfähig gemacht werden. Formale Organisationen bereiten Sinnmaterial so auf, daß bestimmte Kommunikationen sichergestellt werden. Soweit dies gelingt, können begleitende Zusammenhänge der Negation ausgesetzt werden.

Keinesfalls werden Konflikte damit allein auf den informellen Bereich eingeschränkt. Geht man von dem oben eingeführten allgemeinen negationsbasierten Konfliktbegriff aus, dann muß das bisher gezeichnete Konfliktbild der formalen Organisation dahingehend erweitert werden, daß auch formale Kommunikation selbst als Konflikt erscheinen kann, wie ein Beispiel aus dem Organisationsalltag zeigt. Studien über die Einführung von EDV-Technik in Organisationen haben gezeigt, daß das durch Computer bedingte grundlegende Neuarrangement von Arbeitsabläufen keinesfalls spurlos an den Beteiligten vorbeigeht (Ortmann et al. 1990; Küpper, Ortmann 1990; Pettigrew 1973: 76ff.). Es löst in vielfältiger Weise Konflikte zwischen Unternehmensleitung und Betriebsrat, zwischen Organisationsabteilungen und unterschiedlich betroffenen Bereichen, zwischen Vorgesetzten und Unterstellten aus. Während solche Konflikte kaum Strukturänderungen hervorrufen - man ändert vielleicht dieses oder jenes, versucht veränderte Arbeitsabläufe neu zu adjustieren -, *besteht die die Strukturänderung ermöglichende Konfliktvariation bereits in der formalen Entscheidungshandlung über die Einführung der EDV-Technik selbst.* Die Ablehnung von Kommunikationsinhalten kommt durch die Entscheidung zustande, die Organisation zu computerisieren. Da Organisationen nur aus Entscheidungen bestehen, können Organisationen Programmänderungen nur durch Entscheidung herbeiführen. Konfliktuöse Variationen treten in Organisationen deshalb auch als formale Entscheidungen auf. Überliefertes wird negiert, eingespielte Kommunikationszusammenhänge per Beschluß abgelehnt - und gemäß der negationsbasierten Konfliktdefinition liegt ein konfliktuöses Variationsereignis vor, das zur Bewährung und Auswahl präsentiert wird. Werden bis dato Entscheidungen ohne die Hilfe von EDV-Technik operativ vollzogen, so wird diese überlieferte Entscheidungspraxis per Entscheidung negiert. Die Konfliktform ist dafür unverzichtbar. Sie tritt auf in Form einer formalen Negation bisheriger Entscheidungsstrukturen (z.B. als Vorstandsbeschluß).

Der Unterschied organisierter Variationshandhabung zu interaktiver Variationsbehandlung besteht nun darin, daß die Organisation den notwendigen Konflikt von den unangenehmen interaktiven Begleiterscheinungen zu befreien in der Lage ist, weil sie über alternative, funktional äquivalente Modi der Konfliktentscheidung verfügt.

Es liegt auf der Hand, daß die Einführung von EDV-Technik in Organisationen Strukturänderungen größten Ausmasses mit sich bringt. Arbeitsabläufe werden geändert, ehedem per Hand und Bleistift ausgeführte Tätigkeiten werden an den Bildschirm verlegt, Handlungszusammenhänge umdirigiert. Trotz der umfangreichen Änderung von Entscheidungszusammenhängen und der sie führenden Strukturen führt man üblicherweise diese Neuarrangements von Kommunikationsstrukturen nicht auf einen sozialen Konflikt zurück. Deshalb mag der Eindruck entstehen, Strukturänderungen fänden, wie auch Parsons anmerkt, ohne nennenswerte Konflikte statt. Die Besonderheit des Strukturänderungsmodus liegt dabei in der spezifischen Handhabung von Konflikten durch Organisationen. Werden in Organisationen bestimmte Entscheidungsstrukturen geändert - etwa durch Computerisierung -, so liegt ein konfliktuöses Variationsereignis vor, das der Organisationsgeschichte zur bewährenden Auswahl präsentiert wird. Strukturen werden geändert. Der dabei implizierte Konflikt bedeutet nicht notwendig, daß man sich streitet, daß Widerworte gewechselt werden, Feindschaften auftauchen, sich manifeste Abgründe auftun oder gar Gewalt als Mittel der Konfliktlösung beansprucht wird. Man muß sich von der Vorstellung befreien, daß Strukturänderungen ermöglichende Konflikte regelmäßig verbale und physische Auseinandersetzungen oder gar Barrikaden, Straßenschlachten oder wie auch immer geartete längere Attacken notwendig beinhalten. Auch wichtige Strukturänderungen bewirken insbesondere in Organisationen nicht immer, wahrscheinlich sogar eher selten diejenige Resonanz, die die Änderung von Erwartungen in nicht-organisierten Interaktionen oft mit sich bringt.

Faßt man strukturändernde Konflikte in Interaktionen und Organisationen trotz ihrer markanten Unterschiedlichkeit unter einen gemeinsamen Konfliktbegriff, dann muß darauf hingewiesen werden, daß der negationsbasierte Konfliktbegriff einen allgemeinen Charakter hat, der von der alltäglichen Assoziation von Konflikten mit Streit, Widerworten, Zwietracht und möglicher physischer Gewalt abstrahiert. Der allgemein eingeführte, auf dem kommunizierten „Nein" basierende Konfliktbegriff nimmt ganz unterschiedliche Formen an, je nachdem, auf welches Vergesellschaftungsmuster er angewendet wird. Die Gleichsetzung von Konflikten mit rhetorischen oder physischen Auseinandersetzungen, hitzigen Debatten oder gar Aufruhe und Revolution ist *nur für nicht-organisierte und insofern 'ungeregelte' Interaktionen* plausibel. In ungeregelten Interaktionen führen evolutionäre Variationen zu der Art von Konflikt, die man aus dem Alltag kennt. Personen geraten gegebenenfalls aneinander, wenn überraschende Handlungsvorschläge unterbreitet werden. Manchmal wird diskutiert, bis die Fetzen fliegen. Gewalt kann möglicherweise am Ende solcher Konflikte stehen, insbesondere dann, wenn die Fortsetzung der Konfliktkommunikation mittels physisch dominierter Handlungen die Durchsetzung neuer Erwartungen in Aussicht stellt.

* * *

Exkurs: Gewalthandeln - Funktion der Gewalt

Unterscheidet man auf diese Weise zwischen unterschiedlichen Konfliktausprägungen in Interaktion und Organisation, dann bietet sich eine Anschlußüberlegung zur Funktion von *Gewalt* in der Austragung von Konflikten an. Gewalt ist eine *Art von Konflikthandeln*, die von wechselseitiger Wahrnehmung, physischer Erreichbarkeit der Handelnden sowie einer gewissen „Naturwüchsigkeit" einfacher Interaktionen profitiert. Sie fungiert als Fortsetzung der Konfliktkommunikation mit anderen Mitteln. Sie versucht, den Konflikt zu asymmetrisieren, um ihn zu entscheiden. Gewalthandeln ist eine (wenn auch heute unerwünschte und kostenreiche) Möglichkeit der Entscheidung und Lösung von Konflikten.

Auch in offenen Gewaltsituationen kontinuiert Kommunikation als Handlungszurechnungspraxis - allerdings mit entscheidenden Veränderungen. Durch die Ausschaltung der sprachlichen Gestaltung verliert Gewaltkommunikation an Informationsgehalt. Die Kontinuierung der Kommunikation wird demgemäß auf ein geringes Maß an Anschlußmöglichkeiten und Handlungsattributionen enggeführt. Die Zurechnung einer Handlung als Gewalthandeln kann gleichwohl immer noch mehrere Wege beschreiten. A schlägt B ins Gesicht - B's Zurechnung kann ganz verschieden ausfallen. B kann sofort zurückschlagen, versuchen, A in ein Gespräch über sein Handeln zu verstricken, die Polizei informieren, weglaufen, die Pistole ziehen und schießen oder schließlich die ganze Sache für einen unbeabsichtigtes Mißverständnis halten. Die Zurechnungspraxis von Kommunikation auf Handlung wird nicht außer Gefecht gesetzt. Das Beispiel zeigt jedoch als Besonderheit von Gewaltkommunikation die *Verschiebung der Handlungsanschlüsse auf den Mitteilungsaspekt von Gewalthandeln.* Da der Informationswert einer Gewalthandlung sehr gering ausfällt, rechnet die Kommunikation die Handlung häufiger über die Mitteilung zu. Daß B den Schlag in das Gesicht mehr als Information denn als Mitteilung auffaßt, indem die Gewalthandlung als Mißverständnis geküert wird, ist möglich, aber unwahrscheinlich. Gängiger wird der Anschluß an den Mitteilungsaspekt sein, weil hier mehr Variationsmöglichkeiten liegen. Die Härte des Schlages mag dem Getroffenen als Hinweis darauf dienen, auf welche Art und Weise eine Situationsdefinition hergestellt werden kann.

Wird für Gegengewalt optiert, verliert das Geschehen mehr und mehr jeden Informationswert, so daß die Handlungen zusehends durch verklammerte Körperlichkeit und nicht durch Handlungszurechnungen aneinandergereiht werden. Der in Gewalt eskalierte Konflikt geht über in ein starres, alternativloses 'Hau-drauf'-Gemenge, das relativ schnell kippt. Entweder die Gewalt beendet den Konflikt, indem sich eine Partei als die stärkere erweist. Oder die Kontrahenten stellen die Gewalthandlungen wegen Erschöpfung oder Trennung durch Dritte ein, so daß (gegebenenfalls) sprachliche Kommunikation zurückkehren kann.[49]

Gibt es einen eindeutigen Sieger, können die geltenden Erwartungsstrukturen nun bekanntgegeben werden. Eine Gruppe Jugendlicher war angetreten, um ein bestimmtes Bahnhofsgelände als ihr Revier zu verteidigen oder, umgekehrt, zu erobern. Der physisch erungene Sieg im freien und ungeregelten Interaktionsreich der Jugendgruppengangs entscheidet den Konflikt. Gewalt ist insofern ein - wenn auch unsicheres, unerwünschtes und kostenintensives - Äquivalent für die Entscheidbarkeit von Konflikten z.B. durch organisatorische Formalisierung. Sie taucht überall da auf, wo bis dato keine ressourcenschonenden, alternativen Konfliktentscheidungsprozeduren installiert wurden. Die Zurückweisung von Gewalt als anachronistisch liefert deshalb allein noch kein Argument. Das Auftreten von Gewalt ist ein Indiz dafür, daß in den betreffenden Situationen die Notwendigkeit einer Abarbeitung divergierenden Erlebens und Handelns aufgetaucht ist und nach Lösungen verlangt. Wer Gewalt dort nicht zulassen will, muß Alternativen bereitstellen. Daß das nicht einfach ist, wird schon dadurch deutlich, daß man die betreffende Situation, etwa rivalisierende Jugendgangs, überhaupt nicht erreicht, weil man nicht weiß, wann und wo die Situationen stattfinden.[50]

* * *

Während Konflikte in interaktionsnahen Situationen oft in typische Gewaltnähe gelangen, verändert der Konflikt sein Gesicht, wenn man ihn auf die in der modernen Gesellschaft zunehmend eingesetzten Organisationen bezieht. Gerade Organisationen sind in der Lage, die auch in ihnen zahlreich vorkommenden konfliktuösen Variationen auf andere Art und Weise zu verarbeiten. Strukturänderungen können realisiert werden, ohne daß die für Interaktionen typischen

---

49   Baecker (1996) bringt demgegenüber Gewalt als Handlungsform in Verbindung mit „einer Unvermeidbarkeit einer Attribution auf Handlung (sogar: auf Handeln im Sinne von Schütz)" (101). Dagegen wäre aber zu fragen, wie anders als durch den verstehenden kommunikativen Anschluß eine Handlung als Gewalthandlung konstituiert werden sollte. M.E. läßt sich die von Baecker zu Recht herausgestellte Unvermeidbarkeit der Zurechnung mit der Austrocknung des informativen Was-Aspektes der Kommunikation und der korrelierenden Herausstellung des mitteilenden Wie-Aspektes ausreichend beschreiben. Ein Rekurs auf den Begriff des „Handelns" im Sinne von Schütz ist nicht notwendig und zudem inkompatibel mit dem Handlungsbegriff der Systemtheorie, der auf den operativen Zurechnungscharakter sozial erzeugter Handlungen abstellt. Vgl. ausführlich Schneider 1994.

50   Vgl. zu 'Streetwork' als Versuch, solche Situationen zu erreichen, sowie insgesamt die Problematik informeller Jugendgruppen ausführlich unten, IV.2

Begleiterscheinungen von Strukturänderungen im Regelfall erscheinen. Wenn die Computerisierung einer Organisation beschlossen wird, so mag das durchaus zu zahlreichen „Neins", Beschwerden, Ablehnungen, Unmutsäußerungen, vielleicht auch Kündigungen und sogar Schlichtungsgesprächen sowie Verhandlungen - z.B. zwischen Unternehmensleitung und Betriebsrat - führen. Keinesfalls ist jedoch die Balkanisierung der gesamten Organisation in dem Sinne denkbar, daß das Konfliktthema die gesamte Kommunikation besetzt, so daß dauerhaft nicht mehr gearbeitet wird. Während die einfache Interaktion relativ schnell vom Konflikt vollkommen in Anspruch genommen wird und sich vielleicht sogar auflöst, weil z.B. die Gruppeninteraktion als Konflikt nicht erwünscht wird, wenden sich Konflikte in Organisationen (z.b. Streiks) selten gegen die Existenz der Organisation als solcher, ja sie werden nur als Konflikte *in* der Organisation verständlich. Der allgemeine formale Rahmen, der die organisatorische Entscheidbarkeit von Konflikten einschließt, wird durch Konflikte in Organisationen nicht gesprengt. Während die Situationsdefinition in der einfachen Konfliktinteraktion gegebenenfalls vollständig auf *personale* Gesichtspunkte umgestellt werden kann, bleiben bei organisationsinternen Konflikten *sachliche* Erwartungsstrukturen intakt, solange die Organisation kontinuiert. Der Gruppenleiter bleibt Gruppenleiter, der Vorstand bleibt Vorstand, selbst der Betriebsrat verbleibt im Konfliktfall in einer formal-sachlich definierten Rolle. Formale Entscheidungswege werden nicht außer Kraft gesetzt, so daß der Konflikt strukturierbar und handhabbar bleibt. Situationen, in denen Gewalthandeln als letztes Konfliktlösungsmuster benutzt werden müssen, entstehen *in* formalen Organisationen deshalb eher selten. Vor diesem Hintergrund könnte man sogar behaupten, daß gerade das formale organisatorische Klima zum „Ausprobieren" von Konflikten befähigt. Gerade in Organisationen kann der Konflikt gewagt werden, weil konfliktuöse Ablehnungen in erwartbare Entscheidungssettings eingelassen bleiben - was immer der Konflikt im einzelnen hervorbringt.[51]

Die Überlegungen zum Zusammenhang von Konflikt und Änderung von Strukturen können dahingehend zusammengefaßt werden, daß die Verbindung

---

[51]　　　Geht man davon aus, daß das Nadelöhr jeder Strukturänderung in seinem potentiell destruktiven Konfliktpotential liegt, so wird deutlich, daß die soziokulturelle Evolution diesen Engpaß durch Mechanismen weitet, die die Erneuerung und Anpassung von überkommenen Erwartungen an der Konflikthürde vorbeitragen. Hierzu sind insbesondere Organisationen fähig. Anders als Max Weber angenommen hat, ermöglichen gerade Organisationen Innovationen. Sie können trotz der riskanten Negation von Bewährtem Neues ausprobieren. Das gelingt, weil organisierte Systeme Mitgliederverhalten durch eine besondere Mischung aus Konfliktermöglichung und Konfliktrepression regulieren. Variationen soziokultureller Art, die als Ablehnung von bewährten Erwartungen, also in Konfliktform, präsentiert werden müssen, werden in Organisationen so aufbereitet, daß der Eindruck einer glatten, friktionsfreien Strukturänderung ohne konfliktuöse Elemente entstehen mag - ich komme im Kapitel über die Evolution des Konfliktes ausführlich auf die damit aufgeworfenen Fragen zurück.

des negationsbasierten Konfliktbegriffes mit der Unterscheidung von Interaktion und Organisation eine Antwort auf die Frage nach dem Zusammenhang von Konflikt und Strukturänderung liefert. Der soziale Konflikt ist, wie oft vermutet, durchaus eng mit der Änderung von Erwartungsstrukturen verschwistert. Er liefert das Rohmaterial evolutionärer Veränderungen, das von Selektionsvorgängen weiterverarbeitet wird. Der Konflikt ist jedoch nicht die Strukturänderung selbst, sondern bereitet ihr lediglich den Weg. Konflikte sind eine notwendige, aber keine hinreichende Bedingung für die Änderung von Erwartungen. Nicht jeder Konflikt produziert geänderte Strukturen. Umgekehrt scheinen oft wichtige Strukturänderungen ganz ohne Konfliktkommunikation abzulaufen.

Diese Beobachtung wird vor dem Hintergrund einer *fortschreitenden Differenzierung unterschiedlicher Arten von Konflikthandeln* verständlich: Geht man vom alltäglichen Konfliktverständnis aus, so denkt man an Auseinandersetzungen, Widerstreit, hitzige Debatten und möglicherweise sogar Gewalt. Dieses Verständnis von sozialen Konflikten ist nur für interaktionsnahe, nicht organisatorisch überformte und insofern 'ungeregelte' Situationen adäquat. In ihnen führen Handlungsverneinungen oft zu interaktionsnahen Problemen. Bezieht man den allgemein gehaltenen Konfliktbegriff jedoch auf Organisationen, so verändert die Konflikthandlung ihr Gesicht. Wenn Organisationen ihre Programme ändern, rechnet man trotz Strukturänderung nicht unbedingt auf einen Konflikt zu. Oft werden wahrscheinlich sogar Strukturen geändert, ohne daß größerer Aufruhr entsteht. Jedoch täuscht diese Beobachtung. Jede Änderung von Strukturen bedarf konfliktuöser Ablehnungshandlungen, auch in Organisationen. *Wenn* sich der Eindruck einstellt, Erwartungsänderungen würden auch ohne die Zuschaltung von Konflikten realisiert, so liegt das an der besonderen Kommunikationsstruktur von Organisationen sowie ihrer zunehmenden Bedeutung in der modernen Gesellschaft.

Inwiefern und inwieweit organisationsinterne Konflikte tatsächlich durch das Zusammenspiel von Formalität und Informalität „abgearbeitet" werden können, welche Möglichkeiten welcher Art von Organisationstyp im einzelnen dafür bereitstellt und inwieweit Organisationen durch ihre besondere Handhabung von konfliktuösen 'Neins' ihre nicht-organisierte, interaktive Umwelt belasten, werde ich ausführlich in den Kapiteln III.3 und IV untersuchen. Dabei werde ich noch weiter ausarbeiten, inwiefern die *Differenz von Interaktion und Organisation* im Zentrum meiner weiteren Überlegungen zur Konfliktsoziologie der modernen Gesellschaft steht.

III. Evolution des Konfliktes

Im vorhergehenden Abschnitt habe ich das Verhältnis des Konfliktes zur Änderung von Strukturen in evolutionstheoretischen Termini interpretiert. Es ist nicht unwichtig zu betonen, daß mit der Einführung von ablehnungsbasierten Konflikthandlungen nicht durch die Hintertür der Evolutionstheorie die Auffassung einer Geschichte als der Geschichte von Klassenkämpfen, Klassenkonflikten oder die Herr-Knecht-Dialektik im Kampf um Anerkennung wiedereingeführt wird. Die ins Visier genommenen Konflikte sind weder ein Motor der Geschichte noch für bestimmte gesellschaftliche, etwa wirtschaftliche Kommunikationssphären, reserviert. Der Konflikt ist ein massenhaft auftretendes soziales Phänomen, das noch die entferntesten gesellschaftlichen Verästelungen erreicht. Konflikte tauchen heute in sämtlichen gesellschaftlichen Bereichen auf. Sowohl in der Staatsorganisation, in der Verwaltung, an den Universitäten, in Wirtschaftsunternehmen als auch in Kirchen, Schulen, Familien und in der interaktionsnahen Alltagspraxis muß man sich darauf einstellen, daß Widersprüche kommunikabel sind und vollzogen werden. Sie verteilen sich breit über die moderne Gesellschaft, und diese scheint darunter zu leiden, daß sich jede ihrer Handlungen der Negierfähigkeit aussetzt. Es gibt keinen Ort mehr, an dem nicht-negierbare Sicherheiten aufbewahrt sind. Wenn man die moderne Gesellschaft mittels eines prägnanten *labels* beschreiben möchte, so hat es deshalb einige Plausibilität, auf den alles unter sich begrabenden und auslöschenden Vormarsch der konfliktuösen Handlungsablehnung hinzuweisen. So hebt Julien Freund gegenüber anderen Versuchen einer schlagwortartigen Charakterisierung der Moderne hervor, daß „on pourrait tout aussi bien qualifier la société moderne de *société conflictuelle*...Elle a cependant l'avantage d'être plus générale et plus englobante, car elle ne privilégie pas un secteur, celui de l'industrie, de la bureaucratie ou de la technique, *mais elle couvre l'ensemble des activités humaines et sociales*..." (Freund 1983: 5f, eig. Herv.) Ablehnende Konfliktkommunikation kann überall auftauchen. Versuche, unbezweifelbare und (letzt)gewisse Kommunikationsinhalte anzubieten, treffen erfahrungsgemäß auf besonders heftigen Widerspruch.[52]

---

[52] So z.B. die von Jürgen Habermas hervorgehobene immanente Verständigungsorientierung der Sprache, die ein notwendiges Implikat kommunikativen Handelns sein soll. Die illokutionären Bindungskräfte von Sprechakten, so Habermas, seien nicht etwas, das zum Gegenstand einer Entscheidung über Annahme oder Ablehnung gemacht werden können. Jeder, auch der Kritiker, erhebe Geltungsansprüche und sehe sich notwendig gezwungen, zu Geltungsansprüchen anderer Teilnehmer Stellung zu beziehen. Wer das bezweifele, verwickele sich notwendig in den gefürchteten performativen Widerspruch (vgl. Habermas 1984). Eine konflikt*soziologische* Beobachtung dieser Debatte lehrt, daß selbst das, was für Philosophen nicht negierfähig erscheint, in der gesellschaftlichen und wissenschaftlichen Praxis trotzdem dem Widerspruch ausgeliefert wird. Durch Negation gespeiste Konflikte kann man auch formalpragmatisch offenbar nicht aus der Gesellschaft ausschließen.

Die Perzeption einer universalen Negierbarkeit von Sachverhalten ist selbst alles andere als eine Selbstverständlichkeit. Es kann kein Zweifel daran bestehen, daß die moderne Ausweitung der Verneinbarkeit von Kommunikationsinhalten eine spezifische, historisch kontingente Erscheinung darstellt, die selbst in vergleichenden Studien sozio-kultureller Evolution begriffen werden muß. Die konfliktuöse Ablehnung von Sinnofferten ist keine Handlungsmöglichkeit, die zu jeder Zeit in gleichem Sinne und Umfang möglich gewesen ist und möglich sein wird. Deshalb soll zunächst vermutet werden, daß soziale Konflikte nach Art, Umfang und Anzahl je nach gesellschaftlichem Setting extrem divergieren.

Die Hypothese eines Zusammenhangs von modernen sozialen Konflikten mit typisch modernen gesellschaftlichen Handlungsbedingungen führt unmittelbar zum Thema dieses Abschnittes. Geht man davon aus, daß gesellschaftliche Zusammenhänge sozio-kulturellen Wandlungsprozessen unterliegen, so werden auch soziale Konflikte hiervon nicht ausgenommen sein. Im folgenden werden einige Grundzüge dieses historischen Wandlungsprozesses dargestellt. Dabei werde ich von einfachen, in Segmente zerlegbaren Gesellschaften ausgehen (1), dann Hochkulturen mit ihrer typischen Oben-unten-Stratifizierung untersuchen (2), um daran anschließend die moderne Gesellschaft auf ihre Konflikthaftigkeit „abzuklopfen" (3). Es ist bereits angedeutet worden, daß die moderne Gesellschaft von einer ausgesprochenen Konflikthäufigkeit gekennzeichnet ist. Deshalb ist die Vorwegnahme des Ergebnisses einer im Laufe der sozio-kulturellen Evolution stark ansteigenden Konflikthaftigkeit sozialer Zusammenhänge an dieser Stelle keine Überraschung. Wenn im folgenden die *Evolution des Konfliktes* untersucht wird, dann geht es nicht allein um die Darstellung einer zunehmenden Konfliktfrequenz und eines wachsenden Negationspotentials im Laufe der sozio-kulturellen Evolution. Nicht allein die Frage danach, wie oft unterschiedliche Gesellschaften Konflikte zugelassen haben und zulassen, ist hier von Interesse. Vielmehr ist zu untersuchen, auf welche Art und Weise verschiedene Gesellschaften sich mit Konflikten arrangiert haben. Wenn Konflikte ohnehin auftreten: Wie geht man mit ihnen um?

Die Untersuchung einer Evolution des Konfliktes hat demgemäß nicht allein historischen Wert. Vielmehr läßt der Vergleich von modernen Konflikten mit Kampf, Streit und Disharmonie in archaischen oder stratifizierten Gesellschaften moderne Konfliktbedingungen und -verhältnisse erst *in ihrer Eigenart deutlich hervortreten*. Die auf bestimmten gesellschaftstheoretischen Annahmen basierende Untersuchung der Evolution des Konfliktes zielt auf die Herausarbeitung von Vergleichbarkeit, auf ein *tertium comparationis conflictionis*, das den Vergleich und damit die fruchtbare Erfassung des modernen Konfliktes erst ermöglicht.

III.1 Archaische Gesellschaft

Segmentär differenzierte Gesellschaften stellen nicht unbedingt die ursprüngliche Form menschlichen Zusammenlebens dar. Vielmehr ist hervorzuheben, daß die in ihnen zu beobachtende Gliederung der Gesellschaft in prinzipiell gleichartige Teilsysteme bereits eine evolutionäre Errungenschaft bereithält, nämlich „den durchgesetzten Primat einer bestimmten Form der Systemdifferenzierung" (Luhmann 1992: 313). Eine primär segmentäre Differenzierungsform einer Gesellschaft liegt dann vor, wenn in welcher Form auch immer gebildete *Familien* den grundlegenden Bestandteil von Gesellschaft abgeben. *Stämme* bilden sich durch Anwendung des segmentären Differenzierungsprozesses auf sich selbst, indem Segmente zu neuen Segmenten aggregiert werden. Stämme und Stammesverbände können dabei durchaus bis in sechsstellige Populationen wachsen. Dabei ist jedoch zu beachten, daß auch bei solchen Größenordnungen die kleinsten Einheiten, die familialen Segmente, für die Erfüllung sämtlicher Normalerfordernisse des täglichen Lebens zuständig sind. Das Handeln bleibt auch bei größeren Zusammenschlüssen, die lokale und kommunikativ erreichbare Relationen überschreiten, an der Gemeinsamkeit und Präsenz der sozialen Gruppe orientiert. Primäres Kriterium für die Zugehörigkeit zu einem gesellschaftlichen Segment ist demgemäß die *Anwesenheit* von Personen (vgl. Luhmann 1975c). Der primäre Reproduktionsmechanismus einer segmentären Gesellschaft ist die *interaktive* Handlung unter Anwesenden. Das Zusammenfallen von kommunikativer Erreichbarkeit mit den begrenzten Lokalitäten eines Stammes bedeutet den unteren Grenzfall des dörflichen Aktionsradius (vgl. Radcliffe-Brown 1930; 1931).

Gegenüber der klaren räumlichen Limitation interaktiver Sozialität nimmt die Handlungsdichte auf der Ebene größerer Zusammenschlüsse ab. Größere Einheiten treten gegenüber den primären Familien, Stämmen und Dörfern nur gelegentlich, insbesondere bei Konflikten auf. Sie dienen dazu, im Konfliktfalle Beistand, Hilfe und Rückhalt zu beschaffen. Angesichts der relativen Seltenheit eines manifesten Auftretens von übergreifenden Institutionen bleiben deshalb Unterstützungserwartungen als Verhalten steuernde Strukturen unspezifisch und starr. Wird Bedarf nach Konfliktsupport artikuliert, so wird er im Normalfall gewährt. Appelle an Gruppensolidarität sorgen dafür, daß Erwartungen erfüllt werden. Die Bindung der Erwartungsnormierung an Unterstützungsaussichten bietet deshalb wenig Anlaß für die Änderungen von Erwartungsstrukturen oder gar einer Evolution des Rechtes (Luhmann 1992: 315f.).

Der Beschränkung von Evolutionsmöglichkeiten nach außen korreliert auf lokaler Ebene die strenge Limitation von arbeitsteiligen Problemlösungen. Handlungen müssen auf gemeinsamer Anwesenheit und Lokalität aufbauen. Verhaltensspielräume und -alternativen können deshalb weitgehend festgelegt und institutionalisiert werden, so daß Kontingenzerfahrungen beschränkt bleiben. Die enge Beziehung zwischen räumlichen und sozialen Strukturen bedingen ein horizontales Nebeneinander von ähnlichen Einheiten mit tendenziell gleicher Perspektive auf die Welt. Die Wirklichkeit stellt sich *idealiter* für jedes Segment als ähnlich, wenn nicht gar symmetrisch und übereinstimmend dar, so daß weder Gründe noch Bedarf für manifeste und umfangreiche Konflikte gegeben zu sein scheinen. Geht man davon aus, daß der Vollzug von Gesellschaft in primitiven Völkern ausschließlich in Interaktionen stattfindet, so hält die Anwesenheit der Personen besondere Bedingungen für die oben eingeführten evolutionären Funktionen bereit. Variation und Selektion sind noch nicht voneinander differenziert. Überraschende, unerwartete Handlungen werden mit hoher Wahrscheinlichkeit zum Aufbau neuer Erwartungen übernommen. Diese Beobachtung drückt sich auch darin aus, daß Erwartungsstrukturen in keiner Weise eine eigenständige Existenz führen, also als normative Anforderungen an den einzelnen erlebt werden. „Die 'Normen' einfacher Gesellschaften sind Regeln praktischen Handelns, die den Handelnden ebensowenig bewußt und geläufig sind wie die Grammatik einer Sprache dem Sprecher: er praktiziert sie, ohne sie benennen zu können." (Giesen 1991: 28f.)

Da unter Bedingungen der Anwesenheit abweichenden Meinungen und überraschenden Kommunikationsvorschlägen kaum ausgewichen werden kann, ist die Wahrscheinlichkeit einer übernehmenden Verarbeitung von Ablehnungshandlungen sehr hoch - „praktisch so hoch, daß es hier keine Evolution geben kann, weil die Selektion nicht unabhängig eingerichtet werden kann, sondern praktisch jeder Variation auf den Leim geht" (Luhmann 246). Wird man unter einfachen gesellschaftlichen Verhältnissen mit einem Nein konfrontiert, so setzt die Ko-Anwesenheit die Personen unter unmittelbar fühlbaren Handlungsdruck. Man wird sich sofort erklären müssen. Die face-to-face Situation verlangt nach sofortiger Reaktion. Schon ein kurzes Zögern kann als Nein zugerechnet werden, wie konversationsanalytische Forschungen heute zeigen. Schneider nennt hierfür folgendes alltägliches Beispiel: „A: 'Kommst Du mit mir zum Essen?' (Pause) A: 'Oder hast Du schon etwas anderes vor? B: Ja, leider. Ich muß...'" (Schneider 1994: 205) Das Nachschieben von Äußerungen verdeutlicht, daß Zögern als Ablehnung von Handlungsinhalten zugerechnet wird und nicht etwa Kommunikationsdefekten (etwa der Annahme, der Adressat habe überhaupt nichts gehört o.ä.).

Interaktive Anwesenheit setzt demgemäß Kommunikation unter Zusatzprämissen. Die Wahrnehmung des anderen Körpers drängt auf eine Präferenz für positive Anschlüsse, für eine Bevorzugung der Annahme gegenüber interaktiver Kommunikationsablehnung. Diese insbesondere von ethnomethodologischen Forschungen herausgearbeitete Präferenzorganisation fungiert dabei nicht als individuell-psychische, sondern als sozial-kommunikative Größe (vgl. Sacks 1987; Heritage, Atkinsons 1984).

Wenn Interaktionskommunikation eine Präferenz für die Annahme von Sinnzumutungen aufweist, so bedeutet das nicht eine *Ent*lastung, sondern *Be*lastung für primitive Gesellschaften. Geht man davon aus, daß die Ablehnung von Kommunikationen Personen als Handlung zugerechnet wird, so wird von der ablehnenden Person eher die Wiederholung des Nein erwartet werden als die nur einmalig-zufällige Zurückweisung einer Kommunikationsofferte. Wer Nein sagt, der bindet sich. Er wird die eingenommene Haltung durchhalten müssen - sonst droht der Verlust der Glaubwürdigkeit. Der Familien-, Dorf- oder Stammeskreis wird deshalb vor der radikalen Alternative stehen, entweder dem vom Nein nahegelegten Kurswechsel zu folgen und Erwartungen anzupassen oder den Konflikt zu wagen und unvereinbare Perspektiven nebeneinander stehen zu lassen, bis durch Konfliktaustrag die symmetrische Weltsicht wiederhergestellt ist. Die letztere von beiden Möglichkeiten hält allerdings prekäre Ungewißheiten für das Segment bereit. Gewalt implizierende Konflikte konsumieren die ohnehin nicht gerade üppig vorhandenen Ressoucen der Gemeinschaft. Die lebensnotwendigen Bedürfnisse verschlingen fast alles, was an Arbeitskraft verfügbar ist. Deshalb dürfte der Konfliktaustrag eher die *ultima ratio* sein als der gängige Weg der Bereinigung von konfliktuösen Situationen.

Darüber hinaus droht die Gewaltnähe des Konfliktes mit hohen Folgekosten. Die Interaktionsnähe archaischer Gesellschaften bedingt ein unmittelbares zum-Zuge-kommen von reaktiven Handlungen. Erscheint ein bestimmtes Handeln als Rechtsbruch, so zeigt sich die Erwartungsenttäuschung im unmittelbaren Ausbruch darauf bezogener Aktivitäten. Zorn bahnt sich direkt seinen Weg und legt gewalttätige Aktionen nahe (vgl. Luhmann 1987: 150). Dabei ist es wichtig zu betonen, daß die tendenzielle Einbringung von physischer Gewalt nicht eine Pathologie einer räumlich eng umschriebenen Gesellschaft ist. Vielmehr muß gewürdigt werden, daß die Vehemenz dieses Mechanismus eine für primitive Gesellschaften adäquate Methode der Erwartungskontrolle bereithält. Es ist noch nicht möglich, die als geltend unterstellten Normen und Erwartungen als solche zu bezeichnen. Die sozialen Strukturen führen noch kein isolierbares oder gar reflektierbares Eigenleben. Archaischen Gesellschaften fehlt typischerweise die Vorstellung eines freischwebenden Normengefüges, das aufgrund seiner ihm eigenen Geltung an sich Durchsetzung verlangt.

Soll normatives Erwarten trotzdem erwartbar sein, so darf nicht offen gelassen werden, für welche Normen Geltung und Konsens unterstellt wird. Da ein semantischer Apparat zur Sicherung von Normrepräsentation noch nicht zur Verfügung steht, liegt eine alternative Problemlösung im Rückgriff auf Gewalt. Gewalt stellt einen Modus der Enttäuschungsabwicklung dar, der eindeutige Ergebnisse hat. Diese Eindeutigkeit ist vonnöten, wenn normatives Erwarten aufrechterhalten werden soll (Luhmann 1987: 107). Werden Erwartungen enttäuscht, so steht gewaltbereite *Selbsthilfe* bereit. Sie zielt nicht primär auf die Beschädigung oder Bewegung von Körpern und auch nicht allein auf die Durchsetzung bestimmter Handlungen mittels physischem Zwang. „Es geht...in der nahezu universell verbreiteten Institution der Blutrache dem Sinne nach weder um eine Bestrafung des Schuldigen (es können Verwandte für ihn getötet werden) noch um die öffentliche Austragung eines Konfliktes in der Form eines Kampfes (die Rache wird oft heimtückisch genommen), noch um die Erzwingung einer Ersatzleistung (die erst zur Ablösung der Blutrache erfunden worden ist), sondern um *eine meist sozial erwartete, fast pflichtmäßige Darstellung des Festhaltens an der verletzten Erwartung.*" (Luhmann 1987: 108) Die gewalttätige Selbsthilfe stellt Erwartungen sicher. Sie impliziert ihre Durchhaltbarkeit angesichts ihnen widersprechender Ereignisse. Gewalt tritt demgemäß eher in expressiver Funktion auf. Sie vermittelt die Kontinuierbarkeit von Erwartungen und dient weniger der Normdurchsetzung in instrumenteller Weise. Gewalt kann dann als Trennindikator zwischen durchhaltbaren und anzupassenden, also normativen und kognitiven Erwartungen fungieren. Sie zeigt an, was geht und was nicht geht, was beibehalten werden kann und was geändert werden muß. Wenn in archaischen settings aufgrund der geringen Abstraktionsfähigkeit sozialer Zusammenhänge die Übertragung von normregulierenden Maßnahmen auf andere, zukünftige Fälle nicht möglich ist und die Zeitdimension als Erwartungsstabilisator ausfällt, dann muß die gewaltsame Gegenwart drastisch einspringen, um Konsensunterstellungen zu fundamentieren. Physische Gewalt ist deshalb ein „passendes" Instrument zur Sicherstellung normativer Erwartungen in primitiven Gesellschaften.

Gleichwohl liegt auf der Hand, daß man sich in der Stützung auf Gewalt als primären normativen Regulierungsmechanismus auf eine prekäre Gratwanderung begibt. Gewalt bleibt problematisch, weil sie hohe Folgekosten produziert. Die negativen Folgen der Blutrache können zwar durch Regulierung gemildert werden, indem das Eintreten von übernatürlichen Sanktionen unterstellt wird oder lediglich beschämende und entehrende, aber gewaltlose Sanktionen an die Stelle der Gewalt plaziert werden. Dadurch wird Gewalt als Regulierungsmittel jedoch nicht überflüssig. Gewalt bleibt der zentrale Modus der Enttäuschungsabwicklung. Insbesondere von spätarchaischen Gesellschaften wird berichtet, daß sie zu stärkerer Gewalttätigkeit neigen (vgl. Sahlins 1958).

Archaische Gesellschaften helfen sich angesichts der Gewaltnähe konfliktuöser Situationen mittels umfangreicher Mittel der *Konfliktrepression* aus den interaktionsbedingten Handlungsengpässen einer auf Kopräsenz und Kolokalität ausgerichteten Welt. Da die Interaktionen einfacher Gesellschaften zu klein sind, um Aufmerksamkeit beanspruchende Konflikte tolerieren zu können, versucht man konfliktuöse „Neins" schon im Ansatz zu verhindern oder, wenn sie auftreten, im Keim zu ersticken.

An erster Stelle sind hier die Verwandtschaftsbeziehungen zu nennen, die in den Beziehungen zwischen unterschiedlichen Dörfern, aber auch innerhalb von Dörfern und Stämmen eine Stabilisierungsfunktion für antizipierte oder bereits stattfindende Konflikte übernehmen. Ein Beispiel hierfür ist der Einschluß von anderen Gemeinschaften in die primären Abstammungsgruppen eines Stammes, in der oft die männlichen Gruppen von angrenzenden Dörfern einen gemeinsamen Vorfahren anerkennen und klassifikatorische Verwandtschaftsbeziehungen zueinander aufnehmen (vgl. LeVine 1961: 10). Dadurch werden die Integrationsmechanismen zwischen den Gemeinschaften erweitert. Da Personen in anderen Dörfern enge Verwandte darstellen, ist der Mord an einem von ihnen mit

Bruder- oder Vatermord gleichzusetzen. Er wird deshalb, so nimmt man an, vom Geist der Vorfahren bestraft, wenn keine Reparation geleistet wird. Rechtskörper der betroffenen Gemeinden tagen unter Umständen gemeinsam, um sicherzustellen, daß für etwaige Gewalttaten ausreichend Kompensation geleistet wird. Verbindungen dieser Art zwischen territorial nahestehenden Gemeinden hemmen Entscheidungen militärischer Art, da Entscheidungsträger die Verwandtschaftsbeziehungen in ihr Kalkül miteinbeziehen müssen. Je weiter die Verwandtschaften in miteinander in Konflikt geratenen Gemeinden verstreut sind, desto größer werden die vom Konfliktaustrag zu erwartenden Sanktions- und Loyalitätsprobleme sein. „Now if the vengeance group is scattered it may mean, especially in smaller districts, that the demand for community solidarity requires that a man mobilize with the enemies of his agnates. And in the opposite situations such an emigrant member of the group which has killed may be living among the avengers, and be liable to have vengeance executed upon him. I suggest...that his exposure to killing exerts some pressure on his kin to compromise the affair..." (Gluckmann 1963: 11f.) Die offene Attacke auf ein anderes Dorf konfrontiert die Krieger mit der Tatsache, daß sie mit Männern ihrer eigenen Verwandtschaftslinien in bewaffneten Konflikt treten können. Die dann zu erwartenden, auch rituellen Sanktionen erschweren die Entscheidung für die militärische Auseinandersetzung.

Vor diesem Hintergrund erscheint Asen Balikcis Beobachtung plausibel, daß einige Dörfer auf dem Balkan in expansiver Art künstliche Verwandtschaften unterschiedlicher Sorte gleichsam erfinden und zusätzlich religiös sanktionieren (vgl. Balikci 1965: 1467). Verbindungen werden schon bei Geburt, in der Stillzeit, bei der Hochzeit, Krankheit, Krisen und vor dem Tod etabliert, so daß jede wichtige Phase in einem Lebenszyklus durch die Ausweitung der Verwandtengruppe begleitet wird. Gleichzeitig impliziert der Aufweis eines großen Verwandtenkreises soziale Anerkennung, da nur 'friedliche' Mitglieder mit der ständigen Ausweitung des Familienkreises bedacht werden.

Verwandtschaftsbeziehungen bedeuten Sicherheit insbesondere außerhalb des eigenen, vertrauten Stammesgebietes und ermöglichen differentiellen Umgang mit Fremden, die sich einer Sippe annähern. So berichtet John Layard von Stämmen in Zentralaustralien, in denen ein sich nähernder Fremder angehalten wird (vgl. Layard 1968: 64). Ein alter Mann, der in Verwandtschaftsfragen gut Bescheid weiß, wird geholt, um den Fremden auszufragen. Kann eine Verwandtschaft, wie fern auch immer, festgestellt werden, wird man dem Fremden den Zutritt nicht verwehren. Im anderen Fall bleibt der andere ein Fremder, der nicht zur Familie des Stammes gehört und deshalb getötet werden kann oder muß. Die Verwandtschaftsbeziehung garantiert soziale Bestimmbarkeit. Sie macht aggressive Bewältigung von Unbekanntem überflüssig, sofern eine Verbindung auffindbar ist.

Während Konfliktrepression qua Verwandtschaft insbesondere für interkommunitäre Problemlagen geeignet erscheint, liefern die sogenannten „joking

relationships" ein gutes Beispiel für dorf- und stammes*interne* Konfliktkontroll-
mechanismen. Sie erlauben eine ritualhaft kontrollierte Ausagierung von konfliktuösen Situationen, ohne in Gewalt umzuschlagen (vgl. Radcliffe-Brown 1940;
1949). So entsteht bei einer Heirat die Notwendigkeit, die Beziehungen der Frau
zu ihrer Familie zu modifizieren und gleichzeitig eine enge Beziehung zwischen
den Ehepartnern zu etablieren. Ebenfalls wird der Mann in eine delikate Beziehung zur Familie seiner Frau gesetzt, in der er ein Vertrauter qua Heirat wird,
gleichwohl ein Außenstehender bleibt. Ein Weg der Vermeidung von Konflikten
zwischen angeheiratetem Mann und der Herkunftsfamilie der Frau besteht in der
vollkommenen Vermeidung von Kontakten, zumindest jedoch der Wahrung einer
respektvollen Distanz zur Stabilisierung einer fragilen Beziehung. Die Distanz-
wahrung wird dabei nicht als Animosität zugerechnet, sondern als unmittelbare
Konsequenz des prekären Verwandtschaftsverhältnisses.[53] Eine Alternative zur
problematischen Meidung von Personen besteht in den „joking relationships", in
denen sich der eingeheiratete Mann und etwa gleichaltrige Mitglieder der Herkunftsfamilie seiner Frau wiederholt gegenseitig 'hochnehmen', übereinander
scherzen und sich gegenseitig in Verlegenheit zu bringen versuchen. „Joking
relationships" ermöglichen in institutionalisiert-gewaltloser, spieleartiger Form
die Austragung von Familienspannungen und können darüber hinaus, wie Balikci
beobachtet, auf ganze Dörfer ausgedehnt werden (Balikci 1965: 1467). Hierzu
wird an einem regelmäßigen Termin einmal im Jahr in dem von Balikci beobach-
teten Dorf eine verkleidete Tanzgruppe gebildet, die von Haus zu Haus zieht und
Lieder über die Streitigkeiten verschiedener Familien singt. Angereichert mit
sexuellen und teils obszönen Anspielungen entsteht so eine Atmosphäre dörflicher
Vergemeinschaftung, in der alle Mitglieder die Gruppe begleiten und zum öffentlichen Lachen über die kleinen Streitereien aufgefordert sind. Konflikte werden in
die Öffentlichkeit exportiert und der Lächerlichkeit preisgegeben, um sich in Luft
aufzulösen und dem ganzen Dorf eine kathartische Wirkung zu verleihen. Und
auch hier sind rituelle und institutionelle Vorkehrungen getroffen, die den Ausbruch von Gewalttätigkeit verhindern. „Joking Relationships" betten den Mechanismus der Konfliktbewältigung in soziale Praktiken ein, spezifizieren ihn also
noch nicht sachlich und verleihen ihm gerade dadurch eine besondere Effizienz
und Stabilität. Die Verbindung von Konfliktbereinigung mit Festlichkeiten u.ä.
stellt demgemäß eine Art von stabilem Experimentieren dar, in dem Konfliktlösungen ausprobiert werden. Da die stets drohende Gewaltnähe archaischer Konflikte die soziale Verträglichkeit und Zulassung von Auseinandersetzungen limitiert, liegt in ihrer Einbettung in ritualhafte Praktiken ein besonders sinnvoller
Modus der Ausweitung streng limitierter Konfliktspielräume.

---

[53]   Radcliffe-Brown gibt hierfür folgendes Beispiel: „I once asked an Australian
        native why he had to avoid his mother-in-law, and his reply was, 'Because she is
        my best friend in the world; she has given me my wife.'" (Radcliffe-Brown 1940:
        198).

Greifen „joking relationships" gewissermaßen präventiv auf antizipierte Konflikte zu, so müssen beim Auftreten von manifesten Konflikten mit hoher Gewaltwahrscheinlichkeit andere Mechanismen, insbesondere der Schlichtung, im Grenzfall auch der Konfliktexternalisierung qua Emigration aktualisiert werden. Archaische Dörfer kennen für solche schwierigen Fälle die Institution des Ältestenrates, der seinen Empfehlungen nicht nur durch Anrufung von neutralen Dritten, sondern auch durch religiöse und rituelle Praktiken Gehör verschafft und Konflikte zum Stillstand zu bringen vermag.

Die in solchen Schlichtungsverfahren begründete evolutionäre Innovation kann kaum hoch genug eingeschätzt werden. Die Interaktionsnähe archaischer Gesellschaften bedingt ein unmittelbares zum-Zuge-kommen von reaktiven Handlungen. Erscheint ein bestimmtes Handeln als Rechtsbruch, so zeigt sich die Erwartungsenttäuschung im unmittelbaren Ausbruch darauf bezogener Aktivitäten. Zorn bahnt sich direkt seinen Weg und legt gewalttätige Vergeltung nahe. Erwartungsenttäuschung und Enttäuschungsabwicklung liegen unmittelbar beieinander. Dadurch wird die Möglichkeit einer Regulierung konfliktuösen Verhaltens streng limitiert. Verstöße gegen unterstellten Konsens können so kaum spezifisch behandelt werden. Die Drastik der Sanktionen blockiert die Entwicklung von detaillierten Vorschriften zur Regulierung unterschiedlicher Normbrüche. Der Katalog von Enttäuschungsabwicklungsmöglichkeiten bleibt dünn. Ein Ausweg aus dieser Sackgasse besteht in der Zulassung einer Tat-Vergeltungs-Zeitdifferenz (Luhmann 1987: 158). Die unmittelbare Vergeltung wird verzögert, Gewaltakte werden aufgeschoben oder vermieden. Soziale Praktiken werden zwischengeschaltet, die Überlegung, Einflußnahme, Optionenabwägung (z.B. Emigration), in beschränktem Umfang auch Argumentation und öffentliche Darstellung des Streitfalles ermöglichen. In diese Zeitspanne kann die Entwicklung von Schlichtungsverfahren und von auf sie bezogenen spezialisierten Interaktionen einrasten. Der primäre Vorteil von Ältestenräten und ähnlichen Institutionen liegt in der Gewinnung von Zeit. Die Schlichtungskommission braucht noch nicht notwendig mit der Kompetenz verbindlicher Normsetzung ausgestattet zu sein, denn andere, funktional äquivalente Modi der Konstantenbildung, etwa Rituale, können zur Stabilisierung einspringen. Peristiany berichtet in diesem Zusammenhang von Fällen, in denen dem schlichtenden Rat die Annahme eines entworfenen Kompromisses für eine der Parteien problematisch erscheint. Man hat eine Kompromißlinie entworfen, zögert aber, den Vorschlag als verbindlich vorzulegen. Der Ältestenrat als spezialisierte Interaktion vermag zwar Schlichtungsvorschläge zu entwerfen. Es fehlt jedoch typisch die Annahme einer Verbindlichkeit qua Entscheidung, wie sie später für Gerichtsverfahren selbstverständlich sein wird (vgl. Peristiany 1968: 54ff.).

Der Ausweg besteht hier darin, einen göttlichen Rat einzuholen. Hierzu beschaut ein Spezialist den Inhalt der Eingeweide eines getöteten Tieres. Sind sie voller grünem Gras - und dies dürfte, so Peristiany, der Normalfall sein -, dann wird der Vorgang als Zeichen eines göttlich sanktionierten Kompromißspruches interpretiert, der Empfehlung des Ältestenrates also Verbindlichkeit verliehen. Ihre Übertretung zöge automatisch Sanktionen nach sich. Peristianys Beispiel erscheint zunächst in der Tat ein für primitive Gesellschaften charakteristisches Verfahren bereitzuhalten. Eine schlichte Beobachtung der Natur wird zu einem göttlichen Zeichen umfirmiert, um konfliktuöse Situationen aus dem Stammeskreis herauszuexportieren und Konflikthandeln zu bannen. Bei genauerer Untersuchung zeigt sich jedoch, daß voraussetzungsvolle Bedingungen im Spiel sind, wenn Konflikte durch Mechanismen wie die Anrufung eines Ältestenrates sowie einer Eingeweideschau Verwendung finden. Einerseits erreicht das damit angewandte Mittel der Konfliktrepression den Status eines *Verfahrens*, das sich auf *spezialisierte Interaktionen* stützt und damit eine wichtige Vorstufe für die Evolution verbindlicher Rechtsnormen einbringt. Werden Verfahren etabliert, so genügt es, wenn einige wenige, meistens die durch Divinationspraktiken ohnehin selegierten Ältesten, die Geltung und Verbindlichkeit eines Sachverhaltes für alle ansehen und kundtun. Verhaltensrelevante Sachverhalte können darüber hinaus, wenn ihre Ausformulierung an ein spezialisiertes Organ delegiert wird, höheren Spezifikationen und damit größeren Entscheidungsspielräumen unterworfen werden (vgl. Luhmann 1993: 261).

Andererseits liefert das Eingeweidebeispiel ein Indiz für die Beantwortung der Frage nach der *Regelhaftigkeit von Verhaltensreglementierungen* in archaischen Gesellschaften. Es liegt auf der Hand, daß die Formulierung von festen Normen und Verhaltensregeln in archaischen Gesellschaften kaum möglich ist. Schrift ist noch nicht verfügbar. Konfliktsituationen erscheinen als zu unvergleichbar, als daß die Anrufung von Ausgleichsinstitutionen den Charakter einer regelgeleiteten, rechtlich normierten Auseinandersetzung annehmen könnte. „This multiplicity makes it difficult to state norms precisely, but sometimes it may even make it impossible, since the assortment of contingencies can vary so much from one case to another." (Moore 1969: 376) Es erscheint kaum einsehbar, daß Schlichtungsinstitutionen wie etwa ein Ältestenrat anders als *ad hoc* und *ad hominem* entscheiden könnten. Deshalb entsteht heute bei der Betrachtung primitiver Gesellschaften der Eindruck, die Streitschlichtung und Verhaltensregulierung sei überhaupt nicht regelgeleitet gewesen. Es sieht so aus, als hätten archaische Gesellschaften überhaupt nicht über Recht und Rechtsnormen verfügen können. Konflikte müssen fallweise gelöst und entschärft werden. Die Schlichtungsinstitutionen stützen sich dabei auf die weitgehende Elastizität situationsspezifischer Entscheidungskompetenz.

Bezieht man diese Überlegungen auf Peristianys Eingeweidebeispiel, so mag es heutigen Betrachtern als Willkür erscheinen, einem problematischen Kompromißvorschlag einer Schlichtungskommission durch (ohnehin eindeutige) Eingeweidebeschau Verbindlichkeit und religiöse Sanktionierung zu verleihen. In der Evolution regelhaft-normierter Verhaltensregulierungen bedeutet die Eingeweide-Praxis jedoch die *Unterwerfung unter eine Regel*, die im strittigen Fall gilt und auch im nächsten Schlichtungsfall wieder Geltung verlangen kann. Sowohl der Ältestenrat als auch zukünftige Konfliktparteien werden auf der Einhaltung der Regel, sofern ihre Anwendung notwendig werden sollte, bestehen können. Auch in zukünftigen Streitfällen wird man sich dem Ergebnis der Eingeweideschau unterwerfen müssen. Die Ritualisierung der Konfliktbereinigung bedingt eine Formalisierung der Schlichtungsprozedur, die vom Einzelfall absieht, also eine Abstraktionsleistung erbringt. Die ritualhafte Anrufung einer externen Instanz (wie z.B. der grüne Magen eines Tieres) begünstigt die Konstantenbildung. Sie schafft Situationsunabhängigkeit und Tradierbarkeit. Die Formen der Konfliktaustragung werden der unmittelbaren, gewaltnahen Konfliktsituation entzogen und in weniger kostenreiche Modi kanalisiert.

Darüber hinaus liegt der Vorteil der Eingeweidebeschau weniger in der Gewinnung einer dritten, neutralen Schlichtungsstelle als in der operativen Erkenntnis, daß die Umdirigierung der Aufmerksamkeit auf eine dritte Stelle *überhaupt* einen sinnvollen Modus der Konfliktbewältigung darstellt. Geht man davon aus, daß der bis dahin übliche Weg der Enttäuschungsabwicklung im unverzüglichen physischen Aufeinanderprallen der Kontrahenten liegt, so erscheint es dem Erleben primitiver Art als zunächst höchst unplausibel, den Konfliktimpetus nicht nur aufzuschieben, sondern in eine dritte Richtung umzulenken. Die Anrufung des Dritten, der sich seinerseits durch Hinzurufung weiterer Einheiten (der grüne Rindermagen, aber möglicherweise auch ein extern zu besetzender Rat) rückversichern kann, ist demgemäß eine höchst unwahrscheinliche, wenn jedoch einmal etabliert erfolgreiche Art der Konfliktkanalisation.

So gering der Abstraktionsgrad des von Peristiany geschilderten, regelhaften Verfahrens auch erscheinen mag, so wichtig ist zu betonen, daß es die vollkommene Elastizität von ad hoc- und ad hominem-Entscheidungen bereits in Richtung einer abstrakteren Formulierung von rechtsspezifischen Entscheidungsregeln verlassen hat, ohne jedoch mit dem strukturellen setting segmentärer Gesellschaften zu brechen. Um sich von der Anpassung an vorübergehende, konfliktuöse Lagen zu lösen und auf ad hoc-Argumentation ganz zu verzichten, ja sie entschieden zu unterdrücken, bedarf es jedoch weiterer sozio-kultureller Innovationen: der Entwicklung von Schrift und Schriftbeherrschung sowie der stärkeren Ausdifferenzierung von herausgehobenen Rollen, Familien und Schichten, kurzum: des Übergangs zu stratifizierten Gesellschaften.

III.2 Stratifizierte Gesellschaft

Die Konfliktlösungsmechanismen segmentärer Gesellschaften weisen charakteristische Limitationen auf. Primitive Gesellschaften verfügen noch nicht über die Möglichkeit, Konflikte zuzulassen und sie gleichzeitig so unter Zusatzbedingungen zu stellen, daß ihr destruktives Potential in unproblematische Bahnen kanalisiert werden kann. Konflikte in archaischen Gesellschaften verbleiben, wie gesehen, in typischer Gewaltnähe und müssen deshalb massiven Repressionsmaßnahmen unterworfen werden.

Der Notwendigkeit einer weitgehenden Konfliktrepression entspricht die Stabilisierung segmentärer Gesellschaften auf einem Niveau geringer Beweglichkeit. Ihre Stabilität ruht auf einem Mangel an Alternativen. Dementsprechend eröffnen sich geringere Problemhorizonte. „Vereinfachend kann man sagen, daß segmentär differenzierte Gesellschaften eine relativ geringe Toleranzbreite für Selektionsdruck haben. Sie sind durch ihre einfache Differenzierungsform in ihren Möglichkeiten stark limitiert, denn sie sind - idealtypisch gesprochen - darauf angewiesen, daß (fast) alle Gesellschaftsmitglieder (fast) das Gleiche tun oder daß zumindest die gesamte Gesellschaft in reziproker Transparenz präsent ist." (Nassehi 1993: 277) Die daraus folgenden Limitierungen für die Möglichkeit von Konflikten in archaischen Gesellschaften lassen sich in allen drei Dimensionen der Sinnverarbeitung nachvollziehen. Da Gesellschaft ausschließlich interaktiv unter Bedingungen von Kopräsenz und Kolokalität vollzogen werden muß, bleibt der Spielraum für das Auftreten von Konflikten und ihrer Bereinigung in der *Sachdimension* stark beschränkt. Die Anwesenheit sämtlicher Personen bedingt die Notwendigkeit gering zu haltender Erwartungsenttäuschungen. Gelingt die Kontinuierung der gemeinsamen Weltperspektive nicht, so droht der Ressourcen konsumierende Konflikt in seiner typischen Gewaltnähe. In der *Zeitdimension* ist das Potential zur Verarbeitung von Konflikten auf eine Gegenwart beschränkt, die vergangene Ereignisse schnell in einem undurchschaubaren, kaum erinnerbaren Nebel versinken läßt. Konflikte bleiben Ereignisse, die gegenwärtig wahrgenommen und bewältigt werden müssen. Sie können kaum durch Rekurs auf vergangene Konflikte reguliert werden. Man lernt kaum aus den Konflikten früherer Zeit. Auch Konfliktregelbildungen stellen eher einen Sonderfall von Konfliktrepression als seiner Zulassung und Regulierung dar.

In der *Sozialdimension* limitiert die Dominanz der Segmente das Auftreten von Konflikten. Die Sippe ist selbst Träger von Selbsthilfemaßnahmen. Deshalb macht die sich in Ansätzen entwickelnde Entfaltung von Konfliktregulierungen vor der Schwelle des Hauses halt. Die konfliktunterdrückende Tendenz von Verwandtschaft geht sogar soweit, daß Mord innerhalb der Sippschaft nicht selten ungesühnt bleibt. Man nimmt an, daß der Täter sich durch den Mord an einem Verwandten selbst ausreichend gestraft habe (vgl. Schapera 1955).

Die strenge Limitation der Verarbeitung in Sach-, Sozial- und Zeitdimension liegt letztlich in der Vorgabe der Segmentierung begründet. Eine Lockerung von Möglichkeitsbeschränkungen *innerhalb* dieser Vorgaben schafft die unterschiedliche Verteilung von gesellschaftlichen Aufgaben, die sich in der *Ausdifferenzierung von sozialen Rollen* ausdrückt. Segmentäre Gesellschaften nutzen diese Möglichkeit im Rahmen ihrer Vorgabe, horizontale Segmentanordnung zu bewahren. Dabei kann die Spezialisierung von Rollen mit überlieferten Rollendifferenzen kombiniert und in diese eingebettet werden, um die hervortretenden Differenzen abzufedern, wie etwa das Beispiel eines Ältestenrates als Schiedskommission illustriert. Solche Differenzierungen optimieren gewissermaßen das im Rahmen von Segmentation Mögliche, indem sie es mit Möglichkeitsspielräume erweiternden Differenzen anreichern.

Ein entscheidender Durchbruch gelingt erst, wenn gesellschaftliche Differenzierung in *vertikaler* Richtung aufgetürmt wird. Mit dem Übergang zu hochkulturellen Adelsgesellschaften wird sämtlicher gesellschaftlicher Kommunikation eine Oben-Unten-Differenz vorgeordnet. Das gelingt durch Ausdifferenzierung einer Oberschicht. Vorhandene Differenzierungen werden mit der neuen Oben-Unten-Differenz multipliziert, Möglichkeitsspielräume immens erweitert. Rollenarrangements werden „auf mehrere, nun notwendig *ungleiche* Schultern" verteilt (Nassehi 1993: 278) Sofern dies geschieht, spricht man von einem Übergang zu primär stratifikatorisch differenzierten Gesellschaften (vgl. Luhmann 1980: 25f.). Die soziale Anforderung nach einer Bearbeitung sachlich ungleicher Aufgaben zur gleichen Zeit wird mittels Ausdifferenzierung von ungleichen Teilsystemen in Rechnung gestellt. Zum primären Einteilungsprinzip avancieren ungleiche Schichten, die sich an der Oben-Unten-Leitdifferenz orientieren und hierin aufeinander bezogen sind. Gleichzeitig wird die überlieferte segmentäre Anordnung nicht einfach aufgegeben, sondern dem Vertikalismus nachgeordnet. Die ungleichen Schichten unterteilen sich wiederum in Familien, Verwandtschaften etc. Mit diesem Arrangement werden Handlungspotentiale in der Sach- und Sozialdimension erweitert. In sozialer Hinsicht kann ein beträchtliches Ausmaß an Rollendifferenzierung durch die rigide Vorordnung der Oben-Unten-Leitdifferenz erreicht werden. Während Bürger und Bauern sich mit dem unteren Part arrangieren müssen, wird dem Adel die obere Seite der gesellschaftlichen Leitunterscheidung zugewiesen. Die Einführung von strikter Ungleichheit in der Sozialdimension kann als gesellschaftliche Reaktion auf die Notwendigkeit von Ungleichheit in der Sachdimension begriffen werden (vgl. Nassehi 1993: 278). In sachlicher Hinsicht wird dadurch die Zuweisung von unterschiedlichen Tätigkeitsbereichen und gesellschaftlichem Status möglich.

Die Unterscheidung von oben und unten kann insofern als gesellschaftliche Leitdifferenz bezeichnet werden, als sie in stratifizierten Gesellschaften die elementare Relation gesellschaftlicher Ereignisse ausdrückt. Die ausgebildeten Teilsysteme existieren in ihr nicht autark, sondern definieren sich durch eine *Rangordnungsrelation*. Sie stehen in einer hierarchischen Beziehung zueinander, die sämtliche gesellschaftlichen Handlungen nach dem oben/unten-Code sortiert. Dabei dominiert der soziale Aspekt von Kommunikationen. Primär ist von Interesse, *wer* etwas sagt. *Was* gesagt wird, folgt, wenn überhaupt, an nachgeordneter Stelle.

Der Übergang von horizontaler Abgrenzung verschiedener Segmente gegeneinander zu einem vertikal angesetzten Schnitt zwischen ungleichen Strata bedingt eine Neuordnung der *räumlichen* Kommunikationsarrangements. Segmentäre Gesellschaften sind durch schlichte räumliche Abgrenzungen gekennzeichnet. Ihre einfachen Vergesellschaftungsformen ordnen sich zu einem lokal klar begrenzten Kern, jenseits dessen die Welt gewissermaßen endet. Interaktionen jenseits der Kolokalität sind möglich, stellen aber bereits eine Ausnahmesituation dar.

Demgegenüber reicht stratifizierten Gesellschaften diese klare räumliche Trennung von Einheiten nicht mehr aus. Hochkulturelle Gesellschaften benutzen deshalb die primär *soziale* Trennung von Personen, um Kommunikationen zu strukturieren. Sie leisten sich eine immense räumliche Ausdehnung von Kommunikationsmöglichkeiten. Von dieser Expansion der Sinnhorizonte profitiert die Oberschicht. Der Adel muß sich, gerade weil er im Vergleich zu Bürgern und Bauern in relativ geringer Zahl verstreut liegt, von lokal-dörflichen Limitationen lösen, wenn er standesgemäß sozial verkehren möchte. Heiratsbeziehungen werden in einen überregionalen Bezugsrahmen eingepaßt. Die Bewältigung großer räumlicher Entfernungen bleibt ein, wenn auch mühevolles, Privileg adeliger Schichten. Notwendig wird die Unterhaltung überregionaler Kontakte durch territoriale Reichsbildungen, die politische und militärische Aufgaben und Pflichten neuer Art mit sich bringen. Sie bieten Anlaß für größere Reisen, „und dies war das Geschäft des Adels" (Giesen 1991: 193). Im Kontaktnetz der Oberschichten konzentrieren sich Entscheidungspotentiale von translokaler Bedeutung. Die überregionale Interaktionsdichte wird durch Rollenspezialisierung einer adeligen Oberschicht erhöht. Kommunikationsmöglichkeiten werden ausgedehnt.

Demgegenüber ändert sich bei Bürger und Bauer räumlich betrachtet wenig. Hier bleibt die dörfliche und verwandtschaftliche Gemeinschaft der primäre Bezugspunkt der Vergesellschaftung unter Bedingungen permanenter Kopräsenz. Es kann als äußerst unwahrscheinlich gelten, daß ein Bauer über größere Distanzen hinweg andere Bauern jemals in seinem Leben zu Gesicht bekommt. Eine solche Mobilität ist für die ihm zugewiesene Rolle auch nicht notwendig.

Der durch die Ausdifferenzierung einer Oberschicht bedingte Umbau der Gesellschaft bringt neue Interaktionsbeziehungen mit sich. Handlungen *innerhalb* der jeweiligen Schicht treffen auf horizontale *Gleichheit*sbedingungen. Innerhalb der Strata wird Kommunikation als Kommunikation unter Gleichen erlebt und dadurch erleichtert. „Die schichtbedingte Gleichheit wird am Verhältnis zur Ungleichheit anderer Schichten, die Binnenkommunikation des Teilsystems am Verhältnis zu dessen gesellschaftlicher Umwelt bewußt." (Luhmann 1980a: 73) Schichtspezifische Kommunikation kann sich auf das soziale Bewußtsein stützen, der Einheit eines Stratum zuzugehören. Sie wird in einen Sondererwartungshorizont eingebettet, der vorher nicht gekannte Kommmunikationsleistungen ermöglicht. Die Ausbildung eines spezifischen Horizontes erfolgt durch Abgrenzung in beide Richtungen der Oben-Unten-Leitdifferenz. Als Bürger und Bauer betont man die Distanz zum Müßiggang und sündhaften Luxus der Adelsschicht. Die andere Seite erscheint als lebensuntüchtig und dekadent. Man legt Wert darauf, sich von ihr fernzuhalten. Dem Adel fällt demgegenüber die Geldgier des Bürgers und die Tölpelhaftigkeit des Bauern auf. Der zumeist auf den Feldern mit Handarbeit beschäftigte Untertan gilt als dumm und grob.

Die Bildung von schichtspezifischen Stereotypen deutet auf die Ausbildung eines semantischen Apparates, der die Strata zueinander auf Distanz hält und innerhalb der Schichten gewissermaßen als Schmiermittel fungiert, das also Interaktion erleichtert. Erwartungen sind sowohl oben als auch unten vorab spezifiziert. Aristokratisches Gedächtnis kann auch über räumliche Distanz hinweg auf stets Bekanntes zurückgreifen. Wahrnehmbare äußerliche Aspekte wie schichtspezifische Kleidung sorgen auch beim Aufeinandertreffen von Unbekannten für die Bereitstellung von sozialem Wissen, das Orientierung verleiht. War in segmentären Gesellschaften bei Annäherung eines Fremden an ein Dorf noch die Befragung eines Verwandtschaftsexperten notwendig, um soziale Bestimmbarkeit herzustellen, so hilft jetzt eine symbolische Ordnung, die schon bei einfachen Wahrnehmungen in doppelt kontingente Situationen einrastet und prekäre Interaktionen mit Erwartungen ausstattet. Man weiß sofort, ob man einen Aristokraten oder einen bäuerlichen Standesgenossen vor sich hat. Schon diese Wahrnehmung liefert eine ausreichende, auch translokal wirksame Geschichte mit, die Interaktionen auf bekannten Schienen gleiten läßt.

Gegenüber einer damit erleichterten schichtspezifischen Interaktion bleibt das Gespräch über Standesgrenzen hinweg mit prekären Unsicherheiten belastet. Auch deshalb findet es grundsätzlich seltener statt. Kommunikation kann sich auch hier auf die Gewißheit stützen, mit einem von der anderen Seite zu tun zu haben. Darüber hinaus sorgen formale Rituale der Anrede, Ehrerbietung sowie Befehle für ausreichende Regulierung. Nichtsdestotrotz ist diese Situation „für beide Interaktionspartner...anstrengend und nicht frei von Angst und Bedrohtsein. Erst wenn sie sich wieder im Kreise der vertrauenswürdigen Standesgenossen befinden, kann der formelle ständische Habitus abgelegt und der erholsame Ton des häuslichen oder freundschaftlichen Umgangs hervorgeholt werden" (Giesen 1991: 192).

Interaktion über die sozialstrukturell vorgegebene Grenze zwischen oben und unten ist demgemäß durch *Ungleichheit* gekennzeichnet. Die Beziehungen zwischen den Strata werden durch den sozialen Gesamtkomplex *Herrschaft* geregelt, die sich in hierarchischer Form präsentiert.[54] Herrschaft impliziert ein gene-

---

54   Auch segmentäre Gesellschaften kennen Hierarchie. Im Unterschied zu stratifizierten Gesellschaften, in denen die hierarchische Herrschaft von ausdifferenzierten Rollen monopolisiert wird und Entscheidungskompetenzen sich dementsprechend an einer Stelle fokussieren, sind die Hierarchien segmentärer Gesellschaf-

relles Prestigegefälle zwischen oben und unten. Die gesellschaftliche Leitdifferenz zeigt sich durchgehend in politischer, wirtschaftlicher, militärischer, wissensmäßiger, schließlich auch religiöser Hinsicht und wird symbolisch durch für alle sichtbare Statusmerkmale abgesichert. Die Aufgabenverteilung wird schichtspezifisch eingerichtet mit Weisungsbefugnis oben und Gehorsamspflicht unten. Obere Tätigkeiten gelten generell als die wichtigeren, weshalb ihr Bereich mit besonderen Normen und Freiheiten ausgestattet wird.

Fragt man nach den Veränderungen, die diese gesellschaftsstrukturellen Umdispositionen für die Bedingungen der Möglichkeit sozialer Konflikte eröffnen, so scheint es zunächst nahezuliegen, einen „strukturellen Konflikt" zwischen den Strata auszumachen und Konfliktphänomene hieraus zu deduzieren. Konflikte ergäben sich dann gleichsam natürlich aus den verankerten Gegensätzlichkeiten zwischen Ober- und Unterschicht. Es scheint klar zu sein, daß der Bauer kein Interesse an der Einlieferung des üblichen Erntezehntels an den Seigneur hat. Ebenso plausibel ist die Annahme, daß die bäuerliche Kampfbereitschaft in aristokratischen Auseinandersetzungen gering sein wird.

Nichts wäre jedoch verfehlter als die Einführung des einen, prinzipiellen gesellschaftlichen Konfliktes zwischen Herr und Knecht im Sinne eines Antagonismus zwischen besitzender und arbeitender Klasse. Ganz im Gegenteil zeigt sich das Verhältnis zwischen Ober- und Unterschicht als im Grunde unproblematisch. Konflikte tauchen zwischen Herrschaft und Untergebenen erst auf, als sich die Stratifikation als primäre gesellschaftliche Differenzierungform aus der soziokulturellen Evolution zu verabschieden beginnt: mit dem Übergang zur modernen Gesellschaft. Für stratifizierte Hochkulturen gilt jedoch, daß die Ungleichheit der Ressourcenverteilung für das Erleben eine Selbstverständlichkeit darstellt. Es sind gar keine anderen Verteilungsformen aus der Vergangenheit bekannt oder formulierbar. „Der ständische Anspruch auf Handlungsmittel wird daher in der Regel nicht als erworben, also als verfehlbar und veränderbar betrachtet, sondern traditional durch Geburt und Erbschaft begründet...Die seit 'unvordenklichen' Zeiten bestehende Forderung des Seigneurs auf den Zehnten der bäuerlichen Ernte wird kaum in Frage gestellt. Dieses traditionelle Privileg des Adels läßt sich nicht von der Position des Seigneurs trennen; es kann nicht zum Gegenstand der Verhandlung [oder des Konfliktes, G.N.] gemacht werden, da es die soziale Beziehung zwischen Seigneur und Bauer *mitdefiniert* und diese Beziehung von Geburt her besteht." (Giesen 1991: 193f.) Anhang und Herkunft der Oberschicht wird sozial prämiert, so daß die Schichten ihr Verhältnis zueinander nicht als Ungleichheit im modernen Sinne wahrnehmen. Aristokraten und Bauern können nicht verglichen oder gegeneinander abgewogen werden. Vielmehr ist anzunehmen, daß das

ten selbst nach dem Prinzip der Segmentation geordnet. Spitzenrollen fehlt dort typisch die Durchsetzungskraft einsamer Entscheidungen. Sie müssen den breiten Konsens mit ins Kalkül einbeziehen oder sich rituell rückversichern. Für einen Vergleich zwischen den unterschiedlichen Funktionen von Hierarchie in primitiven und hochkulturellen Gesellschaften vgl. Sahlins 1962-63.

Erleben im Rahmen alltäglicher Verständnismöglichkeiten jener Zeit die Ungleichheitsphänomene durch die Annahme der Verschiedenheit unterschiedlicher Menschentypen verbucht hat. Tauchen Störungen, Unruhen und Rebellionen über die sozialstrukturellen Grenzen hinweg auf, so zielen sie nicht auf Nivellierung und Einziehung der gesellschaftlichen Leitdifferenz. Vielmehr sind sie - wenn nicht bereits Ausdruck des Übergangs zur modernen Gesellschaft - auf Verschlechterungen der eigenen materiellen Situation zurückzuführen, die der anderen Seite zugerechnet werden (vgl. Thompson 1971: 89ff.).

Soziale Konflikte treten in stratifizierten Gesellschaften demgemäß kaum im ungleichen Verhältnis ihrer Teilsysteme in Erscheinung. *Innovative Konfliktarrangements tauchen vielmehr innerhalb schichtspezifischer Kommunikation auf,* und auch hier ergibt sich ein differenziertes Bild. Betrachtet man zunächst das strukturelle Konfliktsetting in der Unterschicht, so fällt die hohe Kontinuität mit segmentären Verhältnissen auf. Unten bleiben Sinnhorizonte auf Bedingungen von Kopräsenz und Kolokalität beschränkt. Primärer Bezugspunkt der Vergesellschaftung bleibt die Familie, die Sippe, das Dorf. Gesellschaft wird interaktiv vollzogen. Ganz entsprechend ist zu erwarten, daß die strukturellen Bedingungen für das Auftreten sozialer Konflikte den Voraussetzungen des Streites in einfachen Verhältnissen sehr ähnlich bleiben. Konflikte müssen unterdrückt werden, da sie typisch gewaltnah bleiben und deshalb hohe Folgekosten bedingen.

Grundlegende Veränderungen haben sich demgegenüber in der ausdifferenzierten Oberschicht ergeben. Sie schließt sich (insbesondere durch Endogamie) gegen sonstige Handlungssphären ab. Die relativ geringe Größe der Adelsgruppe bedingt ein räumliches Auseinanderziehen von Oberschichtenkommunikation. Das entlastet von Interaktionszwängen. Aristokraten treten dabei nicht nur durch beschwerliche Reisen in Kontakt, sondern setzen hierzu Boten und Schrift ein. Adelsfamilien stehen dadurch, anders als in der Unterschicht, mit der Option für ein „Nein" *nicht* vor der prekären Notwendigkeit, ihr alltägliches Leben vor dem Hintergrund konfliktuöser, gewaltnaher Verhältnisse einrichten zu müssen. Es hilft - der Raum. Die Ablösung der Sozialstruktur von den Erfordernissen unmittelbarer räumlicher Anordnung eröffnet Spielraum für Veränderungen. Riskiert man die manifeste oder gar wiederholte Ablehnung von Handlungsangeboten, so ist damit in der Oberschicht noch keinesfalls ausgemacht, daß Handlungsdruck entsteht. Die räumliche Distanzierung von Kommunikationspartnern bietet die Möglichkeit, konflikuöse Situationen schlicht auszusitzen. Tauchen Störungen bei durch gegenseitige Anwesenheit gekennzeichneten Interaktionen auf, so kann man immer noch abreisen und die Empörung ausklingen lassen. Während segmentäre Gesellschaften auf den *Raum als Konfliktregulierungsparameter* nur durch Emigration zugreifen und dadurch in ihrer Konflikttoleranz stark limitiert sind, ermöglicht die räumliche Verstreuung einer dominanten Adelsschicht die Schaffung von Spiel*raum* für soziale Konflikte. Die Engpässe der ganz auf Kopräsenz und Kolokalität zugeschnittenen archaischen Gesellschaften werden für einen bestimmten Teil der Gesellschaft dahingehend geweitet, daß mehr Handlungsreihen das Nadelöhr kommunikativer Negation passieren können.

Die konfliktsoziologisch relevante Innovation besteht demgemäß nicht in einer Optimierung möglicher „Neins" im Rahmen von Anwesenheit und Konfliktrepression, sondern in einer grundlegenden Umdisposition, die neue Konfliktsettings produziert. Die Ausdifferenzierung einer Oberschicht bei gleichzeitiger räumlicher Streckung der gesellschaftlichen Spitze überwindet für bestimmte gesellschaftliche Handlungszusammenhänge die durch Segmentation hochgebauten Konfliktbarrieren.[55] Die sozio-kulturelle Evolution ermöglicht der Gesellschaft mehr Konfliktspielraum durch die Einbettung sämtlicher Ereignisse in eine Oben-Unten-Leitdifferenz und gestattet gleichzeitig eine größere Anzahl von Konflikten in einer vergleichsweise kleinen Oberschicht.

Der klassische Gegenstand für das Studium der größeren Konflikttoleranz stratifizierter Gesellschaften ist das mittelalterliche Fehdewesen.[56] Der ausgedehnte Mechanismus der Selbsthilfe geht, soweit der historischen Forschung bekannt, auf germanische Praktiken zurück und wird im Hildebrands- und Nibelungenlied sowie insbesondere in den sogenannten „Isländersagas" bezeugt (vgl. Kaufmann 1971; Boockmann 1980). Zentrales Thema ist dabei die Unfähigkeit von gemeinsamer Stammeszugehörigkeit und gemeinsamem Siedlungsraum, einen allgemeinen Friedenszustand zu gewährleisten. Die Machtmittel der Herrscher jener Zeit erscheinen als zu schwach, um kollektiv verbindlich Maßnahmen gegen jedwede Art von Friedensbrüchen zu ergreifen. Darauf reagiert die Selbsthilfe in Form der *Blutrache*. Sie ist in früherer Zeit fast immer der gewalttätige

---

[55]   Dies gilt auch dann, wenn man annimmt, daß in zahlreichen Fällen stratifizierte Gesellschaften auf der Basis von Ungleichheit zusätzlich mit einer Zentrum/ Peripherie-Differenzierung operieren und ihre Interaktionsnetze im Zentrum stärker verdichten. Es ist sehr umstritten geblieben, in welchem Ausmaß die Herausbildung eines Zentrums die Zusammenziehung der Adelsschicht in Städten nach sich gezogen hat. Sjoberg 1960: 23ff. schätzt das Ausmaß der Massierung des Adels im Zentrum hoch ein, eine These, die Wheatley 1963 kritisch erörtert. Da statistische Kriterien für die eindeutige Identifizierung und Quantifizierung von Adelsschichten nicht festlegbar sind, wird eine Einigung über Art und Umfang der Zusammenziehung von Adel in der Stadt bei Zentrum-Peripherie-Differenzierung kaum möglich sein.

Für den hier verfolgten Zusammenhang ist darüberhinaus festzuhalten, daß für das mittelalterliche Europa eine räumliche Konzentration von Adelsschichten weniger typisch ist, so daß die Erörterung von strukturellen Konfliktbedingungen für das wichtigste Beispiel Europa weiter von einer räumlichen Streckung der gesellschaftlichen Oberschicht ausgehen kann.

[56]   Ich beschränke im weiteren die Argumentation auf das Beispiel Mitteleuropas, um angesichts der kulturellen Variabilität und der sowohl räumlich als auch zeitlich immensen Variationsbreite hochkultureller Gesellschaften präzise bleiben zu können. Insofern streben die folgenden Ausführungen lediglich eine *beispielhafte* Fallstudie für die Konfliktarrangements stratifizierter Gesellschaften an.

Ausgangspunkt der Fehdenbildung und geht in einer kontinuierlichen Entwicklung in das mittelalterliche Fehdewesen über.

Geht man davon aus, daß die Blutrache in der germanischen Praxis ein gesellschaftlich universelles Institut darstellt, sie also als von jedem jederzeit ergreifbar erscheint, so fällt auf, daß stratifizierte Gesellschaften das Recht auf Fehdeführung streng limitieren. Nicht jeder kann Selbsthilfe üben. Ein Fehderecht kommt vielmehr nur der oberen Schicht zu, die völlig wehrfähig und rittermäßig ausgerüstet ist. Diese Privilegierung des Adels belegt die bisher *in abstracto* eingeführte Vermutung, soziale Konflikte könnten in stratifizierten Gesellschaften aufgrund geänderter sozialstruktureller Bedingungen in bestimmten Sphären zugelassen werden. Soziale Konflikte werden für eine ausdifferenzierte Oberschicht desinhibiert und gleichzeitig für sie reserviert (vgl. Brunner 1959: 50f.).

Die limitierte Zulassung von Konflikten bedeutet natürlich nicht, daß Ausnahmen von der Regel nicht möglich sind. Obwohl Bürger und Bauern, Wehrlose, Kleriker, Kinder, Frauen und Juden prinzipiell über kein Fehderecht verfügen, führen auch die Nichtberechtigten okkasionelle Fehden. Auch wenn für sie eigentlich der schützende Verband, also für den Bürger die Bürgergemeinde, für den Bauern der entsprechende Herr, Grundherr oder Vogt eintritt (vgl. Gernhuber 1952: 170), ist in den Unterschichten der äußerste Fall der Fehde, die Totschlagfehde bzw. die Blutrache weitverbreitet. Sie tritt dann ein, wenn ein Tötungsakt erfolgt. Die Totschlagfehde zielt auf die Tötung aus Rache und bewirkt vollstreckte Rache. Ein Totschläger wird in den Augen der Freunde des Erschlagenen als 'friedlos' angesehen und kann getötet werden. Deshalb wächst sich die Blutrache typisch zu ganzen Ketten von Tötungen aus. Sie ruft tendenziell neue Gewalttaten hervor und ist gerade deshalb problematisch (Brunner 1959: 62f.). Als Konfliktaustragungsmittel verbleibt sie in typischer Nähe zu archaischen Formen der Enttäuschungsabwicklung und muß deshalb möglichst vermieden werden. Schon die hohen Folgekosten der gewaltnahen Konfliktaktivitäten werden einerseits die Entscheidung zugunsten der Fehde zu einer schwierigen, wohlüberlegten Entscheidung gemacht haben. Andererseits muß berücksichtigt werden, daß die Blutrache auf unmittelbare Vergeltung für den Totschlag am Freunde zielt. Deshalb kann die zeitliche Streckung von Tat und Vergeltung nur schwer gelingen. Die „Erfindung" einer Zeitdifferenz zwischen dem Normbruch und seiner Vergeltung ist in der Blutrache schwierig zu realisieren. Deshalb kommen die evolutionären Weiterentwicklungen konfliktuöser Zusammenhänge in der Unterschicht kaum zur Entfaltung. Die Totschlagfehde verbleibt in charakteristischer Gewaltnähe und verbietet sich als entwicklungsunfähiger, sozial akzeptabler Mechanismus der Konfliktaustragung von selbst. Die Abarbeitungsmöglichkeiten konfliktuöser Situationen bleiben in den Unterschichten stratifizierter Gesellschaften gering. Bereits 'erfundene' Innovationen der Konfliktregulierung kommen nicht zum Zuge.

Anderes gilt für die Fehde der Aristokraten. Auch hier kommt es gelegentlich zu Blutrachefehden, die physische Gewalt und hohe Opfer mit sich bringen.

Die Blutrache bleibt jedoch die Ausnahme. Die Vermeidung der Blutrache gelingt, weil der Adelskonflikt sich auf einen breiten Fundus an Konfliktregulierungsinstanzen stützen kann. Die räumliche Diffusion des Adels schafft den Möglichkeitsspielraum für eine gesellschaftliche Toleranz von Konflikten, in die zahlreiche regulierende Mechanismen einrasten und evoluieren können. In der ausdifferenzierten Oberschicht entsteht so eine günstige Situation für die Weiterentwicklung von Konfliktspielräumen. Konflikte können hier zugelassen werden. Das ist nur akzeptabel, weil sie sofort einer umfassenden und später immer umfassenderen Konfliktregulierung unterworfen werden.

Dabei beginnt die Erfassung von Fehdehandlungen bereits am unmittelbaren Anfang des Konfliktes: in der sogenannten „Absage" (vgl. Brunner 1959: 73ff.). Die Absage ist, genauer gesagt, bereits selbst die Regulierung des Konfliktanfangs. Sie ist unentbehrliche Voraussetzung jeder rechten Fehde. Sie hat schriftlich zu erfolgen in Form eines Fehdebriefs. Es ist kaum notwendig hervorzuheben, daß die Schriftform den Kreis der in Frage kommenden Konfliktparteien radikal einschränkt. Für die Abfassung des Fehdebriefs gelten selbst genaue Formvorschriften, die einzuhalten sind. Nach Anrede des Gegners, Nennung des Absenders und Angabe des Fehdegrundes muß der Fehdeführende erklären, daß er die Bewahrung seiner Ehre anstrebt. Ausschließlich dann werden die folgenden, durch Fehdehandlungen hervorgerufenen Schädigungen des Gegners zu einem akzeptierten Sachverhalt, der keine Wiedergutmachungsforderungen nach sich zieht.

Prinzipiell herrscht nach Übergabe des Fehdebriefes ein Kriegszustand zwischen den Parteien. Der Fehdebrief 'pfeifft' gewissermaßen, ähnlich wie ein Schiedsrichter, das Spiel an, und genau hierin liegt seine Aufgabe. Er nimmt die Position eines Dritten ein, der in bescheidenem Umfang eine 'Objektivierung' des Verfahrens ermöglicht. Der entscheidende Fortschritt in der Regulierung von Konflikten besteht in der Ausdifferenzierung einer bestimmten Art von Konflikten mittels des Fehdebriefes. Er ermöglicht die Unterscheidung zwischen der Fehde und jeder anderen Art von Gewaltverbrechen dadurch, daß die Fehde sich als Fehde selbst ankündigt. Ein Angegriffener muß bis dato ja stets davon ausgehen, daß ein Angreifer ein gewöhnlicher Gewaltverbrecher ist, der ihn grundlos überfällt (vgl. Gernhuber 1952: 193f.). Die Notwendigkeit einer Ansage des bevorstehenden Konfliktes ändert dies radikal durch Erfindung einer eigenen Klasse von Konflikten: der Fehde. Die sozio-kulturelle Evolution behilft sich in der Schaffung von Konflikttoleranz durch die Ausdifferenzierung einer wenn auch nicht angenehmen, so doch sozial akzeptablen Spezies von Konflikten. Der damit eröffnete Gewinn zeigt sich besonders dann, wenn man umgekehrt berücksichtigt, daß der Verzicht auf die Übergabe eines Fehdebriefes die gleichsam offizielle Selbstbekennung zum Gewaltverbrechen nach sich zieht. Wer die bekannten Formvorschriften mißachtet, disqualifiziert sich selbst und wird als Gewaltverbrecher behandelt. Das diszipliniert.

Die Notwendigkeit einer Fehdebriefübergabe veranschaulicht in besonderer Weise die strategische Doppelschiene von *Konfliktzulassung und -reglementierung*, auf der die sozio-kulturelle Evolution des Konfliktes gleitet. Dies zeigt sich auch darin, daß die ritualhafte Übergabe des Schriftstückes eine feste Institutionalisierung von Zeitdifferenzen mit sich bringt. Sie erzwingt eine Herauszögerung der Vergeltung. Üblicherweise müssen nach Fehdebriefübergabe mindestens ein bis drei Tage, manchmal auch bis zu zwei Wochen verstreichen, bis Kampfhandlungen aufgenommen werden dürfen. In der Literatur wird berichtet, daß man versucht hat, zum Schaden des Gegners diese Vorschrift zu umgehen (Boockmann 1980). Die Deponierung des Briefes an versteckten Orten oder die falsche Datierung der Fehdeansage setzen die Institutionalisierung einer produktiven Nutzung von Zeit jedoch nicht außer Kraft, sondern belegen im Gegenteil ihre konfliktregulierende Effizienz. Regeln werden immer irgendwie umgangen. Jedoch impliziert gerade ihre Umgehung wenn auch nicht die soziale Anerkennung, so doch zumindest eine ausreichende Wirksamkeit des Regelmechanismus.

Mit der Ausdifferenzierung einer besonderen Konfliktklasse ist das Potential der Absage als Formalinstitut keineswegs erschöpft. Die Absage kann als schärfender Trennindikator eingesetzt werden, der das Konfliktprivileg der Oberschicht festigt. Der Bauer kann nicht „absagen", ebensowenig der Bürger. Die Absage ordnet sich demgemäß ein in die vertikal ausgerichtete Statussymbolik der stratifizierten Gesellschaft und sichert ihre Oben-Unten-Leitdifferenz. Die Verbreitung der Absagepraxis wird streng überwacht. Verletzungen des aristokratischen Absage-Monopols ziehen verherrende Konsequenzen nach sich. Die konfliktermöglichende Innovation wird, wenn einmal etabliert, nicht nur für erlaubte Konflikte, sondern auch zur Konfliktrepression eingesetzt. Sie wirkt auch repressiv. Es bleibt nicht bei der Ausdifferenzierung von Konfliktmöglichkeiten für eine Oberschicht. Die Innovation schützt sich gegen Übergriffe durch die gewaltnahen Aktionen unterer Schichten. Hierzu dient das Verbot der Absage für Bauern und Bürger. Genau jene Voraussetzung, die die ritterliche Fehde zu einem erlaubten Vorgehen macht, also die Ankündigung des Fehdebeginns innerhalb zeitlicher Fristen, kennzeichnet für die Unterschichten das Verbrechen (vgl. Brunner 1959: 64). Der Absager wird zum Landfriedensbrecher. Er scheidet aus der Rechtsgemeinschaft aus und wird zum Friedlosen. Es droht die Todesstrafe. Der unberechtigt Fehdeführende aus den Unterschichten verwirkt seine Rechte.

Die limitierende Ausdifferenzierung einer 'legalen' Konfliktart verstärkt demgemäß den Repressionsdruck auf Unterschichtenkonflikte. *Die gesellschaftliche Konfliktfähigkeit wird zugleich gesteigert und gesenkt.* Während die regulierte Fehde zum probaten Mittel des streitbaren Adels avanciert, wird mit der Zulassung des aristokratischen Konfliktes die Hemmung sonstiger sozialer Konflikte verstärkt.

Ist die Evolution des Konfliktes soweit vorangeschritten, so können weitere Regulierungsschritte in sachlicher, zeitlicher und sozialer Hinsicht angeschlossen werden. Sie beziehen sich insbesondere auf die Einschränkung der Fehdehandlungen selbst und sind regional unterschiedlich in Art und Umfang realisiert worden. So schreibt die sogenannte „treuga" ein Verbot des Waffenganges für bestimmte Zeiten, also bestimmte Tage, aber auch ganze Zeiträume und fest fixierte Kalendertage vor. Sie ist im Zusammenhang mit kirchlich-religiösen Bestrebungen einer Reinhaltung von Leidenstagen und der Auferstehung Christi zu sehen (vgl. Gernhuber 1952: 198). Insbesondere das Verbot der Fehde zur Advents- und Fastenzeit ermöglicht die Schaffung von längeren, fehdefreien Zeiträumen, die entlastend wirken. Dazu tritt eine weitere zeitliche Limitierung des Fehdewesens, die mit der Sozialdimension gekoppelt ist: Unter Schutz gestellt wird der Bauer bei der Arbeit auf dem Felde. Das Ziel dieser Vorschrift ist offensichtlich. Da der Ernährungsspielraum in stratifizierten Gesellschaften gering bleibt, darf eine zu weitgehende Gefährdung der Ernte nicht riskiert werden. Sie träfe letztlich die Fehdeführenden selbst. Man kann sich leicht ausmalen, daß die Arbeit vieler Monate, also die mühsam vorbereitete und erarbeitete Ernte, das Opfer schon weniger Stunden ungezügelter Zerstörungswut werden kann. Tatsächlich hat die bäuerliche Bevölkerung die Hauptlast des bisweilen expansiven Fehdewesens zu tragen gehabt. Deshalb haben sich auch in sachlicher Hinsicht weitere Schutznotwendigkeiten aufgetan wie etwa die Sicherung von Saatgut, Weinbergen und unantastbaren Grundinventarien wie etwa Zuchtstuten (vgl. Gernhuber 1952: 207).

Zahlreiche weitere Schritte in Richtung einer „Befriedung" der Gesellschaft ließen sich nennen.[57] Die Bewegung zu einer zunehmend umfassenden Reglementierung von zugelassenen Konflikten im hohen und späten Mittelalter vollzieht sich dabei keinesfalls linear, sondern eher wellenartig mit größeren Rückschlägen. Es ist nicht unwichtig zu betonen, daß die Maßnahmen weniger auf die Abschaffung des Fehdewesens per se abzielen als auf eine wirksame Beschränkung ihrer negativen Auswüchse. Otto Brunner hat gegenüber einer historischen Forschung, die den abenteuerhaft-frevlerischen Sinn eines imaginären Rittertums als Ausdruck einer defizienten Entwicklung des mittelalterlichen „Staates" gebrandmarkt hat, hervorgehoben, daß das konfliktuöse Fehdewesen eine zu jener Zeit legitime und adäquate Form der Selbsthilfe gewesen ist. Sie wurde durch strenge Regelung unter Kontrolle gebracht (vgl. Brunner 1959: 4ff.). Diese weitgehende Reglementierung ist bisher gleichsam naiv eingeführt worden. Die im Anschluß daran zu stellenden Fragen wären: Wer reguliert das Fehdewesen, und wie geschieht dies? Es ist ja zunächst alles andere als evident, daß die Beschränkungen des Fehdewesens, von plündernden, mordenden, brandschatzenden und vergewaltigenden Heerscharen, die der Fehdeführer um sich versammelt und angeheuert hat, gelingt. Es fehlt, soviel ist klar, eine mit Gewaltmonopol

---

[57]   Weitere Spezialisierungen und Austragungsformen in der Bewältigung von Konflikten, so beispielsweise für die Fehde gegen den König, werden heute ebenfalls zum Gegenstand einer *konflikthistorischen Forschung*. Vgl. hierfür Althoff 1989; 1992.

ausgestattete Staatsorganisation, die Selbsthilfe überflüssig machen, ja sie ganz verbieten würde und könnte. Wenn jedoch eine reglementierende Einschränkung von Fehdehandlungen gelingt, dann stellt sich die Frage, auf welche Art und Weise sie gelingt. Wie können die mit Fehden verbundenen Erwartungen bzw. Erwartungsenttäuschungen abgewickelt werden?

Die Antwort auf die damit aufgeworfenen Fragen gibt die *Evolution des Rechtes*. Schon segmentär differenzierte Gesellschaften kennen spezialisierte Interaktionen, die zur Schlichtung von Konflikten eingesetzt werden. An diese Institution kann die Entwicklung von *Gerichtsverfahren* anknüpfen. Sie fungieren als Interaktionen „besonderen Typs, deren Funktion darin besteht, eine offene Situation zur Entscheidung zu bringen, Ungewißheit zu absorbieren und damit den archaischen Rechtskampf durch einen alternativenreicheren, begründete Wahlen ermöglichenden Prozeß zu ersetzen." (Luhmann 1987: 171) Die Entwicklung des Rechts vollzieht sich über die Entwicklung besonderer Verfahren. Die schon von archaischen Gesellschaften praktizierte Anrufung einer dritten, externen Instanz zur Klärung von Streitigkeiten und zur Entscheidungsfindung wird dahingehend ausgebaut, daß Verfahren und Ämter zur Institutionalisierung eines Rechtsweges bereitgestellt werden. Das Gerichtsverfahren bereitet Entscheidungen unter vorher feststehenden Kriterien vor. Dabei wird die Persönlichkeit des Richters als Entscheidungsmoment neutralisiert. In der Gerichtsinteraktion wird ausschließlich die speziell ausdifferenzierte Richterrolle aktualisiert. Ganz ähnlich werden bei den anwesenden Parteien sonstige Rollenzusammenhänge ausgeblendet - es sei denn, sie sind für das Verfahren relevant.

Gleichzeitig erfolgt eine Verlagerung des Rechtes selbst. Es ist nicht mehr konkret mit dem Geschehen selbst identisch, so daß der Rechtssachverhalt einfach aus dem Tatanlaß erschaut werden kann. Anstelle dessen tritt die Norm selbst als Rechtsverkörperung auf. Rechtsfragen und Tatfragen trennen sich (Luhmann 1987: 181). Das Gerichtsverfahren übernimmt die Aufgabe, über die richtige Auslegung von Normsachverhalten zu entscheiden. Diese Aufgabe wird unabhängig von Einzelfalltatsachen bewältigt. Recht kann „angewendet" werden und gestaltet sich zu einem Komplex von normativen Verhaltenserwartungen, die vor Gericht eingeklagt werden können. Gerichtsverfahren sind deshalb für die Abwicklung von Erwartungsenttäuschungen besonders geeignet. Sie bilden Konflikte in alternativenreicherer Art und Weise ab als die überkommenen, *ad hoc* und *ad hominem* gebildeten Rechtswege einfacher Gesellschaften. Das gelingt, soweit eine durchgehende Abstraktion in der Rechtshandhabung eingeführt wird. Nicht mehr das Konkrete, die einzelne Tathandlung symbolisiert das Recht, sondern das Allgemeine, die Norm, steht für das, was rechtens ist. Das Verfahren bedarf einer abstrakten Betrachtung des Streitfalles, so daß die in einer Entscheidung zum Ausdruck kommenden Prinzipien beibehalten und in weiteren Fällen erneut zur Anwendung kommen können. Nur dann können sich Kriterien ablagern, die einen rechtlichen Normenkomplex fundieren. Das Recht scheidet dabei den Kampf, das Streithandeln und wahrnehmbare Einzelfallevidenzen entschieden aus. Es stützt sich nur noch auf seine innere Konsistenz. Es kann Konflikte bereinigen, ist selbst aber weder ein Konflikt noch ein Kampf.

Die Entfaltung von Recht und rechtlichem Verfahren aus sich selbst heraus bedarf der externen Stabilisierung durch den politischen Herrscher. Er gilt als Veranstalter des Gerichtsverfahrens. Insofern ist die Evolution des Rechtes zunächst auf die hierarchische Ausdifferenzierung von politischer Herrschaft angewiesen. Als Dritter, der mächtiger ist als die Streitparteien, garantiert der Herrscher Autonomie und Entscheidungsfähigkeit der spezialisierten Interaktion. Nur dann kann der Ausgang des Verfahrens in konstitutiver Ungewißheit belassen und eine sonst determinierende Machtkonstellation der Kontrahenten zurückgedrängt werden. Die Orientierung des Verfahrens an Rechtsnormen verlangt demgemäß in der Sozialdimension die Forderung einer Unparteilichkeit und Freiheit der Richter. Sie befinden sich in der prekären Lage, Entscheidungen durch eigene Auslegung normativer Erwartungen herbeizuführen und sich gleichzeitig als sachlich unbeteiligt darzustellen. Die Objektivität richterlicher Entscheidungen kann für stratifizierte Gesellschaften allerdings nur mit erheblichen Einschränkungen unterstellt werden (vgl. Gernhuber 1952: 190).

Mit dem Einsetzen einer Evolution des Rechts in hochkulturellen Gesellschaften stellt sich die Frage nach dem Verhältnis von Recht und Fehde. Ist das Recht das 'Andere der Fehde' oder umgekehrt die Fehde 'das Andere des Rechts'? Ist die Fehde die gewalttätige Fortführung des Rechtsweges mit anderen Mitteln bzw. ein Fortsatz rechtlich nicht realisierbarer Zielprojektionen? Otto Brunner hat in überzeugender Weise die *wechselseitige Subsidiarität von Recht und Fehde* im Mittelalter dargelegt (vgl. Brunner 1959: 106ff.). Weder ist die Ergreifung einer Fehde regelmäßig ein Rechtsbruch noch zielt die rechtliche Regulierung des Fehdewesens auf dessen Abschaffung. Gerichts- und Fehdewesen erläutern sich vielmehr wechselseitig. Erst diese Einsicht erlaubt eine adäquate Einschätzung der mittelalterlichen Justiz. Das Gerichtswesen stratifizierter Gesellschaften ist keine Letztinstanz, die verbindliche und vollziehbare Urteile geliefert hat. Für den streitbaren Adel bedeutet das: Steht der Konflikt ins Haus, so ist der Rechtsweg *eines* der möglichen Mittel zum Konfliktaustrag, der gleichzeitige oder alternierende Fehdeaktivitäten keinesfalls ausschließt. Die Fehde ist eine *rechtmäßige* Form der Selbsthilfe, die der gleichzeitigen Entwicklung einer Gerichtsverfassung nicht widerspricht. Man findet deshalb häufig die Konfliktaustragung qua Fehdehandlung, an die sich die Klärung strittiger Fragen vor Gericht anschließt. Der Gerichtsgang schließt allerdings keinesfalls parallele oder nachfolgende Kampfhandlungen aus.[58]

Das Gerichtswesen entscheidet deshalb nicht über die Fehde selbst, sondern nur über etwaige Verstöße gegen die jeweils geltenden Normregulierungen

---

[58]   Diese Doppelstruktur findet sich heute in den internationalen Beziehungen wieder, die fehdeähnliche Verfahren einsetzt, um Konflikte abzuarbeiten. Vgl. Eckert 1993. Siehe auch unten die Diskussion unter IV.3.

des Fehdewesens. Das Recht verhindert nicht die Austragung von Oberschichtenkonflikten, sondern reguliert und ermöglicht sie. Verstößt eine der Konfliktparteien gegen die einschlägigen zeitlichen, sozialen und sachlichen Beschränkungen erlaubter Fehdehandlungen, so ist der Gerichtsgang der probate Weg, um die Einhaltung bekannter Einschränkungen einzuklagen. Durch die Kanalisierung von zunehmend als unakzeptabel erlebten Konfliktnebenfolgen auf den Rechtsweg wird die Rohmasse der Konfliktkommunikation schlanker und erträglicher. Dadurch *steigert sich die Konfliktfähigkeit stratifizierter Gesellschaften*. Konflikte können eher gewagt werden, weil die exzessiven Folgen von zur Fortsetzung neigenden Gewaltketten tendenziell unter die Kontrolle einer dritten, konfliktexternen Instanz gebracht werden. Das Recht bekämpft deshalb nicht die Konfliktselbsthilfe, sondern *verbessert* ihre Austragungsmöglichkeiten. Es macht die Ergreifung der Fehde wahrscheinlicher. Es wird leichter, 'Nein' zu sagen. Man kann den Konflikt wagen, weil die unabsehbaren Konsequenzen der Konfliktaustragung wenn auch nicht vollständig kontrollierbar, so doch zumindest überschaubarer werden als ohne eine rechtliche Limitierung des Fehdewesens.

Stratifizierte Gesellschaften arrangieren somit Konfliktbedingungen in zweierlei Hinsicht neu. *Erstens* bedingt die Ausdifferenzierung einer Oberschicht ihre räumliche Streckung auf sich bildenden Territorialreichen, so daß Oberschichtenkommunikation von Interaktionszwängen entlastet wird. Die Möglichkeit, sich von konfliktuösen Interaktionen zurückzuziehen oder schriftlich zu kommunizieren, stärkt die Konfliktfähigkeit der Oberschicht. Konflikte werden desinhibiert und sogleich der Reglementierung unterworfen. Dies gelingt, sofern rechtliche Arrangements den Konflikt von exzessiven und unerwünschten Folgen der Gewalt entlasten. Zeitliche, soziale und sachliche Limitierungen bedingen ein 'Abspecken' von Konfliktkommunikation und stärken deshalb die Konfliktfähigkeit stratifizierter Gesellschaften.

Zweitens findet die Erweiterung von Konfliktmöglichkeiten dort ihre Grenzen, wo die Spielräume stratifikatorisch differenzierter Gesellschaften auf ihre Schranken treffen: in der notwendigen Einbringung sämtlicher gesellschaftlicher Kommunikationen in die sozialstrukturell vorgeordnete Oben-Unten-Leitdifferenz. Obwohl Konflikte zugelassen werden können, müssen sie in der Sozialdimension radikal eingeschränkt werden. Alles entscheidend ist die Frage, *wer* Konflikte führt. Hier kommen nur relativ wenige Personen in Frage. Die Entfaltung von Konfliktfähigkeit in der Sozialdimension bleibt deshalb gering. Zwar leisten sich auch Bürger und Bauern Konflikte[59], jedoch werden diese einer Re-

---

[59]   Hierbei fallen im Spätmittelalter die Räte der Hansestädte auf, die sich auch offen ausgetragene Konflikte mit dem Kaiser leisten können. Dabei sind allerdings zahlreiche Sonderbedingungen zu nennen, so etwa die starke Reichszersplitterung auf deutschem Territorium, die eine ausgesprochen schwache kaiserliche Zentralmacht bedingt sowie die durch Handel gewonnene wirtschaftliche Stärke der Hansestädte. Letzteres verweist bereits auf das Unterlaufen der Stratifikation durch wirtschaftliche Expansion. Vgl. z.B. für die Streitigkeiten der

glementierung unterworfen, die das Fehdeprivileg der Oberschicht zunehmend eifersüchtig für sich überwacht. Die Konfliktfähigkeit bleibt demnach sozial stark eingeschränkt. Eine nochmalige Erweiterung von Konfliktmöglichkeiten wird einen grundlegenden Umbau der gesellschaftlichen Differenzierungsform verlangen.

Stadt Lübeck mit König Ruprecht Anfang des 15. Jahrhunderts, die sich charakteristischerweise um die Zahlung von Steuern drehten Wehrmann 1878.

III.3 Moderne Gesellschaft

Es ist heute üblich, die moderne Gesellschaft mit einem Konflikt beginnen zu lassen, ja ihre Anfänge durch einen großen Konflikt zu definieren: der Konfessionskonflikt der Reformation. Die Moderne wird mit einem nach Art und Ausmaß nie gekannten Konflikt eingeläutet. Mit der Reformation wird deutlich, so hebt Wolfgang Schluchter hervor, daß die „symbolische Klammer" des Okzidents zerbrochen ist, unter der sich im Mittelalter die institutionelle Ordnung eingerichtet hat (vgl. Schluchter 1979: 252f.). Ehedem eindeutige semantische Deutungsmuster werden in den Abgrund der Differenzen gerissen, christliche Einheitsvorstellungen über die Welt endgültig ad absurdum geführt. Es ist wichtig, die religiös sanktionierte und gesamtgesellschaftlich verbindliche Grundsymbolik der stratifizierten, mittelalterlichen Gesellschaft hervorzuheben, um das Ausmaß der sich nun ankündigenden semantischen und gesellschaftsstrukturellen Veränderungen hervortreten zu lassen. Stratifizierte Gesellschaften können ihre Einheit noch darin finden, daß gegeneinander abgeschlossene Strata an Hand von übergreifenden Rangkriterien aufeinander bezogen werden, so daß jedem Teil sein verbindlicher und nicht-kontingenter Platz im gesellschaftlichen Konzert des Ganzen zugewiesen wird (vgl. Luhmann 1980b: 26). Unterschiedliche Teile der stratifikatorisch differenzierten Gesellschaft werden der Notwendigkeit direkter Reziprozität unterstellt. Dadurch werden sie *zu einer Gesamtheit zusammengeschweißt, die durch Religion repräsentiert werden kann.* Die Religion stabilisiert die Gesamtordnung der durch Ausdifferenzierung einer Oberschicht unübersichtlicher gewordenen Gesellschaft. Sie verleiht dieser an sich kontingenten Ordnung gesellschaftlicher Strukturen und Weltentwürfe gesellschaftsuniversale Verbindlichkeit.[60] Gesellschaftliche Kommunikation kann sich in sachlicher, sozialer und zeitlicher Hinsicht auf eine alles fundierende religiöse Symbolstruktur stützen.

Schon für das spätmittelalterliche Europa kann festgestellt werden, daß die christlichen Einheitsvorstellungen einem beständigen Korrosionsprozeß ausgesetzt gewesen sind. Das christliche Deutungsmonopol weicht einer Krisenperzeption, die die Nicht-Kontingenz der Welt, die Notwendigkeit ihrer Zusammenhänge mehr und mehr in Frage stellt: „Die Welt, der Lauf der Dinge, wurde immer unverständlicher, die den 'Ständen' traditionell zugeteilten Rollen gerieten ins Wanken (am auffälligsten beim Klerus), die Katastrophen wirkten wie ein Menetekel." (Graus 1988: 152) Verfallserscheinungen, Naturkatastrophen und Pestepidemien verlangen nach Bewältigung, die, so zeigen aufkommende antisemitische Feindbilder und Verschwörungstheorien, durch überlieferte christliche Deutungsmuster allein nicht mehr zu leisten ist. Gleichzeitig führen wirtschaftliche und politische Entwicklungen zu einer kommunikativen Verdichtung Europas, die

---

60   Vgl. die Funktionsbestimmung der Religion durch Luhmann 1975: 250f.: „Religion hat demnach die Funktion, die an sich kontingente Selektivität gesellschaftlicher Strukturen und Weltentwürfe tragbar zu machen, das heißt ihre Kontingenz zu chiffrieren und motivfähig zu interpretieren."

mehr Kontakte über größere Räume hinweg mit sich bringt. Diese Intensivierung befördert gegenüber der zunehmend kontrafaktisch hochgehaltenen universal-christlichen Einheit mehr und mehr Beobachtungsdifferenzen zu Tage, womit sich die in Unordnung geratenen religiösen Deutungsmuster weiter auf dem Rückzug befinden (vgl. Richter 1996: 169f.).

Die Reformation versetzt, ohne dies zu intendieren, der religiösen Einheitsverfassung der Gesellschaft den Todesstoß und bringt den Korrosionsprozeß des christlichen Sinnmonopols zum Abschluß. Wichtiger für den hier verfolgten konfliktsoziologischen Zusammenhang ist jedoch *die Innovation, die die Reformation für die Evolution des Konfliktes quasi erfindet.* Während stratifizierte Gesellschaften sich in der Toleranz von Konflikten auf die gesamtgesellschaftlich verbindliche Oben-Unten-Leitdifferenz gestützt haben, zeigt der Konfessionkonflikt vollkommen andere Muster. Es wird unmittelbar einleuchten, daß es sich bei der Reformation und ihren Kriegen keinesfalls um aristokratische Fehden gehandelt hat und erst recht nicht um Unterschichtenphänomene. Des weiteren fällt die mangelhafte soziale Regulierung der langjährigen reformatorischen und anti-reformatorischen Konfliktaktivitäten auf. Die Auseinandersetzungen jener Zeit benutzen *nicht,* so kann man in einschlägigen Darstellungen des Konfessionskonfliktes nachlesen (vgl. Lutz 1982: 93ff.), die im Rahmen der sozio-kulturellen Evolution bisher entwickelten und bewährten Mechanismen der Konflikthandhabung und -bereinigung. Sie liefern insofern Anschauungsmaterial, das nach neuen konfliktsoziologischen Analysemodi verlangt. Die Reformation zeitigt, so meine These, eine *neue Stufe der Evolution des Konfliktes.* Sie kann überhaupt nicht mittels der bisher explizierten Konfliktdeutungsmuster beschrieben werden. Deshalb ist zu vermuten, daß inzwischen wichtige gesellschaftsstrukturelle Wandlungsprozesse erfolgt sind.

Doch was hat sich geändert? Auffällig ist die mit der Reformation auftretende Territorialisierung von politischer Herrschaft (Stichweh 1991: 38). Theologische Dissense treten jetzt unter dem Deckmantel von territorial-politischer Protektion auf. Die konfessionellen Unterschiede lehnen sich an herrschaftliche Zusammenhänge an, um angesichts der entstehenden differentiellen Bekenntnisse eigene Chancen zu erhöhen. Zwar hat es schon zu den Pflichten mittelalterlicher Herrscher gehört, für das allgemeine Wohlergehen der Untertanen zu sorgen. Dies schloß geistliche und geistige Zusammenhänge mit ein. Jedoch treten mit der Korrosion ehedem eindeutiger religiöser Weltdeutungen Differenzen zutage, die für stratifizierte Gesellschaften undenkbar gewesen sind. Die Verbindung von politischer Herrschaft und religiösem Deutungsmonopol wird nun fortschreitend desintegriert. Es zeichnet sich ein Auseinandertreten von politischen und religiösen Zusammenhängen ab. Politische Fragen, die zunehmend dem thematischen Komplex „Staat" zusortiert und unter diesem *label* diskutiert werden, legen sich wie ein Netz auf das überkommene gesellschaftliche Schichtungsmuster und erzwingen ihre Berücksichtigung. Die Religion sieht sich, etwa in Fragen nach der Durchsetzung des richtigen Glaubens, an die politische Herrschaft verwiesen, um dort für Unterstützung zu werben. Der ehedem zu einer ununterscheidbaren Einheit verschmolzene Komplex von politischer Herrschaft und religiöser Weltdeutung wird aufgeteilt. Ihr Verhältnis wird zusehends kontingent. Hiervon profitiert insbesondere die Politik. Bekanntlich resultierte der dreißigjährige Krieg in Anlehnung an den Augsburger Religionsfrieden von 1555 in der prägnanten Formel des *cuius regio eius religio*. Dies bedeutet zunächst nichts anderes als eine gewaltige Aufwertung staatlich organisierter Kommunikation. Theoretisch impliziert diese Kurzformel eine Wählbarkeit von Konfession. „Daß eine echte Wahl realiter nur schwer praktikabel war, steht auf einem anderen Blatt. Immerhin werden durch den Lebensweg des französischen Königs Henri IV., der - um König werden zu können - als Protestant zum Katholizismus konvertierte und anschließend im Edikt von Nantes dem Hugenottentum eine beschränkte Glaubensfreiheit gewährte, die Möglichkeiten (und Zwänge) seiner Politik angedeutet...Es lag nun in der Staatsräson, zu entscheiden, wie mit konfessionellem Dissens umgegangen werden sollte." (Richter 1996: 178) Die Politik kann das Schisma dazu nutzen, eigene Entscheidungen als notwendige Verteidigung an der Konfessionsfront rechtfertigen zu können. Sie gewinnt dadurch an Beweglichkeit.

Es liegt auf der Hand, daß die einmal aufgebrochene, an sich evolutionär kontingente Einheit von politischer Herrschaft, Schichtung der Gesellschaft und religiöser Weltdeutung mit diesen Ereignissen irreversibel verabschiedet wird. Die einmal eingeführten Differenzen können nicht vergessen, nicht zurückgenommen werden, wie die Gegenreformation gezeigt hat. Die Politik macht sich von ihrer überlieferten Legitimationsquelle zwar nicht gänzlich unabhängig. Es bleibt eine Selbstverständlichkeit, politische Entscheidungen in religiöse Zusammenhänge einzubetten. Jedoch ist die Wegdifferenzierung politischer Fragen von religiösen Weltdeutungen unübersehbar. Deshalb bilden sich, wie Stichweh zeigt, Begriffe aus, die die neugewonnene Autonomie eines nun eigenständig gewordenen Bereiches symbolisieren. *Staatsräson* und *Souveränität* drücken die politische Orientierung an eigenen Interessenlagen sowie die Unabhängigkeit vom Papst aus (vgl. Stichweh 1991: 191ff.).

Die Trennung von unterschiedlichen Kommunikationssphären markiert die beginnende Durchsetzung von Modernität. Die Politik differenziert sich zu einem selbständigen Kommunikationszusammenhang aus, der sich ausschließlich an eigenen Ideen, Interessen, Werten und Zielen orientiert, also von der Ausrichtung auf externe Größen auf interne Auswahlkriterien umschaltet. Sie entdeckt „den Staat als letzten Zurechnungspunkt für alles politische Handeln und Entscheiden" (Stichweh 1991: 192) und lenkt ihre Aufmerksamkeit auf sich selbst als nun alles entscheidenden letzten Fluchtpunkt politischen Agierens. Sie beurteilt, so bringt Machiavelli die Neuentwicklung auf den Punkt, sämtliche eigenen Handlungen „nach dem Enderfolg" (Machiavelli 1978: 74). Deshalb sind es „die machtpolitischen Realitäten der Welt, die Machiavelli bewegen, nicht der Versuch einer Letztbegründung wahrer Herrschaft, für die etwa Platons politeia und Augustins

Gottesstaat Pate stehen. So hält sich Machiavelli nicht lange damit auf, wie die Welt in ihrer Unvollkommenheit einem perfekten Zustand näherkommen könne, wenn er dem Herrscher rät, ein einmal gegebenes Wort nur dann zu halten, wenn dies der Staatsräson...nicht ausdrücklich schadet." (Nassehi 1993: 309) In Machiavellis *Il Principe* bündeln sich die Neuentwicklungen der Zeit zu einer prägnanten Theorie des Staates, die bis heute fasziniert, weil sie das Neue grundlegend erfaßt und in einer Reflexionstheorie des Politischen zum Ausdruck bringt.

Versucht man die innovativen Tendenzen der gesellschaftlichen Veränderungen auf den Punkt zu bringen, so fällt im Übergang zur modernen Gesellschaft eine Verschiebung der Sinnverarbeitung auf. Stratifizierte Gesellschaften haben sich Vorteile ermöglicht durch die Einführung einer Oben-Unten-Leitdifferenz, die in der Sozialdimension positioniert ist. Entscheidend war dabei, *wer* eine bestimmte gesellschaftliche Leistung erbrachte, weniger, worin sie genau bestand, *was* also geleistet wurde. Dieser Sinnfokus in der *Sozialdimension* - und das ist die entscheidende Innovation -, verschiebt sich nun in die *Sachdimension*. Mit der Ausdifferenzierung sachlich unterschiedlicher Zusammenhänge wird sämtliche Aufmerksamkeit auf die Frage umgelenkt, *was*, gemäß Machiavelli, der „Enderfolg" beinhaltet. Soziale Identifikationsmerkmale treten zurück zugunsten einer sachlichen Spezifikation des Politischen. Man verzichtet in der gesellschaftlichen Ausgestaltung politischer Zusammenhänge auf einen geschlossenen Personenkreis, der hierfür ausschließlich in Frage kommt. Stattdessen konzentriert man sich auf das Politische selbst, das theoretisch von jedermann erfolgreich vollzogen werden kann.

Bis dahin ist es allerdings noch ein langer Weg. Die Politik - Machiavellis Nennung des Fürsten in seiner Untersuchung des Politischen legt das nahe -, bleibt vorerst Adelsgeschäft. Doch schon bald nach der Reformation erzwingt die Überformung des Schichtungssystems durch die sich ausdifferenzierenden Staatsorganisationen die Trennung zwischen reichsunmittelbarem und territorialstaatlichem Adel, in der der erstere die Ausdifferenzierung des Staates symbolisiert und der letztere sich irgendwie mit seinem Territorialherren arrangieren muß. Staatliche Nobilitierungen werden möglich. Die Besetzung politischer Ämter durch kompetente, nicht-adelige Bewerber demonstriert das Ende der Stratifikation (Luhmann 1992: 352).

Die Ausdifferenzierung von Staaten und die damit einhergehende Verschiebung von Sinnverarbeitungen von der Sozial- in die Sachdimension ist kein Einzelfall und hätte auch kein Einzelfall bleiben können. Ähnliche Autonomisierungsbestreben könnten an dieser Stelle für andere gesellschaftliche Bereiche aufgezeigt werden, wie etwa Kirchen, Schulen, Universitäten, Gefängnissen und - insbesondere seit dem 19. Jahrhundert - Wirtschafts- und Arbeitsorganisationen. Entscheidend ist dabei die Umstellung der gesellschaftlichen Differenzierung von Stratifikation auf die Ausdifferenzierung von Organisationen. Es bilden sich neue organisierte Inseln *in* der Gesellschaft heraus, die sich quer zur Schichtung stellen und die Gesellschaftsstruktur grundlegend ändern - ein Ausdifferenzierungsprozeß, der wohl einen Anfang gehabt haben muß, der aber bis heute kontinuiert. Deshalb ist es sinnvoll zu sagen, die progressive Zuschaltung von Organisationen in der Gesellschaft mache die Modernität der Gesellschaft aus und sei an einem bestimmten Punkt flächendeckend durchgesetzt. Jedoch wird dabei kein Ziel erreicht. Der Ausdifferenzierungsprozeß von Organisationen bleibt dynamisch und wandlungsfähig. Alte Organisationen sterben ab, neue kommen ständig hinzu. Das gilt selbst für die Staatsorganisationen, insbesondere nach dem zweiten Weltkrieg (vgl. unten, IV.3).

Im hier verfolgten konfliktsoziologischen Argumentationszusammenhang ist primär von Interesse, welche Neuerungen die Umstellung des Gesellschaftssystems auf die Differenz von Interaktion, Organisation und Gesellschaft für soziale Konflikte bereithält. Bereits der Konfessionskonflikt bietet einiges Anschauungsmaterial für die Analyse konfliktsoziologischer Fragen. *Cuius regio eius religio* bedeutet ja soviel wie: Jede Person auf einem Territorium wird, auch und gerade der Herrscher, ausnahmslos einer distinkten Konfession zugeordnet. In diesem Ergebnis des Konfessionskrieges drückt sich die Überordnung sachlicher Sinnverarbeitungen über soziale Schichtungsphänomene sowohl in staatlich-politischer als auch in kirchlich-religiöser Hinsicht aus. Gesellschaftliche Ordnungsschemata machen jetzt nicht mehr an den Strata halt, sondern betreffen den gesamten Bevölkerungskreis innerhalb einer territorialen Staatsorganisation. Wer sich dieser neuartigen Konfessionslogik widersetzt, muß das Staatsterritorium verlassen, also emigrieren oder sich mit den räumlich vorgefundenen Verhältnissen arrangieren. Dies gilt, wie das bereits genannte Beispiel des französischen Köngs Henri IV. eindrucksvoll demonstriert, auch für die ehedem dominierende Oberschicht. Wichtige Strukturänderungen betreffen jetzt den gesamten auf einem räumlich abgegrenzten Territorium in Frage kommenden Mitgliederkreis. Man ist reformiert oder nicht - tertium non datur.

Die Problematik im Verhältnis einer sich nun herausbildenden Pluralität von Territorien bei gleichzeitiger konfessioneller Spaltung liegt nicht sofort auf der Hand. Man könnte sich vorstellen, daß sich die neuen, pluralen Horizonte von Staat und Kirche wechselseitig zu einer schillernden Landschaft miteinander multiplizieren, die Vielfalt eines entstehenden Staatenterrains also durch ein konfessionelles Durcheinander weiter angeregt wird. Tatsache ist jedoch, daß die Entstehung der frühmodernen Staaten konstitutiv mit einer *homogenen* Konfessionalisierung verbunden ist. Folglich stellt sich nach der Reformation die Frage, wie der Staat auf eine etwaige konfessionelle Inhomogenisierung auf seinem Territorium reagieren soll. Der Territorialstaat muß als Organisation jeden zur Wahrnehmung der konfessionellen 'Option' zwingen. Das schärft die internen Konfliktfronten.

Gleichzeitig stürzt die Konfessionalisierung den frühmodernen Staat in jetzt als 'außenpolitisch' firmierte Kalamitäten. Die Möglichkeit einer auswärtigen Unterdrückung oder Benachteiligung von dortigen Bürgern gleicher Konfession erzeugt Handlungsdruck und Konfliktpotential. Wie sollte man sich als katholisches Herrscherhaus gegenüber den Katholiken Englands verhalten? Die nun möglich gewordenen Konflikthorizonte weiten sich sowohl auf innerstaatlicher als auch auf zwischenstaatlicher Ebene bei gleichzeitiger Intensivierung des Konfliktklimas aus. Die vorgegebene strikte Zweiwertigkeit eines Für oder Gegen die Reformation läßt jede persönliche Wahl für die andere Seite als politische Rebellion erscheinen, solange die Konfession ein Konstitutivum des frühmodernen Staates bleibt. Jede Art von wahrnehmbarem und artikuliertem Dissens trifft auf sensible Kollaborationsunterstellungen. Darauf gerichtete verschärfte Repressionsmaßnahmen können Anlaß zu außenpolitischer Krisenperzeption und Interventionsbereitschaft geben. Man sieht sich verpflichtet, bedrohten Glaubensbrüdern im Kampf gegen den 'Antichrist in Rom' oder umgekehrt im Kampf gegen 'lutherischen Ketzer' Beistand zu leisten. Der Konfessionskonflikt gerät in einen Zirkel der Selbststeigerung gewaltbereiter Konfliktaustragung und endet im (drohenden) europäischen Bürgerkrieg. Die Reformation bewirkt eine ausweitende Generalisierung sowie 'Internationalisierung' der Konflikte bis hin zum Dreißigjährigen Krieg (vgl. Kennedy 1989: 70ff.). Europa wird kriegerisch vernetzt (Tilly 1990: 176).

So überraschend der gewaltige Sprung in der sozio-kulturellen Evolution des Konfliktes zunächst erscheint, so konsequent ergibt er sich aus den Beobachtungen zum sozialstrukturellen Umbau der europäischen Gesellschaft im Übergang zur Moderne. Es liegt auf der Hand, daß mit der Unterordnung von Stratifikation unter die sich ausbildenden gesellschaftlichen Organisationsinseln die überkommene Konflikthandhabung der stratifizierten Gesellschaft weitgehend fallengelassen wird, ja fallengelassen werden muß. Die limitierende Stabilisierung von zugelassenen Konflikten mittels Stratifikation steht nicht mehr zur Verfügung, sobald sich die Staatsorganisationen mit eigenen Ansprüchen und Interessen wie ein Netz über die alte Ordnung legen und sie schrittweise auflösen. Konflikte haben nun nicht mehr den Charakter von tolerierten und rechtsmäßigen Fehden, die von Aristokraten zwecks Selbsthilfe eingeleitet werden. Die Fehde wird nach und nach verschwinden und sich zum 'Duell' residualisieren.

Die Begriffsgeschichte stellt diese Veränderungen in Rechnung. Sie gibt dem Begriff des *Krieges* eine bis dahin nicht gekannte Bedeutung. Heißt Krieg im Mittelalter ganz unspezifisch soviel wie Streit, Konflikt und Meinungsverschiedenheit, die sowohl vor Gericht als auch mit Waffen ausgetragen werden kann, so bildet sich nun ein militärischer Begriff des Krieges heraus. „Von den zahllosen kleinen, mit Überfällen und Verwüstungen geführten Fehden heben sich jene Unternehmungen ab, die eine umfassendere militärische Aktion erfordern: der 'namhafte Krieg.'" (Brunner 1959: 40) Die sich ausdifferenzierende Konfliktform 'Krieg' muß auf die überkommenen Konfliktregulierungen verzichten, da die Stratifikation zurücktritt. Das, was in jahrhundertelanger Anstrengung mittels Landfriedensbewegungen aufgebaut worden ist, wird mit einem Male wenn auch nicht obsolet, so doch unbrauchbar für eine neue Konfliktart. Sie überragt die bisher bekannten Streitigkeiten in jeder Hinsicht. Die *Geburt der Neuzeit aus dem*

Geist der Reformation bringt schwere Folgelasten mit sich. Die sich autonomisierenden Staaten stoßen in bisher unbekanntes Konfliktterrain vor, das noch nicht von der sozio-kulturellen Evolution des Konfliktes 'beackert', vornormiert, vermessen und begrenzt werden konnte. Zwischenstaatliche Kriege sind an der Tagesordnung (vgl. unten, IV.3). Sie operieren auf einem gleichsam 'jungfräulichen' Terrain, das Spielraum für alle nur denkbaren Widerwärtigkeiten im Kampf gegen die 'Antichristen' oder die 'Ketzer' gibt. Dabei nehmen sie auf das Ausmaß des Ressoucenverzehrs keine Rücksicht.[61]

Neue Konfliktfronten tun sich jedoch nicht nur im Verhältnis der Staaten zueinander auf. Mit der Reformation wird nicht nur das Zeitalter des politisch-staatlich geführten, kriegerischen Konfliktes, sondern auch ein Prozeß der konsequenten Enthierarchisierung bzw. Destratifizierung der Gesellschaft eingeläutet. Das bedingt *grundlegende Veränderungen für die Evolution des Konfliktes*. Neben Staat und Kirche differenzieren sich weitere Organisationen aus, die je nach spezifischen Eigeninteressen arbeiten und die Auflösung der aristokratischen Herrschaftsordnung des Mittelalters vorantreiben. Insbesondere die geldbasierte Expansion von Wirtschaftunternehmungen desintegriert die aristokratische Ressourcenkontrolle. Die entscheidende Änderung der Verhältnisse wird weniger von der Geldabhängigkeit des Adels bewirkt, die in die Verschuldungskrisen des 15. und 16. Jahrhunderts führt. Wichtiger ist die progressive *Adelsunabhängigkeit des Geldes* (Luhmann 1992: 354). Geld stinkt bekanntlich nicht, so sagt der Volksmund. Damit ist insbesondere seine *soziale Indifferenz* gemeint. Jenseits von gesellschaftlichen Schichtungsdifferenzen fungiert das Geld als Medium, „das sich beliebigen Kommunikationen anpaßt" (Baecker 1987: 528). Geld zeichnet sich dadurch aus, daß man ihm nicht ansehen kann, „ob es...aus einem kirchlichen Klingelbeutel oder der Kasse einer Gunstgewerblerin stammt" (Nassehi 1993: 209). Folglich ist es auch indifferent, ja geradezu aggressiv gegenüber Stratifikation und der mit ihr verbundenen Statussymbolik. Die Ausbreitung von geldbasierter Organisationsmitgliedschaft (Lohnarbeit) hat nivellierende Tendenzen. Sie toleriert keine aristokratischen Sonderstellungen. Das, was als Privileg für den Adel über längere Zeit gerettet werden kann, ist pikanterweise nur noch in Geld formulierbar: die Steuerexemtion.

Im Endergebnis führen die gesellschaftsstrukturellen Wandlungen zu einer enthierarchisierten Gesellschaft, die sich durch horizontale Anordnung von immer weiter um sich greifenden Organisationsinseln eine historisch unvergleichliche Beschleunigung ermöglicht. Die immense Steigerung von Möglichkeiten gelingt, weil die moderne Gesellschaft die gleichzeitige Prozessierung von sach-

---

61   Die wirtschaftlichen und sozialen Auswirkungen des Dreißigjährigen Krieges sind drastisch: Kriegsbedingte Seuchen und mangelhafte Ernährung ließen die Bevölkerung je nach Intensität des regionalen Konfliktes um 30 bis 50% zurückgehen. Vgl. Lutz 1982: 114.

lich Unterschiedlichem durch Organisationsbildung ermöglicht.[62] Während die Stratifikation gegenüber segmentärer Differenzierung einen höheren Möglichkeitsspielraum bedeutet hatte, so wird sie nun zu einem Hemmnis der gesellschaftlichen Entwicklung. Die moderne Gesellschaft verzichtet auf eine vorgängige *soziale* Regulierung ihrer Einheiten, um sie durch die primäre Orientierung an organisatorisch spezifizierten Aufgaben zu ersetzen.

Die Überführung der Gesellschaft in die Differenz von Organisation und (nicht-organisierter, interaktiver) Gesellschaft hat drastische Konsequenzen für modernes Konfliktverhalten. *Verzichtet die Gesellschaft auf eine soziale Vorregulierung personaler Zusortierung, so spricht nichts mehr gegen eine gesellschaftsweite Ausdehnung von Konflikten.* Hatten stratifizierte Gesellschaften Konflikte vorgängig eingeschränkt durch Zulassung des Streites in einer kleinen Oberschicht und von dort rückwirkender Hemmung des Konfliktverhaltens in Unterschichten, so wird dieser Vorselektionsmechanismus nun abgeschafft. Die moderne Gesellschaft ermöglicht sich durch die Abschaffung von einengender Stratifikation eine immense Beschleunigung, *muß dafür aber auf einen vorgängigen Konfliktfilter verzichten.* Die gesellschaftsstrukturellen Gründe für eine Vorabrepression von sozialen Konflikten entfallen. Nichts spricht dagegen, daß Bauern sich um die Benutzung eines Landweges streiten oder Bürger den Konflikt aufnehmen, weil sie sich nicht über das Ernterecht für einen Kirschbaum auf der Grenze ihrer benachbarten Grundstücke einigen können usw. In der Sozialdimension unterbleiben in der modernen Gesellschaft vorgängige Konflikthemmungen, da die *Möglichkeit* einer Teilnahme der gesamten Bevölkerung an jeder gesellschaftlichen Kommunikation solchen Mechanismen widerspricht. Wenn prinzipiell nichts gegen einen Zugang jedes Individuums zu jedem Sozialsystem spricht, dann muß jeder jederzeit mit jedem in allen Bereichen Konflikte austragen können. Auch wenn faktisch die Teilnahme an Gesellschaft für jeden nur höchst ungleich vollzogen wird, massive soziale Ungleichheit bis heute den Normalfall darstellt und umfassende Exklusionen auf der Tagesordnung stehen, wird prinzipiell die Möglichkeit vorgesehen, daß jeder zu jedem Zeitpunkt und überall Kommunikationen ablehnen kann. Konflikte werden für jeden in der ganzen Gesellschaft zugelassen, wenn in der Sozialdimension keine 'natürliche' und automatische Vorabbeschränkung des Zugangs zu Interaktion, Organisation und Gesellschaft vorgenommen wird.

Spricht in der Sozialdimension nichts mehr gegen eine gesellschaftsweite Universalisierung des Konfliktes, so lassen sich Gründe anführen, weshalb der

---

[62]   Die von der Theorie funktionaler Differenzierung in den Mittelpunkt gerückte Gleichzeitigkeit des sachlich Unterschiedenen wird also erst durch die Schaffung besonderer Organisationsinseln *in* der Gesellschaft möglich. Diese Überführung der Gesellschaft in die Differenz von Organisation und (interaktiver) Gesellschaft kann mit der Unterscheidung von Interaktion, Organisation und Gesellschaft beschrieben werden. Für eine konfliktethnographische Anwendung vgl. unten Kapitel IV.

gesellschaftliche Verzicht auf eine vorgängige Konfliktregelung tatsächlich für eine immense Ausweitung von Konfliktkommunikation genutzt wird. Konflikte entstehen dadurch, daß Handlungsangebote abgelehnt werden. Kommunikationsofferten erscheinen unakzeptabel und werden zurückgewiesen. Die Unzumutbarkeit von Sinnvorschlägen wird in dem Maß wahrscheinlicher, wie die Gesellschaft mehr Sinnreservoirs zur kommunikativen Weiterverarbeitung anbietet. Ablehnungen von Handlungen werden dann häufiger auftreten, wenn sich die Möglichkeitsspielräume von Kommunikationsleistungen erweitern. Die moderne Gesellschaft rastet genau an dieser Stelle ein. Sie sprengt die als 'natürlich' beschriebenen Beschränkungen und Klammern, die die Stratifikation gesellschaftlichen Ereignissen verordnet hat, indem sie eine schrittweise „Organisation der Welt", genauer: eine fortschreitende Organisierung sozialer Zusammenhänge einführt (vgl. Türk 1995). Die einengende Oben-unten-Codierung wird mitsamt ihren topologischen Limitierungen weggefegt zugunsten einer Sozialordnung, die aufgrund der Entscheidungstätigkeit von Organisationen mehr und mehr als selbstgemacht, insofern als 'un-natürlich' und als auf Entscheidung beruhend erscheint. Je weitergehend sich formale Organisation aller Art - beginnend mit den territorialen Staatsorganisationen und erst viel später umfassend durch Wirtschaftsorganisationen - jeweils ein bestimmtes Stück aus der Gesellschaft herausschneiden und nach eigenen Spielregeln, Zwecken und Programmen gestalten, desto mehr werden ehedem 'natürliche' Handlungsinterpretationen und Bedeutungszuweisungen als auf kontingenter Entscheidung beruhend erlebt, so daß zwangsläufig Erlebnis- und Handlungsmöglichkeiten sachlich, sozial und zeitlich stärker auseinandergezogen werden.

Prekär wird dabei die Realitätsexpansion in der Sozialdimension. Solange Gesellschaft weitgehend religiös symbolisiert wird, bereitet die Unterstellung von *gleichsinnigem* Erleben geringe Schwierigkeiten. Die Religion limitiert die Möglichkeiten divergierenden Erlebens. Es ist undenkbar, daß jeder zu jedem Sinn eine differente Meinung artikuliert. Das gelingt, solange die Religion Kontingenzen von der Gesellschaft fernhält und Sinndivergenzen in die Transzendenz exportiert. Die Religion entlastet kommunikative Zusammenhänge von Attributionsproblemen. Sie garantiert eine ausreichende Konsensunterstellung, die das konfliktträchtige Auseinandertreten von Handlungsauffassungen und -zurechnungen hemmt (Luhmann 1980c: 174ff.).

Mit dem Auftreten des Konfessionsstreites wird der religiöse Kommunikationsanker eingezogen. Zurechnungsprobleme schleichen sich sogar selbst in die Religion ein. Religiöse Bekenntnisse müssen, da nun mehrere von ihnen nebeneinanderstehen, selbst zugerechnet werden oder gar durch einen staatlich verordneten Konsens von oben abgesichert werden. Kann man bis dato noch sagen, „daß der allem Erleben und Handeln zugedachte Bezug auf Gott als heimliche Selbstreferenz des Gesellschaftssystems" (Luhmann 1984: 624) fungiert und insofern einen immanent-transzendenten Anker abgibt, so werden Sinnzumutungen mit dem Übergang zur modernen Gesellschaft zunehmend an sich selbst verwie-

sen. Sie müssen aus sich selbst heraus zur Annahme motivieren *bei einer gleich-*
zeitigen radikalen Multiperspektivierung der Welt. Staatliche, ökonomische,
kirchlich-religiöse und andere Horizonte bilden sich als eigenständige Sinnzusammenhänge heraus und muten den Menschen sachlich radikal unterschiedliche
und unkoordinierte thematische Felder zu.

Betrachtet man die damit gegebene Vervielfältigung von Beobachtungsdifferenzen, so wird die immense Ausweitung des sozialen Konfliktes nicht überraschen. Das soziale Leben wird in dem Maße konfliktreicher, wie das Auseinandertreten von Sinnhorizonten divergierende Handlungsinterpretationen und Bedeu-
tungsauffassungen anregt.

Die Ausbildung einer „société conflictuelle" (Freund 1983: 12) läßt sich an
der *Entfaltung einer Konfliktsemantik* ablesen. Hobbes bricht angesichts der Ereignisse seiner Zeit radikal mit der aristotelischen Auffassung vom Menschen als
geselligem Wesen. Der Mensch strebt nur noch insofern nach dem Zusammenschluß mit anderen, als darin Chancen zur individuellen Zielrealisation begründet
sind. Primäre Bedeutung gewinnt das Nützliche, und das ist für Hobbes die Gewinnung von Macht. Machtakkumulation führt jedoch notwendig - zum Konflikt,
zum *bellum omnium contra omnes.*

In Hobbes' Lehre vom Leviathan spiegeln sich gleichsam sämtliche Veränderungen in der Evolution des Konfliktes, die sich mit dem Übergang zur Neuzeit angekündigt haben. Das gilt nicht erst für die Perzeption einer gesellschaftsweiten Ausdehnung des Konfliktes, sondern bereits für die hierfür notwendige
Nivellierung der Oben-unten-Ebenenunterscheidung. „Ich weiß", so führt Hobbes
in De Cive aus, „daß Aristoteles im ersten Buch seiner 'Politik' es gleichsam als
eine Grundlage aller politischen Wissenschaft aufstellt, daß von Natur einige
Menschen zum Befehlen und andere zum Dienen geschaffen seien; als ob die
Unterschiede zwischen Herren und Sklaven nicht auf Übereinkommen der Menschen, sondern auf ihrer Begabung, d.h. einem natürlichen Wissen oder Unwis-
senheit beruhten." (Hobbes 1959: 105) Hobbes hält dieser klassischen Auffassung
entgegen, daß im Konflikt keinesfalls immer die Klügeren den stärkeren Part
abgeben und folgert, daß man entweder die Gleichheit der Menschen entweder als
naturgegeben ansehen oder aber zumindest „um der Erlangung des Friedens willen sie als gleich ansehen" müsse (Hobbes 1959: 105). Die Einebnung der gesell-
schaftsuniversalen Oben-Unten-Leitdifferenz findet ihren semantischen Niederschlag mit allen expansiven Folgen für die soziale Konfliktmentalität. Insbesondere die Möglichkeit der Tötung, der jeder, egal wie stark, ausgesetzt ist, plausibi-
siert für Hobbes die empirische Gleichheit der Menschen. Potentiell sei darüber
hinaus jeder gleichermaßen klug, denn *Prudentia* stamme aus der Erfahrung. Sie
kann deshalb von „allen Menschen, die sich gleich lang mit den gleichen Dingen
beschäftigen, gleichermaßen erworben" werden (Hobbes 1994: 94). Die Gleichheit
der Menschen bedingt für Hobbes die für alle gleiche Hoffnung auf die Erreichung
von distinkten Zielen. Da das *ius omnium in omnia* eine vorgängige Regulierung
des gesellschaftsweiten Konfliktes unmöglich mache, folgt die Unausweichlich-

keit des Bürgerkrieges, einer Art kriegerischen Normalzustandes, der sich selbst steigert und unbegrenzt fortschreitet. Der Konflikt wird erwartet. Er provoziert Gegenmaßnahmen wie präventive Machtakkumulation, die ihrerseits den Konflikt herbeiführt und perpetuiert. Den Ausweg aus diesem hoffnungslosen Zirkel weist die *metus mortis violentiae*, die menschliche Furcht vorm gewaltsamen Tode. Der Mensch fürchtet den Tod und verlangt nach den angenehmen Dingen des Lebens. Wird die Vernunft in den Dienst dieser Momente gestellt, so gelingt die Zustimmung zum erlösenden Vertrag. Hobbes plaziert an diese Stelle bekanntlich den inzwischen historisch gewordenen Staat.

Spinoza und Rousseau werden Hobbes' revolutionäres Gedankengut variieren, ohne die Konflikthaftigkeit des sozialen Lebens in Frage zu stellen (vgl. Fetscher 1960: 4). Die Semantik hält demgemäß eine inhärente Neigung der modernen Gesellschaft zum sozialen Konflikt fest. Sie spiegelt wider, daß die vorgängigen Mechanismen der Konflikthemmung aufgegeben worden sind, so daß der Konflikt um sich greift. Damit stellt sich die Frage: Was tritt an die Stelle der abgeworfenen Konflikthemmungsinstanzen?

Sucht man nach den modernen Nachfolgeeinrichtungen für die Repression und Eindämmung von sozialen Konflikten, so fällt zunächst das sukzessive Zurücktreten der Gewalt aus dem Alltag auf.[63] Die gewaltsame Selbsthilfe in Form der Fehde hatte zu den legitimen Selbstverständlichkeiten der mittelalterlichen Gesellschaft gehört. Gewalt diente dort dem sozialen Beweis des Im-Recht-seins. Sie manifestierte das Festhalten an normativen Erwartungen und nahm hierfür hohe Folgekosten in Kauf. Der streitbare Adel griff schnell zu Gewaltmitteln, da der Ehrbegriff auch bei geringeren Anlässen danach verlangte.

All das ändert sich mit der Ausdifferenzierung von Staatsorganisationen. Die Gewalt wird innerhalb der durch die Staatenbildung vorgegebenen Territorien domestiziert. Der Staat kaserniert die Gewalt, da sie seiner Souveränität widerspricht. Das geschieht nicht von heute auf morgen. Die Landfriedensbewegung des Mittelalters hat in mehreren Anläufen die Zurückdrängung der gewaltbereiten Selbsthilfe angestrebt und verwirklicht, ohne jedoch die Fehde ganz zum Verschwinden bringen zu wollen oder zu können. Die endgültige 'Befriedung' der Territorien gelingt erst mit der Ausdifferenzierung des Staates, der das legitime Monopol auf Gewaltanwendung für sich beansprucht. Erst dann gibt es keine rechtmäßige Fehde mehr. Die Anwendung von 'privater' Gewalt ist ein unwiderruflicher Rechtsbruch. Die formalen Vorschriften über das Einleiten einer legalen Gewaltanwendung zur Selbsthilfe - etwa die ankündigende 'Absage' im Fehdebrief - werden nicht mehr benötigt. Nicht-staatliche Gewalt ist nun in jedem Fall rechtswidrig.

Die Auswirkung der staatlichen Kasernierung von Gewalt auf die Konfliktlandschaft der modernen Gesellschaft ist zweischneidig. Einerseits wird eine bis

---

63   So weitgehend, daß Sorel (1969: 25) vor der Illusion eines vollständigen Verschwindens der Gewalt warnt.

dahin dominierende Konfliktart abgeschafft. Die konfliktuöse Selbsthilfe wird stillgelegt. Ein bestimmter Konfliktmodus wird als evolutionäre Sackgasse zugebaut und der historischen Forschung zugewiesen. *Andererseits ermutigt die Abschaffung von Gewalt zum Konflikt* (vgl. Luhmann 1984: 539). Die Einschränkung, ja Abschaffung bestimmter Konfliktmittel erhöht die Bereitschaft, 'Nein' zu sagen. Die Folgen werden kalkulierbarer - eine Konflikterleichterung, die bereits für die Regulierung der mittalterlichen Fehde beobachtet werden kann. Physische Schäden werden unwahrscheinlicher in dem Maße, als die Konfliktaustragungsmittel in andere Richtungen umdirigiert werden. Erst die staatliche Unterdrückung hoher physischer Schadenswahrscheinlichkeiten ermöglicht hinreichende Freiheit zum Konfliktverhalten. Die Repression unübersichtlicher Gewaltverhältnisse erleichtert eine Entscheidung darüber, ob man sich einen Konflikt überhaupt leisten kann. Auch bei ungewissem Ausgang ist zumindest sichergestellt, daß die physische Existenzgrundlage nicht zerstört wird.

Betrachtet man die Gewaltmonopolisierung durch den Staat als moderne Nachfolgeinstanz zu nicht mehr brauchbaren Konfliktregulierungsmechanismen, so verschiebt sich der Akzent von der Konfliktrepression zur Konfliktermutigung. Konflikte werden nicht gehemmt, sondern erleichtert. Dies gelingt jedoch nur, wenn die allzu 'dysfunktionalen' Bestandteile des Konfliktes ausgeschieden werden. Hierzu entzieht der Staat der Gesellschaft die Gewalt und zentralisiert die Entscheidung über ihre fallweise Anwendung. Diese Leistung kann er jedoch nicht allein aus sich selbst hervorbringen. Er bedarf eines formal-rechtlichen Normenkomplexes, der sich zwischen staatliches Handeln und dessen zwanghafte Durchsetzung postiert. Die rechtliche Selbstbindung staatlichen Handelns wird zwischengeschaltet zur Bindung der nun in einer Hand konzentrierten Gewalt. Für die Entwicklung einer rechtsstaatlichen Selbstbeschränkung staatlicher Macht ist der Staat sowohl auf Rechtsnormen als auch auf Gewalt angewiesen. Zwangsmittel werden parat gehalten, damit Rechtsnormen in der Gesellschaft angemessene Berücksichtigung finden. „Die Rechtsentscheidungen, besonders Gerichtsurteile, bleiben nicht Gesänge, die im Leeren verhallen." (Luhmann 1981a: 168) Ihre Befolgung kann und wird im Zweifelsfall erzwungen werden.[64]

Sofern die staatliche Gewaltmonopolisierung mit einer rechtsstaatlichen Spezifikation ihrer fallweisen Anwendung kombiniert wird, werden neue Freiräume für die Ausgestaltung von Rechtsnormen gewonnen. Staatlich gesatzte Rechtsnormen können als mächtiger Dritter soziale Konflikte regeln, ja die Rege-

---

[64]   Eine Beobachtung, die Max Weber geradezu zum Definiens von Recht erhebt: „'Recht' ist für uns eine 'Ordnung' mit gewissen spezifischen Garantien für die Chance ihrer empirischen Geltung. Und zwar soll unter 'garantiertem objektiven Recht' der Fall verstanden werden: daß die Garantie im Vorhandensein eines 'Zwangsapparates' im früher definierten Sinn besteht, also einer oder mehrer sich eigens zur Durchsetzung der Ordnung durch speziell dafür vorgesehene Zwangsmittel bereithaltender Personen." (Weber 1967: 71)

lungskompetenz für sich verlangen. Sie beziehen ihr Potential aus der 'Partizipation' an staatlicher Gewalt. Die Deckung des Normenapparates durch physischen Zwang stellt sicher, daß im Konfliktfall Handlungsfähigkeit gewahrt bleibt. Soweit dies sichergestellt worden ist, können die qua staatlicher Entscheidung geltenden Verhaltenserwartungen zur Steigerung der gesellschaftlichen Konfliktfähigkeit beitragen. Rechtsnormen stärken die Riskierbarkeit von Konflikten. Sie machen „Neins" aussichtsreicher, indem sie streitbare Institutionen erzeugen. Als Landwirt kann man dem Streit um die Nutzung eines Wirtschaftsweges gelassen entgegensehen, wenn ein entsprechendes Nutzungs*recht* im Grundbuch eingetragen ist. Man kann seinen Vermieter selbst als wirtschaftlich schwacher Student zur Reparatur des Waschbeckens zwingen, wenn ein *Mietvertrag* dies vorsieht. Der Vermieter kann seinerseits als *Eigentümer* dem Studenten kündigen, sofern er plausiblen Eigenbedarf an der Wohnung glaubhaft machen kann. Wie immer man die Gerechtigkeit rechtsnormierter Verhältnisse beurteilen möchte - unbestreitbar ist die Stärkung der individuellen Konfliktfähigkeit durch das Recht (Luhmann 1984: 542f.). Die Anregung von Konflikten durch mit physischer Gewalt gedeckte Rechtsnormen gelingt, weil Gewalt zunächst der Gesellschaft entzogen und für den Staat reserviert wird, dann aber per rechtlicher Mediatisierung für nichtstaatliche Zwecke zur Verfügung gestellt wird. Die Gewalt als Konfliktaustragungsmittel wird kaserniert, rechtlich respezifiziert und schließlich gesellschaftlich redistribuiert. Der Vermieter darf keinesfalls selbst eine Räumung einer Wohnung vornehmen, auch wenn die Kündigung sowie die Fristenbeachtung im Gesetzesrahmen bleiben. Er muß bei der zuständigen Gerichtsstelle einen Räumungsantrag stellen - erst dann wird die im Zweifelsfall gewaltsame Räumung legalisiert.

Die Gewalt bleibt demgemäß auch in der modernen Gesellschaft ein wichtiges Mittel der Konfliktentscheidung. Sie muß allerdings durch das Nadelöhr des Staatsapparates getrieben werden. Diese Notwendigkeit macht sie nicht weniger effektiv, sondern ganz im Gegenteil zu einer besonders sicheren Entscheidungsinstanz. Konnte man in einer mittelalterlichen Fehde noch hoffen, daß der Gegner aufgrund der Kräfteverhältnisse den gewaltsamen Konflikt nicht wagt oder nach einigen Aktionen abbricht, so herrscht in der modernen Gesellschaft Gewißheit über das, was von Gewalt zu erwarten ist. Der Staat wird seine Souveränität nicht in Frage stellen lassen. Wird er herausgefordert, etwa durch Hausbesetzungen, Blockaden etc., so werden Gewaltmittel massiert und mobilisiert werden, um die Souveränität auf dem eigenen Territorium sicherzustellen. Im Normalfall kann kein Zweifel darüber bestehen, wie Konflikte bei einer Hinzunahme von staatlicher Gewalt entschieden werden. Die Normalität dieses Arrangements kann man sich dadurch vergegenwärtigen, daß im Falle eines Nicht-Gelingens die Politikerköpfe rollen, der Staat also eine Krise perzipiert. Die Nicht-Räumung eines besetzten Hauses erscheint in den Medien als Führungsschwäche. Man befürchtet, nicht mehr Herr im eigenen Hause zu sein.

Man kann gegenüber solchen Ausnahmen davon ausgehen, daß Gewalt eine souveräne Entscheidungsinstanz abgibt. Gewalt kann deshalb normalerweise *unterlassen* werden, und gerade darin zeigen sich ihre besonderen Vorzüge (vgl. Luhmann 1981: 139). Als Mittel der Konfliktentscheidung setzt Gewalt *dort* besonders signifikante Kontrapunkte der Gewißheit, wo die Steigerung von Erlebens- und Handlungsmöglichkeiten tendenziell zu einer Konfliktsteigerungsquelle wird. Je umfassender und unübersichtlicher die moderne Gesellschaft wird, desto mehr driften Normprojektionen auseinander. Rechtlich gebundene Gewalt tritt dabei entstehender Unsicherheit als eine Art Letztrückversicherung gegenüber.

Soweit kommt es in den meisten Fällen nicht. Konflikte werden, wenn sie überhaupt juridifiziert werden, per Rechtsprechung entschieden. Das Recht ermöglicht demzufolge nicht nur Konflikte, sondern es löst sie auch, indem z.B. in Gerichten Recht gesprochen wird.

Geht man davon aus, daß die Ausdifferenzierung des Rechtsstaates sowohl eine ungeahnte Steigerung von Konfliktfreiheiten als auch ihre Bewältigung ermöglicht, dann ist es sinnvoll zu sagen, daß sich die moderne Gesellschaft die Fortsetzung ihrer selbst auch ohne Übereinstimmung ihrer Einheiten ermöglicht. Anders formuliert: Die ausgeweiteten Möglichkeitshorizonte der Moderne machen einen gesellschaftsweiten Konsens - in welchen Fragen im einzelnen auch immer - nicht nur unwahrscheinlich und unmöglich, sondern auch überflüssig. Unterschiedliche Aufgabenbereiche formulieren widersprüchliche Anforderungen an individuelles Verhalten. Das passiert nicht im luftleeren Raum abstrakter gesellschaftstheoretischer Überlegungen, sondern wird unmittelbar vor Ort wirksam und führt zur Vervielfältigung von Konflikten. Ablehnungen von Kommunikationsangeboten sind deshalb nicht nur gesellschaftsweit zu erwarten. Konflikte werden darüber hinaus angeregt, in einigen Bereichen sogar permanent gefordert.[65] Konsens erscheint in diesem Zusammenhang weder als realistisch noch als notwendig. Auch Dissens kann - so hatte die Diskussion der Garfinkelschen Krisenexperimente ergeben - geteilte Situationsdefinitionen kreieren. Viele Bereiche der modernen Gesellschaft, so die Politik, die Wissenschaft, aber auch die Tarifpartner, verlassen sich gerade auf diese Ordnungsstiftende Kraft des Konfliktes.

---

65   So z.B. der politische Dauerkonflikt zwischen Regierung und Opposition. Es gehört zum Geschäft der Opposition, Nein zu sagen unabhängig davon, was kommuniziert wird. Ähnliches gilt für die Universitäten. Es ist undenkbar, daß die Wissenschaftler zusammenkommen, um erforschtes Wissen als das *non plus ultra* ihres Metiers zu feiern. Wer sich allzusehr an eine bestimmte Forschungsrichtung anlehnt, wird argwöhnisch beobachtet. Darüber hinaus spielt sich in der Wissenschaft oft eine massive, häufig persönliche Züge annehmende Bekämpfung der produktivsten und bekanntesten Forschungspersönlichkeiten ein. Ein Beispiel dafür liefert der oben diskutierte Glaubenskampf zwischen Integrations- und Konflikttheoretikern in der Nachkriegssoziologie. Reputationserfordernisse sprechen für den wissenschaftlichen Dauerkonflikt. Gerade dort, wo Berufskarrieren besonders fragile Formen annehmen, stellt sich immenser Profilierungsdruck ein.

Sie leben vom Dissens und bauen darauf, daß der Konflikt nicht in Gewalthandeln ausufert.

Für diesen Rückzug der Gewalt steht der Staat Pate. Er bereitet anhand seiner als Rechtsnormen kodifizierten Verhaltenserwartungen das soziale Konfliktmaterial in Richtung gleichzeitiger Steigerung und Tolerierbarkeit von Konflikten auf. Das erscheint insofern sinnvoll, als die immense Ausweitung von Möglichkeiten des Erlebens und Handelns die Vervielfachung von einander widersprechenden Sinnverarbeitungen unvermeidbar macht. Die Ausweitung von Möglichkeitsspielräumen läßt für die sozio-kulturelle Evolution ein Anschwellen der Konflikthäufigkeit zu einer nicht negierbaren Konstante werden. Das Auftreten zahlreicher Konflikte kann bei Ausweitung der Möglichkeitsspielräume nicht verhindert, wohl aber in tolerierbare Formen gebracht werden. Die typisch moderne Verbindung von politischer Monopolisierung, rechtlicher Spezifizierung und gesellschaftlicher Redistribuierung von Gewalt wirkt in diese Richtung. Die Ausdifferenzierung des Rechtsstaates schließt hieran an. Das Recht schlägt gewissermaßen die Schneise, auf dem sich die vervielfältigten Widersprüche den Weg zu ihrer Abarbeitung bahnen können. Es werden Wege bereitgestellt, auf denen Widersprüche leichter kommunikabel werden. Widersprüche können mühelos operativ wirksam werden, weil ihre immanente Unbestimmtheit vom stets am Horizont winkenden Recht bestimmbar gemacht werden kann.

Gleichwohl wäre es naiv anzunehmen, daß allein der Komplex aus Staat, Recht und Gewalt für die Aufarbeitung moderner Konflikte zuständig sei. Dieser Bereich scheint eher Kompetenzen für die großen, spektakulären Konflikte bereitzuhalten. Demonstranten werden von der Polizei eingekesselt, und es folgt ein jahrelang andauernder Prozeß über die Rechtmäßigkeit der Gewaltanwendung. Die Parteien können sich nicht über Einsätze der Bundeswehr bei den Vereinten Nationen einigen und strengen eine Klage beim Bundesverfassungsgericht an. Volkswagen und Opel landen vorm Gericht, weil man sich Industriespionage durch Abwerben von Managern vorwirft. Rechtlich ausgetragene Konflikte haben eine Art von Ausnahmecharakter. Nicht jeder bittet gleich den Richter um eine Entscheidung, auch wenn die Verbreitung von Rechtsschutzversicherungen in jüngerer Zeit diesen Weg erleichtert hat. Deshalb würde die Annahme einer universalen Konfliktregelungskompetenz durch staatliches Recht in modernen Gesellschaften an den Phänomenen selbst vorbeischauen. Es kann wohl keine Rede davon sein, daß Konflikte in modernen Gesellschaften dominant rechtsförmig verarbeitet werden und deshalb eine „private" Konfliktaustragungsbereitschaft nicht mehr gegeben sei.[66] Wie Johannes Stehr in seinem Forschungsbericht über „Konfliktverarbeitung im Alltag" (Stehr 1988) deutlich macht, werden Konflikte nur höchst selten dem Richter zur Entscheidung vorgelegt. Die empirische Aus-

---

66   Eine dominante Rechtsverarbeitung scheint jedoch v. Trotha 1982 anzunehmen. Trotha folgert daraus eine Verschiebung von Konfliktaustragungsbereitschaften in die Gerichte (so in Trotha 1983: 45).

wertung einer Vielzahl von Alltagskonflikten habe gezeigt, daß ein verschwindend geringer Prozentsatz der Streitfälle einer rechtlichen Sanktionierung bedurft habe. Die moderne Gesellschaft orientiere sich vielmehr an einer pragmatischen Behandlung von Störungen, die auf schnelle Bereinigung der konkreten Situation ziele sowie auf Wiederherstellung der Alltagsroutinen. Die Juridifizierung von Sachverhalten stelle demgegenüber eine Ausnahme dar.

Wenn staatliches Recht demgemäß eher für besondere, bereits ausgewachsene Ausnahmekonflikte zuständig ist: Wie behandelt die moderne Gesellschaft dann den alltäglichen, massenhaft vorkommenden Bagatellkonflikt? Wird er schlicht 'ausgesessen', oder zeigt sich auch hier eine Nachfolgeinstanz der Konfliktbereinigung? Soweit erkennbar stützt sich die moderne Gesellschaft in diesem Zusammenhang auf eine stärkere Differenzierung von Interaktion und Gesellschaft (Luhmann 1984: 551ff.). Bereits bei der Erläuterung der Konfliktrepression durch archaische Gesellschaften ist auf die typischen Schwierigkeiten hingewiesen worden, die einfache, ungeregelte Interaktionen mit Konflikten haben. Wird man unter Anwesenheitsbedingungen mit einem Nein konfrontiert, so setzt die Ko-Präsenz die Personen unter unmittelbar fühlbaren Handlungsdruck. Man wird sich sofort erklären müssen. Die face-to-face Situation verlangt nach sofortiger Reaktion, und schon ein kurzes Zögern kann als Nein zugerechnet werden. Die Wahrnehmung des anderen Körpers drängt auf eine Präferenz für positive Anschlüsse, für eine Bevorzugung der Annahme gegenüber interaktiver Kommunikationsablehnung. Gleichzeitig können konfliktuöse Impulse in Interaktionen nicht durch differenzierende Untersystembildung aufgefangen werden. Die Notwendigkeit, alles in ein zeitliches Nacheinander zu bringen, limitiert die diesbezügliichen Steigerungsmöglichkeiten. Die anwesenden Personen müssen sorgfältig miteinander koordiniert werden. Sobald mehrere Stimmen durcheinander reden, bricht der Aufbau der Interaktion zusammen.

Interaktionen sind darüber hinaus durch organische Engpässe zeitlich streng limitiert, wie man in Seminarsitzungen nach der Mittagspause erfahren kann. Der Körper verlangt sein Recht, man wird müde und die Bewußtseine schalten sich sukzessive ab. Spätestens im Laufe des Abends müssen Interaktionen abgebrochen werden, um am nächsten Morgen neu zu beginnen. Man muß dann wieder neu anfangen, also stets am Nullpunkt beginnen, ohne allzu weit vorstoßen zu können.

Angesichts der durchgreifenden Engpässe von Interaktionen tendieren Konflikte dort schnell dazu, die gesamte Aufmerksamkeit des gastgebenden Systems zu konsumieren. Die Interaktion kann sich nur auf ein Thema konzentrieren. Ist das der Konflikt, so bleibt kaum Bewegungsfreiheit für anderes. Sie wird selbst zum Konflikt.

Schon einfache Gesellschaften können sich durch die Differenzierung von Interaktion und Gesellschaft aus diesem Engpaß behelfen. Konfliktparteien können separiert werden. Man sperrt sie in unterschiedliche Hütten. Die konfliktuöse Interaktion wird unterbrochen und gleichsam 'aufgeteilt'. Die Streithähne können sich gegenseitig als abwesend behandeln - wenn auch nur für begrenzte Zeit. Damit wird der Konflikt nicht gelöst, jedoch in seiner unmittelbaren Interaktionsrelevanz ausgebremst.

Eine weitgehendere Verwendung der Differenz von Interaktion und Gesellschaft erfolgt durch eine schärfere Differenzierung der beiden Ebenen. Die soziokulturelle Evolution zieht Interaktion und Gesellschaft dahingehend auseinander, daß die einzelne Interaktion zunehmend gleichgültiger gegenüber ihrer gesellschaftlichen Umwelt werden kann. In der modernen Gesellschaft führt das schließlich dazu, daß Personen das sonstige Interaktionsengagement anderer weitgehend unberücksichtigt lassen können. Man weiß im Normalfall nicht, ob der zur Reparatur kommende Handwerker regelmäßig Streit mit seiner Frau hat. Ferner kann unbekannt bleiben, ob der Tennispartner zur sexuellen Belästigung seiner Sekretärin neigt. Selbst wenn der Fall vor Gericht gelangt, spricht nichts gegen die Kontinuierung der Tennispartnerschaft sowie des gemeinsamen Bier nachher. Die Interaktion wird nicht gestört.

Auch wenn sonstige Konflikte bei Interaktionspartnern bekannt werden, bietet die schärfere Differenzierung von Interaktion und Gesellschaft ein zeitlich problemloses Auseinanderziehen der relevanten Ausschnitte an. In einer Clique trennt sich ein Paar in Disharmonie. Im folgenden wird die Gruppe, sofern noch Interesse besteht, mal mit einem, mal mit dem anderen Partner zusammensein. Der alternierende Modus kann beibehalten werden, bis die konfligierenden Gefühle sich gelegt haben. Die Konfliktlösung nimmt die Form einer temporalen und räumlichen Streckung zwischen problematischen Kontexten an. Konfligierende Elemente werden auseinandergezogen, um ihr Aufeinanderprallen zu verhindern. Diese besondere Art der Konfliktlösung wird ebenfalls angewandt bei der rechtlichen Regelung von Kindersorgerechten. Ein Rechtsentscheid legt fest, welcher Elternteil zu welcher Zeit mit dem Kind interagieren darf. Getrennte Eltern brauchen so nicht oder nur für sehr kurze Zeit zu interagieren. Das in Scheidungen begründete Konfliktpotential wird depotentialisiert durch Benutzung der Differenz von Interaktion und Gesellschaft.

Die Regelung von Sorgerechten zeigt darüber hinaus, wie in der modernen Gesellschaft unterschiedliche Mittel der Konflikthandhabung - staatliches Recht einerseits, die Differenz von Interaktion und Gesellschaft andererseits - miteinander kombiniert werden. Das Recht kennt die Möglichkeit, Konflikte durch die Benutzung einer schärferen Ebenentrennung von Interaktion und Gesellschaft zu entschärfen. Dadurch wird sowohl maximale Konfliktfreiheit als auch optimale Konfliktbereinigung sichergestellt.

Das durch die Differenz von Interaktion und Gesellschaft gezeichnete Bild rundet sich ab, wenn ein weiterer Modus der Entschärfung von Konflikten in Rechnung gestellt wird: der Abbruch der Interaktion. Man trifft sich zum Skat, streitet sich über die ignorante Spielweise eines Partners - und geht nach Hause. Während einfache Gesellschaften diesen Modus in ein eng verwobenes Verhältnis von Interaktion und innergesellschaftlicher Umwelt einbringen müssen, fällt der

Abbruch von Interaktionen in der Moderne leichter. Im Normalfall werden sich andere Partner finden lassen, die zur Interaktion bereit sind. Die Interaktion kann aufgekündigt werden, weil die Gesellschaft trotzdem kontinuiert - auch für den einzelnen. Es liegt auf der Hand, daß dieser Modus der Konfliktentschärfung nicht beliebig steigerbar ist. Der Abbruch von Interaktionen ist an korrelierende Neuanfänge gebunden. Wer ständig streitet, kann jedoch auch für Einsamkeit optieren. Aber auch Zurückgezogenheit ist an eine schärfere Differenzierung von Interaktion und Gesellschaft gebunden. Wer in einfachen Gesellschaften häufiges Alleinsein präferiert, wird mißtrauisch beargwöhnt werden. Man fällt auf, weil der Rückzug von Interaktion dort die Negation von Gesellschaft *in toto* impliziert. Je umfassender eine Gesellschaft wird, desto eher kann sie auch tolerieren, daß Interaktionsprobleme durch Rückzug in (relative) Einsamkeit gelöst werden, ohne daß größere Irritationen ausgelöst werden. Das Problem besteht dann eher darin, daß der Rückzug nicht bemerkt wird und neue Konflikte entstehen, wenn vereinsamte Menschen in den wenigen verbliebenen Interaktionen ungewöhnliches Verhalten an den Tag legen.

Insgesamt wirkt die stärkere Differenzierung von Interaktion und Gesellschaft ähnlich wie die Einrichtung staatlich sanktionierter Rechtsnormen in Richtung von Steigerung und Tolerierbarkeit von Konfliktfreiheit zugleich. Sie entlastet die Interaktionen. Das gelingt nicht durch Weitung der interaktiven Restriktionen, sondern durch Zurückdrängung ihrer gesellschaftlichen Relevanz. Die moderne Gesellschaft kann immer weniger aus der Sicht von Interaktionen begriffen werden. Das drückt sich auch darin aus, daß die moderne Gesellschaft sich nicht mit dem weiteren Auseinanderziehen von Interaktion und Gesellschaft begnügt. Sie schaltet *Organisationen* zu.

Während die Differenz von Interaktion und Gesellschaft ein kommunikatives Universalphänomen darstellt, sie sich also mit dem Vollzug von Gesellschaft automatisch einstellt, hat sich der Gebrauch von Organisationen erst in der modernen Gesellschaft in weitem Umfang bewährt. Die weitreichende Organisierung von gesellschaftlichen Zusammenhängen hat Max Weber als den unaufhaltsamen Vormarsch der Bürokratisierung beschrieben. Die Organisation greift um sich. Sie assimiliert Vergesellschaftungen an besondere interne Bedingungen. Ehedem in Haushalt und Familie erbrachte Leistungen werden aus angestammten Bereichen herausgezogen, von Organisationen neu sortiert und hinter den Fassaden beeindruckender Büro- und Produktionsgebäude in ein distinktes Arrangement gebracht. Max Weber identifiziert diesen Vorgang mit der tendenziellen Verknöcherung der Gesellschaft (vgl. oben, I.1). Deshalb kontrastiert Weber die Bürokratie mit dem innovativen Konflikt politischer Auseinandersetzungen. Während der bürokratische Beamte einen rein vollziehenden Status einnimmt, wird der Politiker von der Pflicht zur Kommunikationsannahme ausgenommen. Weber kontrastiert die Organisation als gesellschaftliche Sphäre der Befolgung, ja Unterwerfung, mit der Politik als pulsierendem Konfliktzentrum gesellschaftlicher Wandlungsfähigkeit.

Welche Bedeutung hat diese Beschreibung für eine Konfliktsoziologie der modernen Gesellschaft? Wie immer man den in Webers Ausführungen hervortretenden, tendenziell normativen Gegensatz von politischem Kampf und bürokratischer Verknöcherung beurteilen mag: Webers Beschreibung des „sine ira et studio" seine Pflichten erfüllenden Beamten macht auf einen wichtigen konfliktsoziologischen Sachverhalt aufmerksam. *Moderne Organisationen bilden gesellschaftliche Inseln besonderer Konfliktbedingungen.* Während die moderne Gesellschaft Konflikte insgesamt ermutigt und tolerabel zu gestalten versucht, entwickeln Organisationen - wie bereits unter II.4 diskutiert - einen eigenen Modus der Behandlung von Konfliktkommunikation, den ich an dieser Stelle nochmals in aller Kürze rekapituliere.

Als besondere Form des Umgangs mit doppelter Kontingenz zeichnen sich Organisationen dadurch aus, daß sie die Unterbestimmtheit von Handlungszusammenhängen wirksam ausschalten. Wer Mitglied in einer Organisation wird, bindet die Kontingenz des eigenen Handelns. Organisationsmitglieder sehen sich speziell auf sie gerichteten Erwartungen gegenüber, denen sie nicht ausweichen können. Enttäuschen sie die Erwartungen hartnäckig, so droht der Mitgliedschaftsverlust. Die in Organisationen realisierte Formalisierung von Erwartungen fordert die Anerkennung von distinkten Erwartungen durch die Mitglieder. Nur wer sich bestimmte, häufig ausformulierte und nachlesbare Erwartungen zu eigen macht und dies kundtut, kann Mitglied in einer Organisation werden. Die Anerkennung wird auf die Mitgliedsrolle bezogen, ja mit ihr synthetisiert. Sie hat den Charakter einer Grundsatzentscheidung.

Erwartungssicherheit wird dabei in doppelter Hinsicht hergestellt. Man weiß nicht nur, was von einem selbst erwartet wird, so daß eigenes Handeln auf die Organisation bezogen werden kann. Darüber hinaus kann als bekannt unterstellt werden, was der einzelne von anderen erwarten kann. Erwartungssicherheit eigenen und fremden Verhaltens schließt demgemäß das Wissen darum ein, was *nicht* erwartet werden kann.

Soweit reziproke Erwartungssicherheit hergestellt wird, kann die Mitgliedschaft spezifiziert werden. Mitglieder sehen sich nicht einem einheitlichen Erwartungskomplex gegenübergestellt. Erwartungen werden vielmehr auf bestimmte Mitgliedschaftsrollen zugeschnitten. Sicherheit kann so für höchst heterogene Erwartungen erreicht werden. Auf diese Weise können höchst unterschiedliche Handlungssequenzen aufeinander bezogen, miteinander vernetzt und mit großer Erwartungssicherheit ausgestattet werden.

Sicheres Erwarten kann in Organisationen für höchst unwahrscheinliche Kombinationen erreicht werden, indem Verhaltenserwartungen in zeitlicher, sozialer und sachlicher Hinsicht generalisiert werden (vgl. Luhmann 1964: 61ff.). In zeitlicher Hinsicht bindet die Mitgliedschaft Erwartungen an den Fortbestand der Organisation und verleiht ihnen dauerhafte Geltung. Eine Prüfung von individuellen Handlungen auf ihre Erwartbarkeit erübrigt sich, ja es ist der Sinn formaler Organisation, die aufwendige Einzelüberprüfung von Erwartungen einzusparen. Damit ist nicht gesagt, daß formalisierte Erwartungen nach ihrer Bekanntgabe nicht trotzdem enttäuscht werden können. Dann garantiert ihre Formalität die trotzige Aufrechterhaltung. Formale Erwartungen entwickeln einen eigenen normativen Stil, der sich von nicht-formalisierten Erwartungen gänzlich unterscheidet. Die formale Erwartung wird aufrechterhalten, bis sie offiziell geändert wird. Oft werden Erwartungsänderungen erst formalisiert, wenn sie faktisch bereits längst wirksam geworden sind.

In sachlicher Hinsicht fällt die Konsistenz der an Mitglieder gerichteten Erwartungen auf. Sie werden zu einem Rollenbündel geschnürt, das als Ganzes sein Recht fordert. Man kann nicht zwischen unterschiedlichen Einzelerwartungen wählen. Eine Weigerung wird nicht auf die distinkte Erwartung zugerechnet, sondern auf das Mitglied als Ganzes. Keinesfalls ist damit ausgeschlossen, daß die zu einem Rollenbündel geschnürrten Erwartungen bisweilen in explizitem Widerspruch zueinander stehen, so daß Enttäuschungen eintreten. Die Konsistenzsetzung von Erwartungsbündeln meint keinesfalls vollkommene Widerspruchslosigkeit. Sachliche Konsistenz bedeutet deshalb lediglich hinreichende Plausibilität von Erwartungsbündeln, nicht jedoch vollkommene Harmonie.

In sozialer Hinsicht schließlich kann innerhalb der Organisation für die formalen Erwartungen Konsens unterstellt werden. Formalisierte Strukturen beinhalten eine gemeinsame Situationsdefinition der Mitglieder. Gewisse Bedingungen müssen von allen zwecks Eintritt anerkannt werden. Das weiß man nicht nur von eigenen Erwartungen, sondern auch von Erwartungserwartungen anderer. Soweit reziproke Erwartungssicherheit herrscht, wird Devianz unwahrscheinlich. Abweichung wird entmutigt, die Bildung von opponierenden Minoritäten wenn auch nicht ausgeschlossen, so doch streng limitiert. Es herrscht Konsensdruck, weil Verstöße kaum mit sozialer Unterstützung rechnen können. Sie bleiben eine Ausnahme, die schnell verschwindet. Die Organisation kann nicht mit dauerhaften Divergenzen operieren. Deshalb wird weitgehender Konsens, wie fiktiv auch immer, angestrebt, formuliert und weiterem Verhalten zugrundegelegt. Auf diese Weise entfernen sich Organisationen weit von alltäglich üblicher Konsensherstellung. Die soziale Generalisierung von Verhaltenserwartungen ist dabei notwendig, um hochgradig unwahrscheinliche Handlungsvernetzungen dauerhaft durchzusetzen.

Mit all dem schaffen Organisationen besondere Inseln in einem Meer moderner Konfliktkommunikation. Mit Bedacht muß man von Organisationen als *Inseln besonderer Konfliktbedingungen* und *nicht* von Inseln der *Konfliktfreiheit* sprechen. Organisationen können nicht von der Konflikthaftigkeit moderner Kommunikation ausgeschlossen werden. Es ist nicht vorstellbar, die stark geweiteten Möglichkeitsspielräume des Erlebens und Handelns mit dem Durchschreiten der Organisationspforten schlicht und einfach wieder auf alte Formate einzuengen. Die differentiellen Lebenszwecke des Mitgliedes können nicht durch materielle Abfindung ausgelöscht werden. Das für moderne Verhältnisse typische Auseinandertreten von Normprojektionen kann in Organisationen nicht wieder zurückgenommen werden. Widersprüchliches Erleben macht vor den Toren der formalen Organisation nicht halt. Die besondere Leistung formaler Organisation besteht deshalb darin, *Annahme und Ablehnung von Kommunikation auseinanderzuziehen und beide gleichzeitig zu steigern.* Konfliktverbot und Konfliktfreiheit werden auseinandergezogen und dadurch wechselseitig aneinander gesteigert. Soweit formale Organisation die Erfüllung von Verhaltenserwartungen sicherstellt, können informale Konflikte zugelassen, ja ermutigt werden. Richtiges Verhalten wird durch formalen Entscheidungsprämissentransfer institutionalisiert. In Ergänzung dazu ermöglichen informale Strukturen den operativen Abfluß des ausgeschlossenen Konfliktpotentials. Formale und informale Organisation bedingen einander in einem wechselseitigen Steigerungsverhältnis. Die moderne Einführung von Organisationssystemen bereitet dadurch divergierende Sinnprojektionen so auf, daß in sozialer, sachlicher und zeitlicher Hinsicht die Annahme von Kommunikation formal sichergestellt wird, ohne daß erweiterte Horizonte des Erlebens und Handelns zurückgenommen werden müssen. Erweiterte Möglichkeitsspielräume könnten darüber hinaus auch nicht schlicht wieder eingeengt werden. Deshalb verläßt sich die moderne Gesellschaft in der Handhabung von Konfliktpotentialen in hohem Maße auf formale Organisation.

Organisationen setzen damit in der Konfliktlandschaft der modernen Gesellschaft einen markanten Kontrapunkt zu ubiquitären Ablehnungsbereitschaften. Das gelingt durch 'Abkapselung' von sonstiger gesellschaftlicher Kommunikation, die durch entsprechende Gebäude einen handfesten Ausdruck findet. Gleichwohl gelingt die Etablierung von Formalität nur durch Absonderung *innerhalb* der Gesellschaft. Auch Organisationskommunikation vollzieht Gesellschaft. Sie kann nicht ausscheren, wohl aber Sonderbereiche schaffen, in denen die Annahme von Kommunikationsofferten hochgradig institutionalisiert wird.

Ist die konfliktsoziologische Bedeutung von Organisationen damit andeutungsweise skizziert, so können jetzt Querverbindungen zu den bereits eingeführten modernen Mitteln der Konflikthandhabung hergestellt werden. Die distinkte Behandlung von Konflikten durch Organisationen kann ihrerseits mit den oben eingeführten Konfliktarrangements der modernen Gesellschaft, also *Differenzierung von Interaktion und Gesellschaft* sowie *Rechtsprechung*, kombiniert werden. Wie selbstverständlich abstrahiert die Organisation von den sonstigen Interaktionen ihrer Mitglieder. Konfliktzusammenhänge werden durchtrennt, damit Verhaltenserwartungen gesichert werden können. Der Bankkaufmann darf einem Lehrer nicht die Überziehung des Kontos verweigern, weil dieser seinem Sohn in der Schule schlechte Noten erteilt hat. Der Hochschullehrer darf nicht einen Kandidaten durchs Examen fallen lassen, weil dessen Vater eine Affäre mit seiner Frau hat. Sofern solche zugegebenermaßen konstruierten Beispiele publik werden, spricht man heutzutage von einem 'Skandal', bei umgekehrt positiver Sanktionierung von 'Korruption': Der Professor schenkt dem Studenten das Examen, weil der Student demnächst seine Tochter heiraten wird. Der Lehrer bekommt unangemessen hohe Kredite, damit der Sohn des Bankkaufmanns nicht sitzen bleibt.

Diese Fälle verstoßen gegen die organisationsbedingte Rollentrennung zwischen internen und externen Zusammenhängen. Konfliktlinien werden normalerweise abgeschnitten, Streitzusammenhänge desintegriert. Die Organisation benutzt wie selbstverständlich die Differenz von Interaktion und Gesellschaft, um Unerwünschtes fernzuhalten.

Fragt man konfliktsoziologisch nach der Kombinierbarkeit von formaler Organisation mit rechtlichen Zusammenhängen, so fällt die durch Gerichte mögliche *Eliminierung von Restunsicherheiten* auf. Man kann davon ausgehen, daß formalisierte Verhaltenserwartungen in hohem Maße Sicherheit und Verläßlichkeit gewähren. Kommt es trotzdem zu Unklarheiten, was wann wo wie erwartet werden kann, dann steht das Recht parat. Man kann den Streit vor Gericht bringen. Die stete Expansion von Arbeitsgerichtsfällen legt nahe, daß das in zunehmendem Umfang geschieht. Das Recht springt dort ein, wo Verhaltenserwartungen in Organisationen nicht restlos sicherzustellen sind. Diese Beobachtung spricht nicht gegen die hohe Verläßlichkeit von formalen Verhaltenserwartungen. Der Gang vor die Gerichte zeigt vielmehr, daß lediglich vereinzelte Weisungen umstritten sein können. Kein Gericht wird die an Mitglieder herangetragenen Erwartungen *in toto* für null und nichtig erklären - schon deshalb, weil eine solche Klage selbst unsinnig wäre. Es geht typischerweise um singuläre Erwartungen, die aus dem Mitgliedsbündel herausgezogen werden. Ist eine Versetzung zu einer anderen Niederlassung wirklich notwendig? Darf der Arbeitgeber vom Mitglied verlangen, am Freitagnachmittag kurz vor Dienstschluß noch eine dringende Auslieferung auszuführen? Erwartungsenttäuschungen können dann durchaus zur Kündigung führen mit anschließender Klage vorm Arbeitsgericht. Insgesamt jedoch, so kann man resümieren, unterläuft das Recht die Sicherheit von formalen Verhaltenserwartungen nicht, sondern ergänzt sie, indem es auftretenden Restungewißheiten Ausdrucksbahnen eröffnet.

Dieser *Ergänzungscharakter von formaler Organisation und Recht* wird auch durch die Gegenprobe bestätigt. Wenn strittige, konfliktuöse Fälle sämtlich über informale Organisation oder die beteiligten Psychen abgearbeitet werden müßten, so stellten Widersprüche und Konflikte eine ungleich höhere Belastung für formalisierte Erwartungen dar. Wenn weder die Organisation noch das betroffene Mitglied vor ein Arbeitsgericht ziehen können, muß das organisierte Netz sichergestellten Verhaltens diejenigen Divergenzen aushalten und kompensieren, die nicht nach außen abgeleitet werden können. Arbeitsgerichte ergänzen und entlasten deshalb das Konfliktverarbeitungspotential informaler Organisation. Sie übernehmen einen Teil der Entscheidungslast als institutionalisierter Dritter. Können Konflikte intern nicht bereinigt werden, so kann man immer noch vor das Arbeitsgericht ziehen.

Als letzter spezifisch moderner Mechanismus der Konflikthandhabung tritt die weitverbreitete formale, *unpersönliche Institutionalisierung von Interaktionen* in den Blick (vgl. Luhmann 1981b: 104). Dieser Bereich muß gesondert behandelt werden, weil unpersönlich institutionalisierte Interaktionen in ihrer Ordnungsleistung weit über die organisierte Formalisierung von Verhaltenserwartungen hinausgeht. Die Unpersönlichkeit solcher Interaktionen hemmt *und* ermöglicht Konflikte auf eine besondere Art und Weise.

Ausgangspunkt ist dabei die Kommunikationsfähigkeit von Organisationen. Als einziges soziales System können Organisationen andere Systeme in ihrer Umwelt *kollektiv* ansprechen.[67] Während Interaktionen hinzukommende Personen als kommunikative Größe absorbieren, sie also vom Zustand der Abwesenheit in den der Anwesenheit übergehen lassen, treten Organisationen in Interaktionen *als Organisation* auf. Daß hierzu Personen erforderlich sind, versteht sich von selbst und ändert nichts daran, daß Mitglieder als Repräsentanten der Bürokratie erlebt werden. 'Mitgliedspersonen' stehen für die Organisation. Sie materialisieren die Organisation vor Ort. Sie vermitteln zwischen konkret wahrnehmbarer Interaktionskörperlichkeit und dem abstrakten, kaum faßbaren Entscheidungssystem, das sich hinter beeindruckenden Fassaden realisiert. Dabei ist Herr Kaiser primär der Mann von der Hamburg-Mannheimer und erst sekundär Herr Kaiser. Die Person 'Kaiser' kann mit der Organisation identifiziert werden, mit der interagiert wird. Sie fungiert als Transmissionsriemen für die Umsetzung abstrakter Entscheidungsrekursion in konkrete Interaktionskommunikation. Die Kommunikationsfähigkeit organisierter Sozialsysteme muß vor Ort per Mitgliedsperson realisiert werden.

Interagiert man mit einer Organisation, so geschieht das in *unpersönlicher Weise*. Man wird gewissermaßen von der organisierten Formalität infiziert. Informale Organisation nach außen ist ausgeschlossen. Dadurch werden Interaktionen mit Organisationen wirksam gegen Konflikte geimpft. Man geht etwa zum Rechtsanwalt, um dort Empfehlungen einzuholen. Man geht einkaufen, bucht eine Reise, geht zum Zahnarzt, in die Apotheke, bestellt einen Handwerker, reicht einen Scheck bei der Bank ein. In all diesen Fällen interagieren Organisationen mit Personen auf unpersönliche Weise. Konflikte sind unwahrscheinlich, weil die Interaktion auf einen förmlichen Zweck festgelegt ist. Sie findet nur deshalb statt. Deshalb ist es nicht sinnvoll, ihren Vollzug durch Konflikte zu torpedieren. Dieser Sachverhalt ist so selbstverständlich, daß die darin beschlossene Ordnungsleistung kaum auffällt. In mannigfaltigen Interaktionen der modernen Gesellschaft sind Konflikte dadurch wirksam ausgeschlossen, daß interagierende Organisationen den betroffenen Interaktionen unpersönliche Institutionalisierung auferlegen.

Das gelingt nicht immer in konstanter Weise. Die Interaktion mit Organisationen hält für den Externen oft sonderbare Eigentümlichkeiten bereit. Organi-

---

67   Der Begriff der Kommunikationsfähigkeit steht für den sonst häufig anzutreffenden Terminus 'kollektive Handlungsfähigkeit'. Er verdeutlicht, daß die Adressierbarkeit von Organisationen weniger auf die Kollektivität der Mitglieder baut als auf die Organisation als besonderem, gesellschaftlich ausgesondertem sozialen System. Vgl. Luhmann 1992: 408.

sationskommunikation wirkt seltsam geglättet und ist für den Unbeteiligten oft nur schwer verständlich. Man gewinnt den Eindruck, man werde komisch behandelt, oder der Gegenüber mache sich gar über einen lustig. Das kann gereizte Stimmungen hervorrufen. Sofern ein „Nein" oder Schlimmeres dabei herauskommen, erfolgt im Regelfall der unproblematische Abbruch der Interaktion. Unpersönlich institutionalisierte Interaktionen können sich auf die Differenz von Interaktion und Gesellschaft verlassen. Die zweckorientierte Festlegung von entsprechenden Interaktionssituationen ist, genauer gesagt, nur vor dem Hintergrund einer ausreichenden Differenzierung von Interaktion und Gesellschaft möglich. Nur soweit dies realisiert ist, können besondere Interaktionen auf eng umschriebene Zwecke festgelegt werden. Wird der Interaktionszweck nicht realisiert, so kann abgebrochen werden. Man lehnt das Angebot des Reisebüros ab. Die Preise im Geschäft sind zu hoch, so daß man nichts kauft. Man wechselt die Bank, weil die Kontogebühren zu hoch sind. Der Rechtsanwalt kann oder will einem nicht helfen, und man verläßt fluchend die Kanzlei. All das ist unproblematisch, weil Konflikte entweder ganz ausgeschlossen sind oder, wenn sie vorkommen, sofort beendet werden.

Die für die moderne Gesellschaft typische unpersönliche Institutionalisierung von mannigfachen Interaktionen bietet damit ein effizientes Mittel der Konflikthemmung.[68] Sie ist gewissermaßen ein Abfallprodukt formaler Organisation, denn Organisationen können auch im Umgang mit Externen ihre Formalität nicht abschütteln. Sie infizieren ihre Umwelt mit Unpersönlichkeit. Das gelingt in unterschiedlicher Art und Weise je nachdem, mit wem interagiert wird. Interaktionen mit nicht-formalisierten Personen bringen ihre besonderen Schwierigkeiten mit sich und führen deshalb gelegentlich zu Konflikten. Deshalb kommunizieren Organisationen am liebsten mit anderen Organisationen. Dort kann man sich in seinem Formalismus heimisch fühlen. Man weiß, daß die Gegenseite ähnlich aufbereitet ist wie die eigene. Es kann vorausgesetzt werden, daß auch auf der anderen Seite unwahrscheinliche Kommunikationsofferten durchsetzbar sind, so daß man sich leichter binden kann.

Keinesfalls ist damit gesagt, daß Organisationsinteraktion konfliktfrei abläuft. Gerade Organisationen nehmen vor dem Hintergrund höchster Absicherung nach innen gerne den Streit mit anderen organisierten Sozialsystemen auf. Der Konflikt kann gewagt werden, weil organisierte Kommunikationsfähigkeit mit

---

[68]   Daß gerade die moderne Gesellschaft sich in weitem Maße auf die unpersönliche Institutionalisierung von Interaktionen verläßt, kann man an der *Geschichte der Anrede* ablesen. Erst im Übergang zur Moderne kommt es zum ubiquitären Gebrauch der 'Sie'-Form. Man mag zwar hier und dort (besonders in Münster) den Eindruck gewinnen, die 'Sie'-Form sei eine Ausdrucksform, die Ausnahmefällen vorbehalten sei. Faktisch ist es genau umgekehrt. Ganz vorherrschend wird das 'Sie' bevorzugt, während das 'Du' ein Ausnahmefall bleibt, wie verschiedene Untersuchungen zeigen. Vgl. Grimaud 1989; Dion et al. 1990; de Azevedo do Campo 1989.

zusätzlichen Konfliktkräften ausstattet. Man weiß die kollektive Organisation hinter sich, fühlt sich zur Verteidigung aufgerufen und stürzt sich umso heftiger in Auseinandersetzungen.

Ich möchte die Ergebnisse meiner konfliktsoziologischen Untersuchungen an dieser Stelle kurz zusammenfassen. Die moderne Gesellschaft verzichtet auf eine vorgängige Konflikthemmung durch Stratifikation. Sie läßt deshalb Konflikte in historisch ungekanntem Ausmaß zu. Dabei eröffnet sie nicht einfach ein unbegrenztes Spielfeld, auf dem sich Konflikte austoben können. Die moderne Gesellschaft riskiert nicht das Überhandnehmen der Konflikte. Sie baut ein differenziertes Netz von sehr unterschiedlichen Mechanismen auf, das Konfliktfreiheit und Konflikteindämmung kombiniert. Soweit das gelingt, können Konflikte zugelassen, ja ermutigt und gleichzeitig entschärft und gehemmt werden. Sowohl Möglichkeiten der Konfliktaustragung als auch Mittel der Konfliktunterbindung werden gesteigert.

Vier moderne Nachfolgeinstanzen der Konflikthandhabung sind herausgearbeitet worden. Konflikte werden *erstens* durch Ausdifferenzierung einer rechtsstaatlichen Territorialorganisation ermutigt und entschärft. Die Gewaltnähe von Konflikten wird durch staatliche Kasernierung der Gewalt aufgehoben, physische Gewalt rechtlich gebunden. Konflikte können juridifiziert und entscheidbar gemacht werden. Neigen Konflikte zur gewalttätigen Austragung, so wird ihnen per Staatsgewalt ein schnelles Ende bereitet.

Weitere Konfliktfreiheiten werden *zweitens* durch die stärkere Differenzierung von Interaktion und Gesellschaft bereitgestellt. Konflikte können zeitlich und räumlich auseinandergezogen werden, Konfliktkommunikation einfacher abgebrochen werden. Das stärkt die Bereitschaft, Nein zu sagen. Der Konflikt kann gewagt werden, weil auch für den einzelnen die Gesellschaft deshalb nicht aufhört. In einfachen Sozialordnungen sah man sich mit der Aufgabe konfrontiert, seine persönliche Lebensführung in eng beschränkte Möglichkeitsspielräume einzupassen. Konflikte waren deshalb sehr riskant. Im Grenzfall drohte die Emigration.

Von all dem kann heute keine Rede mehr sein. Die moderne Gesellschaft gewährt Interaktionen die Freiheit, mit allen nur denkbaren Streitereien zu experimentieren, ja Widerwärtigkeiten auszuprobieren. Das ist möglich, weil schon der nächste Interaktionskontext hiervon keine Kenntnis mehr zu nehmen braucht. Garantie dafür gewährt die stärkere Differenzierung von Interaktion und Gesellschaft.

Drittens setzen formalisierte Organisationen einen markanten Kontrapunkt in die Konfliktlandschaft der modernen Gesellschaft. Sie machen die Anerkennung von weitreichenden Verhaltenserwartungen zur Mitgliedschaftsbedingung. Konfliktabstinenz wird durch die Grundsatzentscheidung des Eintrittes von Mitgliedern garantiert. Dabei greift die Beschreibung von Organisationen als konfliktfrei zu kurz. Nur bestimmte Kommunikationen werden sichergestellt, andere für den Konflikt freigegeben, also als Ausdrucksbahnen für divergierendes Erleben und Handeln zur Verfügung gestellt. Das gelingt durch die Kombination von formaler und informaler Organisation als korrelierende Aspekte organisierter Sozialsysteme. Konfliktpotentiale werden durch diese Innovation der soziokulturellen Evolution dahingehend aufbereitet, daß Verhaltenserwartungen in hohem Maße sichergestellt werden, ohne daß die moderne Weitung der für Erleben und Handeln verfügbaren Horizonte zurückgenommen werden muß.

Gleichsam als Abfallprodukt formaler Organisation werden schließlich *viertens* Interaktionen unpersönlich institutionalisiert. Fast das gesamte Alltagsleben ist durch Interaktion mit Organisationen gekennzeichnet. Der organisierte Formalismus kann in diese Ereignisse hineinverlängert werden. Vielfältigste gesellschaftliche Situationen werden formal infiziert und dadurch gegen Konflikte geimpft. Interaktionen werden auf bestimmte Zwecke enggeführt und bieten deshalb keinen Raum für Konflikte. Tauchen trotzdem Streitereien auf, so kann problemlos abgebrochen werden. Es gibt immer auch andere Reisebüros. Wer sich überall streitet, fährt gar nicht in Urlaub oder organisiert diesen selbst.

Tendieren die beiden erstgenannten Sachverhalte zur massiven Erhöhung von Konfliktfrequenzen, so wirken sowohl Organisation als auch unpersönliche Institutionalisierung von Interaktionen in die Gegenrichtung. Mit Bedacht soll deshalb *nicht* von einer konflikthemmenden Kompensation für neugewonnene Konfliktfreiheiten, sondern von einer *gleichzeitigen Steigerung von Konfliktfreiheit und Konflikthemmung* gesprochen werden. Die moderne Gesellschaft steigert sowohl Konsens als auch Dissens nebeneinander. Das ist deshalb sinnvoll, weil mit zunehmenden Spielräumen des Erlebens und Handelns sowohl das Konfliktpotential als auch die Notwendigkeit, Verhaltenserwartungen trotzdem sicherzustellen, steigen. Mehr Möglichkeitsspielräume werden von der sozio-kulturellen Evolution mit einer simultanen Steigerung von Konsens *und* Dissens, Harmonie *und* Konflikt geliefert.

III.3.1 Konflikt und Inklusion I
Das Individuum in der Konfliktgesellschaft

Die modernen Nachfolgeinstanzen für Konfliktfreiheit und Konfliktrepression arbeiten, wie gesehen, Hand in Hand. Sie verknüpfen sich miteinander, gehen lokale Fusionen und Allianzen ein und ermöglichen so eine gleichzeitige Steigerung von Konsens und Dissens, Harmonie und Dissonanz, Eintracht und Zwietracht. Der gewaltmonopolisierende Staat, die Differenz von Interaktion und Gesellschaft, der Organisationsmechanismus sowie unpersönlich institutionalisierte Interaktionen bilden ein differenziertes Netz der Konfliktverarbeitung, das in komplexer Weise Konflikte abzubilden vermag. Die herausgearbeiteten Mittel der Konfliktbearbeitung entsprechen auf diese Weise einer differenzierten Gesellschaft, die Konflikte insofern zulassen muß, als sie von den stark geweiteten Sinnhorizonten ihres Personals Gebrauch macht.

Mit der Herausarbeitung der modernen Nachfolgeeinrichtungen für Konfliktfreiheit und Konflikthemmung ist noch keine Beschreibung der modernen Konfliktlandschaft selbst geleistet. Die bisher pauschal eingeführte Annahme einer simultanen Steigerung und Senkung der Konfliktschwellen bleibt bisher gegenüber den 'vor Ort' auffindbaren Streitrealitäten blind. Die eingeführten Mechanismen der Konfliktregulierung geben allenfalls ein grobes Raster ab, mit Hilfe dessen die Konfliktlandschaft der modernen Gesellschaft genauer vermessen werden müßte. Die im vorhergehenden Abschnitt angedeuteten Überlegungen zur Soziologie des modernen Konfliktes können noch keine Auskunft darüber geben, wie sich moderne Konflikte in verschiedenen Bereichen, Regionen und Sphären faktisch realisieren. Anders formuliert: Es müßte untersucht werden, wie sich die unterschiedlichsten gesellschaftlichen Terrains mit dem von der sozio-kulturellen Evolution bereitgestellten Netz von Konfliktfreiheit und Konflikthemmung arrangieren. Die modernen Nachfolgeinstanzen für die Regulierung sozialer Konflikte müssen sich in divergierenden Problemfeldern bewähren. Gerade eine hochgradig differenzierte Gesellschaft gibt keine homogene Konfliktlandschaft ab, in der jeder Teilausschnitt mehr oder minder gleich behandelt werden kann. Es wird unmittelbar einleuchten, daß Jugendszenen, Familien, Sportvereine, Skatclubs, Diskothekeninteraktion, Universitätsseminare, Schule, kirchliche Veranstaltungen usw. höchst unterschiedliche Spezifizitäten bereithalten, die differentielle Möglichkeiten für die Realisierung von Konfliktfreiheiten, -hemmungen und -lösungen vorgeben. Es ist zu vermuten, daß der herausgearbeitete Konfliktrahmen in der pluralistischen Vielfalt moderner Vergesellschaftungsmodi nicht überall gleich gut „paßt". Das Gemisch aus Freiheit und Unterdrückung von Konflikthandlungen wird sich je nach betrachteter Region unterschiedlich darstellen. Eine vorgängig-gleichmäßige Realisierung der dargestellten Möglichkeiten von Konfliktregulierung in der ganzen Breite der modernen Gesellschaft kann keinesfalls vorausgesetzt werden. Deshalb werden einige Bereiche höhere Konfliktanfälligkeiten aufweisen als andere, so daß eine unerwünschte Belastung durch hohe Konfliktfrequenzen ensteht.

Um einen Zugang zu dem damit angesprochenen Themenkomplex zu gewinnen, wende ich mich einer jüngeren Diskussion der Begriffspaare Inklusion/
Exklusion, Integration/Desintegration zu (vgl. Heitmeyer 1996). Die soziologischen Meinungsfronten bilden sich dabei in höchst unterschiedlichen Diskurszu-
sammenhängen: Auf der einen Seite weist das von Wilhelm Heitmeyer vertretene
Desintegrationstheorem in umfangreichen und fruchtbaren Studien die
„zerrissene Welt des Sozialen" (Honneth) vor Ort nach (vgl. Heitmeyer 1994).
Fremdenfeindliche Einstellungen und die durch sie bedingten Gewalttaten, der
Aufschwung rechtsradikaler Politik durch entsprechendes Wählerverhalten, die
zunehmende Gewaltbereitschaft bei Jugendlichen deuten auf ein Integrationsdefizit der modernen Gesellschaft. Die Moderne kommt der erforderlichen Integra-
tionsnotwendigkeit nicht nach. Sie differenziert gesellschaftliche Zusammenhänge in zunehmend riskanter Weise, ohne die Einheit des Differenten sicherstellen
zu können. Als Folge dessen kann, so legt Heitmeyer überzeugend dar, eine fortschreitende *Desintegration* der modernen Gesellschaft beobachtet werden.

Auf der anderen Seite fordert die heute insbesondere von Niklas Luhmann
entwickelte Theorie funktionaler Differenzierung eine *gesellschaftstheoretische*
Reflexion auf den Begriff *Desintegration*. Sie nimmt an, daß von Desintegration
stets nur im Hinblick auf ihr Gegenteil, nämlich einen normativ gehaltvollen
Begriff von Integration gesprochen werden kann. In Absetzung von der strukturfunktionalistischen Tradition lehnt sie das Postulat einer normativen Integration
der Gesellschaft ab. Die Ausdifferenzierung der modernen Gesellschaft in füreinander undurchdringliche Teilsysteme schließt die Annahme einer Gesamtintegration des Gesellschaftssystems über Normen und Werte kategorial aus. Stattdessen
versucht die Theorie funktionaler Differenzierung mit Hilfe des Begriffes *Inklu-*
sion zu einer adäquaten Beschreibung der individuellen Verortung in gesellschaftliche Kommunikation zu gelangen. Unter Inklusion ist derjenige Mechanismus zu verstehen, nach dem „im Kommunikationszusammenhang Menschen
bezeichnet, also für relevant gehalten werden" (Luhmann 1994: 20). Dabei wird
Soziales nicht auf seine psychischen Begleitoperationen, den Gedanken und Vorstellungen von Individuen, sondern ausschließlich auf die Anschlußzusammen-
hänge von Kommunikation zurückgeführt. Während die strukturfunktionalistische Tradition die Internalisierung von normativen Elementen des sozialen Systems zu einem funktionalen Bestandserfordernis, die Integration von Persönlichkeit und allgemeinem Handlungssystem über Normen und Werte zu einer *conditio*
sine qua non der Systembildung erklärt, verzichtet die mit dem Begriff Inklusion
arbeitende Theorie funktionaler Differenzierung auf eine aprioristische Beantwortung der Frage nach dem sozialen Zugriff auf den Menschen. Der Zusammenhang
von psychischen und sozialen Operationen wird nicht durch Formulierung von
Bedingungen der Möglichkeit vorgängig geklärt, sondern als historisch zu be-
schreibendes, kontingentes Phänomen betrachtet. Vor diesem Hintergrund können
in der sozio-kulturellen Evolution unterschiedliche Lösungen für das Bezugsproblem der Inklusion von Personen in soziale Systeme aufgefunden und unter Hin-

zunahme allgemeiner gesellschaftsstruktureller Rahmenbedingungen plausibilisiert werden (vgl. Luhmann 1994a: 18ff.).

Bei der Arbeit mit dem Inklusionsbegriff haben sich jedoch Schwierigkeiten aufgetan, wie die jüngsten Veröffentlichungen Luhmanns zeigen. So beschreibt Luhmann unübersehbare Massenverarmung und Verslumung in Ländern der periphären Moderne, die „eine kaum noch überbrückbare Kluft zwischen Inklusionsbereich und Exklusionsbereich" aufreißen und dazu tendieren, „die Funktion einer Primärdifferenzierung des Gesellschaftssystems zu übernehmen. Das heißt, daß große Teile der Bevölkerung auf sehr stabile Weise von jeder Teilnahme an den Leistungsbereichen ausgeschlossen und daß im gegenüberstehenden Inklusionsbereich nicht vorgesehene Formen der Stabilisierung eingerichtet sind, die die Chancen dieser Leistungsbereiche parasitär nutzen und für die Erhaltung dieses Netzwerkes eigene Mechanismen der Inklusion und der Exklusion ausbilden." (Luhmann 1994a: 30) In diesen Zusammenhang fallen Länder der Dritten Welt, aber auch entwickeltere Staaten wie Brasilien und teilweise sogar die Vereinigten Staaten, wo „erhebliche Teile der Bevölkerung ihr Leben unter den Bedingungen der Exklusion fristen." (Luhmann 1994a: 40) In solchen Regionen führt die Differenz von Inklusion und Exklusion zu vollkommen andersartigen Begleiterscheinungen als etwa in Zentraleuropa. Im Exklusionsbereich kommt es zu einer hohen Integration von einander bedingenden, ja beschleunigenden Negativerscheinungen. „Die Negativintegration in die Gesellschaft ist nahezu perfekt. Wer keine Adresse hat, kann seine Kinder nicht zur Schule schikken. Wer keine Papiere hat, kann nicht heiraten, kann keine Sozialleistungen beantragen. Analphabeten sind, ob formell ausgeschlossen oder nicht, gehindert, sinnvoll an Politik teilzunehmen." (Luhmann 1993: 584) Deutet sich einmal eine Exklusion aus Funktionssystemen der modernen Gesellschaft an, so tendieren diese zur Generalisierung der Exklusion. Personen werden schrittweise aus dem Leistungsbereich der Funktionssysteme herausgezogen. Dadurch wird dem Einschluß/Ausschluß-Dualismus der Status eines obersten Leitgesichtspunktes verliehen, der die Funktionsweise gesellschaftlicher Subsysteme unterläuft. Wer auf der Exklusionsseite steht, wird in rechtlichen, wirtschaftlichen, erzieherischen, politischen und sonstigen wichtigen Handlungszusammenhängen überhaupt nicht mehr zur Kenntnis genommen.

Demgegenüber ermöglicht - so Luhmann - das sich in Inklusion ausdrükkende „Normalfunktionieren" der Funktionssysteme „eine *geringere Integration,* also größere Freiheit, und sie [die Inklusion, G.N.] entspricht *auf diese Weise* der Logik funktionaler Differenzierung...Die Chancen, die Inklusion gewährt, können in persönliche Vorteile, in Lageverbesserungen, in Karrieren umgesetzt werden." (Luhmann 1993: 584) Während also in einigen Regionen der Weltgesellschaft massive Exklusion zu einem Totalausschluß von Personen tendiert, gelingt in anderen Regionen eine günstigere Realisation der Logik funktionaler Differenzierung durch bessere Chancennutzung.

Die Schwierigkeiten, die in dieser Verwendung des Begriffspaares Inklusion/Exklusion liegen, sind bereits ausformuliert worden. So hebt Armin Nassehi vor, daß Luhmann oftmals den Eindruck erwecke, „als impliziere die funktionale Differenzierung der Gesellschaft eine gewissermaßen unproblematische Form der Inklusion, zumindest dort, wo der Exklusionsbereich der Gesellschaft lediglich diejenigen kommunikativen Formen bezeichnet, in denen es sich um die individuelle Selbstbeschreibung von Personen außerhalb, jedoch im Horizont der Funktionssysteme handelt und nicht um den Ausschluß ganzer Bevölkerungsgruppen aus dem Funktions- und Leistungsbereich der Teilsysteme." (Nassehi 1996: 18) Nassehi folgert, daß das Begriffspaar Inklusion/Exklusion in zwei Varianten verwendet wird. Eine Version wird in der Beschreibung von Regionen verwendet, „die *Exklusion* und *Inklusion* in der *Sozialdimension* differenzieren - entweder man ist inkludiert oder nicht". Eine zweite Version kommt für solche Regionen zur Geltung, „in denen die Differenzierung von *Inklusion* und *Exklusion* in der *Sachdimension* erfolgt: Man ist stets sowohl *inkludiert* als auch *exkludiert*." (Nassehi 1996: 18) Für die Theorie funktionaler Differenzierung habe das zur Folge, so Nassehi weiter, daß eine der beiden Varianten zu wenig problematisiert werde. Durch die Einführung differentieller Inklusionsregionen zeichne die Theorie funktionaler Differenzierung ein eher harmonisches Bild von „funktionierender" Inklusion beispielsweise in westeuropäischen Staaten. Dort scheint es, so nimmt auch Nassehi an, in Zeiten „wirtschaftlicher und politischer Stabilität weitgehend" zu gelingen, „das Wechselspiel von *Inklusionsindividualität* und *Exklusionsindividualität* unproblematisch zu halten" (Nassehi 1996: 21). Jedoch zeigen auch dort jüngste Destabilisierungstendenzen, daß Inklusion nicht problemlos ausreichende Erwartungssicherheit bereitstelle. Es sei das Verdienst der unter dem Desintegrationstheorem versammelten Forschung, die sozialwissenschaftliche Aufmerksamkeit auf solche Phänomene zu lenken.

Nimmt man an, daß in der Weltgesellschaft unterschiedliche Inklusionsregionen regieren, so werden damit sofort zahlreiche delikate Fragen aufgeworfen: Wo beginnen sie? Wo enden sie? Wie lassen sie sich gegeneinander abgrenzen? Wie soll das Begriffspaar Inklusion/Exklusion beispielsweise die Verarmungsprozesse in Deutschland beschreiben? Müßte Deutschland angesichts eines Millionenheeres von Sozialhilfeempfängern tendenziell auch zum in der Sozialdimension exkludierenden Gebiet gezählt werden? Handelt es sich dann, so müßte weiter gefragt werden, bei Inklusion um einen graduellen Begriff, der bessere oder schlechtere Realisation vorsieht?[69]

---

[69]   In diese Richtung deuten einige Formulierungen bei Fuchs, Buhrow und Krüger 1994. Am Beispiel der Exklusion von Behinderten aus dem Erziehungssystem in der ehemaligen DDR wird Inklusion empirisch danach überprüft, „wie stark oder schwach...Inklusion vollzogen wird" (242). Das Erziehungssystem der DDR sei, so die Autoren, „auf Komplettinklusion angelegt" gewesen (243). In der Einleitung des Buches wird dann auch von einer „totalen Vernachlässigung", einem

Wie erkennbar hat die Theorie funktionaler Differenzierung Schwierigkeiten, den *Begriff* Inklusion in trennscharfe Beschreibungen umzusetzen. Insbesondere Krisenerscheinungen in entwickelten Ländern wie Massenarmut bzw. extreme soziale Ungleichheit, aber auch die von der Heitmeyer-Forschung hervorgehobenen Gewalttendenzen sperren sich bisher gegen eine auf funktionaler Differenzierung basierende Beschreibung. Sie scheinen sich mit dem Inklusionsbegriff nur schwierig fassen zu lassen. Die jetzige Beschreibung von Inklusion und Exklusion befriedigt insbesondere deshalb nicht, weil in der Rezeption differenzierungstheoretischer Beschreibungen oft die Unterlegung einer allzu harmonistischen Sichtweise der modernen Gesellschaft erfolgt. Die Theorie funktionaler Differenzierung, so hört man des öfteren, sei für Krisenphänomene seltsam blind oder muß sich, wie Habermas meint, notwendig „affirmativ" auf die Komplexitätssteigerungen der Moderne einstellen (Habermas 1985: 426). Vor diesem Hintergrund erscheint eine Scharfstellung der Differenzierungstheorie auf diejenigen Phänomene, die von Heitmeyer hervorgehoben werden, sowie auf die massiven Exklusionserscheinungen, die Luhmann jüngst angesprochen hat, umso dringlicher. Die Differenzierungstheorie müßte sich gerade in einer fruchtbaren Verarbeitung von modernen Krisenphänomenen bewähren, um die gegen sie gerichteten Ansprüche anderer Theorierichtungen (z.B. auch der sozialen Ungleichheitsforschung) konsumieren zu können.

Wenn die Beschreibung von Krisenphänomenen bisher nur mühsam zu gelingen scheint - wo liegen dann die Probleme? Wenn der Begriff Inklusion genau denjenigen Mechanismus bezeichnet, nach dem „im Kommunikationszusammenhang Menschen bezeichnet, also für relevant gehalten werden" (Luhmann 1994a: 20), so behandelt die Inklusionstheorie die Art und Weise, wie die Gesellschaft auf Menschen zugreift. Dabei wird Gesellschaft durch die Gesamtheit von Kommunikationen definiert. Die Gesellschaft ist nichts anderes als der stete Vollzug sämtlicher empirisch vorkommender Kommunikationen. Stellt man demgemäß die gesellschaftstheoretische Optik mit Hilfe des Inklusionsbegriffes scharf, so gelangen sämtliche Modi der Thematisierung von Personen in Kommunikationen in das soziologische Blickfeld. Geht man davon aus, daß Inklusion den Zugriff von Kommunikation auf Personen meint, und Gesellschaft nichts anderes ist als der Vollzug sämtlicher vorkommender Kommunikationen, so kann als nächster Schritt der Gesellschaftsbegriff dahingehend verfeinert werden, daß Gesellschaft als die Gesamtheit aller Kommunikationen nicht ein einfaches, homogenes System ist, sondern sich in drei verschiedene Systemtypen auseinanderziehen läßt: Der Begriff Gesellschaft enthält *erstens* sämtliche vorkommenden Interaktionen. Interaktionen kommen dadurch zustande, „daß Anwesende sich wechselseitig wahrnehmen" (Luhmann 1975: 10). Der Gesellschaftsbegriff enthält *zweitens* das Gesellschaftssystem „als das umfassende Sozialsystem aller kommunikativ fürein-

---

„gesellschaftlichen Vakuum" und „Vergessenheit" derjenigen (11) gesprochen, die als Behinderte aus dem Erziehungssystem exkludiert gewesen seien.

ander erreichbaren Handlungen" (Luhmann 1975: 10). Das Gesellschaftssystem ist, anders als in früheren Zeiten, für die man noch von einer *Mehrheit von Gesellschaften* sprechen kann, heute Weltgesellschaft. Es gibt nur ein Gesellschaftssystem in der Weltgesellschaft. Die Weltgesellschaft ist, genauer gesagt, *das* Gesellschaftssystem. *Drittens* und letztens sind Organisationen im Gesellschaftsbegriff enthalten. Sie grenzen die zu ihnen gehörenden Handlungen durch Mitgliedschaft von ihrer Umwelt ab.

Die Theorie funktionaler Differenzierung verbindet den Inklusionsbegriff erklärtermaßen mit der Systemreferenz Gesellschaft. „Je nach dem, welche Differenzierungsform eine *Gesellschafts*form benutzt, um ihre Primäreinteilung zu strukturieren, ergeben sich unterschiedliche Ansatzpunkte für Inklusion und Exklusion." (Luhmann 1994a: 19; eig. Herv.) Dabei werden Interaktionen und Organisationen zunächst nicht separat thematisiert. Für die Analyse moderner Inklusion zielt die Theorie funktionaler Differenzierung auf die für sie primären Reproduktionsinstanzen der modernen Gesellschaft: Gesellschaftliche Funktionssysteme greifen nach je eigenen Logiken und Regeln auf Individuen zu. Die sich dabei ausdifferenzierenden Rollenzusammenhänge hat Rudolf Stichweh in einer vielzitierten Arbeit systematisch ausgearbeitet (vgl. Stichweh 1988).

Gegenüber einer am Gesellschaftsbegriff orientierten Analyse von Ein- und Ausschlußverhältnissen könnte man jedoch fragen, was eigentlich in der Inklusionstheorie passiert, wenn die Analyse von historisch auffindbaren Inklusionsverhältnissen *explizit auf die Ebenen von Interaktion, Organisation und Gesellschaft ausgeweitet und je separat entfaltet wird.* Geht man davon aus, daß Gesellschaft als Gesamtheit aller Kommunikationen in der Trias von Interaktion, Organisation und Gesellschaft vollzogen wird, so sind drei verschiedene Arten der kommunikativen Thematisierung von Menschen denkbar. Personen können *erstens* in das Gesellschaftssystem, *zweitens* in Interaktionen und *drittens* in Organisationen inkludiert sein.

Während der Inklusionsbegriff bisher dahingehend auf die Systemreferenz Gesellschaft beschränkt zu sein scheint, daß neben dem Gesellschaftssystem Interaktion und Organisation in ihrer Inklusionsspezifik nicht eigens thematisiert werden, könnte man *zusätzlich* zu analysieren versuchen, auf welche spezifische Weise *moderne* Interaktionen und Organisationen auf Menschen zugreifen. Eine Ergänzung in diese Richtung erscheint deshalb plausibel, weil die sozio-kulturelle Evolution Interaktion, Organisation und Gesellschaft fortschreitend differenziert und für je spezifische Zugriffsweisen auf Menschen öffnet.[70] Gerade die moderne Gesellschaft zieht Interaktion und Gesellschaft weit auseinander. Organisationen werden darüber hinaus den beiden grundlegenden Systemtypen Interaktion und Gesellschaft in großem Umfang an die Seite gestellt. Durch diesen Differenzie-

---

[70] Ich thematisiere die bereits oben unter I.3 eingeführte Gruppe als Systemtyp zunächst nicht und komme in Kapitel IV ausführlich auf die Inklusionstypik der Familie als Gruppe (IV.1) sowie der Jugendgruppe (IV.2) zu sprechen.

rungsprozeß verändern sich die jeweiligen Zugriffsarten auf Personen, so daß die Inklusionstheorie die Thematisierung des Menschen in allen drei Systemtypen je separat und doch kohärent analysieren müßte.

Es könnte vermutet werden, daß durch diese Erweiterung des Inklusionsbegriffes ein differenziertes Analyseinstrument gewonnen werden kann, das diejenigen Phänomene besser erfaßbar macht, deren Beschreibung der bisherigen Fassung des Inklusionsbegriffes Schwierigkeiten bereitet. An dieser Stelle kann jedoch keine ausgearbeitete Inklusionstheorie der modernen Gesellschaft vorgelegt werden. Die Analyse der je besonderen Zugriffsarten von Gesellschaft, Interaktionen und Organisationen auf moderne Individuen kann aus naheliegenden Gründen im Rahmen des hier Möglichen nicht in ganzer Breite ausgeführt werden. Die Untersuchung beschränkt sich deshalb zwecks Vorbereitung auf die Konfliktethnographie der Moderne (IV.1-3) auf einen *konfliktsoziologischen Zugang.* Die moderne Gesellschaft setzt auf den jeweiligen Ebenen von Interaktion, Organisation und Gesellschaft unterschiedliche Mittel ein, um die im Laufe der Modernisierung stark zunehmenden Konfliktfrequenzen regulieren, konditionieren, handhaben und lösen zu können. Auf Organisationsebene fällt insbesondere die Monopolisierung von legaler Gewalt durch die Staatsorganisationen auf, die mit ihren rechtlich kodifizierten Verhaltenserwartungen Konflikte entscheiden können. In anderen Organisationen werden Konflikte durch Formalisierung von Verhaltenserwartungen wirksam unterbunden bzw. in den Bereich der Informalität zurückgedrängt. Interaktionen werden, insbesondere bei Interaktion mit Organisationen, unpersönlich institutionalisiert, so daß Konflikte unwahrscheinlich werden. Des weiteren können sich Interaktionen auf die schärfere Differenzierung von Interaktion und Gesellschaft verlassen, um Konflikte sowohl tolerierbar als auch leichter abbrechbar zu machen.

Im folgenden werden diese *Mittel der Konflikthandhabung,* die sich in der modernen Gesellschaft auf den Ebenen von Organisation (1) und Interaktion (2) herausgebildet haben, auf ihren Zusammenhang mit spezifischen Inklusionsarten untersucht. Bei der Darstellung der modernen Konfliktlandschaft werden sich von den Konfliktcharakteristika der jeweiligen Ebenen Rückschlüsse auf die auf den Ebenen von Interaktion und Organisation je besonders realisierte Art, Menschen zu inkludieren, ziehen lassen. Zusammen mit der Darstellung je eines Bereiches werden deshalb aufgefundene Besonderheiten spezifisch moderner Inklusion in Organisation und Interaktion erläutert. Konfliktsoziologische Beobachtungen der Moderne und ihre distinkten Inklusionsverhältnisse sollen sich so wechselseitig erläutern und erste Anhaltspunkte für die Arbeit mit einem erweiterten Inklusionsbegriff liefern, die abschließend an einigen Beispielen kurz erläutert werden. Die unter (3) herauszuarbeitenden Ergebnisse werden dabei als Grundlage für die in Kapitel IV zu leistende konfliktethnographische Untersuchung moderner Konfliktlandschaften dienen. Die Analyse des Zusammenhanges von Konflikt und Inklusion hat insofern propädeutischen Charakter.

(1) Auf der Ebene von Organisationen behandele ich zunächst den Staat, um mich daran anschließend anderen, insbesondere Erwerbsorganisationen zuzuwenden. Die Konfliktregulierungsmechanismen, die die sozio-kulturelle Evolution der Moderne auf der Ebene des Staates als Organisation bereitgestellt hat, lassen sich unter Rückgriff auf bereits Gesagtes dahingehend zusammenfassen, daß der Rechtsstaat das soziale Konfliktmaterial in Richtung gleichzeitiger Steigerung und Tolerierbarkeit aufbereitet. Das erscheint insofern sinnvoll, als die immense Ausweitung von Möglichkeiten des Erlebens und Handelns die Vervielfachung von einander widersprechendem Handlungssinn unvermeidbar macht. Die enorme Möglichkeitsausweitung für Erleben und Handeln läßt für die sozio-kulturelle Evolution ein Anschwellen der Konflikthäufigkeit zu einer nicht negierbaren Konstante werden. Das Auftreten zahlreicher Konflikte kann bei Ausweitung der Erlebensspielräume nicht verhindert, wohl jedoch in tolerierbare Formen gebracht werden. Die typisch moderne Verbindung von staatlicher Monopolisierung, rechtlicher Spezifizierung und anschließender Redistribuierung von Gewalt wirkt in diese Richtung. Die Ausdifferenzierung des Rechtsstaates schließt hieran an. Rechtsnormen schlagen gewissermaßen die Schneise, auf dem sich die vervielfältigten Widersprüche den Weg zu ihrer Abarbeitung bahnen können. Es werden Wege bereitgestellt, auf denen Widersprüche leichter kommunikabel werden. Widersprüche können mühelos in Handlungen wirksam werden, weil ihre immanente Unbestimmtheit vom stets am Horizont winkenden Recht bestimmbar gemacht werden kann.

Betrachtet man vor diesem konfliktsoziologischen Hintergrund die *Inklusion von Individuen* auf staatlich-organisatorischer Ebene, so ergeben sich keine Schwierigkeiten. Die Staatsorganisationen erheben den Anspruch, *für jeden* auf ihrem Territorium kompetent zu sein. *Jeder*, der als Bürger Mitglied in einer rechtsstaatlich verfaßten Territorialorganisation ist, kann Klagen vor Gericht bringen. *Jeder* kann, sofern ein entsprechendes Rechtsurteil vorliegt, die Anwendung von staatlicher Gewalt für sich beanspruchen. *Jeder* hat theoretisch die Gewähr, durch staatliche Gewalt vor physischer Schädigung bewahrt zu werden. *Jeder* profitiert - ein funktionierender Rechtsstaat vorausgesetzt - von den gewonnenen Konfliktfreiheiten, die durch die Ausdifferenzierung des Rechtsstaates sowie die Kasernierung von Gewalt geschaffen worden sind. Es liegt in der Logik rechtlich verfaßter Staatsorganisationen, sämtliche Individuen auf ihrem Territorium automatisch zu inkludieren. Jeder kann damit rechnen, von der Kasernierung der Gewalt zu profitieren, also an den Leistungen der rechtsstaatlichen Organisationen partizipieren zu können. Auch Asylbewerber, die in der jüngeren deutschen Vergangenheit Ziel massiver Gewalthandlungen wurden, sind dahingehend inkludiert, daß ihr Leben vor physischer Vernichtung bewahrt werden muß. Jeder hat den Anspruch auf Schutz. Wenn auf gesellschaftlicher Ebene Konflikte generell gestattet werden, so müssen die regulierenden Mechanismen der Konflikthandhabung für sämtliche Individuen (Sozialdimension) zu jeder Zeit (Zeitdimension) in gleichem Umfang (Sachdimension) bereitgestellt werden. Die

Inklusion kann weder in sozialer noch in zeitlicher und sachlicher Hinsicht eingeschränkt werden. Anrufe bei der Polizei können nicht kontingentiert werden. Eine
Polizeistreife muß bereit sein, jedem jederzeit in vollem Umfang zu helfen. Ein
Richter darf keine Urteile verweigern. Wer immer vor ihm steht: Er muß in kon-
sistenter Weise 'objektiv' über einen Konflikt entscheiden.

Die Theorie funktionaler Differenzierung beschreitet an dieser Stelle andere Wege. Sie spricht nicht von Staatsorganisationen, die die auf ihrem Territorium
befindlichen Personen als Mitglieder behandeln, sondern von sich als „Staat"
beschreibenden Segmenten des weltgesellschaftlichen Funktionssystems für Politik. Der Begriff Inklusion sieht in diesem Zusammenhang vor, daß die Logik
funktionaler Differenzierung in der modernen Gesellschaft eine ausnahmslose
Inklusion aller impliziert, so daß Krisenphänomene als Widerspruch zum „Normalfunktionieren der Funktionssysteme" (Luhmann 1993: 584) behandelt werden.
Dabei wird nicht bestritten, daß Gewalt und Armut auch heute weitverbreitet
vorkommen - darauf macht nicht nur die Heitmeyer-Forschung zu Recht aufmerksam, sondern auch die Theorie funktionaler Differenzierung selbst. Sie hebt hervor, daß z.B. in Slums und Elendsvierteln der Dritten Welt Menschen nicht mehr
als Personen, sondern oft nur noch als Körper erfaßt werden (Luhmann 1994a:
32). Angesichts massiver Exklusionen hat man praktisch nichts mehr zu verlieren
und verkauft als letztes seinen Körper oder riskiert ihn in waghalsigen Geldbe-
schaffungsaktionen.

Wenn und soweit solche Phänomene auftauchen: Was leistet der Inklusionsbegriff, wenn man ihn für Krisen- und Konfliktfälle dieser Art als *fehlende
bzw. mangelhafte Inklusion* von Personen in funktionssystemspezifische Kommunikation gestaltet? Wenn empirisch Krisenphänomene in Konflikt-, Gewalt-
und Verelendungsform den Alltag unerträglich machen, muß dann in der Gesellschaftstheorie gefolgert werden, daß ein wie auch immer im einzelnen vorzustel-
lendes „Normalfunktionieren der Funktionssysteme" (Luhmann 1993: 584) gefährdet sei? Zunächst ist evident, daß der von der Theorie funktionaler Differenzierung hervorgehobene Inklusionszwang *nicht* bedeutet, daß alle *gleich* inkludiert würden. Inklusionszwang für sämtliche Individuen bedeutet nicht: Gleichheit für alle in jeder Hinsicht. Ebensowenig besagt das Inklusionstheorem, daß die
staatliche Monopolisierung von Gewalt sonstiger Gewalt ein definitives und universal durchgesetztes Ende bereitet. Die alles entscheidende Frage lautet jedoch:
Ist es sinnvoll, Gewalt- und Verelendungsphänomene mit dem Hinweis auf mangelhafte Inklusion oder gar Totalexklusion aus Funktionssystemen in der Gesellschaftstheorie zu verorten?

Man kann die Plausibilität dieser Antwort bezweifeln. Wer z.B. zum Opfer
von Gewalttaten wird, ist und bleibt trotzdem - in der Sprache der Theorie funktionaler Differenzierung - in die Politik inkludiert. Er kann, physisches Überleben
vorausgesetzt, weiterhin das Gewaltmonopol des Staates in Anspruch nehmen.
Wie immer die Realisierung des staatlichen Gewaltmonopols gelingen mag: Faktisch vorkommende Gewalt bedeutet ja nicht, daß das Gewaltmonopol des Staates

aufgehoben wird. Soweit 'private' Gewaltphänomene auftreten, kann *jeder* mit ihrer Illegalität rechnen, und nichts anderes besagt staatlich-rechtliche Inklusion in diesem Zusammenhang. Inklusion bleibt, gerade bei nicht vorgesehenen Fällen, ein Faktum, das vorausgesetzt ist. In der Begriffsfassung der Theorie funktionaler Differenzierung ist und bleibt Inklusion ein Faktum der modernen Gesellschaft, auch in Krisenbereichen. Gerade wer z.b. über geringe oder gar keine monetären Ressourcen verfügt, ist deshalb immer noch in 'die Wirtschaft' inkludiert, weil er einen Kredit aufnehmen muß oder, sofern das nicht möglich ist, etwa durch Diebstahl o.ä. für Geldressourcen sorgen müssen wird. Inklusion in die moderne Gesellschaft ist für die Theorie funktionaler Differenzierung auch dann faktisch realisiert.

Damit ist die Inklusionstheorie der modernen Gesellschaft jedoch nicht fertig entwickelt. Mit dieser Aussage fangen die Probleme ihrer Ausarbeitung erst an. Wenn die Theorie funktionaler Differenzierung Inklusion in Funktionssysteme auf der Ebene des Gesellschaftssystems ansiedelt, dann *verliert die Unterscheidung von Inklusion und Exklusion ihr Beschreibungspotential.* Es ist nicht mehr ersichtlich, welche Zustände man mit dem Exklusionsbegriff beschreiben soll. Selbst für die Lage von Slumbewohnern in brasilianischen Vorstädten stellt der Terminus 'Exklusion' in der Begriffsfassung der Theorie funktionaler Differenzierung keine Beschreibungsmöglichkeiten bereit. Wenn zwei Slumbewohner einen Vertrag schließen, sind sie - folgt man dem Inklusionsbegriff der Theorie funktionaler Differenzierung - in das Funktionssystem für Recht inkludiert. Sobald zwischen Slumbewohnern Geld - in welch geringen Summen auch immer - fließt, sind sie in dieser Begriffsfassung in das 'Wirtschaftssystem' inkludiert. Weitere Beispiele ließen sich nennen. In der Begriffsfassung der Theorie funktionaler Differenzierung ist es denkbar und möglich, daß man in alle Funktionssysteme inkludiert ist, obwohl man im großstädtischen Slum vor sich hinvegetiert. Die Gestaltung des Inklusionsbegriffes ist bis heute dermaßen unpräzise, daß Konflikte, Krisen, Massenarmut und extreme soziale Ungleichheit zeitdiagnostisch kaum trennscharf beschrieben werden können.

Spricht man trotzdem von einer Exklusion aus Funktionssystemen, um Massenausschlußphänomene dieser Art zu beschreiben, gelangt man offenbar zu merkwürdigen Annahmen über das „Normalfunktionieren der Funktionssysteme" (Luhmann 1993: 584), die normative Züge annehmen und berechtigten Einwänden der Integrationstheoretiker ausgesetzt sind.

Eine Alternative zur Exklusionsannahme, die hier und dort von der Theorie funktionaler Differenzierung angesichts der angesprochenen Schwierigkeiten ergriffen wird, liegt in der Einführung einer *Steigerbarkeit von Inklusion.* Man könnte vermuten, daß Personen mehr oder weniger stark inkludiert werden.[71]

---

[71] Siehe z.B. Luhmann 1993: 582: „Es ist zu vermuten, daß das Ausgangsproblem in der mangelnden Inklusion großer Bevölkerungsteile in die Kommunikation der

Wer häufig Gewaltopfer wird, bei dem greifen in einer solchen Begriffsfassung die Funktionssysteme nicht fest genug zu. Verarmte Schichten werden darüber hinaus nicht ausreichend in 'die Wirtschaft' inkludiert. Wer seine Menschenrechte kaum zur Geltung bringen kann, hat mangelnden Zugang zum Rechtssystem. Inklusion ist dann mehr oder weniger realisiert, und in den Slums der Dritten Welt (fast) gar nicht mehr. Die Beschreibungsprobleme des Inklusion/Exklusions-Schemas werden auf diese Weise hinweggradualisiert. Die Beschreibungsschwierigkeiten der Theorie funktionaler Differenzierung werden im unübersichtlichen Ozean des 'Mehr oder Weniger' versenkt, so daß kritische Anfragen abprallen.

Zudem überzeugt die Einführung einer Steigerbarkeit von Inklusion in der Systemreferenz Gesellschaft auch deshalb nicht, weil man nicht feststellen könnte, wer mehr inkludiert ist als andere. Etwa derjenige, der *sechs*stellige *Guthaben* bei einer Bank hat oder derjenige, der *sieben*stellige *Schulden* aufweist? Oder gar der, der per saldo die höchsten Zahlungsvorgänge auf seinem Konto versammelt? Man müßte umfangreiche Kriterien für unterschiedliche Bereiche entwickeln, die trennscharf Inklusionsstärken herauszuarbeiten in der Lage sind. Daß ein solcher Apparat nicht entwickelt werden kann, liegt auf der Hand. Wer wird mehr geliebt? Garantiert ein Studium eine größere Inklusion in Erziehungsbereiche? Wer ist mehr in religiös-kirchliche Zusammenhänge inkludiert - der katholische, evangelische oder buddhistische Gläubige oder gar ein 'Privatchrist'? Das Ausmaß der Inklusion kann, wie leicht ersichtlich, empirisch nicht festgestellt werden.

Um diese Schwierigkeit zu umfahren, ist eine umfassendere theoretische Verarbeitung von Konflikt- und Inklusionsproblemen der modernen Gesellschaft notwendig. Zu diesem Zweck könnte eine Erweiterung des Inklusionsbegriff versucht werden. Möchte man adäquat erfassen, was in der Inklusions- und Konflikt-landschaft der Moderne tatsächlich geschieht, müssen *Organisation* und *Interaktion* in die Inklusionstheorie der modernen Gesellschaft eingearbeitet werden. Hierzu erfolgt im weiteren zunächst die konfliktsoziologische Analyse von sonstigen, insbesondere Erwerbsorganisationen sowie die Explikation ihres spezifischen Zugriffes auf den Menschen. Die Fassung des Inklusionsbegriffes durch die Theorie funktionaler Differenzierung wird dabei zurückgestellt.

Die besondere Behandlung von Konflikten durch Organisationen habe ich im vorhergehenden Abschnitt (III.3) ausführlich erläutert. Organisationen steigern Konfliktrepression und Konfliktfreiheiten dahingehend, daß bestimmte Kommunikationen hochgradig gesichert werden durch Zurückdrängung von Widersprüchen in informale Kanäle. Widersprüchliches Erleben und Handeln kann nicht *aus* der Organisation, wohl aber *innerhalb* der Organisation aus bestimmten Bereichen vertrieben werden. Dadurch schaffen Organisationen besondere Inseln

---

Funktionssysteme liegt..." Vgl. nochmals die in diese Richtung weisenden Formulierungen bei Fuchs, Buhrow und Krüger 1994: 242.

in einem Meer moderner Konfliktkommunikation. Die besondere Leistung formaler Organisation besteht darin, *Annahme und Ablehnung von Kommunikation auseinanderzuziehen und beide gleichzeitig zu steigern.* Das gelingt durch die Trennung von *formaler und informaler* Organisation. Die Bedeutung informaler Organisation liegt dabei in ihrer elastischen Verarbeitungskapazität für Widersprüche und Konflikte.

Wenn die Relevanz von Organisationen für eine Konfliktsoziologie der Moderne damit andeutungsweise charakterisiert ist, so folgt für *organisationsspezifische Inklusion* zweierlei: Organisationen greifen *erstens exklusiv* auf den Menschen zu. Die Inklusion von Individuen in Organisationen erfolgt per Mitgliedschaft, die Exklusivität produziert. Das gelingt jedoch nur durch eine Form von Inklusion, die vielleicht als Inklusion par excellence angesehen werden kann. Inklusion qua Mitgliedschaft ist notwendig und automatisch *exklusiv.* Diese Art von Einschluß liegt am ehesten auf der Linie des Begriffspaares Inklusion/ Exklusion. Sie spiegelt die Exklusivität der modernen Gesellschaft, oder besser: ihrer Organisationen am treffendsten und genauesten wider. Inklusion kann hier nur Inklusion sein, weil sie notwendig umfangreiche Ausschlüsse impliziert. Man ist notwendig innerhalb oder außerhalb der Organisation - beides ist unausweichlich, notwendig und für jeden erkennbar oft dauerhaft voneinander getrennt. Nur deshalb können Organisationen ihre Mitglieder binden und einen charakteristischen Inklusionsstil ausbilden.

Dabei geschieht die Verhaltensbestimmung durch Organisationen nicht gesellschaftsweit in gleicher Weise. Inklusion in Organisationen eröffnet Spielraum für vergleichende Untersuchungen über die differentielle Spezifikation von Mitgliedschaften. Erwerbsorganisationen, Universitäten, Vereinsorganisationen, Freizeitorganisationen, Kirche usw. weisen grundlegend unterschiedliche Grade der Organisationsfähigkeit auf, die in vergleichenden inklusionssoziologischen Analysen fruchtbar erschlossen werden können und müssen - ein Programm, das die Theorie funktionaler Differenzierung zwar angekündigt, bisher aber zu wenig realisiert hat.[72]

Wie immer sich der Einschluß im einzelnen darstellen mag: Insgesamt ist es für Organisationen sinnvoll, von *exklusiver Inklusion* zu sprechen. Menschen werden dahingehend kommunikativ thematisiert, daß ihre Mitgliedschaft auf der Innenseite zu eindeutigen Beiträgen führt. Anders als im Falle *gesellschaftlicher* Inklusion, die sich mehr oder minder automatisch einstellt, weil jeder irgendwie an Kommunikation teilnimmt, kann auf der Organisationsebene von exklusiver, Ausschlüsse sichtbar machender Inklusion gesprochen werden. Organisationsinklusion bedeutet eine kommunikative Thematisierung von Menschen, die vorrangig die Erfüllung von spezifizierten Verhaltenserwartungen verlangt und dadurch

---

[72]   Vgl. nochmals zur Forderung, die Differenz von Organisation und Gesellschaft sowie die differentielle Organisationsfähigkeit unterschiedlicher Bereiche zu beachten Luhmann 1975. Siehe auch die Diskussion oben unter I.3.

Möglichkeitsspielräume in vorgesehene Bahnen kanalisiert. Das gelingt nur, wenn personale Grenzen qua Mitgliedschaft innerhalb der Gesellschaft etabliert werden.

Der Vorteil des rigiden Zugriffes auf Menschen muß jedoch *zweitens* mit dem Nachteil bezahlt werden, daß Inklusion in Organisationen insgesamt kontingent gestaltet werden muß. Keine Organisation kann auf sämtliche Individuen zugreifen. Deshalb sind *Exklusionen aus Organisationen* ein notwendiger Normalfall *bei gleichzeitiger Inklusion in die Gesellschaft*, in die jeder selbstverständlich inkludiert bleibt: Man findet keinen Arbeitsplatz, ist jedoch selbstverständlich immer noch in die Gesellschaft inkludiert, und sei es durch hohe Verschuldung. Der Vertrag des wissenschaftlichen Assistenten läuft aus, und es findet sich keine Professur für den habilitierten Wissenschaftler. Er bleibt durchaus in wissenschaftliche Kommunikation *inkludiert*, indem er Vorträge hält, Aufsätze publiziert und an Diskussionen teilnimmt. Gleichzeitig wird er jedoch wirksam aus den entsprechenden Organisationen *exkludiert* (vgl. Poliwoda 1995). Ebenfalls bedeutet ein Arbeitsplatzverlust selbstverständlich nicht die *Exklusion* aus rechtlicher Kommunikation. Wenn überhaupt, drückt sich Inklusion in geänderter Form aus. Man wird im Falle der Arbeitslosigkeit nicht die erwünschten Arbeits*verträge* abschließen können, sondern eher Kredit*verträge* in Banken unterschreiben müssen, um sich über Wasser halten zu können. Wenn auch das nicht disponibel ist, steht der Gang zum Sozialamt an. Wie erkennbar, wäre es gänzlich irreleitend, von einer Exklusion aus der modernen *Gesellschaft* oder einem ihrer 'Funktionssysteme' zu sprechen. Bezieht man Inklusion derart auf das Gesellschaftssystem, wie bisher von der Theorie funktionaler Differenzierung praktiziert, wird der Begriff Inklusion kaum in der Lage sein, die normative Integrationstheorie zu beerben. Noch der ärmste Slumbewohner bleibt *in* der Gesellschaft. Die Frage lautet: Wie setzt man den Begriff Inkluson ein, um die Thematisierung des Slumbewohners als Person zu verarbeiten? Die von der Theorie funktionaler Differenzierung bisher gesetzten begrifflichen Schnitte liefern keine trennscharfen Beschreibungsmöglichkeiten, so daß der Inklusionsbegriff anders gefaßt werden muß.

Eine alternative Möglichkeit bietet die je separate und doch kohärente Beschreibung von Inklusion auf den Ebenen von Interaktion, Organisation und Gesellschaft. Schon Gesellschaft und Organisation weisen notwendig markante Inklusionsunterschiede auf, die sich historisch kontingent in der modernen Gesellschaft ausgebildet haben. Diese unterschiedlichen Inklusionsarten können und müssen zunächst theoretisch beschrieben werden. Die Art und Weise der *Realisation* von spezifischer Inklusion in unterschiedlichen Bereichen der modernen Weltgesellschaft kann daran anschließend empirisch erforscht werden. Man wird, so könnte man vermuten, dort auf hohe Konfliktanfälligkeiten treffen, wo Exklusionen aus Organisationen zum dominanten Muster werden. Wenn Inklusion in Organisationen weitgehend ausbleibt, so folgt eine Schwerpunktverlagerung von individueller Inklusion in den Interaktionsbereich, in dem die Konfrontation mit formalen Anforderungen ausbleibt. Während Organisationen sozial, sachlich und zeitlich generalisierte Verhaltenserwartungen an den einzelnen herantragen und deren Anerkennung zur Bedingung der Mitgliedschaft machen, fehlt die 'ordnende Hand' des Organisationsalltags bei Exklusion aus Organisationen. Das Individuum muß sich die Routine fest strukturierter Handlungszusammenhänge selbst erarbeiten, und das wirkt sich auf die dann dominant werdende Interaktionsnähe des Alltags aus.[73] Der einzelne wird gleichsam mit Interaktionsmasse überlastet. Wer nur mangelnden Zugang zu Organisationen hat, sieht sich mit einer Interaktionsnähe konfrontiert, in der die Konstanthaltung von Erwartungsstrukturen zum Problem wird. Die Erfahrung von regelhafter Verhaltensspezifikation durch formale Erwartungen fehlt, und deshalb gelingt die strukturelle Ausrichtung des Alltags nur schwierig. Gerade in der modernen Gesellschaft fehlt ein allgemeiner Ordnungsrahmen, in den individuelle Inklusion jenseits von organisierten Zusammenhängen gleichsam automatisch eingebracht werden kann. Gerade wer beispielsweise dauerhaft arbeitslos ist, schwimmt weitgehend orientierungslos mit, ohne daß eine Verortung an bestimmter Stelle ohne weiteres erreichbar wäre. Man 'hängt rum' und sucht nach Verwendungszwecken für die reichlich vorhandene Zeit.

Mit dieser Bemerkung wird *nicht* die dauerhafte Heimatlosigkeit des Individuums in der modernen Gesellschaft angeklagt, sondern auf die Problematik bestimmter Inklusionslagen hingewiesen, die sich in der Moderne ausgebildet haben.[74] Weitreichende Exklusion aus Organisationen bedingt eine mangelnde Orientierung sowie die Schwerpunktverlagerung individueller Inklusionslagen auf einen interaktionsnahen Alltag, der zu einer unerträglichen, weil konfliktnahen Belastung werden kann.[75]

---

[73]   Soweit erkennbar fehlt eine systemtheoretische Beschreibung des interaktionsnahen Bereiches, der in der modernen Gesellschaft unter dem label 'Freizeit' firmiert. Hier und dort wird in diesem Zusammenhang von einem 'Freizeitsystem' gesprochen. Ich werde in Kapitel IV versuchen, am Beispiel der Jugend einige Aspekte einer systemtheoretisch informierten Freizeitbeschreibung zu sammeln, um diesen modernen Bereich der 'Geselligkeit' (so bereits Simmel im Anschluß an Schleiermacher (1992: 88f.) zu berücksichtigen.

[74]   Von einer 'Inklusionslage' könnte man in Bezug auf psychische Systemreferenz bzw. biographische Kommunikation sprechen. Inklusionslagen würden die Totalität aller Inklusionen einer Person in ihrem Zusammenhang beleuchten. Ich führe den Begriff Inklusionslage an dieser Stelle ohne weitere Erläuterung ein und verschiebe die Erläuterung auf den nächsten Abschnitt.

[75]   Die typische Gewalt- und Konfliktnähe von interaktionsnahen Situationen ist ein Topos der ethnologischen Forschung. Vgl. Balicki 1965: 1468f. mit einer Übersicht der Mittel, mit denen die stete Gewaltnähe in räumlich engen Verhältnissen aufzufangen versucht wird.
         Die typische Gewalt- und Konflikttendenz interaktionsnaher Lagen liegt darin begründet, daß unter Bedingungen der körperlichen Kopräsenz abweichenden Meinungen und überraschenden Kommunikationsvorschlägen kaum ausgewichen

Während die Fokussierung individueller Inklusionslagen auf interaktionsnahes Alltagsgeschehen typische Problemfelder mit sich bringt, werden sich nur dort 'weniger problematische' Verhältnisse einstellen, wo Inklusion in Arbeits- und Erwerbsorganisationen realisiert ist. Das zeigt sich bekanntlich insbesondere auf der Gehaltsabrechnung bzw. dem Kontoauszug. Organisationsmitgliedschaft ist ein Garant für die Verfügung über monetäre Ressourcen. Darüber hinaus bringt sie einen Schweif von Interaktionstypen mit sich, der der Inklusion in Organisationen normalerweise wie selbstverständlich angehängt ist. Mitgliedschaft drückt sich ja keinesfalls allein darin aus, daß morgens ein Schreibtisch bezogen wird, der im Laufe des Nachmittags wieder verlassen werden darf. Organisationsinklusion wird begleitet von einem weiten Feld sozialer Kontakte und Ereignisse, das über formale Zusammenhänge weit hinausreicht. Man feiert ein gemeinsames Betriebsfest. Es gibt betrieblich organisierte, gemeinsame Reisen. Gerade in größeren Organisationen werden Ressourcen für die Freizeitgestaltung der Mitglieder bereitgestellt. Oft ermöglicht Sport in Betriebsmannschaften weitere Anschlußmöglichkeiten. Mit all dem eröffnen sich Chancen für die Ausgestaltung von Interaktionen, die schon deutlich vom Organisationsalltag abgesetzt sind. Mitgliedschaft in Organisationen eröffnet den Zugriff auf soziale Kontakte, Bekanntschaften, Ressourcen, routinemäßig gepflegten Umgang *auch im interaktionsnahen Alltag*. Kontaktnetze reißen nicht einfach ab, wenn die Arbeitszeit beendet ist. Die Bürotür fällt zu, und die Kollegen sehen sich trotzdem am Wochenende.

Darüber hinaus liefert der gemeinsame Organisationsalltag thematische Schienen, auf denen die Alltagsinteraktion außerhalb der Organisation gleiten kann. Man diskutiert die typischen Fragen des Arbeitsplatzes oder regt sich furchtbar über die formalen Eigentümlichkeiten auf, die das bürokratische Monstrum bereithält. All das erschwert nicht, sondern erleichtert den sozialen Umgang im Interaktionsalltag. Sinnreservoirs stehen bereit, die sich per Organisationsinklusion ablagern und auch andernorts für Kommunikation bereitstehen. Nicht nur Soziologen diskutieren in der Kneipe Probleme der Gesellschaftstheorie oder Schwierigkeiten nach der letzten Kürzungswelle. Auch andere Berufskreise haben distinkte thematische Präferenzen, die sich formend auf Interaktionskommunikation auswirken.

Diese Beobachtungen intendieren keinesfalls die Zelebrierung einer Art von organisatorischer 'Vergemeinschaftung', an der in der modernen Gesellschaft die meisten partizipieren. Sie verdeutlichen lediglich, daß die Inklusionslagen von aus Organisationen exkludierten Individuen in mehreren Hinsichten anders, man

---

werden kann. Die Interaktionsnähe setzt unter Handlungsdruck, da Selektionsvorschläge sofort beantwortet werden müssen. Schon ein Zögern kann als Nein zugerechnet werden, das zum Konflikt führt, wie konversationsanalytische und ethnomethodologische Forschungen gezeigt haben. Vgl. mit einem Beispiel Schneider 1994: 205. Die Konversationsanalyse folgert daraus eine generelle Präferenz für das „Ja". Vgl. Sacks 1987; Heritage, Atkinson 1984.

könnte auch sagen: ärmer ausfallen als die von Mitgliedern. Zahlreiche Möglichkeiten von individueller Thematisierung in sozialen Systemen fallen weg, wenn
Organisationsmitgliedschaft ausbleibt. Gerade die moderne Gesellschaft verläßt
sich zusehends auf die Zuschaltung von organisierten Sozialsystemen. Ihre Bedeutung kann nicht allein in einer wie auch immer rationalen Abarbeitung von Effi-
zienzproblemen gesehen werden. Organisationen entfalten vielmehr ein zunehmend wichtigeres Inklusionsnetz, das auch jenseits ihrer durch Mitgliedschaft
gebildeten Grenzen wirksam wird. Man kann das für 'pathologisch' halten
(Habermas 1981: 558ff.). Man kann darin aber auch eine Ordnungsleistung erkennen, auf die die moderne Gesellschaft anscheinend nur schwerlich verzichten
kann.

(2) Inklusionslagen im Bereich der Interaktionen sind bereits kurz angesprochen
worden. In Weiterführung des Gesagten frage ich nach dem Zusammenhang von
Konfliktsoziologie und Inklusionstheorie für formale, unpersönlich institutionalisierte Interaktionen.

     In mannigfaltigen Interaktionen der modernen Gesellschaft sind Konflikte
dadurch wirksam ausgeschlossen, daß interagierende Organisationen den betroffenen Interaktionen unpersönliche Institutionalisierung auferlegen. Sofern in
unpersönlich institutionalisierten Interaktionen mit Organisationen ein Konflikt
entsteht, erfolgt im Regelfall der unproblematische Abbruch der Interaktion. Unpersönlich institutionalisierte Interaktionen verlassen sich insofern auf die *Diffe-*
renz von Interaktion und Gesellschaft. Die zweckorientierte Festlegung von entsprechenden Interaktionssituationen ist, genauer gesagt, nur vor dem Hintergrund
einer ausreichenden Differenzierung von Interaktion und Gesellschaft möglich.
Nur soweit dies realisiert ist, können besondere Interaktionen auf eng umschriebene Zwecke festgelegt werden. Wird der Interaktionszweck nicht realisiert, so
kann abgebrochen werden. All das ist unproblematisch, weil Konflikte entweder
ganz ausgeschlossen sind oder, wenn sie vorkommen, sofort beendet werden.

     Die für die moderne Gesellschaft typische unpersönliche Institutionalisie-
rung von mannigfachen Interaktionen bietet damit ein effizientes Mittel der
Konflikthemmung. Sie ist gewissermaßen ein Abfallprodukt formaler Organisation, denn Organisationen können auch im Umgang mit Externen ihre Formalität
nicht abschütteln. Sie infizieren ihre Umwelt mit Unpersönlichkeit.

     Wendet man diese Überlegungen inklusionstheoretisch, so fällt der *hoch-*
gradig bestimmte und zweckspezifizierte, jedoch nur kurzfristig wirksame Zugriff
auf Personen in unpersönlich institutionalisierten Interaktionen auf. Interaktionen
mit Organisationen garantieren Inklusion durch Festlegung der Situation auf
einen kurzfristigen, nur durch strenge Limitierung realisierbaren Zweck. Die
typische Konfliktanfälligkeit von Interaktionen wird so gebannt und entschärft.
Das gelingt in dem Maße, wie die Thematisierung von Personen in unpersönlich
institutionalisierten Interaktionen an bestimmten kurzfristigen Zwecken enggge-
führt wird, so daß hohe Erwartungssicherheit einkehren kann. Man kann erwar-

ten, daß in Reisebürointeraktionen der Verkauf von touristischen Dienstleistungen erwartet wird. Ebenso kann erwartet werden, daß erwartet wird, daß in entsprechender Interaktion diese Erwartungen erwartet und beachtet werden. Unpersönliche Institutionalisierung macht's möglich! Das gelingt, soweit die moderne Gesellschaft *eine besondere Klasse von Interaktionen ausdifferenziert*, in denen Personen mit Bezug auf klar umschriebene Zwecke thematisiert werden.

Inklusion in diese Art von Interaktionen erfolgt episodisch. Situationen in unpersönlich institutionalisierten Interaktionen haben den Charakter von mehr oder minder flüchtigen Sonderereignissen, die jeweils hohe Bindungskraft aufweisen. Darüber hinaus betrifft die Inklusion in solche Interaktionen heute fast jeden, aber nicht jeden in gleicher Weise. Wer kein Geld hat, geht seltener einkaufen. Wer sich nicht mit anderen streitet, wird seltener einen Rechtsanwalt benötigen. Wer kein Interesse an Wissenschaft hat, besucht keine Universitätsveranstaltungen. Wer nicht verreist oder Reisen selbst organisiert, braucht keine Reisebüros aufzusuchen usw. Die soziale Kontingenz dieser Inklusionslage geht soweit, daß ein vollkommener *Ausschluß* aus unpersönlich institutionalisierter Interaktion möglich ist. Dabei kann man, muß man aber nicht nur an Bevölkerungsschichten in Slums denken, die Ausgangspunkt dieser Überlegungen gewesen sind.

Wenn damit die spezifische Inklusionsweise in unpersönlich institutionalisierte Interaktionen angedeutet ist, so liegt auf der Hand, daß sie nicht zu den typischen Problemfällen der modernen Gesellschaft gehören. Man hört selten von Konflikten in unpersönlich institutionalisierten Interaktionen. Kommt es doch zu Störungen, so liegt das an deformierten Erwartungen: Ein Kunde wollte im Kreditinstitut nicht ein Konto eröffnen, sondern die Bank ausrauben. Der Sinn von unpersönlich institutionalisierten Interaktionen besteht demgegenüber gerade darin, höchst spezifische Zwecke in kurzer Zeit abzuwickeln, *ohne* daß quergeschossen wird. Das scheint in hohem Maße zu gelingen und weitverbreitet stattzufinden - ein Blick in die Kaufhäuser genügt, um das zu bestätigen.

Jedoch soll und kann an dieser Stelle moderne Interaktionsinklusion keinesfalls auf unpersönliche, organisatorisch vorentschiedene Situationen reduziert werden. Wenn diese besondere Klasse von moderner Inklusion hervorgehoben wird, so dient ihre Thematisierung weniger ihr selbst als vielmehr der kontrastierenden Herausstellung ihrer markanten Differenz zu denjenigen Interaktionslagen, die zum Fokus des Desintegrationstheorems avanciert sind. Die konfliktsoziologischen Probleme der modernen Gesellschaft liegen *nicht* in durch Unpersönlichkeit gesicherten Interaktionen, *sondern auf dem korrelierenden Gegengebiet*: dort, wo Interaktionsinklusion durch unpersönliche Institutionalisierung nicht möglich ist und darüber hinaus andere Zugriffsarten (etwa durch Organisation) ebenfalls versagen. Wo die von der sozio-kulturellen Evolution bereitgestellten Mittel der Konfliktrepression nicht angewendet werden können, entstehen *gewalt- und konfliktnahe Inklusionslagen*.

(3) Bevor die Überlegungen anhand einiger Beispiele veranschaulicht werden, resümiere ich kurz. Zur Installierung eines differenzierten, in gewisser Hinsicht 'balancierten' Beziehungsnetzes von Konfliktfreiheit und Konflikthemmung greift die moderne Gesellschaft auf sehr unterschiedliche Art und Weise auf den einzelnen zu. Inklusion in alle gesellschaftliche Bereiche ist mit dem Niedergang der Stratifikation zu einer Selbstverständlichkeit geworden. Für das Gesellschaftssystem ist es deshalb nicht sinnvoll zu sagen, daß Totalexklusion, Totalinklusion oder ein mehr oder weniger an Inklusion/Exklusion möglich sind. Auffindbare Inklusionsdifferenzen müssen durch Hinzuziehung von Organisation und Interaktion beschrieben werden, so daß unterschiedliche Inklusionslagen erfaßbar werden.[76]

Inklusion in Organisationen bringt hochgradige exklusive Bindungen mit sich. Wer sich zur Mitgliedschaft in einem organisierten Sozialsystem entschließt, erkennt verbindliche Verhaltenserwartungen an und wird dafür (meistens in Geldform) belohnt. Die dabei durch Formalisierung gewonnene Erwartungssicherheit kann in unpersönlich institutionalisierte Interaktionen hineinverlängert werden, so daß vielfältige Interaktionen durch unpersönliche Inklusion der Beteiligten 'von Haus aus' wirksam gegen Probleme geimpft werden.

Mit all dem können Konflikte in großem Umfang zugelassen, ja ermutigt werden, weil sie vorgängig entschärft sind. Das geschieht durch Einbringung der Konflikte in ein differenziertes Netz von Mitteln der Konflikthandhabung. Gesellschaft, Organisation und Interaktion spielen durch differentielle Konfliktbehandlung zusammen. Sie sichern in einem differenzierten Miteinander die Verknüpfung von Handlungen auch dann, wenn steigende Möglichkeitsspielräume des Erlebens und Handelns ein starkes Anschwellen der Konfliktfrequenzen mit sich bringen. Das gelingt, soweit Gesellschaft, Organisation und Interaktion das Indi-

---

[76]   Die Unterscheidung zwischen Inklusion in Organisation und Inklusion in (insbesondere unpersönlich institutionalisierte) Interaktionen zielt auf denselben Phänomenbereich wie die in der Literatur mehrfach auffindbare Unterscheidung zwischen Leistungs- und Komplementärrollen (vgl. Luhmann, Schorr 1988: 30f.; Luhmann 1977a: 234ff. sowie die bereits genannte Untersuchung von Stichweh, die diese Unterscheidung systematisch ausarbeitet). Die Nachteile der Engführung von Inklusion auf die Systemreferenz Gesellschaft zeigen sich in der Unterscheidung zwischen Leistungs- und Komplementärrollen besonders deutlich. Die Beschränkung des Inklusionsbegriffes zwingt 'unterhalb' der Ebene von Gesellschaft sofort zu einer rollentheoretischen Analyse von moderner Inklusion. Bezieht man dagegen Inklusion explizit auf die Systemtypentrias Organisation, Interaktion und Gesellschaft, so lassen sich insbesondere Stichwehs Beobachtungen zunächst in die Differenz von Interaktion, Organisation und Gesellschaft kleinarbeiten und dann rollentheoretisch ausfüllen. Stichwehs Ausarbeitung von verschiedenen Inklusionsformen geht dann nicht verloren, sondern wird auch begriffstechnisch einfacher handhabbar. Darüber hinaus fällt auf, daß der zuletzt betrachtete Bereich interaktions- und damit konflikt- und gewaltnaher Inklusionslagen in Stichwehs Analyse nicht aufzutauchen scheint.

viduum in sehr unterschiedlicher Art und Weise inkludieren. *Das gelingt **nicht**, und das ist der eigentliche Ertrag meiner Überlegungen, soweit bestimmte Inklusionslagen nicht oder nur schlecht in das Beziehungsgeflecht aus Interaktion, Organisation und Gesellschaft eingefädelt werden können.* Es ist ja keineswegs ausgemacht, daß die in Interaktion, Organisation und Gesellschaft vorgefundenen Mechanismen der Konflikthandhabung in jedem gesellschaftlichen Bereich oder in jeder Region der Weltgesellschaft gleich gut anwendbar und kombinierbar sind und, wenn möglich, tatsächlich realisiert werden. Geht man davon aus, daß moderne Individuen auf je spezifische Weise in Interaktionen, Organisationen und Gesellschaft inkludiert werden, so können auftretende Störungen, Mängel, Krisenphänomene, Gewalt, Armut etc. auf *Asymmetrien im Zusammenspiel der Inklusionsarten* zurückgeführt werden. Wenn die Realisierung der verschiedenen Mittel der Konflikthandhabung nur in limitierter oder asymmetrischer Form gelingt, so sind diejenigen Phänomene zu erwarten, die vom Desintegrationstheorem benannt werden (vgl. Heitmeyer 1994). Weisen z.B. bestimmte Kommunikationen weder Organisierbarkeit noch unpersönliche Institutionalisierbarkeit auf, so sind sie einer jenseits der Konfliktregulierbarkeit liegenden 'kritischen Interaktionsmasse' zuzusortieren. Sie liegen, gerade in interaktionsnahen Situationen, in konflikt- und gewaltnahen Handlungszusammenhängen, weil die modernen Mittel der Konfliktrepression nicht so gut zum Ausdruck kommen, gleichzeitig aber die erhöhten Konfliktfreiheiten genutzt werden.

Beispiele liegen sofort auf der Hand: Familien, so weiß man heute, sind äußerst anfällig für Konflikte und auch gewaltsame Auseinandersetzungen.[77] Die asymmetrische Lage der Familie im von der modernen Gesellschaft gesponnenen Netz der Konfliktbehandlung ist offensichtlich.[78] Während die Familie auf *gesellschaftlicher* Ebene an modernen Konflikt*freiheiten* partizipiert, erweisen sich Mittel der Konflikt*repression* auf den Inklusionsebenen *Interaktion* und *Organisation* als in der Familie nicht anwendbar. Man wird Familien kaum als Organisationen bezeichnen wollen, und, wenn doch, so nur in sehr eingeschränktem Sinne. Die Mitgliedschaft in ihnen kann nicht durch Grundsatzentscheidung beschlossen und revidiert werden. Wenn Mitgliedschaften per Scheidung doch aufgekündigt werden, führt das weitgehend zur Auflösung der Gruppe. Es fehlt die typische Erwartungssicherheit durch Anerkennung von festliegenden Verhaltensanforderungen. Familien leiden ganz im Gegenteil unter der steten Änderung von Erwartungen, die schon durch das Heranwachsen von Kindern erforderlich

---

[77] Vgl. aus einer umfangreichen Literatur Straus, Hotaling 1980; Mansel 1992; Fleischmann et al. 1993. Da die Familie zu „klein" ist, um Konflikte aushalten zu können, gerät sie zunehmends in die Reichweite von therapeutischen Anstrengungen. Vgl. dazu Reich, Bauers 1988; Tkaczenko 1991. Für Auswirkungen von Familienkonflikten auf die Erziehungskarriere von Kindern vgl. Nelson et al. 1993.

[78] Vgl. ausführlich unten, IV.1.

wird. Die jüngere Generation schenkt den an sie herangetragenen Anforderungen sukzessive weniger Beachtung.

Darüber hinaus ist eine *unpersönliche Institutionalisierung von Interaktionen* in Familien undenkbar. Sie mag in preußischen Zeiten als eine Art Überleitungshilfe möglich gewesen sein. Das 'Sie' gegenüber den Eltern ist heute nicht mehr in Gebrauch. Diese Beobachtung wird schon durch die große Interaktionsabhängigkeit von Familienkommunikation plausibel: Die Familiengruppe realisiert sich weitestgehend interaktiv. Unpersönlichkeit ist deshalb kaum realisierbar, wenn nicht ausgeschlossen.

Familien nehmen also in asymmetrischer Form an dem modernen, durch unterschiedliche Inklusionen gesponnenen Netz der Konflikthandhabung teil. Diese Schieflage verstärkt sich auf staatlich-organisatorischer Ebene dahingehend, daß sich die Familie gegen rechtliche Hilfe sperrt. Gewalt in Familien wird nur in Ausnahmefällen juridifiziert. Es kostet große Mühe und kommt im Regelfall der Auflösung der Familiengruppe gleich, wenn die Familie oder eines ihrer Mitglieder die Gerichte anruft.

Diese Beobachtungen sollten nicht normativ verstanden werden. Es wird nicht vorgeschlagen, Familien zu organisieren, unpersönlich zu institutionalisieren oder zum Gerichtsgang zu ermutigen. An dieser Stelle werden (noch) keine konkreten Hilfsvorschläge gemacht. Es soll zunächst lediglich zur Klärung der Frage beigetragen werden, warum Familien zu einem strukturellen Konfliktherd in der modernen Gesellschaft gehören. Eine vorläufige Antwort ergibt sich aus ihrer asymmetrischen Teilnahme an moderner Inklusion auf den Ebenen Interaktion, Organisation und Gesellschaft. Wenn man den Inklusionsbegriff in diese Richtung erweitert, kann man sehen und adäquat beschreiben, daß die Unmöglichkeit der Anwendung ganzer Inklusionsarten die Familie konfliktanfällig macht.

Ein *zweites* Beispiel liefern gewaltbereite Jugendgruppen (vgl. Ronald 1993; Heitmeyer 1989; 1987; s. unten, IV.2). Sie liegen jenseits der gesellschaftlichen Mittel der Konfliktrepression, die die sozio-kulturelle Evolution für die moderne Gesellschaft bereitgestellt hat. Weder Interaktion noch Organisation und Gesellschaft erreichen im Falle von gewaltbereiten Gruppen eine Verhaltensspezifikation in Richtung auf Konfliktausschluß. Inklusionen, die das sicherstellen könnten, fehlen. Typisch gewaltbereite Milieus liegen jenseits von Organisation und unpersönlicher Interaktion. Sie müssen sich weitgehend auf Interaktionsinklusion verlassen. Das fördert, so weiß man aus ethnologischen Forschungen, die Gewalttendenz. Wenn solche Gruppen sich soweit verdichten, daß man von einer Mitgliedschaft (evtl. auch Unpersönlichkeit durch Entwicklung spezieller Umgangsformen) sprechen möchte, so fehlt die Spezifizierung der Gruppen'organisation' durch bestimmte Zwecke. Sie bleiben diffus, ja sind latent oft gerade auf Konflikte ausgerichtet. Die in der modernen Gesellschaft ausgebildeten Möglichkeiten der Konflikthemmung durch spezifische Inklusion versagen an dieser Stelle weitgehend. Ein Ausweg könnte in der Schaffung von

'Integrationsangeboten' an Jugendliche für gewaltärmere oder gewaltfreie Konfliktlösungsstrategien liegen, wie Wilhelm Heitmeyer vorgeschlagen hat.[79] Wirft man *drittens* einen Blick auf die Massenverarmung in den Slums brasilianischer oder anderer Großstädte, so wird die Notwendigkeit eines erweiterten Inklusionsbegriffes besonders deutlich. Auch für den Slumbewohner ist die Differenz von Inklusion und Exklusion *auf gesellschaftlicher Ebene* ein nichtnegierbares Faktum. Zieht man jedoch die fehlende Organisationsinklusion hinzu, so gewinnt der Inklusionsbegriff an Schärfe. Es kann konkret beschrieben werden, inwiefern Inklusionsverhältnisse auf der Ebene der Organisationen und der Ebene unpersönlicher Institutionalisierung von Interaktionen Asymmetrien aufweisen, die 'Pathologien' begünstigen. Slumbewohner leiden nicht an Exklusion aus wirtschaftlicher Kommunikation überhaupt, sondern an dem Ausschluß aus *Organisationen*. Alles weitere folgt von selbst: Die Möglichkeit zur Interaktion mit sonstigen Organisationen (z.B. Rechtsanwaltskanzleien) fehlt, die Mitgliedschaft in Organisationen (z.B. Schulen) ist unmöglich, wenn kein Geld da ist.

Verwendet man den Begriff Inklusion in den drei Systemreferenzen Organisation, Interaktion und Gesellschaft, so wären Untersuchungen denkbar, die die entschiedene Unterschiedlichkeit verschiedener Bereiche der modernen Gesellschaft auf der Ebene von sehr differentiellen Inklusionslagen abbilden und plausibilisieren. Wenn die moderne Gesellschaft nicht aus einem Prinzip heraus zu begreifen ist, weil keine einheitliche Rangordnung zwischen ausdifferenzierten Sphären mehr erkennbar ist, so gilt dies ebenso für individuelle Inklusionslagen, die sich in der pluralistischen Landschaft der Moderne ablagern. So banal die Aussage klingen mag, daß die moderne Gesellschaft entlang der Differenz von nicht-organisierter, ungeregelter Interaktion einerseits und formaler Organisation andererseits durch ein abgrundhaftes Formalisierungsgefälle gekennzeichnet ist, das die gewaltanfälligen Konflikte in Jugendgruppen und Familie abdrängt (vgl. Kap. IV), umso deutlicher muß darauf hingewiesen werden, daß gerade der Begriff Integration und mit ihm das Desintegrationstheorem diese Differenz übersieht und deshalb zu wenig trennscharfe Zeitdiagnosen formuliert. Es ist überraschenderweise der Integrationsbegriff, der die Zerrissenheit des Sozialen verfehlt, denn diese Zerrissenheit drückt sich in der ungleichen, inselhaften Verteilung von Konfliktermutigung und -hemmung in der Moderne aus.

Der Begriff Inklusion kann demgegenüber zeigen, daß in der modernen Gesellschaft eben keine übergreifende Ordnung werthafter Integration bereitsteht, um unerwünschte Handlungen aufzufangen. Man könnte auch sagen, daß „Desintegration" mit der auch räumlich für jedermann sichtbaren Zerschneidung der

---

[79] Vgl. Heitmeyer 1994: 379. Aber auch dann, so könnte man vermuten, ist das hier in den Blick genommene Milieu nur schwierig mit den zur Verfügung stehenden sozialpädagogischen Ordnungsmitteln zu erreichen. Inklusionsofferten müssen sich unpersönlich institutionalisierter Interaktionssysteme bedienen. Man wird gewaltbereite Jugendszenen, wenn überhaupt, nur schwierig in solche Interaktionen 'übersetzen' können.

modernen Gesellschaft in die *Differenz* von Interaktion, Organisation und Gesellschaft gewissermaßen zum Normalfall wird, weil die umfassende Gesamtgesellschaft intern parzelliert, zerschnitten und für partikulare organisatorische Zweck-
spezialisierungen - *ohne* gesamtgesellschaftliche Koordination - geöffnet wird.
Deshalb muß die im Integrationsbegriff bis heute mitgedachte und implizierte
übergreifende Einheit zerfallen. Zeitdiagnostische Beschreibungen konflikt- und
gewaltnaher Lagen dürfen sich deshalb nicht mit der Feststellung von Wertezer-
fall, Desintegration usw. zufrieden geben. Ich meine, daß mit dieser Diagnose die
interessanten soziologischen Fragestellungen erst beginnen.

Möchte die Differenzierungstheorie ihre Optik auf bekannte Problemlagen
wie Gewaltbereitschaft bei Jugendlichen, soziale Ungleichheit sowie Verslumung
wirklich scharfstellen, um ihr zeitdiagnostisches Potential gegenüber konkurrierenden Theorien zu erhöhen, so scheint eine Beobachtung der Art und Weise
moderner Inklusion auf den Ebenen Interaktion, Organisation und Gesellschaft
neue Perspektiven zu eröffnen. Die im weiteren erfolgende Fokussierung der
Analyse auf die Differenz von Interaktion, Gruppe und Organisation versucht
demgemäß die Theorie der „Zerrissenheit des Sozialen" in eigenlogische Bereiche
aus der Sicht der Individuen zu radikalisieren und multiplizieren. Die dabei implizierte multidimensionale Mehr-Ebenen-Sicht auf die moderne Gesellschaft
scheint mir die Zersplitterung der Moderne in vielfältigste Handlungsfelder
nochmals radikaler in den Blick zu nehmen, als selbst die auf Differenz bauende
Theorie funktionaler Differenzierung bisher gewagt hat.

III.3.2 Konflikt und Inklusion II
**Zur konfliktsoziologischen Beschreibung von Nationalismus und weiteren
personalisierenden Einschlußmustern**
Die bisherigen Überlegungen zum Zusammenhang von moderner Inklusion und
sozialem Konflikt haben sich auf allgemeine Überlegungen zu Interaktion, Organisation und Gesellschaft, die in der Moderne fortschreitend voneinander wegdif-
ferenziert werden, gestützt. Die Trias von Interaktion, Organisation und Gesellschaft bewegt sich auseinander, ohne jedoch auseinanderbrechen zu können. Moderne Inklusion und sozialer Konflikt können deshalb immer nur *in* der Gesellschaft stattfinden. Dabei öffnet sich Spielraum für die Entfaltung unterschiedlicher Inklusionsarten, denen differente Anfälligkeiten für soziale Konflikte korrelieren.

Mit dieser Erläuterung des Zusammenhangs von Konflikt und Inklusion
sind die Analysemöglichkeiten keinesfalls ausgeschöpft. Schaut man sich in der
einschlägigen Literatur zum Problemfeld Inklusion um, so stößt man auf eine
Anwendung des Inklusionsbegriffes auch auf besondere kommunikative Formen
und semantische Muster, die in unterschiedlichen Handlungsbereichen bevorzugt
Verwendung finden. Soweit erkennbar ist diese Verwendungsweise des Inklusionsbegriffes von Rudolf Stichweh eingeführt worden. Stichweh schlägt in seiner

bereits genannten Publikation über „Inklusion in Funktionssysteme der modernen Gesellschaft" die inklusionstheoretische Analyse von „Begleitsemantiken" vor, die mit dem Übergang zur modernen Gesellschaft einhergehen. In diesen Zusammenhang fällt, so Stichweh, der für die Moderne bedeutsame Begriff des *Menschen* mit seinem gesamtem humanistischen Anhang und Ableitungen wie Menschenrechte, Menschenwürde usw. Die universalistischen Implikationen dieses Begriffes liegen auf der Hand. Jeder, egal wo, wann und wie, partizipiert als Mensch gleichsam natürlich an distinkten Rechten, Fortschritten, grundlegenden Errungenschaften, so nahm die fortschrittseuphorische Frühmoderne an. Jeder sollte als Mensch universell und auf gleiche Weise an Kommunikation teilnehmen. Die spezifischen Modalitäten dieser Inklusion traten gegenüber der *Idee* eines *Inklusionsautomatismus* in den Hintergrund.

Erfolgreicher und folgenreicher sollte jedoch der auch heute wieder auf die Tagesordnung gelangte Nationalismus werden (Stichweh 1988: 287f.). Er wird zu einer kulturellen Chiffre für den obligatorischen Einschluß aller, die einer bestimmten Nationalität bzw. Ethnizität zugerechnet werden. Nationale und ethnische Semantiken entwickeln das Potential, die Universalinklusion aller zu suggerieren und dabei innergesellschaftliche Grenzen zu überschreiten. Sie greifen um sich und ordnen sich vorgefundene Phänomene in heterogensten gesellschaftlichen Teilbereichen unter. Dabei tendieren sie nicht nur zum identitätsstiftenden Einschluß aller, sondern bringen eine Konfliktualisierung 'eroberter' gesellschaftlicher Terrains mit sich, wie Stichweh verdeutlicht:

> „*Nationalstaat, Nationalökonomie, Nationalerziehung, Nationalkirche* und *Nationale Sicherheit* motivieren und organisieren jetzt immer beides: weitreichende Ansprüche jedes einzelnen an die sich autonomisierenden Funktionssysteme und den Widerspruch gegen die Berücksichtigung, ja Privilegierung, Fremder." (Stichweh 1988: 288)

Die Nation wird durch die Formulierung wirksamer Grenzen zwischen Einschluß und Ausschluß zu einem ubiquitär auffindbaren Identitätsstifter, der auf griffige Art und Weise dem einzelnen seinen Einschluß in die moderne Gesellschaft plausibilisiert. Auch wenn fortschreitende Differenzierungstendenzen zu einer progressiven Entwurzelung individueller Verortungen aus sozialen Zusammenhängen führen, dient der nationale Einschlußmechanismus als suggestiver 'haven in a heartless world', der als Substitut für verlorene Gewißheiten und Sicherheiten zu fungieren vermag. Das gelingt insofern, als die Nationalitätssemantik eine Ordnungsleistung erbringt: Sie macht Welt bestimmbar. Weltgesellschaftliche Phänomene können mit ihrer Hilfe gehandhabt, klassifiziert und eingeteilt werden. Ähnlich wie die Form 'Person' als Adressat von Kommunikation in einfachen Interaktionen fungiert, vermag die in der Form 'Nation' geronnene Nationalitätssemantik Fixpunkte in der Weltgesellschaft zu formulieren (Richter 1996: 97f.). Sie erlaubt die Zurechnung von Handlungen, die Konstruktion von sozialen Kausalitäten. Orientieren sich Handlungen in Interaktionen an den körperlichen

Umrissen der teilnehmenden Personen, so ist weltgesellschaftliche Kommunikation auf andere, vergleichbare Mittel der Adressierbarkeit angewiesen. Die Form 'Nation' erlaubt die Zurechnung von Handlungen auf bestimmte Nationen/Ethnien: Die weltweite Ausbreitung des unterjochenden Kapitalismus erscheint als Ausdruck der Weltherrschaft der USA, oder: die rumänische Nation strebt die Assimilierung des siebenbürgisch-sächsischen Kulturgutes an - weitere Beispiele zu nennen fällt nicht schwer.

Aufgrund ihres exzeptionellen Vermögens, soziale Ordnungsleistungen zu erbringen, avanciert die 'Nation' zu einem *semantischen Inklusionsmechanismus*, der jenseits aller Kontingenzen eine von diesen noch nicht kontaminierte Ebene der Gemeinsamkeit und Vertrautheit bereitzustellen scheint. Und wenn mich auch niemand richtig haben will, ein Deutscher (Kroate, Serbe, US-citizen, Siebenbürger Sachse...) bin ich allemal. So oder ähnlich kann das Gefühl beschrieben werden, das das 'Dabei-sein' symbolisiert.

Offensichtlich antworten die in der modernen Gesellschaft verstärkt auftretenden kommunikativen Selbstbeschreibungen qua Nationalität auf durch die besonderen Bedingungen moderner Kommunikation hervorgerufene Schwierigkeiten. In der Moderne stellt sich die Teilnahme des einzelnen an der Gesellschaft keinesfalls automatisch in der gewünschten Art und Weise ein. Stattdessen unterwirft die moderne Gesellschaft lokale Kontexte und die in ihr situierten sozialen Beziehungen einem bedingungslosen Auflösungs- und Rekombinationsprozess. Dies gilt nicht nur in sozialer, sondern auch in zeitlicher und räumlicher Perspektive, wie Anthony Giddens hervorgehoben hat:

> „The dynamism of modernity derives from the separation of time and space and their recombination in forms which permit the precise time-space 'zoning' of social life; the disembedding of social systems (a phenomenon which connects closely with the factors involved in time-space separation); and the reflexive ordering and reordering of social relations in the light of continual inputs of knowledge affecting the actions of individuals and groups." (Giddens 1990: 16f.)

Entscheidend ist der damit einhergehende Verlust jedweder überlieferter Sicherheiten. Vertraute Sinnzusammenhänge verdampfen, Kontingenzerfahrungen nehmen zu. Infolgedessen stellt sich die problemlose Teilnahme von Personen an Kommunikation nicht mehr von selbst ein. Daraus resultieren nicht nur persönliche Identitätskrisen, die in überlaufenden Psychotherapeuten-Praxen verhandelt werden. Weitaus folgenreicher ist die artifizielle Erzeugung von kollektiven Einheitschiffren, die mittels medienwirksamer Feindbilder oder gar in militärischen Auseinandersetzungen geleistet wird. Die semantische Inklusionsform Nationalität/Ethnizität ist dabei deshalb besonders erfolgreich, weil sie einfach vermittelt werden kann und gleichzeitig starke emotionale Mobilisierung vorsieht. Man ist aufgefordert, sich aktiv einzubringen. Die semantische Inklusionsform Nationalität/Ethnizität hat ausgeprägten Aufforderungscharakter (Stichweh 1988: 288f.).

Der kaiserdeutsche Burgfrieden ist dabei nur ein Beispiel von vielen für die Fähigkeit dieser semantischen Inklusionsform, Einschluß vermittelnde „Instant-Identitäten" aus dem Boden zu stampfen (Ferchhof 1988: 1017).

Diese Beobachtungen machen plausibel, daß die semantische Inklusionsform 'Nationalität/Ethnizität' wohl die historisch erfolgreichste moderne Begleitsemantik ist. Sie verspricht das, was gesamtgesellschaftlich nicht mehr möglich ist: die *durchgängig bestimmte Teilnahme* des Menschen an Interaktion, Organisation und Gesellschaft. Sie vermag gesellschaftliche Kommunikation flächendeckend dahingehend zu konditionieren, daß der Einschluß des einzelnen leichter bewerkstelligt werden kann. Sie fungiert gleichsam als Schmiermittel. Sie stellt thematische Schienen bereit, auf denen der Einschluß gleiten kann.

Als semantische Inklusionsformen stehen Nationalität/Ethnizität keinesfalls allein im Raum. Man sagt ihnen zwar besonderen Erfolg gerade in interaktionsnahen Lagen, etwa in Stammtischkommunikation, nach - ob zu Recht oder nicht, sei an dieser Stelle dahingestellt. Doch gerade interaktionsnahe Lagen können ihren Bedarf an Thematisierung von Menschen nicht allein aus semantischen Formen wie Nationalität/Ethnizität befriedigen. Vielmehr haben sich gerade in den letzten Jahrzehnten weitere Einschlußsemantiken herausgebildet, die in gewisser Hinsicht vergleichbare Ordnungsleistungen insbesondere in interaktionsnahen Mikrosituationen erfüllen. Dabei fallen verschiedenste Thematiken und Felder ins Auge. *Geschlecht* ist etwa eine Größe, die Einschlüsse bewirken kann. „Frauen nehmen Frauen mit" - so heißt es heute auf vielen Autoaufklebern. Oder: „Frauen lügen nicht" - so lautet ein anderes Schlagwort. Gerade in größeren Städten bilden sich 'Szenen', die nach der Geschlechteropposition ausgerichtet sind. Sie betreffen sowohl Frauen als auch Männer. Man ist Frau und nicht Mann, oder: Man ist Mann und nicht Frau. Schon die aktive Inszenierung des eigenen Geschlechtes kann zur Bildung von lokalen Handlungsfeldern führen, die sich durch aktive Distinktion zu momenthaften Identitätsgewinnen verhelfen. Interaktion wird dabei einem primären Sortierschema unterworfen, das beim individuellen Identitätsmanagement hilft.

Gerade die Geschlechterdifferenz weist zwei wichtige Merkmale semantischer Inklusionsmuster auf: Sie verfügt sowohl über soziale *Evidenz* als auch soziale *Signifikanz* (Schulze 1990: 412). Die Zeichen, die Zugehörigkeit anzeigen, sind insofern evident, als sie einfach und schnell decodierbar sind. Evidenz von Geschlechterzugehörigkeit steht gleich mehrfach zur Verfügung: Nicht nur körperliche Merkmale sorgen hier für eine zuverlässige Zusortierbarkeit, sondern auch andere soziale Faktoren wie etwa Kleidung schematisieren die Wahrnehmung sofort in Richtung auf Zugehörigkeit/Nicht-Zugehörigkeit. Sofern diese Zeichen evident wahrnehmbar sind, können Gemeinsamkeiten, wenn nicht gar solidarische Existenzformen und Konsense mit hoher sozialer *Signifikanz* unterstellt werden. Dabei kommt es nicht auf faktische Kollektivität an. Es ist gerade die *Unterstellung* von Solidarität, auf deren Schienen semantische Inklusion gleitet.

Die dabei hervortretende besondere Bedeutung von *Wahrnehmung* kann für den geschlechtlichen Dualismus besonders eindrucksvoll belegt werden. Sie gilt darüber hinaus generell für interaktionsnahe Bereiche. Die besondere Wichtigkeit der Wahrnehmung liegt dabei darin begründet, daß freie und nicht organisatorisch gebundene Interaktionen in der modernen Gesellschaft hochgradig kontingent stattfinden. Man kann sich immer auch mit jemand anderem treffen. Soziale Kontakte können zustandekommen oder auch nicht zustandekommen, wie Schulze treffend beschreibt:

„Ob sich Menschen unter der Bedingung gegenseitiger Wählbarkeit aufeinander einlassen oder nicht, hängt maßgeblich davon ab, ob sie sich gegenseitig bereits dann als wahrscheinlich ähnlich wahrgenommen haben, wenn sich noch gar kein intensiver Kontakt entwickeln konnte. Sobald man entscheiden kann, ob man aufeinander zugeht oder den Kontakt vermeidet, ohne zu einer der Alternativen gezwungen zu werden, besteht ein enger Zusammenhang zwischen der Schematisierung sozialer Wahrnehmung und der Segmentierung sozialer Kontaktfelder. Personen mit ähnlichen Profilen von Situation und Subjektivität werden nicht nur statistisch als Gruppen sichtbar, sondern auch sozial: Intern ist die Interaktionsdichte wesentlich höher als extern." (Schulze 1990: 412)

Das zugrundeliegende Bezugsproblem liegt in der Frage danach, wie die Beteiligten in relativ unstrukturierten Situationen überhaupt zu Kriterien für die Auswahl derjenigen gelangen, die für die Bildung einer Gruppe in Frage kommen. Wenn die moderne Gesellschaft auf eine vorgängige Regulierung interaktiver Kontaktvernetzung verzichtet und Kommunikation folglich in interaktionsnahen Lagen als kontingent erlebt wird, dann werden Wahrnehmungsprozesse für die Wahl von Interaktionspartnern wichtiger. Bevor überhaupt Kommunikation stattfindet, werden deshalb wahrnehmungsfundierte Selektionsprozesse durchgespielt. Gerade Geschlecht liefert in diesem Zusammenhang hohen Orientierungswert. Es kann darüber hinaus mit anderen Einschlußmerkmalen kombiniert werden, so daß die Unterbestimmtheit interaktionsnaher Lagen weitgehend ausgeschaltet wird. Wahrnehmung allein kann bereits mitteilen, daß man im Augenblick von einer etwa gleichaltrigen Punkerin angesprochen wird. Schon diese wahrnehmungsbasierte Information hat große Selektivität. Zahlreiche potentielle Kommunikationen werden an diesem Punkt entmutigt, wenige andere unterstützt. Wahrnehmungsbasierte semantische Inklusion ermöglicht die Unterstellung gemeinsamer Situationsdefinitionen, ohne daß kommuniziert werden muß. Distinkte Selbstdarstellung füttert etwaige Interaktionen vorab mit umfangreichen Vermutungen. Der potentielle Interaktionspartner wird, so kann und darf von den Beteiligten unterstellt werden, dieselben Themen bevorzugen. Er mag dieselbe Musik, hat ebenfalls eine chaotische Wohnung, Streit mit seinen Eltern, tanzt gerne, schlägt sich die Nächte in Diskotheken ekstatisch um die Ohren, kurzum: Man wird schnell annehmen, daß die von der Wahrnehmung nahegelegten Merkmale einen gemeinsamen 'Lebensstil' wahrscheinlich machen. Gerade wenn sich zwei 'unbeschriebene Blätter' gegenüberstehen, verfügen solche Unterstellungen über hohe soziale Evidenz. Sie werden von hochgradig unterbestimmten Situationen geradezu angesaugt. Ihre Wirksamkeit kann kaum überschätzt werden.

Dabei steht der wahrnehmungsbasierte Einschluß keinesfalls für sich allein im Raum. Er bleibt vielmehr mit anderen Inklusionsproblemen rückgekoppelt und wirkt auf diese zurück. Z.B.: Der Brennpunkt von Inklusion qua Geschlecht ist (oder müßte man heute sagen: war?) bekanntlich die Familie mit all ihren Besonderheiten, Beschränkungen, Konflikten, Streiten und Gewalt, die auf ihre bereits oben angesprochene Interaktionlastigkeit zurückzuführen sind. Geschlecht als semantische Inklusion scheint heute dahin zu tendieren, die *interaktionsbedingten Beschränkungen des Familienmodus nachzubessern.* Ungleichheit der Geschlechter fordert Geschlechtergleichheit. Die Inklusionsformel 'Geschlecht' verlangt nach Gleichbehandlung von Mann und Frau, die in Familien offenbar nur schwierig zu realisieren ist. Frauen sollen und wollen nicht mehr Hausfrau sein. Sie sind in den vergangenen Jahrzehnten expansiv in sämtliche Bildungsbereiche vorgedrungen. Abitur und Studium wird zur Normalität. Diese Entwicklungen verlangen nach weiteren Veränderungen weiblicher Lagen. Wer als Frau einen akademischen Abschluß hat, wird nicht nachher einen Haushalt betreuen wollen. Inklusion in Organisation wird deshalb gefordert und realisiert. Frauen drängen progressiv auf den Arbeitsmarkt. Sowohl die Expansion der weiblichen Bildung als auch die zunehmende Erwerbstätigkeit der Frau bedeutet insgesamt eine Verschiebung der ehedem 'normal'-bürgerlichen, modernen 'weiblichen' Inklusionslage in den Organisationsbereich. Diese Veränderung wird oft dahingehend charakterisiert, daß Frauen auf diese Weise 'mehr' an Gesellschaft teilnehmen können - ein Beleg dafür, daß die moderne Gesellschaft ihre Aktivitäten in gewisser Hinsicht auf den Organisationsbereich fokussiert. Wer dort nicht inkludiert ist, fällt gleichsam 'aus der Gesellschaft heraus'. Bei fehlender Organisationsinklusion erfolgt die Verbannung in den Interaktionsbereich mit all seinen Schwächen, die oben bereits bei der Besprechung ethnologischer Forschungen eingeführt wurden.

Wie das Beispiel Geschlecht zeigt, können systemspezifische und semantische Inklusionstypen nur zur Analyse auseinandergezogen werden. Sie kommen in der modernen Gesellschaft immer zusammen vor. Gesellschaft muß bereits in Interaktion, Organisation und Gesellschaft vollzogen werden, damit kommunikative Formen wirksam werden können. Diesen wechselseitigen Zusammenhang erläutert das Beispiel semantischer Geschlechterinklusion sehr aufschlußreich. Es zeigt, wie semantische und systemspezifische Inklusion sich wechselseitig erläutern und bedingen. Die Semantik ist nicht einfach ein abgeleiteter, weniger bedeutsamer Faktor in der modernen Inklusionslandschaft. Vielmehr können semantische Inklusionsformen wichtige Veränderungen von Inklusionslagen nach sich ziehen, wie die semantische Inklusionsform 'Geschlecht' zeigt. Semantische und systemspezifische Inklusionsprobleme beeinflussen einander wechselseitig.

Teilnahmeschwierigkeiten, etwa in interaktionsnahen Lagen, können, ja müssen mit Hilfe semantischer Einschlußformeln bearbeitet werden. Semantische Einschlüsse können dabei im Umkehrschluß wichtige Veränderungen von Inklusionslagen nach sich ziehen. Wenn die Nationalitätssemantik Hochkonjunktur hat, werden u.U. auch sonstige Teilnahmechancen an Gesellschaft neu verteilt: Fremden wird der Zugang zu 'nationalen' Organisationen, wenn nicht sogar schon das Betreten nationaler Territorien erschwert oder verboten. Asylbewerbern wird die Arbeitserlaubnis verweigert, und das heißt nichts anderes als: Veränderung der individuellen Inklusionslage durch Verhinderung von Organisationsinklusion. Wer nicht arbeiten darf, der kann nicht Mitglied in entsprechenden Organisationen werden. Weder reagieren semantische Inklusionskonjunkturen einfach reflexhaft auf Vorgaben von Interaktion und Organisation noch stehen systemspezifische und semantische Inklusion in einem Einbahnstraßenverhältnis zueinander. Sie versetzen einander vielmehr wechselseitig in Schwingung.

Insgesamt drängt sich dabei der Eindruck auf, daß kommunikative Einschlußformen vor allem dort vonnöten sind, wo Interaktionsnähe vorherrscht. Interaktionsnahen Lagen wird eine hohe Empfänglichkeit für bestimmte semantische Muster nachgesagt, so etwa Nationalität. Die sogenannten gruppengenerierenden 'Lebensstile' werden nicht nur, aber sehr oft jenseits der Organisationen wirksam.

Diese Beobachtung ist deshalb plausibel, weil die ungeregelte Interaktion in der modernen Gesellschaft weitgehend freischwebt. Interaktionsnahe Inklusionslagen bleiben unspezifisch und diffus. Man kann in ihnen machen, was man will. Gerade die moderne Gesellschaft eröffnet hier große Spielräume. Diesen Sachverhalt braucht man nicht sofort mit dem geflügelten Kanzlerwort vom 'kollektiven Freizeitpark' zu brandmarken. Gleichwohl ist unübersehbar, daß die moderne Gesellschaft Bereiche ausdifferenziert, die sich sehr weitgehend auf Interaktion verlassen und dabei mehr oder minder richtungslos mit den anderen, hyperaktiven Teilen der Moderne mitschwimmen.

Solche interaktionsnahen Bereiche werden von den Differenzierungstendenzen der Moderne, die sich insbesondere in der progressiven Zuschaltung von Organisationen ausdrücken, gleichsam 'abgehängt'. Man könnte auch sagen, daß die Interaktion aus zahlreichen Pflichten 'entlassen' wird, indem die soziokulturelle Evolution für die Bewältigung umfassender Zwecke eher auf Organisationen zurückgreift. Zunehmend unwahrscheinliche Kommunikationen werden in Organisationen verlagert. Dort nehmen Interaktionen gänzlich anderen Charakter an als in ausschließlich auf den einfachen Interaktionsmechanismus bauenden Situationen (Kieserling 1994). Interaktion in Organisationen ist durchgehend auf formale Zwecke festgelegt. An normale Interaktionen erinnernde Informalität kann, wie gesehen, nur dann eintreten, sofern die Formalisierung der organisationsspezifischen Verhaltenserwartungen nicht gefährdet wird. Versucht die Interaktion zu sehr auszuscheren, wird sie von der formalen Organisation sehr schnell wieder auf Kurs gebracht.

Da nicht-organisierte Interaktion in ihren Möglichkeiten allzu stark beschränkt ist, läßt die sozio-kulturelle Evolution die Interaktion in die zweite Reihe zurücktreten und vertraut die 'wichtigen' Aufgaben den Organisationen an. Daß diese Neuanweisung der Plätze mit großer Vehemenz erfolgt, zeigt das 19. Jahrhundert. Was üblicherweise unter dem label 'Industrialisierung' firmiert, läßt sich auch als evolutionär unvergleichlich erfolgreiche Etablierung des immer dominanter werdenden Systemtypus Organisation lesen.[80] Dabei wird das Neuarrangement der Systemtypen mit großer Skepsis perzipiert. Am prominentesten ist bis heute Max Webers Vermutung, der moderne Mensch werde zusehends in ein stahlhartes Gehäuse der Hörigkeit gezwängt (man könnte auch, so Nassehi (1997), mit Bezug auf Organisationsmitgliedschaft vom „stahlharten Gehäuse der *Zuge*hörigkeit" sprechen).

Auch Lockwoods vielrezipierte Unterscheidung zwischen Systemintegration und Sozialintegration scheint auf die Neuanweisung der Plätze für Interaktion und Organisation zu reagieren. Interaktion wird in der Moderne zusehends mit Geselligkeit, Sozialintegration, Lebenswelt u.ä. charakterisiert. Das, was gesamtgesellschaftlich nicht mehr möglich zu sein scheint, wird gleichsam in die Interaktion projiziert. Große Hoffnungen werden an sie gerichtet. Entsprechend hoch ist das Enttäuschungspotential, wenn sich interaktionnahe Bereiche als weniger friedlich, vernünftig oder integrativ erweisen als erwartet. Deshalb stellt sich die Frage, ob der in der modernen Gesellschaft zusehends breiter werdende Graben zwischen Interaktion und Organisation nicht grundlegender erfaßt werden muß. An dieser Stelle soll nur die Vermutung geäußert werden, daß eine auf allgemeinen soziologischen Überlegungen zu Interaktion und Organisation beruhende Analyse von Inklusionsformen trennschärfere Beschreibungen liefern könnte.

Insgesamt scheint die Interaktion als besonderer Systemtypus in der modernen Gesellschaft nicht mehr in dem Ausmaß mit gesellschaftlichen Ansprüchen konfrontiert zu werden wie in älteren Gesellschaften. Der eindeutigen soziokulturellen Präferenz für Organisation korreliert eine 'Abwertung' des Interaktionsbereiches. Zeigt sich die moderne Gesellschaft im Organisationsbereich als durchgehend hektisch, ziellos von Ziel zu Ziel rasend und kommunikativ hochspezifiziert, so bleibt der Interaktionsbereich zurück. Er wird abgehängt, übertrieben gesagt: residualisiert. Da interaktionsnahe Lagen in der modernen Gesellschaft auf diese Weise zurückgestuft werden, bleiben Interaktionen in der modernen Gesellschaft unterbestimmt. Sie haben einen zusätzlichen Spezifikationsbedarf. Die Thematisierung von Menschen in interaktionsnahen Lagen ist nicht vorgängig festgelegt, sondern bleibt im Normalfall ziellos und diffus.

Semantische Inklusionen rasten genau an dieser Stelle ein. In etwas salopper Formulierung könnte man sagen, daß sie eine Art von kommunikationstechnischer 'Nachbesserung' der sozio-kulturellen Evolution für im Übergang zur Mo-

---

[80]   Luhmann 1985: 143 spricht in diesem Zusammenhang von einem „Jahrhundert der Organisation".

derne entstehende problematische Inklusionslagen darstellen. Dort, wo sich die Teilnahme von Personen an Kommunikation nicht unproblematisch einstellt, werden neue Inklusionsmechanismen 'erfunden'. Sie stellen zusätzliches Regulierungspontential bereit und erhöhen die Eigenbestimmtheit interaktionsnaher Lagen.

Semantische Inklusion verbleibt dabei keinesfalls bei den genannten Formen wie etwa Menschheits- und Nationalitätssemantiken oder Geschlecht. Sie stützen sich auf vielfältige Einschlußfaktoren, die oft auch als 'Lebensstile' bezeichnet werden.[81] Geht man davon aus, daß Inklusion die Art und Weise umfaßt, in der Menschen kommunikativ als Personen behandelt werden, dann kann im Bereich semantischer Inklusion fast alles relevant werden: die Sportart, der Musikgeschmack, Essenspräferenzen, Kleidung, soziale Bewegungen, Bekenntnisse aller Art, seien es religiöse, politische oder ästhetische, Urlaubsgewohnheiten wie Skifahren, Sonnen-, Camping- oder Wanderurlaub usw.

Versucht man den Beschreibungsbereich derart auszuweiten, so muß semantische Inklusion gegen die Reduktionsleistung von *Themen* abgegrenzt werden. Themen nehmen in durch persönliche Bekanntschaft gebildeten Interaktionen oft den Charakter von Leitlinien an, entlang derer die Unterbestimmtheit von Interaktionen einer genaueren Spezifikation zugeführt wird (vgl. Kieserling 1994). Interaktionen lieben Themen, die sich in der jeweiligen Systemgeschichte bewährt haben. Wahrscheinlich zwingt gerade die Diffusität der Interaktion zur Ausbildung eines harten Kerns von Lieblingsthemen. Thematische Präferenzen dirigieren die Kommunikation in eine erfolgreiche Richtung. Sie prägen sich dem Gedächtnis ein. Es ist oft von vornherein bekannt, welche Themen man sinnvollerweise anschneidet, damit die Interaktion nicht mangels Verdichtung zerfließt.

Bilden schon Themen eine erfolgreiche Sicherheitsvorkehrung gegen das Zerfließen mangelhaft verdichteter Kommunikation, so bieten personenorientierte Leistungen einen darüberhinausgehenden Reproduktionsmodus von frei flottierenden Interaktionen. Das gilt vor allem dann, wenn Übereinstimmung „nicht durch Konsenspflichten in der Umwelt gedeckt ist, sondern im System nur verständlich wird, wenn man ihn auf Personen zurechnet" (Kieserling 1994: 175). Unwahrscheinliche Gemeinsamkeiten werden insbesondere dann zu einem bevorzugten Modus der Reproduktion, wenn sie nicht ohne weiteres nach außen kommuniziert werden können und sich auf die personalen Gegebenheiten eines distinkten Interaktionskreises spezialisieren. Dabei werden Themen mit der Einheit von Personen assoziiert. Interaktionen erreichen in diesen Fällen Bestimmtheit, indem bestimmte Personen auf ihrem Bildschirm erscheinen. Personen verquikken sich soweit mit bestimmten Themen, daß die Unterbestimmtheit freischwebender Interaktionen aufgehoben wird. Man könnte auch sagen, daß interaktionsnahe Bereiche besonders nah an Personen 'gebaut' sind. Sie verlassen sich auf

---

[81] Vgl. für einen kurzen Überblick über die vielfältigen Verwendungsweisen dieses Begriffes sowie die unterschiedlichen Forschungsrichtungen Müller 1989.

einen hohen Personalisierungsgrad und eine in die Sozialdimension asymmetrisierte Sinnverarbeitung.

In diesem Zusammenhang ist es sinnvoll, von semantischer Inklusion zu sprechen. *Semantische Inklusion liegt nur dann vor, wenn thematische Komplexe sich soweit verdichten, daß sie personalisiert werden können.* Sinnverarbeitung wird dabei von der Sach- in die Sozialdimension verschoben. Wenn Themen sich zu semantischer Inklusion verdichten, dann erfolgt eine Substituierung *sachlichen* Sinnes durch *sozialen* Sinn. Man kann sagen: „Ich bin eine Frau", oder: „Ich bin ein Skinhead" (ein Punk, ein Grumpy (grown-up matured people), ein Nego (netter Egozentriker), ein Iltis (Ikea-libera-toleranter Individualist)) usw (vgl. Pfeiffer 1988: 105). Noch einfacher ist es, die soziale Wahrnehmung in diese Richtung zu lenken. Sofort erfolgt eine distinkte soziale Behandlung der Person. Erwartungen stellen sich auf die aktualisierte personale Collage ein. Bei wahrnehmungsbasierter Inklusion bilden sich psychische Erwartungsstrukturen aus, *bevor Kommunikation überhaupt angefangen hat.* Doppelte Kontingenz wird vorab entschärft. Kommunikation wird erleichtert, indem Möglichkeiten vorgängig eingeschränkt werden. Das gelingt, wenn komplizierte, zeitraubende sachliche Sinnverarbeitungen in die Sozialdimension verschoben werden. Hans-Georg Soeffner verbindet diesen Personalisierungsvorgang mit dem Begriff des Stils:

> „Aus interaktionstheoretischer Sicht verstehe ich unter einem bestimmten historischen Stil zunächst eine beobachtbare (Selbst-)präsentation von Personen, Gruppen oder Gesellschaften. Stil als eine spezifische Präsentation kennzeichnet und manifestiert die Zugehörigkeit eines Individuums nicht nur zu einer Gruppe oder Gemeinschaft, sondern auch zu einem bestimmten Habitus und einer Lebensform, denen sich diese Gruppen oder Gemeinschaften verpflichtet fühlen...Dementsprechend zeigt der Stil eines Individuums nicht nur an, *wer 'wer' oder 'was' ist, sondern auch wer 'wer' für wen in welcher Situation ist.* Und der Stil von Texten, Gebäuden, Kleidung, Kunstwerken zeigt nicht nur an, was etwas ist oder wohin es zugeordnet werden kann, sondern auch, was etwas *für wen* und zu welcher Zeit ist und 'sein will'." (Soeffner 1986: 318)

Die Handelnden müssen sich nicht erst ausführlich darüber unterhalten, ob sie bestimmte Dinge mögen, distinkte Präferenzen für Musik, Frisuren, Sport, Urlaub, Fernsehen etc. aufweisen. Wenn all das erst thematisiert werden müßte, würden Kontakte in interaktionsnahen Lagen zusehends unwahrscheinlicher und immobiler. Es ist viel einfacher, vielfältige thematische Zusammenhänge gleich in einer Person zu bündeln und diese Person mit eindeutigen Wahrnehmungsmerkmalen auszustatten. Sachlicher Konsens kann dann unterstellt werden. Z.B. scheint die Person 'Motorradfahrer' auf den ersten Blick für einen in gewisser Hinsicht homogenen Personenkreis zu stehen. Man hat ein gemeinsames Hobby. Motorradfahrer treffen sich zu gigantischen Meetings, um ein Wochenende lang über Maschinen, Motoren, Schrauben und PS-Zahlen zu diskutieren. Bei solchen

Treffen werden Personen durch eine distinkte Homogenität zusammengeführt (Haeberlein 1990; Schulz 1993). Die Anlaß gebende Gemeinsamkeit kann durch wahrnehmungsrelevante Merkmale verstärkt werden. Motorradfahrer werden von oben bis unten in Leder auftreten, weil das Hobby selbst es verlangt. Weitgehender Konsens kann dann, wie momenthaft und flüchtig auch immer, wirksam unterstellt werden - die Individualisierung der Personen erfolgt durch PS-Zahlen. Auch wenn man eigentlich weiß, daß die anderen Motorradfahrer aus unterschiedlichsten Lagen stammen, führt die Person 'Motorradfahrer' zu Gemeinsamkeit artikulierender Interaktionsinklusion. Beim Wochendendtreff der Motorradfahrer trifft sich der Bankvorstand mit dem Fabrikarbeiter, der Automonteur mit dem Chefarzt, der Professor mit dem Handwerker. Man genießt es, einmal ein ganz anderer zu sein, lästige Verhaltenserwartungen für einen kurzen Zeitraum abzuschütteln und gleichsam *incognito* aufzutreten (Luhmann 1991b: 175). Sonstige Inklusionsvorgaben können abgeschüttelt und für einen befristeten Zeitraum gegen hochmobile semantische Muster eingetauscht werden. Das kann man auch dahingehend formulieren, daß die Bindung 'objektiver' Lebensbedingungen an 'subjektives' Freizeitverhalten gewisse Auflösungserscheinungen zeigt, so daß bisher unbekannte Verbindungen auftreten.[82] Das gelingt, wenn organisationsbedingte Lagen nicht mehr in einem eins-zu-eins-Verhältnis zu semantischen Lagen stehen. Was im Organisationsbereich passiert, determiniert heute nicht mehr eineindeutig die Möglichkeiten des Interaktionsbereiches. Das heißt nicht, daß Beliebigkeit einkehrt. Nicht jeder verkehrt heute beliebig mit jedem. Jedoch bestätigt die empirische Forschung eine Lockerung der Verbindungen. Der Bankvorstand möchte nicht unbedingt die gesamte interaktionsdefinierte Freizeit mit Kollegen und beruflichen Freunden verbringen. Es ist auch mal ganz entspannend, mit ganz anderen Leuten zusammen zu sein.

Das muß nicht immer harmonisch gelingen. Differenzen mögen zutage treten, die von der Person nicht gedeckt werden können. Der Chefarztmotorradfahrer und der Handwerkermotorradfahrer mögen im Clinch auseinandergehen, wenn die semantische Instantinklusion von der sozialen Erinnerung an sonstige Verhältnisse in den Abgrund der Ungleichheit gerissen wird. Deshalb sind zumindest Bedenken angebracht, wenn die mit dem Begriff semantische Inklusion bezeichneten Phänomene als 'Lebensstil' oder gar als neue Solidaritäten, soziale Integrationsmomente o.ä. bezeichnen werden.[83] Semantische Inklusion realisiert

---

[82] Daß der Alltag heute oft unabhängig von 'objektiven' Determinanten zustandekommt, betont auch Hradil 1992: 28. Dieser Sachverhalt ist seit langem bekannt. Schon Simmel 1992: 535 sowie 1989: 446ff. spricht in diesem Zusammenhang von der zunehmenden Kreuzung sozialer Kreise.

[83] So aber Hörning, Michailow 1990: 512. An dieser Stelle soll ausdrücklich auf die Beschreibung solcher semantischen Inklusionsmittel durch Formulierungen wie „Sozialintegration in Form von Lebensstilen" (511) verzichtet werden, da sie ein theoretisch unkontrollierbares Maß an Kollektivität impliziert, das der modernen Gesellschaft nicht gerecht wird.

weder Integration noch Vergemeinschaftung. Sie steht nicht für das, was sonst in der modernen Gesellschaft nicht mehr möglich ist. Sie findet nicht in einem Bereich statt, der in einem höheren Grad Gesellschaft ist als andere Bereiche. Semantische Inklusionstypen realisieren sich in interaktionsnahen Lagen, die in dieser Form erst in der modernen Gesellschaft möglich werden. Semantische Inklusion steht insofern nicht im Gegensatz zu Modernität. Sie ist ganz im Gegenteil ein moderner Vergesellschaftungsmechanismus schlechthin.[84]

Semantische Inklusionsformen fungieren in interaktionsnahen Lagen als *personal konstituierte* Brennpunkte, die hochgradig instabile und momenthafte Inseln der sozialen Bindung erzeugen. Solche typisch interaktionsnahen Kommunikationskondensate bieten ein derart flüchtiges und insgesamt unübersichtliches thematisches Feld, daß ihre begriffliche Titulierung mit dem Terminus „semantische Inklusion" als begriffsökonomisch unsauber erscheinen mag. Die Nachteile dieser begrifflichen Disposition liegen auf der Hand. Öffnet man den *Begriff* Inklusion einmal für semantische Artefakte dieser Art, so scheinen die Grenzen des Begriffsumfanges allzu sehr zu verschwimmen. Immer neue, theoretisch unkontrollierbare thematische Felder müssen dann mit Hilfe des Begriffes Inklusion bearbeitet werden, so daß die Beschreibung entsprechender Inklusionsformen ins Beliebige abzugleiten droht. Der Begriff „*semantische* Inklusion" scheint eine Büchse der Pandora zu öffnen, die unbegrenzt viele Möglichkeiten des Mikrokosmos interaktionsnaher Lagen in die gesellschaftstheoretische Analyse von Inklusion importiert. Dabei droht die Trennschärfe der Beschreibungen unterminiert zu werden.

Fragt man nach den Gründen, die *für* die Ausweitung des Begriffes Inklusion sprechen, so gelangen vor allem die damit erschlossenen Beschreibungspotentiale in den Blick. Schon mit der von Stichweh vorgeschlagenen Erfassung moderner Begleitsemantiken in der Analyse moderner Inklusion ist die Entschei-

---

84   Vor diesem Hintergrund sind Vermutungen unverständlich, die z.B. die Inklusionsform Nationalität/Ethnizität für eine Begleiterscheinung der modernen Gesellschaft halten, die automatisch wegmodernisiert wird, so z.B. Esser 1988: 246f.: „Für den Typus tatsächlich funktional differenzierter, nun endgültig 'moderner' Gesellschaft entfallen indessen die objektiven Grundlagen für *dauerhafte* ethnische Vergemeinschaftungen und für *systematische* ethnische Mobilisierung letztendlich." Einschätzungen dieser Art erwecken den Eindruck, die Nation als erfolgreichste aller semantischen Inklusionsformen sei unmodern und widerspreche der Logik funktionaler Differenzierung. Möchte man überhaupt von einer Logik moderner gesellschaftlicher Differenzierung sprechen, so muß gerade semantische Inklusion als genuin modern schlechthin betrachtet werden. Dabei spricht nichts dagegen, daß möglicherweise der Komplex 'Nationalität/ Ethnizität' als semantisches Inklusionsmuster durch Modernisierung aussortiert wird. Das ist möglich. Es gibt jedoch keinerlei Logik, die das garantieren oder überhaupt wahrscheinlich machen könnte. Insgesamt scheint in der modernen Gesellschaft vorerst ein dauerhafter Bedarf an semantischer Inklusion vorhanden zu bleiben.

dung für eine Ausdehnung des Begriffes Inklusion eigentlich bereits auf erfolgrei-
che Art und Weise getroffen worden, wie die anschließenden Forschungen zeigen.
Entscheidet man sich für die inklusionstheoretische Beschreibung semantischer
Felder wie etwa 'Nationalität/Ethnizität', so ist die anschließende Anwendung des
Terminus auf das gesamte, bisher von der Life-style-Forschung besetzte Gebiet
'semantischer Inklusion' geradezu geboten, will man nicht den Nationalitäts-
Komplex zu einer singulären Ausnahme in der Begriffsgestaltung erklären.
Möchte man also typisch moderne Begleitsemantiken, wie Stichweh vorschlägt,
mit Hilfe von Inklusionsanalysen begreifen - und für diese Option spricht die
soziologische Fruchtbarkeit der genannten Forschungen -, so wird der Verlust
begriffstechnischer Schärfe mit einer immensen Erweiterung des Beschreibungs-
potentials differenzierungstheoretischer Forschungen getauscht. Gerade bisher
vernachlässigte Felder wie interaktionsnahe Lagen, die heute von der Theorie
sozialer Ungleichheit erforscht werden, können dann erfaßt, bearbeitet und beschrieben werden.[85]

Die Vorteile einer 'breiten' begrifflichen Fassung von Inklusion kommen
insbesondere in der Beobachtung zum Tragen, daß semantische Inklusionen ein
besonders effizientes 'Nachbesserungsinstrument' für die Teilnahme von Personen an Kommunikation sind. Sie sind äußerst flexibel und treten vielfältig auf.
Während Inklusion in Interaktion, Organisation und Gesellschaft eine nur
schwierig zu regulierende Instanz darstellt, die sich von heute auf morgen kaum
wesentlich umformen kann,[86] vermögen semantische Inklusionstypen eine spontane und schnell entfaltbare Bindungskraft zu entwickeln. Sie erhalten gerade
hierdurch hohe Attraktivität. Eine Hochkonjunktur nationalistischer Gefühle stellt
sich über Nacht ein. Ihr Bindungspotential wird unmittelbar entfaltet. Lebensstile
greifen wild um sich. Sie können von heute auf morgen kreiert werden. Gerade
das Neue ist das Spannende. Der neueste Sport, die neueste Mode, innovative
Fitneß in stets neuester Verpackung, ein aktueller Musikstil in einer neuen Szene-
kneipe,[87] eine brandneue soziale Bewegung usw.: All das kommt und geht zwischen gestern und morgen und transformiert sich in semantische Inklusion, wenn
die Verdichtung zu Personen erfolgt. Die diesbezüglichen Möglichkeiten können
keinesfalls abschließend definiert werden. Immer wieder überraschen neue Felder,
die von interaktionsnahen Bereichen begierig ergriffen werden. Moderne Interak-

---

85   Dies erscheint umso dringlicher, als der Systemtheorie inzwischen durchgehende
Blindheit und Indifferenz für soziale Ungleichheitsfelder nachgesagt wird (siehe
Kreckel 1992: 30), gleichzeitig die Erforschung sozialer Ungleichheiten sich vom
trockenen Staub der Klassentheorie längst verabschiedet und Ungleichheiten in
breitester Form höchst fruchtbar und erfolgreich untersucht hat (vgl. Berger,
Hradil 1990: 3f.).

86   Man denke an das hartnäckige Problem der Massenarbeitslosigkeit, das in den
siebziger Jahren auch durch gewaltige, keynesianisch inspirierte Konjunkturpro-
gramme des Staates kaum beeinflußt, geschweige denn gelöst werden konnte.

87   Vgl. dazu die Beispiele aus Berlin-Schöneberg bei Berking, Neckel 1990.

tion hat offensichtlich einen nicht zu befriedigenden Bestimmungsbedarf. Neue semantische Formen des Einschlusses kommen und gehen. Jeder weiß, daß sie nur als 'Instant-' oder 'Patchwork-Inklusion' fungieren. Die Konjunktur der semantischen Einschlußformen ist von einem steten auf und ab gekennzeichnet, das keine Ruhe kennt.

Von besonderem Interesse erscheint in diesem Zusammenhang, daß der endlose Bedarf interaktionsnaher Inklusionslagen nach 'Beschäftigung', ihre rastlose Suche nach neuen semantischen Formen unmittelbar von Organisationen aufgegriffen wird. Innovative modische Semantiken werden inszeniert. Sie beleben das Geschäft. Das Zurückbleiben interaktionsnaher Lagen kann seinerseits in profitables Geschäft umgewandelt werden. Interaktionen wollen beschäftigt, bestimmt werden. Dieser Wunsch wird nur allzu gern aufgegriffen und erfüllt. Musik, Mode, neue Fitneßmethoden, Soap Operas, überhaupt Massenmedien: All das kommt wie auf Bestellung.[88] Man kann diese Phänomene als kulturellen Verfall qua Kulturindustrie oder gar als Massenbetrug brandmarken.[89] Die hier verfolgte Perspektive legt es nahe, an ein grundlegendes Problem der Moderne, nämlich die *dauerhafte Unterbestimmtheit interaktionsnaher Lagen* zu denken, die Problemlösungen aller Art ergreifen (müssen), um das Bestimmtheitsgefälle zwischen Interaktions- und Organisationsbereich zu begradigen.

Semantische Inklusionsformen stellen eine wirksame Lösung für das soziale Bezugsproblem des 'Zurückbleibens' interaktionsnaher Lagen in der modernen Gesellschaft dar. Die zunehmend als Problem erlebte Divergenz zwischen Organisations- und Interaktionsbereich muß sozial handhabbar gemacht werden. Das kann *auch* durch 'weiche' Freizeitmitgliedschaften, etwa in Sport-, Schützenfest- und sonstigen Vereinen aller Art geschehen (vgl. IV.2). Besonders auffällig sind jedoch die personenorientierten semantischen Spezialitäten interaktionsnaher Bereiche.

Dabei tritt die diesbezügliche Besonderheit interaktionsnaher Inklusionslagen keinesfalls aus ihnen selbst gleichsam natürlich hervor. Die gesellschaftliche Unterbestimmtheit solcher Bereiche rührt vielmehr aus ihrer progressiven Distanz zu organisationsdeterminierten gesellschaftlichen Feldern. Interaktionsdefinierte Lagen sind nicht aus sich selbst heraus defizient, sondern werden erst durch ihre *Differenz* zu organisatorisch regulierten Regionen der modernen Gesellschaft zu einem Problemkind. Erst die fortschreitende Auseinanderdividierung von Organisationsinklusion und Interaktioninklusion läßt den 'abgehängten', diffus bleibenden Bereich gemeinsamer Anwesenheit zu einem Problem werden.

Die Erfindung semantischer Inklusionsformen scheint eine unmittelbare Reaktion der sozio-kulturellen Evolution auf dieses neue Modernisierungsproblem

---

88   Gerhard Schulze bringt diese Beobachtung in seine Milieu-Studien ein und spricht von externer Homogenisierung durch Institutionen. Siehe Schulze 1990: 411.

89   So bekanntlich Horkheimer, Adorno 1969: 128ff.

zu sein. Diese Lösung überzeugt in ihrer Flexibilität. Sie ist vielseitig und kann sich unterschiedlichsten Notwendigkeiten anpassen. Semantische Inklusionsformen vermitteln den Eindruck eines Notwerkzeuges, das jederzeit aus der Schublade geholt und, sobald der immediate Bedarf erfüllt ist, wieder eingepackt werden kann. Semantische Inklusion kann kurzfristig und flexibel eingesetzt werden, um Probleme mit unmittelbarem Handlungsdruck zu handhaben. Sie folgt einem stimmungsvollen 'Stop and Go': Wird eine Inklusionskrise perzipiert, nehmen die Inklusionsformen volle Fahrt auf, um jedem seinen wirksamen Einschluß in die Gesellschaft zu plausibilisieren. Legt sich die Krisenbeobachtung, so verschwinden sie von heute auf morgen (Richter 1996: 143ff.).

Die Erfindung semantischer Inklusionsformen überzeugt insofern *nicht*, als sie typisch von hohen sozialen Folgekosten begleitet werden. Die starke Bindung, die insbesondere von der erfolgreichsten aller Inklusionssemantiken, dem Syndrom 'Nationalität/Ethnizität', gewährleistet wird, gelingt nur unter Inkaufnahme eines hohen Preises: der Rigidisierung des Inklusions/Exklusions-Schemas. Semantische Inklusion bezieht Inklusion und Exklusion dahingehend aufeinander, daß Inklusionslagen mit einer typischen Konfliktnähe infiziert werden. Inklusion tendiert dabei dazu, in expliziten Konflikt mit Exklusion zu geraten. Zur Entfaltung von Bindungskräften bedarf semantische Inklusion offensichtlich einer starken Abgrenzung vom Ausgeschlossenen. Die Einschlußsemantik wird mit einer starken Opposition zum Exklusionsbereich aufgeladen. Der Einschluß ist, anders gesagt, nur durch einen korrelierenden Ausschluß zu haben, der konfliktualisiert wird. Die kommunikative Thematisierung von Menschen erfolgt bei der Mobilisierung semantischer Formen eben nur auf semantische und nicht auf systemspezifische Art und Weise. Die Teilnahme an Kommunikation qua semantischer Form ist oft episodisch, flüchtig, kurzlebig, vergänglich, krisenhaft zugespitzt, von kurzer Dauer und vorübergehend. Dieser Mangel muß durch Intensität, Emotionalisierung, Außenabgrenzung und Konfliktualisierung ausgeglichen werden. Die semantische 'Nachbesserung' problematischer Inklusionslagen scheint hohe Folgekosten mit sich zu bringen. Das kann, muß aber nicht zu Gewalt führen.

Fragt man nach dem Zusammenhang von semantischer Inklusion/Exklusion mit Konflikt und Gewalt, so gerät der Komplex 'Nationalität/Ethnizität' als evidentes Beispiel ins Auge. Die semantische Inklusionsform 'Nationalität/Ethnizität' ist nicht nur die 'erfolgreichste', sondern auch folgenreichste Einschlußerfindung der modernen Gesellschaft. Kein anderes Phänomen hat vergleichbare Folgekosten nach sich gezogen wie 'die Nation'. Millionen von Menschen sind, früher begeistert, später eher pflichtbewußt, für sie in den Tod gezogen. Kaum vorstellbare Vermögen sind für die 'Verteidigung der Nation' produziert und wieder vernichtet worden. Wer von der Nation redet, der darf auch über den Krieg nicht schweigen, so könnte man in lockerer Anlehnung an eine Formulierung von Max Horkheimer sagen.

Oben war bereits vermerkt worden, daß der Krieg begriffsgeschichtlich im Übergang zur modernen Gesellschaft eine neue, vorher unbekannte Bedeutungsschicht erhält (vgl. III.3). Heißt Krieg im Mittelalter ganz unspezifisch soviel wie Streit, Konflikt und Meinungsverschiedenheit, die sowohl vor Gericht als auch mit Waffen ausgetragen werden kann, so bildet sich nun ein *militärischer* Begriff des Krieges heraus. Die sich ausdifferenzierende Konfliktform 'Krieg' hängt sich an die Organisation 'Staat', die sich in der Neuzeit herausbildet. Zwischenstaatliche Kriege sind deshalb in der Neuzeit an der Tagesordnung. Die gleichsam automatische Assoziierung des Krieges einerseits mit der Nation, andererseits mit dem Staat ergibt sich aus dem Zusammenfallen mehrerer historisch-kontingenter Faktoren: Ansatzweise bereits nach der Reformation, vollends aber mit der Neuordnung Europas nach den napoleonischen Kriegen wird der 'Nationalstaat' als gleichsam natürliche Verfassung menschlicher Großgruppenzugehörigkeit etabliert. In Europa wird sukzessive die nationale Einheit in Form verschiedener Staaten hergestellt. Die Nationalitätssemantik verbindet sich auf intime Weise mit den Staatsorganisationen.

Diese Konstellation geht einher mit der bereits oben ausführlich thematisierten staatlichen Gewaltmonopolisierung. Es wird zur Selbstverständlichkeit, daß ausschließlich rechtsstaatliche Gewalt legal ist. Nur der Staat darf in der modernen Gesellschaft regelmäßig und geplant Gewalt einsetzen bzw. Gewaltpotentiale bereithalten. Es gibt keine Instanz, die ihn daran hindert und hindern könnte.

Kasernierung, Monopolisierung und rechtlich spezifizierte Redistribuierung von Gewalt funktionieren dort mehr oder minder, wo der Staat sich durch Hinzuschaltung des Rechtes selbst die Hände bindet. Rechtsnormen werden in der modernen Gesellschaft durch die Erfindung der Formel 'Rechtsstaat' an die staatlichen Territorien gebunden. Die ehelich-intime Verbindung von Rechtsstaat und Gewalt scheint heute zumindest in einigen Ländern der Welt einen geregelten Alltag zu ermöglichen, aus dem die Gewalt keinesfalls verschwunden, zumindest jedoch zurückgetreten ist. Das gilt *nicht* für diejenigen Bereiche, in denen die rechtstaatlichen Kompetenzen an ihre Grenzen stoßen: für die *inter*nationale Politik. Bis heute verbleibt der ganz überwiegende Teil der Weltgesellschaft in fehdeähnlichen Zuständen. Der Vergleich mit den für stratifikatorische Gesellschaften typischen Formen der Selbsthilfe ist insofern instruktiv, als die Subsidiarität von Recht und Fehde in der heutigen internationalen Politik noch weitgehend intakt ist. Gerade der jugoslawische Bürgerkrieg hat gezeigt, wie militärische Gewaltanwendung und politische Verhandlungen parallel angewendet werden. Man versucht beides nebeneinander, und stets sind alle Seiten bereit, bei Bedarf durch militärische Vorstöße die eigene Verhandlungsposition zu verbessern (vgl. IV.3).

Der entscheidende Mangel staatlicher und rechtlicher Evolution liegt dabei darin, daß ihre moderne Fragmentanordnung eine Segmentierung nicht nur der Gewaltpotentiale, sondern auch der Gewaltanwendungskompetenzen nach sich zieht. Das Ergebnis dieses *Arrangement von Rechtsstaat und Gewalt qua nationaler Segmentation* ist eine scheinbar nicht enden wollende Serie von Kriegen mit unbeschreibbaren Folgen. Staaten haben zwar die Möglichkeit, qua Gewalt auf internationaler Ebene zu agieren. Jedoch funktioniert genau derjenige Mechanismus der Gewaltbändigung nicht, der 'innenpolitisch' die Limitierung des per Gewalt Möglichen bewirkt: die Notwendigkeit einer Rechtmäßigkeit der Gewaltanwendung. Auch wenn Politiker insbesondere in Kriegszeiten die Rechtmäßigkeit des eigenen Handelns herausstellen, verrät die dabei zum Zuge kommende moralische Aufladung der Kommunikation den Fassadencharakter internationalen Rechtes. Krisenkommunikation sieht sich besonders veranlaßt, Legitimation zu beschaffen, und dazu dienen heute die Verteidigung des Selbstbestimmungsrechtes der Völker, Menschenrechte, UNO-Konventionen sowie die „New World Order" (George Bush), die sich besonders schnell zu einer „New World Disorder" ausgewachsen hat (Anderson 1992). Diese Rhetoriken nehmen den Charakter von Kontingenzformeln der internationalen Politik an, mit denen beliebiges Handeln unterfüttert werden kann.[90]

Dabei ist die Beschwörung von weltweiter Gemeinsamkeit noch weitaus harmloser als die Herbeizitierung nationalistischer Semantiken. Wenn Politiker die nationale Solidarität anrufen und distinkte, oft auch religiös angereicherte Feindbilder aktivieren, dann ist schlimmstes zu erwarten. Kann man den in westlichen Politikerrhetoriken inzwischen üblichen Appell an eine etwaige Wertegemeinschaft der Länder noch problemlos ignorieren, so haben nationalistische oder ethnische Beschwörungsformeln eine geradezu hypnotische Bindungskraft. Die semantische Inklusionsform 'Nation' kann emotionale Potentiale aktivieren wie kaum eine andere Einschlußformel.

Die starke Bindung der Nationssemantik bringt die Konfliktualisierung des Inklusions/Exklusions-Schemas ins Spiel. Wer sich aktiv und ehrlichüberzeugt zur inkludierenden Nation bekennt, der setzt die eigene Seite in Opposition zu anderen ethnischen oder nationalen Gruppen. Erst die Differenz zur gegnerischen Seite läßt überhaupt ein eigenes, wie auch immer diffuses Profil entstehen. Man weiß lediglich, daß die eigene Nation anders ist als die andere, schnell als Feind titulierte Seite. Inhaltliche Ausfüllungen entstehender Freund/Feind-Schemata sind nicht notwendig und, wenn sie überhaupt geliefert werden, oft an den Haaren herbeigezogen. Schon wenn jemand erzählt, er habe mal einen Türken, Englän-

---

[90]   Wallace, Suedfeld, Thachuk 1993 haben die abnehmende Informationsverarbeitungsfähigkeit von Politikerkommunikation in Krisenzeiten am Beispiel des Golfkrieges untersucht. Sie zeigen überzeugend, daß der von internationalen Krisen ausgelöste Streß bei den Entscheidungsträgern eine deutliche Reduzierung der bearbeitbaren Komplexität bewirkt, so daß Krisenmanager zur Auftürmung rhetorischer Leerhülsen und Hohlfassaden neigen. Gerade diese strukturelle Beschränktheit von Krisenkommunikation bedingt eine starke Präferenz für moralische und nicht-negierbare Rechtfertigungsballons, die man in solchen Situationen gerne aufbläst und als Konsens zum Wertehimmel aufsteigen läßt.

der, Russen, Japaner...bei dieser oder jener Handlung gesehen, die in der Gruppe mißachtet wird, übernimmt die semantische Inklusionsform 'Nationalität/ Ethnizität' das kommunikative Kommando. Je nach Milieu ist Gewalt gegen Angehörige der feindlichen Gruppe denkbar. Wird dieses Inklusionsspiel auf die Ebene internationaler Politik transponiert und massenmedial weiter aufgeheizt, so stehen militärische Auseinandersetzungen ins Haus, die eine typische, unaufhaltsame Eigendynamik und unkontrollierbare Sondernotwendigkeiten entwickeln. Sie können nicht im Stop and Go begonnen und wieder abgebrochen werden. Vielmehr kommen sie oft erst durch Erschöpfung der Kräfte einer oder beider Seiten zum Ende.[91]

Die besondere Tragik der semantischen Inklusionsform 'Nationalität/ Ethnizität' liegt demgemäß in ihrer unheilvollen Allianz mit den Staatsorganisationen und ihrem zudem technisch vervielfältigten Gewaltanwendungspotential bzw. -monopol begründet. Die semantische Nachbesserung von als mangelhaft perzipierter Teilnahme an Gesellschaft schießt im Nationalismus über das Ziel hinaus - mit all den kaum adäquat beschreibbaren Folgekosten, die gerade die Zeitgeschichte prominent bezeugt. Man könnte in diesem Zusammenhang von semantischer 'over-inclusion' sprechen, um die Übererfüllung der Einschlußfunktion anzudeuten. Dabei wächst sich die inhärente Konflikttendenz des semantischen Einschlußmusters in der prekären Verbindung von Staat, Nation, Gewalt und Technik zu einem historisch unvergleichbaren Folgeproblem der sozio-kulturellen Evolution aus, das bisweilen das evolutionäre Kommunikationsexperiment zu beenden droht. Gerade in den achtziger Jahren hat sich gezeigt, daß die Inklusionsform 'Nationalität/Ethnizität' von der gesellschaftlichen Evolution alles andere als *ad acta* gelegt worden ist. Der Zerfall des sowjetischen Großreiches läßt weitere Beispiele für die schädlichen Folgen von semantischer 'over-inclusion' erwarten.

Die inhärente Konflikttendenz semantischer Inklusionsformen ließe sich auch an anderen Beispielen zeigen. Bekannt sind z.B. die besonderen Probleme bei der Konstitution von Jugendgruppen, die sich bisweilen aggressiv nach außen abgrenzen und durch spezifische Wahrnehmungsmerkmale distinkte Gruppenstile

---

91   Es sollte nicht verschwiegen werden, daß insbesondere nach dem Zweiten Weltkrieg eine zunehmende Delegation von staatlichen Kompetenzen an transnationale Instanzen eingeleitet worden ist, die gewisse Erfolge aufweisen können. Möchte man an dieser Stelle Empfehlungen abgeben, so könnte man auf das Erfolgspotential der Zuschaltung des Organisationsmechanismus verweisen. Nur 'harte' Mitgliedschaften mit ihren bindenden, formalen Verhaltenserwartungen für die sich einbringenden Staaten können eine wirksame Spezifizierung von internationalem politischem Handeln bewirken. Neue Weltordnungen werden sich nicht auf Wertkonsensen o.ä. aufbauen lassen, sondern vor allem über wirksame Implementierung formaler Organisation. Diese Einsicht macht sich auch in der politischen Forschung unter dem Schlagwort 'Institutionalisierung' breit, etwa in der Untersuchung der KSZE als formaler Organisation mit Regelungskompetenz. Vgl. dazu Leatherman 1993. Vgl. ausführlich die Diskussion unten, IV.3.

erzeugen.[92] Fußballnahe Fanclubs, Gruppen und Cliquen tendieren zu einem unübersehbaren Fanatismus, der den Antagonismus zweier Sportmannschaften zu einem alles entscheidenden Lebensereignis werden läßt. Gewalt bei Fußballspielen kommt oft vor, gerade auch dann, wenn die Nationalitätssemantik zusätzlich eingeschaltet wird, etwa bei Länderspielen. Dies gilt neuerdings auch für den einst so noblen Tennissport, der in seiner alljährlichen 'Daviscup-Mannschaftsweltmeisterschaft' eine in den Tennisstadien bisher nicht gekannte Heftigkeit der nationalen Euphorie erlebt.

Die Liste alltäglicher, 'lebensweltlicher', 'milieuspezifischer' und 'subkultureller' Semantiken mit ihren typischen Einschluß- und Konflikttendenzen ließe sich beliebig verlängern. Entscheidend ist insgesamt die typische Interaktionsnähe semantischer Inklusionsformen. Dort, wo die moderne Gesellschaft nur mangelhafte Bestimmtheit sozialer Situationen bereitstellt, müssen semantische Formen zur Bestimmung der sozialen Welt nachgeschaltet werden, damit Handlungen abfließen können. Weil die Moderne ihr Personal auf unterschiedlichste Art und Weise in ihren Vollzug einschließt und dabei eine immense Spanne von Gleichheiten *und* Ungleichheiten, Chancen *und* Risiken, Vorteilen *und* Nachteilen ermöglicht, müssen kurzfristig mobilisierbare Einschlußformen in vielfältigster Art zusätzlich eingesetzt werden, damit Feinadjustierungen individueller Lagen möglich sind. Diese 'Multiinklusionalität' muß auf theoretisch-begrifflicher Ebene mit abstrakten und weit gefaßten Begriffen erfaßt werden, damit der empirischen Forschung nicht der Blick verbaut wird.

III.3.3 Die Inklusionslage
Die Verortung des individualisierten Menschen in der modernen Gesellschaft
Möchte man der entschiedenen Unterschiedlichkeit der Vergesellschaftungen in differentiellen Bereichen, Regionen und Sphären der modernen Gesellschaft Rechnung tragen und konfliktanfällige Situationen trennscharf herausarbeiten, so bietet sich der Begriff Inklusionslage an, um die ins Auge genommenen Phänomene individuell zu bündeln. Der Begriff Inklusionslage soll dazu verhelfen, die Differenzierungstendenzen der modernen Gesellschaft aus der Sicht ihres Personals zu beleuchten. Von Inklusionslagen soll deshalb mit Bezug auf die kommunikativ thematisierten Individuen gesprochen werden. Die individuelle Inklusionslage beleuchtet die 'Totalität' aller Inklusionen eines Individuums in ihrem Zusammenhang. Sie versucht überblickshaft zu erfassen, wie sich die Gesamtthematisierung von Individuen in Interaktion, Organisation, Gesellschaft und Semantik darstellt. Sowohl Interaktions-, Organisations- und Gesellschaftssystem als auch ihre je distinkten Semantiken thematisieren den einzelnen Menschen, wie gesehen, auf je spezifische Weise. Sie entfalten unterschiedliche Modi, Individuen für

---

92   Vgl. für eine empirisch-linguistische Untersuchung von Gesprächen mit Skinheads und den dabei entstehenden Konflikten mit Externen Gruber 1993 sowie ausführlich zu Jugendgruppen unten, IV.2.

relevant zu halten und sie zu beanspruchen. Im letzten Abschnitt ist gezeigt worden, daß die sozio-kulturelle Evolution die distinkten Sozialebenen von Interaktion, Organisation und Gesellschaft fortschreitend auseinanderzieht, ohne eine vorgängige und selbstregulierende Harmonisierung der dabei entstehenden differentiellen Einschlußverhältnisse mitzuliefern. Aus dem Fehlen einer prinzipiellen Regulierung von individuellen Inklusionslagen resultiert die Beobachtung, daß verschiedene Bereiche der modernen Gesellschaft in unterschiedlichem Ausmaß mit den divergenten Systemebenen bedacht werden. Dabei reichen die Verteilungsmöglichkeiten von fast vollkommener Interaktionsabhängigkeit bzw. der Unmöglichkeit von Organisationsinklusion (Familie) bis zum prinzipiellen Ausschluß von Interaktionsinklusion (etwa in den Massenmedien). Die dabei entstehenden Inklusionsgefälle werden, wie gezeigt, semantisch gleichsam nachgebessert bzw. zu begradigen versucht. Semantische Inklusionsformen können in diesem Sinne als Mechanismen der Feinadjustierung von personaler Thematisierung in sozialen Systemen betrachtet werden. Sie zeichnen sich durch hohe Flexibilität, Mobilität und Vielfältigkeit aus. Dabei schießt die Nachbesserung von Inklusionsgefällen bisweilen auch über das Ziel hinaus, wie das Beispiel 'Nationalität/ Ethnizität' zeigt.

Geht man davon aus, daß der Einschluß des Menschen in ein derart differentes Netz aus heterogensten Einschlußmechanismen auf systemspezifischer und semantischer Ebene keiner vorgängigen Regel folgt, die Gesamtthematisierung des einzelnen in Interaktion, Organisation, Gesellschaft und Semantik sich also mehr oder minder wildwüchsig, bisweilen zufällig-spontan einstellt, so erhält man Anschluß an fruchtbares soziologisches Terrain. Der Begriff Inklusionslage zielt auf eine breite, kaum überschaubare Diskussion, die sich um die Schlagwörter Individualisierung bzw. Institutionalisierung von Lebenslagen, Lebensläufen, Lebensstilen und soziale Ungleichheit zentriert. Eine umfangreiche und produktive Forschung hat in den vergangenen Jahren die fortschreitende Differenzierung von zunehmend unübersichtlicher werdenden Inklusionslagen genauestens untersucht, vermessen, katalogisiert und analysiert und dabei die Thematisierung sozialer Ungleichheit immens erweitert. Wurde bis in die siebziger Jahre hinein die diesbezügliche Forschung noch ganz überwiegend an beruflich vermittelten Zusammenhängen wie Prestige, Einkommen, Qualifikation, Bildung in vertikaler Perspektive orientiert, so setzten sich später Zweifel an dieser Sichtweise durch (vgl. Berger, Hradil 1990: 3). Neue, jetzt eher horizontal zu nennende Ungleichheiten wurden entdeckt und separat thematisiert: Geschlechter, Regionen, Altersgruppen, Zugehörigkeit zu besonderen Milieus und Ethnien gerieten als noch unerforschte Quellen sozialer Ungleichheit in den Blickpunkt. Die Multiplikation der Forschungsgesichtspunkte durch Einbringung dieser neuen Perspektiven hat ein Bild erzeugt, das gut durch Habermassens Schlagwort einer „neuen Unübersichtlichkeit" beschrieben wird (Habermas 1985a). Individuelle Lebensläufe, Lebenslagen und Lebensstile sind einer zunehmenden Vervielfältigung ausgesetzt, die übergreifende Strukturzusammenhänge progressiv aufzulösen scheint. Durchgehende Pluralisierungstendenzen deuten in Richtung einer fortschreitenden Differenzierung individueller Lebenszusammenhänge. In immer neuen Schüben wird das Individuum dabei aus überkommenen Bindungen herausgezogen. Nachbarschaft, Familie, kulturelle und selbst traditionell-berufliche Netze werden kompromißlos durchtrennt. Wachsende Bildungsabhängigkeiten und Mobilitätserfordernisse sowie die sich verschärfende Konkurrenz auf den Arbeitsmärkten ziehen den einzelnen aus seinem angestammten Konnexfeld heraus. Die individuelle Lebensführung wird sämtlicher Selbstverständlichkeiten entkleidet. Das Individuum wird gleichsam 'gerupft' und 'face-to-face' mit der Gesellschaft konfrontiert.

Mit dieser Zeitdiagnose sind neue soziologische Diskussionsfronten entstanden, die sich unversöhnlich gegenüberliegen. 'Individualisierung versus Institutionalisierung des Lebenslaufes' oder 'postmoderne Beliebigkeit' versus 'stummer Zwang der Verhältnisse' lauten die Stichwörter, unter denen sich die Debatte versammelt (Wohlrab-Sahr 1992, Bösel 1993; Eickelpasch 1997; Schroer 1997). Einerseits wird auf die immer „feinkörnigere Privatisierung von Lebenswelten" hingewiesen, die sich in einer progressiven Auflösung und Individualisierung übergreifender Zusammenhänge ausdrückt (Beck 1983). Auf der anderen Seite werden regelrechte Widerlegungsversuche gestartet, die die von Individualisierungstheoretikern angeblich implizierten neuen Wahlfreiheiten des einzelnen für Schall und Rauch erklären und auf die „überwältigende gesellschaftliche Prägung individueller Biographien" hinweisen (Mayer 1991: 39).

Der Begriff Inklusionslage zielt genau auf diese Diskussion. Er bleibt neutral gegenüber den in der Individualisierungsdebatte offerierten Konfliktfronten. Der Begriff Inklusionslage bezieht sich nicht auf Menschen, Individuen oder Subjekte, sondern auf Kommunikation, genauer: auf die Thematisierung von Menschen in der Kommunikation. Die Analyse von Inklusionslagen soll zeigen, wie sich die Differenzierungstendenzen der modernen Gesellschaft im mikroskopischen Bereich individueller Lagen auswirken. Lebensläufe, Lebensstile und Lebenslagen werden dazu in Inklusionslagen gebündelt, die in der modernen Gesellschaft einem zunehmenden Differenzierungsprozeß ausgesetzt sind. Immer verschiedenartigere, auseinanderdriftende Lagen stellen sich ein. Nachdem der einzelne aus traditionalen, durch eng umschriebene Spielräume gekennzeichnete Bindungen herausgelöst worden ist, folgt keine konkurrenzlose, nicht-kontingente Verortung individueller Lebensgeschichten. Stattdessen stellt sich ein vielfältiges Bild differentieller Einschlußmöglichkeiten ein, das nur sehr selektiv und ungleich auf individuellen Inklusionslagen abgebildet werden kann.

Nach der Verkündung des Endes überkommener Klassenkonzeptionen durch Ulrich Beck (1983) fokussiert die wild entbrannte Diskussion um die Individualisierungsthese ihre Aufmerksamkeit auf die Frage, ob die Differenzierung von Inklusionslagen mehr individuelle Wahlfreiheiten mit sich bringt oder nicht vielmehr gerade dem stummen Zwang der Verhältnisse zum Durchbruch verhelfe. 'Individualisierung' und 'Institutionalisierung' von Lagen treten in ein Gegensatzverhältnis. Die Widersprüche unterschiedlicher Beschreibungen scheinen unaufhebbar zu sein.

Spricht man stattdessen von einer *Differenzierung von Inklusionslagen*, so wird damit zwar keine zeitdiagnostisches, wohl aber ein begriffliches Problem einer Lösung nähergebracht. Der *Begriff* Inklusionslage soll die Diskussion um ein zuviel oder zuwenig an struktureller Prägung von Individuallagen oder, komplementär, um die Frage nach Mehrung oder Minderung individueller Wahlfreiheiten in der Moderne *unterlaufen*. Wenn der Begriff Inklusionslage dazu dient, die schillernde Landschaft multipler Inklusionen in der modernen Gesellschaft in eine gebündelte Fassung zu bringen, dann stellt er die Differenzierungstheorie auf den Menschen scharf, ohne den Menschen in die Theorie zurückbringen zu müssen. Er fokussiert die Aufmerksamkeit auf das individuelle Leben, ohne den Begriff des Lebens in die soziologische Reflexion wiedereinzuführen. Das 'Subjekt' wird thematisiert, ohne 'Subjekt' zu sein.

Der Vorteil dieser Disposition ist nicht ein zeitdiagnostischer, sondern ein begrifflicher. Auch wenn man den Begriff Inklusionslage zugrundelegt, muß die zeitdiagnostische Frage nach der „Vermittlung 'objektiver' Lebensbedingungen und 'subjektiver' Lebensweisen" (Hradil 1992) weiterverfolgt werden. Sie wird nicht beantwortet. Inklusionslagen können untersucht, säuberlich zerlegt und ausgeleuchtet werden. Der Vorteil des Begriffes Inklusionslage liegt dabei darin, daß er die Forschung nicht präjudiziert. Er bleibt neutral gegenüber dem Dualismus von Freiheit und Zwang. Während zahlreiche Begriffe der jüngeren Forschung unmittelbar nach diesem Dualismus ausgerichtet sind - eine Lage sei, so Hradil, objektiv, ein Milieu objektiv-subjektiv, eine Subkultur latent subjektiv und der Lebensstil manifest subjektiv (Hradil 1992: 32) - und ebenso wie die labels 'Individualisierung' und 'Institutionalisierung' mehr oder minder eindeutige Forschungsrichtungen vorzuschreiben scheinen, liegt das Abstraktionsniveau einer *Theorie differenzierter Inklusionslagen* oberhalb der Alternative zwischen Autonomie und Heteronomie. Die Frage nach dem Verhältnis von Freiheit und Zwang, von subjektiven Lebensweisen und objektiven Lebensbedingungen wird damit nicht beantwortet, sondern *umgangen, ohne daß Beschreibungspotential aufgegeben werden muß*. Die Differenzierung von Inklusionslagen kann in allgemeinen kommunikationstheoretischen Begriffen beschrieben werden, ohne daß 'subjektverdächtige' oder 'objektivistische' Termini zum Zuge kommen. Begriffliche Nebelbänke werden dadurch gemieden. Es wird also nicht gefragt: Können die modernen Individuen ihre Lebensgestaltung (mehr oder weniger) frei wählen?, sondern: Wie werden die modernen Individuen kommunikativ thematisiert? Wie werden sie in unterschiedlichen sozialen Systemen als Person konstituiert und für relevant gehalten? Der dabei entfaltete Begriff Inklusion deckt sowohl die Differenzierung von Interaktion, Organisation und Gesellschaft als auch die Ausbildung von typisch modernen Einschlußsemantiken ab.

Unbestritten bleibt dabei, daß bestimmte Inklusionen als 'subjektiv' frei gewählt, andere als 'objektiv' auferlegt erlebt werden. Diese Erlebensmuster mögen sogar die dominante Form sein, in der moderne Inklusion biographisch verarbeitet wird. Das heißt aber nicht, daß dieses Muster die theoretische Beschreibung von Inklusion anleiten müßte. Auch wenn Inklusionslagen individuell mit einem Freiheit/Zwang-Sortierschlüssel interpretiert, analysiert und aufgeschlüsselt werden, dann sind andere, theoretisch fruchtbarere Unterscheidungen damit nicht ausgeschlossen, die jenseits des Subjekt-Objekt-Schismas liegen.

Der Begriff 'Inklusionslage' liefert solche Unterscheidungen. Er kann problematische und konfliktanfällige Inklusionslagen in einer theoretisch anschlußfähigen Weise formulieren. Unterscheidet man zwischen Inklusion in Interaktion, Organisation und Gesellschaft und zwischen unterschiedlichen semantischen Inklusionen, dann können moderne Lebenslagen, Lebensstile und Lebensläufe beschrieben werden, ohne daß 'subjektivistische' oder 'objektivistische' Vorentscheidungen fallen.

Die Erforschung distinkter Inklusionslagen bindet dabei konfliktsoziologische Beobachtungen im mikroskopischen Bereich individueller Inklusionsgeschichten an die Gesellschaftstheorie zurück und erlaubt die zielgerichtete Untersuchung bestimmter Phänomenbereiche, die der Differenzierungstheorie bisher nur schwer zugänglich erschienen. Im folgenden Abschnitt soll der Versuch einer Konfliktethnographie der modernen Gesellschaft mit Hilfe des bisher entwickelten begrifflichen Instrumentariums am Beispiel der Familie (IV.1), des Themenkomplexes 'Jugend und Gewalt' (IV.2) und schließlich der internationalen Politik (IV.3) unternommen werden.

IV. Zur Konfliktethnographie der Moderne

IV. 1 Die Familie

Daß die Familie zu den brisantesten Konfliktfeldern der modernen Gesellschaft gehört, wird von einer interdisziplinären und breiten Forschung seit den siebziger Jahren immer wieder belegt. Das Familienleben sei störungsanfällig, bisweilen voller Gewalt und immer wiederkehrender Konflikte. Die Meinungsverschiedenheit der Eltern, die zum lautstarken Streit eskaliert; die Prügelei der Kinder; der Streit der Jugendlichen mit ihren Eltern um Rechte, Pflichten, Hausarbeiten; die von der intensiven körperlichen Familiennähe begünstigten sexuellen Mißstände wie die Mißhandlung von Kindern und Vergewaltigung: Es scheint in der Familie nie an Anlässen zu fehlen, die zu oft auch gewalthaften Konflikten führen. Die Familie, so informieren statistische Untersuchungen und Schätzungen, steht im Brennpunkt der modernen Konfliktlandschaft, und dieser Brennpunkt ist oft durch Gewalt gekennzeichnet. Michael-Sebastian Honig nennt in einer Übersicht über Ergebnisse der Gewaltforschung in Familien einige Zahlen: So haben zuverlässige, repräsentativ erhobene, nicht auf gemeldeten Fällen beruhende Daten ergeben, daß in den USA jährlich 3,8% der Kinder im Alter zwischen 3 und 17 Jahren von ihren Eltern schwer mißhandelt, zusammengeschlagen, -getreten und mit einer Waffe bedroht oder verletzt werden (vgl. Honig 1992: 76; Gelles 1982; Wimmer-Puchinger 1995; Neubauer 1995; Brinkmann, Honig 1986; Levold, Wedekind, Georgi 1993; Trube-Becker 1987; Engfer 1995; 1995a; Kavemann, Lohstöter 1984; Saller 1989). Der Anteil von mißhandelten Frauen liegt ähnlich hoch, wobei jedoch 28% der Befragten ausführten, daß die Anwendung körperlicher Gewalt mindestens einmal im Lauf der Ehe vorgekommen sei. In einer empirischen Untersuchung von 2143 amerikanischen Familien kommen darüber hinaus Steinmetz, Strauss und Gelles zu dem Ergebnis, daß zwei Drittel aller Eltern Gewalt gegen ihre Kinder anwenden - sei es ein leichter Klaps, seien es Messer oder Feuerwaffen. In 60% der Fälle schlagen oder verprügeln die Eltern ihre Kinder, 40% stoßen oder schütteln sie, 30% schlagen sie mit Objekten, 1% benutzt Messer oder Schußwaffen. Hochgerechnet auf etwa 46 Millionen Kinder in den USA ergibt sich, daß 1,5 bis 1,9 Millionen Kinder (3,6%) gefährlich verletzt werden. Des weiteren kommt es in jeder sechsten Ehe zu gewaltsamen Auseinandersetzungen - das sind 7,5 Millionen Paare. Jede 26. Ehefrau - das entspricht 1,5 Millionen Frauen - wird von ihrem Ehemann mißhandelt, und umgekehrt beantwortet fast jede vierte Frau die Gewalt mit Gegengewalt gegen ihren Partner. Kriminalstatistiken verraten überdies, daß über ein Drittel aller Morde und Totschläge in der Familie verübt werden, und der Anteil aller aufgeklärten Gewaltdelikte, die einen mit dem Opfer verwandten oder verschwägerten Täter haben, liegt mit über 80% eindrucksvoll hoch (Büttner 1984: 29).

Will man verstehen, warum die Familie im Brennpunkt der modernen Konfliktlandschaft steht, so muß man an die im vorhergehenden Kapitel entwikkelten Überlegungen zur Konfliktsoziologie der modernen Gesellschaft anknüpfen, so daß zu kurz greifende psychologische oder anthropologische Erklärungsmuster vermieden werden und die Konflikthaftigkeit der Familie in vollem Umfang verständlich wird. Das gelingt nur, wenn die Familie mit ihrem sonstigen gesellschaftlichen Umfeld *verglichen* wird. Die konfliktsoziologische Analyse der Familie muß als Vergleichstechnik angesetzt werden, die deutlich macht, inwiefern sich die Familie von konfliktrelevanten Merkmalen ihres gesellschaftlichen Umfeldes unterscheidet. Die familialen Sonderbedingungen von Konfliktfreiheit, Konfliktermutigung und Konflikthemmung können nicht aus dem Wesen der Familie *deduziert*, sondern nur mit der sonstigen gesellschaftlichen Kommunikation *kontrastiert* werden (vgl. I.3).

Hierzu ist zunächst eine Verständigung darüber erforderlich, auf welche Art von Sozialität man in der Familie trifft. In differenzierungstheoretischen Positionen finden sich in diesem Zusammenhang Beschreibungen, die die Familie als *ausdifferenziertes Teilsystem* der modernen Gesellschaft ansetzen. Hartmann Tyrell hebt hervor, daß die Thematisierung der Familie als ein funktionsspezifisches Teilsystem einer komplexen Gesellschaft zweierlei Sinn habe: Zum einen stellen Familie und Familienleben einen von Politik, Recht, Wirtschaft, Religion deutlich unterscheidbaren sozialen Handlungskontext dar, „dem gesellschaftsstrukturell besondere, mithin spezifisch familiale Handlungsthematiken und Funktionen vorbehalten sind" (Tyrell 1979: 14). Die Familie ist in der modernen Gesellschaft der primäre Ort des je individuellen Privatlebens. In Familien spricht man wie selbstverständlich von 'Zusammenleben' - ein Terminus, der gleichzeitig keinem anderen gesellschaftlichen Ort zugeschrieben wird. Man lebt in der Familie und nicht am Arbeitsplatz, in der Behörde oder im Büro. Auch wenn die Rede vom trauten Heim, von der Familie als 'safe haven' jenseits der Unwägbarkeiten der weiten Berufswelt in dieser Kontrastierung heute keinen ungeteilten Applaus mehr findet, so gilt das Haus, in dem die Familie heute (gegebenenfalls) ihren Standort hat, immer noch als der Ort, an dem man 'lebt'. Deshalb hebt Tyrell als zweiten Sinn der Rede von der Familie als gesellschaftlichem Teilsystem der modernen Gesellschaft hervor, daß die Familie als besonderer Modus des familialen Zusammenlebens heute gesellschaftsweit verbreitet und institutionalisiert ist. Die Gründung von Familien ist heute nicht durch vorgängige gesellschaftliche Filter begrenzt. Jeder kann und soll in eigener bzw. gemeinsamer Regie über die Etablierung einer Familie entscheiden. Die Familie als Modus des Zusammenlebens steht jedem offen.

Stellt man die Familie als Teilsystem der modernen Gesellschaft neben andere Funktionssysteme wie Politik, Wirtschaft, Recht, Wissenschaft etc., so liegt es nahe, im Übergang zur modernen Gesellschaft einen *Ausdifferenzierungsprozeß der Familie* anzunehmen, der das familiale Teilsystem funktional spezialisiert und gegen seine gesellschaftliche Umwelt abgrenzt. Die Familie wird zu einem spezifischen Ort von Liebe, die als symbolisch generalisiertes Kommunikationsmedium distinkte Handlungen begünstigt und ermöglicht und in dieser Funktion mit anderen Medien verglichen werden kann (Luhmann 1982). In dieser Perspektive bedeutet die Etablierung eines familialen Teilsystems der modernen Gesellschaft sowohl eine fortschreitende Privatisierung und Konzentrierung der Familie als auch eine Entfamilialisierung der Gesellschaft. So wird etwa die Politik entfamilialisiert, weil Mitgliedschaft in einer bestimmten Familie zusehends weniger und schließlich überhaupt nicht mehr die Mitgliedschaft in Regierungspositionen garantieren kann. Gleichzeitig wird die Familie entpolitisiert (Tyrell 1977). Familie und Gesellschaft werden wechselseitig entflochten und gegeneinander differenziert, so daß sich ein millionenfach segmentiertes Teilsystem der modernen Gesellschaft ausdifferenziert.

Stellt man dieser auf 'funktionale' Teilsystemspezifikation verweisenden Position die in den bisherigen konfliktsoziologischen Überlegungen zugrundegelegte Differenz von Interaktion und Organisation gegenüber, so wird der Prozeß der familialen Entflechtung und Spezialisierung auf andere Art und Weise beleuchtet. Die vorstehenden Ausführungen waren davon ausgegangen, daß der Übergang zur modernen Gesellschaft als Ausdifferenzierungsprozeß von Organisationen schlaglichtartig beleuchtet werden kann. Die zunehmende Etablierung der Differenz von organisierten zu interaktiven Bereichen beginnt mit der Ausdifferenzierung von Staatsorganisationen zu Beginn der 16. Jahrhunderts, beschleunigt sich rasant im 19. Jahrhundert durch die weitreichende Ausdifferenzierung von Fabrik-, Arbeits-, Wirtschafts- und Erwerbsorganisationen im Prozeß der industriellen Revolution und setzt sich bis heute fort. Der Ausdifferenzierungsprozeß von Organisationen verlangt die Einebnung der ehemals gesamtgesellschaftlich verbindlichen Oben-Unten-Leitdifferenz der Stratifikation und verbietet eine *vorgängige* Restriktion von Kommunikationszugängen. In dem Augenblick, in dem die Adelsgesellschaft endgültig zur vergangenen Geschichte wird, ist prinzipiell jede gesellschaftliche Kommunikation für jeden zugängig - die Verabschiedung der Stratifikation wird als Beginn des Zeitalters der Freiheit von der Aufklärung euphorisch begrüßt. Gleichzeitig wird jedoch deutlich, daß das neue Zeitalter die alten Restriktionen gegen neue, jetzt durchgehend kontingent gesetzte, also entscheidungsabhängige Einschränkungen der Erreichbarkeit von Gesellschaft eingetauscht hat - die Zugangsbegrenzungen werden jetzt allerdings nicht mehr durch Geburt, sondern durch Entscheidung verteilt. War man früher qua Geburt in ein bestimmtes lokal situiertes Herrschaftsverhältnis eingebunden, das die Handlungsmöglichkeiten weitgehend vorgängig regulierte, so muß man sich spätestens mit der Reformation und ihrem Folgemotto 'cuius regio, eius religio' die Zugehörigkeit zu der sich etablierenden Staatsorganisation als Entscheidung zurechnen lassen. Der Verbleib auf einem Territorium eines Fürsten mag eine Lebensentscheidung, ja nicht einmal eine 'Entscheidung' im subjektiven Sinne sein, weil dem Entscheidenden faktisch keine Alternative offensteht: Entscheidend (sic!) ist jedoch allein die soziale Zurechnung einer Entscheidung! Es kann vom Mitglied des Fürstenstaates verlangt werden, die oktroyierte Religion zu akzeptieren oder auszuwandern - Verhalten wird als Entscheidung zugerechnet, egal ob Wahlfreiheiten faktisch bestehen oder nicht.

Das damit anbrechende 'Zeitalter der Entscheidung' wird spätestens mit der industriellen Revolution und dem 19. Jahrhundert als dem „Jahrhundert der Organisation" (Luhmann 1985: 143) für jeden manifest wahrnehmbar. Die Differenz von organisierten zu interaktiven Bereichen wird mit dem Siegeszug der Fabrik gesellschaftsweit vor Ort etabliert, und diese Beobachtung führt zurück zur Frage nach dem Status von Familie. Geht man von einer fortschreitenden Ausdifferenzierung von entscheidungsbasierten Organisationen aus, so ist die Familie *nicht ein Bereich, der ausdifferenziert wird, sondern eher etwas, was übrigbleibt,* wenn mehr und mehr Handlungsbereiche in Fabriken, Behörden und Verwaltungsgebäude verlegt werden - so in Deutschland insbesondere seit den 1850ern (Wehler 1987: 589ff.). Auf diesen reduktiven Status der Familie verweist die umstrittene These vom „Funktionsverlust bzw. Funktionswandel der Familie" (Neidhardt 1970: 65f.; Mitterauer 1975). Die Familie wird nicht für eine bestimmte Funktion ausdifferenziert. Sie wird auch nicht solange reduziert, bis nur noch ihre 'eigentliche' - was immer das sei - Aufgabe übrigbleibt. Je mehr sich die Organisationen aus dem Alltag des sozialen Lebens herausschneiden, desto mehr profiliert sich der Kompaktbegriff Familie als Sammelbecken für vielfältige, diffus bleibende Zusammenhänge des Interaktionsbereiches, der von der Organisationssphäre abgetrennt wird. Die Familie verbleibt in einem Interaktionszusammenhang, der zusehends von Organisationen durchlöchert wird. Fragt man heute nach einem genuin familialen Aufgabenzusammenhang, so trifft man immer mehr auf Kontingenzen. Alles das, was das 'Eigentliche' der Familie stets auszumachen schien, entpuppt sich als nur historisch plausibel. Sozialisation und Erziehung - ehedem scheinbar zentrale Legitimationsbereiche der Familie - können und werden heute anderswo geleistet, z.B. in Kinderhorten. Liebe, Sexualität und Partnerschaft sind längst nicht mehr an die Familie gebunden. In Amerika werden bereits seit den achtziger Jahren Häuser ohne Küchen gebaut, weil viele ohnehin nicht im familialen Heim essen, sondern das traditionelle familiale Mahl in Organisationen ausgelagert haben. Auch das gemeinsame Familienhaus als räumliches Substrat der Familie steht zur Disposition. Wenn sowohl Vater als auch Mutter arbeiten und ihre Berufskarrieren zu unterschiedlichen Orten führen, dann eröffnet die Familie mehrere Niederlassungen und konzentriert das Familienleben auf das Wochenende. Je mehr man nach dem eigentlichen familialen Kern sucht, desto gewisser wird die Einsicht, daß es diesen Kern nicht gibt. So verstanden ergäbe 'die Familie' eher ein flexibles Sammelsurium von Interaktionen. Sie erscheint weniger als klar umrissene Substanz denn als Interaktionscollage, die starken historischen Veränderungen ausgesetzt ist.[93]

---

[93]   Daß die Rede von der 'Kernfamilie' deshalb nur über einen historisch relativen Kern verfügt, hat bereits 1974 Rolf Eickelpasch am Beispiel ethnologischer Forschungen aufgewiesen.

Mit diesen Überlegungen zum interaktiven Charakter der Familie steht man auf dem festen Boden klassischer soziologischer Familienkonzeptionen, so etwa bei Parsons und Bales, die den besonders 'interaktionsintensiven' Charakter der (Kern)Familie als Sonderfall einer Kleingruppe betonen (Parson, Bales 1955; Claessens 1967). Bei Kaufmann heißt es ganz entsprechend: „Familien als soziale Systeme erscheinen zunächst als Interaktionssystem." (Kaufmann 1980: 90) Ordnet man auf diese Weise die Familie, oder besser: die vielen, wandlungsfähigen und sich rasant wandelnden Erscheinungsformen der Familie in den *Interaktionsbereich* der modernen Gesellschaft ein, so stellt sich jedoch die Frage, ob familiale Kommunikation trennscharf und das heißt auch: fruchtbar genug in die zu erstellende Konfliktlandschaft der Moderne einsortiert wird. Zahlreiche Merkmale rechtfertigen zunächst den Hinweis auf den *interaktiven* Charakter der Familie. Die Familienmitglieder stehen sich Tag für Tag in einem anschaulichen 'face-to-face' unmittelbar gegenüber. Die Familie verfügt über eine außergewöhnliche körperliche Nähe der Mitglieder, insbesondere der Eltern. Die Anzahl der Mitglieder bleibt überschaubar. Jeder kennt jeden, so daß sich - wie typisch für interaktionsnahe Inklusionslagen - persönliche Merkmale in den Vordergrund schieben.

Gleichzeitig verfügt die Familie jedoch über zahlreiche, über einfache Interaktion hinausweisende Merkmale. Versteht man unter Interaktion ein minimalistisches „Situationssystem", das „mit dem Auseinandergehen der Teilnehmer zu existieren" aufhört, das also schon durch kürzere Pause an den Rand der Auflösung gebracht wird, dann ist offensichtlich, daß die Familie als interaktiver Zusammenhang allein nur unzureichend erfaßt ist. Hartmann Tyrell hat deshalb im Anschluß an Friedhelm Neidhardt den Vorschlag gemacht, die Familie als *Gruppe* aufzufassen, um so ihren Besonderheiten besser gerecht werden zu können. Die Gruppe als besonderer Systemtypus dient dazu, den in der von Niklas Luhmann vorgeschlagenen Systemtypentrias zu groß geratenen Abstand zwischen Interaktion und Organisation auszufüllen und zu überbrücken. Sie ist definiert als „ein soziales System, dessen Sinnzusammenhang durch unmittelbare und diffuse Mitgliederbeziehungen sowie durch relative Dauerhaftigkeit bestimmt ist" (Neidhardt 1979: 642). Die Gruppe grenzt sich insofern gegen die bloße Situationsinteraktion ab, als sie auf erneutes Zusammenkommen angelegt ist. Sie bleibt nicht bei einer einmaligen Interaktion stehen, sondern zielt ganz im Gegensatz auf eine Verstetigung von Beziehungen, die stets neue Motivation für ein Treffen produzieren. Gleichzeitig erreicht sie nicht jene langfristige Formung von Sozialbeziehungen, die von der Organisation durch das Mitgliedschaftskriterium produziert wird. Kann man bei einer Gruppe im Zweifelsfall nicht sicher sein, ob es sie wirklich noch oder schon gibt - die Mitglieder haben sich in letzter Zeit selten gesehen, oder: man ist gerade zum ersten Mal ins Gespräch gekommen - so existieren Organisationen auf handfestere, definitivere Art: Anfang und Ende werden in eine klar wahrnehmbare, häufig auch zeremonielle Form gegossen, so daß immer eindeutig bestimmbar ist, ob die Organisation existiert oder nicht. Die

Gruppe steht zwischen Interaktion und Organisation, und das gilt auch für die Rekrutierung ihres Personals: Interaktionen sind hier auf die wahrnehmbare Anwesenheit der Teilnehmer angewiesen, während Gruppen den ungeregelten, interaktiven Sozialzusammenhang in Richtung Organisation qua Mitgliedschaft übertreffen, gleichzeitig jedoch die organisierte Mitgliedschaft noch deutlich verfehlen. Konstitutives Merkmal der Gruppe bleibt die „Diffusheit der Mitgliederbeziehungen" (Neidhardt 1979: 642). Auch wenn für Gruppen die Frage, wer zu ihr gehört und wer nicht, zu den grundlegenden Entstehungsgeneratoren gehört, so verdichten sich die Mitgliedermerkmale nicht zu jener Eindeutigkeit, die Organisationen ermöglichen. Auch hier findet sich jene Mittelstellung der Gruppe, die darüber hinaus Raum eröffnet für graduelle Betrachtungen: Die Diffusheit der Mitgliedschaft in der Gruppe mag variieren vom lose verbundenen Freundeskreis, der sich ab und an trifft, vielleicht aber auch zerfällt, bis zur Gruppe mit hartem Kern, der sich gegen seine Umwelt abschließt und den Eintritt in die Gruppe an strenge Aufnahmekriterien bindet, etwa an Tapferkeitsbeweise durch besondere Handlungen in Jugendgruppen oder an den hohen Formalisierungsgrad eines Motorradclubs, der bis vor die Tore der Vereinsorganisation führt und insofern auch eine Art von 'Mischform' von Organisation und Gruppe annehmen kann, wie Karl-Heinz Ohle berichtet (1983).

Plaziert man die Gruppe als eigenständige Ebene neben bzw. zwischen situationsgebundene Interaktion und formale Organisation, dann können vielfältige, typisch moderne Erscheinungen wie etwa Wohngemeinschaften, Gangs, Rockergruppen, Kaffekränzchen, Kollegencliquen, Stammtische, Schulcliquen, Frauengruppen und etliches mehr in einen theoretischen Zusammenhang gebracht werden, der vergleichende Perspektiven eröffnet und die Gruppe „einer theoretisch homogenen 'Behandlung' zugänglich macht" (Tyrell 1983: 78), in die auch die Familie eingestellt und in vergleichender Perspektive konfliktsoziologisch analysiert werden kann.

Die Familie als Gruppe grenzt sich sowohl von einfachen Interaktionen als auch von Organisationen markant ab. Schon die durch familiales Zusammenleben bewirkte Verstetigung sozialer Zusammenhänge weist deutlich über „den elementaren Fall der Interaktion: der flüchtigen Begegnung, des kurzen Gesprächs zwischen Tür und Angel, der stummen gemeinsamen Fahrt im Eisenbahnabteil, des gemeinsam-ungeduldigen Wartens auf das Umschalten der Ampel" hinaus (Luhmann 1975c: 21). Familiales Zusammenleben ist konstitutiv an tagtägliche Wiederkehr und Dauerhaftigkeit gebunden. Wer sich für die Gründung einer Familie entscheidet, zielt nicht auf gelegentliches Zusammensein, sondern auf Kontinuität und Dauer. Auch die sich seit den sechziger Jahren rasant vermehrenden 'postmodernen' Einbrüche in die bürgerliche Kernfamilie - Rückgang der Eheschließungen, Verdoppelung der Scheidungsziffern, steigende Zahlen von Einelternfamilien und Alleinlebenden - ändern nichts an der institutionalisierten Dauerhaftigkeit der Familie, die eine Verstetigung von Sozialbeziehungen erreicht, die weit über das in sonstigen Gruppen übliche hinausgeht. Die Familie verfügt über eine vorgegebene, in Kernbereichen auch rechtlich normierte Rollenstruktur, die der willkürlichen Gestaltung durch den familialen Einzelfall entzogen ist. Was immer man angesichts zunehmender Pluralisierungstendenzen im einzelnen bestimmten familialen Rollen an materialen Sinngehalten noch zuweisen mag: Der Vater bleibt der Vater, die Mutter die Mutter, die Kinder die Kinder. Diese Rollen stehen - mit welcher konkreten Ausbildung immer - auch einer zunehmenden Deinstitutionalisierung nicht zur Disposition (vgl. Tyrell 1988). Der von sich aus dauerhafte Charakter von Familie drückt sich auch darin aus, daß die Familienmitglieder durch gemeinsamen Wohnort, Adresse und - meistens, aber nicht mehr notwendig - auch durch einen gemeinsamen Familiennamen aus der gesellschaftlichen Umwelt aussortiert werden. Das gemeinsame Haus macht den institutionellen Status der Familie handfest greifbar. Es impliziert nicht nur stetes Beisammensein, sondern auch räumliche, ökonomische und rechtliche Bindung. Die Familie ähnelt insofern eher der Organisation mit ihrem definitiven Existenzmodus, und diese Ähnlichkeit drückt sich auch in den eindeutigen Mitgliedschaftsverhältnissen der Familie aus. Wer Mitglied ist und wer nicht, kann jederzeit eindeutig festgestellt werden, so daß es sinnvoll ist, von einer objektiv markierten „Gruppen-Außenhaut" zu sprechen (Claessens 1968: 48). Die Mitgliedschaft kann nur über Eheschließung und Geburt bzw. Adoption etabliert werden und verlangt als spezifische familiale Mitgliedschaft exklusive Singularität. Man kann immer nur Mitglied in genau einer Familie sein. Sie verlangt ein Monopol. Dieses Monopol ist willkürlicher Kündigung entzogen. Nur die Eheleute können sich scheiden lassen und dann nach alternativen Mitgliedschaften suchen, während für die Kinderrolle überhaupt keine Kündigungsmöglichkeit vorgesehen ist. Diese Zwangsmitgliedschaft verweist gleichzeitig auf die markante Differenz des familialen zum organisierten Mitgliedschaftsmodus: Während Organisationen konstitutiv auf die Möglichkeit einer Entscheidung über Mitgliedschaften angewiesen sind, gilt dies für Familien *gerade nicht*.

Die Familie konstituiert sich also weder als Interaktion noch als Organisation. Auch die Konzeption der Familie als Gruppe befriedigt angesichts ihres definitiven organisationsähnlichen Status nicht in jeder Hinsicht. Sie ist - die Familie. Der Soziologe, der im Anschluß an Simmels pluralistisches Modell gesellschaftlicher Formen eine Beschreibung der modernen Gesellschaft versucht, wird der Familie nur durch Berücksichtigung ihrer eigentümlichen Besonderheiten *als Familie* gerecht werden können, wenn auf eine rigide Einordnung in vorgefertigte Begrifflichkeiten verzichtet wird. Selbst die von Neidhardt vorgeschlagene erweiterte Systemtypologie von Interaktion, Gruppe, Organisation und Gesellschaft reicht demgemäß noch nicht aus, um die konfliktsoziologische Betrachtung der Familie zu fundieren. Sie bietet jedoch in der Spezifikation der 'Familiengrupe' die Grundlage für die weiteren Beschreibungen derjenigen Inklusions- und Konfliktlage, die sich in der modernen Gesellschaft unter dem Kollektivsingular 'Familie' abgelagert hat.

Wenn damit einige grundlegende Charakteristika 'der' modernen Familie benannt sind, dann kann auf das in Kapitel III.3 entwickelte allgemeine, in der modernen Gesellschaft herausgebildete Netz von Konflikthemmung und -ermöglichung zurückgegriffen werden, um die Verortung der Familie in diesem Netz zu bestimmen und von dort aus Rückschlüsse auf die eingangs erwähnten familialen Konfliktphänomene ziehen zu können. Die zunächst allgemein gehaltenen Überlegungen zum Zusammenhang von Konflikt und moderner Gesellschaft waren zu dem Ergebnis gekommen, daß die moderne Gesellschaft auf eine vorgängige Konflikthemmung durch Stratifikation verzichtet und deshalb Konflikte in historisch ungekanntem Ausmaß zuläßt. Dabei eröffnet sie nicht einfach ein unbegrenztes Spielfeld, auf dem sich Konflikte austoben können. Die moderne Gesellschaft riskiert nicht das Überhandnehmen der Konflikte. Sie baut ein differenziertes Netz von sehr unterschiedlichen Mechanismen auf, das Konfliktfreiheit und Konflikteindämmung kombiniert. Soweit das gelingt, können Konflikte zugelassen, ja ermutigt und gleichzeitig entschärft und gehemmt werden. Sowohl Möglichkeiten der Konfliktaustragung als auch Mittel der Konfliktunterbindung werden gesteigert.

Vier moderne Nachfolgeinstanzen der Konflikthandhabung haben sich herausgebildet. Konflikte werden *erstens* durch die Ausdifferenzierung der Staatsorganisation ermutigt und entschärft. Die Gewaltnähe von Konflikten wird durch staatliche Kasernierung der Gewalt aufgehoben, physische Gewalt rechtlich gebunden. Konflikte können juridifiziert und entscheidbar gemacht werden. Neigen Konflikte zur gewalttätigen Austragung, so wird ihnen per Staatsgewalt ein schnelles Ende bereitet.

Weitere Konfliktfreiheiten werden *zweitens* durch die stärkere Differenzierung von Interaktion und Gesellschaft bereitgestellt. Konflikte können zeitlich und räumlich auseinandergezogen werden, Konfliktkommunikation einfacher abgebrochen werden. Das stärkt die Bereitschaft, 'Nein' zu sagen. Der Konflikt kann gewagt werden, weil auch für den einzelnen die Gesellschaft deshalb nicht aufhört. In einfachen Sozialordnungen sah man sich mit der Aufgabe konfrontiert, seine persönliche Lebensführung in eng beschränkte Möglichkeitsspielräume einzupassen. Konflikte waren deshalb sehr riskant. Im Grenzfall drohte die Emigration.

Von all dem kann heute keine Rede mehr sein. Die moderne Gesellschaft gewährt Interaktionen die Freiheit, mit allen nur denkbaren Streitereien zu experimentieren, ja Widerwärtigkeiten auszuprobieren. Das ist möglich, weil schon der nächste Interaktionskontext hiervon keine Kenntnis mehr zu nehmen braucht. Garantie dafür gewährt die stärkere Differenzierung von Interaktion und Gesellschaft.

Drittens setzen formalisierte Organisationen einen markanten Kontrapunkt in die Konfliktlandschaft der modernen Gesellschaft. Sie machen die Anerkennung von weitreichenden Verhaltenserwartungen zur Mitgliedschaftsbedingung. Konfliktabstinenz wird durch die Grundsatzentscheidung des Eintrittes von Mitgliedern garantiert. Dabei greift die Beschreibung von Organisationen als konfliktfrei zu kurz. Nur bestimmte Kommunikationen werden sichergestellt, andere für den Konflikt freigegeben, also als Ausdrucksbahnen für divergierendes Erleben und Handeln zur Verfügung gestellt. Das gelingt durch die Kombination von formaler und informaler Organisation als korrelierenden Aspekten. Konfliktpotentiale werden dahingehend aufbereitet, daß Verhaltenserwartungen in hohem Maße sichergestellt werden, ohne daß die für Erleben und Handeln verfügbare Komplexität zurückgenommen werden muß.

Gleichsam als Abfallprodukt formaler Organisation werden schließlich *viertens* Interaktionen unpersönlich institutionalisiert. Fast das gesamte Alltagsleben ist durch Interaktion mit Organisationen gekennzeichnet. Der organisatorische Formalismus kann in diese Ereignisse hineinverlängert werden. Vielfältigste gesellschaftliche Situationen werden formal infiziert und dadurch gegen Konflikte geimpft. Interaktionen werden auf bestimmte Zwecke enggeführt und bieten deshalb keinen Raum für Konflikte. Tauchen trotzdem Streitereien auf, so kann problemlos abgebrochen werden. Es gibt immer auch andere Reisebüros. Wer sich überall streitet, fährt gar nicht in Urlaub oder organisiert diesen selbst.

Tendieren die beiden erstgenannten Sachverhalte zur massiven Erhöhung von Konfliktfrequenzen, so wirken sowohl Organisation als auch unpersönliche Institutionalisierung von Interaktionen in die Gegenrichtung. Dabei ist es wichtig zu betonen, daß *nicht* von einer konflikthemmenden Kompensation für neugewonnene Konfliktfreiheiten, sondern von einer *gleichzeitigen Steigerung von Konfliktfreiheit und Konflikthemmung* gesprochen werden muß. Die moderne Gesellschaft steigert sowohl Konsens als auch Dissens nebeneinander. Das ist deshalb sinnvoll, weil mit zunehmenden Spielräumen des Erlebens und Handelns sowohl das Konfliktpotential als auch die Notwendigkeit, Verhaltenserwartungen trotzdem sicherzustellen, steigen. Mehr Möglichkeiten für Erleben und Handeln werden von der sozio-kulturellen Evolution mit einer simultanen Steigerung von Konsens *und* Dissens, Harmonie *und* Konflikt geliefert.

Ansatzpunkt für eine konfliktethnographische Untersuchung der modernen Gesellschaft ist die *These*, daß dieses differenzierte Konfliktnetz nicht einfach homogen über die gesamte moderne Gesellschaft gespannt ist, sondern Asymmetrien aufweist. Es kommt, je nachdem, auf welche Vergesellschaftungsform es trifft, auf unterschiedliche Art und Weise zur Geltung. Konflikthemmung und Konfliktermutigung werden nicht überall harmonisch gleichmäßig und 'passend' verteilt, sondern realisieren sich ganz unterschiedlich je nach Bereich. Die Vermutung, daß gerade die Familie in sehr asymmetrischer Form vom modernen Konfliktnetz mit Konsens- und Dissenschancen bedacht wird, hatte sich bereits bei der Erläuterung des Zusammenhangs von Konflikt und Inklusion ergeben (vgl. III.3.1). Diese nur provisorisch eingeführte Vermutung kann nun präzisiert, ausgeführt und belegt werden.

Auch familiale Konflikte entstehen dadurch, daß eine Handlung mit einem 'Nein' beantwortet wird. Erwartungen werden geäußert und treffen auf die Rückkommunikation ihrer Nicht-Akzeptanz durch ein anderes Familienmitglied. Dabei braucht die Erwartung nicht die eines unmittelbaren Familienmitgliedes zu sein, sondern kann beliebige Dritte betreffen. Ebensowenig ist entscheidend, ob das 'Nein' in massiv-scharfer oder in abgeschwächt-vorsichtiger Form artikuliert wird. Notwendige Bedingung für Konflikte ist, *daß* ein Nein in den Kommunikationsprozeß eingeführt wird - in welcher Form auch immer. Wenn Konflikte durch Negation entstehen: Warum kommt es gerade in der Familie zu hohen Negationsfrequenzen?

Die Familie als Gruppe ist in besonderem Maße interaktionsnah oder besser: besonders gruppennah konstituiert. Sie ist 'noch mehr Gruppe' als andere Gruppen. Die besondere konfliktsoziologische Relevanz dieser intensiven Gruppenhaftigkeit liegt darin begründet, daß sich die Familie nicht auf die *Differenz von Interaktion und Gesellschaft* stützen kann, um internen Konflikten Ausdrucksbahnen zu eröffnen. Wenn Konflikte entstehen oder die Familie selbst zum Konflikt wird, dann kann sich die Familie - anders als sämtliche andere Gruppen - nicht einfach in die gesellschaftliche Umwelt zerstreuen und dem Konflikt dadurch seine unmittelbare Schärfe nehmen. Von der Familie als Gruppe kann man nicht einfach wegrennen, wenn man sich gestritten hat. Gänzlich unmöglich ist eine Lösung, die für andere Gruppen sehr wohl in Betracht kommt: die familiale Gruppe einfach zu vergessen, nicht mehr an ihr teilzunehmen, weil der Konflikt gravierend ist und immer wieder auftritt. Dieser Ausweg ist der Familie verbaut. Der Familienvater mag zwar in die Kneipe rennen und sich sinnlos betrinken, wenn es zu Hause mal wieder geknallt hat. Oder: Die Kinder bzw. Heranwachsenden fahren genervt in ihre Clique, um dort nach mehr Verständnis zu suchen oder in Ersatzhandlungen den Ärger abzubauen. Insofern hat auch die Familie die Möglichkeit, an der Differenz von Interaktion und Gesellschaft teilzunehmen und ihre konfliktermöglichende Relevanz zu genießen. Die Inanspruchnahme dieser grundlegenden sozialen Differenz wird jedoch durch den räumlich fundierten Mitgliedschaftsmodus der Familie radikal eingeschränkt. In Gruppen fällt Abwesenheit auf. Für Familien gilt das in gesteigertem Maße, denn sie ist Gruppe in gerade „dieser spezifischen personellen Besetzung" (Tyrell 1983a: 376). Der nicht änderbare Mitgliedschaftsmodus der Familie zwingt die Mitglieder zurück ins oft gar nicht so traute Heim. Der Familie und ihrer festgelegten Lokalität kann immer nur auf Zeit (sonst: endgültig) gekündigt werden. Die Differenz von Interaktion und Gesellschaft kann von der Familie nur für ein paar Stunden in Anspruch genommen werden, meistens immer nur bis zur kommenden Nacht. Wenn bis dann nicht alle wieder zu Hause eingetroffen sind, entsteht bereits eine Art von Ausnahmesituation, die weitere Krisen nach sich ziehen mag. Wenn die Kinder ohne Voranmeldung oder Erlaubnis über Nacht von zu Hause fern bleiben, ist der nächste Konflikt sicher. Selbst wenn die Familie also ein Mehr an Abwesenheit bräuchte, um Gruppenkonflikte ausatmen zu können, so wird ihr diese Freiheit von der eigenen Gruppenkonstitution verwehrt. Die Familienmitglieder werden auch dann noch zu lokaler Nähe zusammengeschweißt, wenn etwas mehr Distanz gut täte. Ein Notbehelf kann immer noch sein: Jeder rennt auf sein Zimmer, der Vater in den Garten, die Mutter in die Küche oder wie auch immer. Je nach Ausstattung erlauben auch die gemeinsamen familialen Lokalitäten die Benutzung der Differenz von Interaktion und Gesellschaft. Aber auch das geht nur für kurze Zeit, denn schon wenn man sich etwas zu essen holt oder sich waschen geht, wird man erneut mit dem Streitpartner konfrontiert. Jeder kann darüber hinaus erwarten, daß er den anderen gleich wiedertreffen wird, so daß man sich möglicherweise vorher schon die richtigen Worte zurecht legt, um beim Wiederauftritt des Konfliktes nicht passen zu müssen.

Selbst wenn die Familie innerhalb ihres gemeinsamen Zuhauses kurzzeitig von der Differenz von Interaktion und Gesellschaft profitieren kann, so greifen sofort schichtspezifische Zusatzkriterien. Gerade in der Stadt mit ihren gigantischen Wohnungspreisen ist Wohnraum knapp und, insbesondere für einkommensschwache Familien, nur begrenzt verfügbar. Geringe monetäre Ressourcen transformieren sich auf diese Art und Weise unmittelbar in Konfliktfrequenzen. Ein eigenes Haus ist für viele unerschwinglich. Die Familienwohnung ist bisweilen klein, so daß nicht jeder einfach vor jedem wegrennen kann. Die Familie wird von ihrem rigiden Mitgliedschaftsmodus zusammengeschweißt. Die Mitglieder werden genötigt, aufeinander „herumzuhängen". Diese Nähe wird durch einkommensrelevante Größen gegebenenfalls multipliziert.

Die vom Familienmodus verlangte räumliche Nähe bedeutet immer auch: intensive Körpernähe. Jeder befindet sich ständig in der unmittelbaren Reichweite des anderen. Diese besondere Anordnung von Körpern wird kombiniert mit institutionalisierten Asymmetrien zwischen den familialen Rollen, die ihresgleichen suchen. Diese Asymmetrien finden sich schon in den körperlichen Antezedenzbedingungen gesellschaftlicher Familiarität. Daß der Familienvater sowohl gegenüber den Kindern als auch meistens gegenüber der Frau einen beachtlichen biologisch-physischen Vorsprung verfügt, der schon in seiner Potentialität *sozial* handlungswirksam werden kann, ist schwerlich zu bestreiten. Ähnliches gilt für das Verhältnis von Mutter und Kindern. Diese Asymmetrien können in Kombination mit der Unmittelbarkeit großer Körpernähe gegebenenfalls in Gewalt münden und Gegengewalt hervorrufen. Gewalt wird insbesondere dann zu einem wahrscheinlichen Kandidaten für die Fortsetzung der Konfliktkommunikation mit anderen Mitteln, wenn ihr Einsatz zu gut kalkulierbaren Ergebnissen führt. Asymmetrien familialer Art fördern die Bereitschaft, divergierendes Erleben und Handeln durch physische Maßnahmen zu beenden - sei es, weil man nicht mehr zur Diskussion bereit ist, sei es, weil man über die schlechteren Argumente verfügt, inkonsistent handelt und darauf hingewiesen wird. Gewalthandeln ist die Antwort auf genau diese Situation, denn Gewalthandeln verfügt über einen sehr geringen Informations-, aber einen ungewöhnlich hohen Mitteilungsaspekt. *Was* Gewalt im einzelnen mitteilen will, ist unklar, weil Gewaltkommunikation auf die sprachliche Formung der Handlungen verzichtet und damit der Kommunikation ihre Informationsschärfe entzieht. Das *Was* muß deshalb oft mit sprachlich geformter Kommunikation nachgeliefert werden. Gewaltkommunikation nimmt ihren Impuls aus dem *Wie*-Aspekt der Mitteilung von Informationen, die oft, aber nicht immer nachher mitgeteilt werden: „So. Jetzt weißt du Bescheid. Du gehst nicht zur Party!" - so mag das Machtwort des Vaters im Anschluß an eine hitzige Diskussion mit anschließender Ohrfeige lauten. Der aktuelle Einsatz von Gewalt in Familien schließt zwar die *unmittelbare* Übertragung von reduzierten Entscheidungsprämissen aus, weil ihr Informationsgehalt gegen Null tendiert. Gewaltkommunikation kann jedoch das kommunikative Terrain ebnen und glätten, um Erwartungen auch gegen Widerstand durchzusetzen, indem sprachlich geformte, informative Entscheidungen im Anschluß an Gewalthandeln bekanntgegeben werden. Die Familie stellt mit ihren dauerhaften Rollenasymmetrien ein günstiges Klima für das Umschlagen von Konflikt- in Gewalthandeln dar. Das gilt umso mehr, weil in Familien die vorgegebenen Rollenasymmetrien nur physisch unterlegt sind und auf der Ebene sprachlich geformter Kommunikation nicht immer und unbedingt ein Korrelat besitzen. Die Tochter mag in der Party-Debatte mit ihrem Vater die besseren Argumente liefern, sich geschickter rechtfertigen und nachweisen, daß eigentlich nichts gegen ihre Teilnahme an der Party ihres Freundes spricht. Die Rollenasymmetrien zwischen Eltern und Kind mag sich kommunikativ verdrehen, so daß die Bereitschaft wächst, die Kommunikation auf Gewaltniveau zu transponieren, damit die auf der Informationsebene entstandene Vertauschung der Rollen zurechtgerückt wird. Der Informationsaspekt der Kommunikation wird dann ausgetrocknet, um expressives Mitteilungshandeln in den Vordergrund zu stellen.

Körperliche Nähe impliziert nicht nur Gewaltgefahr, sondern auch: Intimität. Das, was innerhalb der familialen vier Wände an routinierter körperlicher Intimität institutionalisiert ist, geht weit über das hinaus, was irgendwo in der Gesellschaft auffindbar ist. Die Familie befindet sich insofern auf einer prekären Gratwanderung zwischen Intimität und Gewalt, Liebe und Haß. Man würde zu kurz greifen, wenn man körperliche Intimität in Familie nur auf die sexuellen Beziehungen der Ehe beschränken würde. Körperliche Intimität bedeutet auch: Jeder sieht jeden gelegentlich, häufig oder - je nach Familie - sogar ständig mehr oder minder unbekleidet. Während Nacktheit außerhalb der Familie nur an warmen Sommertagen am Strand, im englischen Garten in München oder in der durch Unpersönlichkeit gesicherten Situation in der Arztpraxis bzw. im Krankenhaus vorkommt, gehört sie innerhalb der Familie, wenn auch nicht zur Normalität, so doch keinesfalls zur Ausnahme. Das gemeinsame, zentral beheizte Haus macht's möglich! Die Lokalisierung der Familie auf eng umschränkten Raum bewirkt auch in dieser Hinsicht besondere Bedingungen von Sozialität. Auch hier gilt: Je enger die familiale Handlungssphäre durch den Raum umschrieben wird, desto 'greifbarer' ist die körperliche Nähe mit all ihren potentiellen intimen und sexuellen Begleiterscheinungen. Wenn z.B. der räumlich zusammengedrängte familiale Haushalt über nur ein Bad für sämtliche Mitglieder verfügt, ist die Chance weitaus höher, daß der Vater rein zufällig in das nicht abgeschlossene

Bad rennt und mit der Nacktheit seiner Tochter konfrontiert wird. Prekäre, durch Körperlichkeit angereicherte Situationen korrelieren mit monetärer Verfügbarkeit sozialer Räumlichkeit.

Körperliche Nähe im familialen Haushalt führt keinesfalls unmittelbar zur Gewalt. Sie macht sich schon eine Stufe tiefer in besonderen Handlungsbedingungen des Familienalltags bemerkbar. Nähe zu den anderen Mitgliedern zieht notwendig hohe Wahrnehmungsfrequenzen nach sich. Man kann es kaum vermeiden, im Haushalt auf die anderen zu treffen, und das bringt hohen Handlungsdruck mit sich. „Man kann nicht über den Flur gehen, ohne dadurch mitzuteilen, daß man im Moment keinen Kontakt zu anderen sucht; oder wenn man es daraufhin doch tut, ist es zu knapp bemessen oder ersichtlich nur deshalb geschehen, weil man anderenfalls den Eindruck erwecken würde, daß man auf Kontakt keinen Wert legt. Pures Verhalten, Gehen zum Beispiel, wäre immer noch extrafamiliales Geschehen, auch wenn es im Hause stattfindet; aber wenn es im Hause stattfindet, wird es fast unvermeidlich als Kommunikation beobachtet..." (Luhmann 1990a: 215) Die Familie entwickelt aufgrund ihrer räumlichen Verdichtung einen eigenen Stil, Verhalten als Handlung zuzurechnen. Häufiges Kreuzen der Wege verlangt überproportional viel Wahrnehmung. Wahrnehmung setzt Interaktionsbildung in Gang. Wer sich im Haus begegnet, kann nicht einfach aneinander vorbeigehen, und wenn doch, wird Handlungsverweigerung als bewußtes Ignorieren zugerechnet. Damit öffnet sich der Teufelskreislauf der Attribution. Die familiale Kolokalität führt zu ungewöhnlicher Verdichtung von Handlungszuschreibungen. Wer bei der Begegnung nicht zumindest lächelt, wird gleich gefragt, ob irgendwas nicht stimme, und schon divergieren die Bedeutungszuschreibungen der Handelnden mit entsprechendem Klärungsbedarf, der konfliktuöse Diskussionen nach sich zieht. Gerade die räumliche Handlungsdichte bewirkt einen außergewöhnlichen Überschuß an Zurechnungsmöglichkeiten, der benutzt und qua Konflikt abgearbeitet werden muß. Räumliche Enge belastet mit Konfliktpotential, indem sie ungewöhnlich viel Handeln verlangt.

Der überdurchschnittliche Handlungsdruck des familialen Alltags verweist auf ein Grundprinzip der Familiengruppe, das in der Familiensoziologie immer wieder genannt wird: die hohe Personalisierung. Die Familie ist, stärker noch als andere Gruppen, von vornherein auf eine Orientierung der Binnenkommunikation an den beteiligten Personen ausgelegt. Der rigide Mitgliedschaftsmodus legt die Konstituierung der Gruppe durch Personalisierung nahe. Weil die Familie auf Dauer angelegt ist, bildet sich ein an personalen Collagen aufgehängtes intensives Gedächtnis von der Familiengeschichte aus, das sich perfekt an vergangene Ereignisse erinnert und diese gegebenenfalls in der Gegenwart wiederzubeleben vermag. „Schon damals habe ich gesehen, daß du keine Geduld hast", oder: „Du warst noch nie bereit, mir im Haushalt zu helfen" - die hochgradige Personalisierung der Familie legt es nahe, nicht nur die familiale Gegenwart stets im Lichte der familieneigenen Vergangenheit zu deuten, sondern diese Deutung weit in die Sozialdimension zu verschieben. Dies gilt umso mehr, als in der jüngeren Vergangenheit die erwartbaren Rollenerwartungen und Arbeitsteilungen insbesondere der Ehepartner problematisch, diskussionswürdig und verhandlungsnotwendig geworden sind (Weiss 1995; Beck, Beck-Gernsheim 1992; Künzler 1995; Lewis, Cooper 1991; Oberndorf 1993; Ernst 1996). Die familialen Personen werden als soziale Erwartungsstrukturen der Familienkommunikation in dieser unübersichtlichen und aufbrechenden Verhandlungslandschaft stärker befrachtet, festgezurrt und eingeschliffen als anderswo. Familienkommunikation ist deshalb von vornherein stärker in der Sozialdimension plaziert als sonstiges Umweltgeschehen, weil die personalen Collagen durch eine gemeinsam erlebte Familiengeschichte mit ungewöhnlich vielen erinnerten Details, Charakterzügen, Mängeln und Vorzügen, individuellen Fehlern, 'Macken' und Besonderheiten aufgeladen sind. Die familiale Person fällt besonders intensiv aus. Wer seit vielen Jahren unter besonderen räumlichen Umständen miteinander lebt, füllt die Person gegenüber mit außergewöhnlich viel sozialem Material an. Wenn diese familiale Personennähe dahingehend beschrieben wird, daß man sich in der Familie eben 'besonders gut kenne', so droht die Beschreibung an der eigentlichen soziologisch interssanten Besonderheit der Familie vorbeizugehen. 'Besonders gute Kenntnis des familialen Gegenüber' könnte nahelegen, daß man sich besser verstehe, weil die Mitglieder ihre Erwartungen vorab besser sortieren und zurechtlegen können und so gegen konfliktuöse Überraschungen gewappnet sind. Das mehr an Erwartungssicherheit, das durch die gemeinsam erlebte Gruppengeschichte bereitgestellt wird, muß jedoch mit Auswirkungen der 'überfrachteten' personalen Erwartungscollagen auf das Familiemilieu bezahlt werden. Die starke Sozialdimensionierung des Familienalltags kann zu Schwerfälligkeit, Immobilität und einer als Belastung empfundenen mangelnden Innovationsfähigkeit der Familienkommunikation führen. Die Familie verliert durch die schwerfälligen Personalitätsstrukturen ihre Beweglichkeit und Dynamik. Jeden Abend kommt der Vater nach Hause und legt sich mit einer Flasche Bier aufs Sofa, um in die 'Glotze' zu schauen. Man weiß immer schon im voraus, was der andere gleich sagen wird, wie er seine Fehler verteidigen oder abzuwälzen versuchen wird, auf welche Art und Weise er sich vor der Arbeit drückt, welche Meinung er in politischen Fragen hat, daß er lieber Tennis spielen will als spazieren oder einkaufen zu gehen. Schon die Erwartung der alltäglichen Wiederkehr solcher Ereignisse kann den Puls steigen lassen. Die zwangsläufig einkehrende Routine zerstört alles - sogar das Sexleben der Eltern und die hochgeschätzte Freizeit, wenn diese immer wieder auf dem Fußballplatz endet. Die stete Wiederkehr des Gleichen macht die Suche nach Änderungen unausweichlich. Wenn Änderungen erwünscht werden - wie wird die Familie mit dem Problem der Änderung von Erwartungen fertig?

Die unter II.4 angestellten Überlegungen zum Zusammenhang von Konflikt und sozialem Wandel bzw. Strukturänderungen waren zu dem Ergebnis gekommen, daß jede Änderung von Erwartungen notwendig ein Konfliktmoment impliziert, nämlich die sich als evolutionäre Variation ausdrückende Negation von Handlungsangeboten. Wird einer Handlung in welcher Form auch immer widersprochen, dann ist der Strukturänderungsprozeß für das konfliktuöse Aushandeln neuer Erwartungsstrukturen eröffnet. Die an der Differenz von Interaktion und Organisation orientierten Untersuchungen waren zu dem Ergebnis gekommen, daß je nachdem, ob Negationen in Interaktionen oder in Organisationen auftreten, der dabei implizierte Konflikt vollkommen unterschiedliche Gestalten annimmt. Wird man unter einfachen Anwesenheitsbedingungen mit einem Nein konfrontiert, so setzt die Ko-Präsenz die Personen unter unmittelbar fühlbaren Handlungsdruck. Man wird sich sofort erklären müssen. Die face-to-face Situation verlangt nach sofortiger Reaktion. Schon ein kurzes Zögern kann als Nein zugerechnet werden. Die Wahrnehmung des anderen Körpers drängt auf eine Präferenz für positive Anschlüsse, für eine Bevorzugung der Annahme gegenüber interaktiver Kommunikationsablehnung. Gleichzeitig können konfliktuöse Impulse in elementaren Interaktionen nicht durch Differenzierung aufgefangen werden. Die Notwendigkeit, alles in ein zeitliches Nacheinander zu bringen, limitiert die diesbezüglichen Steigerungsmöglichkeiten. Die anwesenden Personen müssen sorgfältig miteinander koordiniert werden. Sobald mehrere Stimmen durcheinander reden, bricht der Aufbau der Interaktion zusammen. Angesichts dieser durchgreifenden interaktiven Engpässe tendieren deshalb Konflikte schnell dazu, die gesamte Aufmerksamkeit der gastgebenden Interaktion zu konsumieren. Die Interaktion kann sich nur auf *ein* Thema konzentrieren. Ist das der Konflikt, so bleibt kaum Bewegungsfreiheit für anderes. Die Interaktion wird selbst zum Konflikt.

Geht man davon aus, daß negierende, in Konfliktform auftretende Kommunikationsofferten insbesondere Interaktionen schnell zu einem Konflikt balkanisieren, so wird deutlich, daß die Änderung von Strukturen in Interaktionen oft eine Expansion konfliktuöser Kommunikation bedingt. Wird die Änderung von Erwartungen per Negation „bekanntgegeben", so wird die Interaktion mit hoher Wahrscheinlichkeit selbst zum Konflikt. Der Konflikt konsumiert die gesamte Aufmerksamkeit der Interaktion. Ein Vorschlag wird vorgelegt und abgelehnt. Widerworte werden gegeben, Argumente ausgetauscht, die Stimmung wird gereizter, Feindschaften bilden sich aus. Die Änderung von Erwartungsstrukturen ist, mit anderen Worten, für Interaktionen eine besondere Anstrengung. Schlägt die Interaktionskommunikation einen Strukturänderungskurs ein, so begibt sie sich auf eine prekäre Gratwanderung. Häufig führt das dazu, daß im Ergebnis Erwartungen geändert werden, jedoch nicht in die Richtung, die ursprünglich anvisiert worden ist. Anstelle einer Änderung einer distinkten Erwartung wird das gesamte Strukturarrangement in Richtung auf Konfliktpolaritäten umgebaut.

Eine hervorstechende Leistung von Organisationen ist demgegenüber die Zurückdrängung derjenigen Engpässe, die in Interaktionen Strukturänderungen zu einer besonders anstrengenden Prozedur werden lassen. Interaktion in Organisationen ist fast beliebig differenzierbar, so daß mögliche Probleme räumlich gestreckt werden können. Des weiteren werden überraschende, auf Strukturänderung zielende Kommunikationsofferten durch Hierarchie abgesichert. Wenn der

Chef es will, so wird es normalerweise geschehen. Strukturen werden geändert. Der dabei implizierte Intraorganisationskonflikt bedeutet nicht notwendig, daß man sich streitet, daß Widerworte gewechselt werden, Feindschaften sich bilden und sich manifeste Abgründe auftun. Man muß sich von der Vorstellung befreien, daß Strukturänderungen ermöglichende Konflikte in jedem Fall Barrikaden, Straßenschlachten oder wie auch immer geartete längere Auseinandersetzungen notwendig beinhalten. Der negationsbasierte Konfliktbegriff hat einen allgemeineren Charakter, der von der alltäglichen Assoziation von Konflikten mit Streit, Widerworten, Zwietracht und möglicher physischer Gewalt abstrahiert. Der allgemein eingeführte Konfliktbegriff nimmt ganz unterschiedliche Formen an, je nachdem, auf welchen Systemtyp er angewendet wird. Die Gleichsetzung von Konflikten mit rhetorischen oder physischen Auseinandersetzungen, hitzigen Debatten oder gar Aufruhe und Revolution ist, wenn überhaupt, *nur für Interaktionen* plausibel. In Interaktionen führen Negationen zu der Art von Konflikt, die man aus dem Alltag kennt. Personen geraten aneinander, wenn überraschende Vorschläge unterbreitet werden. Es wird diskutiert, bis die kommunikativen Fetzen fliegen. Gewalt kann am Ende solcher Konflikte stehen.

Bezieht man demgegenüber den allgemein gehaltenen Konfliktbegriff auf die in der modernen Gesellschaft zunehmend eingesetzten Organisationen, so verändert der „Konflikt" sein Gesicht. Gerade Organisationen sind in der Lage, konfliktuöse Variationen leichter zu verkraften als ungeregelte Interaktionen. Strukturänderungen können realisiert werden, ohne daß die für Interaktionen typischen Begleiterscheinungen von Strukturänderungen erscheinen. Wenn die Computerisierung einer Organisation beschlossen wird, so mag es hier und da ein Murren geben. Keinesfalls ist jedoch die Balkanisierung der gesamten Organisation in dem Sinne denkbar, daß alle anderen Zwecke vom Konflikt begraben werden. Der konfliktuöse Strukturänderungsvorschlag wird in der Regel durchgesetzt werden, ohne daß ein expansiver und monopolisierender Konflikt im alltäglichen, potentiell gewaltnahen Sinne stattfindet.

Die Überlegungen zum Zusammenhang von Konflikt und Erwartungsänderungen können nun mit Blick auf das bisher über die Familie als Gruppe Gesagte präzisiert und familialen Sonderprämissen angepaßt werden. Evident ist zunächst, daß die Familie auf die Vorzüge von organisierten Strukturänderungen verzichten muß. Sie kann sich nicht darauf verlassen, daß konfliktuöse Erwartungsänderungen durch Unpersönlichkeit gefiltert und dadurch in ruhige Ausdrucksbahnen kanalisiert werden. Der Familie fehlt die typische formalorganisierte Erwartungssicherheit durch Anerkennung von festliegenden Verhaltensanforderungen. Mit Organisationen teilt die Familie nur den definitiven Mitgliedschafts- und Existenzmodus, nicht jedoch die konfliktentlastenden organisatorischen Sonderbedingungen erwartbarer Erwartbarkeit. Die Strukturänderung in Familien kann deshalb keinen geregelten, sondern nur einen mehr oder minder naturwüchsigen Weg nehmen. Zwar erlaubt die klare räumliche Separierung von Familien gegen ihre Umwelt, ähnlich wie in Organisationen, die Behandlung von Strukturänderungen als Entscheidung. Die Familie verfügt insofern in begrenztem Ausmaß über kollektive Handlungsfähigkeit. Es kann beschlossen werden: In unserer Familie wäscht sich jeder die Hände, bevor er zum Essen kommt. Hier und dort hört man von 'Strafpunkt' oder umgekehrt 'Belobigungspunkt'-Systemen in Familien, mit denen die Mitglieder sich qua kollektiver Entscheidung gegenseitig maßregeln oder Verhalten als erwünscht markieren und dann durch weitere programmierte Handlungen, etwa Geschenkvergabe, aber auch Taschengeldentzug o.ä. mit erwartbaren Folgen belegen, so daß sich Konfliktbehandlungsroutinen mit Programmcharakter entwickeln. Sofern Regeln etabliert und beachtet werden, die die Behandlung von nicht-erwartetem und insofern konfliktuösen Verhalten erwartbar machen, kann in begrenztem Maße das Konfliktgeschehen der Naturwüchsigkeit entzogen werden. Die Familie verfügt deshalb im Gegensatz zur einfachen Interaktion durch ihre eindeutige „Gruppen-Außenhaut" (Claessens 1968: 48) qua räumlicher Separierung über das Potential eines internen sozialen Ordnungsaufbaus, der ungeregelte Interaktionen in Richtung auf Organisation verläßt und sich von Konfliktstreß entlastet.

Gleichzeitig muß betont werden, daß die interne Programmierbarkeit des Familienlebens nur begrenzte Ausmaße annehmen kann. Schon die fehlende Dokumentation und damit allseitige und jederzeitige Nachvollziehbarkeit von Programmkriterien wird weder gewünscht noch möglich sein. Das familiale Selbstverständnis schließt die Selbsttransformation in eine programmierte Behörde kategorisch aus. Kollektiv in Kraft gesetzte Regeln des Familienlebens haben immer nur provisorischen, keinesfalls einklagbaren und widerrufbaren Charakter. Wenn die Norm etabliert ist, daß der Sohn im Alter von 16 bis um Mitternacht in der Diskothek bleiben darf, so spricht nichts dagegen, daß zwei Jahre später für den zweiten Sohn gänzlich andere Regeln gelten. Die Familie muß sich ihre Entscheidungen eher *ad hoc* erarbeiten.

Diese insgesamt dünne Entscheidungsbasis trifft auf einen gruppenspezifisch bedingten Strukturänderungsbedarf, der außergewöhnlich hoch ausfällt. Gerade die Kinder bzw. Jugendlichen verbringen eine Phase ihres Lebens als Mitglied in der Familie, in der sich für sie nahezu ständig alles ändert. Kindergarten, Schule, Pubertät, erste Liebeserfahrungen, eigener Urlaub, Diskotheken, Abitur, Ausbildung usw.: All das bedeutet ständige Veränderung von Erwartungen, die sich zwar zu einem Gutteil auf Erlebnisse außerhalb der Familie beziehen, die nichtsdestotrotz wie selbstverständlich in die Gruppe hineintransportiert und verarbeitet werden. Der spezifische Mitgliedschaftsmodus der jüngeren Generation verlangt also per se eine permanente Anpassung von familialen Erwartungen an den steten Wandel der Jugend.

Ähnliches läßt sich auch für die Elternrollen hervorheben: Stehen sowohl Vater als auch Mutter im Berufsleben, dann erleben sie tagtäglich eine mobilisierte, stetem Wandel unterworfene Welt, die ihren Strukturänderungsbedarf durch formale Organisation absichert. Computerisierung des Arbeitsplatzes, Reorganisation der Arbeitsabläufe, Neuverteilung der Aufgabengebiete und Kompetenzen,

Stellenänderungen, Schulungen, räumliche Neustrukturierungen mit Umzugsbedarf beim Personal: Der durch Formalisierung unterlegte, rasante Wandel des Organisationsalltags bleibt nicht vor den Toren der Familie stehen, sondern 'schleift' die Familiengruppe gleichsam mit sich. Die Strukturänderungen der familialen *Um*welt ziehen notwendige Strukturänderungen der Familien*innen*welt nach sich. Die Mutter muß z.B. aufgrund einer Rationalisierungsmaßnahme ihres Arbeitgebers zu einem deutlich weiter vom Familienheim entfernten Arbeitsplatz fahren, wodurch täglich eine oder vielleicht auch zwei Stunden zusätzlich verloren gehen - ein heute keinesfalls außergewöhnlicher Fall. Für die Familie kann das bedeuten: Pflichten müssen neu verteilt werden. Der Vater muß nun den täglichen Einkauf besorgen. Die älteste Tochter muß den Jüngsten von der Schule abholen. Die Mutter findet nicht mehr die Zeit, mit der Tochter in den Schwimmverein zu fahren. Die Wäsche bleibt liegen usw. Die Familie sieht sich mit einem gegebenenfalls multiplizierten Strukturänderungsbedarf konfrontiert, der von ihrer Umwelt initiiert wird, im Gegensatz zu dieser organisierten Umwelt jedoch ohne formale Prozeduren bewerkstelligt werden muß. Wenn jede Neudefinition von Erwartungen Konflikte bedingt, besteht heute das besondere familiale Konfliktproblem darin, daß die Konfliktverarbeitung der Familie gegenüber ihrer gesellschaftlichen, insbesondere der organisatorischen Umwelt deutlich zurückbleibt.

Hinzu kommt, daß die Familie als personalisierte Gruppe Änderungen der Erwartungshaltung kaum in der Sachdimension ablegen kann. Neudefinitionen von Erwartungen werden der Sozialdimension zugerechnet. Wenn z.B. in Organisationen Neuprogrammierungen beschlossen werden, kann man sagen: Die Sache verlangt es. Der Unternehmenszweck braucht die Entscheidung, ohne daß das betroffene Personal in seiner jeweiligen Individualität überhaupt Gegenstand des Entscheidungsprozesses werden muß. Die Familie hat demgegenüber ein durch und durch auf Personen ausgerichtetes Zurechnungsmilieu. Weil immer derselbe Personenkreis entscheidet und von Entscheidungen betroffen ist, erscheinen neue Erwartungshaltungen immer als *ad hominem* ausgerichtet. Wenn die Eltern der Tochter die Ausgehzeit kürzen, weil in jüngster Vergangenheit mehrere Gewaltverbrechen die Stadt in Atem gehalten haben, dann wird die Antwort nicht lauten: „Stimmt. Die Sache verlangt es. Die Gefahr ist zu groß.", sondern eher: „Immer versucht *ihr*, meine Freiheit einzuschränken." Dabei sind die Kriterien für die Auswahl von Änderungsvorschlägen selbst Gegenstand fortlaufenden Wandels. Es gibt keine ein für alle Mal festgelegte Entscheidungsprozedur für die Entscheidung über familiale Entscheidungsprämissen. Wenn die Tochter länger ausgehen möchte, dann folgt deshalb oft auch noch der Streit zwischen den Eltern hinterher. Und wer kennt die Situation nicht: Das Kind wird von einem Elternteil mit seinem Ansinnen abgewiesen und bearbeitet daraufhin solange den anderen Teil, bis die Erlaubnis vorliegt, worauf der erste Elternteil sich desavouiert fühlt und die Entscheidung erneut zu ändern versucht. Das Kind hat sich mit der verlängerten Ausgeherlaubnis wohlweislich sofort aus dem Staub gemacht und hinterläßt streitbare Eltern, die ihre Entscheidungskompetenzen neu austarieren müssen usw. Dem familialen Leben mangelt es an konsistenten Ordnungskriterien, die Verhalten für alle Seiten erwartbar machen. Es erlaubt keine eindeutigen Entscheidungswege und hinterläßt Nischen, durch deren Informationslöcher zwecks eigener 'policies' hindurchgeschlüpft werden kann: Der Vater wußte nicht, daß die Mutter den Wunsch ihrer Tochter bereits abgelehnt hatte, wohl aber wußte die Tochter, daß der Vater das nicht wußte und er darüber hinaus zum Einlenken neigt, damit Ruhe herrscht. Konflikte sind damit vorprogrammiert - auch deshalb, weil in einem geschlossenen Personenkreis Erwartungszusammenhänge dazu tendieren, zunächst personale Sortierungen anzunehmen, bevor sachliche Aspekte hinzukommen. Man könnte deshalb von einem Primat der sozialen Sinnverarbeitung in der Familie sprechen. Wenn Erwartungen geändert werden, müssen diese Änderungen primär über die beteiligten Personen geleitet werden, so daß die Gruppe stets zu einer Verschiebung ihres Handlungsfeldes in die Sozialdimension genötigt wird. Die Familie steht damit in einem dauerhaft konfliktgünstigen Feld, denn Konflikte, so hatte sich oben gezeigt, wandeln das von ihnen besetzte gesellschaftliche Feld in personalisierte Zusammenhänge um, weil sachliche Situationsdefinitionen nicht gelingen (vgl. II.3).

Nimmt man diese Überlegungen zusammen, dann wird die ganze familiale und konfliktsoziologische Reichweite der Zuschaltung von Organisationen durch die sozio-kulturelle Evolution greifbar. Die seit der Entstehung von Staatsorganisationen zu Beginn des 16. Jahrhunderts fortschreitend etablierte Differenz von interaktiven zu organisierten Sphären wirkt konfliktsoziologisch in doppelter Richtung. Geht man davon aus, daß das Nadelöhr jeder gesellschaftlichen Strukturänderung in seinem potentiell destruktiven Konfliktpotential liegt, so wird deutlich, daß die sozio-kulturelle Evolution diesen Engpaß durch Mechanismen weitet, die die Erneuerung und Anpassung von überkommenen Erwartungen an der Konflikthürde vorbeitragen. Hierzu sind insbesondere Organisationen fähig. Sie können trotz der riskanten Negation von Bewährtem Neues ausprobieren. Das gelingt, weil Organisationen Mitgliederverhalten durch eine besondere Mischung aus Konfliktermöglichung und Konfliktrepression regulieren. Variationen soziokultureller Art, die als Ablehnung von bewährten Erwartungen, also in Konfliktform, präsentiert werden müssen, werden in Organisationen so aufbereitet, daß der Eindruck einer glatten, friktionsfreien Strukturänderung ohne konfliktuöse Elemente entstehen mag.

Während sich auf dieser organisierten Seite die konfliktuösen Strukturänderungskompetenzen vervielfältigen und eine ungeahnte Beschleunigung des sozialen Wandels erlauben, ja geradezu fordern, verbleibt die interaktive, hier: die familiale Gruppe in einer Sphäre konventioneller Wandlungsfähigkeit und Konfliktverarbeitung, wird nun aber mit dem organisierten Gesetz der Akzeleration und Innovation konfrontiert, ohne von der sozio-kulturellen Evolution mit denjenigen Änderungsfähigkeiten ausgestattet worden zu sein, die den Organisationsbereich erst zum 'take-off' befähigt haben. Die Familie wird gleichsam mitgeschleift, mitgezogen und zum permanenten 'Nachziehen' aufgefordert. Das bedeutet: erhöhter Wandlungsbedarf ohne erhöhte Wandlungsfähigkeit. Dieses Mißverhältnis kann nur durch nicht-entschärfte Konflikte bearbeitet werden. Die Familie als Gruppe wird durch die Differenz von Interaktion und Organisation *doppelt* mit Konflikten belastet. Nicht nur nimmt sie *nicht* Teil an denjenigen Innovationen, die den Organisationsbereich von den anstrengenden Konfliktbegleiterscheinungen jeder Strukturänderung befreien. Darüber hinaus soll die Familie trotz dieses Mangels an innovativen Konfliktverarbeitungsmöglichkeiten denjenigen sozialen Wandel bewältigen, der ihr von der mobilisierten gesellschaftlichen Umwelt auferlegt wird. Es dürfte klar sein, daß dieses zweifache Mißverhältnis nicht durch gut gemeinte Appelle an familiale oder organisatorische Adressen beseitigt werden kann. Die Familie ist ein dauerhafter Krisenherd der modernen Gesellschaft, weil ein ungewöhnlicher hoher Wunsch nach Strukturänderungen an sie herangetragen wird, die Familie diesen jedoch mit ungewöhnlich 'veralteten' Prozeduren bewältigen muß. Sie ist zudem zu klein, um Konflikte in großer Zahl aushalten zu können. Sie ist zu sehr durch Räumlichkeit und rigide Mitgliedschaft zusammengeschnürt, um Konflikte ausatmen zu können. Sie ist von vornherein eine besonders sozialdimensionierte, also personalisierte Gruppe, so daß der Weg zum gänzlich auf Personalisierung setzenden Konflikt nie sehr weit ist. Die Familie ist, so kann man zusammenfassen, in jeder Hinsicht konfliktsoziologisch benachteiligt, und genau das scheint mir gemeint zu sein, wenn Rüdiger Peuckert von der „strukturelle[n] Rücksichtslosigkeit der gesellschaftlichen Verhältnisse gegenüber Familien" spricht (Peuckert 1996: 281).

Die familiale Konfliktschieflage wird auch durch die progressive, sogenannte 'Verrechtlichung' der Familie nicht behoben, sondern ganz im Gegenteil dadurch verstärkt, daß die Familie sich gegen rechtliche Hilfe sperrt. Konflikt und Gewalt in Familien werden nur in Ausnahmefällen juridifiziert, denn einerseits ist das Recht - so hatte die obige Diskussion ergeben (vgl. III.3) - keinesfalls eine Universalinstanz, die als allzuständige Störungsstelle Konfliktphänomene bereinigt. Das Recht ist eher für die großen, ausgewachsenen und spektakulären Streitfälle geeignet und kann nicht die vielfältigen Disharmonien und Streitereien des familialen Alltags behandeln. Nur das allerwenigste der familialen Konfliktrohsubstanz ist juridifizierbar. Kommt es zum Gerichtsgang, wird im Normalfall gleichzeitig der allgemeine „Familienkonkurs" miterklärt (Neidhardt 1975: 166). Die personalisierte Familiengruppe kann sich nicht der Unpersönlichkeit des Rechtes übergeben. Sie tut dies erst, wenn ihre eigene Personalisierung am Ende ist.

Die Ehe als tragendes Gerüst wird deshalb nicht immer, aber immer öfter geschieden. Wurden im Jahre 1967 im Gebiet der Bundesrepublik Deutschland 62835 Ehen geschieden, waren es 1991 im alten Bundesgebiet 127341, in ganz Deutschland 136317, wobei Ehen mit vier- bis sechsjähriger Dauer am scheidungsanfälligsten sind. Ein Blick in die Statistiken verrät des weiteren, daß in Deutschland etwa jede dritte Ehe geschieden wird. Daß diese Quote keine Ausnahme ist, zeigt der Vergleich mit den USA, in denen jede zweite Ehe aufgelöst wird (Henrich 1995: 142). Die Zahlen zeigen, daß Familiengründung heute nicht mehr ohne weiteres als auf Lebenszeit angelegt, sondern eher als Versuch verstanden wird, der auch scheitern kann. Damit ist nicht gesagt, daß Scheidungen „ganz normale Auflösungen von Gruppen [bedeuten], die 'am Ende sind', sondern...im Regelfall - vor dem Hintergrund der getätigten 'hohen persönlichen Einsätze' - für alle Beteiligten mit 'schweren Krisen' verbunden [sind], ja sie bedeuten geradezu persönliche Katastrophen" (Tyrell 1983a: 365).

Das Recht taucht nur in Ausnahmesituationen im Horizont der Familie auf - wahrscheinlich nur dann, wenn sich ein Ende bereits abzeichnet und Vorbereitungen für die Zeit während und nach der Scheidung getroffen werden müssen. Gleichzeitig liegt die Vermutung nahe, daß rechtliche Zusammenhänge in der Familie normalerweise nicht thematisiert werden. Das Recht bleibt im Hintergrund, weil seine Unpersönlichkeit sich nicht mit der Persönlichkeitsnähe der Familie verträgt. Dabei ist schwierig einzuschätzen, inwieweit Rechtsnormen familiales Konfliktverhalten virtuell beeinflussen. Je bekannter einschlägige familienrechtliche Vorschriften im einzelnen bei den Familienmitgliedern sind, desto eher kann einerseits Konfliktbereitschaft, ja Konfliktermutigung erwartet werden. Man weiß: Auch wenn die Familie als unmittelbarer Lebenshintergrund und sowohl emotionale als auch häuslich-räumliche Basis des individuellen Lebens durch unerträgliche Konfliktbelastungen nicht aufrechterhalten werden kann, bedeutet das nicht den Fall ins Bodenlose. Wer mit einer Familie scheitert, wird nicht auf den absoluten Nullpunkt zurückgesetzt. Insbesondere Frauen sahen sich insofern alternativenlos an ihre Familie verwiesen, als die Familie für sie die einzige Quelle materieller Absicherung und dauerhafter Versorgung darstellte, solange die Geschlechterarbeitsteilung der Frau eher Heim und Kinder, dem Mann eher die Arbeitswelt zuwies. Die fortschreitende Entwicklung des ehelichen Güterrechts und nachehelicher Unterhalts- bzw. Versorgungsverpflichtungen haben den zu befürchtenden Fall ins Niemandsland wenn auch nicht abgeschafft, so doch zur Ausnahme gemacht. Wer heute die Scheidung riskiert, braucht nicht mit Gesetzlosigkeit zu rechnen. Das stärkt die Bereitschaft, nein zu sagen. Familie bzw. Ehe verlieren ihren alternativlosen Status. Sie sind nicht mehr qua einmaliger Entscheidung herbeigeführtes Schicksal, sondern als Rechtsstatus von vornherein mit der Möglichkeits eines juristisch geregelten 'Danach' versehen. Man könnte also vermuten, daß die virtuell wirkende Verrechtlichung der Familie die Konfliktbereitschaften erhöht und gegebenenfalls zum Ende ermutigt.

Andererseits könnte man einen genau entgegengesetzten Effekt vermuten. Wenn Scheidungsrecht, Unterhaltsrecht, Sorgerecht, Güterrecht und Versorgungsrecht genaue Prozeduren für den Fall der Fälle vorschreiben, und wenn den Familienmitgliedern, insbesondere den Ehepartnern bekannt ist, daß solche Vorschriften existieren, dann liegt ein disziplinierender Effekt des im Hintergrund wirkenden Familienrechts nahe. Man weiß: Die Familie ist alles andere als beliebig mit Konflikten belastbar. Man kann nicht immer nein sagen oder sich sogar noch schlimmer aufführen. Unerträgliches Verhalten wird nur für begrenzte Zeit und in begrenztem Ausmaß vom Partner toleriert werden. Darüber hinaus muß man nachher gegebenenfalls die Konsequenzen falschen Verhaltens tragen. Der mögliche Verlust des Sorgerechts für die Kinder kann bereits zur Mäßigung anhalten. Das Recht steht bereit, um die nicht mehr tolerierten Konfliktfrequenzen in nach-familiale Bahnen zu lenken. Diese Aussicht mag hier und dort Konflikte hemmen, weil man das juristisch genau geregelte Ende nicht provozieren will. Man kann sich nicht darauf verlassen, daß der Partner die Risiken einer Scheidung zu sehr fürchtet. Ganz im Gegenteil: Das Familienrecht sorgt für die Stabilisierung von Erwartungen für den Fall des Familienkonkurses. Was für die Familienmitglieder eine streßvolle Ausnahmesituation mit handfestem Krisencharakter darstellt, ist für das Recht banal und alltäglich. Die Familie bzw. die Familienkonkursmasse wird zum 'Fall', der wie viele andere abgearbeitet und zu den Akten gelegt wird. Die hohen Scheidungszahlen der jüngeren Zeit signalisieren zudem, daß die juristische Abwicklung der Familie keinen Ausnahmefall darstellt. Die Beobachtung dieser Praxis mag manchen Konflikt unterdrücken, weil das Recht ein mögliches Ende greifbar nahe und realistisch vorstellbar macht.

Inwiefern Rechtsnormen Konflikte in Familien ermutigen oder hemmen, kann nicht theoretisch abgeleitet werden. Juristisches Wissen wird auch schichtspezifisch ungleich verteilt sein. Rechtliche Konsequenzen von Konflikthandeln sind in Familien nicht in jedem Fall in gleichem Maße präsent, so daß das Recht gegebenenfalls auch virtuell in der Familie keinerlei Rolle spielt. Wie weit auch immer die potentiellen familienrechtlichen Konsequenzen von Konflikthandeln in der alltäglichen Familienkommunikation berücksichtigt werden - wenn der Scheidungsfall eintritt, tritt ein breit gefächertes und kompliziertes Netzwerk staatlicher Reglementierungen in Aktion, das den stark ansteigenden Scheidungszahlen der jüngeren Vergangenheit Rechnung trägt. Galt ehedem der Grundsatz, daß eine Ehe aufgrund des *schuldhaften* Verstoßes eines Eheteils gegen Verhaltenspflichten geschieden wurde (Verschuldensprinzip), hat das 1. Ehereformgesetz vom 14.6.1976 das Scheidungsrecht auf die völlig neue Basis des *Zerrüttungsprinzips* gestellt. Eine Ehe wird heute dann geschieden, wenn sie vom Gericht als „zerrüttet" angesehen wird. Zur Vereinfachung des Verfahrens hat der Gesetzgeber zwei sogenannte Vermutungstatbestände eingeführt, die das Scheitern der Ehe unwiderlegbar vermuten lassen: Wenn entweder die Ehegatten seit drei Jahren getrennt leben oder seit einem Jahr getrennt leben und beide die Scheidung wollen, wird angenommen, daß die Lebensgemeinschaft der Partner nicht mehr besteht und ihre Wiederherstellung nicht erwartet werden kann (§ 1565 BGB). In der Praxis wird in der ganz überwiegenden Zahl aller Fälle die Scheidung über diese Klauseln abgewickelt. Angesichts der Klarheit der Anforderungen stützt sich die Scheidung damit faktisch auf das Einverständnis der Ehegatten (Henrich 1995: 147). Die Scheidung kann von den Ehepartnern als Entscheidung behandelt werden. Keine ungewissen Schuldzuweisungen hindern mehr am Gerichtsgang. Es spielt keine Rolle mehr, wer durch welches Verhalten die Ehe hat scheitern lassen. Während früher die ungenügende Versorgung eines Ehepartners Hauptgrund für die etwaige Abwehr einer Scheidungsforderung gewesen ist, räumt das neue Ehescheidungsrecht dem bedürftigen Ehegatten unabhängig von den Gründen für das Scheitern der Ehe Unterhalts- und Versorgungsansprüche ein. Insgesamt kann dabei regelmäßig angenommen werden, daß dem Scheidungswunsch auch vom Gericht entsprochen wird, so daß heute in weit über 99% aller Scheidungsanträge die Scheidung erfolgt. Der Scheidungswunsch wird, auch in all seinen materiellen und sorgerechtlichen Konsequenzen, für die Betroffenen genau kalkulierbar, so daß hohe Erwartungssicherheit für den Auflösungsfall einkehrt. Auch wenn die Bundesregierung bei der Verkündung des neuen Scheidungsrechtes betont hat, daß das Gesetz nichts am Lebenszeitcharakter der Ehe ändere, so hat sich in der Praxis längt die Entscheidbarkeit über den Ehestatus durchgesetzt (Henrich 1995: 150). Das Recht, das im normalen Familienalltag kaum zum Tragen kommt, weil es inkompatibel mit dem hohen Personalisierungsgrad der Gruppe ist, kann auf diese Weise Verhaltenserwartungen zumindest für den Auflösungsfall stabilisieren.

Das ändert jedoch nichts daran, daß das Recht die alltäglichen, bisweilen krisenhaft zugespitzten Situationen des Familienlebens kaum erreicht. Unmittelbar eskalierende, gegebenenfalls Gewaltform annehmende Konflikte der Familieninnenwelt müssen mit anderen, kurzfristig verfügbaren Mitteln bearbeitet werden, die bisher allerdings kaum entwickelt sind und zudem oft nicht ausreichend zur Verfügung stehen. Ursula Schneider berichtet in diesem Zusammenhang von Vorbeugungs- und Schutzangeboten, die im akuten Einzelfall sofortige Hilfe anbieten (Schneider 1995: 52ff.). *Frauenhäuser* wollen mißhandelten Frauen und ihren Kindern in erster Linie Aufnahme und Schutz vor weiterer Gewalttätigkeiten sowie therapeutische Beratung bei der Verarbeitung der Mißhandlungserlebnisse bieten. Frauen bleiben meistens bis zu einer Woche in Frauenhäusern, die ihnen das Wissen vermitteln, gegebenenfalls dorthin zurückkehren zu können. Ihre entscheidende Leistung liegt deshalb darin begründet, der räumlich zusammengeschnürrten Familie die Differenz von Interaktion und Gesellschaft verstärkt verfügbar zu machen, so daß akute Konflikte ausgeatmet werden können. Wenn die Familie auf leichtere Art über die Unterscheidung von Interaktion und Gesellschaft disponieren kann, wird eine konfliktsoziologisch betrachtet bessere Verortung im modernen Netz aus Konfliktermutigung und -hemmung erreicht. Schneider fordert deshalb den Aufbau eines auch ambulant einsetzbaren Betreuungsdienstes in den oft finanziell nur schlecht ausgestatteten Häusern, weil schon wenige Stunden manchmal ausreichen können, um krisenhafte Situationen zu lindern. Darüber hinaus könnten Frauenhäuser als Beratungsstellen fungieren, in denen die oft zu ihren Männern zurückkehrenden Frauen angeleitet werden, mit ihren Männern explizite Regeln für das zukünftige Familienleben auszuhandeln und in schriftlichen Vereinbarungen festzulegen. Das oft auch für die Beteiligten undurchschaubare Dickicht der Familieninnenwelt kann dann für sich selbst transparenter werden und ordnungsstiftende Programmierungen zulassen.

Damit werden zukünftige Konflikte über solche Regeln nicht sicher ausgeschlossen. Jedoch bannen schriftliche Vereinbarungen in Familien eine Konfliktquelle, die aus der diffusen Unsicherheit und mangelnden Informationsverdichtung des familialen Alltags sprudelt: Man weiß einfach nicht, welche Regeln gelten und kann sich nicht mehr erinnern, was man beim letzten Streit vereinbart hatte. So „unfamilial" die Aushandlung schriftlicher Vereinbarungen auch erscheint, desto stärker muß darauf hingewiesen werden, daß Konfliktregulierungen in der Familie auf unsicherem Grund stehen und jede Möglichkeit ihrer Institutionalisierung ergreifen müssen. Dahingehendes Training in Frauenhäusern könnte dazu beitragen, eine gewisse Versachlichung der Beziehungen zu erreichen - eine Vorstellung, die Kritiker der okzidentalen Versachlichung und Anonymisierung zu dem Einspruch veranlassen mag, hier werde die Familie als eine der letzten persönlich-gemeinschaftlichen Sozialitätssphären der modernen Gesellschaft der Bürokratisierung ausgeliefert, womit weitere Pathologien heraufbeschwört würden. Die hier verfolgte konfliktsoziologische Perspektive legt jedoch eine andere Einschätzung nahe. Studiert man moderne Konfliktlandschaften, so drängt sich der Eindruck auf, daß konfliktinduzierte Pathologien nicht durch ein Zuviel oder Zuwenig an Persönlichkeit oder Unpersönlichkeit, Formalisierung und Informalisierung ausgelöst werden. Man kann nicht sagen, daß eine der beiden Seiten besser, freundlicher, friedliebender oder in höherem Grade wünschenswert sei als die andere. Die Differenz von Organisation und Interaktion darf nicht normativ überzeichnet werden, sondern muß als *Differenz* ernstgenommen werden. Die in der Konfliktethnographie der modernen Gesellschaft ins Auge genommenen Problemfälle werden gerade durch ihre besondere Situierung in der *Differenz* von Persönlichkeit und Unpersönlichkeit, Formalität und Informalität, Organisation und Interaktion betroffen - eine Perspektive, die später bei der konfliktsoziologischen Analyse der internationalen Politik noch weitere Unterstützung erfahren wird (vgl. IV.3).

Ähnlich wie Frauenhäuser der Familie einen besseren Zugriff auf die Differenz von Interaktion und Gesellschaft eröffnen, wirken die *staatliche Fremdunterbringung mißhandelter Kinder* sowie *Kinderschutzzentren*, die in einigen deutschen Großstädten mit Erfolg arbeiten, in Richtung einer externen Öffnung und Entlastung akut belasteter Familien. Staatliche Fremdunterbringung von Kindern ist mit dem (teilweisen) Entzug des elterlichen Sorgerechts aufgrund von etwaigen Mißhandlungen verbunden, so daß die nach einem mehr oder minder ausgedehnten Aufenthalt im Heim oder in einer Pflegefamilie in das Elternhaus zurückkehrenden Kinder mit einem Wiederaufleben der Mißhandlungsgefahr rechnen müssen. Im Elternhaus hat sich möglicherweise nichts geändert bzw. sogar vieles atmosphärisch verschlechtert, weil die Verbitterung über die Intervention des staatlichen Dritten auf das Kind durchschlagen mag. *Kinderschutzzentren* versuchen ihre intervenierende Betreuung von Familien deshalb nicht nur an den unmittelbar betroffenen Kindern, sondern auch an den Eltern auszurichten. Ihre Mitarbeiter verfügen über ein breitgefächertes Hilfsangebot wie z.B. praktische

Hilfen im Haushalt und bei der Kindererziehung, der Wohnungssuche und der Abwicklung von Behörden- und Gerichtsangelegenheiten. Kinderwohngruppen sollen eine Alternative zur zwanghaften Fremdunterbringung des Kindes anbieten, so daß die Intervention von außen nicht durch Gerichtsbeschluß, sondern aufgrund eines Hilfsangebotes erfolgt (Schneider 1995: 55). In ihnen wohnen nur Kinder mit ausdrücklicher Genehmigung der Eltern. Gewalttätigen Eltern wird die Gelegenheit gegeben, eine Art von freiwilliger Selbsttherapie einzuleiten, in der sie vom unmittelbaren Streß der Kindererziehung entlastet sind und die Kinder in der bis zu einem halben Jahr dauernden Wohngruppenphase nur als 'Besucher' antreffen (Haas 1995). Darüber hinaus wird Eltern eine psychotherapeutische Schulung angeboten, die in Einzel- und Familiensitzungen die Thematisierung und Bearbeitung der krisenhaften Familieninterna anstrebt und auch nach der Rückkehr des Kindes nach Hause fortgesetzt werden soll. *Kinderschutzzentren* können auf diese Art und Weise nicht nur eine leichtere Öffnung der Familie nach außen zwecks Ausatmung von Konflikten erreichen, sondern darüber hinaus, ähnlich wie Eheberatungsstellen und jede externe Instanz, die Rolle eines produktiven 'Dritten' einnehmen, der die zum Konflikt gewordene Familiengruppe mit ihren typischen Polaritäten von außen aufbricht. Gerade weil die Familie *intern* die (institutionalisierte) Rolle eines bei Konflikten beratenden oder schlichtenden Dritten nicht vorsieht (Tyrell 1983a: 384), ist die Entwicklung dieser Instanzen umso wichtiger für die Gewinnung von Konfliktbeeinflussungschancen. Wird die Familie zum Konflikt, so fällt die darin begründete soziale Regression aufgrund der besonderen familialen Antezedenzbedingungen von Gruppenbildung besonders rigide aus. Geht man davon aus, daß Konflikte soziale Zusammenhänge zunächst thematisch bis zur Beliebigkeit öffnen und gleichzeitig diese Öffnung mit einer rigiden Reduktion auf eine Zweierbeziehung ausgleichen, dann wird deutlich, daß dieses Konfliktmodell in der Familie besonderen Nährboden findet. Die Familiengruppe ist durch ihre klare personelle und räumliche Umschreibung denkbar gut geeignet für die schismahafte Ausbreitung von Konflikten. Erscheint ein Konflikt in der Familiengruppe, so hat er leichtes Spiel bei der vollständigen Besetzung des durch die eindeutige Gruppen-Außenhaut klar erkennbaren Familienterrains. Anders als in sonstigen Gruppen wie z.B. einer Jugendclique kann man nicht wegrennen und sagen: Mit eurem Streit habe ich nichts zu tun, oder: Macht das unter euch aus - das geht die Gruppe insgesamt nichts an. Die Familieninstitution schweißt ihre Mitglieder zusammen und erleichtert dadurch den Einmarsch des Konfliktes.

Geht man davon aus, daß diese Grundbedingungen familialer Sozialität Familienkonflikte besonders intensiv, starr und verfahren ausfallen lassen, wird gleichzeitig verständlich, warum die Einschaltung externer Instanzen besondere Beeinflussungschancen eröffnen könnte. Der durchdringende und außergewöhnlich heftige Familienkonflikt könnte durch das Engagement von externen Dritten wie z.B. Eheberatungen zunächst desintegriert werden. Der Dritte hat gerade aufgrund der besonderen Starrheit des Familienkonfliktes einschneidenden Einfluß auf das zur Unbeweglichkeit verfestigte Arrangement der Konfliktfamilie. Die thematische Öffnung des Konfliktes bei dazugehöriger Einordnung vielfältigster *issues* in eine rigide Zweier-Opposition gerät durcheinander. Gesellt sich ein bisher Unbeteiligter zu den familialen Antagonisten, so ist schlichte Fortsetzung der schematismushaften Weltbeobachtung unwahrscheinlich. Der Familienkonflikt gerät unter Handlungsdruck, seine bisher geübten Verarbeitungsmodi zu überprüfen. Die Sicherheit des „Für-mich-oder-gegen-mich" wird ersetzt durch die Ungewißheit implizierende Frage nach dem Status des Dritten. Die Hinzunahme des Dritten forciert Erwartungsunsicherheit. Sie entreißt dem familialen Konflikt, was ihn besonders auszeichnet: das stabile, ja bisweilen zwanghaft rigide Strukturarrangement. Es gilt nicht mehr (nur) das einfache Nullsummenspiel von Nutzen und Schaden, das strikt nach dem Freund-Feind-Schlüssel sortiert. Die familialen Konfliktparteien müssen sich über ihr Verhältnis zum Vermittler Rechenschaft ablegen. Will man einen potentiellen Vorteil aufgeben, um den Dritten für sich zu gewinnen oder zumindest seinen Schulterschluß mit dem Gegner zu verhindern? Unter welchen Bedingungen wird der Dritte der einen und nicht der anderen Seite Recht geben? Oder bietet gar die Hinzunahme des Vermittlers die günstige Gelegenheit, kaum mehr haltbares Terrain als Verhandlungsmasse freizugeben und so Beweglichkeit zu gewinnen? Das Auftreten des Vermittlers konfrontiert die in den Sicherheiten des Konfliktes verschanzten Gegner mit einer Unsicherheit, die die familiale Konfliktgruppe re-destabilisiert.

Damit ist auch die Basis für die Änderung der starren Zurechnungspraxis der Konfliktkommunikation gegeben. Solange die Gegnerschaft eine Gewißheit spendende Identifikationslinie bereitstellt, wird man jedwede Negativität auf der anderen Seite abladen. Benachteiligungen welcher Art auch immer werden den Intentionen des Gegenübers zugerechnet. Dies schließt das Eingehen auf seine Wünsche oder gar die Räumung von besetzten Positionen kategorisch aus. Der Dritte vermag demgegenüber möglicherweise die familial gesteigerte Konfliktattributionspraxis zu ändern. Entschließt man sich zu Konzessionen, kann man den notwendigen Legitimationsbedarf beim Dritten eindecken und ihm das Nachgeben zurechnen. Man weiß sich von weiterem Publikum beobachtet und kann den Zuschauern erklären, daß man eine weichere Linie fahren muß, um das Kippen des Konfliktes zu verhindern. Man kann möglicherweise sogar vertreten, daß ein Rückzug aus dem Konflikt notwendig ist - eine Option, die normalerweise als vollkommne Niederlage zugerechnet wird. Nur vor diesem Hintergrund kann verständlich werden, daß ein Rückzug von gewalttätigen Männern in externe Selbsthilfegruppen und selbsthilfeorientierte Behandlungsmodelle jenseits der Familie denkbar wird, den Ursula Schneider als weitere potentielle Schutzinstanz nennt (Schneider 1995: 55). Man kann sich ohne Gesichtsverlust in Streßsituationen zum Dritten zurückziehen und eigenem gewaltgefährdeten Handeln vorbeugen. Daran anschließende Therapieprogramme, die in den USA in den letzten Jahren gegebenenfalls auch gerichtlich angeordnet wurden (Schneider 1995: 55), können den festgefahrenen Familienkonflikt möglicherweise mit neuen Aspekten anreichern und das rigide Konfliktarrangement ein Stück weit in unbestimmtere, offenere Sphären zurückführen.

Der wichtigste Aspekt in der Vermittlungspraxis ist folglich die Wiedereinführung von Kontingenz und Dynamik in den familialen Konflikt, die die Gelegenheit für Neuorientierung, Restrukturierungen und veränderten Ordnungsaufbau eröffnet. Dies *kann*, muß aber keinesfalls zu einer kognitiven Abklärung und Objektivierung der heißgelaufenen Rädchen der Konfliktmaschinerie führen. Externe Schlichtungsstellen stehen also unter dem Vorbehalt, daß sie wirken oder auch nicht wirken können. Die mediatorische Konditionierung der Familie qua therapeutischer Beratung *kann* zu einem Ausgangspunkt für Konfliktregulierung werden.

Ebenso gut ist der reflexhafte Rückzug in die heimatlichen, für die Familie räumlich fest umrissenen Konfliktfronten denkbar. Der Vermittlungsversuch kann scheitern. Dann droht sich die Konfliktkommunikation zu beschleunigen. Es setzt sich der Eindruck durch, jetzt sei erst recht keine Rettung der Familiengruppe mehr möglich. Ultima ratio-Erwägungen werden dann wahrscheinlicher. Gewalt und Scheidung erscheinen bei entsprechendem Handlungsdruck im Horizont der Familie. Gerade für die Familie ist der Weg zurück in den Konflikt nicht weit, denn ihre hochgradige Personalisierung sowie ihre institutionell vorgegebene räumliche Verdichtung stehen auch der Konfliktmediation nicht zur Verfügung.

Die Familie ist nahe am Konflikt gebaut. Jüngere Tendenzen zur Etablierung alternativer Lebensformen, stärkerer Scheidungsbereitschaft und Alleinerziehung von Kindern deuten darauf hin, daß die Konflikthaftigkeit der Familieninstitution nicht mehr akzeptiert wird. Eine Möglichkeit zur Beseitigung der dauerhaft intensiven familialen Konfliktatmosphäre scheint deshalb die Beseitigung der Familie selbst zu sein. Inwieweit eine Aussortierung des Familienmodus erfolgt, ob eine konflikthemmende Versachlichung der Familie möglich ist und welche Alternativen zur Familie sich dauerhaft durchsetzen werden, kann an dieser Stelle nicht vorausgesagt werden. Eine gesellschaftstheoretisch informierte Konfliktsoziologie der Familie kann jedenfalls zeigen, daß die Konflikthaftigkeit der Familie nur vor dem Hintergrund der Differenzierung der modernen Gesellschaft in Interaktion, Gruppe und Organisation und der damit einhergehenden asymmetrischen Teilnahme der Familie am modernen Netz aus Konflikthemmung und -ermutigung verständlich wird.

IV. 2 Jugend - Konflikt - Gewalt

„Die Gesellschaft löst sich auf" - so faßte der Bielefelder Jugend- und Rechtsextremismusforscher Wilhelm Heitmeyer 1992 seine Beobachtungen zum Thema Jugend und Gewalt zusammen. Heitmeyer hat in umfangreichen und fruchtbaren Studien die „zerrissene Welt des Sozialen" (Honneth) vor Ort nachgezeichnet. Fremdenfeindliche Einstellungen und die durch sie bedingten Gewalttaten, der Aufschwung rechtsradikaler Politik durch entsprechendes Wählerverhalten, die zunehmende Gewaltbereitschaft bei Jugendlichen deuten für Heitmeyer auf ein Integrationsdefizit der modernen Gesellschaft, die den erforderlichen Integrationsnotwendigkeiten nicht nachkommt. Sie differenziert und individualisiert gesellschaftliche Zusammenhänge in zunehmend riskanter Weise, ohne die Einheit des Differenten sicherstellen zu können. Als Folge dessen kann, so legt Heitmeyer dar, eine fortschreitende *Desintegration* der modernen Gesellschaft beobachtet werden (Heitmeyer 1994a). Die „hochtourigen Modernisierungsprozesse" (Heitmeyer 1991: 853) bewirken, so Heitmeyer, ein Zuviel an Individualisierung und: Angst, die Handlungsunsicherheiten, Ohnmachts- und Vereinzelungserfahrungen mit sich bringt und in Fremdenfeindlichkeit und Gewaltanfälligkeiten insbesondere von Jugendlichen kulminiert. Schon vor Beginn der sich nach der Wiedervereinigung beschleunigenden Gewaltaktivitäten gegen Asylbewerber hat Heitmeyer in empirischen Studien auf die Wiederbelebung rechtsextremistischer Orientierungen hingewiesen (Heitmeyer 1992; ders. u.a. 1992). Seitdem haben zahllose Untersuchungen Gewaltbereitschaft und Ausländerfeindlichkeit in Deutschland genauer in den Blick genommen und Gründe für die Konflikthaftigkeit insbesondere der Jugendlichen zu geben versucht.[94] Warum ist die heutige Jugend auffallend gewaltbereit und auch gewalttätig?

Heitmeyers Antwort ist eindeutig. Grund für das zunehmende physische Ausagieren von Konflikten sind die Auflösungsprozesse im Kern der Gesellschaft, die seit Ulrich Becks Verabschiedung von Stand und Klasse unter dem Label 'Individualisierung' firmieren: „Je mehr Freiheit, desto weniger Gleichheit; je weniger Gleichheit, desto mehr Konkurrenz; je mehr Konkurrenz, desto weniger Solidarität, je weniger Solidarität, desto mehr Vereinzelung; je mehr Vereinzelung, desto weniger soziale Einbindung; je weniger soziale Einbindung, desto mehr rücksichtslose Durchsetzung." (Heimeyer 1994a: 46) Auflösungsprozesse von Beziehungen zu anderen Personen, in der faktischen Teilnahme an gesellschaftlichen Institutionen und der Verständigung über gemeinsame Wert- und Normvorstellungen durch Subjektivierung und Pluralisierung zeugen vom atomisierten Einzelindividuum, das darüber hinaus von den paralysierten gesellschaftlichen Institutionen abgewiesen wird. Die „Rund-um-die-Uhr-Gesellschaft" (Heitmeyer 1994a: 51) gibt ihrem Personal immer weniger gemeinsame Zeit zur

---

94   Einen guten und kritischen Überblick über mehrere Studien gibt im Rahmen eines Themenschwerpunktes der Zeitschrift für Pädagogik Schnabel 1993.

Ausarbeitung verbindlicher Situationsdefinitionen. Der „Verlust von Verständigungsmöglichkeiten über gemeinsam geteilte Wert- und Normvorstellungen" (Heitmeyer 1994a: 50) endet in der Gewalt-Sackgasse, die in fremdenfeindlichen und gewalttätigen Aktionen Orientierungsgewißheit, Gruppenanerkennung und Zugehörigkeitsmöglichkeiten verspricht.

Heitmeyers zeitdiagnostische Urteile sind nicht unwidersprochen geblieben. Meinhard Creydt hat darauf hingewiesen, daß die scheinbar schlüssige Erklärung des Fehlens gemeinsamer Werte keinerlei Erklärungspotential für gegenwärtige Gewalttendenzen unter Jugendlichen bietet, denn „die als Resultat zu erklärenden Werte gelten den Theoretikern der normativen Integration umgekehrt als die (ihrerseits voraussetzungslose) Voraussetzung menschlicher Verbindungen" (Creydt 1994: 413). Creydt macht zu Recht darauf aufmerksam, daß die moderne Gesellschaft Möglichkeiten zur Ausatmung von Konflikten braucht, wie z.b. die stark gestiegenen Scheidungsziffern zeigen. Sieht Heitmeyer darin ein Indiz für die „Erosion sozialisationsrelevanter Kernbereiche" (Heitmeyer 1989: 59), weil „Verunsicherung... durch die Auflösung selbstverständlicher sozialer Zugehörigkeiten auf[kommt], wie sie z.b. eine Trennung der Eltern mit sich bringt" (Heitmeyer 1992), macht Creydt klar, daß Unsicherheit auch dann aufkommt, „wenn eine zerrüttete Ehe beibehalten wird, nur um der Moral zu genügen..." (Creydt 1994: 411). Die Beschwörung des scheinbar offenkundigen Normen-, Werte-, kurz: Solidaritätszerfalls bietet - unabhängig von der Fruchtbarkeit der Forschungen zum Rechtsextremismus - allein keine schlüssige Erklärungsgrundlage für den jüngsten Aufschwung jugendlicher Gewaltausschreitungen.

So eindeutig und schlüssig die Ergebnisse der unter dem Desintegrations-Theorem versammelten Forschungen zunächst erscheinen, so umstritten bleiben die Interpretationen zu jugendlicher Konflikt- und Gewaltnähe. Stellt man den Komplex 'Jugend und Gewalt' in den Zusammenhang der um die Begriffe Interaktion, Organisation und Inklusion angeordneten konfliktsoziologischen Untersuchungen, dann muß zunächst die Frage gestellt werden, welche Art von Sozialität eine Konfliktsoziologie der Jugend untersucht. Mit anderen Worten: Welche besondere Inklusionslage hat sich im Übergang zur modernen Gesellschaft für die Person 'Jugendlicher' ausgebildet?

Daß Jugend kein a-historisches, biologisch oder sonstwie vorgegebenes Vergesellschaftungsmuster ist, gehört heute zum common sense der Jugendforschung. Blickt man zunächst zurück auf vormoderne Verhältnisse, dann zeigt sich, daß die später mit dem Titel 'Jugend' belegte Lebensphase in der alteuropäischen Gesellschaft durch die lokalen Bedingungen von Arbeit auf der landwirtschaftlichen Stelle sowie hausrechtlichen Erbschaftsregeln geprägt ist. 'Jugend' als Phänomen traditionaler Gesellschaften ist gänzlich in feudale gesellschaftliche Produktions- und Reproduktionsbedingungen eingebunden. Die Einbindung in die feudale Herrschaftsordnung erfolgt in der Unterschicht durch Unterordnung unter die 'patria potestas'. Jugend bezeichnet in diesem Zusammenhang eine Lebensphase der Abhängigkeit, die über relativ lange Zeit ausgedehnt wurde. Der

Hintergrund für eine langandauernde Abhängigkeitsphase liegt insofern in den Reproduktionsbedingungen der Feudalstruktur, als Heirat und Selbständigkeit erst dann zugelassen werden konnten, wenn Erbfall, Hofübergabe, Einheirat oder Hauskauf eine eigenständige Ernährung zuließen. Angesichts der Beschränktheit entsprechender Ressourcen sah das „European Marriage Pattern" eine lange 'jugendliche' Abhängigkeitsphase vor, in dem der Nachwuchs in generationssanktionierte Herrschaftsverhältnisse eingebunden wurde. Vor diesem Hintergrund ist es sinnvoll, auch einen 40jährigen, ledigen Knecht als 'Jugendlichen' anzusehen, denn „die Dauer der Abhängigkeit war hier nicht durch die Dauer des Lernens bestimmt, sondern umgekehrt die Dauer des Lernens durch die Dauer der Abhängigkeit." Ganz entsprechend gilt für das zünftische Handwerk: „Natürlich lernte ein Handwerksgeselle in der Zeit seiner Wanderung dazu, seine Verselbständigung hing jedoch primär von der Möglichkeit ab, eine freiwerdende Meisterstelle zu bekommen, etwa durch die Heirat einer Meisterswitwe." (Mitterauer 1986: 42f.)

Die Füllung dieser langen biographischen Phase besorgten die Bruderschaften, die ebenso wie das Patriarchat den Charakter der vorindustriellen Jugend prägten. Sie hielten das Ideal der Ehelosigkeit und Enthaltsamkeit hoch und hielten den Nachwuchs aus dem Heiratsmarkt heraus, solange die wirtschaftlichfeudale Grundlage fehlte. „Die Bruderschaften sorgten für die strengste Kontrolle über die Jugend, vor allem über jene Jugendlichen, die gerade auf Wanderschaft waren, fern von ihrer Familie und Heimat." (Gillis 1980: 36) Die über ganz Europa verstreuten Gesellenhäuser, in denen die sich auf Wanderschaft befindenden Jünglinge nach Arbeit und Unterstützung fragten, fungierten als Familienersatz, der mittels streng institutionalisierter Regelungen für den Verbleib der 'Jugend' in der wirtschaftlichen Abhängigkeit sorgte. Ganz ähnlich bewirkte die Verschränkung von patriarchalischen und bruderschaftlichen Vorkehrungen an Schulen und Universitäten die Institutionalisierung und Reglementierung der verlängerten Jugendzeit. „Lehrer erlegten *allen* Schülern die gleichen moralischen und sozialen Beschränkungen auf, ganz gleich, ob sie zwölf oder fünfundzwanzig Jahre alt waren." (Gillis 1980: 37) Ähnliche Arrangements, die der Herausnahme des Nachwuchses aus dem Heiratsmarkt dienten, lassen sich für Armee, Verwaltung und Klerus beobachten. Das feudal-grundherrschaftliche System ließ keinen Raum für diejenige Inklusionslage, die heute als Jugend bezeichnet wird.

Die Auflösung der Grundbedingungen feudaler Wirtschaftsweise durch den Agrarkapitalismus und, später, der Industrialisierung liegt auf der Hand. In der hier verwendeten Terminologie ausgedrückt wird die traditionale, auf interaktiver Kolokalität, Stratifikation und grundherrschaftlich geprägtem sozialem Raum beruhende Sozialordnung zunächst lokal zerschossen, dann umfassend aufgelöst durch die Ausdifferenzierung von Erwerbsorganisationen, die ihre Grenzen durch kontingente Mitgliedschaft bilden. Sobald der soziale Raum durchtrennt wird und organisierte Inseln innerhalb der Gesellschaft entstehen, bilden sich neue Perspektiven aus. Als 'jugendlich' erscheinen jetzt diejenigen, die noch nicht in das

Erwerbsleben eingetreten sind. Die ausdifferenzierten Organisationen zerschneiden nicht nur den sozialen Raum in Innen und Außen, sondern mit ihm zwangsläufig auch die Karrieren ihres Personals. Eine als 'Jugend' bezeichnete Lebensphase bildet sich aus, die den biographischen Abschnitt *vor* dem Eintritt in das in Organisationen verlagerte Erwerbsleben bzw. seine *Frühphase* umfaßt. Der Eintritt in eine der nun überall sich ausdifferenzierenden Erwerbsorganisationen wird zu einem abrupten Sonderereignis, das ein Vorher von einem Nachher trennt. Der Übergang von einem zum anderen markiert in der Organisationsgesellschaft einen Bruch zwischen Jugend und Erwachsenen.

Stellt man den Begriff Jugend in den Zusammenhang der für die moderne Gesellschaft charakteristischen Ausdifferenzierung von Organisationen aus einem ursprünglich interaktiv strukturierten Herrschaftskontext, dann gewinnt man Distanz zu alternativen Fassungen des Jugendbegriffes, die sich auf Alter, körperliche Reifung, Wissensübergabe von Generation zu Generation oder Jugend als Moratorium berufen. Die auf der Differenz von Organisation und Interaktion beruhende Begriffsfassung stellt den Eintritt in die formale Erwerbsorganisation als grundlegendes Sonderereignis in den Vordergrund. Auch die traditionale Gesellschaft kannte einen durch Initiationsriten markierten Bruch zwischen Jugend- und Erwachsenenalter. Jedoch hat die flächendeckende Überführung der modernen Gesellschaft in die Differenz von Interaktion und Organisation einige gravierende Verschiebungen mit sich gebracht, die der Jugendlage besondere Bedingungen für Inklusion vorgeben. Entscheidend ist dabei der komplementäre Zusammenhang von Jugend und Lohnarbeit. Während sich für die alteuropäische Gesellschaft der Zeitpunkt der Arbeitsaufnahme überhaupt nicht bestimmen läßt, weil 'Kinder' sukzessive in das Arbeitsleben hineinwachsen und Mitarbeit unter den familienwirtschaftlichen Bedingungen schon für später als 'jugendlich' angesehenen Phasen typisch ist, wird die Arbeitsaufnahme in einer Gesellschaft individueller Lohnempfänger zu einer markanten Zäsur, die vielfache Veränderungen mit sich bringt (Mitterauer 1986: 45). Die Fabrikorganisation ist indifferent gegen das überkommene „European Marriage Pattern". Es ist ihr gleichgültig, wie alt genau das Mitglied ist und welche Verbindungen das Mitglied in seiner sonstigen, jetzt als 'Freizeit' geltenden freien Zeit eingeht. Diejenigen Kontrollmechanismen, die den Nachwuchs in die Grundbedingungen der landwirtschaftlich-feudalen Stelle einfädelten, fallen nun weg, so daß das Heiratsalter sinkt. Zahlreiche, vom Klerus als 'Bettelhochzeiten' beschimpfte frühzeitige Vermählungen werden typisch (Gillis 1980: 57). Die hausväterliche Gewalt ist gebrochen, weil das Erbe als ehemaliges Droh- und Erzwingungsmittel gegenüber dem Nachwuchs nach der Umstellung auf landwirtschaftliche Lohnarbeit nicht mehr vorhanden ist. Die Stadt bietet mit ihren Fabriken ehedem unbekannte Alternativen der Erwerbsarbeit und, im Vergleich zum Feudalsystem, Selbständigkeit für den Nachwuchs, so daß das Stadt-Land-Gefälle wächst. Aufgrund der Wohnungsnot in den Städten bilden sich „Bettgeher" und „Untermieter" als neue Unterbringungsformen von Jugendlichen aus (Mitterauer 1986: 112ff.). Schließlich wird die

'Jugend' als solche 'entdeckt'. Sie ist „eine Erfindung des letzten Drittels des 19. Jahrhunderts" (von Trotha 1982a: 256) und direktes Korrelat der organisatorischen Zergliederung der modernen Gesellschaft. Jugend setzt sich mit an dieser Stelle nicht zu diskutierenden schicht-, geschlechts-, länderspezifischen Verzögerungen und Besonderheiten überall da als besondere Lebensphase durch, wo die Gesellschaft in die Differenz von Organisation und Interaktion überführt wird.

Tutz von Trotha diskutiert die Entstehung von Jugend als *Transformationsprozeß sozialer Kontrolle*. Die Erfindung und Durchsetzung von Jugend ist für Trotha Teil jenes Entwicklungsvorganges, „der heute unter dem Stichwort 'Sozialdisziplinierung' diskutiert wird" (von Trotha 1982a: 258). Jugend erscheint in dieser Perspektive als „Schonraum", „in der die Entlastungen und Freiheiten des Heranwachsenden bezahlt werden mit dem Preis einer kontinuierlichen und effektiven sozialen Kontrolle" (von Trotha 1982a: 269). Trotha denkt dabei z.B. an professionelle und „halb-totale" Institutionen wie Colleges, Internate und public schools in England, die einen dem von Michel Foucault mit der „Geburt des Gefängnisses" beschriebenen analogen und parallelen Disziplinierungsprozeß freisetzen (von Trotha 1982a: 264). Wolfgang Kühnel spricht ebenfalls von einem Wandel sozialer Kontrolle und nennt Organisationen der Bildung und Ausbildung sowie der Medien- und Freizeitindustrie als „hochgradig ausdifferenzierte leistungs-, marktförmige und institutionenabhängige Formen", die in die durch den Abbau primärer Instanzen entstandenen Lücken eingesprungen sind (Kühnel 1995: 20).

Genau diese These eines Wandels der Formen sozialer Kontrolle der Jugend soll im weiteren genauer untersucht werden als reformulierte Frage nach den modernen Konfliktbedingungen der Inklusionslage 'Jugend'. Mit welchen Konfliktfreiheiten und Konflikthemmungen wird die Jugendlage ausgestattet? Kann man allein von einer Transformation sozialer Kontrolle sprechen, oder impliziert diese Formulierung ein Zuviel an gewandelter Kontinuität? Ebenso ist zu thematisieren, ob Konfliktfreiheiten und Konfliktrestriktionen der Inklusionslage Jugend ein einheitliches Bild ergeben oder ob Jugendkommunikation ein differenziertes und, wie schon für die moderne Gesellschaft insgesamt gesehen, gegebenenfalls asymmetrisches Konfliktfeld darstellt, das Extremwerte der Konflikthemmung und -ermutigung ermöglicht und toleriert.

Um einen Zugang zum Jugendkomplex zu finden, können zunächst einige Gedanken der strukturfunktionalistischen Jugendtheorie aufgegriffen werden. Talcott Parsons diskutiert das Phänomen Jugend vor dem Hintergrund der Differenzierung moderner Industriegesellschaften (Parsons 1981). Jugendliche befinden sich in einem Übergangsfeld, das zwischen der durch Persönlichkeit gekennzeichneten Familie und dem unpersönlichen Berufsfeld formaler Organisationen steht. Berufsrollen sind, ganz im Gegensatz zu Familienrollen, für Parsons eher spezifisch als diffus, denn sie werden durch mitgliedschaftsspezifizierte formale Verhaltenserwartungen und Arbeitsanforderungen geregelt und bestimmt. Ihre affektive Neutralität gibt ihnen einen eher universalistischen Charakter im Gegensatz zur partikularen Affektivität der Familie. Deshalb sind Berufsrollen stets kontingent erworbene, auf Leistung und Qualifikation beruhende, nicht jedoch qua Geburt zugewiesene Erwartungssets.

Die Schule hat in diesem Zusammenhang die zentrale Funktion, Jugendliche auf formale Organisationen des Berufslebens vorzubereiten. Die Schule schließt die Jugend aus den beiden markant differierenden Wertsystemen von Familie und Beruf je wirksam aus und ermöglicht sich dadurch eine vermittelnde Position. Als biographisch erste Organisation konfrontiert sie den Jugendlichen mit den Werten und Strukturprinzipien des Berufslebens und fordert instrumentalen Aktivismus (Parsons 1981: 199f, 248f.). Der Jugendliche internalisiert im Verlauf der schulischen Sozialisation diese Wertmuster und wird dadurch zum Handeln in formalen Organisationen befähigt. Die Schule nimmt dadurch ihre Funktion wahr, zwischen Sozialstruktur und Persönlichkeit den für komplexe Gesellschaften notwendigen Zusammenhang zu stiften (vgl. Dreeben 1980).

Der Jugend wird insgesamt ein Aktionsfeld zugebilligt, das im sonstigen 'mainstream' der Gesellschaft so nicht akzeptiert würde, so daß sich 'peer-groups' entwickeln, die ihre Funktion in der latenten Vermittlung zwischen traditionalem und modernem Wertsystem finden. Jugendgruppen stehen für ein Handlungsfeld, das noch nicht durch die Pflicht zur Übernahme von Verantwortung und Verpflichtungen gekennzeichnet ist, sondern den Charakter eines relativ unbestimmten Moratoriums annimmt, das für Gestaltungen offen und empfänglich ist. Auf diese Weise entsteht eine gesellschaftliche Masse, die nicht eo ipso Bestimmtheit entwickelt, verschiedenste Formen annehmen kann und dabei gegebenenfalls raschem Wandel ausgesetzt ist.

Für Parsons bewegt sich Jugend nach dem Herausfallen aus der traditionalen Herrschaftssittlichkeit als moderne Lage innerhalb der *Trias von Familie, Schule und Jugendgruppe*, die je spezifische Eigenlogiken annehmen. Will eine Konfliktsoziologie der Jugend an diese differenzierungstheoretische Perspektive anknüpfen, muß sie die Konfliktbedingungen der Jugendlage für jeden dieser Bereiche gesondert spezifizieren. Da die Familie bereits im vorhergehenden Kapitel untersucht wurde, wird sie im folgenden nicht nochmal eigens thematisiert. Die Ausführungen sollen vielmehr an die Ergebnisse der Konfliktsoziologie der Familie unter besonderer Berücksichtigung der Jugendlichen anschließen und das bereits erarbeitete Konfliktsetting ergänzen.

Im folgenden wird deshalb zunächst die Schule als formale Organisation analysiert. Im Anschluß daran folgt der wichtigste Teil der Konfliktsoziologie der Jugend: die jugendliche peer-group. Dabei werden zwecks trennscharfer Ausleuchtung der Inklusionslage Jugend drei Felder unterschieden: Jugendliche treten *erstens* als Mitglieder *in* sowie *zweitens* in Interaktion *mit* Freizeitorganisationen in Erscheinung. Von großer Bedeutung für die Argumentation ist *drittens* die *peer-group in freier, ungeregelter Interaktion*. Die These wird am Ende lauten, daß die vieldiskutierte Gewaltnähe der Jugend in den ungeregelten Interaktionen der jugendlichen peer-groups zu lokalisieren ist. Aus diesem Grund ist eine durchgängige externe Regulierung dieser kritischen Interaktionsmasse unmöglich. Diese These wird am Beispiel der Entwicklung in den neuen Bundesländern illustriert.

* * *

Die *Geschichte der Schule* ist eng mit der Entstehung des modernen Staates verbunden. Die Reformation motivierte die Fürsten dazu, die Untertanen in der Lektüre der nun in deutsch verfügbaren Bibel zu schulen, so daß die papale Vormundschaft auch auf breiter Massenebene endgültig verabschiedet würde (Wehler 1987: 284f.). Ganz entsprechend sahen die nach der Reformation in Kraft gesetzten landesherrlichen Schulordnungen die Unterweisung des Zöglings im Buchstabieren, der Bibellektüre und dem Auswendiglernen biblischer Texte vor (Lundgreen 1980: 22). Während die Erfassung der in Frage kommenden Schüler zunächst in den Dorf- und Küsterschulen gering war, konnte die von der Staatsorganisation propagierte Schulpflicht erst im Industrialisierungsjahrhundert durchgesetzt werden. Unterrichtsgesetzentwürfe, Homogenisierung der Klassen und Normierung von Bildungsabschlüssen drücken die staatlich-organisatorische Durchformung der Schulen aus. Die Errichtung von speziell für die Schule vorgesehenen Bauten beginnt in Deutschland erst Mitte des 18. Jahrhunderts, so daß die schulischen Suborganisationen des Staates auch räumlich eigenständigen Charakter erhalten (Wehler 1987: 286).

Disziplinschwierigkeiten scheinen eng mit der Entstehung eines umfassenden Netzes von Schulorganisationen verbunden zu sein. Mitterauer berichtet in diesem Zusammenhang von einer „Fülle disziplinärer Probleme" am Schulort, die aufgrund der räumlichen Separierung der Schulorganisation nicht mehr durch die häuslich-erziehend-unterrichtende Einbindung der Jugendlichen aufgefangen werden konnte, so daß „Raufereien mit anderen Jugendlichen und unsittliches Verhalten...immer wiederkehrende Themen" sind (Mitterauer 1986: 150). Die Schule behilft sich in diesem prekären Übergangsstadium durch Anknüpfung an ihre klösterlichen Ursprünge und Traditionen, so daß Muster der Klosterdisziplinierung auf die Schule übergegangen sind. „Besonders deutlich ist das am Beispiel der Jesuitengymnasien zu beobachten. Wie im Ordensleben der Jesuiten setzten sich auch in den von ihnen geführten Schulen stärker die innengeleiteten Formen der Disziplinierung durch; an äußeren ist das System der gegenseitigen Bespitzelung und Denunziation unter den Schülern für die Jesuitenschulen charakteristisch." (Mitterauer 1986: 152) Eine weitere Quelle jugenddisziplinierender Momente bietet das moderne Militärwesen. Mitte des 19. Jahrhunderts verdrängte in Preußen der neue Lehrertyp des Landwehroffiziers das humanistisch gesinnte Personal. In französischen Collèges bestimmten Uniformierung, Trillerpfeife und militärische Exerzierpraktiken den Alltag. Regimentsmethoden und Kasernenhofstil stellen den Ordnungsrahmen bereit, innerhalb dessen der Jugendliche in die Formalität der Schulorganisation eingefädelt wird (Mitterauer 1986: 152).

Disziplinierungsmaßnahmen dieser Art stehen heute nicht mehr als Normalfall zur Verfügung. Konflikte und Gewalt in der Schule sind in jüngerer Zeit zu einem vieldiskutierten und häufig untersuchten Phänomen avanciert. Die Schule scheint besondere Schwierigkeiten mit der Behandlung des in ihr auftretenden Potentials divergierenden Erlebens und Handelns zu haben. Schlägereien, Handgreiflichkeiten, Disziplinlosigkeit im Unterricht, Schulschwänzen, Vandalismus, Raub und Erpressung, Vergewaltigung, verbale und physische Attacken selbst gegenüber Lehrern, Auseinandersetzungen zwischen Schulgangs und Probleme mit ausländischen Schülern, Bewaffnung, Kampfsportarten, Sexismus: Die Palette des im Schulalltag vermuteten und gefundenen Konflikthandelns ist lang und schwerwiegend (Bründel 1995: 41f.). Ganz entsprechend ist Gewalt in der Schule etwa seit 1991 zu einem Medienereignis und bildungspolitischen Thema geworden, das breite öffentliche Aufmerksamkeit erfährt. Klaus-Jürgen Tillmann kommt in seinem Überblick über die gegenwärtige Forschungslage zu der Auffassung, „daß es eine gewaltfreie Schule nie gegeben hat" (Tillmann 1994: 164) und Gewalt deshalb keinen neuen Sachverhalt im schulischen Alltag darstellt. Die bisweilen dramatische Zuspitzung von Gewaltberichten und Spekulationen über radikale Vervielfältigung von Gewalttaten an den Schulen werden, so Tillmann, allerdings nicht von verläßlichen wissenschaftlichen Daten getragen. Zu Fragen über Ausmaß, Art und Umfang schulischen Konflikthandelns fehlen differenzierte wissenschaftliche Daten. Der in Ausführungen über den dramatischen Anstieg von Schulgewalt stets implizierte historische Vergleich der Häufigkeit von Gewalttätigkeiten in der Schule ist als solcher weder umfassend durchgeführt noch in seinen methodischen Problemen des Datenvergleichs durchdacht worden. Ganz entsprechend sind Folgerungen über jüngere Konfliktentwicklungen mit Vorsicht zu genießen, denn es ist unklar, „ob wir einer Medienkampagne aufsitzen, oder ob sich in diesem Feld vor allem die Sensibilität bei der Wahrnehmung und Bewertung geändert hat - dies alles läßt sich gegenwärtig nicht einmal ansatzweise beantworten" (Tillmann 1994: 169; s. auch Schulbarth 1993).

Eine konfliktsoziologische Untersuchung der (schulischen) Jugend braucht unterdessen nicht auf abschließende Forschungen zu warten, um ihr Bild von Konflikt und Gewalt in der Schule zu zeichnen, sondern kann vergleichende Überlegungen zur Schule als formaler Organisation anstellen, so daß die in zahlreichen Umfragen, empirischen Erhebungen und detaillierten Forschungen schon erkennbar werdende Konfliktlandschaft der Schule besser verständlich wird. *Daß die Schule eine formale Organisation darstellt, ist zunächst offensichtlich.* Die Schulorganisation behandelt das Verhalten ihrer Mitglieder als Entscheidung: als Entscheidung des Lehrers, in der Schule zu unterrichten; als Entscheidung des Schülers, am Schulunterricht teilzunehmen. Auch Abweichungen von diesen Grundsatzentscheidungen werden als Entscheidungen behandelt. Wer als Lehrer nicht erscheint, wird ermahnt, abgemahnt und gegebenenfalls ausgeschlossen. Wer als Schüler den Unterricht schwänzt, wird zur Begründung aufgefordert. In der Oberstufe schreibt man sich dann selbst eine Entschuldigung.

In Schulen wird Mitgliederverhalten im Anschluß an die zugerechnete Mitgliedschafts-Grundsatzentscheidung einer weitreichenden Formalisierung unterworfen. Schon die Ausbildung des Lehrers ist zeitlich und sachlich vorgeordnet, so daß genau erkennbar wird, wer wen in welchen Fächern unterrichten darf. Das 'Lehramt' ist eine unpersönliche Kategorie, die der Lehrerperson angeheftet wird und eine erste grobe Einsortierung des Lehrers in den Schulalltag ermöglicht (Lenhardt 1984: 191). Dieser Kategorisierung der Lehrerrolle korreliert eine Einteilung der Schüler nach Schulkategorien, homogenem Alter, gegebenenfalls Geschlecht, bereits erworbener Bildung, vermuteter Leistungfähigkeit, fächerspezifischen Wahlen usw. Die Schulorganisation erwartet vom Lehrer, daß er Klausuren, Klassenarbeiten, Tests vorbereitet, stellt und korrigiert. Vom Schüler wird erwartet, daß er die gestellten Aufgaben optimal löst. Formalität der Erwartungen bedeutet dabei, daß schulinterne Ereignisse so betrachtet werden, daß sie als Entscheidung erscheinen und mit weiteren Entscheidungen verknüpft werden. Wer die Klausuren 'versägt', bleibt sitzen - ganz gleich, wie die Individualgeschichte im einzelnen aussieht.

Daß die Schule als formale Organisation Besonderheiten gegenüber anderen, mit ihr zu vergleichenden Organisationen aufweist, ist bereits mehrfach erwähnt worden. Talcott Parsons stellt die Schule in einen Zusammenhang mit anderen „people-processing organizations" wie z.B. im Gesundheitsbereich und Verwaltungen, deren Objekt je ein *soziales* ist. Die Empfänger von Leistungen sind in diesen Fällen nicht einfach Kunden, sondern „in this type of case it is common for the recipient of the service to be taken into an important kind of *membership* in the technical organization which provides the service" (Parsons 1960: 72). Der Schüler als Dienstleistungsempfänger ist vorgängig in ein soziales Verhältnis zur Schulorganisation gesetzt, das zahlreiche Handlungsweisen ausschließt. Man kann mit Schülern nicht so um Service-Konditionen feilschen wie Wirtschaftsorganisationen mit ihren Kunden. Vielmehr ist man bereits bei der 'Herstellung' der organisationsspezifischen Dienstleistung auf die Kooperation des Leistungsempfängers angewiesen. „This co-operation cannot always be taken for granted; it has to be motivated. Witness, for example, the problem of truancy in schools, to say nothing of passive resistance to learning...Since sheer coercion is not adequate, service-performer must *offer* something to induce adequate co-operation." (Parsons 1960: 72f.) Doch was soll dieses Angebot sein? Die Schule ist eine eigentümliche Organisation. Wie keine andere formale Organisation verlangt sie eine individuell zurechenbare Leistung von ihren Mitgliedern. Sie isoliert den Schüler mit großem Aufwand, um sein alleiniges Schaffenspotential festzustellen (Lenhardt 1984: 195f.). Während der alltägliche Unterricht wie selbstverständlich von der Leistungsfähigkeit und -willigkeit der jungen Mitglieder ausgehen muß - nur dann ist es sinnvoll, den Unterricht überhaupt beginnen zu lassen -, stehen dieser impliziten Konfrontation keine Motive gegenüber, die die Schule dem Schüler zurechnen kann, um seine Mitgliedschaft mit einer gewissen Balance zu versehen. Wenn Parsons bemerkt, die Schüler-Kooperation

„müsse motiviert werden", dann stellt sich die Frage: Wie soll das geschehen? Der Schüler wird nicht bezahlt. Geld, das andere Organisationen als Basis für die Zuschreibung von Motivation nehmen, steht nicht zur Verfügung. Die Schule hat deshalb ein chronisches 'Motivationsproblem', das sich in Schulverdrossenheit, Schulunlust oder Schulentfremdung ausdrückt (Helsper 1988: 261ff.). Weder das in der Schule erworbene Wissen noch der Schulabschluß können unmittelbare Erfolgsgarantien für die Zukunft geben (Niederberger 1984: 74ff.). Die Mitgliedschaft in der Schule wird der Schüler kaum als Entscheidung auffassen, denn heute werden diesbezügliche Unsicherheiten durch die gesetzliche Schulpflicht ausgeräumt. Die Zwangsmitgliedschaft der Schüler erlaubt der Schulorganisation kaum eine Behandlung seines Verhaltens als Entscheidung. Jedoch: Sie tut es trotzdem, weil sie sonst nicht Schulorganisation sein könnte. Die Schule muß so tun, als sei sie eine Organisation, die ihren Mitgliedern den Eintritt als Grundsatzentscheidung mit allen Konsequenzen für das alltägliche Handeln zurechnen kann. Der Schulalltag läßt diesen Schein verfliegen.

Die vergleichenden Überlegungen zur Schule rütteln nicht am Organisationscharakter der Schule, sondern lassen die Besonderheiten der Schule *als* Organisation erst hervortreten. Das gilt auch für das in diesem Zusammenhang interessierende Konflikthandeln in Schulen. Organisationen, so ist bereits mehrfach gesagt worden, bilden besondere innergesellschaftliche Konfliktinseln. Wenn eine Organisation formalisiert wird, so impliziert das die Verbannung aller Widersprüche. Verhaltensanforderungen können von Mitgliedern nicht negiert werden. Geschieht das doch, so ist die Änderung von Erwartungen nicht ausgeschlossen. Werden Erwartungen bei Widerspruch jedoch nicht geändert, so wird das Problem per Weisungshierarchie gelöst. Der Widerspruch kann zu einer formalen Entscheidung oder zur Auswechselung des Mitgliedes führen. Formalität stellt die Möglichkeit bereit, drohende Konflikte wirksam zu entschärfen und offenen Streit zu absorbieren. Die formale Zuordnung vertikaler Beziehungen zu jeder horizontalen Relation stellt die Möglichkeit einer Entladung von konfliktuösen Spannungen bereit. Konflikte können nicht unentscheidbar bleiben. Sie werden durch vorgesehene Hierarchie aufgelöst, ja gar nicht erst zugelassen.

Wenn Formalisierung eine Verbannung von Konflikten aus Organisationen bewirkt, so heißt das keinesfalls, daß Handeln in Organisationen nicht in vielfacher Hinsicht Konfliktgründe produziert. Ganz im Gegenteil. Gerade die hochgradig fragile Anordnung von Handlungssequenzen in Organisationen bedingt ein breites Konfliktpotential. Man könnte annehmen, daß Divergenzen dieser Art durch formale Entscheidung bereinigt werden. Faktisch werden jedoch die Mehrzahl auftretender Konflikte nicht durch den Dienstweg, sondern in informalen Kanälen ausgetragen, denn dort liegen funktionale Äquivalente des Konfliktverhaltens. Die von formaler Organisation vorgeschriebene Rollentrennung zwischen innen und außen kann auf informaler Ebene aufgehoben werden, so daß Entscheidungsspielräume durch private Präferenzen ausgefüllt werden können. Faktisch tritt in Organisationen ein weitverzweigtes Netz informaler

Konfliktkommunikation neben den Dienstweg. Es ermöglicht die Austragung von Konflikten unterhalb der Ebene offiziellen Dissenses. Vielfältige Möglichkeiten sind gegeben, einem Gegner eigene Kompetenzen zu vergegenwärtigen, ohne daß Schriftverkehr bemüht werden muß. Dieses organisationsinterne Schattenmilieu operiert in der Halbillegalität. Es benutzt personenintensive Kontakte, zufällige, aber auch dauerhafte Konstellationen, Bekanntschaften, kurzum: nicht-formalisierbare Sachverhalte zur nicht-formalen Gestaltung von Entscheidungs-zusammenhängen. Generell nutzen hierbei Kontaktfreude, Vielseitigkeit und Sozialkompetenz. Das gilt in informalen Entscheidungssystemen in besonderem Maße. Einfluß kann in informalen Kommunikationsnetzen nicht *per procura* oder anderen Handlungsbevollmächtigungen verordnet werden. Er stützt sich vor allem auf personenintensive Kontaktnetze. Deshalb sperrt sich informaler Einfluß grundsätzlich gegen Formalisierung. Damit einher geht die Unterminierung von Einflußgarantien. Informale Organisation kann sich nicht selbst kontrollieren, weil sie informal ist. Sie sperrt sich gegen eindeutige Entscheidungsdelegierung. Sie weiß selbst nicht, an welcher Stelle entschieden wird. Sie kann nicht sicher-stellen, daß überhaupt alle Mitglieder an ihr teilnehmen können. Der mögliche Ausschluß aus informalen Kontaktnetzen bedingt Streßpotential. Der Anschluß an Informationskreise gelingt nicht notwendig. Man bleibt allein mit formalen An-forderungen konfrontiert. Formale und informale Kontaktnetze sorgen nicht not-wendig für einen harmonisch-gleichförmigen Einschluß jedes Mitgliedes.

Die konfliktsoziologische Relevanz dieser scheinbar 'irrationalen' Zusam-menhänge liegt auf der Hand. Informale Beziehungen bieten genau diejenige Elastizität, die zur Abarbeitung von Widersprüchen gebraucht wird. Die formale Organisation stützt sich auf einen plastischen Unterbau, der verbannte Konflikte auffängt, abfedert und verarbeitet. Ist die informale Machtstruktur dehnbar genug, können selbst Entscheidungswidersprüche und Zweckkonflikte mühelos in den geschmeidigen Beziehungen der Informalität versinken. Konflikte, die durch Formalisierung grundsätzlich ausgeschlossen oder leicht entscheidbar gemacht werden, melden sich als das Ausgeschlossene in Form der Nicht-Formalisierbarkeit zurück. *Informale* Kommunikation ermöglicht Konflikte nicht obwohl, sondern weil *formale* Organisation Konflikte wirksam ausschließt. For-male und informale Organisation bedingen einander in einem wechselseitigen Steigerungsverhältnis. Organisationen bereiten divergierende Sinnprojektionen so auf, daß in sozialer, sachlicher und zeitlicher Hinsicht die Annahme von Kom-munikation formal sichergestellt wird, ohne daß erweiterte Horizonte des Erlebens und Handelns zurückgenommen werden müssen. Erweiterte Möglichkeitsspiel-räume könnten darüber hinaus auch nicht schlicht wieder eingeengt werden. Des-halb verläßt sich die moderne Gesellschaft in der Handhabung von Konfliktpo-tentialen in hohem Maße auf formale Organisation.[95]

---

[95]   Vgl. die Diskussion des Zusammenhangs von Konflikt und formaler Organisati-on oben, III.3.

Die wiederholende Vergegenwärtigung der Formalisierung von Konflikthandeln in formalen Organisationen lenkt den Blick zurück auf die Schule. Inwiefern kann die Schule als Organisation am Wechselspiel von Formalität und Informalität teilnehmen? Die Relevanz dieser Frage liegt auf der Hand: Wenn formale Organisationen Informalität benötigen, um die zunächst ausgeschiedenen Konfliktpotentiale intern zu verarbeiten, dann wird die Konflikthaftigkeit der Schule entscheidend davon abhängen, inwieweit ihre Rollenstruktur den informellen Konfliktaustrag zuläßt. Interessant sind dabei nicht die „Kernmitglieder", also die Lehrer, für die die Schule eine Erwerbsorganisation darstellt. Für ihren Kreis kann man sich durchaus relativ „normale" Konfliktverhältnisse vorstellen. Man flucht über den Direktor, weil er schon wieder eine Sondersitzung anberaumt hat oder schmiedet eine Allianz zur Entmachtung des Computerspezialisten in der Lehrerschaft, der für die Erstellung von individuell unbeliebten Stundenplänen verantwortlich gemacht wird usw. Von Interesse sind vielmehr die Schüler, die mit der Formalität der Schule konfrontiert werden. Welche Ausdrucksbahnen werden für divergierendes Schülererleben und -handeln zur Verfügung gestellt?

Versucht man im schul*internen* Alltag den informalen Konfliktausdrucksbahnen der Schüler nachzuspüren, so ist das Ergebnis weitgehend negativ. Die Schüler werden - soviel ist klar - über den Lehrer maulen, sich über ihn lustig machen und gegebenenfalls auf fachliche und körperliche Mängel hinweisen, um bei Bedarf ihrem Widerwillen gegen seine alltägliche Vorgesetztenrolle Ausdruck zu verleihen. Die grundlegende und ausgeprägte Asymmetrie des Klassengeschehens bleibt davon - und das ist der entscheidende Unterschied zu anderen Organisationen - unberührt. Das Rollenarrangement des Schulalltags sieht einen fundamentalen Hiatus zwischen Lehrer und Schüler notwendig vor. An ihm kann und darf nicht gerüttelt werden, denn auf ihm beruht die Unterrichtsinteraktion. Unterricht ist nur dann sinnvoll, wenn unterstellt bleibt, daß der Lehrer den Schülern aufgrund von Fach- und Erfahrungswissen überlegen ist. Diese Asymmetrie ist selbst eine Art von notwendiger Legitimation der Schulorganisation, denn warum sollte ein Schüler Mitglied sein, wenn ihm gar nichts mehr beigebracht werden kann? Die ausgeprägte Rollenasymmetrie von Schüler- und Lehrerrolle darf durch informale Kommunikation nicht berührt werden. Während man sich für andere Organisationen durchaus vorstellen kann, daß ein Mitglied seinen Vorgesetzten durch informale Kontaktquellen aushebelt, ist der Schüler-Lehrer-Dualismus weitgehend unberührbar, weil er der Schulorganisation zugrundeliegt. Die schulische Hierarchie ist zu flach, um diejenigen elastischen Konfliktverarbeitungsmodi zur Verfügung zu stellen, die komplexere Organisationen belastungsfähiger und konflikttoleranter machen. Die Schulorganisation unterscheidet lediglich zwischen Schüler, Lehrer und Schulleiter. Die Schulbehörde als nächsthöhere hierarchische Stelle ist weit entfernt vom Schulalltag. In der flachen Hierarchie der einzelnen Schule gibt es kein weitgespanntes Netz wechselvoller informeller Allianzen, die sich über verschiedene Stufen der hierarchischen Leiter hinwegsetzt. Man könnte von einer *geschichteten* Hierarchie in dem Sinne sprechen, als die

Strata von Schülern einerseits und Lehrern andererseits gebildet werden. Die Schichtebenen kommunizieren zwar ununterbrochen miteinander (im Unterricht). Sie sind jedoch inkommensurabel und können einander nicht durchdringen. Es gibt keinen Aufstieg vom Schüler zum Lehrer oder einen Abstieg vom Lehrer zum Schüler und erst recht keine Beförderung über die Grenzen hinweg. Informelle Kommunikation als Ausdrucksbahn für Konfliktmaterial prallt an den schulorganisatorisch vorgegebenen Schichten ab.

Im Anschluß an den unflexiblen Lehrer-Schüler-Dualismus begründet sich die mangelnde Konflikttoleranz der Schule in den Restriktionen, die der Unterricht als Interaktion auferlegt. Ganz überwiegend vollzieht die Organisation Schule ihre Realität in Unterrichtsinteraktionen. Die interne Differenzierung der Schule sieht die Aufteilung der Unterrichtskommunikation in Jahrgänge, Fächer und, bei gegebener Größe, in mehrere Parallelklassen vor. Diese Differenzierung ermöglicht zwar fachliche Spezialisierung, Abbildung von Altersunterschieden und eine zentrale Steuerung der jeweiligen Interaktionsgrößen. Das Differenzierungsvermögen der Schulorganisation endet jedoch bei der jeweiligen Klasse. Die Unterrichtsinteraktion ist die kleinste ausdifferenzierte Schuleinheit, die selbst nicht (oder kaum) weiter differenzierbar ist. Ihre sozialen Vorgaben müssen akzeptiert werden. Daß der Unterricht als Interaktion nur geringe Störungstoleranz besitzt, dürfte jedem geläufig sein. Fragt man vor ihrem Hintergrund nochmals nach der Konfliktverarbeitungskapazität der Schulorganisation, dann ist das Ergebnis nochmals negativ. Taucht im Unterricht divergierendes Erleben und Handeln auf, dann gibt es nur zwei Möglichkeiten: Entweder der Abgrund wird sofort mit Formalität zugeschüttet, so daß Ruhe herrscht. Oder man macht die Differenzen zum Thema, und dann ist die gesamte Unterrichtsinteraktion damit ausgefüllt. Der Unterricht als Interaktion hat keine elastischen und geschmeidigen Einrichtungen, die unterschiedliche Bedeutungsattributionen auffangen. Er kann nur über Konflikte hinweggleiten, und dann hat man es weniger mit Gleiten als mit dem Poltern des Lehrers zu tun. Oder die gesamte Unterrichtsaufmerksamkeit wird auf den Konflikt umgewidmet, so daß der 'eigentliche' Unterricht abgebrochen wird.

Dabei kann man sich durchaus vorstellen, daß Konflikte zwischen Schüler und Lehrer zum Thema gemacht und in freundschaftlich-kooperativem Weg einer Lösung zugeführt werden. Nichts spricht zunächst gegen eine Problemlösung unmittelbar vor Ort. Dieser Weg ist jedoch gleich doppelt erschwert. Einerseits muß sich die Konfliktlösungskommunikation mit der ausgeprägten Rollenasymmetrie von Schüler und Lehrer arrangieren. Jeder Kompromiß wird deshalb immer im Verdacht stehen, ein erzwungener zu sein, so daß der Schüler eher schweigen als reden wird.

Andererseits restringiert die Unterrichtsinteraktion als undifferenzierbares Sozialsystem den Zeitaufwand, den man für Konfliktlösungskommunikation bereitstellen kann. Jede Unterrichtsstunde fördert divergierendes Erleben und Handeln zu Tage, aber nicht jede Unterrichtsstunde kann für die Abarbeitung von

Schüler-Lehrer- oder Schüler-Schüler-Konflikten verwendet werden. Die Unterrichtsinteraktion ist zwar umfassend genug für die Formalisierung von Mitgliedschaftsrollen. Sie ist jedoch zu klein, um die qua Formalität ausgeschiedenen Konflikte auf informaler Ebene austragen zu können. Wenn die Schüler Konflikte mit ihrem Lehrer *im* Unterricht durch informale Kommunikation abarbeiten wollen, müssen Systemdifferenzierungen eingeleitet werden, die die Undifferenzierbarkeit der Unterrichtsinteraktion zu unterlaufen versuchen. Die Schüler müssen Unterrichtssubsysteme als Flüstergespräche, geheime Briefpost und unauffällige, für den Lehrer unverständliche Zeichen, Gesten und Mimiken bilden, um den Konfliktstau zu bereinigen. Die diesbezüglichen Möglichkeiten sind durchaus vielfältig und scharfsinnig entwickelbar. Die in der „Feuerzangenbowle" (Heinz Rühmann) hochgepriesenen Schülerstreiche mögen als Ausdrucksbahnen für divergierendes Erleben und Handeln nicht nur bei Schülern sondern auch bei manchem Lehrer hohes Ansehen genießen. Der Unterrichtsalltag wird jedoch im Regelfall keine kontinuierliche, ausbalancierte und konfliktabtragende Unfugtreiberei zulassen. Nicht jeder Lehrer schätzt Ausdrucksbahnen dieser Art. Nicht jeder Schüler findet eine wohldosierte Temperierung seines informellen Konfliktausdrucksverhalten, das auch den Restriktionen der Unterrichtsinteraktion Rechnung trägt. Der Grat zwischen formaler und informaler Unterrichtskommunikation ist schmal, weil die Interaktion nur *ein* Thema zuläßt, eigentlich aber wesentlich mehr leisten müßte, um die schulorganisatorisch produzierte Situation zu bewältigen. Insgesamt ist deshalb eine - wenn auch nur teilweise - *Abdrängung* der Konfliktrohmasse aus der schulinternen Unterrichtsinteraktion unvermeidlich.

Fragt man sich, wohin das in der Unterrichtsinteraktion produzierte Konfliktpotential abgedrängt wird, dann gelangt man sofort auf den Pausenhof. Die Schulorganisation weist auch in diesem Zusammenhang Eigentümlichkeiten auf. Sie kennt die Schülermitgliedschaft in unterschiedlichen Aggregatzuständen. Die durchgängig-intensive Bindung des Schülerverhaltens durch formale Erwartungen erfolgt im Unterricht 'häppchenweise'. Sobald die Stunde endet, wird man in die Schulhoffreiheit entlassen. Dort gibt es, wenn überhaupt, einen Aufsichtslehrer, der ein bißchen guckt, was passiert. Der Schüler ist zwar auch dort als Organisationsmitglied inkludiert, aber jetzt weitgehend sich selbst, oder gegebenenfalls: anderen Schülern überlassen. Das radikale Gefälle der Präsenz von schulischer Formalität könnte kaum ausgeprägter sein. Ihre Episodenhaftigkeit bietet sich, so meine These, als erstmögliche Ausdrucksbahn für ausgeschlossenes Konflikthandeln an. Die Schule formalisiert schubweise. Die mangelnde Konfliktabbildungsfähigkeit der Unterrichtsinteraktion sorgt dafür, daß konflikthafte Differenzen in die temporale Umgebung des Unterrichtes abgedrängt werden und sich dort ihren Weg bahnen. Das Formalisierungsgefälle schiebt schul*interne* Konflikte in die unmittelbare *externe* Umgebung ab. Im Reiche des Schulhofes, des Schulweges sowie der Freizeit überhaupt herrschen jedoch die Gesetze der ungeregelten Interaktion, die divergierendes Erleben und Handeln in problematische Gewaltnähe katapultieren (Korte 1992). Die Schule spezifiziert die Differenz von Interaktion und Organisation auf besonders problematische Art und Weise. Sie schließt Konfliktaustragungen nicht nur intern weitgehend aus, sondern drängt das Konfliktpotential in ungeregelte Bereiche ab - und das auch noch episodenhaft. Dieses Muster wird zudem von der Schülerkommunikation antizipiert. Treten *in* der Schule Differenzen zwischen Schülern auf, heißt es oft: „Wir sehen uns nachher noch!" Die Schulorganisation kann das nicht verhindern. Sie ist eine Organisation, die an ihre durch das Schulgebäude vorgegebene räumliche Außenhaut gebunden ist. Sie ist für die Freizeit ihrer Mitglieder gar nicht oder, wenn es schulisch unterlegte Freizeitaktivitäten gibt, nur episodenhaft zuständig. Schon auf dem Schulweg liegen die Ereignisse weit entfernt vom schulischen Ordnungsrahmen. Auch das Schulhofgeschehen hat eher externen Charakter. Erst recht hat die Schule nichts mit der *sonstigen* Freizeit ihrer Mitglieder zu tun.

Wenn das Konfliktsetting der Schulorganisation soweit expliziert ist, fällt es nicht schwer, Ansatzpunkte für weitere Konfliktmultiplikatoren zu nennen. In der Literatur wird immer wieder darauf hingewiesen, daß gerade größere Schulen konflikt- und gewaltanfällig seien.[96] Die Plausibilität dieser Beobachtung ergibt sich aus einer Überlegung zum Zusammenspiel von Formalität und Informalität mit der Größe von Organisationen. Unabhängig vom Grad der Formalisierung einer Organisation wird das Personal häufiger auf bereitgestellte formalisierte Modi zurückgreifen müssen, wenn die Organisation an Umfang zunimmt. Informale, persönlich und freundschaftlich gestaltete Zusammenhänge brauchen interaktive Überschaubarkeit und enge Kontaktnetze, die nur durch engmaschige Interaktion aufrechterhalten werden können. Je mehr Mitglieder die Organisation zählt, desto mehr von ihnen wird man zwangsläufig nur 'vom Hörensagen' oder überhaupt nicht kennen, so daß Anonymität einkehrt. Informale Konfliktverarbeitungswege werden dann noch unwahrscheinlicher, als sie in der Schulorganisation ohnehin sind. Wenn zudem die Klasse an Größe gewinnt, muß mehr divergierendes Erleben und Handeln geschluckt werden, weil noch weniger Raum und Zeit für Konfliktlösungskommunikation zur Verfügung stehen. Je größer Schulgebäude, desto unübersichtlicher wird die Pausen- und Schulhofinteraktion, so daß sich mehr Gelegenheiten für Konflikthandeln einstellen.

Weist man darauf hin, daß „die Schule als Institution vielfach durch ihre Strukturen selbst zur Entstehung von Gewalt bei[trägt]" (Bründel 1995: 45; Böhnisch 1994), dann greift man mit dem Hinweis auf Starre, Leistungsdruck, devianzfördernde Unterichtspraxis am eigentlichen Organisationsproblem der Schule vorbei.[97] So richtig diese Beobachtungen auch erscheinen mögen - sie

---

96   Z.B. Bründel 1995: 48; Schneider 1991: 18. Keinen Zusammenhang zwischen Schulgröße und *Vandalismus* haben demgegenüber Klockhaus, Habermann-Morbey 1986: 33f. gefunden. Sie stellen aufgrund ihrer Erhebung Schulklima und Gepflegtheit von Schulgebäuden als relevante Größe für Vandalismus dar (38f.).

97   Diesen Eindruck erweckt Holtappels 1993.

implizieren jedoch, daß einfach 'falsch' gehandelt wird, so daß man meinen könnte, der Mangel sei im Grunde einfach zu beheben. Ebensowenig hilft - das hat Joachim Kersten hervorgehoben - das Universalargument von Individualisierung und Werteverfall (Kersten 1994: 197). Spricht man von einer *strukturellen* Gewaltförderung durch Schulen, dann hat das seine Berechtigung nur im vergleichenden Aufweis schulorganisationsspezifischer Formalitäts- und Informalitäts-Verhältnisse. Deren Vorgaben kann man nicht so einfach aus dem Wege räumen. Auf welche Art und Weise sich Lehrer und Schüler mit diesen ungünstigen Vorgaben arrangieren - ob sie mehr Moral zuschalten, ob sie ihre Unsicherheit durch Autorität und Gewalt zu bewältigen versuchen, ob sie schließlich bereit und fähig sind, die Engpässe der Schule selbst zu reflektieren - all das liegt bereits auf der Ebene der nachgeschalteten Wirkungen, nicht jedoch der vorgelagerten Ursachen derjenigen schulspezifischen Organisationsengpässe, die an dieser Stelle behandelt wurden. Wenn die Schulorganisation nicht so einfach aus ihrer Strukturhaut heraus kann - welche unmittelbaren Entlastungsmöglichkeiten für die problematische Konflikt- und Gewaltnähe der Schule gibt es dann?

Fragt man nach unmittelbaren Lösungsmöglichkeiten für akute Konflikte, so kann die Schule nur versuchen, die vorher abgedrängte Konfliktkommunikation in die Schule zurückzuimportieren, um sie dort einer weiteren Bearbeitung zugängig zu machen. Dieser Vorgang kann jedoch - wie gesehen - nicht einfach im Unterricht geschehen, sondern muß durch interne Differenzierungsprozesse geleistet werden. Heidrun Bründel schlägt deshalb vor, Konfliktlösungsgespräche zu institutionalisieren, in denen Streithähne unter Vorsitz eines Lehrers an einen runden Tisch kommen (Bründel 1995: 53ff.; s. auch Mickley 1993). Bründels Vorschlag zielt auf die Etablierung einer zusätzlichen Art von Schulinteraktionen, die als institutionalisierte Schlichtungsinstanz Konflikte besser als im Unterricht abzubilden vermag, weil sie speziell hierfür geschaffen ist. Wichtig ist dabei die Etablierung einiger formaler Schritte, die das Verfahren gegenüber Ad-hoc-Gesprächen verselbständigen und Objektivität schaffen. Ein Schlichtungsformular soll, so Bründel, geschaffen werden, das den Parteien sachliche Ausdrucksmöglichkeiten eröffnet. Das Schlichtungsverfahren muß, um erfolgreich werden zu können, als neutrale Drittinstanz unter den Schülern bekannt werden, damit seine Einberufung im Konfliktfall überhaupt in Erwägung gezogen wird.

Der Versuch, Konflikte durch die Schaffung einer neuen Interaktionsart schulintern adäquater abzubilden, anerkennt implizit die oben geäußerte Vermutung, daß die schultypische Unterrichtsinteraktion in ihrer spezifischen Beschränktheit nicht geeignet ist, ein elastisches und belastungsfähiges Netz aus Konflikthemmung, -ermutigung und -verarbeitung zu schaffen. Der Schulalltag soll deshalb durch *zusätzliche* Interaktionstypen ergänzt, aufgelockert und mit variantenreicheren Eindrücken versetzt werden. In dieselbe Richtung zielt die oft geäußerte Vermutung, Schulen mit breiteren, auch in die Freizeit reichenden Aktivitäten wären weniger mit Konflikt und Gewalt belastet (vgl. Fend 1986). Auch hier wird eine Ergänzung der problematischen, weil konfliktabdrängenden

Unterrichtspraxis durch Freizeitaktivitäten, Projekte, Aufführungen und Sonderaktionen angestrebt, so daß das einseitige, durch Unterrichtsinteraktion belastete
Schulbild zumindest ergänzt wird. Schüler- und Lehrerrollen können zwar auch
in diesen Zusammenhängen nicht einfach ausgeknipst werden. Sie bleiben präsent, sind aber nicht an die Starrheit und Beschränktheit der Unterrichtsinteraktion gebunden. Auch hier werden die Engpässe des Unterrichtes nicht geweitet,
gelindert oder abgeschafft, sondern nur das „Durchschnittsbild" der Schule verändert und abgerundet. Inwieweit Freizeitangebote der Schulorganisation insbesondere in problematischen Fällen angenommen werden, wird im Einzelfall entschieden. Das Stichwort 'Freizeit' lenkt den Blick auf den nächsten zu untersu-
chenden Hauptkomplex der Inklusionslage Jugend.

* * *

Freizeit ist, ähnlich wie Jugend, ein historisch junges Phänomen. Sie ist automati-
sches Korrelat der Ausdifferenzierung von Erwerbsorganisationen, die sich in
eigenen Fabrik-, Büro- und Verwaltungsgebäuden niederlassen und die traditionelle Feudalherrschaft zerschneiden. Erst nach der Etablierung der auch räumlich
unterlegten Differenz von (Erwerbs-)Organisation und Gesellschaft kann sinnvoll
und trennscharf zwischen Arbeit und Freizeit unterschieden werden, denn beide
Bereiche sind *unterschiedlichen sozialen Räumen* zugeordnet. Genauer formuliert
wird nur die Organisationsmitgliedschaft räumlich genau spezifiziert, während
sonstige Raum-Zeit-Kombinationen in die Unbestimmtheit, wenn nicht Diffusität
entlassen werden. In Gefolge dieser Differenzierungsprozesse entsteht um 1900
eine Semantik der 'Straße', die die neue Erfahrung von in der Öffentlichkeit
'herumlungernden' Jugendlichen aufnimmt, beklagt und nach Änderung verlangt
(Zinnecker 1979: 727ff.).

Bevor dieser Komplex genauer besprochen wird, muß das Besondere der
jugendlichen Freizeit herausgearbeitet werden, denn Freizeit ist, obwohl eng mit
Jugend verbunden, keinesfalls eine jugendspezifische Lage. Mit der gesellschaftsweiten Verlagerung von Erwerbsarbeit in räumlich separierte Organisationen tritt
das Freizeitphänomen für das gesamte Personal der modernen Gesellschaft auf -
bis auf wenige, bisweilen überarbeitete Ausnahmen, die folgerichtig einen
'kollektiven Freizeitpark' um sich herum zu sehen glauben.[98] Jugendfreizeit unterscheidet sich markant von Erwachsenenfreizeit. Rudolf Tippelt unterscheidet
drei Freizeitbereiche, die für das Freizeitverhalten von Jugendlichen in jeweils
spezifischer Weise relevant sind: organisierte Freizeit in Verbänden und Vereinen, kommerziell angebotene und massenmedial unterstützte Freizeit und selbst-
gestaltete Freizeit in Gleichaltrigengruppen (Tippelt 1992: 171). In der in den
bisherigen konfliktsoziologischen Überlegungen benutzten Terminologie lassen
sich diese Bereiche in drei gut unterscheidbare Kommunikationsarten übersetzen,

---

[98]   Prominent: Helmut Kohl.

die im folgenden in wechselseitiger historischer und soziologischer Analyse aufgeschlüsselt werden sollen. Jugendliche verbringen ihre Freizeit *erstens* als Mitglieder *in* bzw. *zweitens* in Interaktion *mit* (Freizeit-)Organisationen sowie *drittens* in informellen Jugendgruppen, die ihrerseits sowohl mit (Freizeit-)Organisationen interagieren als auch in freier, ungeregelter Interaktion zusammenkommen. Jeder dieser Bereiche weist differentielle historische Entwicklungen auf, verteilt sich ungleich auf die individuellen Lagen Jugendlicher und bietet schließlich - das ist entscheidend - je eigene Konfliktbedingungen, so daß sich das Gesamtbild von Jugendfreizeit sehr differenziert darstellt. Die umfassende Herausarbeitung der differenzierten Inklusionslagen Jugendlicher soll so einen vielschichtigen Blick auf den Themenkomplex 'Jugend, Konflikt und Gewalt' ermöglichen und trennscharfe konfliktsoziologische Beobachtungen anschließen.

* * *

Mit dem Niedergang der traditionalen, nur aus dem Feudalsystem heraus verständlichen Burschenschaften und anderen 'Jugend'gruppen des stratifikatorischen Herrschaftssystems sowie der Ausdifferenzierung einer Jugendlage wird Zugehörigkeit zu sozialen Zusammenhängen gesellschaftsweit mit Kontingenz versehen. Teilnahme an Kommunikation erfolgt immer mehr als Mitgliedschaft. Die Jugend trifft das problematische und oft disharmonische Wechselspiel von Inklusion und Exklusion, das auf beiden Seiten *in* der Gesellschaft stattfindet, aber trotzdem massive Ausschlüsse *aus* organisierten gesellschaftlichen *Parzellen* vorsieht, in besonderer Weise. Organisierung von Gesellschaft bedeutet nicht nur die Schaffung einer anderen, interaktiven und exkludierten Seite. Sie bringt ebenfalls eine Verdichtung von Handlungszusammenhängen mit sich, die mit den Begriffen Spezialisierung, Zielspezifikation und Zweckbestimmtheit umschrieben werden kann. Das Erwerbsleben in Organisationen zeichnet sich durch Intentionalität und Zielgerichtetheit aus. Eine Stelle wird nur besetzt, wenn Aufgaben vorhanden sind. Natürlich gibt es auch dort manchmal nichts zu tun. Entscheidend ist jedoch das *Bestimmtheitsgefälle*, das durch die Etablierung der Differenz von Organisation und Gesellschaft *in* der Gesellschaft entsteht. Die nun als ungeregelt erscheinenden Interaktionsbereiche der modernen Gesellschaft schweben weitgehend frei. Interaktionsnahe Inklusionslagen bleiben unspezifisch und diffus. Man kann in ihnen machen, was man will. Gerade die moderne Gesellschaft eröffnet hier große Spielräume, denn sie differenziert Bereiche aus, die sich sehr weitgehend auf Interaktion verlassen und dabei mehr oder minder richtungslos mit den anderen, hyperaktiven Teilen der Moderne mitschwimmen.

Solche interaktionsnahen Bereiche werden von den Differenzierungstendenzen der Moderne, die sich insbesondere in der progressiven Zuschaltung von Organisationen ausdrücken, gleichsam 'abgehängt'. Man könnte auch sagen, daß die Interaktion aus zahlreichen Pflichten 'entlassen' wird, indem die soziokulturelle Evolution für die Bewältigung umfangreicher Zwecke auf Organisationen zurückgreift. Da nichtorganisierte Interaktion in ihren Möglichkeiten allzu stark beschränkt ist, läßt die sozio-kulturelle Evolution die Interaktion in die zweite Reihe zurücktreten und vertraut die 'wichtigen' Aufgaben den Organisationen an. Daß diese Neuanweisung der Plätze mit großer Vehemenz erfolgt, zeigt das 19. Jahrhundert. Was üblicherweise unter dem Label 'Industrialisierung' firmiert, läßt sich auch als evolutionär unvergleichlich erfolgreiche Etablierung des immer dominanter werdenden Systemtypus Organisation lesen.

Insgesamt scheint die Interaktion als besonderer Systemtypus in der modernen Gesellschaft nicht mehr in dem Ausmaß mit gesellschaftlichen Ansprüchen konfrontiert zu werden wie in älteren Gesellschaften. Der eindeutigen soziokulturellen Präferenz für Organisation korreliert eine 'Abwertung' des Interaktionsbereiches. Zeigt sich die moderne Gesellschaft im Organisationsbereich als durchgehend hektisch, ziellos von Ziel zu Ziel rasend und kommunikativ hochspezifiziert, so bleibt der Interaktionsbereich zurück. Er wird abgehängt, übertrieben gesagt: residualisiert. Da interaktionsnahe Lagen in der modernen Gesellschaft auf diese Weise zurückgestuft werden, bleiben Interaktionen in der modernen Gesellschaft unterbestimmt. Sie haben einen zusätzlichen Spezifikationsbedarf. Die Thematisierung von Menschen in interaktionsnahen Lagen ist nicht vorgängig festgelegt, sondern bleibt im Normalfall ziellos und diffus.

Die Inklusionslage Jugend steht im Mittelpunkt interaktionsnaher Bereiche. Sieht man von der Schulorganisation ab, die den Unterricht mit Inhalten auffüllt, um seine Handlungszusammenhänge zu verdichten, dann steht die Jugend außerhalb des hyperaktiven Organisationsbereiches. Diese historisch neue Erfahrung wird Ende des 19. Jahrhunderts in vielfacher Weise genutzt. Die Nachbearbeitung der neuen, an Diffusität kränkelnden Jugendlage erfolgt - durch Organisationsbildung: „Zum ersten Mal gab es Organisationen, die sich ganz und gar den Jugendlichen widmeten." (Gillis 1980: 141) Große Breitenwirkung entfalteten die englischen 'Scouts' und der deutsche 'Wandervogel', die um die Jahrhundertwende gegründet wurden. Schon das gesamte 19. Jahrhundert kannte ein breites, zuerst bürgerliches Vereinswesen, an dem auch Jugendliche teilnahmen (Dann 1993; Nipperdey 1989). 1904 ergänzte der „Verein der Lehrlinge und jugendlichen Arbeiter" die Vereinslandschaft für die Unterschichten (Mitterauer 1986: 225). Die umfassende, auf entscheidbarer Mitgliedschaft beruhende Ausdifferenzierung von Vereinsorganisationen kopiert, so weit wie möglich, den sonstigen Organisationsbereich durch spezialisierte Zwecksetzung: „Man schloß sich zusammen, um miteinander zu lesen, zu diskutieren, zu singen, zu turnen, sich religiös zu vertiefen oder Politik zu betreiben." (Mitterauer 1986: 215) Auch die vormilitärische Übung des Jugendlichen in Lager- und Geländespiel wird (leider) möglich - in Deutschland im stark konservativen „Jungdeutschlandbund", der, 1911 gegründet, drei Jahre später bereits 750000 Mitglieder besaß (Gillis 1980: 149f.). Die politischen Parteien gründeten durchweg eigene Jugendorganisationen. In der Weimarer Zeit erreichte die Organisierung ihren Höhepunkt. Etwa

40% der Jugendlichen waren in Verbänden aller Art organisiert (Mitterauer 1986: 230).

Ebenfalls um 1900 nimmt eine weitere gesellschaftliche Nachbearbeitung der Inklusionslage Jugend ihren Lauf. 'Jugendhilfe' wird zu einem Sammelbegriff für staatliche und private Aktivitäten, die Jugendlichen bestimmte Interaktionen mit Organisationen anbieten. Als Grundlage fungiert das bereits 1922 erstmals kodifizierte Jugendwohlfahrtsgesetz, das die Schaffung von Jugendämtern und zugeordneten Jugendwohlfahrtsausschüssen vorsieht. Nach dem zweiten Weltkrieg ist die Entwicklung der Jugendhilfe sowohl durch eine massive Erweiterung als auch durch organisatorische Differenzierung gekennzeichnet, so daß Burkhard Müller in seinem Überblick auf über 30000 Einrichtungen der Jugendhilfe verweisen kann. Dazu zählen Jugendräume und Jugendheime, Häuser der offenen Tür, Jugendzentren, Horte, Erziehungs-, Jugend-, Familien- und Drogen/Sucht-Beratungsstellen, Heime für Kinder und Jugendliche, betreute Wohngemeinschaften und Wohngruppen, Heime und Tagesstätten für behinderte Kinder und Jugendliche, Jugendwohnheime, Jugendbildungs- und Jugendtagungsstätten und Jugendämter (Müller 1988: 359). Die organisatorischen Interaktionsangebote reichen dabei von der zeitlich eng umschriebenen Kurzinteraktion in Beratungsstellen bis zur dauerhaften, regelmäßigen und umfassenden Betreuung in Heimen und Wohngemeinschaften. Jugendhilfe offeriert sowohl normale Freizeitinteraktionen in organisatorischem Setting - vergleichbar mit Diskotheken, Cafés, Kinos, Konzerten und anderen Aktivitäten, die in Freizeitorganisationen plaziert sind - als auch unmittelbare Hilfsangebote in manifesten Konflikt-, Krisen- und Gewaltsituationen. Die Interaktionsofferten gehen dabei von Freizeitangeboten (Jugendzentren etc.) stufenlos über in Familienersatzorganisationen (Heime, Beratungsstellen etc.). Teile der Jugendhilfe gehören deshalb zum Themenkomplex Familie, andere zum im folgenden interessierenden Freizeitbereich der Jugendlichen.

Wer die jugendliche Freizeitmitgliedschaft *in* sowie die Freizeitinteraktion *mit* Organisationen in den Zusammenhang formaler Organisation stellt, wird den Einwand erwarten müssen, daß damit sehr heterogene Bereiche nebeneinandergestellt werden. Freizeitorganisationen konstituieren sich, so könnte man einwerfen, ganz anders als formale Erwerbsorganisationen wie z.B. Wirtschaftsunternehmen oder Verwaltungen. Dieser Einwand ist berechtigt und unberechtigt zugleich. Die in diesem Kapitel thematisierten Organisationen wie z.B. Sportvereine, Motorradclubs, Diskotheken, Kneipen, Jugendheime, Häuser der offenen Tür etc. unterscheiden sich in der Tat markant von Wirtschaft und Verwaltung. *Gerade deshalb* sollen sie jedoch miteinander verglichen werden. Der Erkenntnisgewinn der vergleichenden Methode liegt gerade in der Zusammenbringung von heterogensten Bereichen, die unter gewissen Abstraktionsgesichtspunkten in ihrer Unterschiedlichkeit trotzdem miteinander vergleichbar bleiben. Ihre Verschiedenheit ist gerade deshalb von Interesse, weil sie auf gemeinsame Bezugsprobleme bezogen werden kann. Ihre jeweiligen Problemlösungen können im reziproken

Bezug besser verständlich gemacht werden, die so oder auch anders ausfallen können.

Wenn Freizeitorganisationen und Erwerbsorganisationen sich in ihrer Unterschiedlichkeit gegenseitig erläutern sollen: Welche Konfliktbedingungen ergibt der Vergleich für die hier interessierenden jugendlichen Freizeitbereiche? Wie sehen die vergleichbaren Problemlösungen für das Bezugsproblem der Behandlung von Konfliktfrequenzen aus? Inwiefern sind sie äquivalent und inwiefern nicht?

Wichtig ist zunächst festzuhalten, daß diese organisierten Bereiche in einen allgemeinen Ordnungsrahmen eingelassen sind, der sie deutlich gegen ungeregelte, „freie" Interaktionen abhebt. Mitgliedschaft *in* sowie Interaktion *mit* Freizeitorganisationen sind von vornherein in ein soziales Stützungsgewebe eingelassen, das vielfältigste Momente der Regelung, Kontrolle, Disziplinierung und Zweckbestimmtheit vorsieht. Regelmäßige Zeitpunkte des Geschehens, Verpflichtung zur Übernahme von Teilaufgaben, zur Verfügung gestellte Räumlichkeiten, dokumentierte Verfahren, die strittige Fragen einer Lösungssequenz zuführen, die Engführung des Mitgliederhandelns auf bestimmte Ziele, Zwecke und Tätigkeiten, Beitragspflichten, Sonderaktionen usw.: Sie alle zehren entweder von der Mitgliedschaftsgrundsatzentscheidung oder der unpersönlichen Institutionalisierung der Interaktion mit der betreffenden Organisation. Wer in einen Fußballverein eintritt, muß Beiträge bezahlen, zum Training und zu den Spielen der Mannschaft erscheinen, ggfs. die Mannschaftstrikots waschen und bügeln, Bereitschaft zeigen, eine jüngere Mannschaft zu betreuen und zu trainieren, Vorstandsbeschlüsse akzeptieren oder sie auf der Hauptversammlung anzweifeln. Wer in Jugendheimen dabei sein will, muß sich den Hausregeln unterwerfen: Keine Schlägereien im Haus, kein oder wenig Alkohol innerhalb des Heims, zeitliche Vorgaben der Hausöffnung, Anerkennung der Hausmacht des Heimleiters, Vorbereitung und Teilnahme an besonderen Aktivitäten des Jugendzentrums, Diskussionsforen usw. Alle diese Merkmale ergeben sich aus dem Impuls organisierter Formalität, der in Freizeitorganisationen eingelassen ist.

Auch Jugendliche werden von der Unpersönlichkeit einer Freizeitorganisation infiziert. Dadurch werden Mitgliedschaft *in* sowie Interaktion *mit* Freizeitorganisationen gegen gewaltsame Konflikte geimpft. Ungeregelte Konflikte werden weniger wahrscheinlich, weil Situationen auf förmliche Zwecke festgelegt werden. Sie finden nur deshalb statt. Deshalb ist es nicht sinnvoll, ihren Vollzug durch Konflikte zu torpedieren. Dieser Sachverhalt ist so selbstverständlich, daß die darin beschlossene Ordnungsleistung kaum auffällt. In mannigfaltigen Freizeitinteraktionen der modernen Gesellschaft werden Konflikte dadurch wirksam geregelt, daß interagierende Freizeitorganisationen den betroffenen Interaktionen unpersönliche Institutionalisierung auferlegen. Die Frage ist nur: Welche Sonderbedingungen gelten für die Mitgliedschaft *in* sowie die Interaktion *mit* Freizeitorganisationen im Vergleich zu den „klassischen" Formalorganisationen wie Wirtschaft und Verwaltung?

Der vergleichende Blick auf die Mitgliedschaft *in* sowie die Interaktion *mit* *Nicht*-Freizeitorganisationen zeigt, inwiefern die Jugendlage Probleme aufweist, die für andere Lagen so nicht vorkommen. Mitgliedschaft *in* sowie die Interaktion *mit* formalen Organisationen sind keinesfalls durchweg frei von Konflikten. Insbesondere die unpersönlich institutionalisierte Interaktion mit Organisationen gelingt nicht immer in konstanter Weise. Sie hält für den Externen oft sonderbare Eigentümlichkeiten bereit. Das kann gereizte Stimmungen hervorrufen. Sofern in Interaktionen mit *Erwerbs*organisationen ein „Nein" oder Schlimmeres dabei herauskommen, erfolgt im Regelfall der *unproblematische Abbruch* der Interaktion. Unpersönlich institutionalisierte Interaktionen können sich auf die Differenz von Interaktion und Gesellschaft verlassen. Die zweckorientierte Festlegung von entsprechenden Interaktionssituationen ist, genauer gesagt, nur vor dem Hintergrund einer ausreichenden Differenzierung von Interaktion und Gesellschaft möglich. Nur soweit dies realisiert ist, können besondere Interaktionen auf eng umschriebene Zwecke festgelegt werden.

Ganz ähnlich gilt für die *Mitgliedschaft* in *Erwerbs*organisationen, daß Konflikte bei Bedarf formal entscheidbar sind. Wer sich an seinem Arbeitsplatz ständig quer stellt, muß damit rechnen, daß die Quellen des Geldes versiegen, weil die Mitgliedschaft beendet wird. Diese besondere Konfliktimmunität in *Er-werbs*organisationen gilt für die Mitgliedschaft *in* sowie die Interaktion *mit Frei-zeit*organisationen nur in sehr beschränktem Maße. Während die Mitgliedschaft in einer *Erwerbs*organisation meistens mit einer klaren Rollentrennung von innen und außen verbunden ist, sieht die Inklusionslage Jugend einen kompakteren Rollenzusammenhang vor, der nicht an der Eingangstür von Freizeitorganisationen beginnt und an ihrem Ausgang wieder endet. Der Lebenszusammenhang Jugend weist eine größere Kompaktheit auf, die ihn über die Grenzen von Mitgliedschaft *in* sowie Interaktion *mit* Freizeitorganisationen hinweggleiten läßt. Während man im Büro die Tür zuschmeißt und der Konflikt mit den Kollegen zumindest bis zum nächsten Arbeitstag beendet ist (abgesehen von persönlichen Reflexionslasten, die in den Feierabend mitkommen), weist Jugendkommunikation größere Kontinuität auf, die in den Bereich jenseits der Mitgliedschaft *in* und der Interaktion *mit* Freizeitorganisationen hineinreicht. Wenn im Jugendheim Streiten und Prügeln verboten sind, streitet und prügelt man sich eben *außerhalb* des Jugendheims. Insofern kann man für Freizeitorganisationen einen der Schule analogen Abdrängungsprozeß feststellen. Zwar schaffen Freizeitorganisationen einen Konfliktsonderbereich, der divergierendes Erleben und Handeln in einen allgemeinen Ordnungsrahmen einbettet und bis zu einem gewissen Grad Konflikte formalisierbar und entscheidbar macht. Im Anschluß an die räumliche Ausdifferenzierung eines organisierten Jugendsonderbereiches in Jugendzentren, -heimen, -beratungsstellen etc. macht sich jedoch die Differenz von Interaktion und Organisation wiederum bemerkbar. Wenn es nicht gelingt, Streitereien, Disharmonien und Differenzen *innerhalb* der Freizeitorganisation mit organisatorischen Mitteln abzuarbeiten, werden die Konflikte nur in die ungeregelte, interaktive Umgebung abgedrängt.

Zusätzlich darf man vermuten, daß Freizeitorganisationen, ganz ähnlich wie die Schule, in ihrer Konfliktabarbeitungskapazität im Vergleich zu Erwerbsorganisationen eher beschränkt sind. Für die Mitglieder bzw. die Interagierenden geht es hier nicht um Arbeit und Bezahlung, sondern um Freizeit. Alternativen stehen offen. Man geht im Konfliktfall nicht mehr ins Jugendzentrum, sondern in die Kneipe oder sonstwo hin. Ebenso kann der Fußballverein gewechselt werden. Mitgliedschaft *in* und Interaktion *mit* Freizeitorganisationen kann nicht so weitgehend mit alternativlos-formalen Konfliktlösungsprozeduren belegt werden wie Mitgliedschaft in einer Erwerbsorganisation. Wenn die Fußballmannschaft zerstritten ist, trainiert man eben an diesem Tag nicht - das bleibt weitgehend folgenlos. Wenn demgegenüber die Arbeitsgruppe in der Verwaltung entzweit ist und die zu bearbeitenden Akten liegen bleiben, ist der Teufel los. Dieser Unterschied bewirkt einen anderen Konfliktstil. Die formalisierte Entscheidbarkeit von Konflikten mag für Freizeitorganisationen ein Ziel sein. Für die Zwecke der Freizeitorganisation ist die Entscheidbarkeit von Konflikten jedoch in weitaus geringerem Maß notwendig. Daher ist damit zu rechnen, daß Freizeitorganisationen die Konflikte ihrer Mitglieder weniger abarbeiten und diese vielmehr in ihre unmittelbare Umgebung abdrängen. Das herausgearbeitete Formalisierungsgefälle zwischen intern und extern lenkt den Blick auf denjenigen Teilbereich der Inklusionslage Jugend, der bezüglich seiner Konfliktbedingungen als der am meisten problematische angesehen werden muß: die Freizeit in der informellen Jugendgruppe.

* * *

Informelle Jugendgruppen sind ein historisch junges Phänomen. Die alteuropäischen Formen der territorial-lokalen und berufsständischen Jugendgruppen waren Korrelat der örtlich festgemachten Herrschaftsverhältnisse. Zu ihrer Zeit wäre die heute geläufige interaktionsnahe Jugendgruppe als undenkbar, wenn nicht gar anrüchig und revolutionär angesehen worden. Im historischen Rückblick erscheint die *organisierte* Vereins- und Kirchenjugend der bürgerlichen Zeit als eine Art Zwischenstation auf dem Weg zu einer Jugend, die sich lieber auf Informalität der Kontaktbahnen stützt. Die starren Vorgaben konformitätserzwingender Instanzen werden abgelehnt. Rituelle Verhaltensformen, die bereits im Übergang zum Vereinswesen stark reduziert wurden, haben sich verflüchtigt. Der Tanzzwang auf Gemeinschaftsveranstaltungen ist ebenso längst aufgehoben wie der formalisierte Paartanz. Treueschwüre, rituelle Aufnahmen, das Versprechen, der Gruppenlebensweise zu gehorchen, Stiftungsfeste von Vereinen, Kirchweihveranstaltungen ländlicher Jugendgruppen, Fahnen, Wimpel und Wappen, Uniformen, Trachten als Ausdruck regionaler Zugehörigkeit: Sie alle haben heute in einer differenzierten Inklusionslage Jugend keinen Platz mehr. Studentenverbindungen, insbesondere farbentragende und schlagende, werden mit ihren Kommentritualen von den Erstsemestern müde belächelt. Man legt sich als Student eher an einen lokalen See und trifft sich 'mit ein paar Leuten'.

Die Ausdifferenzierung informeller peer-groups ist direktes Korrelat der gesellschaftsweiten Etablierung der Differenz von Interaktion und Organisation. Sobald die alte Herrschaftssittlichkeit umfassend wegindustrialisiert worden ist und räumlich ausgegrenzte Erwerbsorganisationen die Erfüllung wichtiger gesellschaftlicher Leistungen übernommen haben, wird die informelle Jugendgruppe als Fremdkörper in der Gesellschaft ausdifferenziert, bemerkt und - bemängelt, beklagt und pathologisiert, wie Benno Hafeneger in einer lesenswerten Studie gezeigt hat (Hafeneger 1994). Schon im Kaiserreich richtet sich die Aufmerksamkeit auf die sogenannte „gefährdete, milieugeschädigte, degenerierte Volksjugend". Insbesondere der männlichen Großstadtjugend wird Verwahrlosung bescheinigt, der Sittenverfall beklagt. Das Bild des Durchschnittsjugendlichen gerät auf die schiefe Bahn. Er erscheint als unkontrolliert, nichtzivilisiert, sittlich haltlos, abweichend. Er muß domestiziert, gezähmt und zivilisiert werden. Die großstädtische Straßenclique steht dabei im Verdacht, primärer sozialer Ort des Verfalls zu sein. Über sie urteilt der Berliner Pastor Günther Dehn 1922:

> „Dort sitzen sie in Haufen, die schmutzigen Karten oder den verschmierten Würfelbecher in der Hand, oder sie stehen an den Straßenecken oder in den Hausfluren. Die Sportmütze auf dem Kopf, die Zigarette im Mundwinkel, die Hände in den Hosentaschen vergraben, um den Hals hat man ein Tuch zum Revolverknoten verschlungen, der Kragen und Krawatte vertritt. Ist irgendwo etwas los, ein Krawall oder Auflauf, dann sind sie da. In der Tasche haben sie Steine, gelegentlich auch ein Schießwerkzeug, mit den Fingern bringen sie gellende, durch Mark und Bein dringende Pfiffe hervor, vom Hinterhalt her wird so Revolution gemacht, mit Geschrei und Gejohle. Wendet man sich energisch gegen sie, so verschwinden sie wie die Ratten in ihren Löchern, denn dieses Volk ist feige." (nach Hafeneger 1994: 63f.)

Bande, Clique, Gesindel, Pack, Lumpen, Plebs, Asoziale, randalierende Jugend, Vandalen, Aufrührer: Es fehlt nicht an Bezeichnungen für die locker assoziierten Jugendlichen in Gruppen, die durch die Straßen ziehen. Hafeneger zeigt, daß die kritische und argwöhnische Betrachtung jugendlicher peer-groups auch in der Nachkriegszeit Konjunktur hat. Jetzt geraten die sogenannten „Halbstarken", die „Viertelstarken Knaben in der Pubertät", halbwüchsige Rowdies und Krawallmacher ins Kreuzfeuer der Kritik, die mit provozierenden, lautstarken, mit Gröhlen, Pfeifen, Johlen verbundenen Aktionen und Inszenierungen auf sich aufmerksam machen. „Sie werden...zum Mythos einer ganzen ordnungsfeindlichen Generation stilisiert. Die Gruppen geben sich Namen wie 'Die Wilden', 'Totenkopfclique', 'Eidechsen', 'Rote Teufel' oder einfach 'Club der Halbstarken'; viele nennen sich nach der Straße oder dem Quartier, in dem sie wohnen." (Hafeneger 1994: 111)

Ihr Handlungsraum ist die öffentliche Straße, Trümmergrundstücke, Parks und andere öffentliche Plätze, an denen Jugendlichkeit und Feindschaft gegen elterlichen Autoritätsanspruch ausgelebt und kundgetan werden können. Sie werden als frech, aggressiv, respektlos, übermütig, aufsässig und rebellisch getadelt. Die Tagespresse attestiert ihnen angesichts ihrer situationsbezogenen Unfugtreiberei - lärmen, toben, anpöbeln, provozieren, prügeln, randalieren, motorisiert durch die Stadt fahren, blockieren von Straßen, nackt baden - fehlendes Unrechtsbewußtsein. Jugendgruppen stoßen an, weil sie Wohlanständigkeit, Sitten und Ordnungsvorstellungen Hohn sprechen und demonstrativ ihre eigene Andersartigkeit feiern. Das Publikum schüttelt konsterniert den Kopf und fragt sich, was mit der Jugend los sei. Auffälligkeit, Verrücktheit und Überspanntheit der Jugendgruppen auf der Straße werden in der modernen Gesellschaft zu einem chronischen Phänomen. Folglich gehört auch in den sechziger und siebziger Jahren, so zeigen Eberhard Seidel-Pielen und Klaus Farin, die Klage über den Sittenverfall und Desintegration der Jugendgruppen auf die Tagesordnung (Seidel-Pielen, Farin 1995: 147f.).

Trotz breiter Mißachtung scheint sich - wenn man den Statistiken trauen darf - das in ungeregelter Gruppeninteraktion vollzogene Jugendleben insbesondere nach dem zweiten Weltkrieg auf Kosten der anderen Freizeitbereiche ausgedehnt zu haben. Der Freizeitbereich expandiert nicht nur insgesamt zeitlich, sondern differenziert sich dahingehend aus, daß informelle Anteile an Bedeutung gewinnen. K. Allerbeck und W. Hoag haben in einer Studie den Anstieg der Mitgliedschaft in informellen Gruppen bzw. Cliquen von 16% im Jahr 1962 auf 57% im Jahr 1983 ausgemacht (Allerbeck, Hoag 1985). Weitere Studien haben bestätigt, daß 14-19jährige heute in der peer-group regelmäßig ihr Handlungsfeld finden (Jugendwerk der deutschen Shell 1992: 294ff.). Des weiteren kam schon 1985 die Shell-Studie zu dem Ergebnis, daß die Jugendlichen in ihrem Gruppenzusammensein das „Herumhängen" genießen und „Alltagsflips", also „den kleinen Bruch mit der Routine des Alltags" wie z.B. „unvernünftig viel Alkohol trinken", „Musik irrsinnig laut hören", „die Nacht durchmachen", „seinen Körper mal bis zum Letzten verausgaben" erleben. Die Gruppe avanciert zum „zentralen Sozialrahmen der Jugendfreizeit" (Lüdtke 1992: 240). Die Gruppe ist der Ort, in dem Sinnstiftung produziert wird - „nicht als Traktat, Diskurs oder tiefenpsychologische Analyse, sondern über 'hedonistische' Vehikel wie Tanz, Bewegung, Mode, erhöhtes Körpergefühl, Individualisierung durch Kleidung etc.; hier sind neue augenblicksorientierte Suchbewegungen und eklektizistische Replays ganzer Stilsets zu finden, die von konventionellen Verfahren der 'Stilbildung' und 'Sinnsuche' erheblich abweichen." (Baacke, Ferchhoff 1988: 293)

Informellen Jugendgruppen fehlt typisch jede formalisierte Ordnung. Die Gruppenzugehörigkeit ist nicht institutionalisiert. Anders als bei den traditionalen Burschenschaften oder Gesellenverbänden gibt es weder einen sozialen Zwang des Mitmachens noch eine freiwillige Zeitbindung wie in Jugendorganisationen. Intensität und Dauer der Zugehörigkeit sind nicht festgelegt, sondern ergeben sich aus dem Gelingen des Gruppenlebens selbst. Die informelle Jugendgruppe trifft sich, ohne feststehende Veranstaltungen mit Präsenzpflicht zu vereinbaren. Während die alteuropäischen Lokalgruppen ihre Treffen durch das Kirchenjahr und überliefertes Brauchtum festlegten und die Jugendvereinsorganisation ein je nach Vereinszweck unterschiedliches Veranstaltungsprogramm aufweist, kommt die informelle Jugendgruppe spontan zusammen (Mitterauer 1986: 236f.). Sie verzichtet auf Amtsträger und organisierte Programme und regelt ihr Leben 'adhocratisch'. Der zunehmenden Bedeutung der peer-group korreliert die progressive Verfügbarkeit von Wohnraum für Jugendliche. Man trifft sich zwar in Diskotheken, Cafés, Lokalen, Restaurants, Jugendzentren und anderen Freizeitorganisationen. Jedoch bietet die Wohnung eines Mitglieds das räumliche Substrat des Gruppenlebens für zahlreiche andere Aktivitäten: Musik hören, Video gucken und Fernsehen, Karten spielen, reden usw.

Im informellen Gruppenbereich werden sonstige Freizeitaktivitäten gleichsam aufgefüllt und umrandet. Man trifft sich zum Reden, Bier trinken und Filme gucken, bevor man in die Disco geht oder Veranstaltungen eines Jugendzentrums besucht. Wenn die organisierten Freizeitbereiche ihre Tore schließen, kehrt man in die Wohnung oder zu sonstigen beliebten Plätzen zurück, um in freier Interaktion zusammenzusein. Die 'Gruppeninteraktionstheorie' sieht in dieser insgesamt unübersichtlichen und diffusen Interaktionsmasse einen Schlüssel zu potentiellen Gewaltsituationen. Sie beschreibt aus ihnen erwachsende Problemsituationen in einem Fünf-Phasen-Modell: Ausgangspunkt ist die unstrukturierte und oft langweilige, weil unbestimmt und diffuse Interaktionssituation, die sich für besondere Aktionen anbietet. Sie wird durchbrochen von einem Vorschlag eines peer-Mitgliedes, der aus Ansehens- und Positionserwägungen Mutproben und Sonderaktionen mit potentiellen Gewaltanteilen in den Raum stellt. Die Anregung trifft auf keinen Widerstand. Die Unstrukturiertheit der interaktionsnahen Situation verwandelt sich in knisternde Spannung und Aufgeregtheit. Das in Aussicht genommene Wagnis mündet in einen wechselseitigen Anregungs- und Aufschaukelungsprozeß. In der dritten Phase überzeugen sich die peers von dem gewünschten Handlungsentschluß. Keiner will als Feigling erscheinen, so daß in der Gruppe spontane Solidaritäts- und Sicherheitsgefühle an die Stelle der Unsicherheit über die antizipierten Handlungen treten. Schließlich wird die 'Aktion' in Angriff genommen und einer unberechenbaren Eigendynamik übergeben. Eigentlich soll es sich nur um einen 'Scherz', einen 'Streich', vielleicht nur um eine 'Warnung'an konkurrierende Gruppen oder Ausländer handeln. Die Endergebnisse sind gleichwohl oft unkalkulierbar und radikal.

Die Auswertung von Polizeiakten und Gerichtsurteilen (Willems 1992; Willems, Würtz, Eckert 1993) hat gezeigt, daß die Aktionen in solchen Situationen weitgehend ungeplant und spontan entstehen und vollzogen werden. Während der Gruppentreffen in Freizeitorganisationen oder nachher in freier Gruppeninteraktion kann das Bedürfnis entstehen, 'etwa loszumachen' oder 'action zu haben'. Die Diskussion von Reizthemen hat Katalysatorfunktion. Die Thematisierung von Ausländerhaß, Gruppengegnerschaft, Fußballfeindschaften und Vergeltungsgelüsten macht die Interaktion zu einem unkontrollierbaren Sprengsatz, der in jüngerer Vergangenheit bekanntlich oft in Asylbewerberheimen und den Häusern ausländischer Mitbürger hochgegangen ist. In Situationen dieser Art kommen diejenigen semantischen Inklusionsmuster zum Tragen, die eine Rigidisierung von Einschluß-/Ausschlußverhältnissen bewirken. Die unerträgliche Unbestimmtheit der Lage wird durch künstlich und spontan aufgebauschte Formen vertrieben, die die situativ angelegte Außenabgrenzung der Gruppe durch semantische Muster verstärken. Die Gruppe sucht nach einem Bild von sich selbst, das ihre Position *bestimmt*. Sie kann ihre Identität nicht durch die Gruppen*ereignisse* allein herstellen, sondern zieht typisch *semantische* Inklusionen zur Nachbesserung heran. Inklusion in die Gruppenkommunikation wird durch semantische Inklusion ergänzt: Nationalität, Geschlecht, Stile usw. dienen dazu, der kommunikativen Thematisierung der Personen Kontur zu geben, um den Geist der Unbestimmtheit zu vertreiben (vgl. III.3.2).

In kritischen Gruppensituationen nimmt die unorganisierte, diffuse Gewaltbereitschaft mit der zunächst noch nicht im ganzen bestimmten Planung („Jetzt zeigen wir es denen mal richtig!") konkretere Gestalt an. „Erst wenn dann das Objekt der Aggression im Zuge der kollektiven Stimulierung und Enthemmung bestimmt wird, z.B. ein Heim für Asylbewerber, versucht man, sich zu bewaffnen, Molotowcocktails zu basteln, Angriffstaktiken zu entwickeln etc. Es ist also anzunehmen, daß erst im Verlauf solcher Aktionen aus ursprünglich noch relativ diffusen Plänen...durch Bewaffnung als situationsbedrohlichem Faktor, durch Hochschaukeln aggressiver Stimmung in einer Gruppe, durch Suche nach 'action', durch Alkoholeinfluß...schließlich ein blinder Aktionismus Platz greift, sobald sich dazu die Gelegenheit bietet." (Wahl 1993: 22) Auch Kühnel hebt hervor, daß die freie Gruppeninteraktion *die* Gelegenheit für Gewalthandeln ist. Aktivitäten in diesem Freizeitbereich seien oft durch ein hohes Maß an Unbestimmtheit gekennzeichnet, so daß sich Erwartungen einstellen, daß 'etwas passiert'. Die Gruppe startet u.U. Suchbewegungen, um die Alltagsnormalität mit spannungsvollen und vergnüglichen Risikoerlebnissen zu verlassen (Kühnel 1995: 16).

Bei der Suche nach Ursachen von Gewalttaten durch Jugendgruppen ist die Forschung schnell auf die mangelnde Erklärungskraft von Fragebögen getroffen, die die Gewaltbereitschaft Jugendlicher mit Problemen im sonstigen schulischen, familiären, beruflichen Leben verbinden. Schon die 1984 von Heitmeyer durchgeführte Befragung von über 1200 Jugendlichen war zu dem Fazit gelangt, daß die Annahme, „eine Addition solcher schwierigen Situationen für Jugendliche ergäbe durchweg die Akzeptanz oder Übernahme" autoritär-nationalistischer Orientierungsmusters, nicht bestätigt werden konnte (Heitmeyer u.a. 1992: 189). Ansammlung und Aufhäufung von Negativitäten der Jugendlage bis zum empirisch-rechnerisch plausibilisierten Überlaufen des jugendlichen Gewaltfasses überzeugen keinesfalls als wissenschaftliche Erklärungsmuster. Deshalb sind auch Begriffe wie Desintegration, Marginalisierung, Deprivation, Individualisierung, Werteverfall, Paralysierung der Institutionen oder die Zeitknappheiten der „Rund-um-die-Uhr-Gesellschaft" (Heitmeyer 1994a: 51) zu kompakt angesetzt, um als Grundlage für die Ursachenforschung zu dienen. Die u.a. von Helmut Willems vorgeschlagene und durchgeführte Analyse interaktionsnaher Prozesse kann als Antwort auf die Unzulänglichkeit der zu kompakt geratenen Begriffe der Ursachenforschung angesehen werden.[99] Übersetzt man diesen interaktionsorientierten Ansatz in die hier verwendete Terminologie, dann gilt es, die zu Gewalt führende *differentia specifica* nicht auf der Ebene des Gesellschaftssystems mit Kompaktbegriffen wie Desintegration und Werteverfall aufzusuchen, sondern Gewalttaten durch Gruppen Jugendlicher in der modernen *Ausdifferenzierung einer ungeregelten, freien Interaktionssphäre als Teilbereich der Inklusionslage Jugend* zu begründen. Diese konflikt- und gewaltnahe Interaktionsmasse steht in einem bedenklichen Formalisierungsgefälle zu ihrer Umwelt, so daß Konflikte nicht nur in sie hinein abgedrängt, sondern von ihr gleichsam magisch angezogen werden. Schule und Freizeitorganisationen dulden kein oder nur wenig Konflikt- und Gewalthandeln in ihren räumlichen Settings. Wer sich prügeln will, muß in den ungeregelten, freien Interaktionsbereich gehen: in Parks, Bahnhofsgelände, Trümmerhäuser, Hafengebiete und auf die Straße. Dabei ist es wichtig festzuhalten, daß Jugendgruppen in Sphären dieser Art nicht außerhalb, sondern *in* der Gesellschaft stehen. Deshalb ist die Ausbildung einer prekären Interaktionsrohmasse kein jüngerer Betriebsunfall von Modernisierungs- oder Individualisierungsprozessen, sondern *immanenter* Bestandteil der Ausdifferenzierung einer Inklusionslage Jugend in der modernen Gesellschaft. Diese Interaktionsmasse steht für das, was übrigbleibt, wenn sich Familie, Schule und Freizeitorganisationen (sei es durch Mitgliedschaft *in* oder Interaktion *mit* ihnen) ihren Teil aus der Inklusionslage Jugend herausgeschnitten haben. Die dann noch ausstehenden Überbleibsel müssen mit sich selbst zurechtkommen, einen eigenen Ordnungsrahmen entwerfen, Unbestimmtheit vertreiben und die Interaktion mit Aktivitäten anreichern. *Was dabei herauskommt, kann nur aus der freien Gruppeninteraktion selbst sinnvoll erklärt werden.* Die Studien über das freie Jugendgruppenhandeln zeigen, „daß der Gruppendynamik jugendlicher Freizeitcliquen für die Genese von Gewaltübergriffen weit mehr Bedeutung zukommt" als anderen Ursachenbündeln und multifaktoriellen Erklärungsmustern (Schnabel 1993: 819). Wer das Versagen der Familie oder Mediengewalt für die Konflikthaftigkeit der Jugend verantwortlich macht, hat zwar insofern recht, als die begleitende Ausbildung von Gewalt akzeptierenden Erwartungsstrukturen Jugendlicher durchaus in andere Situationen exportiert und dort in Handlungen wirksam werden kann. Wer darüber hinaus in der bürokratischen Starrheit der Schule bzw. der Freizeitorganisa-

---

99   Vgl. Willems 1992: 441ff. Unbestritten bleibt, daß auch Heitmeyer die Notwendigkeit betont, Gewaltprozesse aus der Dynamik interaktionsnaher Gruppensituationen zu verstehen. Vgl. Heitmeyer u.a. 1995: 22-29.

tionen Ursachen für Gewalttaten auffindet, kann sich auf das mangelhafte Konfliktverarbeitungsvermögen dieser Bereiche berufen, das das Abfließen von Spannungen verhindert und Konflikte abdrängt.

Erklärungen dieser Art bleiben jedoch unzureichend, solange nicht die Differenziertheit der Inklusionslage Jugend samt ihrer kritischen, freien Restinteraktionsmasse ins Auge gefaßt wird. Gewalttaten, wie sie in Deutschlands jüngerer Vergangenheit stattgefunden haben, werden erst möglich, weil die Inklusionslage Jugend einen ungeregelten, freien Interaktionsanteil besitzt, der durch seine Differenz zu den anderen Inklusionsbereichen der Jugendlage besonders konfliktanfällig, ja konfliktattraktiv wird. Die dabei erneut zum Tragen kommende Differenz von Interaktion und Organisation saugt Konflikt- und Gewalthandeln geradezu an. Man kann nicht sagen, die sich in einer freien Interaktionsmasse ausdrückende Differenz von Interaktion und Organisation sei selbst *die* Ursache jüngerer Gewalttaten. Aber ohne eine freie Interaktionsmasse in der Jugendlage könnten sich Konflikt und Gewalt nicht den Weg bahnen, den sie in Hoyerswerda, Rostock, Wismar und an vielen anderen Orten gefunden haben.[100]

Als einzige denkbare Ordnungsgröße fungiert in der *freien* Jugendinteraktionssphäre die Staatsorganisation. Sie übernimmt die Rolle, aufgrund ihrer Durchdringung des Staatsterritoriums überall präsent zu sein. Rechtsnormen gelten im gesamten Raum der Staatsorganisation ohne Ausnahme. Sie werden vom staatlichen Gewaltmonopol garantiert und gegebenenfalls durchgesetzt. Daß der zivilisierende und disziplinierende Effekt dieser Monopolisierung legitimer Gewalt nicht überschätzt werden darf, ergibt sich aus der Beobachtung, daß der Staat Gewalthandeln auf seinem riesigen Territorium kaum lückenlos verhindern kann. Der Staat kann zwar illegitime Gewalt relativ schnell unterbinden. Er vermag sie jedoch nicht präventiv *auszuschließen*. Der umfassende soziale Raum der Staatsorganisation bedingt eine eigentümliche Abwesenheit des Staates. Der Staat kann und soll nicht omnipräsent auf freie Jugendinteraktionen warten, um diese gleich einer umfassenden Reglementierung zu unterwerfen. Niemand wünscht sich den allgegenwärtigen Überwachungsstaat, der ungeregelte, freie Gruppeninteraktion verbietet. Die Staatsorganisation ist deshalb überall und nirgends zugleich! Trotz der primär räumlichen Definition der Staatsorganisation kann sie immer nur punktuell-lokal in Erscheinung treten - sei es durch Polizeistreifen, sei es durch vor Ort agierende Suborganisationen.

---

[100] Die empirischen Forschungen von Schumann 1987 bestätigen den Zusammenhang von freier Interaktion („unkonventionelles Freizeitverhalten") und erhöhter Delinquenz eindeutig. Vgl. ebd. 93-98 die Ergebnisse zum Zusammenhang von Cliquenfrequenzen, kriminellem Verhalten, freien Aufenthaltsorten wie z.B. Endstationen von Straßenbahnorten, Hafengebieten, Parkanlagen etc. Die 'anwesende Abwesenheit' des Staates drückt sich in den Grenzen der Generalprävention aus. Der Staat vermag als alleinige Ordnungsgröße in den freien, ungeregelten Lagen wenig zu bewirken.

Daß dabei die Ausgestaltung der staatlichen Omnipräsenz in Bezug auf die Inklusionslage Jugend gänzlich unterschiedlich erfolgen kann, zeigt der Vergleich, den Bettina Hertrampf und Christian Rüter für Jugendfreizeit in der DDR und der BRD vorgenommen haben.[101] Ziel der DDR-Staatsorganisation war die umfassende organisatorische Erfassung des gesamten Jugendlebens. Mittel dazu war die FDJ, der kurz vor der Wende fast 87% aller Jugendlichen angehörten (Zilch 1992). Informelle peer-groups waren für das offizielle Bild ein Tabu-Thema. Der DDR-Jugendforscher Peter Voß stellte 1981 die Frage „Welche Berechtigung hat die nichtorganisierte Freizeitgruppe?" und antwortete u.a.: „...übereinstimmend zeigt sich, daß die Zugehörigkeit Jugendlicher zu nicht-organisierten Freizeitgruppen unter sozialistischen gesellschaftlichen Verhältnissen im allgemeinen keine negativen Auswirkungen auf die Persönlichkeitsentwicklung hat" (zitiert nach Hertrampf, Rüter 1993: 413). Wer so argumentiert, sieht nicht-organisierte Jugendgruppen als Ausnahmefall, der zwar nicht pathologisiert, jedoch als unerwünscht angesehen wird. Jugendgruppen außerhalb der FDJ hat es zwar stets und in den achtziger Jahren in steigendem Ausmaß gegeben. Jedoch war klar, daß normale Aktivitäten in offiziellen Organisationen ihre Heimat hatten. Eine omnipräsente Stasi sorgte zudem dafür, daß es so etwas wie eine freie und ungeregelte Interaktionsmasse nicht geben konnte. Interaktionsnahe Situationen fern staatlicher Aufsicht konnte man - wenn überhaupt - allenfalls in der Familie erleben, nicht jedoch in der Jugendgruppe. Bezeichnend ist des weiteren, daß die selbstbestimmten und unabhängigen Jugendclubs, die in den 70er Jahren Popularität erlangten, schlicht aufgesaugt und in die „Jugendclub-Bewegung" der FDJ umfirmiert wurden (Hertrampf, Rüter 1993: 412).

Nach Öffnung der Mauer sank der Organisierungsgrad der FDJ schnell. Es liegt auf der Hand, daß ostdeutsche Jugendliche von heute auf morgen mit einer breiten Gelegenheit zu freier Gruppeninteraktion konfrontiert wurden, die es vorher so nicht gab. Gerade das unvermittelte Einsetzen dieser Freizeitmasse im Niemandsland sozialer Ordnungsvorgaben macht plausibel, daß bis dato geschluckte oder an anderer Stelle verarbeitete Konfliktmassen aufgrund des schlagartig wirksam werdenden Formalisierungsgefälles in Situationen abgedrängt wurden, die häufig nachts vor Asylbewerberheimen ihren Lauf nahmen. Die Verfügbarkeit freier Gruppeninteraktionssituationen steht auch hier für die entscheidende Differenz, die Gewalttaten Jugendlicher katalysiert. Arbeitslosigkeit und enttäuschte Erwartungen brauchen nur noch hinzuzutreten, damit grassierender Ausländerhaß und Gewaltbereitschaft die Lufthoheit an den Stammtischen und auf der Straße übernehmen.

Die einzige Instanz, die sich dieser diffusen, unüberschaubaren und nur schwer faßbaren Interaktionsmasse direkt annehmen kann, scheint die Jugendarbeit auf der Straße zu sein. Ursprünge der sogenannten 'Streetwork' lassen sich

---

101 Vgl. Hertrampf, Rüter 1993 im Rahmen eines Themenschwerpunktes zu „Freizeit in der modernen Massen- und Konsumgesellschaft".

für die Vereinigten Staaten bis in die zwanziger Jahre zurückführen. Im besonders gefährdeten Chicagoer Raum sollten „area worker" bzw. „detached worker" Jugendgruppen vor Ort aufsuchen, um Konflikt- und Gewalttaten zu beeinflussen. Zahlreiche weitere Projekte dieser Art haben die Streetwork schließlich auch nach Deutschland geführt (Specht 1992).

'Streetwork' bezeichnet in diesem Zusammenhang eine Methode der Sozialarbeit, in der die Mitglieder der betreffenden Sozialarbeitsorganisation in den Freiraum jugendlicher Gruppeninteraktion eintauchen. Die Organisation macht sich mobil und ambulant. Sie streckt die Fühler in ihre nichtorganisierte Umgebung aus, um die bisher unerreichte und schwierig erreichbare freie Interaktionsmasse in den Sozialarbeitsprozess einzuführen. „Der Street Corner Worker sucht als Repräsentant einer sozialen Einrichtung auf der Straße, an den Straßenecken, in Parks, Gaststätten, Spiel- und Sportplätzen, zu Zeiten, die sich nach der Erreichbarkeit der Zielgruppe richten (nach Feierabend, spät abends, am Wochenende) Jugendliche auf, versucht durch Beratungshilfen ihr Vertrauen zu gewinnen und Einstellungs- und Verhaltensänderungen zu erreichen." (Specht 1979: 36) Das Eintauchen in Jugendgruppen gleicht dabei einer delikaten Gratwanderung. Der Street Worker bedient sich derjenigen Verhaltensweisen, die er in seinem Arbeitsgebiet vorfindet. Er kann nicht als Repräsentant einer Sozialarbeitsorganisation mit formalen Verhaltenserwartungen an die Jugendgruppe herantreten, um diese mit Formalität zu infizieren. Seine Identität als Sozialarbeiter wird zudem früher oder später bekannt werden. Der Erfolg von 'Street Work' hängt davon ab, ob es gelingt, Konfliktverarbeitungsprozeduren in die Jugendgruppe hineinzuexportieren. Der Straßensozialarbeiter befindet sich in der delikaten Lage, als Beauftragter einer Formalorganisation in der freien Interaktionssphäre Konfliktregelungen aufzubauen. Das innovative Moment von 'Street Work' besteht demzufolge darin, daß sich Sozialarbeitsorganisationen flexibel auf ihren Gegenstand einstellen. Die freie, diffuse und ungreifbare Interaktionsmasse von Jugendgruppen kann mit organisatorischen Mitteln nicht erreicht werden. Man kann versuchen, sie in Freizeitorganisationen hineinzuziehen. Das gelingt - wie gesehen - nicht durchgängig, so daß eine kritische und unerreichbare Restmasse übrigbleibt. Will man auch diese besonders konflikt- und gewaltträchtige Sphäre erreichen, muß sich die Sozialarbeitsorganisation als Interaktion tarnen. Sie muß eine bestimmte Sparte des Organisationshandelns ausflaggen und - so weit wie möglich - mit Interaktionsnähe ausstatten. Dieser Tanz auf dem Hochseil verlangt Ausdauer und Fingerspitzengefühl. Der 'Street Worker' muß mit schroffer Ablehnung rechnen. Wenn überhaupt ein Einbruch in die Jugendgruppe gelingt, muß er sich den Gesetzen dieses freien Gruppenlebens unterwerfen. Einflußnahmen müssen in mühsamen und unsicheren Gesprächen erarbeitet werden.

Der 'Street Worker' bleibt dabei unvermeidlich ein für die Jugendgruppe nur episodisches und vorübergehendes Mitglied. Nicht die gesamte Gruppeninteraktion kann durch den Sozialarbeiter mitgestaltet und beeinflußt werden. Wenn der 'Street Worker' nicht anwesend ist, bleibt die Gruppe sich selbst überlassen.

Gewaltdynamiken mögen gerade dann enstehen, wenn der Straßensozialarbeiter Feierabend hat. 'Street Work' kann versuchen, einen Teil der ungeregelten Interaktionsmasse der Jugendgruppe mittels indirekter organisatorischer Einflußnahme unter Zusatzbedingungen zu stellen, die Konflikte und Gewalt weniger wahrscheinlich zu machen versuchen. Es wäre jedoch illusorisch anzunehmen, daß der kritische, konflikt- und gewaltanfällige Bereich der Jugendlage ganz oder auch nur weitgehend durch 'Street Work' abgebildet und eingefangen werden könnte. Die Diffusität und Ungeregeltheit der freien Gruppeninteraktion verhindert eine vollständige sozialarbeiterische Durchformung. Wenn man den 'Street Worker' nicht dabei haben will, weil die Gruppe genervt ist oder Pläne hat, die der Sozialarbeiter nicht akzeptieren würde, braucht man nur die Gruppenlokalitäten leicht zu variieren. Sofort verliert 'Street Work' ihren Gegenstand.

So hilflos und ohnmächtig die 'Street Work' im freien Jugendinteraktionsbereich auch erscheinen mag - sie bietet die einzige Möglichkeit, bisher nicht erreichtes Jugendhandeln für organisatorische Konfliktregulierung erreichbar zu machen. 'Street Work' kann den freien, ungeregelten Teil der Inklusionslage Jugend nicht vollständig einer weniger gewaltanfälligen Konfliktbearbeitung zuführen. Ebensowenig kann man ihr Handeln mit nachvollziehbaren Erfolgskriterien beurteilen. Die Ergebnisse von Straßensozialarbeit bleiben ungewiß. 'Street Work' hat jedoch ihr Recht darin, daß sie als einzige Konfliktbearbeitungsinstanz in der Lage ist, diesen offensichtlich höchst problematischen Bereich überhaupt zu erreichen.

$$* * *$$

Meine konfliktsoziologische Untersuchung der Jugend wollte zeigen, warum jugendliches Konflikt- und Gewalthandeln zu einem Dauerthema in der modernen Gesellschaft geworden ist. Die Differenziertheit der Inklusionslage Jugend bietet zudem ein Analyseinstrument, das auch, gesellschaftstheoretisch betrachtet, kurzfristigere Entwicklungen wie z.B. die in den letzten zwanzig Jahren sprunghaft angestiegene Jugendarbeitslosigkeit, die Verschiebung der Jugendkommunikation in den informellen Gruppenbereich oder die einigungsbedingte „Freisetzung" einer umfassenden freien und ungeregelten Interaktionsmasse in den neuen Bundesländern präzise und ohne Zuhilfenahme allzu dramatisierender und kompakter Begriffsbildungen beschreiben kann. Daß, wie das Desintegrationstheorem formuliert, „die Gesellschaft auseinanderfällt", gibt, wenn überhaupt, nur für die gesellschaftsweite Einführung der Differenz von Interaktion und Organisation im 19. Jahrhundert eine adäquate Kurzeinschätzung ab. Die unter dem „Desintegrationstheorem" versammelten Forschungen zum Komplex 'Jugend und Gewalt' informieren theoretisch und empirisch fruchtbar und gehaltvoll über jüngere Tendenzen jugendlicher Inklusion in die moderne Gesellschaft. Sie formulieren ihre Zeitdiagnose jedoch zu kompakt. Auch hier zeigt sich erneut, daß der Begriff Inklusion gegenüber der normativ argumentierenden Integrationstheorie klare analytische Vorteile besitzt. Er erlaubt eine differenzierte Beschreibung der Jugendlage, die ihren gesellschaftstheoretischen Bezug nicht verliert und zudem ohne Annahmen über normative Integration auskommt. Konfliktsoziologisch betrachtet spricht viel für die Vermutung, daß die Jugend ein Fokus von Konflikt und Gewalt bleiben wird. Die historisch ausgebildete und in sich differenzierte Inklusionslage Jugend steht zwischen Familie, Schule, Freizeitorganisationen und informeller Jugendgruppe. Die Konfliktbedingungen variieren markant innerhalb dieser Lage, so daß die ungeregelte Interaktion in der informellen Jugendgruppe als derjenige Bereich erscheint, der nicht nur die ohnehin gewaltanfälligsten Konfliktbearbeitungsmodi aufweist, sondern zudem diejenigen Konflikte schlucken muß, die aufgrund des Formalisierungsgefälles aus Schule und Freizeitorganisationen abgedrängt werden. Wilhelm Heitmeyers Vorschlag, Jugendlichen Re-Integrationsangebote für Konflikte in genau diesem Bereich zu machen, erhält deshalb eine umso dringlichere Berechtigung.

IV. 3 Konflikt, Krieg und die internationalen Beziehungen

Im Übergang zur Neuzeit wird dem Begriff des *Krieges* eine bis dahin nicht ge-kannte Bedeutung zugeordnet. Heißt Krieg im Mittelalter ganz unspezifisch soviel wie Streit, Konflikt und Meinungsverschiedenheit, die sowohl vor Gericht als auch mit Waffen ausgetragen werden kann, so bildet sich nun ein militärischer Begriff des Krieges heraus. „Von den zahllosen kleinen, mit Überfällen und Ver-wüstungen geführten Fehden heben sich jene Unternehmungen ab, die eine um-fassendere militärische Aktion erfordern: der 'namhafte Krieg.'" (Brunner 1959: 40) 'Krieg' avanciert nun zum Label für diejenige Konfliktart, die sich im Um-gang zwischen Staaten einstellt. Quincy Wright hat in seiner monumentalen Stu-die „A study of war" mit umfangreichen quantitativen Untersuchungen den rasan-ten Aufschwung dieser konfliktsoziologisch betrachtet neuen Konfliktart der so-zio-kulturellen Evolution belegt. Hatte sich die Zahl der innereuropäischen Kriege schon im 15. Jahrhundert auf 134 verdreifacht, so steigerten das 16. (211 Kriege) und 17. Jahrhundert (239 Kriege) die Kriegsfrequenzen nochmals deutlich (Wright 1965: 654; vgl. von Alten 1912: XVII–XXIV; Sorokin 1937: 47-62). Gleichzeitig läßt sich ein immenser Anstieg der Intensität kriegerischer Ausein-andersetzungen zwischen den Staaten beobachten, den Pitirim Sorokin durch die Messung von Kriegsdauer, der Größe der Truppen, Zahlen über Verwundete und Getötete, Anzahl der beteiligten Länder sowie des Verhältnisses der kämpfenden Truppenzahlen zur gesamten beteiligten Bevölkerung dargelegt hat. Der daraus erstellte „Index of War Intensity" verdoppelte sich für die großen europäischen Mächte sowohl im 15. als auch 16. Jahrhundert, um sich im 17. Jahrhundert nochmals zu ver*acht*fachen (!). Der Krieg gewinnt nicht nur an Häufigkeit, son-dern auch an Breite, Länge und Tiefe und drückt dem neuen Zeitalter seinen Stempel auf.

 Eine soziologische Theorie des Konfliktes muß Antworten geben können auf die Frage, warum im frühen neuzeitlichen Europa „nicht der Friede der tat-sächliche Regelfall war, sondern der Krieg: die Jahre ohne Krieg im 16. Jahrhun-dert lassen sich bequem an beiden Händen abzählen" (Repgen 1988: 88). Nimmt man hinzu, daß sich Sorokins „Index of War Intensity" nach einem eher ruhig zu nennenden 19. Jahrhundert im heutigen 20. Jahrhundert nochmals ver*dreißig*-facht (Wright 1965: 655) und der Krieg dabei „total" wird, so muß die Erklärung des Krieges als Schlüsselfrage der Soziologie des Konfliktes bezeichnet werden. Weshalb gab und gibt es so viele Kriege?

 Ähnlich wie bei der Untersuchung von Familie (IV.1) und Jugendgruppen (IV.2) müssen die konfliktsoziologischen Überlegungen bei der spezifischen Art von Sozialität einsetzen, die sich im Umgang der Staaten miteinander einstellt. Die umfassenden gesellschaftlichen Umwälzungen, die sich im Übergang zur Neuzeit einstellen, sind bereits oben unter III.3 thematisiert worden. Der Konfes-sionskonflikt der Reformation reißt ehedem eindeutige semantische Deutungsmu-ster in den Abgrund der Differenzen, christliche Einheitsvorstellungen über die

Welt werden endgültig ad absurdum geführt. Gleichzeitig führen wirtschaftliche und politische Entwicklungen zu einer kommunikativen Verdichtung Europas, die mehr Kontakte über größere Räume hinweg mit sich bringt. Diese Intensivierung befördert gegenüber der zunehmend kontrafaktisch hochgehaltenen universal-christlichen Einheit mehr und mehr Beobachtungsdifferenzen zu Tage. Die in Unordnung geratenen religiösen Deutungsmuster begeben sich mehr und mehr auf den Rückzug (Richter 1996: 175). Die Reformation versetzt, ohne dies zu intendieren, der religiösen Einheitsverfassung der Gesellschaft den Todesstoß und bringt den Korrosionsprozeß des christlichen Sinnmonopols zum Abschluß. Sie zeitigt eine *neue Stufe der Evolution des Konfliktes* und befördert die Territorialisierung von politischer Herrschaft. Theologische Dissense treten jetzt unter dem Deckmantel von territorial-politischer Protektion auf. Die konfessionellen Unterschiede lehnen sich an herrschaftliche Zusammenhänge an, um angesichts der entstehenden differentiellen Bekenntnisse eigene Chancen zu erhöhen. Zwar hat es schon zu den Pflichten mittelalterlicher Herrscher gehört, für das allgemeine Wohlergehen der Untertanen zu sorgen. Dies schließt geistliche und geistige Zusammenhänge mit ein. Jedoch treten mit der Korrosion ehedem eindeutiger religiöser Weltdeutungen Differenzen zutage, die für stratifizierte Gesellschaften undenkbar gewesen sind.

Hiervon profitiert insbesondere die Territorialstaaten. Bekanntlich resultierte der dreißigjährige Krieg in Anlehnung an den Augsburger Religionsfrieden von 1555 in der prägnanten Formel des *cuius regio eius religio*. Dies bedeutet zunächst nichts anderes als eine gewaltige Aufwertung politischer Kommunikation. Die neuen staatlichen Gebilde können das Schisma dazu nutzen, eigene Entscheidungen als notwendige Verteidigung an der Konfessionsfront rechtfertigen zu können. Sie gewinnen dadurch an Beweglichkeit. Dabei machen sie sich von ihrer überlieferten Legitimationsquelle zwar nicht gänzlich unabhängig. Es bleibt eine Selbstverständlichkeit, politische Entscheidungen in religiöse Zusammenhänge einzubetten. Jedoch ist die Wegdifferenzierung politisch-staatlicher Fragen von religiösen Weltdeutungen unübersehbar. Deshalb bilden sich, wie Stichweh zeigt, Begriffe aus, die die neugewonnene Autonomie eines nun eigenständig gewordenen Bereiches symbolisieren. *Staatsräson* und *Souveränität* drük-ken die politische Orientierung an eigenen Interessenlagen sowie ihre Unabhängigkeit vom Papst aus (Stichweh 1991: 192). Die Politik entdeckt „den Staat als letzten Zurechnungspunkt für alles politische Handeln und Entscheiden" (Stichweh 1991: 192) und lenkt ihre Aufmerksamkeit auf sich selbst als nun alles entscheidenden letzten Fluchtpunkt politischen Agierens.

Aus dieser Entwicklung soll jetzt ein Punkt herausgegriffen und genauer beleuchtet werden, um die konfliktsoziologische Untersuchung des Krieges vorzubereiten: die *Ausdifferenzierung des Staates als Organisation*. Die Entstehung des Staates bedeutet die Aussonderung einer organisierten Sphäre aus der Gesellschaft. Dieser Prozeß der Zergliederung sozialer Zusammenhänge in Organisationen *in* der Gesellschaft einerseits und sonstige, nichtorganisierte Gesellschaft andererseits muß unmittelbar an bis dato gegebene, also stratifikatorische Strukturen anschließen, um als evolutionäre Innovation eine Chance auf Realisation zu erlangen. Die frühmoderne Territorialstaatsorganisation geht deshalb ein spannungsvolles Bündnis mit dem stratifikatorisch differenzierten Gesellschaftssystem ein, das die Geschichtswissenschaft durch den Dualismus von „Personenverbandsstaat" und „monistischer Flächenstaat" wiedergibt. In dem berühmten Aufsatz des Mediävisten Theodor Mayer über „Die Ausbildung der Grundlagen des modernen Staates im hohen Mittelalter" (Mayer 1939) heißt es dazu:

„Der germanische und der frühe deutsche Staat war ein Volksstaat, er beruhte primär nicht auf der Herrschaft über ein Gebiet, sondern auf einem Verband von Personen, die ausgestattet mit ursprünglichen, eigenen Rechten in den Staat eingegliedert wurden. Diese Eingliederung ist jeweils verschieden, war aber immer das entscheidende Problem der mittelalterlichen Verfassungsgeschichte. Daraus ergab sich eine unendliche, verwirrende Mannigfaltigkeit von Bindungen, Herrschafts- und Abhängigkeitsverhältnissen. Es ist klar geworden, daß der Adel Rechte besaß, die wir heute als staatliche Hoheitsrechte bezeichnen, Funktionen ausübte, die heute als staatliche Funktionen gelten...In diesen Eigenheiten und in der dadurch bedingten ständischen Gliederung ruhte die aristokratische Form des Personenverbandsstaates, in dem es einen Stand gab, der Rechte, die heute als staatlich bezeichnet werden, von sich aus besaß und sie nicht nur gegenüber seinen Eigenleuten, sondern schlechthin auf seinem Grundbesitz, der adligen Grundherrschaft, ausübte. Der Lehnsstaat, der feudale Staat brachte hier nur einige geringe Änderungen, weil er zwar die Funktionen und Rechte auf königliche Verleihung zurückführte, sie aber dem Adel voll beließ. Diese feudale Form des Personenverbandsstaates ist demnach dadurch gekennzeichnet, daß bei ihr die Rechte des Adels nicht ursprüngliche, sondern von der Zentralgewalt abgeleitete waren...
Im Gegensatz dazu steht der moderne Staat. Bei ihm ist der anstaltliche Charakter sehr stark ausgebildet, er ist ein monistischer Flächenherrschaftsstaat. Er anerkennt keine Rechte und keine staatlichen Funktionen innerhalb des von ihm beherrschten Gebietes, die er nicht selbst verliehen hat und die nicht von ihm hergeleitet werden. Es gibt in ihm keinen Stand mit eigenständigen Hoheitsrechten und Funktionen. Hoheitsrechte sind ausschließlich staatliche Rechte, deren Ausübung grundsätzlich von staatlichen Organen besorgt wird. Der moderne Staat liegt daher auf einer ganz anderen Ebene und hat sich auch nicht einfach aus dem Staat des frühen Mittelalters heraus entwickeln können."

Der Übergang vom stratifikatorischen Feudalsystem, das seine Fundamente in vor Ort wirksamen Personenverbindungen hatte, zur modernen, souveränen Staatsorganisation, die sich auf räumlich ausgedehnter Unpersönlichkeit gründet, kann nicht von heute auf morgen erfolgen, sondern bedarf einer mehrere Jahrhunderte dauernden Aneignung von Aufgaben durch die neue Organisation. Die Über-

gangszeit ist durch den Machtkampf des „dualistischen Ständestaates" gekennzeichnet, in dem sich Landesfürst und Stände im Dauerkonflikt über Kompetenz-
verteilungen gegenüberstehen. Der fürstliche Landesherr und sein administrativer
Anhang stellen dabei die eigentliche 'Keimzelle' der nach und nach expandieren-
den Staatsorganisation dar. Das, was sich später zu demjenigen „Anstaltsbetrieb"
auswächst, der seinen „Bestand und die Geltung seiner Ordnungen innerhalb
eines angehbbaren geographischen Gebietes kontinuierlich durch Anwendung und
Androhung physischen Zwangs" garantiert (Weber 1980: 29), ist zunächst nichts
anderes als der enge Kreis des fürstlichen Landesherrn samt seiner Hofverwaltung. Die Ausdifferenzierung einer Staatsorganisation nährt sich vom steten Versuch des Landesherren, seine Macht über ein bestimmtes Territorium auszubauen.
Möchte man die Genese des Staates als Organisation aus ihrer fürstlichen Keimzelle beobachten, so muß der Blick zunächst auf den Hof des Fürsten gelenkt
werden. Hier bildete sich schon im hohen Mittelalter in den Territorialfürstentü-
mern eine eigenständig arbeitende *Kanzlei* mit einem in der Regel als Kanzler
bezeichneten Protonotarius an der Spitze. Der Beratung des Fürsten diente der
sich überall spätestens im 16. Jahrhundert ausbildende *fürstliche Rat*, in den der
Landesherr nun auch Landesfremde qua Dienstvertrag aufnahm. Der Fürst schuf
sich ein ganz auf seine Bedürfnisse zugeschnittenes Organ, das auf die ständischen Vasallen verzichten konnte. „Es ist unübersehbar, daß sich die Fürsten...insgesamt bei der Bestellung ihres Rates sehr rasch von den Mitsprache-
und Beeinflussungsversuchen des territorialen Adels befreiten und emanzipier-
ten." (Duchhardt 1991: 56) Deshalb rekrutierte sich das fürstliche *Hofgericht*
ebenfalls unter souveräner Mißachtung der Landstände aus Mitgliedern des Rates.
Anstelle des Territorialadels zogen gelehrte bürgerliche Doctores ein, die juristisch geschult und für die römischrechtliche Durchdringung der Territorien unabdingbar waren. Das Einsickern dieser Gelehrten bedeutet zu dieser Zeit eine
grobe Mißachtung der Stratifikation, so daß es von heftigen Protesten des um sein
Berufsfeld bangenden und Konkurrenz fürchtenden Adels begleitet wurde. Schon
der Aufbau der fürstlichen Hofverwaltung verdeutlicht, daß der fürstliche Hof
gleichsam aus dem stratifikatorischen Oben-Unten-System 'aussteigt' und sich
von den persönlichen Bindungen des Personenverbandsstaates lossagt. Um jedoch
einen souveränen Staat als Gebietsorganisation zu schaffen, bedurfte es weit mehr
als einer spezialisierten höfischen Verwaltung. Spricht man vom entstehenden
Territorialstaat als Organisation, so stellt sich die Frage, inwieweit dieser Staat
aus Entscheidungen besteht und, wichtiger noch: ob er die territorial-räumliche
Mitgliedschaft seiner Untertanen als Entscheidung behandeln kann. Organisationen sind im Gegensatz zu ihrer interaktiven gesellschaftlichen Umwelt dadurch
gekennzeichnet, daß sie die Mitgliedschaft ihres Personals als Grundsatzentscheidung behandeln, die mit oft umfangreichen formalen Verhaltenserwartungen
verknüpft wird. Dieser organisatorische Grundsatz ist nicht *ein* Merkmal formaler
Organisationen. Mitgliedschaft als kontingente Entscheidung ist *das* 'essential'
von Organisation schlechthin. Organisationen - das gilt auch für den Staat - *müs-*

sen die Teilnahme von Personen an Organisationskommunikation als Entscheidung behandeln, denn nur vor diesem Hintergrund kann Gesellschaft *exklusiv* gestaltet werden. Die räumlich unterlegte Abkapselung von Organisationen macht sichtbar, wer dazugehört und wer nicht. Wenn Gesellschaft auf diese Art und Weise gestaltet werden soll, erscheint Teilnahme an Kommunikation automatisch als Entscheidung - nicht nur im Inneren der Organisation, sondern zusehends auch in der gesellschaftlichen Umwelt der Organisationen. Die *Organisations*gesellschaft läßt ein Zeitalter der Entscheidungen anbrechen, in dem irgendwann nichts mehr als 'natürlich' erscheint.

Vor dem Hintergrund der zentralen Mitgliedschaftsgrundsatzfrage wirkt der frühmoderne Staat ausgesprochen unentwickelt und machtlos. Auch wenn man einerseits hervorhebt, daß „wenn als die entscheidenden Kriterien von 'Staatlichkeit' eine organisierte und differenzierte Verwaltung, Gerichts- sowie Steuerhoheit angenommen werden, dann...an der Berechtigung des Begriffs 'Territorialstaaten' zumindest für die größeren und mittleren Territorien des 15. Jahrhunderts kein Zweifel bestehen" kann (Duchhardt 1991: 55), so ist die fürstliche Keimzelle des souveränen Staates noch bis lange Zeit später alles andere als 'Herr im Hause'. Das „Quod omnes tangit, ab omnibus approbari debet" wird zum Motto für die Verteidigung der adeligen Rechte gegen die Herrschaftsansprüche des Fürsten. Der Landesherr bleibt von der adeligen Bewilligung von Steuern abhängig. Die Zustimmung muß auf den Zusammenkünften des Landtages ausgehandelt werden. Verträge zwischen Fürst und Ständen wie die Magna Charta Libertatum von 1215 oder, auf deutschem Gebiet, der Tübinger Vertrag von 1514 regeln Rechte und Pflichten beider Seiten und stehen der fürstlichen Autorität im Wege - so etwa der Vorbehalt der württembergischen Stände von 1514, selbst über Krieg und Frieden zu entscheiden. Eine gebietssouveräne Entscheidungsfähigkeit ist in dieser Hinsicht zunächst nicht zu erkennen. Charles Tilly erinnert deshalb zurecht daran, daß aus der Perspektive der damaligen Zeit „the development of the state was very contingent; many aspiring states crumpled and fell along the way" (Tilly 1975: 7).

Eine genuine Veränderung im Prozeß der Staatsentstehung führt erst die Reformation herbei. Die Konfessionalisierung trägt Entscheidungsbedarf in die Welt. Die hierin liegende Chance wird von den Fürsten ergriffen. Das vielzitierte „cuius regio, eius religio" bedeutet nicht nur die Möglichkeit, dem Untertan als Mitglied des entstehenden Territorialstaates die religiöse Überzeugung als Entscheidung aufzuoktroyieren. Die Regelungen des Augsburger Religionsfriedens gehen über eine bloße Entscheidung über Konfessionswahl einen entscheidenden Schritt hinaus. §24 sieht durch Gewährung eines *jus emigrandi* vor, Angehörigen der jeweiligen Konfession auf fremden Territorien die Möglichkeit der Wahrung der eigenen Überzeugung durch *Auswanderung* offenzuhalten. Keinesfalls steht dabei die Respektierung des individuellen Gewissens im Vordergrund, „sondern die Absicht, dem jeweiligen Landesfürsten die Möglichkeit zu geben, sich von Untertanen zu befreien, um das Grundprinzip der Staaten dieser Zeit zu verwirk-

lichen: un roi, une loi, une foi" (Schulze 1991: 198). Die Zugehörigkeit zu einem
bestimmten Territorium - dem der entstandenen Staatsorganisation - wird jetzt
zum ersten Mal kontingent gesetzt. Zugehörigkeit zu einer bestimmten sozialen
Konstellation stellt sich nun nicht mehr einfach naturwüchsig vor Ort zwischen
kopräsenten Personen ein, sondern wird als Entscheidung erlebt und zugerechnet.
Der Fürst zwingt die Untertanen zur Wahrnehmung der konfessionellen Option
und befähigt sich gleichzeitig selbst, seinen Untertanen diesen Zwang als Entscheidung zuzurechnen. Der weitere Verbleib auf einem Territorium kann unter
Bedingungen gestellt werden, sobald er kontingent, also auch anders möglich
wird. Der Staat entwickelt eine „harte Schale", die sichtbar macht, *wer* innerhalb
und *wer* außerhalb diese Schale lebt (Herz 1974: 64).

Dabei ist vollkommen unerheblich, inwiefern überhaupt für den Durch-
schnittsuntertanen Wahlfreiheiten bestanden. Entscheidung über Mitgliedschaft in
der territorialen Staatsorganisation im 16. Jahrhundert heißt nicht: Jeder muß sich
überlegen, ob er hier bleiben oder auswandern will, um sich schließlich für eines
von beiden zu entscheiden. Mit dem organisationsbildenden Anbruch eines
'Zeitalters der Entscheidung' ist nicht gemeint, daß Wahlfreiheit besteht. Entscheidend (sic!) ist vielmehr die von nun an gegebene Möglichkeit, Mitgliedern
der fürstlichen Staatsorganisation ihre Anwesenheit innerhalb eines klar um-
grenzten sozialen Raumes als Entscheidung zuzurechnen und unter Zusatzbedingungen zu stellen, die nicht an das persönlich-lokale Herrschaftsverhältnis zum
Grundherren, sondern an die unpersönlich, überlokale Mitgliedschaft in einem
Territorialstaat gebunden sind. Wenn Entscheidungshandeln als Entscheidung
perzipiert wird, werden Dissensrisiken gesteigert. Alternativen werden sichtbar,
deren kontingenzsteigernde Ungewißheit zur Ausdifferenzierung von Organisation tendieren. Der Staat als Organisation ist die problemlösende Antwort auf die
Frage, wie mit dem neu entstandenen Entscheidungsbedarf umgegangen werden
soll.

Dem Zweck der Verstetigung der jungen Staatsorganisationen dienen die
umfassenden Kirchen- und Landesordnungen, die in deutschen Territorien mit
rechtsvereinheitlichender Zielsetzung von Juristen ausgearbeitet und in Kraft
gesetzt wurden. Die Reformation bot die Gelegenheit, die Kirche voll in landes-
herrliche Entscheidungsstrukturen zu integrieren und damit gleichzeitig dem
landständischen Adel ein wichtiges Standbein zu nehmen. Nicht nur ging die
Reformation in den Landesfürstentümern überall vom Landesherrn aus, sondern
auch die Organisation der neuen Kirche lag zur Gänze in seinen Händen. Das
lutherische Prinzip, demzufolge jede Gemeinde ihren Pfarrer selbst wählen sollte,
konnte sich mit wenigen Ausnahmen nirgendwo gegen die obrigkeitliche Bestellung des Pfarrers durchsetzen. Der gläubige Untertan fand sich am unteren Ende
einer nun staatlich organisierten Kirchenhierarchie wieder, die die Religion faktisch zu einer staatlichen Verwaltungsaufgabe machte. „Insofern lag die Errichtung des landesherrlichen Kirchenregiments ganz auf der Linie der vergangenen
Jahrzehnte, den Territorialstaat zu stärken, den Zugriff der Behörden auf den

einzelnen Untertan zu erleichtern, die Untertanenschaft zu nivellieren und zu homogenisieren - die höchste Steigerung dieser Tendenz war sicher die Kontrolle und Steuerung der Gesinnung jedes Landesbewohners, die jetzt durch die Kirchenordnungen und die subtilen oder rigiden Mittel der 'Kirchenzucht' erreicht wurde." (Duchhardt 1991: 124f.) Landesordnungen dienten darüber hinaus der Kodifikation und Fixierung der bestehenden Rechtsordnungen, dem Abbau lokaler Besonderheiten, rechtlicher Einheit und insgesamt als rechtliche Grundlage der Staatsorganisation, die über die Amtszeit des einzelnen Fürsten hinaus Gültigkeit besaßen und insofern eine weitere Verschiebung von personnaher zu organisiert-unpersönlicher Sozialität ermöglichten. Individuelle Vereinbarungen zwischen Herrscher und Vasall mit ihren typischen Sonderprämissen und Immunitätsgewährungen wurden zurückgedrängt. An ihre Stelle tritt die Formalität der kodifizierten Normen und Erwartungsstrukturen der Staatsorganisation, die zur umfassenden Reglementierung ihrer Mitglieder fortschreitet: „Diese...zu einem Signum neuen fürstlichen Selbstbewußtseins avancierenden frühen Landesordnungen regelten den gesamten Bereich der inneren Verwaltung ('Policey') - Handwerk, Handel, Gesundheitswesen, öffentliche Sicherheit und Sittlichkeit usw.", so daß es sinnvoll wird, im Staat einen „aus der gesellschaftlichen Umwelt ausdifferenzierten Lenkungsapparat" zu sehen, der seinen Mitgliedern mit Entscheidungskompetenz und -anspruch entgegentritt und seine Befugnisse räumlich klar umgrenzt (Duchhardt 1991: 68f.).

Gerade die territoriale Komponente des neuzeitlichen Staates verdeutlicht in besonderer Weise seinen Organisationscharakter, wie ein kurzer *Exkurs zum Raum sozialer Systeme* veranschaulicht.[102] Meine konfliktsoziologische Untersuchung orientiert sich nach wie vor an der Differenz von Interaktion und Organisation, so daß sowohl der *Raum der Interaktion* als auch der *Raum der Organisation* zu thematisieren ist. Fragt man zunächst nach der Situierung von *Interaktionen* im Raum, so zeigt sich, daß sie einen räumlich-sachlich-sozialen und zeitlichen Zusammenhang von Handlungen bilden, dessen Ausdehnung im Raum durch die Engpässe des menschlichen Körpers eng umschrieben sind. Eine Interaktion beschränkt sich für gewöhnlich auf einen kleinen 'spot', da nur wenige Teilnehmer Platz haben, sich gegenseitig wahrnehmen und akustisch erreichen können. Die Interaktion findet *hier* statt und nicht dort, weil *dort* schon wieder ein anderes Interaktionssystem aus dem Boden gestampft worden ist. Schon die Pausenszenerie auf dem Schulhof zeigt, daß der sehr übersichtliche Raum eines Schulhofs für die Nutzung von zahlreichen kleinen Interaktionen genutzt wird. Sie mögen alle hochgradig instabil und gegebenenfalls wechselseitig füreinander erreichbar, durchdringbar und fusionierbar sein. Jedoch bleibt die Interaktion regelmäßig auf sehr kleine Parzellen beschränkt. Räumliche Expansionen bedürfen sofort einer organisierten Hochrüstung der Interaktion mittels der Formalisierung von Verhaltenserwartungen - etwa einer Ansprache des Schuldirektors auf

---

102   Vgl. zur Soziologie des Raumes Vaskovics 1982.

dem Schulhof, für die Aufmerksamkeit beansprucht wird. Die räumliche Ausweitung der Interaktion bedarf eines allgemeinen Ordnungsrahmens, den sie aus sich selbst heraus nicht herzustellen imstande ist. Die *ungeregelte* muß zur *geregelten* Interaktion werden, um räumlich über ihr normales Minimalterritorium hinaus expandieren zu können.

Gerade weil Interaktionen, räumlich betrachtet, zu den Kleinstgebilden des Sozialen zu rechnen sind, zeigen sie in allen drei Dimensionen der Sinnverarbeitung distinkte Charakteristika. *Sachlich* sind sie darauf angewiesen, daß in ihnen eine gewisse thematische Kohärenz eingehalten wird, soll die Interaktionskommunikation nicht gleichsam zerfließen. Sie muß „focused interaction" sein, sonst fällt die Interaktion auseinander (Goffman 1961: 19ff.). „Focused interaction" ließe sich in diesem Sinne nicht nur auf die thematische Bündelung von interaktiver Kommunikation verstehen, sondern auch auf eine notwendige *räumliche Fokussierung* der Interaktion. Sie muß, räumlich betrachtet, auf einen übersichtlichen 'spot' zusammengedrängt sein, weil die Interaktion sonst schnell instabil wird.

In *sozialer* Hinsicht fällt der hohe Personalisierungsgrad der Interaktion auf. Interaktionskommunikation orientiert sich an Körpern, und diese Körper werden von der Kommunikation als die Träger der teilnehmenden Personen behandelt. Interaktive Handlungen lassen sich demgemäß in hohem Maße von wahrgenommenen Körpermerkmalen beeindrucken. Ein Lächeln, ein schmerzvolles Ausdruck, das in Falten verzogene Gesicht, körperliche Anspannung, Zittern, Schweiß, gebräunte oder blasse Gesichter und vieles anderes mehr irritieren die Interaktionskommunikation permanent und sorgen für eine hochgradige personale Verdichtung des Geschehens. Was immer geschieht und wie immer gehandelt wird - die anfallenden Attributionslasten müssen stets über die anwesenden Personen abgewickelt werden. Interaktionen sind deshalb sehr sensibel für das teilnehmende Personal und dem mit ihm verbundenen sozialen Sinn. Die Sozialdimension strukturiert die Interaktion in hohem Maße.

In *zeitlicher* Hinsicht schließlich sind Interaktionen ähnlich kurzgehalten wie schon in ihrer räumlichen Parzellierung. Es ist, gerade in der modernen Gesellschaft, hochgradig unwahrscheinlich, daß die beteiligten Menschen über längere Zeit an jenem eng umschriebenen Platz gehalten werden können, an dem die Interaktion stattfindet. Auf den zahlreichen kleinen Interaktionsinseln auf dem Schulhof herrscht ein reges Kommen und Gehen. Wenn nicht besondere Zwecke die Interaktion zeitlich binden (etwa das Mittagessen in der Familie, Doppelkopfspielen in der Kneipe), ist die Interaktion üblicherweise relativ schnell abgewickelt. Sie neigt dann zur Selbstauflösung in kurzer Zeit.

Die distinkte Sinnverarbeitung durch Interaktionssysteme verweist in allen drei Sinndimensionen auf die *besondere räumliche Situiertheit der Interaktion.* Gerade weil Interaktionen auf territorialen Kleinstparzellen stattfinden, läßt die 'face-to-face'-Situation die anwesenden Personen in den Vordergrund treten. Sie sind nicht austauschbar. Ganz im Gegenteil ist die durch die räumliche Limitation notwendige scharfe Auswahl des Personals ein Hauptbestimmungsgrund dessen, was in einer Interaktion möglich ist. Deshalb dominiert die limitierte Raumausstattung ebenfalls die in der Sachdimension mögliche Sinnverarbeitung. Wenn die Interaktion nur *ein* Thema behandeln kann, dann liegt das daran, daß sie nur *Raum* für ein Thema hat. Sollen mehrere Themen behandelt werden, dann muß der soziale Raum weiter aufgeteilt werden. Neue Minimalparzellen müssen räumlich abgetrennt werden, so daß eine neue Interaktion entsteht, die nun ihrerseits denselben räumlichen Bedingungen unterworfen ist. Der Raum der Interaktion limitiert dabei auch die mögliche Dauer der Kommunikation. Sieht man mal von einer Sitzstreikinteraktion ab, die das Verbleiben an einem räumlich fixierten Punkt zu ihrem Programm erhebt, bietet sich für keine Interaktion ein längeres Verbleiben an einer Raum-Zeit-Stelle an. Die einfachen Bedürfnisse des Körpers begrenzen die Möglichkeiten von dauerhafter räumlicher Anwesenheit radikal: schlafen, essen, W.C. etc. verlangen das Verlassen der Interaktion. Die Notwendigkeit, arbeiten zu gehen, die Schule oder Universität zu besuchen, Einkäufe zu besorgen usw. tun ein übriges, um den Raum der Interaktion in ein eng umschriebenes soziales, sachliches und zeitliches Netz einzuspannen, das sich kaum dehnen läßt.

Eine andere Möglichkeit ist, die Interaktion qua *Organisation* auf Dauer zu stellen. In der Organisation wird die Interaktion geregelt und mit Dauerhaftigkeit versehen. Organisationen verleihen sozialen Zusammenhängen Dauer, in dem sie Kommunikation von der zufälligen wechselseitigen Wahrnehmung bestimmter Personen ablösen und ihr Zustandebringen vereinfachen. Betrachtet man deshalb erneut die drei Sinndimensionen im Zusammenhang mit der *räumlichen* Situierung der Organisation, so ergibt sich ein gänzlich anderes, aber klares Bild des *Raumes der Organisation*. Die durch rekursive Entscheidungsvernetzung gebildete Differenz von Organisation und Umwelt ist klar an bestimmte räumliche Verhältnisse gebunden. Die Organisation macht sich an einem bestimmten Ort fest, um von dort aus aktiv zu werden. Meistens assoziiert man große Bürogebäude mit Organisationen. Die beeindruckenden Fassaden, heute oft in verspiegeltem Glas, zeigen dem Beobachter den räumlichen Bereich an, in dem Entscheidungen vernetzt werden. Als manifeste räumliche Grenzen machen sie die Organisation adressierbar in dem Sinne, daß man weiß, wo man hingehen muß, um mit der Organisation zu interagieren, einkaufen zu gehen, ein Konto zu eröffnen, die Vorlesung zu besuchen, einen Gerichtstermin wahrzunehmen, zur Arbeit zu gehen usw. 'Kommunikationsfähigkeit' als die Begabung organisierter Systeme, im eigenen Namen aufzutreten und kollektiv zu handeln, ist konstitutiv an räumliche Arrangements gebunden. Will man einen Vertrag mit einem sozialen System abschließen, mit ihm verhandeln, es verklagen oder ganz im Gegenteil Mitglied in ihm werden, so muß klar sein, *wo* das soziale System räumlich aufgefunden werden kann, und deshalb geben z.B. Unternehmen auf Geschäftspost grundsätzlich ihren 'Sitz' an. Man kann nicht spontan irgendwo eine Interaktion bilden, um Themen mit Organisationsrelevanz zu behandeln. Die Möglichkeit, mit einem sozialen System zu kommunizieren, setzt eine räumliche Verankerung dieses Systems voraus. Häufig reicht auch ein Briefkasten, um diesem Bedürfnis genüge zu tun - so bei den häufig dubiosen Briefkastenfirmen in Übersee.

Erst wenn klar ist, daß eine Organisation eine räumliche Basis zur Grundlage hat, können organisierte Operationen in den Raum hinausgreifen und sich räumlich verselbständigen. Der Einkaufsmanager des Textilunternehmens fliegt von einem Land zum anderen, um dort Geschäfte im Namen seiner Firma zu tätigen. Geschäfte können nicht nur in den Bürogebäuden der Organisation, sondern z.B. auch in den VIP-Loungen großer Sportveranstaltungen besprochen und getätigt werden.

Spricht man also von einer klaren und notwendigen räumlichen Situierung der Organisation, so ist damit *nicht* gesagt: Entscheidungen können sich ausschließlich im durch Gebäudefassaden markierten Raum vernetzen (auch wenn die meisten organisierten Entscheidungen faktisch dort getroffen werden). Die Fundierung organisierter Sozialsysteme in notwendig *bestimmten räumlichen Verhältnissen* weist lediglich darauf hin, daß Kommunikationsfähigkeit als konstitutives Systemmerkmal auf eindeutige und einigermaßen dauerhafte räumliche Verankerung angewiesen ist. Nur vor diesem Hintergrund können die Fassaden der Organisationsgebäude die Zerschneidung des sozialen Raumes in *unterschiedliche Sphären der Erwartungsbildung* markieren. Räumliches Substrat und Formalisierung von Erwartungen qua Mitgliedschaft sind gewissermaßen gleichursprünglich. Nur vor diesem Hintergrund können Organisationen als besondere Form des Umgangs mit doppelter Kontingenz betrachtet werden. Als besondere soziale Systeme zeichnen sich Organisationen dadurch aus, daß sie die Unterbestimmtheit von Handlungszusammenhängen wirksam ausschalten. Hierzu dient das Mitgliedschaftskriterium. Wer Mitglied in einer Organisation wird, bindet die Kontingenz des eigenen Handelns. Organisationsmitglieder sehen sich speziell auf sie gerichteten Erwartungen gegenüber, denen sie nicht ausweichen können. Enttäuschen sie die Erwartungen hartnäckig, so droht der Mitgliedschaftsverlust.

Wenn Organisationen als besonderer Typus sozialer Systeme einen eigenen, von ungeregelten, freien Interaktionen vollkommen unterschiedlichen Modus der Erwartungsbildung entwickeln, dann gelingt das nur durch eine eindeutige räumliche Markierung besonderer Sozialbeziehungen. Nur wenn der soziale Raum klar durchtrennt wird, können organisierte, formale Sozialbeziehungen etabliert werden. Wenn über bestimmte Prämissen, Normen und Regeln Konsens herrschen soll, dann muß stets bekannt sein, wo und in welchen räumlichen Zusammenhängen dieser Konsens gelten soll. Rollentrennungen zwischen Dienstrollen und sonstigen Rollen müssen räumlich spezifiziert werden. Man muß nicht nur wissen, *wann* formale Verhaltenserwartungen das eigene Erleben und Handeln regeln können und dürfen, nämlich zur Dienstzeit. Vielmehr ist die zeitliche Spezifikation von formaler Organisation als Dienstzeit erst möglich, wenn sie durch räumliche Trennung von sonstigen gesellschaftlichen Zusammenhängen unterlegt ist. Die Formalisierung von Verhaltenserwartungen durch formale Organisation verweist konstitutiv auf einen räumlichen Geltungsbereich organisierter Rollen, Normen, Programme usw. Das organisierte System ist auf eine räumliche Markierung angewiesen.

Wenn ohne exklusive Raummarkierung keine Organisationsbildung möglich ist, dann stellt sich die Frage: Wann, wie und warum gelingt die organisatorische Zerschneidung des sozialen Raumes? Die Möglichkeit, den sozialen Raum unter bestimmte Bedingungen zu stellen, ist keine Selbstverständlichkeit der sozio-kulturellen Evolution. Das Verbot, bestimmte Räume zu betreten, mußte z.B. in einfachen Gesellschaften religiös stabilisiert werden. Solange sich Sozialbeziehungen durch personale Abhängigkeit vornehmlich in der Sozialdimension stabilisieren, ist eine räumliche Zerschneidung von Gesellschaft kaum zu plausibilisieren oder mußte, wie in den Klöstern, in voller Radikalität durchgeführt werden, um in die Erwartungslandschaft der Gesellschaft zu passen. Wenn der Inselraum der Organisation schließlich doch zum Normalfall der modernen Gesellschaft wird: Warum gelingt es jetzt, den Raum in die Dispositionsmasse sozialer Systeme einzuführen?

Betrachtet man den Territorialstaat samt seinen zusehends zu 'Staatsbürgern' werdenden Mitgliedern als Organisation, dann wird verständlich, wie der Staat gleichsam den ersten Schnitt in den sozialen Raum der Gesellschaft setzt und sie damit grundlegend und irreversibel verändert. Umgekehrt verdeutlicht die exklusive Territorialität des Staates, daß er gerade als *als Organisation* adäquat beschreibbar wird. Grenzen hatten im stratifizierten Europa nie den Charakter räumlich eindeutig feststellbarer Demarkationslinien. Als solche hätten sie auch für die Gesellschaft keinen Sinn gehabt. Grenzen hätte der Verweis auf unterschiedliche Erwartungen, Rollen, Sprachen und Normen gefehlt. Wenn Sozialbeziehungen durch das persönliche Abhängigkeitsverhältnis von Grundherr und Bauer definiert sind und die kleine Oberschicht ein über Grenzen in Latein oder Französisch laufendes Eigenleben führt - wozu bräuchte man eindeutig feststellbare Staatsgrenzen? Dazu paßte, daß der bis dato vorherrschende dynastische Trieb die Könige und Fürsten nach Ländersammlungen trachten ließ, die durch regelmäßige Landes- und Erbteilungen alles andere als einen territorial fest umrissenen Staatskörper darstellten. Äußerlich-unorganisches Herrschaftsstreben führte zu Hausmachtkonglomeraten der Dynastien. Familienrücksichten unterliefen den Bestand des Staatsgebietes (Näf 1967: 108).

All das ändert sich, wenn der soziale Raum explizit mit bestimmten Erwartungen, Normen, Regulierungen und Sonderbedingungen verbunden wird (vgl. Baumann 1995: 84f.). Erst dann muß genau diskriminiert werden, auf welchem Territorium man sich befindet. Jellineks Betonung des *Staatsgebietes* neben den weiteren Elementen Staatsvolk und Staatsgewalt erhält vor diesem Hintergrund zusätzliche Schärfe (Jellinek 1959: 394ff.). Blickt man von heute auf den Zusammenhang von Organisation und Raum zurück, so ist der Territorialstaat der frühen Neuzeit unter organisationssoziologischen Gesichtspunkten ein Sonderfall. Nach der industriellen Revolution und weiteren einhundert Jahren massiver

Ausdifferenzierung insbesondere von Wirtschaftsorganisationen ist man daran gewöhnt, bei Organisationssystemen an Büro- oder Fabrikgebäude zu denken, deren raumgebundene Existenz weniger ins Auge fällt als die des Territorialstaates. Die ausgreifende Territorialität des Staates bedingt zudem einen besonderen Mitgliedschaftscharakter. Im Gegensatz zur räumlich verdichteten Wirtschaftsorganisation, die man morgens betritt und abends verläßt, befindet man sich als Staatsbürger (fast) immer im räumlichen Geltungsbereich der Staatsorganisation. Gesetze, Verordnungen und Programme des Staates gelten auf seinem Territorium überall und ausnahmslos. Man ist deshalb permanent Staatsbürger. Gleichwohl verbleibt die Mitgliedschaft auf eigentümliche Art und Weise im Hintergrund. Nur wenige werden ihre Zugehörigkeit zu einem Staat als Kontingenz implizierende Entscheidung erleben. Deshalb ist die Legitimität des Entscheidens eine besonders heikle Größe für den neuzeitlichen Staat, „der sich als souverän versteht und sich daher in jeder Hinsicht rechtfertigen muß" (Luhmann 1960: 102). Das Erscheinungsbild des Staates als Organisation ist auch deshalb problematisch, weil er überall und nirgends ist. Gerade weil er räumlich weit ausgreift, ist er überall vorhanden, kann aber nirgendwo - anders als das Firmengebäude - auf den Punkt gebracht werden, so daß man sagen könnte: Das ist er! Der Staat kann immer nur lokal-punktuell agieren, obwohl er sich als Souverän über ein immenses Territorium versteht. Diese bisweilen ohnmächtige Omnipräsenz hatte schon bei der Behandlung des Komplexes 'Jugend und Gewalt' zu der Einsicht geführt, daß dort, wo der Staat als einzige denkbare Ordnungsgröße fungiert, freie und ungeregelte Interaktion vorherrscht, die gewaltanfällig und konfliktnah ist (vgl. IV.2).

Eine weitere Konsequenz der räumlichen Zerschneidung von Gesellschaft ist die neuartige Einführung von *Unpersönlichkeit* in die Sozialbeziehungen. Solange im Feudalsystem Unterschichtenkommunikation segmentären, durch lokale ländliche Schemata geprägten Mustern folgte und Mitglieder der Oberschicht inklusive des Königs sich als Gleiche unter Gleichen verstanden (Jacoby 1969: 27), lag es nahe, jeglichen sozialen Zusammenhang in der Sozialdimension zu stabilisieren. Personenkreise unterlagen einer im Vergleich zu heute geringen Kreuzung, so daß man sich kannte. Sobald jedoch der Raum als definiens einer sozialen Einheit verwendet wird, kann Personalität als primäres gesellschaftliches Sortierschema nicht mehr aufrechterhalten werden. Anstelle der persönlichen Unterwerfung unter einen Herrscher tritt nun die Unpersönlichkeit der räumlichen Zugehörigkeit zu einem neuartigen Gebilde. Während die seit 'unvordenklicher' Zeiten bestehende Forderung des Seigneurs auf den Zehnten der bäuerlichen Ernte personal prämiert ist und dieses traditionelle Privileg des Adels sich nicht von der Person des Seigneurs trennen läßt, „da es die soziale Beziehung zwischen Seigneur und Bauer *mitdefiniert* und diese Beziehung von Geburt her besteht" (Giesen 1991: 193f.), bedeutet die mit der Entwicklung des Fürstenstaates zum Finanzstaat einhergehende Besteuerung des Untertanen „für alle Mitglieder der Gesellschaft, daß Aufgaben und Befugnisse aus den Händen ihnen örtlich verbundener, persönlich bekannter Menschen in die Hände entfernter, unpersönlicher Ämter übergingen" (Jacoby 1969: 37). Für den modernen Staat wird der fremde, nicht lokal eingesessene Beamte, wenn auch nicht zum Normalfall, zumindest aber zum neuartigen Fall von Unpersönlichkeit, die mit der *superioritas territorialis* der neuen Staatsorganisationen möglich und notwendig wird. Erst vor dem Hintergrund der Ausdifferenzierung einer raumbindenden Staatsorganisation wird dann auch plausibel, daß Herrschaft als fremde, also nicht persönlich legitimierte Herrschaft perzipiert wird.[103]

Blickt man von diesen theoretisch gehaltenen Überlegungen zurück zum historischen Material, dann wird deutlich, daß Bündnisrecht und Landeshoheit die Ausbildung des Territorialstaates auf den deutschen Territorien spätestens 1648 abschließen. Die neuen Einheiten erlangen kollektive Handlungsfähigkeit nach außen und Souveränität nach innen. Die neue Ordnung wird auch territorial endgültig festgeschrieben. In Gefolge der Religionskriege entsteht das europäische Staatensystem. Die Permanenz des Religionskrieges bis zum Westfälischen Frieden spiegelt eine eigentümlich Gemengelage wider, die einerseits die neue, auch militärisch unterlegte Staatlichkeit der neuen Zeit, andererseits die alten dynastischen Streitereien vermischte. Die Konfessionalisierung legte sich in dieser Zeit über die Differenz von alt und neu. Dynastisch bestimmte „Außenpolitik" und nationalstaatlich geprägte Außenpolitik werden zusammengeschüttet und ununterscheidbar zu einem übergreifenden Konfliktsystem integriert, das sich durch extreme Zweiwertigkeit auszeichnet. Konfliktsoziologisch betrachtet ist das Zeitalter der Religionskriege deshalb eine Übergangszeit. Auf die endgültige Aufkündigung des christlichen Universalismus reagiert Europa mit einer neuen Situationsdefinition. Ganz gemäß der obigen konfliktsoziologischen Überlegung, derzufolge sich Kommunikation als Konflikt neuformieren kann, wenn eine sachliche Abgleichung von Erwartungsstrukturen nicht mehr gelingt (vgl. II.3), schreitet das frühneuzeitliche Europa zur Verschiebung der Sinnverarbeitung in die Sozialdimension, um sich nun an personalen Erwartungscollagen entlangzuhangeln. Protestanten hier, Papst dort - das waren die religiösen Pole, die das konfessionelle Zeitalter ordneten. Die radikale Personalisierung in Freund und Feind läßt die eigentliche Innovation der Zeit - die Etablierung von auf Unpersönlichkeit und Raum basierenden Staatsorganisationen - für einige Zeit in den Hintergrund treten, so daß die Dimensionen des Neuen noch nicht voll erkennbar werden.

Auch wenn mit dem Abklingen der Religionskriege nach 1648 die dynastischen Herrschaftskriege noch nicht ganz verschwinden - man denke an den dreizehnjährigen Spanischen Erbfolgekrieg zwischen Frankreich auf der einen, Österreich, den Niederlanden und England auf der anderen Seite bis zu den Frieden

---

103　Dieser Gedanke fehlt bei Richter 1996: 186ff., der die neuartige Beobachtung von Fremdherrschaft auf eine nicht weiter erläuterte „Ausweitung von Kommunikationsmöglichkeiten" zurückführt.

von Utrecht (1713) und Rastatt (1714) -, so setzt sich nun unaufhaltsam ein neuer Konfliktstil durch, der der Ausdifferenzierung von handlungsfähigen Staatsorganisationen Priorität einräumt. Auch wenn die Konfession die politische Leitsemantik der Zeit blieb, übernahmen jetzt die politisch-strategischen Zwecke die Oberhand über religiöse Vorstellungen, wie die englisch-niederländischen Beziehungen des 17. Jahrhunderts beispielhaft zeigen. „Während man in England die eigene Revolution in den 1640er Jahren noch als Teil der großen internationalen Bewegung des Protestantismus verstand und sogar mit den niederländischen Generalstaaten über eine Fusion verhandelte, konnte die wirtschaftliche Konkurrenz beider Länder wenig später, der protestantischen Brüderschaft zum Trotz, nicht mehr übersehen werden...Seekriege zwischen England und den Niederlanden in den 1650er Jahren waren die Konsequenz. " (Richter 1996: 175) Dem Zeitalter der dynastischen Kriege und der Übergangszeit der alle Differenzen unter sich begrabenden Religionskriege folgte das Zeitalter der nationalstaatlichen Kriege.

Diese Beobachtung ergibt sich konsequent aus den Überlegungen zur Ausdifferenzierung von Staatsorganisationen. Konfliktsoziologisch betrachtet begeht die sozio-kulturelle Evolution mit der Ausdifferenzierung von Staatsorganisationen vollkommen neues Terrain. Interagierende Organisationen stellen eine neuartige Kommunikationsform dar, von der Thomas Hobbes meinte, daß sie notwendig im Naturzustand anzusiedeln sei und dort verbleiben müsse. Die Ausdifferenzierung von Staatsorganisationen stellt nicht nur nach innen innovative Sozialbeziehungen her, sondern auch nach außen. Die neuen Einheiten kontinuieren die politischen Umgänge, die sie vorfinden: Sie kommunizieren miteinander und betreiben Politik. Der entscheidende Unterschied zur alten, dynastischen Politik besteht jedoch darin, daß die beteiligten Personen jetzt kollektiv handlungsfähige Staaten vertreten. Sie treten - gleichsam mit 'geschwollenem Kamm' - selbstbewußt nach außen und können darauf verweisen, daß keinerlei Interna ihnen in den Rücken fallen werden. Die Fürsten der frühneuzeitlichen Staaten verweisen auf ihr *droit de souverainité* und geben zu erkennen, daß ihre Machtbasis gewachsen ist. Sie sind nicht mehr Herrscher, die sich stets des Konsenses ihrer Vasallen versichern müssen. Die neue Position wird mit ostentativ entfaltetem Pomp und Prunk der Öffentlichkeit präsentiert. Das prominenteste Beispiel dafür ist bekanntlich der Sonnenkönig Ludwig der XIV., den Poggi treffend beschreibt:

„Der König von Frankreich war bis in den letzten Winkel seiner Person hinein eine 'öffentliche' Figur. Seine Mutter hatte ihn in Öffentlichkeit zur Welt gebracht, und sein Leben vollzog sich von diesem Moment an fortan, auch in den trivialsten Augenblicken, vor den Augen eines Gefolges, das würde- und ehrenvolle Ämter innehatte. Er speiste in Öffentlichkeit, er ging in Öffentlichkeit zu Bett, er wachte in Öffentlichkeit auf, machte in Öffentlichkeit Toilette, und er entleerte seine Blase und seinen Darm in Öffentlichkeit. Gebadet hat er in Öffentlichkeit nicht eben häufig, aber dann tat er diese auch nicht insgeheim privatim. Es ist mir nicht bekannt, daß er in Öffentlichkeit kopuliert hätte; aber weit davon entfernt war er auch wieder nicht, bedenkt man die Umstände, unter denen er seine hehre Braut entjungfern sollte. Als er (in Öffentlichkeit) starb, wurde sein Leichnam eilig und hastig in der Öffentlichkeit zerstückelt und in seinen Einzelteilen feierlich an die Erhabeneren aus dem Kreis der Standespersonen übergeben, die ihm in seinem sterblichen Dasein Gefolgschaft geleistet hatten." (zitiert nach Mann 1991: 334)

Prachtentfaltung und Glanz bekannter Versailler Säle spiegeln insbesondere einen jetzt irreversiblen Zusammenhang wider: Die neugewonnene kollektive Handlungsfähigkeit der europäischen Staaten bedeutet konfliktsoziologisch betrachtet ein ungeahntes Potential für Streit, Hader, Kollisionen, Gegensätzlichkeiten und: Krieg. Es versteht sich keinesfalls von selbst, daß die innovative Aktionsfähigkeit der staatlichen Großkomplexe vom Personal mit ruhiger Hand und Weitblick gehandhabt wird. Ganz im Gegenteil ist die Bereitschaft, 'Nein' zu sagen, immens angestiegen. Die Veränderung gegenüber der dynastischen Tradition kann dabei nicht einfach als Machtsteigerung begriffen werden, wie Lutz treffend bemerkt:

„Die neue Dynamik von Krieg und Frieden, die seit dem ausgehenden 15. Jahrhundert Europa verändert, bedeutet nicht einfach, daß Kriege wie Friedensschlüsse häufiger auftreten und räumlich weiter ausgreifen und also eine Mehrzahl von Staaten (und Menschen) betreffen. Es ändert sich nicht nur das Ausmaß, sondern auch die Qualität die Machtrivalitäten zwischen den Staaten bzw. zwischen den monarchischen Inhabern des staatlichen Gewaltmonopols, *das nach innen wie nach außen immer uneingeschränkter auftritt* und immer weitere Sektoren der Gesellschaft beherrscht und in Mitleidenschaft zieht." (Lutz 1984: 33)

Der Begriff der *Staatsraison* bringt die neuen Verhältnisse auf den Punkt. Als Gegenbegriff zur mittelalterlichen Verpflichtung der Politik auf das Gemeinwohl begründet die Staatsraison nach innen die staatliche Durchdringung und progressive Zurückdrängung aller intermediärer Instanzen - ein Prozeß, der in Deutschland bis ins 20. Jahrhundert andauert. Nach außen legitimiert die Staatsraison „die Durchsetzung außenpolitischer Interessen in einer Situation des anarchischen internationalen Naturzustandes, in der das Zusammenleben aller immer auf die Selbsterhaltung des einzelnen gestellt bleibt und (notfalls militärische) Selbsthilfe als legitimes Mittel zur Verwirklichung eigener Ziele gilt" (Meyers 1991: 145). *Die handlungsfähigen Staatsorganisationen treten ein in einen Zustand ungeregelter Interaktion.* Sie begegnen einander im Niemandsland struktureller Erwartbarkeit. Es gibt keine vorgängig etablierte Ordnung für miteinander kommunizierende Staatsorganisationen. Die Interaktion der Organisationen muß sich zunächst mehr oder minder naturwüchsig einspielen. *Keine rechtlichen Verfahren, keine Gerichte, keine Rituale, keine übergreifenden Organisationen - die neue interstaatliche Kommunikationsart kennt keine Vergangenheit, auf deren Erfah-*

rungswerte zurückgegriffen werden könnte, wohl aber (oder: gerade deshalb) eine kriegerische Zukunft. Könnte man schon die einfache, ungeregelte Interaktion als ausreichend konfliktanfällig ansehen, so ist die neue Interaktionsebene der internationalen Politik in mehrfacher Weise zusätzlich für Krieg disponiert. Treten in einfachen Konfliktinteraktionen simple Personen einander gegenüber, die den Streit mittels Wortgefechten, Beleidigungen, gegebenenfalls auch Handgreiflichkeiten oder manifesten Gewalttaten austragen, gegebenenfalls den Konflikt aber auch durch Auseinandergehen beenden können, so treffen in der Politik der Staaten hochgradig agile Einheiten aufeinander, die sich aufgrund der territorialen Gegebenheiten nicht einfach ignorieren können, sondern, gerade bei gemeinsamen Grenzen, unweigerlich und dauerhaft miteinander zu tun haben. Die Territorialstaaten können nicht anders als miteinander kommunizieren, denn nur ein souveräner Territorialstaat ist ein adäquater Ansprechpartner für einen souveränen Territorialstaat, so daß Watzlawicks „Man kann nicht nicht kommunizieren" auch auf der neuen Ebene der internationalen Beziehungen eine der einfachen Interaktion vergleichbare Bedeutung gewinnt (vgl. Watzlawick, Beavin 1980: 98). Anders als kopräsente und dann notwendig interagierende Personen, deren Zusammentreffen aufgrund der Differenz von Interaktion und Gesellschaft stets episodisch und kontingent bleibt, wird das jetzt als Diplomatie firmierende Geschehen von vornherein auf Dauer angelegt. Staaten brauchen sich nicht erst wahrzunehmen - ein Blick auf die Landkarte genügt, um an die in Frage kommenden Gesprächs-, und das heißt auch: möglichen Konfliktgegner erinnert zu werden.

Ebenfalls nicht unterschätzt werden darf die Macht der Tradition. Auch vor Beginn des Zeitalters organisierter Staaten war der Krieg eine alltäglich Normalität, so daß „for the first half of our millennium, indeed, it is hardly worth asking *when* states warred, since most states were warring most of the time...Before 1500, the more meaningful questions are not when states warred, but who fought whom, how often, and how vigorously." (Tilly 1990: 184f.) Die Fürsten standen in einer langen Tradition militärischer Auseinandersetzungen, deren legitimatorische Kraft umso willkommener war, als der Krieg planvoll zur beschleunigten Beförderung der eigenen Zwecke eingesetzt werden konnte. Die Ausbildung des modernen souveränen Staates war - darauf ist bereits hingewiesen worden - in den Augen der Zeitgenossen alles andere als eine eigenlogisch bis zur Irreversibilität durchlaufende Entwicklung mit vorgegebenem Souveränitätstelos. Der Staat mußte seine Landeshoheit über lange Zeit mit den grundherrschaftlichen Gegebenheiten verquicken, da er sein Territorium nicht von heute auf morgen bürokratisch durchdringen konnte. Vor diesem Hintergrund erscheint die Machtbefestigung der fürstlichen Hofverwaltung als stets gefährdet, so daß jeder Schritt zu ihrer Sicherung genehm ist. Kriegerische Auseinandersetzungen geben eine ausreichende Legitimitätsgrundlage für die Verstetigung der fürstlichen Steuerwünsche.

Je mehr diese Strategie gegenüber den ständischen Nebenbuhlern zur Souveränität führt, desto akuter entwickeln die Staatsorganisationen eine konfliktträchtige Schizophrenie, die aus dem in der Geschichtswissenschaft vieldiskutierten Zusammenspiel von innen und außen resultiert.[104] Während der Staat im Innenverhältnis von Sieg zu Sieg eilt, seine Souveränität ausbaut und umfangreiche Kompetenzen an sich reißt, so daß schließlich intern keine Macht neben ihm steht, ist er nach außen bestenfalls *primus inter pares* im europäischen Konzert der Mächte. Die aus diesem Mißverhältnis im Erleben der Staatsorganisation resultierende Spannung verlangt nach Linderung, wenn nicht Entladung. „In diesem Steigerungsprozeß staatlicher Machtansprüche und zwischenstaatlicher Rivalitäten sind die einzelnen Machthaber zugleich Treibende und Getriebene, also weitgehend 'Gefangene' des Prozesses." (Lutz 1984: 33) Das Gefälle zwischen nach innen und nach außen gezeigtem Selbstverständnis generiert die Eigendynamik eines europäischen multipolaren Konfliktsystems, das unmittelbar an die Ergebnisse der Konfessionskriege anschließt. Vor dem Hintergrund der stets und notwendig perzipierten äußeren Bedrohung der eigenen Existenz bei gleichzeitiger interner Machtsteigerung ist die innere Militarisierung geradezu zwingend.

Entsprechend der neuen Logik eines Zeitalters der Organisation wird diese Problemstellung einer staatlich-organisierten Subsystemlösung zugeführt. Waren militärische Unternehmungen traditionell durch zusammengekaufte Söldnerheere realisiert worden, beginnt nun die Geschichte des *miles perpetuus*. Der Staat macht sich durch die Etablierung des stehenden Heeres unabhängig von der „beschränkten und unsicheren Gefolgschaftsleistung der (mittelalterlichen) Lehensaufgebote ebenso wie von den jeweils nur ad hoc gewährten Steuerbewilligungen der (frühneuzeitlichen) Stände" (Meyers 1991: 163). Das Militär als neues Rückgrat der Souveränität wird als staatliche Suborganisation nicht nur zu einer geschlossenen und verstetigten Organisation, sondern auch zu einer Disziplinierungsinstanz, die nicht nur dem Umfang nach vervielfacht, sondern auch qualitativ auf Effizienz getrimmt wird: „Um Einheit, Präzision und Kalkulierbarkeit der Truppenkörper zu erreichen, wurden die Soldaten einem sorgfältig ausgearbeiteten Exerzierreglement unterworfen, das ein ständiges Üben bestimmter Waffengriffe und Bewegungen vorsah. Zur Koordination wurde eine neue, unmißverständliche Kommandosprache eingeführt, die zwischen Ankündigungs- und Ausführungsbefehlen unterschied und die oft komplizierten Bewegungen in Einzelschritte aufschlüsselte. Die unterschiedlichen Stellungen und Wendungen der

---

104   Vgl. den Rückblick von Schulze 1991: 169ff., auf die von Eckart Kehr initiierte Abkehr von einem methodischen Primat der Außenpolitik in der Geschichtsforschung zu einer wechselseitigen Betrachtung von Innen- und Außenpolitik sowie Wehlers (1995) neuerliche Revision des von ihm gegen die frühere Geschichtsschreibung formulierten Primates der Innenpolitik des deutschen Kaiserreiches. Für die politikwissenschaftliche Diskussion leistet der Band von Czempiel (1969) einen nach wie vor wertvollen Überblick.

Soldaten wurden wie geometrische Grundfiguren behandelt und systemati-
siert...die Kasernierung [steigerte] in einer nach geometrischen Prinzipien konstruierten Anlage die Kontrollierbarkeit der Truppen und schuf allererst den
Rahmen für das tägliche Exerzieren im Garnisonsdienst." (Breuer 1994: 46f.) Erst
vor dem Hintergrund einer organisatorischen und damit auch räumlich klaren
Trennung der Truppe von der Bevölkerung wird es denkbar und sinnvoll, die
„oranische Heeresreform" durchzuführen, zunächst ausgesuchte Untertanen zum
militärischen Dienst heranzuziehen und die Mitglieder des Staatsterritoriums zu
bewaffnen. Die Transformation des Söldnerheers in das Volksheer, die in der
französischen „levée en masse" und der allgemeinen Wehrpflicht (Preußen 1814)
kulminiert, markiert eindrucksvoll den inzwischen irreversibel gewordenen Prozeß der Durchsetzung der Staatsorganisation. War es im Feudalsystem undenkbar
gewesen, die Unterschicht zu bewaffnen, da man ihr stets Revoltegelüste nachsag-
te, so wird die Waffe in der Hand des disziplinierten Staatsbürgers nun zum Normalfall. Dabei sind die Übergänge von alter zu neuer Heeresverfassung, ebenso
wie die vom feudalen zum souveränen Staat, fließend, so daß sich alte und neue
Zustände, insbesondere auf dem Lande und in Preußen, zu vermengen wissen
(Wehler 1987: 244ff.). Die Truppenstärken vervielfältigen sich also nicht nur,
sondern werden in ihrer Schlagkraft durch organisierte Sozialdisziplinierung
potenziert, so daß die selbstzugeschriebene Handlungsfähigkeit der Staaten rasant
zunimmt. Das Militär avanciert zur Eintrittskarte des internationalen Konfliktsystems.

Im Dauerstreit der europäischen Mächte vom Westfälischen Frieden von
1648 bis ins 19. Jahrhundert findet sich eine hervorstechende Konfliktbereitschaft
auch aufgrund der ausgeprägten und handfesten Asymmetrien zwischen den
Konfliktparteien, und auch in dieser Hinsicht ist der Vergleich mit einfachen
Konfliktinteraktionen fruchtbar. Ausgangspunkt ist die Überlegung, daß die Perzeption von Ungleichheiten, differentieller Fähigkeiten in der Konfliktteilnahme
und allgemeiner Streitasymmetrien die Bereitschaft zum Konflikt erhöht. Wer
sich überlegen fühlt, wird eher das Nein wagen als derjenige, der sich seines Status nicht sicher ist oder gar Unterlegenheit annimmt. Die Ausbildung solcher
streitförderlicher Asymmetrien ist in der durch wechselseitige Kopräsenz gekennzeichneten einfachen Interaktion durch die mutuale Wahrnehmung der Körper
zumindest begrenzt. Überlegenheitsunterstellungen mögen zwar durch differentielle rhetorische und allgemeine körperliche Merkmale an der Tagesordnung
sein. Sie erreichen jedoch niemals das Ausmaß, das durch extrem divergierende
territoriale Ausstattungen und militärische Ressourcen zwischen Staaten des neuzeitlichen internationalen Konfliktsystems möglich geworden ist. Während die
Realisierung von angenommenen Überlegenheiten in Interaktionskonflikten eine
höchst ungewisse und prekäre Angelegenheit darstellt, suggerieren die zwischenstaatlichen Asymmetrien Eindeutigkeit, Kalkulierbarkeit und sichere Verwertbar-
keit. Man kann abzählen und errechnen, wieviel Soldaten mehr zur Verfügung
stehen, wieviele Schiffe auf den Meeren präsent sind, wieviel Nachschub auf wel-

chem Wege notwendig ist und welche Distanzen die eigenen Truppen überwinden können und müssen, um den Gegner zu schlagen. Die Kriegsführung wird zur Wissenschaft, die Berechenbarkeit und Sicherheit der Ergebnisse wenn auch nicht garantiert, so doch zumindest nahelegt, so daß die gezielten militärischen Abtäusche der absolutistischen Zeit typisch werden. Kriegsziele können in klare Vorstellungen eingearbeitet werden. Bei ausreichender Asymmetrie im Vergleich zum möglicherweise geschwächten Gegner nimmt man sich einfach ein bestimmtes Territorium (wie z.b. Preußen 1740 Oberschlesien). Zudem ermöglicht der organisierte, kompakte Aggregatzustand territorial-militärischer Machtkomplexe die bewußte Konstruktion von Überlegenheiten durch Aufaddierung staatlicher Machtquanten, da das multipolare europäische Konfliktsystem alles anders als fest integriert ist und beliebige Konstellationen zuläßt. Es wird zur Sache der Diplomatie, durch ständiges Kontakthalten und suchendes Vordringen in alle Richtungen eigene Überlegenheiten zusammenzustellen oder zumindest fremde Prävalenzen zu verhindern. Man kann direkt und offensiv agieren, Allianzen schmieden, andere Allianzen tolerieren, ihnen beitreten, sie zur Auflösung auffordern, militärischen Offensiven zur Seite treten, sie ganz oder nur teilweise unterstützen, sich mit Unterlegenen solidarisieren, Bedingungen stellen, Drohungen aussprechen usw. Alle der bisweilen widerwärtigen Spiele, die auch im alltäglichen, interaktiven Mikrokosmos der Macht das Handeln beeinflussen, werden ins europäische Konzert der Mächte hochtransponiert und dort in ihrer Effizienz durch kollektive Megahandlungsfähigkeit potenziert. Da darüber hinaus das Teilnehmerfeld klar umgrenzt ist, hat man es - ähnlich wie in der Familie - immer mit denselben Handlungspartnern zu tun, so daß sich auch im europäischen Konfliktsystem eine hochgradige Personalisierung einstellt (vgl. IV.1). Die diplomatischen Verhandlungspartner bleiben dieselben, so daß sich die interstaatliche Kommunikation mit personal angereicherten Mißstimmungen durchsetzen mag. Die Diplomatie gerät dabei in sozialdimensional belastetes Feld, das Konfliktnähe impliziert.

Aufgrund der Präferenz für Streit, Disharmonie, Zerrissenheit und Uneinigkeit unter den wettbewerbsorientierten europäischen Staatsorganisationen gleitet das neuzeitliche europäische Staatensystem von einem Konflikt in den nächsten. Spanien gegen Portugal - Englisch-Holländischer Seekrieg - Polen muß sich gegen russische und schwedische Angreifer verteidigen - Dänemark gegen Schweden und die ständigen Probleme der Habsburger mit Ungarn, Siebenbürgen und den Türken - so stellt sich z.B. die Situation in den 1660er Jahren nach dem Regierungsantritt Ludwig XIV. dar. In dieser Situation konnte „die französische Diplomatie in der besten Tradition Richelieus diese Umstände für sich nutzen, indem sie die Portugiesen gegen die Spanier, die Magyaren, Türken und deutschen Fürsten gegen die Österreicher und die Engländer gegen die Niederländer ausspielte" (Kennedy 1989: 168f.). Ludwig nutzte die Zeit zur Sicherung seiner Herrschaft nach innen und zielte auf eine in diesem Augenblick günstige Gestaltung Europas nach seinen Wünschen. Frankreich war eigentlich verpflichtet, den

Niederlanden im Kampf gegen England beizustehen, sah es jedoch als strategisch klüger an, sich kaum an den Seekämpfen zu beteiligen und statt dessen selbst in die südlichen Niederlande einzumarschieren. „Was dann folgte, war ein frühes Beispiel für die rasanten diplomatischen Verschiebungen dieser Zeit. Die Engländer und die Niederländer, die beide ihren unprofitablen Krieg satt hatten und die Ambitionen der Franzosen fürchteten, schlossen im Juni in Breda Frieden und versuchten, von Schweden unterstützt, in dem französisch-spanischen Disput zu 'vermitteln', um Ludwigs Gewinne zu begrenzen. Der Aachener Friede von 1668 erreichte genau dieses, allerdings auf Kosten eines erzürnten französischen Königs, der den Entschluß faßte, sich an den Niederlanden zu rächen..." (Kennedy 1989: 169).

Was hier ausschnitthaft für eine kurze Phase kurz nach der Etablierung der europäischen Ordnung in Gefolge des Westfälischen Friedens benannt wurde, läßt sich in den folgenden Jahrhunderten ohne nennenswerte Veränderungen weiterverfolgen: kriegerische Auseinandersetzungen um die Suprematie im europäischen Staatensystem, die rasant wechselnde Allianzen und stets launisches Kriegsglück für alle Seiten parat halten. Paul Kennedy, der eine glänzende Übersicht über das Kriegsgeschehen bis nach dem zweiten Weltkrieg gibt, kommt zu dem Ergebnis, daß gerade die Flexibilität und Wandlungsfähigkeit diplomatischer Arrangements die endgültige Übermacht einer Macht, insbesondere Frankreichs, verhindert hat. Wann immer sich ein Staat zu einer hegemonialen Vorrangstellung aufgeschwungen hat, mußte er mit Gegenkoalitionen rechnen, die das internationale Konfliktsystem früher oder später in den status quo ante zurückführten. Selbst Napoleons glanzvolle Beherrschung ganz Europas stand auf ihrem Höhepunkt im Jahre 1810 eigentlich kurz vor ihrem Ende, weil alle zur Neutralität und zum Abwarten verpflichteten Staaten nur darauf warteten, die französische Vormacht zu brechen, was bekanntlich schnell gelungen ist (Kennedy 1989: 216ff.).

Nach einem im Gefolge des Wiener Kongresses 1815 insgesamt ruhig zu nennenden 19. Jahrhundert wurde das eingespielte europäische Konfliktsystem durch zwei Weltkriege durcheinandergeschüttelt, erschüttert und schließlich aufgelöst bzw. in die Ost-West-Pattsituation der Nachkriegszeit transformiert. Michael Howard kommt rückblickend zu dem Ergebnis, daß die Zeit des europäischen Gleichgewichtes abgelaufen gewesen sei, da „if Hitler had not had such boundless ambitions and had not been in such a hurry to achieve them, the sheer industrial and economic power of Germany, even suffering under the burdens of defeat, even under the direction of the most moderate and reasonable of statesmen, would have brought her the unquestioned hegemony of Europe within at most another decade" (Howard 1983: 165). Die Ergebnisse des Zweiten Weltkrieges haben anstelle der deutschen Dominanz über Europa eine grundlegende Zäsur in die zwischenstaatliche Konfliktlandschaft gebracht, die konfliktsoziologisch betrachtet kaum fundamentaler ausfallen konnte und nach gänzlich neuen Perspektiven verlangt. Der grundlegende Einschnitt in der Geschichte zwischenstaatlicher

Konflikte ist gekennzeichnet durch die Ausdifferenzierung internationaler gouvernementaler Organisationen (IGOs), die die zwischenstaatlichen Interaktionen auf eine neue Stufe von Sozialität emportragen.

Der nach dem zweiten Weltkrieg stark beschleunigte Aufbau internationaler gouvernementaler Organisationen wird heute in wissenschaftlicher Perspektive von der Politikwissenschaft genauestens erforscht, vermessen und ausgeleuchtet. Dabei sind mehrere, miteinander konkurrierende Konzepte entwickelt worden, die den innovativen politischen Prozeß auf transnationaler Ebene abzubilden versuchen. Häufig trifft man in diesem Zusammenhang auf die Aussage, man könne heute von der Herausbildung eines „internationalen Systems" sprechen. Ernst-Otto Czempiel etwa grenzt den Begriff des „internationalen Systems" gegen den der „internationalen Politik" ab und versteht unter letzterem „die konkreten Interaktionen..., die zu einer bestimmten Zeit in einem internationalen System ablaufen und bestimmte Interaktionsfiguren ausbilden". Der Begriff des „internationalen Systems" ist demgegenüber „ein Strukturbegriff. Er bezeichnet die Interaktionstypen, die sich ergeben, wenn bestimmte Interaktionen auf Dauer mit einer gewissen Regelmäßigkeit stattfinden...Mit dem Begriff des internationalen Systems lassen sich also Vorgänge größerer Allgemeinheit bezeichnen, während wir mit dem der internationalen Politik konkrete Vorgänge von aktueller, begrenzter Dauer erfassen." (Czempiel 1987: 4) Czempiel sieht diese Begriffsbildung im Unterschied der angestrebten Reichweite von theoretischen Aussagen über internationale Beziehungen begründet. Dabei kommt Czempiel zu der vorläufigen Einschätzung, daß die Wissenschaft bei dem Versuch, dauerhafte internationale Strukturen theoretisch zu beschreiben, beim zeitgenössischen Niveau der Theoriebildung „vor gegenwärtig unlösbare Aufgaben gestellt" sei und deshalb zunächst nur „konkrete Vorgänge der internationalen Politik, also Interaktionsfiguren von sehr begrenzter Dauer" beschreiben könne und solle (Czempiel 1987: 5). Gleichzeitig kritisiert Czempiel die systemtheoretisch inspirierten Beschreibungsversuche von Charles A. McClelland (1966) und Richard Rosecrance (1963) mit dem Hinweis, „daß die Prozesse der internationalen Politik zwar bestimmte Verdichtungen von Interaktionen aufweisen, aber eben nicht die für ein System erforderlichen Charakteristika" (Czempiel 1987: 10; vgl. Senghaas 1988: 180, Lampert 1978). Johann Heck kommt deshalb zu dem Ergebnis, daß in der Analyse internationaler Beziehungen die Systemtheorie nicht überzeuge, die „heuristische Qualität" des Systembegriffes gleichwohl außer Frage stehe (Heck 1990: 21).

Nach der unter II.1 und II.2 geführten Diskussion über die Entwicklung der soziologischen Systemtheorie in den 70er und 80er Jahren dürfte klar sein, daß weder eine „heuristische" oder „analytische" Verwendung des Systembegriffes noch die Rede von „Systemen als Strukturen" für die Beschreibung internationaler Beziehungen und Konflikte akzeptabel ist. Legt man anstelle der unklar bleibenden Rede von einem „internationalen System" als Analyse- oder Strukturbegriff den Systembegriff der soziologischen Systemtheorie zugrunde, dann fällt die Antwort auf die Frage nach dem Systemcharakter der internationalen Ebene eindeutig aus. Bei dem hier interessierenden „System" auf supranationaler Ebene kommt nur die Vielzahl der organisierten internationalen Sozialsysteme selbst als Beschreibungsgegenstand in Frage. Organisationen sind reale, wirklich in der Welt vorkommende soziale Kommunikationssysteme (also keine analytischen oder heuristischen Konstrukte), die aus Entscheidungshandlungen bestehen. Sie behandeln das Handeln ihrer Mitglieder ebenso wie die Mitgliedschaft ihrer Mitglieder selbst als Entscheidung und konstituieren so eigene Systemgrenzen. Ihr definitiver Existenzmodus ermöglicht eine einfache und für jedermann leicht nachvollziehbare Identifikation der Organisation, so daß eine unscharf bleibende Diskussion über ein etwaiges „internationales System" überflüssig wird. Der Gegenstand der Analyse ist klar konturiert mit der Feststellung, daß die Nachkriegszeit durch die massive Ausdifferenzierung von internationalen gouvernementalen Organisationssystemen gekennzeichnet ist, deren Mitglieder, Programme und Entscheidungen identifiziert und beschrieben werden können.[105]

Mit dieser begrifflichen Disposition kann ein weiteres mögliches Mißverständnis beiseitegeräumt werden, das aus dem problematischen Status der internationalen Ebene erwächst und in der Forderung resultiert, die auf staatliche Akteure fixierte Sicht bei der Beschreibung internationaler Beziehungen zu verlassen. Die Schule des Realismus, der allgemein bescheinigt wird, daß das von ihr verwendete „Modell der Welt als Staatenwelt" (Czempiel 1987: 6) heutigen Ansprüchen angesichts der beschleunigten Verflechtungs- und Vernetzungserscheinungen nicht mehr genüge, hatte ihre Aussagen mit eindeutigen Referenzen ausgestattet. Der Realismus formuliert Aussagen über die internationale Politik, die sich auf staatliche nationale Akteure beziehen, die durch ihre Regierungen repräsentiert werden (Morgenthau 1963). Neorealisten lassen zusätzlich wirtschaftliche Akteure auftreten, um die Ebene des Internationalen breiter sichtbar zu machen (Krasner 1978; Gilpin 1981). Versucht man von hier aus, die Ebene des Internationalen zu formulieren, so gelangt man zu Aussagen über „Staatengemeinschaften" oder „sektoral-funktionale Verschmelzungen" sowie Theorien der „Staatenintegration" (Bellers 1984), die das Verhältnis von Nationalem und Internationalem nur graduell beschreibbar machen, weil sie implizit immer noch von der Nationalstaatsorganisation als derjenigen Einheit ausgehen, von der her Aussagen als Abweichungen von der nationalstaatlichen Souveränität formuliert werden. Begriffe wie Verschmelzung, Integration, Staatengemeinschaft stellen jedoch keine eigenständig ansprechbare und analysierbare Untersuchungsebene, oder, genauer gesagt, keine *Systemreferenz* bereit, die für die Beschreibung des über den souveränen Nationalstaat hinausgehenden und neuartigen der internationalen Beziehungen benutzt werden könnte.

---

[105]   Anders als Keck 1991 meine ich, daß eine an den internationalen Organisationen ansetzende Theorie der internationalen Politik keinesfalls theorielos und rein deskriptiv ist.

Die daraus resultierenden Probleme können in der Diskussion leicht aufgefunden werden. Kenneth N. Waltz hat den Versuch einer sowohl in nationaler wie internationaler Referenz argumentierenden Theorie unternommen, die sowohl souveräne Akteure als auch das „internationale System" zu berücksichtigen hat. Waltz sieht internationale Beziehungen als nicht voll ausgebaute Organisationen, deren strukturierender Charakter aus der wechselseitigen Beschränkung und Begrenzung von Staaten resultiert. Zwar gelange jeder Staat gemäß interner Prozesse zu Aktionen und Entscheidungen. Jedoch würden diese Entscheidungen schon durch die bloße Existenz anderer Staaten und durch die Interaktionen mit ihnen gestaltet und mitbestimmt. Erklärungen zwischenstaatlicher Beziehungen, die sich nur auf die Eigenschaften der Staaten und auf innerstaatliche Momente beziehen, verfielen einer reduktionistischen Erklärungsweise. Statt dessen seien Erklärungsmomente auf der Ebene der Einzelstaaten *und* auf der Ebene der Gesamtbeziehungen zu suchen, so daß man von einer wechselseitigen Bedingtheit, gegenseitiger Einschränkung und Kontrolle zwischen den Staaten und der internationalen Ebene sprechen könne (Waltz 1975: 67).

So plausibel diese Kritik klingt, so wenig scheint sie für die Theoretiker der internationalen Beziehungen ausreichende theoretische Bestimmtheit zu leisten. Ernst-Otto Czempiel hat gegen Waltz eingewandt, daß trotz seiner berechtigten Reduktionismus-Kritik die Vernachlässigung der z.B. dem Realismus zugrundeliegenden Prämissen durch Waltz unzulässig sei. Waltz' Ansatz erliege mit der Akzentsetzung auf die Eigenschaften des internationalen Systems der eigenen Kritik, benutze gleichzeitig jedoch selbst implizit das realistische Modell der Staatenwelt und entgehe trotz seiner Betonung des 'sowohl als auch' nicht den grundlegenden Problemen der internationalen Politik. „Aber auch die grundlegende theoretische Annahme, daß die Systemstruktur [des internationalen 'Systems', G.N.] das Verhalten der Systemmitglieder bestimmt, will nicht recht überzeugen." (Czempiel 1987: 14) Es gälte, das Verhalten von Staaten weder auf die national-souveräne noch auf die international-einschränkende Dimension zu verkürzen oder eine der beiden Seiten zu vernachlässigen.

Wendet man die soziologische Theorie sozialer Systeme auf die internationalen Beziehungen an, erscheint die in manchen politikwissenschaftlichen Diskussionen vorgenommene Gegenüberstellung von Akteur (handelnder Nationalstaat) und 'System' bzw. Struktur (internationale Ebene) als unzureichend und falsch. Die soziologische Systemtheorie vermeidet eine *strukturelle* Definition von Systemen und kann deshalb das internationale 'System' weder als soziales System noch als Struktur ansehen. Eine weitere Unstimmigkeit der Diskussion betrifft den Strukturbegriff selbst. Der wechselseitige Einschränkungs- und Ermöglichungszusammenhang von Handlung und Struktur wird von der soziologischen Systemtheorie stets als Zusammenhang *eines* sozialen Systems, oder besser: als Zusammenhang *in einem* System angesehen (Luhmann 1984: 384ff, 396ff.; vgl. II.1). Er kann nicht, wie bei Waltz und anderen geschehen, auf zwei Ebenen (nationale und internationale) verteilt werden, so daß unklar bleibt, wer wo handelt und was wen auf welche Art und Weise einschränkt.

Anders als Ansätze, die Probleme bei der Formulierung der internationalen Ebene haben, verlangt die soziologische Systemtheorie, daß Aussagen stets mit einer eindeutigen *Systemreferenz* versehen werden müssen, so daß für jeden nachvollziehbar ist, auf welches System sie sich beziehen. Möchte man Aussagen über die internationalen Beziehungen machen, so hat man mit den Mitteln der soziologischen Systemtheorie grundsätzlich zwei Möglichkeiten. *Erstens* können die nicht-organisierten und insofern 'ungeregelten', nicht-formalisierten *Interaktionssysteme* untersucht werden, die sich beim kommunikativen Aufeinandertreffen von Staatsorganisationen bilden. Hierbei kommen Kommunikationen vielfältigster Art in den Blick: die normale diplomatische Alltagsgeschäft, Konsultationen zwischen mehr oder minder befreundeten, vielleicht aber auch in expliziter Gegnerschaft stehenden Staaten, Konferenzen, Arbeitssitzungen. Das umfassende interaktive Geschäft der Staaten kann sich mehr oder minder naturwüchsig einspielen und kontinuieren, mag aber auch zu festen Gruppenbildungen - etwa der jährlich G7-Treffen - oder gar zu wirksamen vertraglichen Bindungen der Beteiligten führen. In der politikwissenschaftlichen Diskussion wurde seit den siebziger Jahren für diesen im ganzen sehr unübersichtlichen Bereich zunehmend der Begriff des 'internationalen Regimes' verwendet. Entsprechend der Weite des mit dem Regimebegriffes erfaßten Gegenstandes sind die einschlägigen Definitionen von Krasner oder von Efinger u.a.[106] weniger hilfreich als die umfassende produktive Erforschung vielfältigster Regimes (Kohler-Koch 1989). Deshalb erscheint eine weitere Präzisierung des Regimebegriffes als zentral, die auch in der Regimeforschung vorgenommen wird: die Abgrenzung von Regimen gegen die internationale Organisation (Keohane 1989: 290f.). Das interaktive Geschehen in den internationalen Beziehungen gewinnt unter konfliktsoziologischen Gesichtspunkten einen gänzlichen anderen Status, wenn es - bis zu welchem Grad auch immer - einer organisatorischen Formalisierung zugeführt wird, und deshalb werde ich *zweitens* im weiteren *organisierte Sozialsysteme* behandeln, die nationale Staatsorganisationen als Mitglieder haben. An die Stelle der Frage nach dem Verhältnis von nationaler und internationaler Ebene tritt dann die Frage, *inwie-*

---

106   „Regime können definiert werden als Zusammenhänge von impliziten oder expliziten Prinzipien, Normen, Regeln und Entscheidungsverfahren, an denen sich die Erwartungen von Akteuren in einem gegebenen Problemfeld der internationalen Beziehungen ausrichten. Prinzipien umfassen empirische, kausale und normative Grundsätze. Normen sind Verhaltensstandards, die sich in Rechten und Pflichten ausdrücken. Regeln sind spezifische Verhaltensvorschriften und -verbote." Krasner (1983: 2).
„In einer vorläufigen Definition können *internationale Regime als norm- und regelgeleitete Formen der internationalen Kooperation zur politischen Bearbeitung von Konflikten in verschiedenen Bereichen der internationalen Beziehungen* bezeichnet werden." Beide Zitate nach: Efinger et al. 1991: 264.

fern internationale gouvernementale Organisationen (IGOs) sowohl die Mitglied-schaft als auch das Handeln ihrer Mitglieder als Entscheidung behandeln kön-nen. Der Großkomplex 'Internationale Beziehungen' wird damit aufgeschnürt, kleingearbeitet und besser handhabbar. Eine Konfliktsoziologie der internationa-len Beziehungen kann ihren Gegenstand von mehreren Seiten ansprechen und sichtbar machen, da Organisationsreferenzen zur Verfügung stehen. Die kon-fliktsoziologische Analyse internationaler Beziehungen kann sich deshalb sowohl für das allgemeine interaktive diplomatische Geschehen als auch für die Formali-sierung internationaler Kommunikation durch Organisationen interessieren. Sie sieht keine partiellen Verschmelzungen von sich vergemeinschaftenden Staaten, sondern Organisationssysteme, die Staatsorganisationen als Mitglieder haben und als eigenständige Einheit der Analyse auftreten. Das 'internationale System', oder besser: die internationalen Organisationssysteme haben dabei als soziale Systeme keinen halben, partiellen, graduellen oder wie auch immer verminderten Status. Als Organisationssysteme sind sie, sofern gegründet, ähnlich wie das aristoteli-sche *eidos* immer von vornherein ganz da. Organisationen können nur existieren oder nicht existieren, handeln oder nicht handeln. Sie haben einen definitiven Existenzmodus und können deshalb nicht als (noch) nicht voll ausgebaute Orga-nisationen begriffen werden. Die zweifellos notwendig und möglich bleibenden abgestuften und graduellen Betrachtungen betreffen deshalb nicht die internatio-nalen Organisationen als Systeme, sondern den *Grad der Formalisierung* der betreffenden Organisationen.

Der Organisationsmechanismus findet in der modernen Weltgesellschaft in unterschiedlichen Regionen und Sphären sehr differentielle Realisationsmuster, die insbesondere das Ausmaß betreffen, in dem Erwartungen des Organisations-systems formalisiert sind (Luhmann 1964: 38). Das gilt auch für Staatsorganisa-tionen und internationale Organisationen, in denen Staaten Mitglied werden. Allgemein kann zunächst festgestellt werden, daß die Formalisierung von Kon-flikten, insbesondere von Kriegshandeln, durch internationale Organisationen nur dann Erfolgsaussichten hat, wenn die Formalisierung der Mitgliedschaft zu einer weitreichenden und umfassenden Besetzbarkeit von Mitgliederhandeln führt. Nur wenn offene Konflikte in strukturierte und entscheidbare Form gebracht werden, ist eine Formalisierung von Konflikten möglich. Die internationale Organisation braucht Entscheidungsgremien und -kompetenzen, die mit Eintritt in die Organi-sation anerkannt werden. Wenn kriegerisches Handeln durch internationale Or-ganisationen aufgefangen oder gar präventiv verhindert werden soll, müssen sie das nationalstaatliche Handeln intern als Entscheidung behandeln können.

Nimmt man die souveräne und exklusive Disposition über und legale An-wendung von physischer Gewalt auf einem gegebenen Territorium als Spezifikum einer Staatsorganisation hinzu, so impliziert eine Entscheidbarkeit über Konflikte mit Bezug auf Staatsorganisationen insbesondere die Möglichkeit, Entscheidun-gen im Zweifelsfall auch mit Gewalt, also militärisch durchsetzen zu können, und damit gelangt man an den ersten wunden Punkt in der Diskussion um internationale Organisationen. Es ist offenkundig, daß heute keine internationale Organisation existiert, die dieses Kriterium erfüllt. Ähnlich wie der mittelalterliche 'Staat' über kein Gewaltmonopol verfügt hat, mit dem er Konflikte zwangsweise einer Regelung zuführen konnte, so daß umfangreiche Fehden die soziale Streitmasse verarbeitet haben, ist heute keine Instanz in Sicht, die auf internationaler oder gar weltumspannender Ebene eine monopolhafte Verfügbarkeit von Zwangsmitteln beanspruchen könnte. Der Grund dafür ist einfach: Im sozialen Raum kann es nur ein einziges Gewaltmonopol geben. Da Staatsorganisationen sich durch weit ausgreifende Räumlichkeit definieren und den auf der Erde zur Verfügung stehenden Raum (fast) lückenlos eingeschlossen haben, gibt es überall mehr oder minder effiziente Gewaltmonopole. Deshalb kann kein Monopol der Monopole etabliert werden. Nur Staaten stehen umfangreiche und organisierte Zwangsmittel in organisatorischer Kontinuität (also: für sie selbst und für andere erwartbar) zur Verfügung. Fragt man, wer im eventuellen Gewaltanwendungsfall seinen Willen durchsetzen kann, so wird man denen recht geben müssen, die den souveränen Nationalstaat als Letztadresse der Politikgestaltung ansehen.

Wer sich allerdings mit dieser Auskunft zufrieden gibt, übersieht fast alles, was sich in der Nachkriegszeit auf internationaler Ebene zugetragen hat. Eine Fixierung auf die Frage, wer seinen Gestaltungswillen im Zweifelsfall mit Gewalt unterlegen kann, übersieht soziale Ordnungsbildungen, die auch ohne Gewaltrückversicherung Bindungen, Auflagen und Verpflichtungen zu schaffen imstande sind. Ähnlich wie sich der mittelalterliche Landfrieden über Jahrhunderte hinweg ohne territoriale Zwangsanstalt entwickeln mußte, bis er schließlich vom neuzeitlichen Gewaltmonopol des Staates verstetigt wurde, so ist die Nachkriegszeit durch die Entfaltung einer Ordnung gekennzeichnet, die in jüngerer politikwissenschaftlicher Literatur mit Labels wie „Regieren ohne Staat" und „international governance" belegt wird (vgl. Rittberger 1994: 85). Internationale Organisationen erbringen Leistungen für die Erzeugung, Durchsetzung, Aufrechterhaltung und Weiterentwicklung einer internationalen sozialen Ordnung, die Gewaltverzicht, Kooperation und Frieden ohne garantierte und zwanghafte Einflußmittel schaffen muß. Sie sollen die Gräben zwischen formal gleichen und souveränen Staaten überwölben, Kontakt- und Konsenschancen schaffen und die anarchische Selbsthilfegruppe staatlicher Akteure so in ein internationales Netzwerk aus Interaktionen, Konferenzen, Verbindungen, Allianzen, Diplomatie und Gespräche verstricken, daß Konfliktregulierung, -hemmung und Gewaltfreiheit eine bessere Realisierungschance erhalten. Zu recht wird dabei hervorgehoben, daß „what makes it possible for cooperation to emerge is the fact that the players might meet again" (Axelrod 1984: 12). Internationale Organisationen stellen - auch wenn sie nur über Mittel der „governance", nicht des „government" disponieren, einen Interaktionsrahmen zur Verfügung, „der den Interaktionen in einem bestimmten Problemfeld eine gewisse Dauerhaftigkeit und Langfristigkeit verleihen kann" (Efinger et al. 1989: 73). Die Bildung internationaler sozialer Ordnungen erfolgt (zunächst) auf kleineren Formaten als dem einer territorial souveränen Zwangsanstalt.

Will man vor diesem Hintergrund das internationale Konfliktgeschehen der Nachkriegszeit genauer ausleuchten, dann muß die organisationssoziologische Analyse in den Einzelfall abtauchen und genauer zeigen, wie der internationale Ordnungsaufbau gelingt. Bevor die Entwicklung bestimmter internationaler Organisationen detaillierter angesprochen wird, lohnt sich ein Blick auf die zwischenstaatliche Entwicklung von Konflikten nach dem zweiten Weltkrieg. Frank R. Pfetsch hat die Nachkriegsentwicklung auf ihre Konflikthaftigkeit untersucht und kommt zu dem Ergebnis, daß „die Periode nach 1945...mehr Konflikte erlebt [hat] als irgendeine andere Periode zuvor" (Pfetsch 1991: 267). Dieses im Lichte der Diskussion um internationale Organisationen zunächst überraschende Ergebnis verlangt nach einem näheren Blick auf die von Pfetsch ins Auge genommenen Ergebnisse. Pfetsch hat die nach 1945 insgesamt deutlich beschleunigten Konfliktfrequenzen unter anderem auf ihre regionale Verteilung hin analysiert. Dabei wurden sieben geographische Regionen unterschieden: Europa, Vorderer und Mittlerer Orient und die nordafrikanischen arabischen Staaten, Schwarz- und Südafrika, Zentral- und Süd- und Nordamerika sowie Asien. Die Auszählung der registrierten Konflikte hat eine eindeutige Verteilung ergeben. Die höchste Konfliktzahl ergibt sich in den Regionen Schwarz- und Südafrika, des Mittleren und Nahen Ostens sowie Asiens, die 230 der 283 Konflikte (81%) auf sich vereinigen. Europa (12) und Nordamerika (2) stellen sich demgegenüber als fast konfliktfreie Regionen dar, was durch die Zählung derjenigen Konflikte, die zu *kriegerischen* Auseinandersetzungen geführt haben, nochmals unterstrichen wird. Während Nordamerika in der Nachkriegszeit überhaupt keine und Europa nur zwei Kriege erlebt haben, versammeln die Regionen des Vorderen und Mittleren Orients (16), Schwarz- und Südafrikas (22) sowie Asiens (28) immerhin 84% (66 von 79) aller registrierten militärischen Auseinandersetzungen auf ihrem Territorium (Pfetsch 1991: 272).

Wie leicht ersichtlich, stellt sich das globale Konfliktfeld als extrem asymmetrisch dar. Spricht man vom konfliktentschärfenden, -entlastenden und -hemmenden Potential internationaler Organisationen, so wird man angesichts der sehr ungleichmäßigen, unausgewogenen und beschleunigten Konfliktentwicklung nach dem zweiten Weltkrieg zwangsläufig zu der These gelangen, daß nur solche internationale Organisationen, die den Mitgliedsstaaten eine Formalisierung potentieller Konflikte auferlegen können, eine Konfliktentschärfung bzw. -minderung zu bewirken in der Lage sind. Welche Organisationen im einzelnen hierzu befähigt sind, läßt sich angesichts der gerade vorgestellten regionalen Verteilung internationaler Konflikte und Kriege der Nachkriegszeit leicht vermuten. Die weitgehende Konfliktfreiheit und kriegerische Unversehrtheit des nordamerikanischen und europäischen Territoriums legt die Vermutung nahe, daß insbesondere die Militärorganisationen der NATO und des (inzwischen Geschichte gewordenen) Warschauer Paktes in der Lage gewesen sind, ihren Mitgliedern diejenigen formalisierten Verhaltenserwartungen nahezulegen und durchzusetzen, die das einzelstaatliche Handeln in nicht-konfliktuöse Bahnen lenken.

Betrachtet man die Bedeutung der NATO für die Theorie der internationalen Beziehungen, so gelangt man mittels formal-rechtlicher Kriterien zu der Erkenntnis, daß Beschlüsse von NATO-Gremien als völkerrechtliche Empfehlungen anzusehen sind. Nach herrschender Ansicht handelt es sich bei der NATO nicht um eine supranationale, sondern um eine internationale Organisation, die aus sich heraus ihren Mitgliedern keine bindenden Entscheidungen auferlegen kann. In Artikel 9 des Nordatlantikvertrages wird die Errichtung eines Rates vereinbart, in dem alle Mitglieder vertreten sind zwecks Prüfung aller zur Durchführung des Vertrages notwendigen Fragen. „Aus dieser Formulierung läßt sich schließen, daß der Rat - und entsprechend auch ein vom Rat eingesetztes weiteres Organ - nicht die Befugnis besitzt, für die Regierungen der einzelnen Mitgliedsstaaten bindende Entscheidungen zu treffen." (Tolusch 1990: 30) Unbestritten ist dabei die Möglichkeit von Staatsorganisationen als völkerrechtlichen Rechtssubjekten, im Rahmen der NATO oder anderer internationaler Organisationen bindende Verpflichtungen einzugehen und über eigene Rechte zu verfügen (Verdross, Simma 1984: §662). Unbestreitbar ist jedoch ebenfalls der weitreichende Einfluß, den die militärische Organisation der NATO auf die Mitgliedsstaaten in der Nachkriegszeit gehabt hat, wie z.B. die Durchsetzung des Doppelbeschlusses trotz massiver öffentlicher und politischer Proteste und Widerstände in der Bundesrepublik gezeigt hat. Ebenfalls beeindruckend erscheint die heute als simpel anmutende Tatsache, daß die NATO-Mitglieder nach dem zweiten Weltkrieg keinen Krieg gegeneinander geführt haben und das Bündnis-Territorium von militärischen Auseinandersetzungen frei blieb. Auch wenn später das Ost-West-Schisma in den Vordergrund gerückt ist, so hat in den frühen Jahren insbesondere Frankreich das Bündnis als Schutzgemeinschaft gegen erneute deutsche Aggressionen interpretiert. Allein die Befriedung der Mitgliedsstaaten untereinander darf deshalb als beachtliche Leistung dieser internationalen Organisation bewertet werden, denn dieser Ausgleich versteht sich angesichts der unmittelbaren historischen Vorgeschichte Europas keinesfalls von selbst.

Wenn sich der Einfluß der NATO-Militärorganisation nicht aus formalrechtlichen Quellen speist - worin liegt er dann begründet? Die naheliegende These lautet in diesem Zusammenhang, daß sich die NATO ihren Einfluß auf das Konflikthandeln ihrer Mitglieder aus der alltäglichen umfangreichen und tiefgreifenden organisatorischen Arbeit ihrer Gremien, Planungsausschüsse, Beratungsgremien, Arbeitskreise, Truppen und Diskussionsforen erarbeitet. Die Bedeutung der Organisation, die im Gründungsvertrag nicht einfach nachgelesen und auf den Punkt gebracht werden kann, ergibt sich aus der normativen Kraft des Faktischen: den umfangreichen, bisweilen tief in die Souveränität der Mitglieder hineingreifenden Aktivitäten der militärischen Stäbe und Behörden, die nach und nach aufgetürmt wurden und ein weitreichendes Eigenleben entfaltet haben. Gerade der militärische Charakter der Organisation bedingt eine hochgradige Formalisierung der Kommunikation, die nach außen kompakt, bestimmend und entschlossen auftritt und auf die zivilen sowie politischen Organisationsbereiche zurück-wirkt.[107] Ein Blick in die Selbstdarstellung der Organisation[108] gibt einen Über-blick über die vielfältigen militärischen Stäbe, Ausschüsse, Gremien, Abteilungen und Sonderabteilungen und Ämter, die eine umfassende Eigenlogik militärischer Planung, Übungen und Dauerpräsenz entfalten und dadurch permanente Anforde-rungen an die jeweiligen Mitgliedsstaaten stellen. Die netzwerkartige Überwöl-bung national-militärischer Eigensinnigkeit durch militärische NATO-Ämter bedingt eine kaum zu unterschätzende Ordnungs-, Koordinations-, Verpflich-tungs- und Entscheidungskompetenz der internationalen Behörde, so daß sich die Möglichkeit bindender Entscheidungen gegenüber den eigentlich souveränen Mitgliedsstaaten aus dem organisatorischen Alltag ergibt. Militärisches Amt für Standardisierung, Beratergruppe für Luftfahrtforschung und -entwicklung, Bera-terausschuß für elektronische Kriegsführung, meteorologische Gruppe, Fernmel-de- und Informationsausschüsse, die technische Zentrale von SHAPE, For-schungszentrale für Unterseebootabwehr, NATO-Verteidigungsakademie usw. - der ausgreifende militärisch-behördliche Wildwuchs führt dazu, daß schließlich militärisch in den einzelnen nationalstaatlichen Mitgliedsorganisationen fast nichts mehr ohne die NATO geht. Nur vor diesem Hintergrund wird verständlich, daß der Ausstieg Frankreichs aus den militärischen Einheiten der NATO bis heute als eines der einschneidensten Ereignisse der europäischen Nachkriegsge-schichte erinnert wird. Die NATO als internationale Organisation hat aufgrund ihres militärischen Auftrages einer dermaßen weitreichende Eigendynamik und umfassende Aktivitäten entwickelt, daß ihre faktische Entscheidungskompetenz gegenüber ihren Mitgliedern kaum hoch genug eingeschätzt werden kann.

Daß die NATO als Organisation das Handeln der Mitgliedsstaaten als Ent-scheidung behandeln kann, zeigt sich insbesondere in der alljährlichen Streitkräf-teplanung, die einen fünfjährigen Planungszeitraum umfaßt und in zwei getrenn-ten, sich jedoch ergänzenden Prozessen - der Entwicklung von Streitkräftezielen sowie der Verteidigungserhebung zwecks Feststellung und Bewertung der natio-nalen Verteidigungsbeiträge - erfolgt (Der Bundesminister der Verteidigung 1985: 176). Im Prozeß der Verteidigungserhebung werden für das kommende Jahr sogenannte feste Ziele bezüglich der Verteidigungsbeiträge festgelegt, die Tolusch völkerrechtlich als Manifestation der nationalen Entscheidung über den Verteidi-gungsbeitrag zur NATO interpretiert (Tolusch 1990). Aus organisationssoziologi-scher Perspektive drängt sich demgegenüber die institutionelle Eigenlogik und

---

[107]   Mit der Konsequenz, daß informale Kommunikation, etwa organisatorisch fun-dierte militärinterne Freundschaften, instrumenteller ausfallen als anderswo, wie Little 1981 beobachtet.

[108]   Das Handbuch „The North Atlantic Treaty Organisation: Facts and Figures", (1990), deutsch: Das Atlantische Bündnis - Tatsachen und Dokumente, wird zwar nicht offiziell von der NATO herausgegeben, aber vom NATO-Generalse-kretär genehmigt.

Entscheidungsfähigkeit der NATO als internationaler Organisation in den Vordergrund. Die Prävalenz der militärischen Internationalität drückt sich auch darin aus, daß die Mitgliedsstaaten zur Abgabe von „provisional goals" sowie „planning goals" für die Streitkräfteplanung der darauffolgenden Jahre aufgefordert werden. Die Logik und Verdichtung des Entscheidungsprozesses liegt beim Bündnis - die Mitglieder werden mehr oder minder von der Entscheidungsnotwendigkeiten mitgezogen. Wie immer man die völkerrechtliche Bindungswirkung der Entscheidungspraxis beurteilen mag - faktisch muß man davon ausgehen, daß im organisatorischen Arbeitsalltag der NATO nationale Souveränitäten längst Zug um Zug aufgesaugt und die Mitglieder mit den Realitäten der Internationalität konfrontiert werden.

Liefert schon die Streitkräfteplanung der NATO ein gutes Beispiel für die Fähigkeit dieser internationalen Organisation, Mitgliederhandeln mit Entscheidungsprämissen zu besetzen, so wird eine institutionelle Verdichtung des kompetenten „Regierens ohne Staat" durch sogenannte „assignierte Verbände" erreicht. Sie umfassen Truppenteile, die schon zu Friedenszeiten dem NATO-Oberkommando unterstellt und deshalb aus der nationalen militärischen Organisationseinheit desintegriert sind. Geht man davon aus, daß die Verfügung über dauerhafte militärische Einheiten die Eintrittskarte für Einflußnahme auf überstaatlicher Ebene ist, dann werden die faktisch weitreichenden Kompetenzen und Bindungsmöglichkeiten der Militärorganisation unübersehbar. Sie werden unterstrichen durch das, was als „Logik der Selbstentmachtung der Mitglieder im Krisenfall" bezeichnet werden könnte. Die NATO-Organisation kennt eindeutig formulierte Krisenprogramme, die verschiedene Alarmstufen des Konfliktfalles vorsehen. Mit dem Erreichen bestimmter Alarmstufen werden weitere nationale militärische Einheiten unter das Oberkommando der NATO gestellt, so daß bei steigender Konflikthaftigkeit nicht die Mitgliedsstaaten, sondern die NATO als internationale Organisation an Handlungsfähigkeit gewinnt, bis im denkbaren Ernstfall die Militärorganisation das Kommando weitgehend auf sich vereint (vgl. Heck 1990: 90f.) Die Mitgliedsstaaten wissen demgemäß, daß, anders als früher, internationale Konflikte nicht die nationalstaatliche Handlungsfähigkeit zum Tragen bringen, sondern ganz im Gegenteil eine automatische Selbstentmachtung eintritt, wenn Krisen herbeigeführt werden. Bedenkt man ferner, daß das potentielle Oberkommando der NATO über die nationalen Verbände schon in Friedenszeiten dazu führt, daß die Einordnung jeder staatlichen Truppeneinheit in die NATO-Strukturen auf allen Ebenen vorausgeplant, antizipiert und vor-realisiert werden muß, damit im Krisenfall die organisatorische Expansion des Bündnisses nur noch vollzogen, mobilisiert und aktualisiert werden muß, dann kann von einer souveränen Verfügbarkeit über Militärpotential durch die Mitglieder nicht mehr die Rede sein. Die kollektive Handlungsfähigkeit der NATO-Militärorganisation kann kaum hoch genug eingeschätzt werden, und nur darin liegt ihr Schlüssel zum erfolgreichen, intern bindenden Entscheiden.

Legt man die Konfliktfreiheit des europäischen, nordamerikanischen und sowjetischen Territoriums in der Nachkriegszeit als Maßstab zugrunde, erscheint die Historie von sowohl NATO als auch Warschauer Pakt als Erfolgsgeschichte. Damit soll kein uneingeschränktes Lob ausgesprochen und erst recht kein 'Lernprozeß' als Erklärungsgrund herangezogen werden (Hondrich 1992; dazu Joas 1992a). Von einer Phase der Konfliktfreiheit dieser Regionen kann nur mit großer Vorsicht gesprochen werden. Nicht nur wurde die interne organisatorische Disziplin im Ostblock mehrfach militärisch wiederhergestellt. Darüber hinaus mußte die Verhinderung eines weiteren Weltkrieges mit dem ständigen Blick in den Abgrund der sozio-kulturellen Evolution bezahlt werden. „Don't worry about World War III - it will be the last one" ist ein gängiger und treffender Witz der 60er Jahre, der dem jetzt möglichen nuklearen Holocaust mit Galgenhumor ins Auge blickt.

Die 'erfolgreiche' Realisierung von Kriegsfreiheit[109] durch die beiden Militärorganisationen kann darüber hinaus nicht allein der organisatorischen Formalisierung des Mitgliederhandelns zugerechnet werden. Der stark integrierte und integrierende Ost-West-Konflikt kam der Nato und dem Warschauer Pakt als 'Hilfe' entgegen. Er verstärkte die Formalität der Militärbündnismitgliedschaft durch wechselseitige Abstoßungskräfte, so daß zusätzliche Motivation für eine umfassende Mitgliedschaft in der jeweiligen Militärorganisation bereitstand. Die schismahafte und durch endlose Ideologiedebatten unterlegte Konfrontation von Ost und West sorgte dafür, daß gegenüber dem Feind die eigenen Reihen fester geschlossen wurden. Die effektive Implementation der Militärorganisationen als bindungs- und entscheidungsfähig wurde durch den weltpolitischen Dualismus begünstigt, beschleunigt und verfestigt. Der extrem verfahrene und in Starrheit verharrende Ost-West-Konflikt mutierte zu einem hochgradig integrierten und vollständig interdependenten Konfliktsystem, in dem fast alles erwartbar war. Die Strukturen der Zwietracht sorgten für eine weitreichende Auswahl des im Konfliktsystem Möglichen. Der Konflikt stellte, einmal etabliert, weitgehende Stabilität der Erwartungen zur Verfügung und hatte wahrscheinlich gerade darin einen besonderen Reiz für diejenigen, die in ihm involviert waren. Der Ost-West-Konflikt ermöglichte einen Grad an Stabilität, die in nicht-konfliktuösen Zusammenhängen internationaler Politik kaum möglich erscheint.

Die durch den bipolaren Ost-West-Konflikt begünstigte interne organisatorische Kompaktheit konnte deshalb dazu genutzt werden, den Konflikt nach außen zu wagen. Die Institutionalisierung großer militärischer Blöcke hat, ganz ähnlich wie die Staatsorganisationenbildung der frühen Neuzeit, widersprüchliche

---

109 Die in der Zeit des Ost-West-Konfliktes auf europäischem Boden ausgetragenen Kriege - der griechische Bürgerkrieg 1945-49, der Zypernkrieg 1975 - lagen soweit vom Zentrum der militärischen Mächte und Interessen entfernt, daß sie nicht zu einer direkten Konfrontation der Ost-West-Gegner führten. Vgl. Pfetsch 1991: 273.

konfliktsoziologische Konsequenzen. Einerseits dienten NATO und Warschauer Pakt als internationale Organisationen der Konfliktverhinderung. Sie überwölb(t)en die Unbestimmtheit der „Anarchical Society" (vgl. Bull 1977) zwecks Ordnungsbildung jenseits der Nationalstaatsorganisationen. Andererseits ist gerade die Gründung von NATO und Warschauer Pakt *als* internationale Organisationen Ausdruck des längst unübersehbaren manifesten Konfliktes zwischen östlichem und westlichem Lager. Die fast supranational zu nennenden Militärorganisationen spiegeln dabei den Ost-West-Konflikt nicht nur wider, sondern ermöglichen auch seine Kontinuierung, ja haben (bzw. hatten, wie die zwischenzeitliche Auflösung des Warschauer Paktes gezeigt hat) in ihm ihre eigentliche Legitimationsgrundlage.

Damit zeigt sich erneut das für die sozio-kulturelle Evolution des Konfliktes typische *Doppelmuster von Konflikthemmung und Konfliktermutigung*. Während die Militärorganisationen nach innen für eine Disziplinierung der souveränen Staaten sorgen und dabei Konflikte zurückdrängen, ermutigen sie den kollektiven Konflikt nach außen. Gerade die organisatorische Kompaktheit ermöglicht es, gegenüber Externen selbstbewußter aufzutreten. Das Wissen um die Verfügbarkeit addierter und multiplizierter Streitkräfte erhöht die Bereitschaft, 'Nein' zu sagen.

Bisher wurde der Begriff des internationalen Konfliktes im Anschluß an das unter II.3 Gesagte verwendet. Konflikte entstehen dadurch, daß Handlungsofferten negiert werden. Ein Handlungsangebot wird samt der es begleitenden Erwartungen zurückgewiesen, so daß ein Konflikt entsteht.

Überträgt man diesen negationsbasierten Konfliktbegriff auf die Interaktionen souveräner Staaten, so geraten eine Vielzahl von heterogensten Konflikten in den Blick. Vom einfachen, im diplomatischen Verkehr geäußerten 'Nein' bis zu einer militärischen Auseinandersetzung gibt es vielfältig abgestufte Konfliktmodi. Wie bei jedem Konflikt wird eine krisenhafte Zuspitzung durch die Fortsetzung der Konflikthandlungen mit physischen Zwangsmitteln hervorgerufen. Der Konflikternstfall in den internationalen Beziehungen entsteht bei gewaltsamen militärischen Auseinandersetzungen mit ihrer potenziert destruktiven Potenz.

Zwischen allen Formen von Konflikthandeln - vom einfachen rhetorischen 'Nein' bis zum manifesten Krieg - besteht dabei ein stufenloser Übergang, den Pfetsch in seinem Konfliktanalysemodell durch die Steigerungsbegrifflichkeit von Druck, Forderung, Unterstützung, Bedrohung, latenter Konflikt, Krise, ernste Krise und schließlich Krieg abbildet.[110] Diese Differenzierung verschiedener Konflikthandlungstypen kann produktiv genutzt werden. Geht man davon aus, daß die Formalisierung von Kommunikation Konflikte nicht verhindern, sondern nur verschieben kann, indem divergentes Erleben und Handeln aus konfliktfrei erwünschten Sphären verbannt und in andere Bahnen kanalisiert wird, dann bietet

---

110   Vgl. Pfetsch 1991: 262. Vgl. auch die Unterscheidung von Kämpfen, Spielen und Debatten bei Rapoport 1976 sowie Deutsch 1968.

sich für die Ebene internationaler Beziehungen eine Unterdrückung militärischen Konflikthandelns an, die von lebhafter Konfliktkommunikation kleineren und insofern weniger schädlichen Formats begleitet wird.

Genau dieses Muster hat sich im Ost-West-Konflikt auf nordamerikanischem, europäischem und sowjetischen Territorium durchgesetzt. Während das Führen von Kriegen zwischen den Blöcken aufgrund der organisatorischen Verfestigung der Blöcke wenig wahrscheinlich und Gewaltkommunikation folglich ausgeschieden wurde, konnten sich die Politiker aus Ost und West in den Massenmedien nach Belieben gegenseitig beschimpfen und ideologische Schlagabtäusche führen. Selbst Ronald Reagans als Witz gedachte und dann ungeplant auf Sendung gegangene Ankündigung, er habe den Befehl zur Vernichtung der Sowjetunion erteilt, blieb ohne Folgen. Sobald internationale Kommunikation durch Formalisierung erwartbar wird - anders als in früheren Jahren brauchte z.B. niemand Zweifel daran zu haben, daß die Mitgliedstaaten sich tatsächlich militärisch beistehen würden -, können Ausdrucksbahnen für Konfliktmaterial eröffnet und Konfliktfreiheiten verteilt werden, so daß Streitwasser abfließen kann.

Die konfliktsoziologische Analyse des Ost-West-Konfliktes will und kann deshalb keine Antwort auf die umstritten gebliebene Frage geben, ob es die zur gegenseitigen Todesdrohung ausgebaute militärische Abschreckung war, die Kriege verhindert hat. Sie legt vielmehr die Vermutung nahe, daß die organisatorische Formalisierung internationaler Kommunikation in und zwischen den Blöcken sowohl militärisches Konflikthandeln erschwert und im Gegenzug verbales, kaum folgenreiches Konflikthandeln erleichtert, ermutigt, vielleicht sogar gefordert hat, so daß den Territorien der Blockmitglieder militärische Konflikte erspart geblieben sind. Gleichzeitig wurden publikumsträchtige Konflikttiraden ermöglicht und in die Schlagzeilen der Presse gedrängt, um sich dort ungehindert auszutoben.

Die Annahme, die organisatorische Durchformung des West-Ost-Konfliktes habe militärische Auseinandersetzungen verhindert und Konfliktkommunikation auf die Sparflamme verbaler Attacken, Beschimpfungen und Beleidigungen heruntertransformiert, wäre jedoch allein genommen zu optimistisch und gäbe zudem nur halbe Wahrheiten wieder, wie weitere Zahlen über die internationale Konfliktentwicklung aus der bereits erwähnten Untersuchung von Pfetsch zeigen. Fragt man nicht nur danach, welche Territorien die Lasten der Nachkriegskonflikte tragen mußten, sondern zusätzlich, *wer* durch diplomatische Unterstützung, waffentechnischen und wirtschaftlichen Beistand ohne direkte Beteiligung und schließlich durch direktes militärisches Eingreifen am häufigsten an Konflikten und Kriegen beteiligt war, so liegen die *territorial* betrachtet konflikt- und kriegsfreien Staaten mit Abstand an der Spitze der Rangliste. Großbritannien erreichte mit 76 Beteiligungen die mit Abstand höchste Partizipationsrate, gefolgt von den Vereinigten Staaten mit 52 sowie Frankreich (45) und der Sowjetunion (42) (Pfetsch 1991: 269).

Die alleinige Ableitung dieser Zahlen aus den entsprechend hohen militärischen Potentialen dieser Länder ist unzureichend. Eine tiefergehende, konfliktsoziologische Erklärung liegt nahe: Mit der Schaffung formaler, internationaler Militärorganisationen auf nordamerikanischem, europäischem und sowjetischasiatischem Territorium entsteht ein global wirksam werdendes *Formalisierungsgefälle*, das eine einseitige Saugkraft entwickelt. Es drängt militärische Auseinandersetzungen aus dem organisatorisch durchformten Raum ab und stellt in den zahlreichen Dekolonialisierungs- und Stellvertreterkriegen der Nachkriegszeit Ausdrucksbahnen für die Konfliktmasse organisatorisch gebundener Länder bereit. Die internationale Konfliktmasse wird aus Nordamerika, Europa und dem sowjetischen Asien weggerückt und ausgewiesen, um sich in anderen Erdteilen nach Entfaltungsmöglichkeiten umzusehen. Die 'Erfolgsgeschichte' der großen Militärorganisationen erhält auf diese Weise weitere Schatten. Der Eindruck drängt sich auf, die Konfliktfreiheit der ersten und zweiten Welt sei mit der Konfliktüberhäufung der restlichen 'Welten' erkauft worden.

Die asymmetrische Verschiebung der Konfliktfrequenzen spiegelt auf charakteristische Art und Weise die *Differenz von Interaktion und Organisation* wider, die die bisherigen konfliktsoziologischen Untersuchungen angeleitet hat. Sie zeigt erneut, daß die organisatorische Formalisierung von Kommunikation immer eine andere, nichtformalisierte Seite mitproduziert. Diese Differenz hat nicht nur, so kann jetzt behauptet werden, innerorganisatorische, sondern auch gesellschaftsweite konfliktsoziologische Konsequenzen. Wenn in bestimmten gesellschaftlichen Bereichen Konflikte formalisiert, d.h. in strukturierte, entschärfte und entscheidbare Form gebracht werden, treten andere Sphären und Regionen, denen diese Möglichkeit (bisher) nicht gegeben ist, in ihrer Konflikthaftigkeit umso stärker hervor. Das Konfliktgefälle neigt dazu, sich in Richtung der organisatorisch nicht-gestützten Bereiche zu entladen und diese als Ausdrucksbahnen für die verbannten Differenzen zu nutzen. Die nach dem zweiten Weltkrieg zu beobachtende „Organisierung zweiter Ordnung" wiederholt demgemäß diejenigen konfliktsoziologischen Stärken *und* Schwächen, die im Gefolge der Ausdifferenzierung von Staatsorganisation zu Beginn des 16. Jahrhunderts beobachtet wurden. Wie schon bei der Entstehung von Staaten ein Konfliktgefälle zwischen innen und außen entstanden ist, das sich in der Parallelität von Landfrieden und Krieg ausgedrückt hat, so produziert auch die Bildung der großen internationalen Militärorganisationen eine ausgeprägte Asymmetrie zwischen internen und externen Konfliktfrequenzen.

Angesichts des sehr asymmetrischen und unbalancierten Verteilungsmusters internationaler Konfliktfrequenzen erscheint eine erdumspannende und omnipotente Konfliktregulierungs- und Streithemmungsinstanz als dringliche Aufgabe für die Zukunft. Soll die Abdrängung der destruktiven und menschenverachtenden kriegerischen Auseinandersetzungen zwischen Staaten nicht auch weiterhin einseitig in ein Nord-Süd-Gefälle münden, das die ohnehin bereits in jeder Hinsicht benachteiligten Staaten der dritten (vierten, fünften,...) Welt(en) von den zivilisatorischen Gewinnen und Fortschritten konfliktfreier Regionen fernhält, dann bedürfte es einer weiteren organisatorischen Expansion in der Entscheidbarkeit von und über Konflikte. Es liegt nahe, in diesem Zusammenhang an die Vereinten Nationen zu denken, denn, so Czempiel, „die Mitgliedschaft aller Staaten in einer universalen Organisation drückt die multilaterale Anerkennung der Existenzberechtigung aus, ergänzt den Gewaltverzicht positiv" (Czempiel 1986: 83). Sobald die heutige internationale Selbsthilfe- und Fehdepraxis gegen das Gewaltmonopol eines globalen Weltstaates ausgetauscht und eine umfassende 'Weltinnenpolitik' installiert sei - so der naheliegende Gedanke -, könne es die militärisch multiplizierten und potenzierten Privatkriege regionaler Warlords nicht mehr geben. Jeder dann noch mögliche Konflikt wäre schon durch die Unzulässigkeit der Konfliktmittel in nichtweltstaatlichen Händen gestutzt. Die Durchsetzung des Landfriedens müßte auf globaler Ebene wiederholt werden - allerdings unter inzwischen radikal veränderten Zuständen.

Die Vereinten Nationen als diejenige internationale Organisation, die in die Rolle der globalen Staatlichkeit einspringen bzw. hineinwachsen soll, gibt jedoch vor dem Hintergrund dieser anspruchsvollen Aufgabe ein durchaus widerspruchsvolles Bild ab. Während einerseits die UNO den einzigen, heute erkennbaren Kandidaten für die - angesichts der Schrecken des 20. Jahrhunderts - besonders dringliche Aufgabe einer globalen Formalisierung von Konflikthandeln abgibt, so kann andererseits nicht geleugnet werden, daß dieser Kandidat heute bestenfalls ein Hoffnungsträger ist. Vergleicht man den heutigen Institutionalisierungsgrad der UNO mit der ihr potentiell zugemessenen Zukunftsaufgabe eines erdumspannenden Gewaltmonopols des Weltstaates, dann wird die politische Vision zur Utopie: Eine zentrale und durchsetzungsfähige Konfliktregulierungsinstanz, wie sie von den räumlich partikularen Territorialstaaten der Neuzeit nach innen entwickelt wurde, hat auf dem Globus am Ende des 20. Jahrhunderts keinen Ort. Daß die UNO bis heute allenfalls ein zartes Pflänzchen der Friedenshoffnung geblieben ist, liegt schon in ihrer Geburt als Organisation begründet, denn „in der Satzung der Vereinten Nationen [ist] die seit dem Westfälischen Frieden bestimmende Grundstruktur erhalten geblieben" (Link 1988: 26). Artikel 2 der „Charta der Vereinten Nationen" sieht in diesem Zusammenhang vor, daß die UN-Organisation „auf dem Grundsatz der souveränen Gleichheit aller ihrer Mitglieder" beruhe, und Artikel 2,7 spricht die damit implizierte nationale 'Unberührbarkeit' der Nationalstaaten unmißverständlich aus: „Aus dieser Charta kann eine Befugnis der Vereinten Nationen zum Eingreifen in Angelegenheiten, die ihrem Wesen nach zur inneren Zuständigkeit eines Staates gehören, oder eine Verpflichtung der Mitglieder, solche Angelegenheiten einer Regelung auf Grund dieser Charta zu unterwerfen, nicht abgeleitet werden..."[111]

---

[111] Ein Abdruck der Charta mit weiteren wichtigen Dokumenten aus der Geschichte der UNO findet sich bei von Bredow (Hg.) 1980; Zitate ebd.: 24f.

Werden damit der UNO die Flügel als globale Konfliktregulierungsinstanz von vornherein deutlich und entscheidend gestutzt, so legen zudem die in der unmittelbaren Nachkriegszeit bestimmten Machtverhältnisse in der Organisation die UNO auf die unbefristete Prävalenz einiger weniger und zudem nördlicher Größen fest. Im Sicherheitsrat der Vereinten Nationen geht bekanntlich nichts ohne die Zustimmung der Mitglieder USA, Großbritannien, Rußland, Frankreich und China. Sie verfügen im alles entscheidenden UN-Gremium nicht nur über das Privileg einer ständigen Mitgliedschaft im Gegensatz zu den zweijährlich rotierenden sonstigen Mitgliedern, sondern zudem auch über das gefürchtete Veto-Recht, das die Handlungsfähigkeit dieser Instanz zu Zeiten des Ost-West-Konfliktes lahmgelegt, ja ausgeschaltet hat, so daß der Rezensent eines UN-Buches kürzlich bissig bemerkte, daß „the UN has become what its creator, Franklin Roosevelt, intended it to be, the instrument of the permanent members of the Security Council and the means to police their monopoly of military power." (Roberts 1991: 93)

Erst das Ende des Ost-West-Konfliktes hat die UNO in das internationale Rampenlicht treten lassen und Rufe nach einer Reform der veralteten Entscheidungsstrukturen des Sicherheitsrates lauter werden lassen (Kühne 1994). Während Deutschland und Japan ihre „Bereitschaft" zur Übernahme eines ständigen Sitzes mehrfach bekundet haben, rechnen insbesondere südliche Mitglieder der UNO vor, daß die Vorherrschaft des Nordens dadurch weiter zementiert würde. Inzwischen wird der UNO-Sitz in Manhattan von einer unübersehbaren Vielfalt von Vorschlägen zur Erweiterung und Reform des Sicherheitsrates überschwemmt. Zusätzliche Sitze, Halb- und Doppelvetorechte, semi-ständige Sitze, ständige Mitglieder ohne Vetorecht usw.: Die breite Varietät der Vorschläge, Arbeitspapiere und Kompromißlinien spiegelt das intensive Treiben um Machtpositionen und Pfründensicherung oder -aneignung wider. Unterdessen lassen die Veto-Mächte das mühselige Ringen und Werben der Kleinen genüßlich an sich vorbeiziehen und genießen das eigene Desinteresse an der Veränderung des Status Quo. Allzu weitgehende Ansprüche an bessere Arbeits-, Handlungs- und Entscheidungsfähigkeit der UN-Organisation selbst werden zudem mit Eiseskälte beantwortet: Seit den achtziger Jahren hat sich nicht nur das Einfrieren fälliger Beiträge als effizientes Druckmittel insbesondere der USA erwiesen (Schoettle 1993). Auch der partielle Austritt aus der UNO kommt neuerdings nach der Kündigung der UNESCO-Mitgliedschaft durch die USA, Großbritannien und einige andere Länder als policy in Frage.

Die Darstellung der Ohnmacht der Vereinten Nationen sollte nicht als soziologische Anklage mangelnder Kooperations- und Friedensbereitschaft maßgeblicher Weltmächte mißverstanden werden. Die Soziologie des Konfliktes muß sich davor hüten, Mißständen mit moralischem Zeigefinger zu begegnen, denn sie würde ihrem Gegenstand auf den Leim gehen. Wer das angesichts der global ansteigenden Konfliktfrequenzen nur schwer verständliche bunte Treiben und Feilschen in den Vereinten Nationen auf das Konto personalen und personalstaatlichen Fehlverhaltens bucht, bewegt sich durchaus im Rahmen üblicher Praktiken, denn, so hatte die obige Diskussion im Anschluß an Garfinkels Krisenexperimente mehrfach ergeben, Konflikte benutzen eine Verschiebung der sozialen Sinnverarbeitung in die moralanfällige Sozialdimension. Sie richten die Erwartungsstrukturen sozialer Systeme an personalen Collagen neu aus, da eine tragfähige Situationsdefinition in der Sachdimension nicht mehr gelingt. Die Soziologie des Konfliktes sollte nicht dieser Praxis erliegen und eine anprangernde Negation zeitgenössischer UN-Praktiken vermeiden. Stattdessen sollte sie zu zeigen versuchen, warum bis heute keine Alternative realisiert wurden. Nach den bisher verfolgten Argumentationslinien liegt es nahe zu vermuten, daß die in den Vereinten Nationen vorfindbare Kommunikation auf dem Kontinuum zwischen interaktiver und organisierter Sozialität eher am ersteren Ende einzusortieren ist. Die UNO ist keine Organisation, die das Handeln ihrer Mitglieder als Entscheidung behandeln kann. Sie gibt eher ein organisatorisches Forum ab, auf dem die Mitglieder wahllos miteinander interagieren, diskutieren, Bündnisse schmieden, Partner und Unterstützung suchen, sich gegenseitig stetes Interesse und Kooperationsbereitschaft bestätigen und in einer mühseligen, anstrengenden und konflikt-trächtigen Diktatur der Redseligen zu unbedeutenden Entscheidungen kommen. Sie gleicht einer ungeregelten Interaktionsbühne, die durch die in der Nachkriegszeit erfolgte Verdreifachung der nationalstaatlichen Akteure manövrierunfähig geworden ist und deshalb ihre mit einem bestimmten Problem befaßten Ausschüsse antizipativ als „open-ended" konzipieren muß.[112] Ihre Handlungskompetenz manifestiert sich in inflationär ansteigenden Resolutionszahlen, deren Gesänge im Leeren verhallen.[113] Macht man schließlich die Relevanz der UN-Organisation an ihrem Etat fest - ein heute nicht unübliches Verfahren: Staatsorganisationen werden an der auf ihrem Territorium geschaffenen Wertschöpfung, Unternehmen an ihrem Umsatz gemessen -, dann kommt man ebenfalls zu eindeutigen Ergebnissen: „Der festgesetzte reguläre UN-Haushalt für 1992 lag bei 1,14 Milliarden Dollar, was ungefähr dem Haushalt der Feuerwehr der Stadt New York entspricht. 1992 gaben die UN für die 13 laufenden UN-Friedensoperationen 1,37 Milliarden Dollar aus - weniger als das Budget der New Yorker Polizei." (Schoettle 1993: 454) Ein Weltstaat ist insgesamt also weder in qualitativ-organisatorischer noch in quanitativer Hinsicht zu erkennen, ja nicht einmal zu erahnen.

So ernüchternd der Befund zu etwaigen konfliktregulierenden Kompetenzen der UNO auch erscheinen mag, so wenig kann er ein insgesamt zutreffendes

---

112   So etwa bei der Reform des Sicherheitsrats die „Open-ended Working Group on the Question of Equitable Representation on the Increase of the Membership of the Security Council". Vgl. Kühne 1994: 685.

113   Von 1946 bis 1989 verabschiedete der Sicherheitsrat 646 Resolutionen, in den wenigen darauffolgenden Jahren bereits deutlich über weitere 300. Der Zeitraum von Juni 93 bis Juni 94 sah allein 86 Sicherheitsratsresolutionen. Vgl. diese Zahlen bei Altenburg 1994: 694.

Bild heutiger Globalpolitik zeichnen. Wird die Betrachtung auf *relationale* Muster umgestellt, in dem die oben beschriebenen Grundstrukturen der UNO mit ihren heutigen konfliktregulierenden Aktivitäten, Ergebnissen und Erfolgen korreliert werden, fällt das Gesamtbild wesentlich günstiger aus. Mißt man die Konfliktkompetenz der Vereinten Nationen nicht von einem nur vorgestellten, teleologisch gedachten Gewaltmonopol eines Weltstaates her und vergleicht bereits bekannte historische Konfliktlandschaften mit und ohne UNO, so verwandelt sich der Papiertiger der Diskussionshaie möglicherweise zum Star einer Erfolgsstory, dessen Siegeslauf durch die Fehdelandschaft internationaler Politik gerade erst beginnt. Anlaß zu dieser eher euphorisch klingenden Formulierung gibt die enorme Ausweitung der faktischen konfliktregulierenden Maßnahmen der UNO in Gefolge des Zusammenbruches der Nachkriegsordnung. Die Charta der Vereinten Nationen sieht im wesentlichen zwei Möglichkeiten vor, Friedenssicherung zu betreiben. Kapitel I der Charta spricht in diesem Zusammenhang von 'wirksamen Kollektivmaßnahmen' zwecks Wahrung des Weltfriedens und der internationalen Sicherheit, die in Kapitel VI als Verfahren zur friedlichen Beilegung von Streitigkeiten benannt werden. Weitergehende 'Maßnahmen bei Bedrohung oder Bruch des Friedens und bei Angriffshandlungen' führt Kapitel VII auf. Der Friedensbrecher kann mit der Feststellung der Friedensverletzung, Aufforderungen, Boykottmaßnahmen bis zu militärischen Gegenaktionen konfrontiert werden. „Nach dem in jüngster Zeit häufig zitierten Artikel 42 in Kapitel VII der Charta kann der UN-Sicherheitsrat mit 'Luft-, See- und oder Landstreitkräften' alle zur Wahrung oder Wiederherstellung des Friedens 'erforderlichen' Maßnahmen durchführen. Diese 'können Demonstrationen, Blockaden und sonstige Einsätze' der 'Streitkräfte von Mitgliedern der Vereinten Nationen einschließen'. Der Sicherheitsrat kann also gegebenenfalls gegen einen Friedensstörer auch einen Krieg führen." (Arnold 1993: 33) Die dabei zum Einsatz kommenden Verbände der Mitgliedsstaaten sollen unter dem Oberkommando der UNO stehen, der gemäß Artikel 47 zu diesem Zweck ein aus den Generalstabchefs der fünf ständigen Mitglieder des Sicherheitsrates gebildeter Generalstabsausschuß beigegeben ist.

Kollektive Zwangsmaßnahmen dieser Art waren in der Nachkriegszeit nicht durchsetzbar. Die direkten oder Stellvertreterkriege zwischen den großen Machtblöcken konnten nicht mittels kollektiver Sicherheitsverfahren angesprochen werden, da sie an den Vetos der betroffenen Interessen gescheitert wären. Die alternative Möglichkeit kollektiver Sicherheitsmaßnahmen sieht den Sicherheitsrat als Entscheidungsgremium vor, das militärische Interventionen bei anderen Adressen lediglich anfordert und dabei den militärisch beteiligten Staaten die militärische Oberhoheit bei der Durchführung von Zwangsmaßnahmen überläßt. Sie fand in der Phase des Ost-West-Konfliktes nur 1950 bei der Intervention einiger Länder unter Führung der Vereinigten Staaten in Korea Anwendung. Die beiden anderen Fälle (Irak, Somalia) lagen schon jenseits des Ost-West-Dualismus.

Gegenüber den wenig erfolgreichen Vorgaben der UN-Charta hat die jüngere Vergangenheit den Aufschwung einer Friedenssicherungsmaßnahme erlebt, die *expressis verbis* in der Charta nicht erwähnt ist. Das vieldiskutierte „peacekeeping" entwickelte sich bereits in den fünfziger Jahren als Antwort auf die Nichtverfolgung des Prinzips der kollektiven Sicherheit durch die Machtblöcke und wurde bis 1987 insgesamt 13 mal beschlossen und eingesetzt (Meyers 1993: 116f.). Seitdem ist die Nachfrage nach einer Beteiligung der UNO bei der Lösung regionaler Konflikt dramatisch angestiegen, so daß seitdem 14 weitere Peacekeeping-Einsätze vom Sicherheitsrat angeordnet wurden. Auffällig dabei sind die neuen Größendimensionen, die mit dem Einsatz von insgesamt über 80000 Soldaten in Kambodscha (UN Transitional Authority in Cambodia = UNTAC), Jugoslawien (UN Protection Forces = UNPROFOR) und Somalia (UN Operation in Somalia = UNOSOM) erreicht wurden (Kühne 1993: 1993). Zusätzliche Einsätze sind bereits beschlossen worden, so daß die Vereinten Nationen möglicherweise bald schon regelmäßig sechsstellige Truppengrößen im Einsatz aufweisen. Die Tatsache, daß auch die Gemeinschaft Unabhängiger Staaten (GUS) unter Führung Rußlands in einigen Regionen ein eigenes Peace-keeping zu entwickeln versucht hat, spricht für die Effizienz der Maßnahme.[114]

Peace-keeping - im Deutschen mit Ausdrücken wie Friedenssicherung, -erhaltung und -bewahrung übersetzt - placiert freiwillige Truppen von Mitgliedsstaaten zwischen Streitparteien, um durch eine räumliche Separierung eine Sphäre der Ruhe zu schaffen. Die sogenannten „Blauhelme" sind nicht bewaffnet bzw. lediglich zur Selbstverteidigung befähigt. Die mit ihnen verbundene UNO-Friedensmission ist an die Zustimmung der beteiligten Konfliktparteien gebunden. Sie zielen auf Zeitgewinn, der für Verhandlungen genutzt werden kann. Deshalb sind Peace-keeping-Einsätze nicht präventiver, sondern konsolidierender und konfliktbeendender Natur. „Voraussetzung für ein erfolgreiches peacekeeping sind nicht zuletzt Geduld, Beharrlichkeit, Zähigkeit und Verhandlunggeschick der UN-Akteure. Für einen schnellen, umfassenden 'surgical strike' bewaffneter Verbände bieten Peace-Keeping-Operationen keinen Rahmen." (Meyers 1993: 18f.) Deshalb sind in jüngster Zeit Rufe nach „Blauhelmeinsätzen der zweiten Generation" lauter geworden, die auch ein aktives „peace-making" bewirken können (Tomuschat 1994). Hintergrund dieser Forderung ist die steigende Welle der Gewalt und des Chaos, die von allen Seiten an die Inseln des Wohlstands heranrollt. Vielerorts sind nicht zwischenstaatliche Kriege, sondern innerstaatliche bzw. staatszersetzende Bürgerkriege Anlaß für zahllose Opfer und flächendeckende Zerstörungen. Das Erbe des Ost-West-Konfliktes drückt sich in Afrika, dem Nahen und Mittleren Osten, dem Balkan sowie in weiten Gebieten der früheren Sowjetunion und Asiens im Aufbrausen bislang unterdrückter Konflikte aus. Migrationsbewegungen, Wassermangel, der aus dem Rüstungswettlauf

---

114   Allerdings mit mangelndem Erfolg angesichts des Mißtrauens gegen russische Hegemonieansprüche. Vgl. dazu Crow 1992.

resultierende Überfluß an leichten und mittelschweren Waffen, Bevölkerungswachstum und die zunehmende Kluft zwischen arm und reich führen vielerorts zu einer Infragestellung staatlicher Autoritäten, so daß die sozio-kulturelle Evolution mit einem kaum anders als Regression zu nennenden Untergang staatlicher Gewaltmonopole konfrontiert ist und die Dritte Welt zunehmend als Bedrohung empfunden wird (Senghaas 1989: 72ff.).

Angesichts der zerbröckelnden Herrschaftsstrukturen in weiten Teilen der Dritten Welt, aber auch in der ehemaligen Sowjetunion, hat sich ein weites Feld geöffnet, in dessen Vakuum die UN-Organisation eintauchen und ihre Handlungskompetenzenen steigern kann. Die immens gestiegenen Aufgaben führen jedoch sofort zu Überlastung und Überforderung, wie die permanente Finanzkrise der UN zeigt. Schon Blauhelm-Aktionen mit ihrem nicht-interventionistischen Charakter erfordern einen immensen finanziellen Aufwand. Zusätzlich ist es fraglich, ob die UN von ihren Mitgliedsstaaten das notwendige Personal erhalten werden, um die zuletzt erfolgte massive Ausweitung der Peace-keeping-Truppen auch in Zukunft kontinuieren zu können.

Daß ständig verfügbare militärische Einheiten das Rückrat der modernen Staatsorganisationen bilden, wird durch die Diskussion um eine Ausweitung der UN-Aktivitäten erneut bestätigt. Insofern erinnert Boutros-Ghalis 1992 vorgelegte „Agenda für den Frieden" (Boutros-Ghali 1992) an den Kampf der Fürsten mit den Landständen um die Bewilligung permanenter und sicher finanzierter Heere im 17. Jahrhundert. Boutros-Ghali schlägt in seiner Agenda vier Aufgabenbereiche der Friedenssicherung vor: Vorbeugende Diplomatie (preventive diplomacy), Friedensschaffung (peace-making), Friedenssicherung (peace-keeping) und Friedenskonsolidierung (post-conflict peace-building). Die fünfte denkbare Kategorie der Friedenserzwingung (enforcement) spielt eine geringe Rolle in Boutros-Ghalis Forderungskatalog, der implizit und doch unübersehbar für die Weiterentwicklung des traditionellen peace-keeping zu einem 'robusten peace-keeping' plädiert, das gestaltende und intervenierende Momente aufnimmt und dadurch der zunehmenden Anarchie in manchen Gegenden der Welt aktiv entgegenwirkt. „Ziel dieses *robusten peace-keeping* ist es, die Konfliktparteien schrittweise aus ihrer blindwütigen Konfrontation durch die Absicherung (1) eines stabilen, 'therapeutischen' Verhandlungsrahmens, (2) humanitärer Mindeststandards, humanitärer Hilfsmaßnahmen, (3) lebenswichtiger Einrichtungen etc. herauszuführen." (Kühne 1993: 16) Die ersten Erfahrungen mit einer stärkeren militärischen Eingriffsbereitschaft durch UN-Verbände sind allerdings nicht sehr ermutigend, wie die Erfahrungen mit der gescheiterten Mission in Somalia und die von UN-Truppen tatenlos hingenommenen Massenmorde in Ruanda gezeigt haben (Kühne 1995: 9).

Notwendig für eine stärkere militärische Unterlegung friedens*schaffender* Ziele sind deshalb Truppen mit einer „rapid deployment capacity", also schnell verfügbare Einheiten, die von den UN erwartbar und ohne Zusatzverhandlungen in Krisengebiete geschickt werden können und dadurch bereits als Abschrekkungsmittel wirken (Boutros-Ghali 1992: Ziff. 42ff.). Richard N. Gardener, außenpolitischer Berater Bill Clintons, hat diese Forderung mit detaillierten Vorschlägen angereichert und für die Aufstellung von *UN-stand-by forces* plädiert. Wenn alle ständigen Mitglieder des Sicherheitsrates jeweils eine Brigade (2000 Soldaten) und ungefähr weitere 30 Staaten je ein Bataillon (6-700) zum schnellen Einsatz auf Anordnung des Generalsekretärs bereithalten, ergäbe sich eine Streitmacht von etwa 30000 Soldaten, die durch gemeinsame Ausbildung, Manöver und Ausrüstung für eine verstärkte Präsenz der Vereinten Nationen auf dem Globus sorgen würden (Gardener 1992: 35ff.).

So bescheiden die Zahlen auch klingen mögen: Käme es zu einer permanenten UN-Verfügbarkeit über militärische Erzwingungsmittel, dann kann der damit einhergehende qualitative Sprung in der Aufwertung dieser bis heute oft belächelten internationalen Organisation kaum hoch genug eingeschätzt werden. Die UN erhielte erste Züge einer wie rudimentär auch immer entwickelten Staatlichkeit. Weitere Machtausweitungen dieser Organisation hätten im Anschluß an eine erstmalige souveräne Disposition über Truppen nur noch quantitativ-graduellen Charakter. Die massive Ausweitung der Verfügbarkeit über Gewaltmittel ist - das lehrt die Entstehungsgeschichte der europäischen Staatsorganisationen - ein potentiell schnell sich beschleunigender Prozeß, wenn die prinzipielle Legitimität der Gewaltmittelversammlung durch eine Organisation einmal durchgesetzt ist. Man könnte deshalb vermuten, daß die Soziologie des internationalen Konfliktes heute grundlegende Veränderungen beobachtet, deren Ausmaß erst in Zukunft in voller Breite abgeschätzt werden kann. Möchte man Empfehlungen aussprechen, dann zeigen die konfliktsoziologischen Untersuchungen die Unabdingbarkeit eines weltstaatlichen Gewaltmonopols, das auf den mittelalterlichen Landfrieden einen modernen Weltfrieden folgen läßt. So eindeutig diese politische Empfehlung ausfällt, so wenig können teleologische Kräfte aufgefunden werden, die die moderne Gesellschaft dorthin tragen. Die Entwicklung der UN-Organisation ist - wie schon die der modernen Staatsorganisationen - kontingent. Man wird auf die Ereignisse selbst warten müssen.

V. Konflikte in der modernen Gesellschaft

Meine konfliktsoziologischen Analysen der modernen Gesellschaft haben zu zeigen versucht, daß die Differenziertheit der Gegenwartsgesellschaft höchst unterschiedlich ausgeprägte Konfliktlandschaften *innerhalb* der Gesellschaft bedingt. Das im Übergang zur Moderne ausgebildete simultane 'Gemisch' aus Konflikthemmung und -ermutigung verteilt sich sehr asymmetrisch und ungleich über moderne Handlungsfelder, so daß die moderne Gesellschaft als Gesamtheit unter konfliktsoziologischen Aspekten als unübersichtlich erscheint. Deshalb habe ich mit meinem Versuch einer ausschnitthaften Konfliktsoziologie der modernen Gesellschaft versucht, zunächst den umfassenden Gegenstand zu dekomponieren, um dadurch analysierbare Einheiten zu erhalten. Heute gehört es zum common sense der soziologischen Forschung, daß sich innerhalb der modernen Gesellschaft höchst unterschiedliche und eigenlogisch operierende Teilbereiche ausgebildet haben, die zwar durchaus in enger und wahrscheinlich zunehmender wechselseitiger kausaler Vernetzung, Beeinflussung und Determination stehen. Jedoch wird diese unübersehbare enge Vernetzung unterschiedlichen Teilbereiche der Gesellschaft von einer parallelen Steigerung der häufig inkompatiblen Zweckspezifikationen begleitet, die in formalen Organisationen realisiert werden. Deshalb könnte man eher von einem wechselseitigen Steigerungszusammenhang von kausaler Vernetzung und gleichzeitiger Zweckautonomie sprechen, die heute wie in keiner Gesellschaft zuvor auf die Spitze getrieben wird. Nie zuvor ist es denkbar gewesen, einem eng umschriebenen gesellschaftlichen Teilraum wie z.B. dem einer formalen Organisation eine so weitreichende Autonomie in der Gestaltung sozialer Zusammenhänge zu geben, wie es heute formalen Organisationen innerhalb ihrer auch räumlich klar separierten Gegebenheiten gestattet wird.

Wer auf die gestaltende Autonomie gesellschaftlicher Teilbereiche hinweist, wird oft mit dem Gegenargument konfrontiert, daß heute dem Staat eine reglementierende Kompetenz zufalle, die auf unerwünschte gesellschaftliche Zustände, Entwicklungen und Trends reagieren könne. Auch wenn man heute bei der Frage nach Regelungszuständigkeiten immer an den Staat als Universalzuständigen denkt, der selbst als Sonderfall der formalen Organisation innerhalb des von ihm betreuten sozialen Raumes der Gesellschaft rechtliche Vorgaben für die normative Gestaltung von Sozialität vorgibt, so muß um so unmißverständlicher darauf hingewiesen werden, daß die staatlich-rechtliche Überformung der auf staatlichen Territorien vollzogenen Gesellschaft zwar eine gewisse Grundformalisierung jeder sozialen Beziehung geschaffen hat - vor allem dahingehend, daß Gewalthandeln als Konfliktlösungsmittel prinzipiell als illegal behandelt wird. Jedoch meine ich in meinen konfliktsoziologischen Untersuchungen der modernen Gesellschaft gezeigt zu haben, daß diese staatliche Basisformalisierung sozialer Beziehungen lediglich eine sehr dünne Schicht des Sozialen gestaltend erfaßt und darüber hinaus vieles offen läßt. Während niemand bezweifeln wird, daß heute jede soziale Konflikthandlung unter der Antezedenzbedingung des staatlichen Gewaltmonopols steht, wird man als Konfliktsoziologe kaum mit einem selbstverständlichen Einvernehmen darüber rechnen können, daß neben diesem vorgängigen Gewaltmonopol vielfältige und umfassende Konflikthandlungsfelder existieren, die vom Staat kaum oder gar nicht erreicht werden und auch nicht erreicht werden können. Mit anderen Worten: Zwar erschöpft sich die Rolle des Staates bei der Gestaltung moderner sozialer Konflikte keineswegs auf die Unterdrückung illegaler Gewaltanwendungen, denn seine umfassenden rechtlich kodifizierten Normen beeinflussen modernes Konflikthandeln in vielfältigster Weise. Jedoch erläge man einer Illusion, wenn man glaubte, unterhalb des räumlichen Schirmes der Staatsorganisationen auf eine mehr oder minder homogene, gleichmäßig staatlich gestaltete oder staatlich gestaltbare Konfliktlandschaft zu treffen, die vom Staat nur aktiv bearbeitet werden müßte, um unerwünschte Konflikt- und Gewaltfelder - etwa Familie und Jugend - zu verhindern. Selbst wenn man die Rolle des gewaltmonopolisierenden Staates als Konfliktlöser und -entscheider angemessen würdigt, so ist unübersehbar, daß innerhalb seines territorialen Gestaltungsbereiches die Bedingungen der Möglichkeit sozialer Konflikte dermaßen heterogen verteilt sind, daß man trotz der staatlichen gewaltmonopolisierenden Formalisierung des sozialen Raumes unterhalb des räumlichen Daches der Staatsorganisation nochmals auf die Unterscheidung von Interaktion, Gruppe und Organisation zurückgreifen muß. Erst dann braucht man diese Konfliktheterogenität nicht einfach als 'Desintegration' brandzumarken sondern kann die Asymmetrie moderner Konfliktfelder als Ausdruck der gesellschaftlichen Differenzierung in höchst differentielle, auch räumlich ungleich verteilte Muster von Konflikthemmung und -ermutigung *unterhalb* der formalen Raumorganisation 'Staat' erfassen.

Eine solche Perspektive muß auf die Annahme einer umfassenden normativen Integration der modernen Gesellschaft verzichten, und dieser Verzicht wird nicht von der Theorie sondern vom Gegenstand gefordert. Es gibt heute keine Instanz, die die normative Gesamtintegration der modernen Gesellschaft realisieren könnte. Konfliktsoziologisch gewendet folgt daraus nicht nur die Erwartung, daß konflikt- und gewaltnahe Lagen wie z.B. die Familie und die Jugend auch in Zukunft prekäre Felder bleiben werden, weil die in ihnen zum Zuge kommende Gewalt als Konfliktlösungsmittel einerseits in explizitem Widerspruch zur fundamentalen Antezedenzbedingung jedes modernen Konfliktes: dem Gewaltmonopol des Staates steht, dieses staatliche Gewaltmonopol andererseits jedoch nur theoretisch, nicht aber faktisch in jede soziale Situation präventiv hineinreicht und hineinreichen kann. Die Grenzen der Generalprävention lassen mehr Raum im ungeregelten Reich der Gewaltnähe als oft angenommen.

Darüber hinaus muß man sich, so meine ich, mit dem Gedanken anfreunden, daß eine auf 'Desintegration' abstellende zeitdiagnostische Beschreibung von Konflikt- und Gewaltphänomenen vollkommen unzureichend ausfällt, weil der korrelierende Gegenbegriff 'Integration' eine umfassende Einheit impliziert, die heute nirgends mehr angetroffen werden kann. Eines der Hauptziele meiner konfliktsoziologischen Untersuchung liegt deshalb darin, dieser Einheitsvorstellung zu widersprechen und stattdessen die *Einheit* der modernen Gesellschaft in der *Differenz* von Interaktion, Gruppe, Organisation und den höchst differentiellen konfliktrelevanten Realisierungen dieser drei Vergesellschaftungmodi in unterschiedlichen Lagen darzustellen.

Um die im Integrationsbegriff implizierte Einheit auch auf begrifflicher Ebene ausdrücklich zu verabschieden, habe ich den Begriff 'Inklusion' verwendet, um die Zerrissenheit der modernen Gesellschaft aus der Sicht ihres Personals zu beleuchten. Möchte man die konfliktsoziologischen Gesetze einer Mikrosituation - etwa in der informellen Jugendgruppe - verständlich machen, dann muß man auf den Rekurs auf (angeblich) übergreifende gesellschaftliche Wert- und Normvorstellungen verzichten und stattdessen der Eigenlogik der Situation einen hohen Prägungswert, wenn nicht sogar eine implizite Dominanz beimessen. Welche Konflikte gewagt werden, welche Konflikthandlungstypen gewählt werden, wie Konflikte typischerweise verlaufen, ob gegebenenfalls Gewalthandeln eintritt, ob ein Konflikt wirklich abgearbeitet oder vielleicht nur verdrängt wird: Die Beantwortung dieser zentralen Fragen muß - so meine These - in die eigenlogischen Situationen der unterschiedlichen Ausprägungen von Interaktion, Gruppe und Organisation verlegt werden und darf nicht am imaginären Maßstab einer kontrafaktisch hochgehaltenen übergreifenden normativen Einheit der Gesellschaft gemessen werden. Interaktion, Gruppe und Organisation halten nicht nur als je eigene Vergesellschaftungsmodi unterschiedliche Konfliktmodi für die Handelnden bereit. Jeder dieser drei unterschiedlichen Vergesellschaftungsmodi realisiert sich darüber hinaus je nach Anwendungsbereich höchst eigensinnig und ungleich - die Unterrichtsinteraktion fällt anders aus als die Interaktion in der informellen Jugendgruppe oder die Interaktion zwischen souveränen Staatsorganisationen. Ebenso bedingt die unterschiedliche Organisationsfähigkeit von Kirche, Schule, Wirtschaftsunternehmen, internationale Beziehungen usw. hochgradig ungleich verteilte Möglichkeiten, Mitgliederhandeln als Entscheidung zu behandeln und Konflikthandeln zu formalisieren.

Diese bunte Vielfalt wurde durch vergleichende konfliktsoziologische Analysen erschlossen, die sich für das differenzierte Bild moderner Konfliktlandschaften als besonders fruchtbar erwiesen. Die vergleichende Methode geht dabei *nicht* von normativen Soll-Werten aus, die den Phänomenen vorgegeben werden, um daran anschließend den Vergleich als Abweichung vom Soll-Zustand zu formulieren. Gerade die Unterschiedlichkeit von Interaktion, Gruppe und Organisation, die aufgrund differentieller Realisierung der jeweiligen Typen nochmals multipliziert wird, verbietet den Ausgang bei normativ vorgegebenen Modellen, die die Konfliktphänomene nur noch in Abweichung erkennen lassen. Weder für die Interaktion noch für Gruppe und Organisation werden 'Normalzustände' formuliert, die als *tertium comparationis* für den vergleichenden Aufweis differentieller Konfliktsettings hätten herangezogen werden können. Vielmehr konnte die Analyse einsetzen bei einer Problemkonstruktion, die z.B. in der Schulunterrichtsinteraktion und in der freien, ungeregelten Interaktion Jugendlicher auf unterschiedliches und insofern vergleichbares Problemlösungshandeln trifft.

Die Untersuchung moderner Konfliktlandschaften sollte auch zeigen, daß die soziologische Differenzierungstheorie heute ein einseitiges Bild von der modernen Gesellschaft zeichnet. Theorien der Arbeitsteilung und funktionalen Differenzierung stellen ihre Optik auf das im historischen Vergleich immense synchrone Nebeneinander von *sachlich* unterschiedlichen gesellschaftlichen Bereichen scharf, das sich in inkompatiblen Zwecksetzungen und Programmierungen von nebeneinander arbeitenden Organisationen ausdrückt. Die Moderne erlaubt in ungekanntem Ausmaß die gleichzeitige Prozessierung von sachlich radikal unterschiedenen Perspektiven in Wirtschaftsunternehmen, Staat, Schulen, Universitäten, Sportvereinen, Massenmedien usw. Diese Etablierung von durch sachlich unterschiedliche Programme gekennzeichneten Bereichen versucht die Differenzierungstheorie durch die Subsummierung von mit ähnlichen Zwecksetzungen arbeitenden Organisationen - etwa Wirtschaftsunternehmen - in gesellschaftliche 'Subsysteme' („die Wirtschaft") theoretisch für die Beschreibung der modernen Gesellschaft abzubilden.

Ich meine, daß mit dieser Fokussierung der Analyse auf organisationsbildende gesellschaftliche Teilsysteme eine Unterbewertung der mit der Ausdifferenzierung von Organisationen gesellschaftsweit eingeführten Gleichzeitigkeit von Persönlichkeit und Unpersönlichkeit einhergeht. So deutlich und fruchtbar insbesondere die Theorie funktionaler Differenzierung vorgeführt hat, daß die moderne Gesellschaft durch das inkommensurable Nebeneinander spezifizierter und von diffusen sozialen Einflüssen 'gereinigter' Zwecke gekennzeichnet ist, so sehr scheint mir eine Betonung des Inselstatus dieser formal-organisatorisch realisierten Zwecke notwendig und gesellschaftstheoretisch relevant. Das Formalisierungsgefälle, das als Differenz von Interaktion und Organisation die moderne Gesellschaft in jeder Hinsicht durchzieht, bewirkt eine asymmetrisierende Verschiebung von Konfliktmaterial. Auch im Schlußwort meiner Untersuchung möchte ich nochmals darauf hinweisen, daß diesem Formalisierungsgefälle nicht mit normativen Soll-Werten begegnet wird. Es ging nicht darum zu beweisen, daß interaktionsnahe Lagen gegenüber dem Organisationsbereich der modernen Gesellschaft in bezug auf ihre Konfliktverarbeitungskapazität defizient oder aussortierungswürdig sind. Die Fähigkeit von Organisationen, Konflikt- und Gewalthandeln in ihrem Raum zu formalisieren und entscheidungsfähig zu machen, sollte nicht als normativ besser gelobt werden gegenüber interaktions- und gruppennahen Bereichen, die in problematischer Konflikt- und Gewaltnähe verbleiben. Ich habe auch nicht für eine der beiden Seiten optiert. Ebenso wurde darauf verzichtet, unterschiedliche Konfliktbehandlungsmodi gegeneinander abzuwägen und einige gegebenenfalls als heute inadäquat zu brandmarken. Ich betone die diesbezügliche *Indifferenz* meiner Untersuchung, weil ein Vorwurf gegen die von mir in den Mittelpunkt gerückte *Differenz* von Interaktion und Organisation naheliegt: Gesellschaftlich unerwünschte, weil gewaltnahe Konflikte würden, so könnte man der vorliegenden Untersuchung vorwerfen, letztlich als ein residualer Ausdruck mangelhafter Organisiertheit von Gesellschaft angesehen. Konflikt- und gewaltintensive Lagen sollten, so ein mögliches Mißverständnis, auf die eine oder andere Weise in konfliktresistentere Vergesellschaftungsmodi überführt werden, um unerwünschtes Gewalthandeln wirksam zu verhindern. Man müsse nur, so könnte man in die vorstehenden Überlegungen hineinlesen, problematische Handlungsfelder einer weitgehenderen Formalisierung zuführen, um auftretende Konflikte entscheidbar zu machen.

Einem solchen Verständnis meiner um die Differenz von Interaktion und Organisation angelegten konfliktsoziologischen Untersuchung möchte ich schon vorab mit zwei Argumenten entschieden widersprechen. *Erstens* erscheint eine totale Organisierung von Gesellschaft nicht nur als bedrohliches Horrorszenario sondern auch als insgesamt unmöglich. Es gibt keine Organisation, die die Gesamtgesellschaft organisieren könnte, und selbst die im 20. Jahrhundert weitverbreiteten totalitären Staatsorganisationen waren - so ausgreifend und in alle gesellschaftliche Verästelungen eindringend sie agiert haben - keinesfalls auch nur annähernd in der Lage, den von ihnen betreuten territorialen Raum der Gesellschaft in dem Sinne total zu organisieren, daß in *jeder* Mikrosituation die Staatsbürgerrolle gegenüber sonstigen Rollen eine spürbare Dominanz eingenommen hätte. D.h.: Die Differenz von Interaktion und Organisation wird - ebenso wie die damit einhergehenden Konfliktgefälle - ein dauerhafter Bestandteil der modernen Gesellschaft bleiben, so daß die von mir ohnehin nicht gegebene Empfehlung, man brauche nur mehr formalisierte Konfliktlösungsmuster, vollkommen ins Leere liefe.

Daß eine etwaige Forderung nach mehr formal-organisatorischen Konfliktbehandlungen am eigentlichen konfliktsoziologischen Problem vorbeizielt, zeigt sich auch *zweitens* darin, daß die formale Organisation - auch das sei nochmals betont - keinesfalls einen universellen Konfliktlöser oder -entscheider abgibt. Sie fungiert nicht als Zauber der sozio-kulturellen Evolution, der die problematischen Aspekte sozialer Konflikte ungeschehen macht und darin nichtorganisierten Sphären der Gesellschaft haushoch überlegen ist, so daß man fordern müßte: Gib' mir mehr davon! Ganz im Gegenteil neigen gerade formale Organisationen aufgrund ihres Inselstatus dazu - so hat sich mehrfach gezeigt -, ihre gesellschaftsinterne Umwelt mit einem tiefgreifenden Formalisierungsgefälle zu belasten, und deshalb war es vornehmliches Ziel meiner konfliktsoziologischen Untersuchung, auf die in der modernen Gesellschaft umfassend eingerichtete *Differenz* zwischen Konfliktsettings in Interaktion, Gruppe und Organisation hinzuweisen. Mehrfach hat sich gezeigt, daß sich die als problematisch angesehene Konflikt- und Gewaltnähe mancher Bereiche nicht einfach aus ihnen selbstsuffizient ergibt, sondern gerade durch ihre *Differenz* zu benachbarten innergesellschaftlichen Sphären verschärft wird. Die Familie z.B. muß sich mit einem immensen Bedarf an sozialem Wandel herumschlagen, der in ihrer organisatorischen Umwelt erst erzeugt wird, der jedoch in den Organisationen weitaus leichter bewältigt werden kann als in der Familie, denn die Familie muß weiterhin 'konventionelle' Konfliktverarbeitungsmittel einsetzen, die nicht von der entlastenden formalen Entscheidbarkeit über Konflikte disponieren kann. Damit treten die hohen gesellschaftlichen *Folgekosten der Formalisierung von Konflikthandeln* deutlich zu Tage. Das Bild moderner innovativer Konfliktbearbeitungsprozeduren wird ambivalent. Die organisatorische Formalisierung von Konflikthandeln kann nur räumliche *Inseln* schaffen, die Konflikte entscheidungsfähig und darüber hinaus - durch Informalisierung - bedingt und partiell abarbeitbar machen. Solche Inseln sind konfliktsoziologisch betrachtet dauerhaft rücksichtslos gegenüber ihrer Umwelt, indem sie Konfliktmaterial umfassend formalisieren, jedoch nur teilweise selbst durch informale Konfliktausdrucksbahnen wirklich lösen, teilweise aber auch lediglich in ihre unmittelbare Umwelt abdrängen und dort die ohnehin höhere Konflikt- und Gewaltanfälligkeit nochmals verschärfen. Divergierendes Erleben und Handeln, das zu Konflikten führt, kann ja nicht einfach durch Formalisierung ungeschehen gemacht werden, sondern muß tatsächlich in Konflikthandeln - welcher Art auch immer - abgearbeitet werden, damit begehbare Situationsdefinitionen wiederhergestellt werden können. Die durch Organisationsbildung bedingte Verschiebung und Abdrängung von Konfliktmaterial in konflikt- und gewaltnahe Interaktions- und Gruppenlagen rückt die hohen Folgekosten einer organisatorischen Formalisierung von Konflikten ins Rampenlicht.

Vor dem Hintergrund dieser Überlegung wird deutlich, daß eine nichtnormativ angelegte Soziologie des Konfliktes sich keinesfalls der Möglichkeit begibt, negative Folgeerscheinungen der Zergliederung der modernen Gesellschaft in Interaktions- und Organisationsbereich kritisch zu beleuchten. Das ambivalente Bild der Moderne, das schon seit den Klassikern die Soziologie beherrscht, bleibt erhalten. Der Umbau der Gesellschaft von herrschaftlich verfaßter und feudal prämierter Kolokalität in das auf oft disharmonischer Inklusion und Exklusion basierende mobile Gefüge von Interaktion, Gruppe und Organisation bleibt unter konfliktsoziologischen Aspekten sowohl in seinen Erträgen als auch in seinen prekären Folgekosten präsent. Gewalthandeln wird nicht nur zivilisiert und von der Staatsorganisation monopolisiert, sondern auch in problematische Lagen abgedrängt, so etwa in informelle Jugendgruppen oder in die Familie. Zudem führt die Gewaltmonopolisierung des Staates nicht nur zu dem Zurücktreten der Gewalt aus dem Alltag. Sie führt ebenfalls die Erfindung der neuen Konfliktart 'Krieg' mit sich, die sämtliches historisch bekanntes Konflikthandeln an Destruktivität und Schädlichkeit in nicht ausdrückbarem Maße überschreitet.

Diese ambivalenten Ergebnisse meines Versuches einer Konfliktsoziologie der modernen Gesellschaft sind sowohl im weltweiten Formalisierungsgefälle der internationalen Beziehungen als auch in der Inklusionslage Jugend sowie der Familie aufgefunden und ausgebreitet worden. Angesichts der Heterogenität der vorgefundenen Zustände wäre es unsinnig vorzuschlagen, den ungleichen Organisierungs- und Formalisierungsgrad verschiedener Sphären innerhalb der Gesellschaft mit dem Wunsch nach Begradigung der Gefälle zu konfrontieren. Die Differenz von Organisation und Interaktion muß *als* Differenz beschrieben und - so scheint es - dauerhaft akzeptiert werden. Erst wenn man diese Differenzierungstendenzen der modernen Gesellschaft in allen Konsequenzen berücksichtigt, treten die in vieler Hinsicht bedenklichen gesellschaftlichen Folgen dieser Differenz voll zu Tage.

In der Soziologie sind bisher allerdings andere Wege beschritten worden, die durch Max Weber vorgegeben wurden. Webers mit großem Pathos vorgetragene Klage gegen das unpersönliche „Gehäuse der Hörigkeit", in dem jeder ein abgerichtetes Rädchen ist, das nur danach strebt, ein größeres abgerichtetes Rädchen zu werden (Weber 1924: 413), hat den Blick auf die Verdrängung engmaschiger personaler Beziehungen durch formale Organisationen gelenkt. Die damit einhergehende Versachlichung schien als Quelle moderner Pathologien der selbstverständliche Kandidat zu sein, so daß ein quantitativ gedachtes 'Zuviel' an Unpersönlichkeit, Formalisierung und instrumenteller Handlungsweise als Erklärungsgrund für unerwünschte gesellschaftliche Entwicklungen ausgemacht wurde. Jürgen Habermas hat in seiner Reformulierung der Weberschen Zeitdiagnose die pathologischen Tendenzen des Modernisierungsprozesses in den Dualismus von System und Lebenswelt aufgenommen und das Eindringen unpersönlicher und insofern 'systemischer' Handlungstypen in lebensweltliche Zusammenhänge als hypertrophe Kolonialisierung bezeichnet (Habermas 1981: 470ff.). Die mit dieser Konzeption verbundenen vielfältigen und in der Literatur schnell herausgearbeiteten Schwierigkeiten brauchen an dieser Stelle gar nicht diskutiert zu werden (Gebauer 1993; Kneer 1996: 39ff.). Von Interesse ist an diesem Punkt der Hinweis darauf, daß meine konfliktsoziologischen Untersuchungen versucht haben, den von Habermas in der Differenz von System und Lebenswelt abgebildeten innergesellschaftlichen Graben in der reformulierten und verschobenen Differenz von Interaktion und Organisation aufzunehmen. Auch wenn man die in der 'Theorie des kommunikativen Handelns' gegebenen normativen und handlungstheoretischen Spezifikationen der Differenz von Interaktion und Organisation für nicht tragfähig hält, kann nichtsdestotrotz die dort implizit enthaltene Fragestellung als weiterhin relevant angesehen und produktiv aufgenommen werden (vgl. Schimank 1985: 427). Beleuchtet man die im System-Lebenswelt-Dualismus implizierten modernen Krisenphänomene mit Hilfe der Differenz von Interaktion und Organisation konfliktsoziologisch, dann treten die sich in konflikt- und gewaltanfälligen Sphären ausdrückenden modernen Pathologien auf andere Art und Weise hervor. Es ist nicht einfach ein Zuviel an versachlichter und bürokratischer Rationalität, das als Erklärungsgrund für konflikt- und gewaltnahe Bereiche verantwortlich gemacht werden kann. Es gibt keinen Umschlagspunkt, an dem die Überführung personnaher interaktiver sozialer Zusammenhänge in formale Organisationsprozeduren pathologisch und ablehnungswürdig wird. Man kann nicht sagen: Die Entkoppelung von Organisationen aus einer interaktiven Sozialwelt stellt sich eigentlich unproblematisch dar und führt erst ab einem bestimmten

Punkt zu Pathologien. Die oben geführten konfliktsoziologischen Untersuchungen haben vielmehr gezeigt, daß die Differenz von Interaktion und Organisation sofort wirkt, sobald sie etabliert ist. Der als Ausdifferenzierung von Organisationen schlaglichtartig beleuchtete Modernisierungsprozeß beginnt mit der Entkoppelung von Staatsorganisationen während und nach dem Konfessionszeitalter und macht sich sofort in dem mehrfach aufgezeigten Formalisierungs-, Konflikt- und Gewaltgefälle des Kriegszeitalters bemerkbar. Jede Formalisierung von Konflikthandeln erzeugt sowohl Konflikthemmungen als auch Konfliktermutigungen. Sie hat insofern immer eine 'andere Seite'. Sie erzeugt *sowohl mehr als auch weniger Konflikte* - je nachdem, auf welcher Seite man nachschaut. Die Staatsorganisationen etablieren ein internes Gewaltmonopol, das das Fehdewesen abschafft. Gleichzeitig ermöglichen sie bis heute Konflikte, die sämtliche Vorgänger an Destruktivität unermeßlich übertreffen, weil die megahandlungsfähigen Staatsorganisationen nach außen in konfliktanfällige ungeregelte Interaktion treten (vgl. IV.3). Möchte man die Erhöhung von Konfliktfrequenzen auf der anderen Seite formaler Kommunikation als Pathologie der Moderne bezeichnen, dann darf nicht einfach auf die allgemeine Versachlichung durch formale Organisationen hingewiesen werden, wie das in der Weber-Habermas-Tradition bis heute wie selbstverständlich geschieht und jüngst in Zygmunt Baumanns Diskussion des Holocaust als bürokratisches Ereignis fortgesetzt wird (Baumann 1992: 117ff.). *Nicht die Organisation an sich, sondern die Differenz von Organisation und Interaktion wirkt in gewisser Hinsicht pathologisch.* Sobald Sphären formal-organisatorischer Konflikthandhabung zugeschaltet werden, die einfache interaktive Zusammenhänge parallel begleiten, entsteht ein Formalisierungsgefälle, das Konflikt und Gewalt aus formalen Handlungszusammenhängen abdrängt und die Umgebung belastet.

Die problematischen Wirkungen der Differenz von Interaktion und Organisation sind demgemäß weitaus tiefgreifender, als die Habermassche Kolonialisierungsthese vermuten läßt. Sie durchziehen die moderne Gesellschaft von Beginn an und nicht erst ab einem späteren Zeitpunkt. Das aus Organisationen verbannte divergierende Erleben und Handeln kann nur teilweise und je nach Art der Organisation bisweilen fast gar nicht durch informelle Konfliktausdrucksbahnen wirklich abgebaut werden, so hatte z.B. die Diskussion der Schule als formaler Organisation ergeben (vgl. IV.2). Deshalb muß immer damit gerechnet werden, daß der Interaktionsbereich der modernen Gesellschaft mit Konfliktmaterial belastet wird, das aus dem Organisationsbereich abgedrängt wird. Insofern ist es sinnvoll zu sagen, daß insbesondere Familie und Jugend die immensen Folgekosten des Modernisierungsprozesses (mit)tragen. Dieser Pathologie kommt man jedoch nicht durch die Unterscheidung von erfolgs- und verständigungsorientiertem Handeln auf die Spur, die Habermas eingeführt hat. Es geht auch nicht im geringsten um die Unterscheidung zwischen Handlungs- und Systemtheorie, die angeblich für die Beschreibung der Differenz von Interaktion und Organisation gebraucht wird. Es reicht aus, in lockerer Anlehnung an allgemeine soziologische

Forschungen zwischen Interaktion, Gruppe und Organisation zu unterscheiden und diese Unterscheidung mit ethnologischen, ethnomethodologischen und einigen interaktions- und organisationssoziologischen Befunden anzureichern (vgl. II.3 und II.4), um eine moderne Konfliktlandschaft zu erstellen.

Wenn auf diese Weise die Konflikt- und Gewaltanfälligkeit einiger Bereiche der modernen Gesellschaft aus ihrer Situierung in der Differenz von Interaktion und Organisation begründet wird, ergibt sich die Erwartung, daß die Unterschiedlichkeit von persönlich zu unpersönlich gestalteten Bereichen samt ihrer differentiellen Konfliktbedingungen auch in Zukunft zum Alltag der modernen Gesellschaft gehören wird. Die Gegenwart kann, will und soll, so scheint es, weder in die totale Formalität eingeführt noch in die durchgängige Interaktionsnähe einfacher Gesellschaften zurückgeführt werden. Sie muß sich mit der Differenz von Interaktion und Organisation arrangieren. Die von Hans-Jürgen Krysmanski in dieser Situation gewünschten *adäquaten* Problemlösungen für gesellschaftliches Handeln (vgl. I.4) könnten in bezug auf die Abarbeitung von Konfliktpotentialen diejenigen sein, die *Gewalt*handeln durch weniger destruktives, rhetorisches, ritualisiertes oder entscheidbares Konflikthandeln ersetzen. Damit würden sowohl unerträgliche Konfliktfolgen gemindert als auch diejenigen Ausdrucksbahnen für divergierendes Erleben und Handeln garantiert, die für die Abarbeitung von steigenden Konfliktfrequenzen unverzichtbar sind. Der Hauptort heutiger Gewaltanwendung sind weiterhin die internationalen Beziehungen zwischen den Staatsorganisationen. Internationales staatliches Handeln hält die heute wohl bedrohlichsten Risiken und Gefahren für die moderne Gesellschaft bereit. Die technisch exponential heraufgesetzte Zerstörungskraft kriegerischer Auseinandersetzungen zwischen Staatsorganisationen gibt im neuerlichen Übergang zu einem „post-cold war multipolar system" Anlaß, auf die bis heute unverändert hohe Gewaltanfälligkeit zwischenstaatlichen Handelns hinzuweisen (Kegley, Raymond 1992). Eine neue Weltordnung ist noch nicht in Sicht, wohl aber die konfliktsoziologische Empfehlung, zwischenstaatliches Gewalthandeln einer global monopolisierenden Organisation zu unterwerfen, die die Differenz von Interaktion und Organisation gleichsam 'räumlich aushebelt', indem sie den sozialen Raum global besetzt. Die Alternative könnte angesichts der sich fortschreitend ausbreitenden Kapazität zu nuklearen Schlägen darin bestehen, daß sich die Weltgesellschaft in die Interaktionsnähe primitiver Gesellschaften zurückbombt und die konfliktträchtige Differenz von Interaktion und Organisation auf diese Art und Weise einzieht.

Diese These wird umstritten bleiben. Als Konfliktsoziologe weiß man, daß die Umstrittenheit einer soziologischen These nicht allein Ausdruck ihrer nur hypothetischen Wahrheitsfähigkeit ist, sondern der zu erwartende Widerspruch auch die Institutionalisierung der Wissenschaft selbst als Konflikt widerspiegelt. Aus diesem Grunde hoffe ich, daß auf das an dieser Stelle unvermeidliche Ende meiner Untersuchung nicht Schweigen, sondern Widerspruch und Konflikt folgen.

Literatur

Ackerman, Charles und Talcott Parsons, 1967, The Social System as a Theoretical Device, in: Gordon J. DiRenzo (Hg.), Concepts, Theory and Explanation in the Behavioral Sciences, New York: Random House, 24-40.

Adams, Bert N., 1966, Coercion and Consensus Theories: Some Unresolved Issues, in: American Jounal of Sociology 6, 714-717.

Alexander, Jeffrey et al. (Hg.), 1987, The Micro-Macro-Link, Berkeley u.a.: University of California Press.

Alexander, Jeffrey, 1983, Theoretical Logic in Sociology. The Modern Reconstruction of Classical Thought, Talcott Parsons, Berkeley: University of California Press.

Allerbeck, K., W. Hoag, 1985, Jugend ohne Zukunft? Einstellungen, Umwelt, Lebensperspektiven, München: Piper.

Alten, von, Georg (Hg.), 1912, Kriege vom Altertum bis zur Gegenwart, Berlin.

Altenburg, Günther, 1994, Deutschland auf dem Prüfstand. Die nichtständige Mitgliedschaft im Sicherheitsrat der Vereinten Nationen, in: Europa-Archiv 1994, 693-700.

Althoff, Gerd, 1992, Konfliktverhalten und Rechtsbewußtsein: Die Welfen in der Mitte des 12. Jahrhunderts, in: Frühmittelalterliche Studien 26, 331-352.

Althoff, Gerd, 1989, Königsherrschaft und Konfliktbewältigung im 10. und 11. Jahrhundert, in: Frühmittelalterliche Studien 23, 265-290.

Anderson, Benedict, 1988, Die Erfindung der Nation: Zur Karriere eines folgenreichen Konzepts, Frankfurt/M./New York: Campus.

Anderson, Benedict, 1992, The New World Disorder, in: New Left Review, No. 193, 3-13.

Arnold, H., 1993, Der Balkan-Krieg und die Vereinten Nastionen, in: Europa-Archiv, 33-40

Axelrod, R., 1984, The Evolution of Cooperation, New York: Basic Books.

Azevedo do Campo, Jose Luis de, 1989, Aspekte der kommunikativen Funktion der Anredeformen - tu/voce - im europäischen und amerikanischen Portugiesisch, in: Lateinamerika, 115ff.

Baacke, Dieter, Wilfried Ferchhoff, 1988, Jugend, Kultur und Freizeit, in: Heinz-Hermann Krüger (Hg.), Handbuch der Jugendforschung, Opladen: Leske u. Budrich, 291-325.

Baecker, Dirk et al. (Hg.), 1987, Theorie als Passion. Niklas Luhmann zum 60. Geburtstag, Frankfurt/M.: Suhrkamp.

Baecker, Dirk, 1987, Das Gedächtnis der Wirtschaft, in: ders. et al. (Hg.), Theorie als Passion. Niklas Luhmann zum 60. Geburtstag, Frankfurt/M.: Suhrkamp, 519-546.

Baecker, Dirk, 1996, Gewalt im System, in: Soziale Welt, 92-109.

Balikci, Asen, 1965, Quarrels in a Balkan Village, in: American Anthropologist 67, 1456-69.

Barnard, Chester I., 1938, The Functions of the Executive, Cambridge Mass.: Harvard University Press.

Bateson, Gregory, 1972, Steps to an Ecology of Mind, New York: Ballantine.

Baumann, Zygmunt, 1992, Dialektik der Ordnung. Die Moderne und der Holocaust, Hamburg: Europäische Verlagsanstalt.

Baumann, Zygmunt, 1995, Moderne und Ambivalenz. Das Ende der Eindeutigkeit, Frankfurt/M.: Fischer.

Beck, Ulrich, Elisabeth Beck-Gernsheim (Hg.), 1994, Riskante Freiheiten. Individualisierung in modernen Gesellschaften, Frankfurt/M.: Suhrkamp.

Beck, Ulrich, 1983, Jenseits von Klasse und Schicht?, in: Reinhard Kreckel (Hg.), Soziale Ungleichheiten. Soziale Welt Sonderband 2, Göttingen: Schwartz, 35-74.

Beck, Ulrich, 1986, Risikogesellschaft. Auf dem Weg in eine andere Moderne. Frankfurt/M.: Suhrkamp.

Beck, Ulrich, Elisabeth Beck-Gernsheim, 1990, Das ganz normale Chaos der Liebe, Frankfurt.

Beck-Gernsheim, Elisabeth, 1992, Arbeitsteilung, Selbstbild und Lebensentwurf, in: Kölner Zeitschrift für Soziologie und Sozialpsychologie 44, 273-291.

Bellers, Jürgen, 1984, Integrationstheorien, in: Wichard Woyke (Hg.), Europäische Gemeinschaft (Pipers Wörterbuch zur Politik, Bd. 3), München, Zürich: Piper, 354-362.

Bendel, Klaus, 1993, Funktionale Differenzierung und gesellschaftliche Rationalität. Zu Niklas Luhmanns Konzeption des Verhältnisses von Selbstreferenz und Koordination in modernen Gesellschaften, in: Zeitschrift für Soziologie 22, 261-278.

Berger, Johannes, 1987, Autopoiesis: Wie „systemisch" ist die Theorie sozialer Systeme?, in: Hans Haferkamp/Michael Schmid (Hg.), Sinn, Kommunikation und Soziale Differenzierung. Beiträge zu Luhmanns Theorie sozialer Systeme, Frankfurt/M.: Suhrkamp, 129-154.

Berger, Johannes, 1992, Der Konsensbedarf der Wirtschaft, in: H. J. Giegel (Hg.), Kommunikation und Konsens in modernen Gesellschaften, Frankfurt/M.: Suhrkamp, 151-196.

Berger, Peter A. , Stefan Hradil, 1990, Die Modernisierung sozialer Ungleichheit - und die neuen Konturen ihrer Erforschung, in: dies. (Hg.), Lebenslagen, Lebensläufe, Lebensstile. Soziale Welt Sonderband 7, Göttingen: Schwartz, 3-27.

Berking, Helmut, Sighard Neckel, 1990, Die Politik der Lebensstile in einem Berliner Bezirk. Zu einigen Formen nachtraditionaler Vergesellschaftung, in: Peter A. Berger, Stefan Hradil, Die Modernisierung sozialer Ungleichheit - und die neuen Konturen ihrer Erforschung, in: dies. (Hg.), Lebenslagen, Lebensläufe, Lebensstile. Soziale Welt Sonderband 7, Göttingen: Schwartz, 481-500.

Black, Max (Hg.), 1961, The Social Theories of Talcott Parsons, Englewood Cliffs NJ: Prentice Hall.

Blau, Peter M., 1957, Formal Organization: Dimensions of Analysis, in: The American Journal of Sociology 63, 58-69.

Blau, Peter M., W. Richard Scott, 1962, Formal Organizations: A Comparative Approach, San Francisco.

Böhnisch, Lothar, 1994, Gewalt, die nicht nur von außen kommt. Die Schule in der Konfrontation mit sich selbst, in: Wilhelm Heitmeyer, (Hg.), Das Gewalt-Dilemma. Gesellschaftliche Reaktionen auf fremdenfeindliche Gewalt und Rechtsextremismus, Frankfurt/M.: Suhrkamp, 227-241.

Bolte, Karl M., Friedhelm Neidhardt, H. Holzer, 1970, Deutsche Gesellschaft im Wandel, Bd. II, Opladen: Leske.

Boockmann, A., 1980, Art. Fehde, in: Lexikon des Mittelalters, München/Zürich: Piper, Sp. 331-334.

Bösel, Monika, 1993, Die gesellschaftliche Konstruktion alternativer Lebensformen, in: Sozialwissenschaftliche Literaturrundschau 16, 84-98.

Boutros-Ghali, Boutros, 1992, An Agenda for Peace, Report of the Secretary General, New York: United Nations.

Bredow, Wilfred von, (Hg.), 1980, Geschichte und Organisation der UNO. Ein Studien- und Arbeitsbuch, Köln: Pahl-Rugenstein.

Breuer, Stefan, 1994, Bürokratie und Charisma. Zur politischen Soziologie Max Webers, Darmstadt: Wissenschaftliche Buchgesellschaft.

Brinkmann, W., M.S. Honig, 1986, Gewalt gegen Kinder, Weinheim: Deutsches Jugendinstitut.

Bründel, Heidrun, 1995, Produziert die Schule Gewalt?, in: Klaus Hurrelmann, Christian Palentien und Walter Wilken, Anti-Gewalt-Report. Handeln gegen Aggressionen in Familie, Schule und Freizeit, Weinheim und Basel: Beltz Verlag, 41-61.

Brunner, Otto, 1959, Land und Herrschaft. Grundfragen der territorialen Verfassungsgeschichte Österreichs im Mittelalter, 4., veränd. Aufl. Wien, Wiesbaden: Rohrer.

Buckley, Walter, 1967, Sociology and Modern Systems Theory, Englewood-Cliffs NJ: Prentice Hall.

Bühl, Walter L. (Hg.), 1972, Konflikt und Konfliktstrategie. Ansätze zu einer soziologischen Konflikttheorie, München: Nymphenburger Verlags-Buchhandlung.

Bühl, Walter L., 1984, Die Dynamik sozialer Konflikte in katastrophentheoretischer Darstellung, in: Kölner Zeitschrift für Soziologie und Sozialpsychologie 36, 641-666.

Bühl, Walter L., 1976, Theorien sozialer Konflikte, Darmstadt: Wissenschaftliche Buchgesellschaft.

Bull, Hedley, 1977, The Anarchical Society. A Study of Order in World Politics, New York: Columbia University Press.

Bundeszentrale für politische Bildung (Hg.), 1995, Internationale Beziehungen II. Frieden und Sicherheit in den neunziger Jahren, München: Franzis-Druck.

Burdick, Eugene u. Arthur J. Brodbeck (Hg.), 1959, American Voting Bahavior , Glencoe: The Free Press.

Büttner, Christian et al., 1984, *Wenn Liebe zuschlägt*: Gewalt in der Familie, München: Kösel.

Button, G., J.R.,E. Lee (Hg.), 1987, Talk and Social Organization, Clevedon: Multilingual Matters.

Cahnman, Werner J., 1981, Tönnies und die Theorie des sozialen Wandels, in: Zeitschrift für Soziologie 10, 7-16.

Claessens, Dieter, 1967, Familie und Wertsystem. Eine Studie zur 'zweiten, soziokulturellen Geburt' des Menschen, 2. überarb. Aufl., Berlin: Duncker & Humblot.

Collins, Randall, 1975, Conflict Sociology: toward an explanatory science, New York: Adademic Press.

Coser, Lewis A., 1976, Besprechung von Collins, Conflict Sociology, in: American Journal of Sociology 81, 1509-1510.

Coser, Lewis A., 1950, Besprechung von Parsons, Essays in Sociological Theory, in: American Journal of Sociology, 502-4.

Coser, Lewis A., 1967, Continuities in the Study of Social Conflict, New York: The Free Press.

Coser, Lewis A., 1956, The Functions of Social Conflict, Glancoe: The Free Press.

Coser, Lewis A., 1965, Theorie sozialer Konflikte, Neuwied, deutsche Fassung von ders., The Functions of Social Conflict.

Creydt, Meinhardt, 1994, 'Individualisierung' als Ursache rassistischer Gewalt? Zu Heitmeyers Diagnose des Verfalls von Werten und Sozialintegration, in: Das Argument, 409-417.

Crow, Suzanne, 1992, The theory and practice of peace-keeping in the former USSR, in: RFE/Rl Research Report 1, 31-40.

Czempiel, Ernst-Otto (Hg.), 1969, Die anarchronistische Souveränität. Zum Verhältnis von Innen- und Außenpolitik, Sonderheft 1 der Politischen Vierteljahresschrift, Opladen: Westdeutscher Verlag.

Czempiel, Ernst-Otto, 1987, Das internationale System, in: Klaus von Beyme u.a. (Hg.), Politikwissenschaft: eine Grundlegung, Bd. 3. Außenpolitik und Internationale Politik, Stuttgart u.a.: Kohlhammer, 3-37.

Czempiel, Ernst-Otto, 1986, Friedensstrategien. Systemwandel durch Internationale Organisationen, Demokratisierung und Wirtschaft, Paderborn: Schöningh 1986.

Dahrendorf, Ralf, 1955, Struktur und Funktion, in: Kölner Zeitschrift für Soziologie und Sozilpsychologie, Heft 4.

Dahrendorf, Ralf, 1956, Industrie- und Betriebssoziologie, Berlin: Sammlung Göschen.

Dahrendorf, Ralf, 1957, Soziale Klassen und Klassenkonflikt in der industriellen Gesellschaft, Stuttgart: Enke.

Dahrendorf, Ralf, 1958, Zu einer Theorie des sozialen Konflikts, in: Hamburger Jahrbuch für Wirtschafts- und Gesellschaftspolitik 3; überarbeitete und erweiterte Fassung als „Elemente einer Theorie des sozialen Konfliktes" in ders., Konflikt und Freiheit. Auf dem Weg zur Dienstklassengesellschaft, München: Piper 1972, 20-46.

Dahrendorf, Ralf, 1959, Class and Class Conflict in Industrial Society, Stanford Cal.: Stanford University Press.

Dahrendorf, Ralf, 1959a, Sozialstruktur des Betriebes, Wiesbaden: Gabler.

Dahrendorf, Ralf, 1960, Aspekte der Ungleichheit in der Gesellschaft, in: Europäisches Archiv für Soziologie.

Dahrendorf, Ralf, 1961, Über den Ursprung der Ungleichheit unter den Menschen, Tübingen: Mohr.

Dahrendorf, Ralf, 1961a, Bürger und Proletarier. Die Klassen und ihr Schicksal, in: ders., Gesellschaft und Freiheit: zur soziologischen Analyse der Gegenwart, München: Piper, 133-162.

Dahrendorf, Ralf, 1962, Die Funktionen sozialer Konflikte, in: ders., Gesellschaft und Freiheit: zur soziologischen Analyse der Gegenwart, München: Piper, 119-132.

Dahrendorf, Ralf, 1964, Amba und Amerikaner: Bemerkungen zur These der Universalität von Herrschaft, in: Europäisches Archiv für Soziologie.

Dahrendorf, Ralf, 1972, Konflikt und Freiheit. Auf dem Weg zur Dienstklassengesellschaft, München: Piper.

Dahrendorf, Ralf, 1985, Soziale Klassen und Klassenkonflikt: Zur Entwicklung und Wirkung eines Theoriestücks. Ein persönlicher Bericht, in: Zeitschrift für Soziologie 14, 236-240.

Dammann, Klaus, Dieter Grunow, Klaus P. Japp (Hg.), 1994, Die Verwaltung des politischen Systems: neuere systemtheoretische Zugriffe auf ein altes Thema. Niklas Luhmann zum 65. Geburtstag, Opladen: Westdeutscher Verlag.

Dann, Otto, 1993, Vereinsbildung in Deutschland in historischer Perspektive, in: Heinrich Best (Hg.), Vereine in Deutschland: vom Geheimbund zur freien gesellschaftlichen Organisation, Bonn: Informationszentrum Sozialwissenschaften, 119-142.

Davis, Kingsley, 1959, The Myth of Functional Analysis as a Special Method in Sociology and Anthropology, in: American Sociological Review 24, 757-772.

Der Bundesminister der Verteidigung (Hg.), 1985, Weißbuch 1985: Zur Lage und Entwicklung der Bundeswehr, Bonn.

Deutsch, Karl W., 1968, Wie Konflikte zwischen Staaten entstehen, in: ders., Analyse internationaler Beziehungen. Konzeptionen und Probleme der Friedensforschung, Frankfurt: Europäische Verlagsanstalt.

Devereux, Edward C., jr., 1961, Parsons' Sociological Theory, in: Max Black (Hg.), The Social Theories of Talcott Parsons, Englewood Cliffs NJ: Prentice Hall.

Dion, Kenneth L. et al., 1990, Ms. and the Manager: a Tale of Two Stereotypes (Images of Womens's Titles of Address), in: Sex Roles. A Journal of Research, 569ff.

DiRenzo, Gordon J. (Hg.), 1967, Concepts, Theory and Explanation in the Behavioral Sciences, New York: Random House.

Dollard, J., L.W. Doob, N.E. Miller, O.H. Mowrer, R.R. Sears, 1939, Frustrations and Aggression, New Haven: Yale University Press.

Dreeben, R., 1980, Was wir in der Schule lernen, Frankfurt/M.: Suhrkamp.

Duchhardt, Heinz, 1991, Deutsche Verfassungsgeschichte 1495-1806, Stuttgart u.a.: Kohlhammer.

Durkheim, Emile, 1965, Die Regeln der soziologischen Methode, Neuwied: Luchterhand.

Durkheim, Emile, 1988, Über soziale Arbeitsteilung: Studie über die Organisation höherer Gesellschaften, Frankfurt: Suhrkamp, orig. Paris 1926.

Eckert, Roland, 1993, Gesellschaft und Gewalt. Ein Aufriß, in: Soziale Welt, 358-374.

Efinger, Manfred, Volker Rittberger, Michael Zürn, 1989, Internationale Regime in den Ost-West-Beziehungen. Ein Beitrag zur Erforschung der friedlichen Behandlung internationaler Konflikte, Frankfurt/M.: Haag und Herchen.

Efinger, Manfred, Volker Rittberger, Klaus Dieter Wolf, Michael Zürn, 1991, Internationale Regime und internationale Politik, in: Volker Rittberger (Hg.), Theorien der internationalen Beziehungen. Bestandsaufnahme und Forschungsperspektiven, Opladen: Westdeutscher Verlag, 263-285.

Eickelpasch, Rolf, 1974, Ist die Kernfamilie universal?, in: Zeitschrift für Soziologie 3, 324-326.

Eickelpasch, Rolf, 1983, Das ethnomethodologische Programm einer 'radikalen' Soziologie', in: ders., Burkhard Lehmann, Soziologie ohne Gesellschaft? Probleme einer phänomenologischen Grundlegung der Soziologie, München: Wilhelm Fink Verlag, 63-106.

Eickelpasch, Rolf, 1994, Handlungssinn und Fremdverstehen. Grundkonzepte einer interpretativen Soziologie, in: Georg Kneer, Klaus Kraemer, Armin Nassehi (Hg.), Soziologie. Zugänge zur Gesellschaft, Bd.1: Geschichte, Theorien, Methoden, Münster, Hamburg: Lit, 119-144.

Eickelpasch, Rolf, 1997, Postmoderne Gesellschaft, in: Georg Kneer, Armin Nasssehi, Markus Schroer (Hg.), Gesellschaftsbegriffe der Soziologie, München: Fink (im Druck).

Eisenstadt, S.N. (Hg.), 1970, Readings in Social Evolution and Development, Oxford: Pergamon Press.

Emrich, Eike, Vassilios Papthanassiou, Werner Pitsch, 1996, Klettertechnik für Aufsteiger. Seilschaften als soziales Phänomen, in: Kölner Zeitschrift für Soziologie und Sozialpsychologie, 141-155.

Endruweit, Günter (Hg.), 1993, Moderne Theorien der Soziologie, Stuttgart: Enke.

Engel-Janosi, Friedrich (Hg.), 1975, Fürst, Bürger, Mensch. Untersuchungen zu politischen und soziokulturellen Wandlungsprozessen im vorrevolutionären Europa, München: Oldenbourg.

Engfer, A., 1995, Kindesmißhandlung und Vernachlässigung, in: R. Oerter, L. Montada (Hg.), Entwicklungspsychologie, Weinheim: Beltz, Psychologie Verlags Union, 960-966.

Engfer, A., 1995a, Sexueller Mißbrauch, in: R. Oerter, L. Montada (Hg.), Entwicklungspsychologie, Weinheim: Beltz, Psychologie Verlags Union, 1006-1015.

Ernst, Stefanie, 1996, Machtbeziehungen zwischen den Geschlechtern. Wandlungen der Ehe im 'Prozeß der Zivilisation', Opladen: Westdeutscher Verlag.

Esser, Hartmut, 1988, Ethnische Differenzierung und moderne Gesellschaft, in: Zeitschrift für Soziologie 17, 235-248.

Esser, Hartmut, 1990, „Habits", „Frames" und „Rational Choice". Die Reichweite von Theorien der rationalen Wahl (am Beispiel der Erklärung von Befragtenverhaltens), in: Zeitschrift für Soziologie 19, 231-247.

Evans-Pritchard, Edward E. et al., 1968, Institutionen in primitiven Gesellschaften, Frankfurt/M.: Suhrkamp.

Fend, H., 1986, „Gute Schulen - schlechte Schulen" - Die einzelne Schule als pädagogische Handlungseinheit, in: Die Deutsche Schule, 275-293.

Ferchhoff, Wilfried, 1988, Abschied vom Mythos Jugend, in: Universitas, H. 9, 1001-1018

Fetscher, Iring, 1960, Rousseaus politische Philosophie. Zur Geschichte des demokratischen Freiheitsbegriffes, Neuwied: Luchterhand.

Fisher, Ronald J., 1972, Third Party Consultation, A Method for the Study and Resolution of Conflict, The Jounal of Conflict Resolution, 67-94.

Fleischmann, Thomas et al., 1993, Die Beziehung zwischen Eltern und Jugendlichen und das Argumentieren in konfliktären Interaktionen, in: Zeitschrift für Familienforschung, 42-62.

Frege, Gottlob, 1994, Funktion und Begriff, in: ders., Funktion, Begriff, Bedeutung, hg. G. Patzig, 7., bibliographisch ergänzte Auflage, Göttingen: Vandenhoeck und Ruprecht.

Freud, Sigmund, 1961, Das Unbehagen in der Kultur, in: Gesammelte Werke, Bd. 14, Frankfurt: Fischer.

Freund, Julien, 1983, Sociologie du Conflit, Paris: Press universitaire de France.

Fuchs, Peter, 1991, Vaterland, Patriotismus und Moral, in: Zeitschrift für Soziologie, 20, 89-103.

Fuchs, Peter, 1992, Die Erreichbarkeit der Gesellschaft: Zur Konstruktion und Imagination gesellschaftlicher Einheit, Frankfurt/M.: Suhrkamp.

Fuchs, Peter, 1993, Moderne Kommunikation, Frankfurt/M.: Suhrkamp.

Fuchs, Peter, Dietrich Buhrow und Michael Krüger, 1994, Die Widerständigkeit der Behinderten. Zu Problemen der Inklusion/Exklusion von Behinderten in der ehemaligen DDR, in: Peter Fuchs, Andreas Göbel (Hg.), Der Mensch - das Medium der Gesellschaft?, Frankfurt/M.: Suhrkamp, 239-263.

Gardener, Richard N., 1992, Practical Internationalism, The United States and Collective Security, in: SAIS Review 12, 35ff.

Garfinkel, Harold, 1963, A conception of and experiments with 'trust' as a condition of stable concerted actions, in: O.J. Harvey (Hg.), Motivation and social interaction, New York: Ronald Press, 187-238.

Garfinkel, Harold, 1967, Studies in Ethnomethodology, Englewood Cliffs: Prentice Hall.

Gebauer, Richard, 1993, Letzte Begründung. Eine Kritik der Diskursethik von Jürgen Habermas, München: Fink.

Geertz, Clifford, 1971, After The Revolution: The Fate of Nationalism in the New States, in: Bernard Barber und Alex Inkeles (Hg.), Stability and Social Change, Boston: Little, Brown and Co..

Gelles, R. J., 1982, Violence in the family: A review of research in the seventies, in: Journal of Marriage and the Family, 9-20.

Gernhuber, Joachim, 1952, Die Landfriedensbewegung, München: Röhrscheid.

Giddens, Anthony, 1990, The Consequences of Modernity, Stanford, Ca: Stanford University Press.

Giesen, Bernhard, 1991, Die Entdinglichung des Sozialen: Eine evolutionstheoretische Perspektive auf die Postmoderne, Frankfurt/M.: Suhrkamp.

Giesen, Bernhard, 1993, Die Konflikttheorie, in: Günter Endruweit (Hg.), Moderne Theorien der Soziologie, Stuttgart: Enke, 87-134.

Gillis, John R., 1980, Geschichte der Jugend. Tradition und Wandel im Verhältnis der Altersgruppen und Generationen, Weinheim und Basel: Beltz Verlag.

Gilpin, Robert, 1981, War and Change in World Politics, Cambridge, Mass.

Gluckmann, Max, 1963, Custom and Conflict in Africa, Oxford: Blackwell.

Gneuss, Chr., J. Kocka (Hg.), 1988, Max Weber - ein Symposion, München: Deutscher Taschenbuch Verlag.

Goffmann, Erving, 1961, Encounters: Two Studies in the Sociology of Interactions, Indianapolis: Bobbs-Merrill.

Gouldner, Alvin W., 1960, The Norm Reciprocity: A Preliminary Statement, in: American Sociological Review 25, 161-178.

Graus, Frantisek, 1988, Pest - Geissler - Judenmorde: Das 14. Jahrhundert als Krisenzeit, 2. durchgesehene Auflage, Göttingen: Vandenhoeck und Ruprecht.

Greenstein, Fred.I., N.W. Polsby (Hg.), 1975, Handbook of Political Science, vol. 8, Reading, Mass.: Addison-Wesley Publ.

Grimaud, M., 1989, Les appellatifs dans le discours. „Madame", „Mademoiselle", avec et sans nom propre, in: Le Francais Moderne. Revue de Linguistique Francaise, 54ff.

Gruber, Helmut, 1993, „Wir san Skinheads, wir kennen kane Vereinbarungen". Subkulturelle Normenunterschiede und Konfliktaustragungsstrategien, in: Linguistische Berichte 146, 283ff.

Weiss, H., 1995, Liebesauffassungen der Geschlechter, in: Soziale Welt 46, 119-137.

Haas, Michaela, 1995, Der Hilfeschrei der Rabenmutter, in: Süddeutsche Zeitung vom 7./8.Oktober in ihrem Bericht über ein Kinderschutzzentrum in München.

Habermas, Jürgen, 1971, Theorie der Gesellschaft oder Sozialtechnologie? Eine Auseinandersetzung mit Niklas Luhmann, in: ders./Niklas Luhmann, Theorie der Gesellschaft oder Sozialtechnologie - Was leistet die Systemforschung?, Frankfurt/M.: Suhrkamp, 142-290.

Habermas, Jürgen, 1981, Theorie des kommunikativen Handelns, 2 Bde., Frankfurt/M.: Suhrkamp.

Habermas, Jürgen, 1985, Der philosophische Diskurs der Moderne. 12 Vorlesungen, Frankfurt/M.: Suhrkamp.

Habermas, Jürgen, 1985a, Die neue Unübersichtlichkeit, Frankfurt/M.: Suhrkamp.

Habermas, Jürgen, 1988, Die Einheit der Vernunft in der Vielfalt ihrer Stimmen, in: ders., Nachmetaphysisches Denken, Frankfurt/M.: Suhrkamp, 153-186.

Haeberlein, F., 1990, Selbstkonzepte von Motorradfahrern, in: Zeitschrift für Verkehrssicherheit 36, 113ff.

Hafeneger, Benno, 1994, Jugend-Gewalt. Zwischen Erziehung, Kontrolle und Repression. Ein historischer Abriß, Opladen: Westdeutscher Verlag.

Haferkamp, Hans, Michael Schmid (Hg.), 1987, Sinn, Kommunikation und Soziale Differenzierung. Beiträge zu Luhmanns Theorie sozialer Systeme, Frankfurt/M.: Suhrkamp.

Harvey, John H. et al., 1976, New Directions in Attribution Research, Bd.1, Hillsdale New Jersey: Erlbaum.

Harvey, O.J., (Hg.), 1963, Motivation and social interaction, New York: Ronald Press.

Hauff, Volker (Hg.), 1988, Stadt und Lebensstil, Weinheim und Basel: Beltz Verlag, 105-133.

Heck, Johann, 1990, Westeuropäisierung zwischen Atlantischer Allianz und Europäischer Gemeinschaft. Dimensionen, Probleme und Perspektiven einer selbstbestimmteren Sicherheitspolitik für die 90er Jahre, Bochum: Universitätsverlag Dr. N. Brockmeyer.

Heiss, Gernot, Heinrich Lutz (Hg.), 1984, Friedensbewegungen. Bedingungen und Wirkungen, München: Oldenbourg.

Heitmeyer, Wilhelm, 1989, Jugend auf dem Weg nach rechts?, in: Arbeitshefte - Zeitschrift der Juso-Hochschulgruppen 84.

Heitmeyer, Wilhelm, 1991, Wenn der Alltag fremd wird, in: Blätter für deutsche und internationale Politik.

Heitmeyer, Wilhelm, 1992, Interview in der Frankfurter Rundschau vom 7.7.

Heitmeyer, Wilhelm, 1992a, Rechtsextremistische Orientierungen bei Jugendlichen. Empirische Ergebnisse und Erklärungsmuster einer Untersuchung zur politischen Sozialisation, Weinheim u. München: Juventa (1987), 4. ergänzte Aufl.

Heitmeyer, Wilhelm, 1994, Entsicherungen, Desintegrationsprozesse und Gewalt, in: Ulrich Beck und Elisabeth Beck-Gernsheim (Hg.), Riskante Freiheiten. Individualisierung in modernen Gesellschaften, Frankfurt/M.: Suhrkamp, 376-401.

Heitmeyer, Wilhelm, 1994a, Das Desintegrations-Theorem. Ein Erklärungsansatz zu fremdenfeindlich motivierter, rechtsextremistischer Gewalt und zur Lähmung gesellschaftlicher Institutionen, in: ders. (Hg.), Das Gewalt-Dilemma. Gesellschaftliche Reaktionen auf fremdenfeindliche Gewalt und Rechtsextremismus, Frankfurt/M.: Suhrkamp, 29-72.

Heitmeyer, Wilhelm, 1996, Was hält eine multiethnische Gesellschaft zusammen?, Frankfurt/M.: Suhrkamp (im Druck).

Heitmeyer, Wilhelm u.a. 1992, Die Bielefelder Rechtsextremismus-Studie, Weinheim u. München: Juventa.

Heitmeyer, Wilhelm u.a., 1995, Gewalt: Schattenseiten der Individualisierung bei Jugendlichen aus unterschiedlichen Milieus, Weinheim, München: Juventa.

Heitmeyer, Wilhelm (Hg.), 1989, Jugend - Staat - Gewalt: politische Sozialisation von Jugendlichen, Jugendpolitik und politische Bildung, Weinheim: Juventa.

Helsper, Werner, 1988, Jugend und Schule, in: Heinz-Herrmann Krüger (Hg.), Handbuch der Jugendforschung, Opladen: Leske u. Budrich, 249-272.

Henrich, Dieter, 1995, Familienrecht, 5., neubearb. Aufl., Berlin/New York: De Gruyter.

Henrich, Dieter, 1987, Was ist Metaphysik - was Moderne? Thesen gegen Jürgen Habermas, in: ders., Konzepte, Frankfurt/M.: Suhrkamp, 11-43.

Heritage, J., M. Atkinsons, (Hg.), 1984, Structures of Social Action, Studies in Conversational analysis, Cambridge: Polity Press.

Heritage, J., M. Atkinsons, 1984, Preference organisation, in: dies. (Hg.), Structures of Social Action, Studies in Conversational analysis, Cambridge: Polity Press, 53-56.

Hertrampf, Bettina, Christian Rüter, 1993, Jugendfreizeit in der DDR und der BRD von 1970 bis 1990, in: Archiv für Sozialgeschichte 33, 407-424.

Herz, John H., 1974, Staatenwelt und Weltpolitik. Aufsätze zur internationalen Politik im Nuklearzeitalter, Hamburg: Hoffmann und Campe.

Hobbes, Thomas, 1959, de Cive, deutsch: Vom Menschen. Vom Bürger, Hamburg: Meiner.

Hobbes, Thomas, 1994, Leviathan oder Stoff, Form und Gewalt eines kirchlichen und bürgerlichen Staates, hg. und eingeleitet von Iring Fetscher, 6. Aufl., Frankfurt/M.: Suhrkamp.

Hoebel, E. Adamson, 1944, The Law of Primitive Man: a study in comparative legal dynamics, Cambr. Mass.: Harvard University Press.

Hofmann, Hanns Hubert (Hg.), 1967, Die Entstehung des modernen souveränen Staates, Köln/Berlin: Kiepenheuer&Witsch.

Holtappels, Heinz G., 1993, Aggression und Gewalt als Schulproblem - Schulorganisation und abweichendes Verhalten, in: Wilfried Schubarth, Wolfgang Melzer (Hg.), Schule, Gewalt und Rechtsextremismus: Analyse und Prävention, Opladen: Leske u. Budrich, 116-146.

Hondrich, K.O., 1992, Lehrmeister Krieg, Reinbek: rororo.

Honig, Michael-Sebastian, 1992, Verhäuslichte Gewalt: sozialer Konflikt, wissenschaftliche Konstrukte, Alltagswissen, Handlungssituation; eine Explorativstudie über Gewalthandeln von Familien, Frankfurt/M.: Suhrkamp.

Horkheimer, Max, Theodor W. Adorno, 1969, Dialektik der Aufklärung. Philosophische Fragmente, Frankfurt: Fischer.

Hörning, Karl H. und Matthias Michailow, 1990, Lebensstil als Vergesellschaftungsform. Zum Wandel von Sozialstruktur und sozialer Integration, in: Peter A. Berger, Stefan Hradil, (Hg.), Lebenslagen, Lebensläufe, Lebensstile. Soziale Welt Sonderband 7, Göttingen: Schwartz, 501-522.

Horton, John, 1966, Order and Conflict Theories of Social Problems as Competing Ideologies, in: American Journal of Sociology 71, 701-13.

Howard, Michael, 1983, War in the Making and Unmaking of Europe, in: ders., The Causes of War and other essays, Cambridge Mass.: Harvard University Press, 151-168.

Hradil, Stefan, 1992, Die Milieu-, Subkultur- und Lebensstilforschung der 80er Jahre, in: ders. (Hg.), Zwischen Bewußtsein und Sein. Die Vermittlung „objektiver" Lebensbedingungen und „subjektiver" Lebensweisen, Opladen: Leske und Budrich, 15-56.

Hübner-Funk, Sibylle, 1985, Nationale Identität: Neubeginn und Kontinuität, in: Soziale Welt 36, 153-171.

Hurrelmann, Klaus, 1995, Christian Palentien und Walter Wilken, Anti-Gewalt-Report. Handeln gegen Aggressionen in Familie, Schule und Freizeit, Weinheim und Basel: Beltz Verlag.

Jacobsen, A.L., 1971, A Theoretical and Empirical Analysis of Social Change and Conflict based on Talcott Parsons' Ideas, in: Herman Turk u. Richard L. Simpson (Hg.), Institutions and Social Exchange. The Sociologies of Talcott Parsons and George Homans, Indianapolis: The Bobbs-Merrill Company, 344-360.

Jacoby, Eduard Georg, 1971, Die moderne Gesellschaft im sozialwissenschaftlichen Denken von Ferdinand Tönnies, Stuttgart: Enke.

Jacoby, Henry, 1969, Die Bürokratisierung der Welt, Neuwied/Berlin: Luchterhand Verlag.

Jellinek, Georg, 1959, Allgemeine Staatslehre (1900), 3. Aufl., 6. Neudruck, Darmstadt: Wissenschaftliche Buchgesellschaft.

Joas, Hans, 1992, Die Kreativität des Handelns, Frankfurt/M.: Suhrkamp.

Joas, Hans, 1992a, Lehrmeister Krieg?, in: Kölner Zeitschrift für Soziologie und Sozialpsychologie 44, 538-43.

Jones, Edward E. et al., 1971, Attribution : Perceiving the Causes of Behavior, Morristown N.J.: General Learning Press.

Jugendwerk der deutschen Shell (Hg.), 1992, Jugend 92. Lebenslagen, Orientierungen und Entwicklungsperspektiven im vereinigten Deutschland, Opladen: Leske u. Budrich.

Kaufmann, Ekkehard, 1971, Art. Fehde, in: Handwörterbuch zur deutschen Rechtsgeschichte, hg. Adalbert Erler u. Ekkehard Kaufmann, Berlin: Schmidt, Bd. 1, Sp. 1083-1094.

Kaufmann, Franz-Xaver, Alois Herlth, Klaus Peter Strohmeier und Hans-Joachim Schulze, 1980, Sozialpolitik und familiale Sozialisation, Zur Wirkungsweise öffentlicher Sozialleistungen, Stuttgart u.a.: Kohlhammer.

Kavemann, B., I. Lohstöter, 1984, Vater als Täter. Sexuelle Gewalt gegen Mädchen, Reinbek: Rowohlt.

Keck, Otto, 1991, Der neue Institutionalismus in der internationalen Politik, in: Politische Vierteljahresschrift, 635-653.

Kegley, Charles W., Jr., Gregory A. Raymond, 1992, Must We Fear a Post-Cold War Multipolar System?, in: Journal of Conflict Resolution, 36, 573-585.

Kelley, Harold H., 1971, Attribution in Social Interaction, in: Edward E. Jones et al., Attribution : Perceiving the Causes of Behavior, Morristown N.J.: General Learning Press, 1-26.

Kemper, Theodore D., 1968, Third Party Penetration of Local Social Systems, Sociometry 31, 1-29.

Kennedy, Paul, 1989, Aufstieg und Fall der großen Mächte. Ökonomischer Wandel und militärischer Konflikt von 1500 bis 2000, Frankfurt/M.: Fischer.

Keohane, Robert O., 1989, International Institutions: Two Approaches, in: Hans-Hermann Hartwich, Macht und Ohnmacht politischer Institutionen, Opladen: Westdeutscher Verlag, 285-305.

Kersten, Joachim, 1994, Anmerkungen zur neuen deutschen Jugendgewalt-Debatte, in: Recht der Jugend und des Bildungswesens, 187-198.

Kieserling, André, Interaktion in Organisationen, in: Klaus Dammann, Dieter Grunow, Klaus P. Japp (Hg.), 1994, Die Verwaltung des politischen Systems: neuere systemtheoretische Zugriffe auf ein altes Thema. Niklas Luhmann zum 65. Geburtstag, Opladen: Westdeutscher Verlag, 168-182.

Klockhaus, R., B. Habermann-Morbey, 1986, Psychologie des Schulvandalismus, Göttingen u.a.: Verlag für Psychologie Hogrefe.

Kneer, Georg, 1993, Ironie, Selbsreferenz und Supervision, in: Sozialwissenschaftliche Literaturrundschau, 18-26.

Kneer, Georg, 1994, Systemtheorie und Kritik, Vortrag vor dem systemtheoretischen Forschungskolloquium der Universität Bielefeld am 13. Juni.

Kneer, Georg, 1995, Rezension zu Schneider, Wolfgang- Ludwig, Die Beobachtung von Kommunikation. Zur kommunikativen Konstruktion sozialen Handelns, Opladen: Westdeutscher Verlag 1994, in: Kölner Zeitschrift für Soziologie und Sozialpsychologie 1995, 574f.

Kneer, Georg, 1996, Rationalisierung, Disziplinierung und Differenzierung. Sozialtheorie und Zeitdiagnose bei Habermas, Foucault und Luhmann, Opladen: Westdeutscher Verlag.

Kneer, Georg, Armin Nassehi, 1991, Verstehen des Verstehens. Eine systemtheoretische Revision der Hermeneutik, in: Zeitschrift für Soziologie 20, 341-356.

Kneer, Georg, Klaus Kraemer, Armin Nassehi (Hg.), 1994, Soziologie. Zugänge zur Gesellschaft, Bd.1: Geschichte, Theorien, Methoden, Münster, Hamburg: Lit.

Knorr-Cetina, Karin, 1992, Zur Unterkomplexität der Differenzierungstheorie. Empirische Anfragen an die Systemtheorie, in: Zeitschrift für Soziologie 21, 406-419.

Köhnke, Klaus Christian, 1990, Soziologie als Kulturwissenschaft: Georg Simmel und die Völkerpsychologie, in: Archiv für Kulturgeschichte, 72, 223-232.

Kohler-Koch, Beate (Hg.), 1989, Regime in den internationalen Beziehungen, Baden-Baden: Nomos Verlagsgesellschaft.

Korte, Jochen, 1992, Faustrecht auf dem Schulhof: über den Umgang mit aggressivem Verhalten in der Schule, Weinheim: Beltz-Verlag.

Kraemer, Klaus, 1997, Der Markt der Gesellschaft. Zu einer soziologischen Theorie der Marktvergesellschaftung, Opladen: Westdeutscher Verlag (im Druck).

Krasner, Stephen D., 1978, Defending the National Interest: Raw Materials Investments and U.S. Foreign Policy, Princeton NJ: Princeton University Press.

Krasner, Stephen D. (Hg.), 1983, International Regimes, Ithaca u.a.: Cornell University Press.

Krawitz, Werner, Michael Welker (Hg.), 1992, Kritik der Theorie sozialer Systeme. Auseinandersetzungen mit Luhmanns Hauptwerk, Frankfurt/M.: Suhrkamp, 43-70.

Kreckel, Reinhard, 1992, Politische Soziologie der sozialen Ungleichheit, Frankfurt/M./New York: Campus.

Krüger, Heinz-Herrmann (Hg.), 1988, Handbuch der Jugendforschung, Opladen: Leske u. Budrich.

Krysmanski, Hans-Jürgen, 1971, Soziologie des Konfliktes. Materialien und Modelle, Reinbeck bei Hamburg: Rowohlt.

Kühne, Winrich, 1993, Friedenssicherung durch die Vereinten Nationen in einer Welt ethno-nationaler Konflikte, in: Aus Politik und Zeitgeschichte, B15/16, 9-19.

Kühne, Winrich, 1994, Erweiterung und Reform des UN-Sicherheitsrats: keine weltpolitische Nebensache, in: Europa-Archiv 24, 685-692.

Kühnel, Wolfgang, 1995, Die Forschungssituation zu Gewaltphänomenen und Gewaltentstehung bei Jugendlichen, in: Informationszentrum Sozialwissenschaften der Arbeitsgemeinschaft sozialwissenschaftlicher Institute e.V. (Hg.), Jugend und Gewalt: sozialwissenschaftliche Diskussion und Handlungsansätze; eine Dokumentation, Bonn: Informationszentrum Sozialwissenschaften, 9-41.

Künzler, J., 1995, Geschlechtsspezifische Arbeitsteilung: Die Beteiligung von Männern im Haushalt im internationalen Vergleich, in: Zeitschrift für Frauenforschung 13, 115-132.

Küpper, W., G. Ortmann (Hg.), 1988, Mikropolitik. Rationalität, Macht und Spiele in Organisationen, Opladen: Westdeutscher Verlag.

Lampert, Donald E. u.a., 1978, Is there an International System?, in: International Studies Quarterly 22, 143ff.

Layard, John, 1968, Familie und Sippe, in: Edward E. Evans-Pritchard et al., Institutionen in primitiven Gesellschaften, Frankfurt/M.: Suhrkamp, 59-75.

Leatherman, Janie, 1993, Conflict Transformation in CSCE: Learning and Institutionalization, in: Cooperation and Conflict 28, 403-31.

Lenhardt, Gero, 1984, Schule und bürokratische Rationalität, Frankfurt/M.: Suhrkamp.

LeVine, Robert A., 1961, Anthropology and The Study of Conflict, in: Journal of Conflict Resolution, 3-16.

Levold, T., E. Wedekind, H. Georgi, 1993, Gewalt in Familien. Systemdynamik und therapeutische Perspektiven, in: Familiendynamik 18, 287-311.

Lewis, Suzan, Cary L. Cooper, 1991, Kariere-Paare: mehr Zeit für uns, Reinbek: Rowohlt Taschenbuch Verlag.

Link, Werner, 1988, Der Ost-West-Konflikt. Die Organisation der internationalen Beziehungen im 20. Jahrhundert, 2. überarb. und erw. Aufl., Stuttgart u.a.: Kohlhammer.

Little, Roger W., 1981, Friendships in the military community, in: Research in the interweave of social Roles, 221-235.

Lockwood, D., 1955, Arbitration and Industrial Conflict, in: British Journal of Sociology.

Lockwood, David, 1956, Some Remarks on 'The Social System', in: British Journal of Sociology 7, 134-146.

Lopreato, Joseph, 1971, The Concept of Equilibrium: Sociological Tantalizer, in: Herman Turk, Richard L. Simpson (Hg.), Institutions and Social Exchange. The Sociologies of Talcott Parsons and George C. Homans, Indianapolis: The Bobbs-Merrill Company, 309-44.

Lorenz, Konrad, 1973, Die acht Todsünden der Menschheit, München: Piper.

Lorenz, Konrad, 1974, Das sogenannte Böse, München: Deutscher Taschenbuch Verlag.

Lorenz, Konrad, 1983, Der Abbau des Menschlichen, München: Piper.

Lüdtke, Hartmut, 1992, Zwei Jugendkulturen?, Freizeitmuster in Ost und West, in: Jugendwerk der deutschen Shell (Hg.), Jugend 92. Lebenslagen, Orientierungen und Entwicklungsperspektiven im vereinigten Deutschland, Opladen: Leske u. Budrich, Bd. 2, 239-265.

Luhmann, Niklas, 1960, Kann die Verwaltung wirtschaftlich handeln?, in: Das Verwaltungsarchiv, 97-115.

Luhmann, Niklas, 1964, Funktion und Folgen formaler Organisation, Berlin: Duncker u. Humblot.

Luhmann, Niklas, 1968, Vertrauen. Ein Mechanismus zur Reduktion sozialer Komplexität, Stuttgart.

Luhmann, Niklas, 1970, Funktion und Kausalität, in: ders., Soziologische Aufklärung 1, Opladen: Westdeutscher Verlag, 9-30.

Luhmann, Niklas, 1970a, Funktionale Methode und Systemtheorie, in: ders., Soziologische Aufklärung 1, Opladen: Westdeutscher Verlag, 31-53.

Luhmann, Niklas, 1970b, Soziologie als Theorie sozialer Systeme, in: ders., Soziologische Aufklärung 1, Opladen: Westdeutscher Verlag, 113-136.

Luhmann, Niklas, 1971, Systemtheoretische Argumentationen. Eine Entgegnung auf Jürgen Habermas, in: Jürgen Habermas/Niklas Luhmann, Theorie der Gesellschaft oder Sozialtechnologie - Was leistet die Systemforschung?, Frankfurt/M.: Suhrkamp, 291-405.

Luhmann, Niklas, 1975, Interaktion, Organisation und Gesellschaft. Anwendungen der Systemtheorie, in: ders., Soziologische Aufklärung 2, Opladen: Westdeutscher Verlag, 9-20.

Luhmann, Niklas, 1975a, Rezension von Wolfgang Schluchter, Aspekte bürokratischer Herrschaft. Studien zur Interpretation der fortschreitenden Industriegesellschaft, München: List-Verlag, 1972, erschienen in: Geschichte und Gesellschaft 1, 150-154.

Luhmann, Niklas, 1975b, Evolution und Geschichte, in: ders., Soziologische Aufklärung 2, Opladen:Westdeutscher Verlag, 150-170.

Luhmann, Niklas, 1975c, Einfache Sozialsysteme, in: ders., Soziologische Aufklärung 2, Opladen:Westdeutscher Verlag, 21-36.

Luhmann, Niklas, 1975d, Systemtheorie, Evolutionstheorie und Kommunikationstheorie, in: ders., Soziologische Aufklärung 2, Opladen: Westdeutscher Verlag, 193-203.

Luhmann, Niklas, 1977, Differentiation of Society, in: Canadian Journal of Sociology 2, 29-53.

Luhmann, Niklas, 1977a, Funktion der Religion, Frankfurt/M.: Suhrkamp.

Luhmann, Niklas, 1978, Soziologie der Moral, in: Niklas Luhmann, Stephan Pfürtner (Hg.), Theorietechnik und Moral, Frankfurt/M.: Suhrkamp.

Luhmann, Niklas, 1980, Gesellschaftsstruktur und Semantik. Studien zur Wissenssoziologie der modernen Gesellschaft, Frankfurt/M.: Suhrkamp, 2 Bände.

Luhmann, Niklas, 1980a, Interaktion in Oberschichten. Zur Transformation ihrer Semantik im 17. und 18. Jahrhundert, in: ders., Gesellschaftsstruktur und Semantik 1, Frankfurt/M.:Suhrkamp, 72-161.

Luhmann, Niklas, 1980b, Gesellschaftliche Struktur und semantische Tradition, in: ders., Gesellschaftsstruktur und Semantik 1, Frankfurt/M.: Suhrkamp, 9-71.

Luhmann, Niklas, 1980c, Frühneuzeitliche Anthropologie: Theorietechnische Lösungen für ein Evolutionsproblem der Gesellschaft, in: ders., Gesellschaftsstruktur und Semantik 1, Frankfurt/M.: Suhrkamp, 162-234.

Luhmann, Niklas, 1981, Positivität des Rechts als Voraussetzung einer modernen Gesellschaft, in: ders., Ausdifferenzierung des Rechts, Frankfurt/M.: Suhrkamp, 113-153.

Luhmann, Niklas, 1981a, Rechtszwang und politische Gewalt, in: ders., Ausdifferenzierung des Rechts, Frankfurt/M.: Suhrkamp, 154-172.

Luhmann, Niklas, 1981b, Konflikt und Recht, in: ders., Ausdifferenzierung des Rechts. Beiträge zu Rechtstheorie und Rechtssoziologie, Frankfurt/M.: Suhrkamp, 92-112.

Luhmann, Niklas, 1982, Liebe als Passion. Über die Codierung von Intimität, Frankfurt/M.: Suhrkamp.

Luhmann, Niklas, 1982a, Autopoiesis, Handlung und kommunikative Verständigung, in: Zeitschrift für Soziologie 11, 366-379.

Luhmann, Niklas, 1984, Soziale Systeme, Frankfurt/M.: Suhrkamp.

Luhmann, Niklas, 1985, Die Autopoiesis des Bewußtseins, in: Soziale Welt 36, 402-446.

Luhmann, Niklas, 1986, Ökologische Kommunikation. Kann die moderne Gesellschaft sich auf Gefährdungen einstellen?, Opladen: Westdeutscher Verlag.

Luhmann, Niklas, 1986a, Systeme verstehen Systeme, in: ders./Karl Eberhard Schorr, Zwischen Intransparenz und Verstehen. Fragen an die Pädagogik, Frankfurt/M.: Suhrkamp, 72-117.

Luhmann, Niklas, 1987, Rechtssoziologie, 3. Aufl., Opladen: Westdeutscher Verlag.

Luhmann, Niklas, 1987a, „Distinction directrices". Über Codierung von Semantiken und Systemen, in: ders., Soziologischen Aufklärung 4, Opladen: Westdeutscher Verlag, 13-32.

Luhmann, Niklas, 1988, Organisation, in: W. Küpper, G. Ortmann (Hg.), Mikropolitik. Rationalität, Macht und Spiele in Organisationen, Opladen: Westdeutscher Verlag, 165-185.

Luhmann, Niklas, 1988a, Erkenntnis als Konstruktion. Vortrag im Kunstmuseum Bern, Bern: Benteli.

Luhmann, Niklas, 1989, Politische Steuerung. Ein Diskussionsbeitrag, in: Politische Vierteljahresschrift 30, 1-9.

Luhmann, Niklas, 1990, Die Wissenschaft der Gesellschaft, Frankfurt/M.:Suhrkamp.

Luhmann, Niklas, 1990a, Sozialsystem Familie, in: ders., Soziologische Aufklärung 5, Opladen: Westdeutscher Verlag, 196-217.

Luhmann, Niklas, 1990b, Risiko und Gefahr, in: ders., Soziologische Aufklärung 5, Opladen: Westdeutscher Verlag, 131-169.

Luhmann, Niklas, 1991, Am Ende der kritischen Soziologie, in: Zeitschrift für Soziologie 20, 147-152.

Luhmann, Niklas, 1991a, Zweckbegriff und Systemrationalität: über die Funktion von Zwecken in sozialen Systemen, Frankfurt/M.: Suhrkamp, 5. Aufl., zuerst: Tübingen: Mohr 1968.

Luhmann, Niklas, 1991b, Die Form 'Person', in: Soziale Welt 42, 166-175.

Luhmann, Niklas, 1992, Die Gesellschaft der Gesellschaft, Ms. Bielefeld.

Luhmann, Niklas, 1993, Das Recht der Gesellschaft, Frankfurt/M.: Suhrkamp.

Luhmann, Niklas, 1993a, Bemerkungen zu „Selbstreferenz" und zu „Differenzierung", Zeitschrift für Soziologie, 141-144.

Luhmann, Niklas, 1994, Gesellschaft als Differenz, in: Zeitschrift für Soziologie 23, 477-481.

Luhmann, Niklas, 1994a, Inklusion und Exklusion, in: Helmut Berding (Hg.), Nationales Bewußtsein und kollektive Identität. Studien zur Entwicklung des kollektiven Bewußtseins der Neuzeit 2, Frankfurt/M.:Suhrkamp, 15-45.

Luhmann, Niklas et al. (Hg.), 1990, Beobachter - Konvergenz der Erkenntnistheorien?, München: Fink.

Luhmann, Niklas, Karl Eberhard Schorr, 1986, Zwischen Intransparenz und Verstehen. Fragen an die Pädagogik, Frankfurt/M.: Suhrkamp.

Lundgreen, Peter, 1980, Sozialgeschichte der deutschen Schule im Überblick, Teil 1. 1770-1918, Göttingen: Vandenhoeck und Ruprecht.

Lüscher, Kurt, Franz Schultheis, Michael Wehrspaun (Hg.), 1988, Die „postmoderne" Familie: familiale Strategien und Familienpolitik in einer Übergangszeit, Konstanz: Universitäts-Verlag Konstanz.

Lutz, Heinrich, 1984, Friedensideen und Friedensprobleme in der Frühen Neuzeit, in: Gernot Heiss, Heinrich Lutz (Hg.), Friedensbewegungen. Bedingungen und Wirkungen, München: Oldenbourg, 28-54.

Lutz, Heinrich, 1982, Reformation und Gegenreformation, 2. Aufl., München u.a.: Oldenbourg.

MacClelland, Charles A., 1966, Theory and the International System, New York: MacMillan.

Machiavelli, Nicolo, 1978, Der Fürst, übersetzt und herausgegeben von Rudolf Zorn, 6. Aufl., Stuttgart: Reclam.

Malinowski, 1939, The Group and the Individual in Functional Analysis, in: American Journal of Sociology 44, 938-964.

Mann, Michael, 1991, Geschichte der Macht. Zweiter Band. Vom Römischen Reich bis zum Vorabend der Industrialsierung, Frankfurt/NewYork: Campus.

Mansel, Jürgen, 1992, Familiale Konflikte und ihre Auswirkungen auf die psychosoziale Befindlichkeit von Jugendlichen, in: Zeitschrift für Familienforschung, 49-88.

March, James G., Herbert A. Simon, 1958, Organizations, New York: Wiley 1958.

Marx, Karl, 1953, Die deutsche Ideologie: Kritik der neuesten deutschen Philosophie in ihren Repräsentanten, Feuerbach, B. Bauer und Stirner, und des deutschen Sozialismus in seinen verschiedenen Propheten, Berlin: Dietz (Bücherei des Marxismus-Leninismus).

Mayer, Karl-Ulrich, 1991, Gesellschaftsstruktur und Lebensverlauf, in, Biographie oder Lebenslauf? Über die Tauglichkeit zweier Konzepte, Kurseinheit 1, Studienbrief 3636/1/01/S der Fernuniversität Hagen.

Mayo, Elton, 1933, The Human Problems of an Industrial Civilization, New York: Viking Press, dtsch. Übers. Probleme industrieller Arbeitsbedingungen, Frankfurt/M. 1950.

Mead, George Herbert, 1969, Philosophie der Sozialität. Aufsätze zur Erkenntnisanthropologie, Frankfurt/M.: Suhrkamp.

Menzel, Ulrich, 1992, Das Ende der dritten Welt und das Scheitern der großen Theorie, Frankfurt/M.: Suhrkamp.

Meyers, Reinhard, 1991, Probleme und Begriffe des Friedens aus politikwissenschaftlicher Sicht, Hagen: Fernuniversität Hagen.

Meyers, Reinhard, 1993, Konfliktregelung und Friedenssicherung, Hagen: Fernuniversität Hagen.

Mickley, Angela, 1993, Mediation an Schulen: Respekt für die Streitenden in der Konfliktbearbeitung, in: Michael Spreiter (Hg.), Waffenstillstand im Klassenzimmer. Vorschläge, Hilfestellungen, Prävention, Weinheim und Basel: Beltz, 252-279.

Miller, Max, 1987, Selbstreferenz und Differenzerfahrung. Einige Überlegungen zu Luhmanns Theorie sozialer Systeme, in: Hans Haferkampf, Michael Schmid (Hg.), Sinn, Kommunikation und soziale Differenzierung, Beiträge zu Luhmanns Theorie sozialer Systeme, Frankfurt/M.: Suhrkamp, 187-211.

Mitterauer, Michael, 1975, Vorindustrielle Familienformen. Zur Funktionsentlastung des „ganzen Hauses" im 17. und 18. Jahrhundert, in: Friedrich Engel-Janosi (Hg.), Fürst, Bürger, Mensch. Untersuchungen zu politischen und soziokulturellen Wandlungsprozessen im vorrevolutionären Europa, München: Oldenbourg, 123-145.

Mitterauer, Michael, 1986, Sozialgeschichte der Jugend, Frankfurt/M.: Suhrkamp.

Mommsen, Wolfgang J., 1981, Die antinomische Struktur des politischen Denkens bei Max Weber, in: Historische Zeitschrift 233.

Mommsen, Wolfgang J., 1993, Politik und politische Theorie bei Max Weber, in: Max Weber heute: Erträge und Probleme der Forschung, hg. Johannes Weiß, Frankfurt: Suhrkamp, 515-542.

Moore, Sally Falk, 1969, Descent and Legal Position, in: Laura Nader (Hg.), Law in Culture and Society, Chicago: Adline, 374-400.

Morgenthau, Hans J., 1963, Macht und Frieden. Grundlegung einer Theorie der internationalen Politik, Gütersloh: Bertelsmann.

Müller, Burkhard, 1988, Jugend in sozialpädagogischen Institutionen, in: Heinz-Herrmann Krüger (Hg.), Handbuch der Jugendforschung, Opladen: Leske u. Budrich, 357-374.

Müller, Hans-Peter, 1989, Lebensstile. Eine neues Paradigma der Differenzierungs- und Ungleichheitsforschung?, in: Kölner Zeitschrift für Soziologie und Sozialpädagogik 41, 53-71.

Müller, Hans-Peter, Michael Schmid, 1994, Paradigm Lost? Von der Theorie des sozialen Wandels zur Theorie dynamischer Systeme, in: dies. (Hg.), Sozialer Wandel. Modellbildung und theoretische Ansätze, Frankfurt/M.: Suhrkamp, 9-55.

Nader, Laura (Hg.), 1969, Law in Culture and Society, Chicago: Adline.

Näf, Werner, 1967, Frühformen des 'modernen Staates' im Spätmittelalter, in: Hanns Hubert Hofmann (Hg.), Die Entstehung des modernen souveränen Staates, Kiepenheuer&Witsch: Köln/Berlin, 101-114.

Nagel, Ernest, 1956, A Formalization of Functionalism. With Special Reference To Its Application In The Social Sciences, in: ders., Logic Without Metaphysics, Glencoe Ill.: The Free Press.

Nassehi, Armin, 1990, Zum Funktionswandel von Ethnizität im Prozeß gesellschaftlicher Modernisierung: Ein Beitrag zur Theorie funktionaler Differenzierung, in: Soziale Welt 41, 261-281.

Nassehi, Armin, 1992, Wie wirklich sind Systeme? Zum ontologischen und epistemologischen Status von Luhmanns Theorie selbstreferentieller Systeme, in: Werner Krawitz/Michael Welker (Hg.), Kritik der Theorie sozialer Systeme. Auseinandersetzungen mit Luhmanns Hauptwerk, Frankfurt/M.: Suhrkamp, 43-70.

Nassehi, Armin, 1993, Die Zeit der Gesellschaft. Auf dem Weg zu einer soziologischen Theorie der Zeit, Opladen: Westdeutscher Verlag.

Nassehi, Armin, 1993a, Das Identische „ist" das Nicht-Identische, in: Zeitschrift für Soziologie 22, 477-481.

Nassehi, Armin, 1996, Inklusion, Exklusion, - Integration, Desintegration. Die Theorie funktionaler Differenzierung und die Desintegrationsthese, in: Wilhelm Heitmeyer (Hg.), Was hält eine multiethnische Gesellschaft zusammen?, Frankfurt/M.: Suhrkamp, im Druck, zitiert nach dem Manuskript 1995.

Nassehi, Armin, 1997, Das stahlharte Gehäuse der Zugehörigkeit. Unschärfen im Diskurs um die „multikulturelle" Gesellschaft, in: ders. (Hg.), Nation, Ethnie, Migration. Festschrift für Georg Weber zum 65. Geburtstag, Köln/Wien: Böhlau (im Druck).

Nedelmann, Birgitta, 1988, 'Psychologismus' oder Soziologie der Emotionen? Max Webers Kritik an der Soziologie Georg Simmels, in: Simmel und die frühen Soziologen. Nähe und Distanz zu Durkheim, Tönnies und Max Weber, herausgegeben von Otthein Rammstedt, Frankfurt/M.: Suhrkamp, 11-35.

Neidhardt, Friedhelm, 1970, Die Familie in Deutschland, in: Karl M. Bolte, F. Neidhardt, H. Holzer, Deutsche Gesellschaft im Wandel, Bd. II, Opladen: Leske, 9ff.

Neidhardt, Friedhelm, 1979, Das innere System sozialer Gruppen, in: Kölner Zeitschrift für Soziologie und Sozialpsychologie 31, 639-660.

Neidhardt, Friedhelm, M. Rainer Lepsius (Hg.), 1983, Gruppensoziologie. Perspektiven und Materialien, Sonderheft 25 der Kölner Zeitschrift für Soziologie und Sozialpsychologie, Opladen: Westdeutscher Verlag.

Neidhardt, Friedhelm, 1975, Systemtheoretische Analyse zur Sozialisationsfähigkeit der Familie, in: ders., Frühkindliche Sozialisation, Theorien und Analysen, Stuttgart: Enke.

Nelson, Wendy L. et al., 1993, The Relationship of Family Structure and Family Conflict to Adjustment in Young Adult College Students, in: Adolescence 28, 29ff.

Neubauer, Georg, 1995, Sexueller Mißbrauch an Kindern, in: Klaus Hurrelmann, Christian Palentien und Walter Wilken, Anti-Gewalt-Report. Handeln gegen Aggressionen in Familie, Schule und Freizeit, Weinheim und Basel: Beltz Verlag, 94-110.

Niederberger, Josef Martin, 1984, Organisationssoziologie der Schule. Motivation, Verwaltung, Differenzierung, Stuttgart: Enke.

Nipperdey, Thomas, 1989, Verein als soziale Struktur in Deutschland im späten 18. und frühen 19. Jahrhundert, in: H. Boockmann u.a. (Hg.), Geschichtswissenschaft und Vereinswesen im 19. Jahrhundert, Göttingen: Vandenhoeck und Ruprecht, 1-44.

Oberndorf, R., 1993, Aufgabenteilung in Partnerschaften, in: B. Nauck (Hg.), Lebensgestaltung von Frauen: eine Regionalanalyse zur Integration von Familien- und Erwerbstätigkeit im Lebenslauf, Weinheim/München: Juventa, 145-175.

Ohle, Karlheinz, 1983, Formalisierungsgrad und Gruppencharakter. Dargestellt am Beispiel von Motorradclubs, in: Friedhelm Neidhard, Rainer M. Lepsius (Hg.), Gruppensoziologie, Perspektiven und Materialien, Sonderheft 25 der Kölner Zeitschrift für Soziologie und Sozialpsychologie, Opladen: Westdeutscher, 497-509.

Ortmann, Günther, Arnold Windeler, Albrecht Becker, Hans-Joachim Schulz, 1990, Computer und Macht in Organisationen. Mikropolitische Analysen, Opladen: Westdeutscher Verlag.

Orvis, B.R., H.H. Kelley, D. Butler, 1976, Attributional Conflicts in Young Couples, in: John H. Harvey et al., New Directions in Attribution Research, Bd.1, Hillsdale New Jersey: Erlbaum, 353-386.

Palyi, M. (Hg.), 1923, Hauptprobleme der Soziologie. Erinnerungsgabe für Max Weber, München: Duncker & Humblot.

Parsons, Talcott, 1937, The Structure of Social Action.

Parsons, Talcott, 1951, The Social System, New York: Free Press.

Parsons, Talcott, 1954, Essays in Sociological Theory, New York: Free Press.

Parsons, Talcott, 1954a, A Revised Analytical Approach to the Theory of Social Stratification, in ders., Essays in Sociological Theory, New York: Free Press, 386-439.

Parsons, Talcott, 1958, Authority, Legitimation and Political Action, in: Nomos, Bd. I, Harvard.

Parsons, Talcott, 1959, 'Voting' and the Equilibrium of the American Political System, in: Eugene Burdick u. Arthur J. Brodbeck (Hg.), American Voting Bahavior , Glencoe: The Free Press.

Parsons, Talcott, 1960, Some Ingredients of a General Theory of Formal Organizations, in: ders., Structure and Process in Modern Societies, NewYork: The Free Press, 59-97.

Parsons, Talcott, 1960a, The Distribution of Power in American Society, in: ders., Structure and Process in Modern Societies, Glencoe: The Free Press.

Parsons, Talcott, 1964, Evolutionary Universals in Society, in: American Journal of Sociology 29, 339-57.

Parsons, Talcott, 1966, Societies: Evolutionary and Comparative Perspectives, Englewood Cliffs NJ: Prentice Hall.

Parsons, Talcott, 1970, Some Considerations on the Theory of Social Change, in: S.N. Eisenstadt (Hg.), Readings in Social Evolution and Development, Oxford: Pergamon Press, 95-122.

Parsons, Talcott, 1971, Commentary, in: Turk, Herman, Richard L. Simpson (Hg.), Institutions and Social Exchange. The Sociologies of Talcott Parsons and George C. Homans, Indianapolis: The Bobbs-Merrill Company, 380-401.

Parsons, Talcott, 1971a, The System of Modern Societies, Englewood Cliffs NJ: Prentice Hall.

Parsons, Talcott, 1971b, Comparative Studies and Evolutionary Change, in: Ivan Vallier, (Hg.), Comparative Methods in Sociology. Essays on Trends and Applications, Berkeley: University of California Press, 97-139.

Parsons, Talcott, 1973, Beiträge zur soziologischen Theorie, hg. und eingel. von Dietrich Rüschemeyer, 3. Aufl., Neuwied: Luchterhand.

Parsons, Talcott, 1976, Zur Theorie sozialer Systeme, hg. und eingel. von Stefan Jensen, Opladen: Westdeutscher Verlag.

Parsons, Talcott, 1981, Sozialstruktur und Persönlichkeit, 4. Aufl., Frankfurt/M.: Verlagsbuchhandlung für Psychologie.

Parsons, Talcott, Robert F. Bales, 1955, Family: Socialization and Interaction Process, New York: Free Press 1955.

Parsons, Talcott, Edward Shils (Hg.), 1951, Toward a General Theory of Action, Cambr. Mass.: Harper & Row.

Patzelt, W.J., 1987, Grundlagen der Ethnomethodologie, München: Fink.

Peristiany, J.G., 1968, Recht, in: Edward E. Evans-Pritchard et al., Institutionen in primitiven Gesellschaften, Frankfurt/M.: Suhrkamp, 46-58.

Pettigrew, Andrew, 1973, The Politics of Organizational Decision-Making, London: Tavistock.

Peuckert, Rüdiger, 1996, Familienformen im sozialen Wandel, 2. Aufl., Opladen: Leske und Budrich.

Pfeiffer, T.S., 1988, Lebensstil, Mobilität und die Gestaltung von Stadträumen, in: Volker Hauff (Hg.), Stadt und Lebensstil, Weinheim und Basel: Beltz Verlag, 105-133.

Pfetsch, Frank R., 1991, Internationale und nationale Konflikte nach dem Zweiten Weltkrieg, in: Politische Vierteljahresschrift, 258-285.

Poggi, G., 1978, The Development of the Modern State, London: Hutchinson.

Popitz, Heinrich, 1968, Prozesse der Machtbildung, Tübingen: Mohr.

Pross, Helge, (Hg.), 1979, Familie - wohin? Leistungen, Leistungsdefizite und Leistungswandlungen der Familien in hochindustrialisierten Gesellschaften, Reinbek bei Hamburg: Rowohlt.

Radcliffe-Brown, Alfred R., 1930-31, The Social Organization of Australian Tribes, Oceania 1, 34-63, 426-456.

Radcliffe-Brown, Alfred R., 1940, On Joking Relationships, in: Africa XIII, 195-210.

Radcliffe-Brown, Alfred R., 1949, A Further Note On Joking Relationships, in: Africa XIX, 133-40.

Radcliffe-Brown, Alfred R., 1949a, Functionalism: A Protest, in: American Anthropologist 51.

Rammstedt, Otthein (Hg.), 1988, Simmel und die frühen Soziologen. Nähe und Distanz zu Durkheim, Tönnies und Max Weber, herausgegeben von Otthein Rammstedt, Frankfurt/M.: Suhrkamp.

Rapoport, Anatol, 1976, Kämpfe, Spiele und Debatten. Drei Konfliktmodelle, Darmstadt: Verlag Darmstädter Blätter.

Raymond, Gregory A., 1994, Democracies, Disputes and Third-Pary Intermediaries, in: The Journal of Conflict Resolution, 24-42.

Reich, Günter, Bärbel Bauers, 1988, Nachscheidungskonflikte - eine Herausforderung an Beratung und Therapie, in: Praxis der Kinderpsychologie und Kinderpsychatrie 37, 346-355.

Repgen, Konrad, 1988, Was ist ein Religionskrieg?, in: ders., Von der Reformation zur Gegenwart: Beiträge zu Grundfragen der neuzeitlichen Geschichte, Paderborn u.a.: Schöningh, 84-98.

Rex, John, 1961, Key Problems in Sociological Theory, London: Routledge and Paul.

Richter, Dirk, 1996, Nation als Form, Opladen: Westdeutscher Verlag.

Rittberger, Volker, 1994, Internationale Organisationen. Politik und Geschichte, Opladen: Leske u. Budrich.

Roberts, Hugh, 1991, Rezension von Brian Urquhart, Erskine Childers, *A world in a Need of Leadership: Tomorrow's United Nations*, in: South, April.

Roethlisberger, Fritz J., William J. Dickson, 1939, Management and the Worker, Cambridge Mass.: Harvard University Press.

Ronald, Lutz, 1993, Punk, Randale, Prügelei: Zur Gewalt der Jugendlichen, in: Zeitschrift für Volkskunde, 34-48.

Rosecrance, Richard, 1963, Action and Reaction in World Politics. International Systems in Perspective, Boston: The Century Co.

Ross, Edward Alsworth, 1977, The Principles of Sociology, New York 1920, repr. Westport Conn.: Greenwood Press.

Sacks, H., 1987, On the preference for agreement and contiguity in sequences in conversation, in: G. Button/J.R.,E. Lee (Hg.), Talk and Social Organization, Clevedon: Multilingual Matters, 54-69.

Sahlins, Marshall D., 1958, Social Stratification in Polynesia, Seattle: University of Washington Press.

Sahlins, Marshall D., 1962-3, Poor Man, Rich Man, Big-Man, Chief. Political Types in Melanesia and Polynesia, in: Comparative Studies in Society and History 5, 285-303.

Saller, H., 1989, Sexuelle Ausbeutung von Kindern, in: W. Melzer, H. Sünker (Hg.), Wohl und Wehe der Kinder, Weinheim: Juventa, 144-161.

Schapera, Isaac, 1955, The Sin of Cain, in: Journal of the Royal Anthropological Institute 85, 33-43.

Scharpf, Fritz W., 1989, Politische Steuerung und Politische Institutionen, in: Politische Vierteljahresschrift 30, 10-21.

Schimank, Uwe, 1985, Der mangelnde Akteursbezug systemtheoretischer Erklärungen gesellschaftlicher Differenzierung - Ein Diskussionsvorschlag, in: Zeitschrift für Soziologie 14, 421-434.

Schimank, Uwe, 1988, Biographie als Autopoiesis - Eine systemtheoretische Rekonstruktion von Individualität, in Hanns-Georg Brose und Bruno Hildenbrand (Hg.), Vom Ende des Individuums zur Individualität ohne Ende, Opladen: Westdeutscher Verlag55-72.

Schimank, Uwe, 1995, Teilsystemevolutionen und Akteurstrategien. Die zwei Seiten struktureller Dynamiken moderner Gesellschaften, in: Soziale Systeme. Zeitschrift für soziologische Theorie, 1, 73-100.

Schimank, Uwe, 1996, Theorien der gesellschaftlichen Differenzierung, Opladen: Leske u. Budrich.

Schluchter, Wolfgang, 1972, Aspekte bürokratischer Herrschaft. Studien zur Interpretation der fortschreitenden Industriegesellschaft, München: List-Verlag.

Schluchter, Wolfgang, 1979, Die Entwicklung des okzidentalen Rationalismus: Eine Analyse von Max Webers Gesellschaftsgeschichte, Tübingen: Mohr.

Schmid, Michael, 1979, Handlungsrationalität. Zur Kritik einer dogmatischen Handlungswissenschaft, München: Fink.

Schmid, Michael, 1982, Theorie sozialen Wandels, Opladen: Westdeutscher Verlag.

Schnabel, Kai Uwe, 1993, Ausländerfeindlichkeit bei Jugendlichen in Deutschland. Eine Synopse empirischer Befunde seit 1990, in: Zeitschrift für Pädagogik, 799-821.

Schneider, Ursula, 1995, Gewalt in der Familie, in: Gruppendynamik 26, 41-62.

Schneider, Wolfgang- Ludwig, 1991, Objektives Verstehen. Rekonstruktion eines Paradigmas, Opladen: Westdeutscher Verlag.

Schneider, Wolfgang-Ludwig, 1992, Hermeneutik sozialer Systeme. Konvergenzen zwischen Systemtheorie und philosophischer Hermeneutik, in: Zeitschrift für Soziologie 21, 420-439.

Schneider, Wolfgang- Ludwig, 1994, Die Beobachtung von Kommunikation. Zur kommunikativen Konstruktion sozialen Handelns, Opladen: Westdeutscher Verlag.

Schoettle, Enid C. B., 1993, Kein Geld für den Frieden? Die Finanzierung der UN-Friedenserhaltung, in: Europa-Archiv, 453-462.

Schroer, Markus, 1997, Die Gesellschaft der Individuen, in: Georg Kneer, Armin Nassehi, Markus Schroer (Hg.), Gesellschaftsbegriffe der Soziologie, München: Fink (im Druck).

Schubarth, Wilfried, 1993, Schule und Gewalt: ein wieder aktuelles Thema, in: ders., Wolfgang Melzer (Hg.), Schule, Gewalt und Rechtsextremismus: Analyse und Prävention, Opladen: Leske u. Budrich, 16-43.

Schubarth, Wilfried, Wolfgang Melzer (Hg.), 1993, Schule, Gewalt und Rechtsextremismus: Analyse und Prävention, Opladen: Leske u. Budrich.

Schulz, U., 1993, Freizeitmotivation von Motorradfahrern und ihre Auswirkungen auf die Verkehrssicherheit, in: Zeitschrift für Verkehrssicherheit 39, 68-91.

Schulze, Gerhard, 1990, Die Transformation sozialer Milieus in der Bundesrepublik Deutschland, in: Peter A. Berger, Stefan Hradil, Lebenslagen, Lebensläufe, Lebensstile. Soziale Welt Sonderband 7, Göttingen: Schwartz, 409-432.

Schulze, Winfried, 1991, Einführung in die neuere Geschichte, Stuttgart: Ulmer.

Schumann, Karl F., Claus Berlitz, Hans-Werner Guth, Reiner Kaulitzki, 1987, Jugendkriminalität und die Grenzen der Generalprävention, Neuwied u. Darmstadt: Luchterhand.

Seidel-Pielen, Eberhard, Klaus Farin, 1995, Straßengangs, Straßengewalt, in: Klaus Hurrelmann, Christian Palentien und Walter Wilken, Anti-Gewalt-Report. Handeln gegen Aggressionen in Familie, Schule und Freizeit, Weinheim und Basel: Beltz Verlag, 145-165.

Senghaas, Dieter, 1988, Konfliktformationen im internationalen System, Frankfurt/M.: Suhrkamp.

Senghaas, Dieter, 1989, Regional Conflicts in International Politics, in: Law and State. A Biannual Collection of Recent German Contributions to these Fields , hg. vom Institut für wissenschaftliche Zusammenarbeit Tübingen, 72ff.

Simmel, Georg, 1989, Philosophie des Geldes, Frankfurt/M.: Suhrkamp.

Simmel, Georg, 1992, Soziologie. Untersuchungen über die Formen der Vergesellschaftung, herausgegeben von Otthein Rammstedt, Gesamtausgabe Bd. 11, Frankfurt/M.: Suhrkamp.

Simpson, George, 1937, Conflict and Community. A Study in Social Theory, New York: T.S.Simpson.

Sjoberg, Gideon, 1960, The Preindustrial City: Past and Present, NewYork: Free Press.

Smelser, Neil J, 1972, Theorie kollektiven Verhaltens, hg. von Walter Heinz et al., Köln: Kiepenheuer & Witsch.

Smelser, Neil J., 1959, Social Change in the Industrial Revolution. An applecation of theory to the Lancashire cotton industry 1770-1840, London: Routledge and Kegan Paul.

Soeffner, Hans-Georg, 1986, Stil und Stilisierung. Punk oder die Überhöhung des Alltags, in: Hans Ulrich Gumbrecht, K. Ludwig Pfeiffer, Stil: Geschichten und Funktionen eines kulturwissenschaftlichen Diskurselements, Frankfurt/M.:Suhrkamp, 317-342.

Sofsky, Wolfgang, Rainer Paris, 1994, Figurationen sozialer Macht. Autorität - Stellvertretung - Koalition, Frankfurt/M.: Suhrkamp.

Sorel, George, 1969, Über die Gewalt, Frankfurt/M.: Suhrkamp.

Sorokin, Pitirem A., 1937, Social and Cultural Dynamics. III: Fluctuation of Social Relationship, War and Revolution, New York u.a.

Specht, Walter, 1979, Jugendkriminalität und mobile Jugendarbeit. Ein stadtteilbezogenes Konzept von Street Work, Neuwied und Darmstadt: Luchterhand.

Specht, Walter (Hg.), 1992, Sozialraum Hoyerswerda, Stuttgart: Verlags-Werk der Diakonie.

Spreiter, Michael (Hg.), 1993, Waffenstillstand im Klassenzimmer. Vorschläge, Hilfestellungen, Prävention, Weinheim und Basel: Beltz.

Stehr, Johannes, 1988, Konfliktverarbeitung im Alltag. Zu den Formen, Strategien und Ressourcen des informellen Konfliktmanagements, in: Kriminologisches Journal 20, 213-227.

Steiniger, Rudolf, 1980, Max Webers Parteienkonzept und die Parteienforschung, in: Kölner Zeitschrift für Soziologie und Sozialpsychologie, 54-75.

Stichweh, Rudolf, 1988, Inklusion in Funktionssysteme der modernen Gesellschaft, in: Mayntz, Renate und Bernd Rosewitz, Uwe Schimank, Rudolf Stichweh, Differenzierung und Verselbständigung: Zur Entwicklung gesellschaftlicher Teilsysteme, Frankfurt/M./New York: Campus, 261-293.

Stichweh, Rudolf, 1991, Der frühmoderne Staat und die europäische Universität, Frankfurt/M.: Suhrkamp.

Stichweh, Rudolf, 1995, Zur Theorie der Weltgesellschaft, in: Soziale Systeme 1, 29-46.

Straus, Murray A., Gerald T. Hotaling (Hg.), 1980, The Social Causes of Husband-Wife Violence, Minneapolis.

Sumner, William G., 1940, Folkways: a study of the sociological importance of usages, manners, customs, mores, and morals, New York: Dover Publ.

Thompson, E.P., 1971, The Moral Economy of the English Crowd in the 18th Century, in: Past and Present 50, 76-136.

Tillmann, Klaus-Jürgen, 1994, Gewalt in der Schule, in: Recht der Jugend und des Bildungswesens, 163-174.

Tilly, Charles, 1975, Reflections on the History of European State-Making, in: ders. (Hg.), The Formation of National States in Western Europe, Princeton, New Jersey: Princeton University Press, 3-83.

Tilly, Charles, 1990, Coercion, Capital, and European States, AD 990-1990, Cambridge, Mass.: Basil Blackwell.

Tippelt, Rudolf, Jugend und Freizeit. Ein Resümee aus pädagogischer Sicht, in: Pädagogische Rundschau 46, 1992, 169-182.

Tkaczenko, Oleh Gregor, 1991, Der Generationen übergreifende Konflikt - ein Beispiel begleitender Psychotherapie, in: Zeitschrift für Individualpsychologie 16, 217-228.

Tolusch, Edith Angelika, 1990, Die Verpflichtungen der Bundesrepublik im Rahmen der NATO. Eine völker- und verfassungsrechtliche Analyse am Beispiel der Zustimmung zur Stationierung strategischer Nuklearwaffen, Frankfurt/M.: Verlag Peter Lang.

Tomuschat, Christian, 1994, Ein neues Modell der Friedenssicherung tut not. Blauhelmeinsätze der zweiten Generation, in: Europa-Archiv, 677-684.

Tönnies, Ferdinand, 1923, Zweck und Mittel im sozialen Leben, in: M. Palyi (Hg.), Hauptprobleme der Soziologie. Erinnerungsgabe für Max Weber, München: Duncker & Humblot, 235-270.

Tönnies, Ferdinand, 1924, 1927, 1929, Verbrechertum in Schleswig-Holstein, in: Archiv für Sozialwissenschaft und Sozialpolitik, 1924, 761ff., 1927, 608ff., 1929, 322ff.

Tönnies, Ferdinand, 1926, Soziologie im System der Wissenschaften, in, ders., Soziologische Studien und Kritiken, 2. Sammlung, Jena: Fischer.

Tönnies, Ferdinand, 1931, Einführung in die Soziologie, Stuttgart: Enke.

Tönnies, Ferdinand, 1963, Gemeinschaft und Gesellschaft. Grundbegriffe der reinen Soziologie, Darmstadt: Wissenschaftliche Buchgesellschaft.

Trotha, Tutz von, 1982, Recht und Kriminalität, Tübingen: Mohr.

Trotha, Tutz von, 1982a, Zur Entstehung von Jugend, in: Kölner Zeitschrift für Soziologie und Sozialpsychologie, 254-277.

Trotha, Tutz von, 1983, „Limits to Pain". Diskussionsbeitrag zu einer Abhandlung von Nils Christie, in: Kriminologisches Journal 15, 34-53.

Trube-Becker, E., 1987, Gewalt gegen das Kind, Heidelberg: Kriminalistik-Verlag.

Türk, Klaus, 1995, „Die Organisation der Welt". Herrschaft durch Organisation in der modernen Gesellschaft, Opladen: Westdeutscher Verlag.

Turk, Herman, Richard L. Simpson (Hg.), 1971, Institutions and Social Exchange. The Sociologies of Talcott Parsons and George C. Homans, Indianapolis: The Bobbs-Merrill Company.

Tyrell, Hartmann, 1976, Konflikt als Interaktion, in: Kölner Zeitschrift für Soziologie und Sozialpsychologie, 255-271.

Tyrell, Hartmann, 1977, Historische Familienforschung und Familiensoziologie. Versuch einer Zwischenbilanz der historischen Familienforschung und Kritik eines Forschungsprogramms, in: Kölner Zeitschrift für Soziologie und Sozialpsychologie 29, 677-701.

Tyrell, Hartmann, 1979, Familie und gesellschaftliche Differenzierung, in: Helge Pross (Hg.), Familie - wohin? Leistungen, Leistungsdefizite und Leistungswandlungen der Familien in hochindustrialisierten Gesellschaften, Reinbek bei Hamburg: Rowohlt, 13-77.

Tyrell, Hartmann, 1983, Zwischen Interaktion und Organisation I: Gruppe als Systemtyp, in: Friedhelm Neidhardt, M. Rainer Lepsius (Hg.), Gruppensoziologie. Perspektiven und Materialien, Sonderheft 25 der Kölner Zeitschrift für Soziologie und Sozialpsychologie, Opladen: Westdeutscher Verlag, 75-87.

Tyrell, Hartmann, 1983a, Zwischen Interaktion und Organisation II. Die Familie als Gruppe, in: Friedhelm Neidhardt, M. Rainer Lepsius (Hg.), Gruppensoziologie. Perspektiven und Materialien, Sonderheft 25 der Kölner Zeitschrift für Soziologie und Sozialpsychologie, Opladen: Westdeutscher Verlag, 362-390.

Tyrell, Hartmann, 1988, Ehe und Familie - Institutionalisierung und Deinstitutionalisierung, in: Kurt Lüscher, Franz Schultheis, Michael Wehrspaun (Hg.), Die „postmoderne" Familie, Konstanz: Universitäts-Verlag Konstanz.

Vallier, Ivan (Hg.), 1971, Comparative Methods in Sociology. Essays on Trends and Applications, Berkeley: University of California Press.

Vaskovics, Laszlo A. (Hg.), 1982, Raumbezogenheit sozialer Probleme, Opladen: Westdeutscher Verlag.

Verdross, Alfred, Bruno Simma, 1984, Universelles Völkerrecht, Theorie und Praxis, Berlin: Duncker & Humblot.

Wagner, Gerhard, 1993, Gesellschaftstheorie als politische Theologie? Zur Kritik und Überwindung der Theorien normativer Integration, Berlin: Duncker & Humblot.

Wagner, Gerhard, 1994, Am Ende der systemtheoretischen Soziologie. Niklas Luhmann und die Dialektik, Zeitschrift für Soziologie, 275-291.

Wagner, Gerhard, H. Zipprian, 1992, Identität oder Differenz? Bemerkungen zu einer Aporie in Niklas Luhmanns Theorie selbstreferentieller Systeme, Zeitschrift für Soziologie, 394-405.

Wagner, Gerhard, H. Zipprian, 1993, Antwort auf Niklas Luhmann, Zeitschrift für Soziologie, 144-46.

Wahl, Klaus, 1993, Fremdenfeindlichkeit, Rechtsextremismus, Gewalt. Eine Synopse wissenschaftlicher Untersuchungen und Erklärungsansätze, in: Deutsches Jugendinstitut (Hg.), Gewalt gegen Fremde. Rechtsradikale, Skinheads und Mitläufer, München: DJI Verlag, 11-68.

Wallace, Michael D., 1993, Peter Suedfeld, Kimberley Thachuk, Political Rhetoric of Leaders Under Stres in the Gulf Crisis, in: Journal of Conflict Resolution 37, 94-107.

Waltz, Kenneth N., 1975, Theory of International Relations, in: F.I. Greenstein, N.W. Polsby (Hg.), Handbook of Political Science, vol. 8, Reading, Mass., 1-85.

Watzlawick, Paul, Janet Beavin, 1980, Einige formale Aspekte der Kommunikation, in: ders. u. a. (Hg.), Interaktion, Bern u.a.: Huber, 95-110.

Weber, Max, 1924, Gesammelte Aufsätze zur Soziologie und Sozialpolitik, hg. von Marianne Weber, Tübingen: Mohr.

Weber, Max, 1958, Parlament und Regierung im Neugeordneten Deutschland. Zur politischen Kritik des Beamtentums und Parteiwesens, in: ders., Gesammelte Politische Schriften, 2.. erw. Auflage, Tübingen: Mohr, 294-431.

Weber, Max, 1958a, Politik als Beruf, in: ders., Gesammelte Politische Schriften, 2. erw. Aufl., Tübingen: Mohr, 493-548.

Weber, Max, 1967, Rechtssoziologie, hg. von Johannes Winckelmann, 2. Aufl. Neuwied: Luchterhand.

Weber, Max, 1968, Gesammelte Aufsätze zur Wissenschaftslehre, Tübingen: Mohr.

Weber, Max, 1980, Wirtschaft und Gesellschaft. Grundriss der verstehenden Soziologie, Fünfte, revidierte Auflage, besorgt von Johannes Winckelmann, Tübingen: Mohr.

Wegener, Bernd, 1987, Vom Nutzen entfernter Bekannter, in: Kölner Zeitschrift für Soziologie und Sozialpsychologie, 278-301.

Wehler, Hans-Ulrich, 1987, Deutsche Gesellschaftsgeschichte, Erster Band, Vom Feudalismus des Alten Reiches bis zur Defensiven Modernisierung der Reformära: 1700-1815, München: Beck.

Wehler, Hans-Ulrich, 1987, Deutsche Gesellschaftsgeschichte, Zweiter Band: Von der Reformära bis zur industriellen und politischen 'Deutschen Doppelrevolution', München: Beck.

Wehler, Hans-Ulrich, 1995, Deutsche Gesellschaftsgeschichte, Dritter Band: Von der „Deutschen Doppelrevolution bis zum Beginn des ersten Weltkrieges, München: Beck.

Wehrmann, C., 1978, Der Aufstand in Lübeck. Bis zur Rückkehr des alten Rates 1408-1416, in: Hansische Geschichtsblätter, 101-156.

Weingart, Peter, 1968, Herrschaft und Konflikt. Eine Kritik der Kritik Dahrendorfs an der strukturell-funktionalen Theorie, in: Soziale Welt, 240-67.

Weiß, Johannes (Hg.), 1993, Max Weber heute: Erträge und Probleme der Forschung, Frankfurt/M.: Suhrkamp.

Wheatley, Paul, 1963, „What the Greatness of a City is said to be": Reflections on Sjoberg's „Preindustrial City", in: The Pacific Viewpoint 4, 163-88.

Wiese, Leopold von, 1950, Soziologie, Geschichte und Hauptprobleme, Berlin: de Gruyter.

Willems, Helmut, 1992, Fremdenfeindliche Gewalt: Entwicklung, Strukturen, Eskalationsprozesse, in: Gruppendynamik, 433-448.

Willems, Helmut, Stefanie Würtz, Roland Eckert, 1993, Fremdenfeindliche Gewalt. Einstellungen, Täter, Konflikteskalationen, Opladen: Leske und Budrich.

Willke, Helmut, 1992, Ironie des Staates. Grundlinien einer Staatstheorie polyzentrischer Gesellschaft, Frankfurt/M.: Suhrkamp.

Wilson, Edward, 1978, On Human Nature, Cambridge (Mass.): Harvard University Press.

Wimmer-Puchinger, Beate, 1995, Erziehungsgewalt - Die Schlüsselrolle der Familie, in: Klaus Hurrelmann, Christian Palentien und Walter Wilken, Anti-Gewalt-Report. Handeln gegen Aggressionen in Familie, Schule und Freizeit, Weinheim und Basel: Beltz Verlag, 79-94.

Winrich Kühne, 1995, Neue Entwicklungen - alte Institutionen. Die UN zwischen neuen Aufgaben und Überforderung, in: Bundeszentrale für politische Bildung (Hg.), Internationale Beziehungen II. Frieden und Sicherheit in den neunziger Jahren, München: Franzis-Druck, 7-27.

Wittgenstein, Ludwig, 1990, Tractatus logico-philosophicus, Leipzig: Reclam.

Wohlrab-Sahr, Monika, 1992, Institutionalisierung oder Individualisierung des Lebenslaufs? Anmerkungen zu einer festgefahrenen Debatte, in: Bios 5, 1-19.

Wright, Quincy, 1965, A study of war, Chicago: University of Chicago Press.

Young, Oran R., 1967, The Intermediaries. Third Parties in International Crises, Princeton, NJ: Princeton University Press.

Zilch, Dorle, 1992, Die FDJ - Mitgliederzahlen und Strukturen, in: Jugendwerk der deutschen Shell (Hg.), Jugend 92. Lebenslagen, Orientierungen und Entwicklungsperspektiven im vereinigten Deutschland, Opladen: Leske u. Budrich, Bd. 2, 61-79.

Zinnecker, Jürgen, 1979, Straßensozialisation. Versuch, einen unterschätzten Lernort zu thematisieren, in: Zeitschrift für Pädagogik, 727-746.

Aus dem Programm
Sozialwissenschaften